충역의 시비를 정하다

『정변록(定辨錄)』 역주

서울대학교 규장각한국학연구원 한국학자료총서 23

충역의 시비를 정하다

『정변록(定辨錄)』 역주

초판 1쇄 인쇄 2016년 9월 25일
초판 1쇄 발행 2016년 9월 30일

역주자 김용흠·원재린·김정신·정두영
펴낸곳 서울대학교출판문화원
펴낸이 성낙인

책임편집 신선규
디자인 최선아

출판등록 제15-3호

주소 (08826) 서울 관악구 관악로 1
대표전화 02-880-5252 | **팩스** 02-888-4148
마케팅팀(주문상담) 02-889-4424, 02-880-7995
이메일 snubook@snu.ac.kr
홈페이지 www.snupress.com

ISBN 978-89-521-1779-3 94340
978-89-521-1026-8(세트)

서울대학교 규장각한국학연구원 한국학자료총서 23

충역의 시비를 정하다

『정변록(定辨錄)』 역주

김용흠 · 원재린 · 김정신 · 정두영 역주

서울대학교출판문화원

Deciding between Loyalist and Traitor

The Translation & Annotation of *Jeongbeonrok*

Translated and Annotated by

Kim Yong Heum

Won Jae Rin

Kim Jung Shin

Jeong Du Young

Seoul National University Press

머리말

우리는 작년에 『사도세자의 죽음과 그 후의 기억』이라는 제목으로 『현고기(玄皐記)』를 번역(飜譯)하고 주해(註解)하여 발간하였다. 그에 이어서 올해는 『정변록(定辨錄)』을 번역하고 주석을 단 단행본을 발간하게 되어 감회가 새롭다. 두 자료가 모두 사도세자와 정조 관련 내용을 담고 있는데, 『현고기』가 소론(少論) 준론(峻論) 입장의 당론서라면 『정변록』은 노론(老論) 시파(時派) 입장의 당론서이다.

『현고기』는 원편(原編)에서 사도세자의 출생부터 죽음에 이르는 과정과 이후 세손 시절의 정조를 둘러싼 정치적 음모를 파헤치고, 속편(續編)에서 정조대 거듭되는 역모 사건과 이후 사도세자의 추숭에 이르는 과정에 대한 내용을 담고 있다.

『정변록』 역시 상하(上下)편으로 나뉘어 있는데, 상편은 1749년 사도세자가 대리청정을 시작한 때부터 1788년까지 조정에서 일어난 주요 사건을 강목체(綱目體)로 서술하였다. 하편은 다시 두 부분으로 구분되는데, 대체로 하-1은 20항목, 하-2는 50항목으로 하-2가 『정변록』 전체의 절반 가까운 분량을 차지한다. 하편은 상편에 맞추어 저자인 심낙수(沈樂洙, 1739~1799)가 주변 인물들과 교유한 내용인데, 대체로 1779년(정조 3) 7월을 기준으로 각각 1과 2로 구분된다. 하-1은 1756년 영조대 노론이 남당과 북당으로 분열되는 조짐에서 시작해서 1779년 7월까지, 그리고 하-2는 1779년 8월부터 1788년(정조 12) 1월 흥양(興陽)에 유배되기까지 심낙수가 주변 인물들과 교류하면서 토론한 내용이다.

『현고기』는 사도세자 관련 내용이 자세한데, 『정변록』은 심낙수가 주목한 내용만 간단하게 제시되어 있고, 사도세자의 죽음과 정조의 즉위를 둘러싼 사실들은 생략되었다. 주된 내용은 심낙수 본인이 조정에서 활동한 정조대 초반에 일어난 역모 사건에 집중되어 있다. 이렇게 보면 『정변록』은 『현고기』에 비해서 그 포괄하는 시기도 짧고 내용도 주로 저자인 심낙수의 개인적 경험에 치우쳐 있는 것이 사실이다.

그런데 『정변록』은 『현고기』에서는 볼 수 없는 중요한 특징을 가진 자료이다. 그것은 조선후기 양반 지배층의 이익을 대변했던 당파인 노론 내부에서 사도세자와 정조를 옹호하면서 투쟁한 기록이라는 점이다. 흔히 시파와 벽파(僻派)라는 구분은 여기서 나온 것인데, 심낙수는 영조대 사도세자를 죽음으로 몰아간 세력이 정조대 각종 역모 사건을 줄기차게 일으킨 세력의 뿌리라는 관점에 서서 이들에 대한 철저한 토역(討逆)을 주장하고 있다. 따라서 심낙수는 시파로 분류할 수 있는데, 시파 · 벽파라는 구분은 1784년(정조 8)에 본격적으로 등장하지만 영조대까지 그 구분을 소급하여 바라보는 시각이 나온 이유를 보여준다.

영조 · 정조대 정치사를 보면 기이한 느낌이 드는 것을 어쩔 수가 없다. 어떻게 왕조국가에서 국왕과 세자를 이간시켜 세자를 죽게 하고, 그를 이은 세손을 죽이거나 왕위계승을 방해하려는 음모가 계속될 수 있었을까? 심지어는 세손으로서 왕위에 오른 정조를 죽이고 왕을 교체하려는 시도가 10년도 넘게 지속적으로 일어난다. 때로는 조정에서 당시 모든 사람들이 우러러보는 지위에 있는 인물들이 역모 사건의 주역으로 밝혀지기도 한다. 정조는 그들이 역모 사건의 배후임을 뻔히 알면서도 일상적으로 경연석상에서 면대하고 국정을 논한 일이 끔찍했다고 고백하기까지 하였다. 이러한 사실들은 당쟁망국론이 나온 이유를 절감하게 하는 대목이 아닐 수 없다.

오늘날까지 전해오는 이러한 느낌을 당대의 정치 현실 속에서 절감한 사람들이 노론 내부에도 존재했던 것 같다. 노론 시파가 등장한 이유이다. 시파는, 노론 내부에서 자신들의 당파적 이익을 위해 왕과 세자를 이간질하고, 세손의 즉위를 방해한 세력이 정조가 왕위에 오른 뒤에도 역모 사건을 일으켰다고 확신하고 토벌을 주장하였다.

그런데 정조가 이들의 주장을 선뜻 받아들이지 못한 이유는 무엇이었을까? 여기에 정조 탕평책의 진수가 있는 것 같다. 그만큼 양반 지배층의 이익을 배타적으로 비호하는 세력이 강력했기 때문에 이들을 탄압하는 것만으로는 원만한 국정 운영이 어렵다고 판단한 것이다. 즉 당시 국가를 부유하고 강력한 국가로 만들기 위해서는 양반 지주 기득권층의 양보가 불가피하였는데 이것을 힘으로 강박하기만 하는 것은 최선의 방법이 아니라고 본 것이다.

심낙수의 주장에 따르면 조선왕조 국가가 전제군주 국가임에도 사도세자와 정조에 대한 적대 세력이 전국에 산재하여 역모 사건을 음으로 양으로 후원하였다는 것이다. 이들이 흔히 노론 벽파로 칭해지는 세력인데, 이들이 조선후기 양반 지배층의 주류를 점하던 세력이었음은 분명한 것 같다. 이들의 행동을 정당화하는 당론서도 존재하므로, 그 이유와 논리에 대해서는 벽파 계열의 당론서를 통해서 밝혀내야 할 일이지만, 일단 독자들은『정변록』을 통해서 조선후기 양반 지배층이 기득권을 지키기 위해 저지른 음모와 모략의 현장을 적나라하게 볼 수 있을 것이다.

이렇게 본다면 노론 내부에서 국왕의 정책에 호응하는 세력이 등장했다는 것이 오히려 주목되어야 할지도 모른다. 이들은 본인들의 계급적 이익을 초월하는 주장에 동조한 셈이 되기 때문이다. 아마도 조선후기 정치사 내지 정치사상사에서 주목되어야 할 부분은 이러한 측면이 아닐까 한다. 비슷한 시기에 노론 내부에서 주자학(朱子學)과는 이질적인 북학파(北學派)가 등장했다는 것도 이와 유사한 현상으로 간주할 수 있다. 이들의 존재는 당쟁망국론과 유교망국론으로는 설명할 수 없는 측면이 아닐 수 없다.

『정변록』은 노론 내부에서 바로 이러한 분화가 어떤 과정을 거쳐서 일어났는지를 보여주는 생생한 1차 자료이다. 심낙수는 충역(忠逆)의 시비(是非)를 가리면 역적을 토벌할 수 있다고 보고 제목을『정변록』이라고 붙였다. 그의 논리대로라면 충역의 관점에서 소론과도 협력할 수 있는 여지를 마련하여 당시의 고질적인 문제였던 당쟁을 극복할 수 있는 가능성이 열릴 수도 있었다. 실제로 심낙수는 이러한 주장 때문에 소론에 투항하였다는 비난을 받기도 하였다. 정조대에는 노론 시파가 소론 탕평파와 정책의 측면에서도 서로 공조한 것으로 밝혀지고 있다. 그렇지만 본서는 당론서가 가진 한계로 인해 정책과의 관련성은 거의 드러나 있지 않다. 이 부분이 바로 정치사 전공자들의 활약이 기대되는 영역이라고 할 수 있다.

본서의 번역은 앞서 이루어진『현고기』번역에 참여한 전문연구원 가운데 최성환을 제외한 김용흠, 원재린, 정두영, 김정신 등이 모두 참여하였다. 이들은 모두 조선 중·후기 정치사 내지 정치사상사 전공자들로서 20여 년이 넘는 세월 동안 전공 관련 학습과 연구를 함께 해왔으며, 당론서 번역과 주석을 다는 일에도 다년간의 경험을 공유하고 있다. 이번에 빠진 최성환은 역자 주석의 주요 부분을 집필하고, 심낙수와『정변록』에 대한 상세한 해제를 작성하여 본 책을 빛내 주었다.

이러한 전문연구원의 노력에도 불구하고 이 번역서는 많은 한계를 갖고 있다는 것을 고백하지 않을 수 없다. 특히 역자 주석의 많은 부분을 직접 원사료에 바탕을 두고 정리하여 제시하지 못하고 기존의 한국학 관련 사전에 주로 의존한 것은 큰 한계가 될 것이다. 번역자들이 분명하게 인지한 사전의 내용상 오류는 수정하였지만, 그러지 못한 부분은 사전 내용을 그대로 따를 수밖에 없었다는 점을 밝히며, 독자들의 양해를 구하고 질정을 기대해 본다.

끝으로 신규장각 자료구축사업의 일환으로 연구비를 지원해 주신 서울대학교 규장각한국학연구원 김인걸 전 원장님과 관계 선생님들께 고개 숙여 감사드리며, 이 책의 출판을 허락해 주신 이상찬 현 원장님께도 감사드린다. 아울러 난삽한 원고를 보기 좋게 편집하고 교정하는 번거로운 작업을 인내심을 갖고 꼼꼼하게 진행해 주신 서울대학교출판문화원 관계자 여러분께도 고마운 마음을 전한다.

2016년 9월

대표집필 김용흠

차례

일러두기

1. 번역 대본은 규장각(奎章閣) 소장본(奎15680, 『恩坡散稿』 권10~11)을 활용하였다.
2. 번역문은 가능한 한 현대 우리말로 풀어쓰는 것을 원칙으로 하였다. 그러나 당대에 상용한 용어에 대해서는 처음 나왔을 때 괄호 안에 한자를 병기하고, 그 개념을 해설한 다음 그대로 사용하였다. 이는 지나치게 풀어쓰는 경우 오히려 본문의 내용에 대한 이해를 해칠 우려가 있다는 판단에 따른 것이다.
3. 번역문에서 한자(漢字)는 필요한 경우 처음 나올 때 '( )'로 묶어 한글과 병기하였다.
4. 번역문에서 표현이 바뀌어 원문의 한자 표기를 밝힐 필요가 있을 때에는 '[ ]' 안에 병기하였다.
5. 숫자는 특별한 경우가 아니면 아라비아 숫자로 표기하는 것을 원칙으로 하였다.
6. 『정변록』의 판본이 복수인 경우, 그 원문이 다르면, 판본 검토를 통하여 가장 적합하다고 판단되는 원문을 확정하여 번역하고 주해하였다.
   현재 규장각에는 본서 외에 국립중앙도서관 1종의 판본이 전하는데, 『定辨錄并續』(한古朝31-45)이 그것이다. 이번 번역에서는 이들 자료를 참고하며 번역 대본과의 동이점을 살피고 빠진 내용은 보완하였다.
7. 주해는 각종 사전류과 고전번역을 참고하여 작성하였으며, 이것을 대학교 학부 강의에서 활용할 수 있도록 그 수준을 조절하였다.
8. 본서 상편은 강목체로 서술되어 있어, 강에 해당되는 내용에 번호를 붙이고, 그 문장을 번역하여 제목으로 삼았다(목차에는 첫 문장만 기재). 하편은 저자가 행을 바꾸어 문단을 구분한 것에 일련번호를 붙이고, 역자가 그 내용을 요약한 제목을 임의로 붙여서 독자의 편의를 도모하였다.
9. 원문에서 작은 글씨로 기록된 세주는 본 책의 번역문과 원문에 모두 【 】로 묶어서 작은 글씨로 표시하였다.
10. 번역문에서 한자와 연도 표기 외에 소괄호로 표시된 부분은 역자가 독자의 이해를 돕기 위해 원문에는 없지만 첨가한 것이다.

해제
심낙수의 정치적 생애와 『정변록』

최 성 환(수원시정연구원)

1. 심낙수의 생애와 정치 노선

1) 심낙수의 생애 · 교유와 저술

청송 심씨 심낙수(沈樂洙)의 자는 경문(景文)이고 호는 일환재(一丸齋) 혹은 은파(恩坡)인데, 유배 이전에는 서재의 이름에서 딴 일환재를, 유배 이후에는 임금의 은혜로 고향인 파주(坡州)에 살게 되었다는 의미로 은파(恩坡)를 사용하였다. 아버지는 심형운(沈亨雲), 어머니는 청풍 김씨 김고(金槔)의 딸이다. 1739년(영조 15)에 태어나서 1798년(정조 22)에 사망하였다. 심낙수는 어려서 아버지를 여의고 홀어머니 밑에서 자랐다. 10세 때 서당의 숙사(塾師)인 한덕문(韓德文)에게 『논어』를 배워 크게 성취가 있었고 15세 이후에는 고문사(古文辭)와 과문(科文)을 익혔다고 하므로 저명한 유학자와 특별한 사승(師承) 관계는 없었다. 다만, 그의 처가 홍봉한의 친우인 이사질(李思質)의 딸인 것과도 관련하여 홍봉한이 그의 혼례에 도움을 주었던 인연이 있었다.

1775년(영조 51) 37세 때 현량과(賢良科)에서 수석을 차지하여 직부한 전시(殿試)에서 급제하여 성균관 전적에 제수되었고, 이듬해 예조좌랑, 정언, 충청도 도사 등이 되었다. 정조 초년에는 주로 삼사(三司)의 언관직을 역임하면서 홍국영(洪國榮) · 김종수(金鍾秀) · 심환지(沈煥之) 등을 척신 김구주(金龜柱)의 당여로 격렬하게 공격하였다. 1781년(정조 5) 홍문관 부수찬이 되었고 1786년에는 문효세자(文孝世子)가 불의에 사망하자 이를 알리는 고부재자관(告訃齎咨官)으로 청나라에 다녀왔다.

심낙수는 언관으로서 노론과 소론을 가리지 않고 역적 성토에 앞장섰는데, 이 과정에서 역적의 소굴까지 완전히 소탕해야 한다는 토역 확대론을 견지하였다. 그러나 이는 화평과 조정을 위주로 하는 정조의 탕평책과 맞지 않아, 결국 그는 순탄치 않은 관직 생활을 거듭하였다. 그가 1787년(정조 11)에 구선복(具善復)·이율(李瑮) 옥사의 소굴을 철저히 밝혀 토역해야 한다는 상소문을 올렸는데, 이때 '조정의 사대부들 가운데 충신과 역적이 뒤섞여 있다'고 한 표현이 조정 인사들을 온통 역적으로 모는 것으로 해석되어 정조의 명으로 파직되었다.[1] 고난의 시작이었다. 이듬해에는 질책의 뜻을 담아 정조가 그를 남해안의 흥양(興陽, 현재의 고흥) 현감으로 외보(外補)시켰는데, 그는 이에 불만을 표하며 부임을 완강히 거부하다가 결국 흥양현에 유배되는 처지가 되었다.[2]

1789년(정조 13)에 유배에서 풀려 고향인 파주에 칩거하기도 하였고, 그 후에 한동안 외직(外職)을 전전하다가 1793년(정조 17)에 수찬으로 다시 기용되었다. 같은 해에 제주목사 이철운(李喆運)의 탐오 사건을 조사하는 안핵사 겸 시재어사(試才御史)로 제주도에 파견되었다가, 마침 제주도에 기근이 들자 1794년(정조 18) 2월에 제주목사(濟州牧使)로 임명되어 기민 구제에 진력하다가 그해 12월에 조정으로 돌아왔다. 1796년(정조 20) 형조참의가 되었는데, 얼마 후에 병을 얻어 파주에서 은거하다가 1798년(정조 22)에 졸거하였다.[3] 벽파 성토에 선봉이 되었던 그의 전력 때문에 정순왕후 수렴청정 시기인 1801년(순조 1)에 관작이 추탈되었다가, 시파가 다시 집권한 1807년(순조 7)에 신원되었다.

심낙수는 혼례에서 도움을 받기도 하였던 홍봉한과 인연이 있었을 뿐 아니라 김구주 성토에 앞장섰던 관계로 정조에게 북당(北黨)의 일원이 아니냐는 의심을 받기도 하였다. 그러나 심낙수는 사대부의 정체성을 내세우면서 젊은 시절부터 척신 세력과 의식적으로 거리를 두었고, 홍봉한이 역적은 아니지만 비부(鄙夫)에 지나지 않는다고 비판하였기 때문에[4] 그와 결탁했다고 보기는 어렵다. 다만, 심낙수의 정치 의리가 홍봉한보다 김구주를 더욱 배척했던 노론 북당 혹은 홍봉한과 김구주를 모두 배척[兩斥]했던 노론 동당(東黨) 계열이었던 것은 분명하다. 이런 점에서 그의 노선은 노론 동당계의 양척론에 서 있었다고 하겠다.

---

1. 『승정원일기』 정조 11년 1월 27일.
2. 『정조실록』 정조 12년 1월 18일.
3. 심낙수의 생애는 그의 아들 심노숭(沈魯崇)이 지은 행장(『은파산고』 권9 부록)을 참고하였다.
4. 심노숭, 『적선세가(積善世家)』 권5, 「선부군언행기(先府君言行記)」 '언의(言議)'.

그런데 심낙수의 외조부는 청풍 김씨 김고(金槔)인데, 이 인맥으로 인하여 그는 김상로·김치인·김종후·김종수 등 노론 남당(南黨)을 이끌던 주역들과 인척 관계이기도 하다. 한편, 그의 처남들 가운데 이규경(李奎景)은 북당(北黨) 홍계희(洪啓禧)의 아들인 홍찬해의 사위가 되었고, 이규위(李奎緯)는 호서 지역 남당의 산림이자 김구주의 숙부인 김한록(金漢祿)과 사돈을 맺기도 하였다. 또한 그는 호서 지역의 노론 동당(東黨) 유학자인 권진응(權震應)과 사돈 관계를 맺은 것에서 알 수 있듯 동당계 인사들과도 연결되어 있었다. 이로 인해 그의 교유 관계는 노론 남·북당은 물론 동당계에 두루 걸쳐 있었다. 정조대 중반에 들어서면 그는 소론 준론의 핵심인 정민시와 긴밀히 교유하기에 이를 정도로 확대된다.

영조대의 노론 북당·남당·동당이 정조대에 들어서 노론 시파와 벽파로 재편되었으므로, 심낙수의 인맥은 시파와 벽파에 두루 걸쳐 있었던 것이다. 이를 통해 보면 심낙수는 노론 핵심의 사류로서 서울의 노론 시파·벽파와 두루 교류하며 그 내부사정을 꿰뚫고 있었고, 권진응과 심환지·이규위 등을 통해서는 충청 지역 노론의 동향 역시 상세히 알고 있었다. 그뿐만 아니라 정조대에는 소론 준론 핵심 인사와도 공감할 정도가 되었다. 『정변록』의 기사들은 이러한 정보를 토대로 작성된 것이므로 자료 가치 역시 상당히 높다고 하겠다.

『정변록』의 기초 자료이기도 한 『정변록』 하편의 필기 자료들을 살펴보면, 심낙수와 대화를 나누는 주요 인물은 이규위, 심환지(沈煥之), 심이지(沈頤之), 권진응, 홍병성(洪秉聖), 이정재(李定載), 이규상(李奎象), 홍낙순(洪樂純), 김이소(金履素), 이홍재(李洪載), 서유린(徐有隣), 이노술(李魯述), 정민시(鄭民始) 등이다. 이들은 정조대 노론 시파와 벽파 및 준소의 주요 인사들이다. 심낙수는 이들과 대화할 때 벽파 인사에게는 그들의 잘못된 행위를 정면으로 비판하고, 시파 인사에게는 벽파의 역심(逆心)을 설명하면서 좀 더 선명한 의리를 내세우도록 설득하였으며, 준소의 토역론에는 적극 공감하기도 하였다. 이들과 나눈 대화를 통해서 당시의 주요 정국 현안과 주요 정파의 정치 의리를 상세히 알 수 있을 뿐 아니라, 각 정파의 인물들이 정보를 교환하며 서로를 자신의 정파로 끌어들이는 양상도 살펴볼 수 있다. 이 시기의 기록 가운데 노소론 핵심층의 내부 동향을 이렇듯 잘 전해 주는 사료는 매우 드물다. 이런 점에서 『정변록』은 매우 독특하면서도 중요한 자료가치가 있다고 하겠다.

심낙수는 도학(道學)보다는 문학을 선호하였고 과거 제도에 대해서도 그 필요성과 순기능을 적극 인정하였다. 이 점은 당시의 유학자들이 대체로 과거제와 문장 공부에 대하여 비판적이었던 풍토와 대비된다. 그가 당시에 풍미하던 호락(湖洛) 논쟁의 쟁점 자체가 공허하다고 한 것은 도학의 명목으로 허위와 흉역을 일삼는 세태에 대한 비판 의식에서 나온 것이기도 하다. 그러나 그가 도학 자체를 부정한 것은 아니었으니 학술이 순정하고 언론이 바른 산림 학자는 매우 존숭하였다. 이러한 기준에 부합하는 학자가 김원행(金元行)·권진응 등 노론 동당계 산림이었다. 그의 가까운 친우들 가운데 서유린 형제와 김이소 등도 동당계 산림의 문인이었다. 반면에 김종후·김한록 등 남당계, 홍계능 등 북당계 산림들은 '허위(虛僞)''광려(狂戾)'일 뿐 학자가 아니라고 보았기 때문에 그 문인들에 대해서도 드러내놓고 배척하거나 외면하였다.

심낙수는 조선후기의 여느 사대부들과는 달리 학파 혹은 당파에 속하여 무리를 짓기 싫어하는 성향을 보였다. 이는 친구인 홍낙순이 당대의 동당계 산림인 김원행을 찾아뵈라고 권하였어도 문하에 잡된 인물들까지 너무 많이 수용한다면서 끝내 찾아가지 않았던 것에서 잘 드러난다. 그는 자신에게 우호적인 집단에 대해서도 일정한 거리를 유지하였던 것이다. 기질상 그는 특정한 학맥이나 정파에 소속되는 것을 싫어하였기 때문에, 의론만 부합한다면 노론, 소론, 남인을 가리지 않고 의기투합한 반면, 그와 반대의 경우에는 같은 당파라도 매우 엄정하게 비판하였다. 그 결과 동료 문인 집단이나 정파 차원의 체계적인 후원을 받지 못하고 곤경에 빠지는 경우도 많았다.

심낙수의 저술로는 문집인 『은파산고(恩坡散稿)』가 있다. 『은파산고』에는 시부류(詩賦類)를 비롯한 다양한 문체의 문장들이 수록되어 있지만, 그 가운데는 여느 문집에서는 볼 수 없는 정치 평론서인 『순충전(純忠傳)』, 『당역열전(黨逆列傳)』과 『정변록』이 상당 분량을 차지하고 있다. 그의 아들인 심노숭(沈魯崇)이 작성한 선부군에 대한 행장(行狀) 역시 매우 자세하게 기술되어 있어서 심낙수의 생애를 이해하는 데 큰 도움을 준다. 이는 그가 문장가이자 역사가로서 당대의 정치적 사건들에 대한 시비 판단과 관련 자료들을 분명한 기록으로 남겨두었기 때문에 가능한 것이라고 판단된다. 조선시대의 문집들에 단편적인 인물평이나 특정 사건에 대한 서술은 많이 보이지만, 심낙수의 문집처럼 당대의 정치사 기록을 분명한 기준에 입각해 정리해 둔 경우는 거의 없다. 이런 점에서 심낙수는 조선후기 정치사 서술에서 매우 주목할 만한 인물이며, 이 글에서 소개하는 『정변록』뿐 아니라 『순충전』, 『당역열전』 역시 중요한 정치사 저술이라 할 만하다.

2) 노론 시파 토역론자로서 일관한 정치 노선

심낙수의 정치 의리를 설명하기 위해서는 영·정조대의 주요 정파의 흐름과 분화 과정에 대한 이해가 필요하다. 심낙수는 영조대 중반부터 대리청정을 시작한 사도세자를 둘러싼 신하들의 대응, 이 과정에서 발생한 세자 보호와 세자 위동(危動, 위태롭게 흔듦)의 시도를 충역의 기준으로 설정하였다. 당시의 주요 정치 세력인 노론과 소론을 막론하고 세자를 보호한 집단은 충, 세자를 공격하여 위험에 빠뜨렸던 세력은 역이라고 보았던 것이다. 이 흐름은 세자의 아들인 세손에 대해서도 계속되어 그 절정은 세손 대리청정에 대한 찬반으로 나타났으며, 세손이 정조로 즉위한 후에도 정조에 대한 반역 시도가 되풀이되었다고 인식하였다. 이러한 맥락에서 살펴보면 심낙수의 정치 의리론에서 사도세자, 세손, 정조에 대한 태도가 충역을 구분하는 기준이 되었다. 이하에서는 심낙수의 행장과 연보, 심낙수의 언행을 기록한 『적선세가(積善世家)』, 『정변록(定辨錄)』 하편(下篇) 등의 자료를 참고하여 노론 시파 토역론자로서 일관한 그의 정치 의리를 대략 정리해 보았다.

① 임오화변 문제

영조 31년 을해옥사를 전후로 한 시점부터 노소론 내 주요 정파들은 탕평의 방향과 세자에 대한 태도를 기준으로 각각 보호론(保護論)과 위동론(危動論) 세력으로 분화·재편되었다. 보호론 세력은 노론 홍봉한의 북당과 이천보(李天輔)의 동당(東黨)이 소론 이종성(李宗城)의 준론과 연대하여 세자 보호를 위하여 노력하는 과정에서 성립되었다. 위동론 세력은 노론 김상로(金尙魯)의 남당(南黨)을 중심으로 홍계희(洪啓禧)·홍인한 등 북당 일부, 그리고 소론 완론계 탕평당이 가세하여 세자를 위태롭게 하면서 실체를 드러냈다. 심낙수의 설명에 의하면 북당은 홍봉한계와 홍인한·홍계희계로 구분해야 하며, 임오화변 전후의 행적을 근거로 보면 이러한 구분은 타당성을 지닌 것으로 판단된다.

남당계가 다수를 차지했던 노론 청론(淸論)은 세자에게 소론에 대한 토역을 철저히 할 것을 요구하였지만 줄곧 거부당하였기 때문에 세자에게 비판적이었고, 결국 세자의 신임의리관이 의심스럽다며 폐위까지 거론하는 김상로·홍계희의 흉론에 동조하였다.[5] 물론 노론 동당계 청론도 있었지만, 이들은 세자에 대한 비판이 우세해지는 정국에서 제대로 언론을 주도할 수는 없었다.

더구나 영조가 재위 35년에 새로 맞이한 왕비는 반세자 세력의 핵심인 김상로의 남당보다 더욱 철저하게 노론의 신임의리를 내세웠던 호론(湖論) 김한구(金漢耉)의 딸이다.[6] 본래

5. 정조에 의하면 영조 33년 이후로 김상로는 영조에게 세자 폐위에 관한 건의를 하였고(『정조실록』 정조 즉위년 3월 30일), 영조도 폐위 전교를 내렸다가 도승지에게 저지당한 일도 있었다(『영조실록』 영조 34년 8월 13일).

새 왕비의 등장은 후계 구도의 변동성을 높이기 마련이지만, 세자에 대한 비판 여론이 더욱 강해지고 있던 시점이었기 때문에 위기는 더 고조되었다. 영조 37년 무렵에는 세자를 폐위하고 양자(養子)를 세워야 한다는 논의가 김한구 가문 주변의 호론 학맥을 매개로 전파되기도 하였다.[7] 충청 지역의 노론 남당은 뒤늦게 척신이 된 김한구 · 김구주 가문과 연계하여 한양에서 노론 청론을 주도하던 남당의 반세자 세력과 연합한 것이다.

반면, 보호세력은 세자의 지위를 보존시키기 위하여 여러모로 노력하였으나 영조와 세자의 사이가 워낙 좋지 않아 이들의 시도는 결국 미봉책에 그치게 되었다. 게다가 세손(世孫)이라는 대안도 있었기 때문에 보호세력 가운데는 영조의 세자 폐위 의지에 타협하는 흐름도 형성되었다. 물론 영조의 비정상적 조치에 항거하며 위험을 무릅쓰고 세자를 보호하려는 진정한 보호론자들도 있었지만, 이들이 세자 폐위의 흐름을 되돌리기에는 역부족이었다. 결국 사도세자는 정신 질환에서 기인한 각종 비행까지 저지르며 영조의 결단에 따라 폐위되어 뒤주에 갇혀 죽게 되었다.

심낙수는 임오화변의 원인이 노론 남당과 북당에 두루 존재했던 세자 위동론에 있다고 보았기 때문에, 세자를 흔드는 데에 가담했던 김상로 · 김한구 · 김구주 등 남당과 홍계희 · 홍인한 · 신만 등 홍계희 · 홍인한계 북당을 모두 역적으로 규정하였다. 반면, 세자 보호 세력인 홍봉한계 북당에 협력하여 세자 보호에 주력하였던 노론 동당계 및 소론 준론계 인사들에 대해서는 충신으로 규정하였다. 심낙수는 이들의 행동 양태가 그 후 김구주계 남당과 홍봉한계 북당의 대립, 정조대에 발생한 제반 역모 사건에도 거듭 지속되기 때문에, 임오화변을 전후한 시점의 충역 기준은 그의 의리론에서 매우 중요한 잣대로 작용하였다.

② 세손에 대한 태도

영조의 임오년 대처분 이후 정세는 후사 문제로 불안할 수밖에 없었다. 영조의 뜻이야 진작부터 세손을 염두에 두고 있었지만, 반세자 세력은 '죄인인 세자의 아들은 왕통을 이을 수 없다. 그 대신 태조의 자손을 세우면 안 될 것이 없다.[罪人之子 不可承統, 太祖子孫 何爲不可]'라는 흉언으로 대변되는 양자론(養子論)을 제기하며 여론을 조성하고 있었기 때문이다.[8] 이때의 양자론 역시 김한구 가문 주변의 호론 세력 일각에서 유포되고 있었는데, 심낙

---

6. 『영조실록』 영조 35년 12월 1일; 36년 9월 7일.
7. 이병기 · 김동욱 교주, 『한중록』(민중서관, 1961), 549~553쪽.
8. 위 책, 553~555쪽.

수는 호론의 산림으로서 일찍부터 흉언을 배척했던 권진응(權震應)과 사돈 관계였기 때문에 저들의 동향을 초기부터 상세히 알고 있었다. 영조는 저들의 구상을 그대로 수용하지는 않았지만, 세손을 효장세자의 후사로 만들어 새롭게 종통(宗統)을 정함으로써 그 주장을 일부 수용하는 방식으로 승통의 관계를 새롭게 정리하였다.[9]

세자 보호 세력이었던 홍봉한의 북당은 이 구도에 찬동함으로써 이제는 세손 보호를 명분으로 세력을 보존·강화하고자 하였다. 그러나 임오화변을 막지 못한 책임이 있던 홍봉한이 세손 보호를 명분으로 다시 득세한 것은 그에 대한 공격의 빌미를 제공하였다. 이 때문에 노론 청론의 사대부들 역시 대개 남당과 동당을 불문하고 공홍(攻洪)의 대의(大義)에는 동의하고 있었다. 다만 홍봉한에게 세자 보도의 책임을 물어 '비부(鄙夫)' 정도로 보아 정계에서 물러나게 하는 데 그칠 것이냐 아니면 임오화변을 양성한 '역적'으로 보아 죽여야 하느냐의 문제와, 새로운 외척 김한구·김구주 역시 임오화변을 유도한 '흉역'으로 볼 것인지 아니면 공홍론을 선도하는 현명한 척신(戚臣)으로 볼 것인지를 둘러싸고 노론 사대부들은 분열하였다.

영조대 중반 이래 북당·동당·남당의 분립 구도가 임오화변 후에 홍봉한과 김구주를 중심으로 부홍파(扶洪派)인 북당과 공홍파(攻洪派)인 남당으로 재결집하는 가운데, 동당계(東黨系) 인사들은 양척론(兩斥論)[10]을 내세우면서 소극적이나마 남당의 공홍·살홍론을 견제하는 구도가 형성되었다. 이때 낙론(洛論)과 호론(湖論) 학맥에 속해 있던 노론 청론 사대부들 가운데에서 동당계는 홍봉한과 거리를 두며 양척론을 견지한 반면, 남당계는 김구주에게 동조하여 공홍론 더 나아가 살홍론을 적극 주장하였다. 이는 사도세자에 대해 보호론과 위동론으로 상이했던 행적이 임오화변 이후 부홍론, 공홍론, 살홍론, 양척론의 흐름으로 재편된 것이었다.

그동안 영조대 후반 노론 청론은 청명당의 단일한 세력이었던 것으로 오해되었다. 그러나 심낙수의 설명과 기록에 따르면 노론 청론은 여러 갈래로 분열되어 있었던 것이다. 심낙수는 이러한 가운데 공홍세력이 척신인 김구주와 연계되어 홍봉한을 제거하고 궁극에는 홍봉한이 보호한다고 표방하고 있던 세손까지 제거하려는 불순한 시도를 하였다고 보았다. 그는 공홍론이 역심에서 나온 것이라며 김구주계 남당 세력을 엄히 배척하였다. 물론 그는 홍봉한의 세손 보호 표방도 임오화변 당시 세자 보호에 실패한 책임을 회피하는 비

---

9. 『영조실록』 영조 40년 2월 20일.
10. 양척론은 두 척신을 모두 배척해야 한다는 것으로서, 노론 청론의 공격을 받던 홍봉한은 물론이고, 노론 청론과 연계되어 있는 김구주 역시 세손 보호를 위하여 배척해야 한다는 것이다.

루한 의도에 불과하다고 보았기 때문에 홍봉한의 정계 은퇴를 주장하였다. 심낙수는 동당의 일원으로서 양척론의 의리론을 분명히 하였던 것이다.

이상과 같은 영조대 후반 노론 청론의 분열을 배경으로 심낙수가 설정한 교유의 폭과 충역의 기준을 이해해야 한다. 심낙수는 이전부터 절친하였던 심환지가 김구주에게 합세하여 홍봉한 공격을 의리로 삼자 심환지와 결별하였다. 그는 남·북당의 분열이 화의 근본이라고 보아 두 척신을 모두 배척하는 의리론을 견지하였고, 이를 기준으로 할 때 김구주를 추종하며 홍봉한 공격만 일삼는 심환지·김종수·유언호 등 소위 '청류'를 자임하는 노론 남당의 위선(僞善)이 결국 세손의 지위를 위태롭게 하는 불충으로 귀결될 것이라고 맹렬히 배척하였다. 그의 의리론은 훗날 정조대 노론 시파 토역론의 선봉이 되었다.

③ 정조대의 역모 사건에 대한 인식

정조가 즉위한 후에도 정조의 정국 운영에 대하여 정면으로 반발하거나 심지어 역모를 시도한 사건도 여러 차례 발생하였다. 심낙수는 정조대의 제반 역모 사건에 대하여 철저한 조사를 통하여 진정한 배후 세력이라고 주장하는 김구주·김종수 등에 대한 토역을 강하게 요구하였다. 이를 위하여 심낙수는 소론과 남인 인사들과도 거침없이 교유하며 의기투합하는 모습을 보이기도 하였다. 이는 특별한 사승 관계없이 문장가로 처신하며 당파·학파에 얽매이지 않았던 그의 성향을 잘 보여주는 사례이기도 하다. 이로 인하여 소론·남인 인사들까지 그의 교유 범위가 확대되기도 하였지만, 그에 비례하여 노론 내에서 그는 외로운 형세였다고 할 수 있다.

대체로 노론의 보합을 지향했던 서유린과 다소 거리를 두는 그의 언사에서 볼 수 있듯 그의 토역론은 노론 내에서 지지 세력을 확보하기에는 과격한 편이었다. 게다가 정조 역시 토역보다는 보합에 치중하는 탕평책을 견지하였기 때문에, 정국은 심낙수의 구상과 같이 전개되지는 않았다. 정조는 간혹 그를 성원하기도 하였지만, 대체로 그의 철저한 토역론에 제동을 거는 경우가 많았다.

결국 정조는 그가 정조 11년에 조정에 충·역이 혼재되어 있으므로 토역을 철저히 해야 한다고 상소하자, 이러한 주장은 조정 신료의 절반을 역적으로 규정하는 것이라고 강하게 비판하며 배척하기에 이르렀다. 당시에 심낙수는 시파의 지도자들에게 시파와 벽파를 아우르려는 정조의 진안책(鎭安策)에 호응해서는 안 된다고 주장하고 있던 터였다. 결국 심낙수는 자신의 주장을 굽히지 않다가 끝내 유배 처분을 받기에 이르렀다. 심낙수는 노론 시파의 토역론을 가장 철저하게 주창하였지만, 노론 시파 인사들이나 정조의 후원을 받지는 못했던 것이다. 이로 인하여 심낙수는 변경 지역의 수령에 외보(外補)되거나, 때로는 유배당하기도 하는 좌절을 거듭하였다.

이렇듯 실의에 빠진 심낙수를 향하여 남당의 영수 김종수는 정조 12년에 심낙수의 친구인 서유린을 통하여 남인과 소론이 엿보고 있으니 노론의 보합을 위해서 의심을 풀고 연대하자는 뜻을 전하기도 하였다. 그러나 심낙수는 김종수가 정조 10년에 발생한 구선복(具善復) 옥사에 연결되었다는 자신의 의심을 해소해 주기 전에는 보합할 수 없다고 답함으로써 그의 요구를 거부하였다. 심낙수는 서유린(徐有隣) 형제와 외족(外族)으로서 일가처럼 친하였고 서유린 역시 양척론을 견지했기에 의리론도 공유하고 있었다. 그러나 서유린은 심낙수에 비하여 정조의 보합 노력에 부응하려는 의지가 강하였기 때문에 김종수와 보합하도록 권한 것이었다. 심낙수는 이로 인해 서유린과 한때 거리를 두기는 하였지만 좋아하는 마음까지 변하지는 않았다고 한다.

심낙수의 시파 토역론이 가장 빛을 발한 시기는 채제공이 후원한 영남 만인소(萬人疏)와 노소론의 시파 토역론자들이 연대한 남학소(南學疏)가 연이어 바쳐지던 때였다. 이 상소들은 모두 사도세자의 신원을 주장하며 임오화변 당시의 충역을 다시 정하여 충신을 포장(褒獎)하고 역적을 성토해야 한다고 주장하였다. 이 시기에 심낙수는 외직에 있었으므로 조정의 상소에 간여할 수는 없었지만, 서유린 · 이병모 · 김이소 등 등 노론 시파 토역자들의 상소는 모두 심낙수의 지론과 거의 일치한다. 임오년의 충역 의리를 일관되게 주장했던 심낙수의 의리론이 실현될 듯한 정세가 조성되기도 하였다. 정조 16년을 전후해서는 노론 시파의 토역론이 소론 준론의 그것과 일치하고 있었다.

노론 남당 혹은 벽파에 대한 토역론의 일치는 연원이 있는 것이었다. 그것은 영조대 후반 이래 소론 준론계 인사들 역시 심낙수와 같은 의리론을 지니고 있었던 데서 연유한다. 심낙수가 정조대에 이르러 윤숙 · 정민시 · 이재간 등 소론 준론계 인사들의 의리론에 감복하여 의기투합할 수 있는 공통 분모는 일찍부터 마련되어 있었던 것이다. 심낙수는 평소에 윤숙 · 정민시 등 준소계와 전혀 교유가 없는 사이였지만, 이들이 정조대에 발생한 역모 사건의 원류로서 임오화변 전후 남 · 북당에 퍼졌던 세자 위동 세력까지 거론하며 철저한 진상 규명과 처단을 주장하자 그들의 의리론과 의기(意氣)에 감복하여 깊은 교감을 나누게 되었다. 심낙수와 정민시는 당파를 뛰어넘는 자신들의 교의(交誼)를 사도세자 보호를 위하여 손을 잡았던 노소론의 영수 이종성(李宗城)과 유척기(兪拓基)의 사귐에 비견할 정도였다. 이들의 의리론적 연원은 임오년 의리까지 거슬러 올라가는 것이었다.

그러나 정조는 사도세자에게 씌워진 오명을 씻어내고 예덕(睿德, 세자의 덕)을 천명하는 것이 가장 중요했기 때문에, 사도세자 비판 세력을 새삼 밝혀서 토역을 확대하는 것에는 반대하는 노선을 일관되게 걸었다. 정조는 임자년 노소론의 시파가 주장한 토역 확대론을 예덕 천명론으로 제어하였던 것이다. 정조는 노론 벽파에 대해서도 그들이 예덕 천명의 의리를 인정한다면 적극 포용하고자 하였다. 이는 이전부터 실행하고 있었던 보합론의 재확인이라 할 수 있다. 정조 19년 이후 노론 벽파의 대거 진출은 이러한 정조의 일관된 의리와 보합책의 전형으로서 심낙수의 철저한 토역론을 다시 한 번 좌절시킨 것이라 할 수 있다. 그는 이러한 정국의 흐름에 크게 낙담하며 쓸쓸한 죽음을 맞이하였다. 이런 점에서 심낙수 평생의 토역 의리는 정조대에 결국 관철되지 못한 것이라 하겠다.

게다가 순조대 초반 수렴청정 시기에는 심낙수와 연계되었던 노소론 시파계 토역론자들이 대거 축출되고 그의 관작 역시 추탈되었다. 그를 포함한 노소론 시파계 토역론자들이 도리어 역적으로 단죄된 것이다. 그러나 순조 6년의 환국으로 인하여 정국은 급변하여 시파가 다시 집권하고 노론 벽파에 대한 대대적인 토역이 진행되었다. 이때 김구주·심환지·김종수 등 그동안 심낙수가 임오년 이래의 역적으로 규정한 인사들이 결국 역적으로 규정되어 관작을 추탈당했다. 심낙수의 의리론은 몇 차례의 굴곡을 거쳐 결국 실현된 것이라 하겠다. 그 이후에도 시파는 계속 정권을 장악하였으므로, 이 조치를 뒷받침한 의리론은 흔들리지 않는 국시가 되었다. 이를 기준으로 본다면 심낙수의 의리론은 세도 정치 시기 노론 시파계 토역론과 그에 기반한 정국 동향을 이해하는 데 매우 중요한 기준을 제시하였던 것이다.

2. 『정변록』의 내용과 평가

1) 『정변록』의 내용

심낙수의 행장에 의하면, 『정변록(定辨錄)』은 정조 12년 그가 김종수 등 벽파의 견제로 홍양현으로 유배갔을 때 저술된 것이라고 한다. 그러나 이때의 유배는 벽파에 대한 집요한 토역을 거부하는 정조의 뜻도 담겨 있다고 보아야 한다. 심낙수는 유배지에서 자신이 주장하는 토역론의 정당성을 입증하기 위하여 저술 작업에 매진하였다. 이 저술의 주제는 그 제목에 암시되어 있듯, 영조 25년~정조 12년간 노론 가운데 홍인한계 북당 세력과 김구주계 남당 세력이 연합하고, 소론 탕평당이 가담하여 사도세자·세손·정조 등에 대해 취했던 모역(謀逆)의 시도를 낱낱이 밝힘으로써 '백 년의 시비(是非)를 정하고 일세의 충역(忠

逆)을 판가름'하려는 것이었다.

앞서 살펴보았듯이 노론 시파 심낙수는 김구주·김종수계 남당에서 연원한 벽파에 대한 토역론을 선도했던 인물이다. 그 자신은 시류에 영합하는 무리라는 시배(時輩)의 뜻으로 사용되는 '시파'라는 지목을 매우 부당하게 여겨서 이 명칭을 거부하기는 하였지만, 시파와 벽파라는 구도는 정조대에서 순조대까지 노소론의 새로운 분기를 설명하기 위해서 의미 있는 개념으로 자리 잡았다. 그런데 그의 생각처럼 시파가 단순히 권세를 좇는 집단은 아니었으니, 시파에게는 벽파에 못지않게 분명한 의리론이 있었다. 이런 의미에서 그의 의리론적 기여는 매우 크다고 할 수 있다. 그는 '벽파' 세력의 배후인 김구주·김종수가 영조대 이래 일관되게 반(反)사도세자, 반세손, 반정조의 노선을 취했기 때문에 이들을 역적으로 성토하고 그에 걸맞게 처단해야 한다고 주장하였다. 이에 대해서는 앞 장에서 정리한 바 있다.

심낙수는 이러한 의리론에 입각하여 영·정조 연간의 주요 정국 동향과 이에 대한 자신의 해설을 덧붙인 『정변록』을 저술하였다. 그의 친우들 가운데는 노론 벽파 인사들이 많았지만, 그는 이들과 상반되는 정치적 견해를 제시하였을 뿐 아니라 때로는 그 주장이 소론과 일치하는 경우가 많았다. 이 때문에 노론 벽파는 그가 소론과 합하기를 희망하는 논의를 편다면서 그를 노론 전체에서 소외시키고자 하였다. 그 역시 노론 벽파의 무함을 근거 없다고 하면서도 이를 의식하고 있었기 때문에 『정변록』 저술을 계기로 자신의 정치 의리가 정당하다는 것을 강력히 주장한 셈이다.[11] 『정변록』 저술은 그의 정치 역정을 정리하면서 자신의 정치 의리를 더욱 분명히 정립하는 계기가 되었다.

『정변록』이 다루고 있는 주요 사안은 다음과 같다. ⑴ 영조대: ① 왕세자 대리청정, ② 역적 김상로의 흉언, ③ 홍봉한의 활동과 공홍파(攻洪派)의 동향, ④ 한유(韓鍮)의 살홍(殺洪) 상소, ⑤ 김한기(金漢耆)의 고변(告變), ⑥ 청명당(淸名黨) 사건, ⑦ 홍인한의 정승 등용과 왕세손 대리청정 저지 사건. ⑵ 정조대: ① 이덕사(李德師)·조재한(趙載翰) 처단, ② 김구주를 도배(島配)시킴, ③ 역적 홍상범(洪相範)·홍지해(洪趾海)·홍찬해(洪纘海) 등 복주(伏誅), ④ 송덕상(宋德相)의 흉소(凶疏) 사건, ⑤ 홍국영(洪國榮) 치사(致仕)와 축출, ⑥ 이택징(李澤徵)·이유백(李有白) 복주, ⑦ 문효세자 탄생과 원자(元子) 정호(定號), ⑧ 정휘량(鄭翬良)과 신만(申晩)의 관작 추탈을 청하는 윤숙(尹塾)의 상소, ⑨ 역적 김하재(金夏材) 복주, ⑩ 김종수의 상변(上變)에 의해 김두공(金斗恭)과 이율(李瑮)이 복주됨, ⑪ 문효세자

---

11. 이상 『정변록』 저술의 의도에 대해서는 「定辨錄序」(『恩坡散稿』 권4) 참조.

와 의빈성씨(宜嬪 成氏)의 연이은 죽음, ⑫ 상계군(常溪君) 담(湛) 자살 사건과 구선복(具善復) 옥사, ⑬ 문효세자 탄생 시 불경(不敬)한 말을 한 조시준(趙時俊) 처벌, ⑭ 정민시(鄭民始)가 의리 불명(不明)을 이유로 상소하여 걸퇴(乞退)함, ⑮ 김치인의 당역죄(黨逆罪)를 비판하는 옥당의 차론(箚論).

심낙수는 이상의 주요 사건을 강(綱)으로 하고, 목(目)에서는 전후의 사정을 상세하게 설명한 후, 때로 근안(謹按)의 형식으로 사론(史論)을 펼치고 있으니, 『정변록』은 통상적인 당론서에 그치지 않고 당대의 정치를 강목체 형식으로 서술한 역사서인 셈이다. 통상 강목체의 역사 서술은 편년체나 간략한 역사 평론과는 달리, 해당 시대에 발생한 사건들에 대한 엄정한 시비 판단이 분명히 정립되어 있지 않으면 저술하기 어려운 형식이다. 이러한 점에서 당대의 사건을 해석하는 잣대로서 심낙수의 충역 의리는 매우 분명하였다.

그것은 노론 가운데 홍인한계 북당과 김구주계 남당, 그리고 이들과 연계된 소론 탕평당이 반(反)세자 – 반세손 – 반정조 연대를 지속적으로 일관되게 주도하고 있기 때문에, 이들을 철저히 토역해야 한다는 것이었다. 이들을 제외한 노론과 소론 사대부들은 당파를 불문하고 이들을 토역함으로써 진정한 탕평을 뒷받침하는 청류(淸流)로서 처신해야 한다는 주장이기도 하였다. 위의 주요 기사들은 심낙수가 선도한 노론 시파계 토역론에 입각하여 서술되어 있다. 심낙수는 노론 홍인한계 북당과 김구주계 남당의 연계를 임오화변 이전까지 거슬러 올라가서 설정하고, 이들의 일관된 흉심으로 인하여 임오화변과 세손 대리청정 저지 및 정조 즉위 후의 주요 반역 사건들이 발생하였으니 이들의 근원을 밝혀 철저히 토역해야 한다고 주장하였다. 이하에서는 『정변록』에 실려 있는 기사들을 간략히 소개하고자 한다.

영조대 ①~② 기사는 임오화변의 원인인 반세자 세력의 동향과 임오화변 직후 반세손 세력의 동향에 대한 설명이다. 홍계희가 정치달(鄭致達) 가문 인사들과 결탁하여 세자의 과실을 전파한 일, 사직(社稷)이 중요하며 군주는 가벼운 것이라는 홍계희의 흉언, 세자가 신임의리에 소홀하다는 말을 퍼뜨려 세자를 압박한 일, 조정의 논의가 남당·동당·중당(中黨) 등으로 분열된 것, 김상로가 문녀(文女), 신만(申晩) 부자 등과 체결하여 세자를 위태롭게 한 일, 임오화변을 촉발한 나경언(羅景彦)은 홍계희의 겸인 출신이라는 사실 등이 설명되어 있다.

영조대 ③~⑥ 기사는 영조대 후반 홍봉한 세력과 김구주 세력의 동향에 대한 비판적인 분석이다. 영조가 세손의 종통을 정한 이후로 홍봉한에게 정사를 위임한 일, 홍봉한을 공격하는 흐름의 이면에는 세손을 위태롭게 하려는 의도가 있다는 것, 청류를 표방하는 세력이 공홍론에 합세하여 김구주에게 이용당하고 있다는 것, 공홍론과 달리 관망파와 양척론(兩斥論)도 존재하였다는 것, 영조 47년 김한기(金漢耆)의 고변(告變)에서 홍봉한이 은언군·은신군을 추대하려 한다는 설은 홍봉한을 제거하기 위함이라는 것, 정처(鄭妻)와 정후겸(鄭厚謙)이 처음에는 김구주의 남당과 연계되어 있다가 영조의 세손 보호 의지를 확인한 후 홍봉한과 우호하기로 한 사정, 영조 48년의 청명당 사건은 청류를 표방하고 있으나 실제로는 김구주계 남당이 주축이며 김종수의 숙부인 김치인(金致仁)이 주도하는 당이라는 것, 김구주가 나삼(羅蔘) 문제를 제기하여 홍봉한을 제거하려 하였고, 홍봉한이 사도세자 추숭설(追崇說)로 세손을 협박하였던 사정 등이 설명되어 있다.

영조대 ⑦ 기사는 홍인한이 정승에 등용된 일, 정후겸이 남당에서 돌아서 북당과 합친 후 세손의 우대를 기대하였으나 조금도 대우를 받지 못하고 남당의 원한만 사게 되었다는 것, 정후겸과 홍인한은 겉으로 세손보호를 표방하지만 실제로는 당류(黨類)를 끌어모아 김상로·홍계희와 흉모의 기회를 기다렸다는 것, 남당과 북당의 표방은 다르나 실제로는 김치인·김구주와 같은 마음이라는 것, 홍인한·정후겸의 세손 대리 저지 계획, 남당도 흉심이 있었으나 그 실정(實情)이 드러나지 않았고 남당의 김면주(金勉柱)와 가까웠던 홍국영의 세손 보호 공로 때문에 정조의 즉위와 함께 대거 진출하였다는 것 등이 설명되어 있다.

정조대 ①~③ 기사는 환관과 결탁하여 세손 시절부터 사도세자 추왕설로 정조를 위협한 이덕사(李德師)·조재한(趙載翰)을 처단한 일, 정조가 영조대 후반 이래의 세 가지 대죄(大罪)를 이유로 김구주를 섬으로 유배 보낸 일, 김상로가 역적으로 추율되자 그와 연계되어 세자를 위협하였던 홍계희 가문의 자제들이 위기감을 느끼고 원망도 일어서 궁중 침입 사건은 물론 김구주 가문과 연계하여 은전군 추대 역모를 꾸몄으며 그 결과 역적 홍상범(洪相範)·홍지해(洪趾海)·홍찬해(洪纘海) 등이 복주된 일 등이 설명되어 있다.

정조대 ④~⑥ 기사는 홍국영이 원빈(元嬪)의 상(喪) 후에 유사(儒士)들과 결탁하여 완풍군(完豊君)을 저사(儲嗣)로 확정하려고 시도했으며 이는 김구주 세력의 은전군 추대 시도와 같은 맥락이라는 것, 이로 인하여 정조가 홍국영을 내쳤다는 것, 송덕상(宋德相)이 홍국영과 모의하여 완풍군을 저사로 확정하는 '모종의 방도'를 강구하라는 흉소를 올렸다는 것, 김종수가 '모종의 방도'는 문제될 것이 없다고 한 데 비하여 서명선은 이를 종사(宗社)의 대계(大計)를 막으려는 역모 차원으로 문제 삼아 상소하였다는 것, 남당(南黨)은 송덕상을 신구(伸救)하기 위하여 그에 대한 비판이 사림의 피화(被禍)라는 주장을 폈으며 호서의 유사들이 이에 호응하였다는 것, 그 후에 발생한 이택징(李澤徵)·이유백(李有白) 옥사와 김하재(金夏材), 이율(李瑮), 구선복(具善復) 옥사 등은 모두 '모종의 방도' 문제가 재삼사전

(再三四轉)한 결과라는 것, 특히 이택징은 홍계희의 문객으로서 그의 흉언은 김상로 · 홍계희를 답습한 결과이므로 이택징의 배후는 결국 남당의 배후인 김치인 · 김종수라는 것 등이 설명되어 있다.

정조대 ⑧ 기사는 정조 7년 11월에 윤숙(尹塾)이 정휘량(鄭翬良)과 신만의 죄를 성토하면서, 신회(申晦) · 김구주 · 홍계희 등이 매일 은밀히 논의한 것이 모두 이들에게서 나온 것이므로 저들의 관작을 추탈할 것을 청한 상소를 소개한 것이다. 심낙수는 윤숙이 준소이지만 그의 상소가 임오화변의 충역 문제를 제대로 거론한 것이라며 높이 평가하여 특기한 반면, 그의 상소 이후에도 조정의 논의가 잠잠한 상황을 매우 비판적으로 평가하였다.

정조대 ⑨~⑩ 기사는 영조를 부정한 김일경의 흉언을 답습한 김하재가 정조의 정통성을 부정하는 흉언을 하여 복주되었다는 것, 이에 앞서 김하재는 시자(時字)의 설을 창출하여 근래 송덕상 등에 대한 징토 논의가 시류에 영합하는 논의라고 비판하였으며 김종수가 김하재의 주장을 칭찬하며 서로 의지하였으므로 김하재 성토에 소홀하다는 것, 이러한 김종수가 이조판서에 제배된 후 남당에서 폐고(廢錮)된 자들을 일제히 등용하였다는 것, 김종수가 상변(上變)하여 김두공과 이율이 노륙되고 김종수는 정조의 신뢰를 얻었으나 역모의 실체는 제대로 밝혀지지 않았다는 것, 이는 김종수가 "이율의 옥사는 대수롭지 않은 것이지만, 소론 조시위의 수하인 김이용(金履容)이 알아내어 발고한 것은 노론에게 화를 옮기려 하는 소론의 계획에서 나왔다."고 주장하였다는 것, 이로 인하여 이율의 옥사는 결국 허망한 것으로 귀결되어 그 뿌리(필자 주: 김종수를 염두에 둠)를 밝히지 못하였다는 것 등이 설명되어 있다.

정조대 ⑦과 ⑪~⑬의 기사는 원자(元子)의 탄생 얼마 후 원자 정호(定號)와 세자(世子) 책봉이 신속히 이루어진 것은 김종수 등이 '모종의 방도'와 관련된 흉심을 덮기 위하여 기민하게 대응한 결과라는 것, 정조 10년에 문효세자와 의빈 성씨(宜嬪 成氏)가 연이어 사망한 흉변(凶變)이 발생하자 김종수 등이 그 원인을 조시준이 세자의 출생을 달가워하지 않았던 데서 비롯된 것으로 몰고 갔으며 이로 인하여 결국 조시준이 뒤늦게 불경(不敬) 죄를 추궁당하여 도배(島配)되었다는 것, 송낙휴(宋樂休, 상계군의 외조부)의 고변(告變)으로 인하여 상계군－구이겸(具以謙)－구선복 · 구명겸－김우진(金宇鎭)의 상계군(常溪君) 추대 시도가 분명해졌음에도 김치인과 김종수가 구선복 옥사 당시 위관(委官)과 판의금부사로서 국문을 제대로 하지 않아 결국 그 실체를 제대로 구명하지 않았다는 것 등이 설명되어 있다. 심낙수는 문효세자 사망 사건에 대해서는 과도할 만큼 철저히 그 책임이 추궁된 반면, 상계군의 자살 사건에 대해서는 그 실체가 제대로 구명되지 않았다고 판단하였던 것이다.

정조대 ⑭와 ⑮의 기사는 소론 정민시가 여러 역모 사건들에 대한 철저한 조사를 청하면서 그렇게 하지 않을 경우 의리가 밝혀지지 않는 조정에서 물러나 자정(自靖)하겠다는 상소를 올렸다는 것, 노론 일각에서는 정민시의 상소가 화심(禍心)을 드러낸 것이라며 배척하지만 심낙수는 자신이 소론이라는 지목을 받아도 정민시의 말이 옳다고 본다는 것, 옥당(玉堂)에서 김치인이 역적 김하재 세력에 대한 성토를 시파(時派)의 종용 때문이었다고 발언한 이노춘(李魯春)을 석방하도록 요청한 것은 스스로 김하재의 와굴임을 드러낸 것이라고 상차(上箚)하였다는 것, 김치인의 이노춘 석방 요청은 김종수가 숙부를 오도하여 군주를 시험해 보려는 계책이라는 것 등이 설명되어 있다.

2) 『정변록』에 대한 평가

『정변록』은 영조대 중반 사도세자 대리청정과 왕세자를 무함한 김상로 · 홍계희 일당의 역적 행위를 설명하는 것에서 시작하여, 김구주 세력과 결탁한 공홍파 · 살홍파의 반(反)세손 책략과 그 행적, 세손 대리청정에 대한 저지 시도 및 정조대에 발생한 주요 반역 사건 등에 대하여 설명한 후, 김치인 · 김종수 등의 당역죄를 비판하는 것으로 마무리하고 있다. 이는 정조대에 발생한 반역 사건의 진정한 배후가 반세자 세력을 이끌었던 김구주 · 김치인 · 김종수 등의 노론 남당으로 소급된다는 것을 드러내어 성토하기 위한 것이었다. 그의 이러한 인식은 '시파' 가운데서 가장 철저한 토역론이었고, 소론 준론의 노선과 상통하는 면이 있었다.

심낙수는 신료 가운데 김상로 · 홍계희와 척신 가운데 김한구 · 김구주를 임오화변의 역적이라고 생각하였고, 김치인 · 김종후 · 김종수 등 노론 남당은 젊은 시절에 김상로에게 의지하여 임오화변을 유도하였고 늙어서는 김구주에게 의탁하여 살홍(殺洪)의 흉론을 펼친 역당이라고 생각하였다. 심낙수는 특히 김구주에 대해서는 임오화변을 양성하여 세자를 폐위하게 한 근본일 뿐 아니라 임오화변 후에도 세손까지 교체하려는 흉론을 주관하였으며, 그가 창도한 공홍 · 살홍론은 세손을 흔들기 위한 흉역의 일환이라고 보았다.

그러나 심낙수는 정조가 즉위한 후에 임오화변의 역적인 김상로 · 홍계희는 단죄되었지만 김한구 · 김구주에 대해서는 임오화변과 관련하여 어떠한 처벌도 없었을뿐더러, 도리어 보합책을 이유로 같은 당인 김치인 · 김종수 등을 중용하는 것에 대하여 실망하는 모습을 보였다. 이 때문에 심낙수는 정조대에도 김구주를 비롯한 남당계 인사들이 흉역의 근본이라고 집요하게 주장하였으며, 정조를 겨냥한 역모 사건이 발생할 때마다 그 근본을 토역해야 한다고 강조한 것이다. 심낙수의 이러한 인식은 정조의 보합책과는 결을 달리하였고, 정조의 보합책에 부응하는 노소론의 시파계 보합론과도 분명히 달랐다.

따라서 심낙수의 시파계 토역론을 기준으로 정조대의 정치사를 이해한다면 시파와 벽파, 그리고 남인 추왕론까지 모두 포용하며 새로운 차원의 탕평 정치를 목표로 하였던 정조대의 정국을 종합적으로 설명할 수는 없다. 그러나 정조의 보합책과는 별도로 심낙수로 대표되는 노론 시파계 토역론 인사들이 제기하는 벽파 토역론의 맥락을 이해하기 위해서는 『정변록』의 사태 인식이 매우 유용하다. 또한 정조 사후 순조대에 벽파가 어느 세력보다도 시파계 토역론자들을 배제하는 데 주력했던 이유와, 이에 대한 반발로 시파가 집권했을 때에 김구주 · 김종수 · 심환지 등 벽파 인사들을 성토하고 제거한 이유도 알 수 있게 해준다.

이러한 의미에서 『정변록』은 영 · 정조는 물론 순조대 정치사 연구와 주요 인물의 상호관계를 파악하는 데 상당한 도움이 되고, 이 시기의 정국동향과 대립 구도를 시파의 견지에서 이해하는 데 분명한 근거를 제시해 준다. 또한 조선후기의 당론서들이 대개 영조대 중반까지를 다룬 경우가 많은데, 이 저술은 정조대 중반까지 주요 사건을 다루고 있을 뿐 아니라 『영조실록』, 『정조실록』, 『순조실록』 등 관찬 역사서에서 언급할 수 없는 각 당파의 내부 동향까지 상세히 설명하고 있다. 따라서 『정변록』은 영 · 정조대에 발생한 주요 정치적 사건의 내막이나 이를 둘러싼 정쟁(政爭)의 맥락을 이해하는 데에도 많은 참고가 된다. 다만, 여타 당쟁서들과 마찬가지로 『정변록』 역시 심낙수라는 개인의 정치의리 곧 당론이 매우 뚜렷한 저술이고 이에 따른 편향적인 해석의 경향도 분명하기 때문에, 사안의 종합적인 이해를 위해서는 조선왕조실록과 같은 정사(正史)나 다른 정파의 저술들도 함께 참조해서 보아야 하는 것은 당연하다고 하겠다.

『정변록』 서(序)

백 년의 시비(是非)를 정하고 한 시대의 충역(忠逆)을 분변하는 것, 이것이 『정변록』[1]을 지은 까닭이다. 당습(黨習)이 사람들의 심술(心術)을 병들게 한 지 오래되었다. 시비는 쉽게 정할 수 있지만 편벽된 마음이 사사로움을 비호하는 데 익숙해졌다. 충역은 분변할 수 있지만 세속의 인정이 쉽게 유혹에 빠져서 점차 떳떳한 도리가 무너져 끊기게 되었고, 반란과 역모가 꼬리를 물고 일어났다. 이는 근본을 궁구하고 근원을 밝히려는 논의가 그 두뇌(頭腦)와 소굴을 쪼개어 깨뜨린 적이 없었기 때문이었다.

내가[2] 약관(弱冠)의 나이였을 때부터 대략 시비와 충역을 분별하는 데 관심을 갖고 살펴보았는데, 지난 30년간 세상의 변고가 무궁하였다. 내가 조정에 들어간 이래로 처음에는 나의 역량을 헤아리지 못한 채 지금까지 여러 차례 상소를 올렸는데, 그 의도는 건져내어 구하는 데 있었다. 그러나 비유컨대 마치 물을 막고자 했지만 막는 족족 터져 버리는 것과 같았다. 처음에는 한 줌의 흙으로 약간만 막아서 물살의 힘을 조금 누그러뜨릴 수만 있다면 평온한 흐름으로 바꾸어 되돌릴 수 있다고 생각했지만 끝내 어지러이 이리저리 부딪히며 거세게 내달리는 파도를 되돌리지 못하였다. 정미년(1787, 정조 11)에 올린 상소[3]는 또

---

1. 『정변록』: 이 책은 1788년(정조 12) 심낙수(沈樂洙, 1739~1799)가 김종수(金鍾秀) 등 노론 벽파(僻派)의 견제로 남해(南海)의 흥양현(興陽縣)으로 유배 갔을 때 저술하였다. 대강의 내용은 1749년(영조 25)부터 1788년(정조 12)까지 정국의 동향에 대해 노론 내부의 홍봉한(洪鳳漢)과 김구주(金龜柱) 세력을 위주로 하여 이들이 사도세자(思悼世子)와 세손(世孫), 정조(正祖) 등에 대해 취했던 정치 노선을 충역(忠逆)의 관점에서 정변(定辨)한 기록이다.
2. 내가: 심낙수를 가리킨다.
3. 정미년(1787, 정조 11)에 올린 상소: 해당 상소는 실록에 실려 있지 않다. 하지만 『현고기(玄皐記)』 권3, 속편(續編) 상(上) 43번 기사에 실려 있다. 주요 내용은 역적 이율(李瑮)과 구선복(具善復) 사건 이후 여전히 미흡한 잔여세력에 대한 처벌을 촉구하는 것이다.

한 하늘을 뒤덮는 화를 경계한 것이었다. 대략 난역의 근원을 밝혀서 다시는 무너지고 침식되는 일이 없기를 바랐는데, 쌀알같이 작고 아득하기만 한 이 몸이 다시 거센 파도에 부딪혀서 힘은 다하고 몸은 지쳐서 지금 다시 말할 수 없다.

내가 일찍이 수십 년간 귀로 듣고 눈으로 본 것 가운데 세상의 변고에 관계된 것을 기록하여, 짐짓 시비를 정하고 충역을 분변하는 의리에 붙여보려 했지만, 기록을 완성하지 못하였다. 내가 남쪽으로 옮겨져 궁벽하고 적적한 곳에 세 들어 살면서[4] 다시 글을 써서 상·하 2편으로 만들었다. 상편은 역사서술 사례[史例][5]를 활용하여 간결하면서도 엄정하게 서술하였다. 하편은 내가 젊은 시절 듣고 본 것으로 우습고 조롱하고 비웃음을 당할 만한 일일지라도 모두 적어두어서 (상편과) 서로 비교하여 살펴볼 수 있게 하였다. 이렇게 하여 사람들이 근원을 거슬러 올라가서 반복해서 살펴보고 잘못된 생각에 빠지는 일을 면할 수 있게 하고자 한 것이다. 그러나 쇠퇴해지는 기세가 점점 무너져 터지는 데 이르러서 진실로 그 끝을 알 수 없다고 생각하니, 이 기록 또한 공언(空言)이 될까 두렵고 슬플 뿐이다.

어떤 사람이 말하기를, "이 기록은 사사로운 역사 기록이라는 혐의가 있다."라고 하였다. 옛날 선조[宣廟] 때 문성공(文成公) 이이(李珥)[6]가 『경연일기(經筵日記)』를 작성하였다. 당시 당목(黨目)이 처음 나뉘어져 논의[言議]가 지나치게 과격해지자 공이 정성을 다해 조제(調劑)하여 어질고 사특함의 여부를 분변한 것이 모두 일기 가운데 갖추어져 있어서 사사로운 역사 기록이라는 혐의를 받지 않았다. (이이라 하더라도) 당시 만약 대의(大義)가 충역에 관계되는 것이 있었다면 또한 어찌 의견을 다해서 분변하지 않았겠는가?

중니(仲尼, 공자)가 『춘추(春秋)』를 지으니 난신적자(亂臣賊子)가 두려워하였다. 공자가 말하기를, "나를 알아주는 것도 오직 『춘추』이며, 나를 죄주는 것도 오직 『춘추』이다."[7]라고 하였다. 이를 감히 망령되게 인용할 수 없지만, 내가 일찍이 관직(館職)[8]에 있으면서 춘추관(春秋館) 기주관(記注官)을 겸임한 적이 있으니 기록하더라도 또한 크게 참람되지 않을 것이다. 사가(史家)로서 갖추어야 할 내용을 모아서 후대의 공평한 견해를 기다리려 한

---

4. 내가 …… 살면서: 흥양현(興陽縣, 전남 고흥군 소재)으로 귀양 간 일을 가리킨다. 1788년(정조 12) 1월 18일(신사) 실록기사에 따르면 당초에 심낙수를 흥양 현감에 제수하여 부임할 것을 명하였으나 끝내 명을 따르지 않자 귀양 보냈다.
5. 역사서술 사례[史例]: 강목체(綱目體) 형식을 빌려서 『정변록』을 편찬했음을 의미한다.
6. 이이(李珥, 1536~1584): 본관 덕수(德水), 자 숙헌(叔獻), 호 율곡(栗谷)·석담(石潭)·우재(愚齋). 이조·병조판서 등을 역임. 1576년(선조 9) 동인(東人)과 서인(西人)의 대립 갈등이 심화되자 중재하려고 노력하였다.
7. 나를 …… 『춘추』이다: 『맹자』「등문공장구(滕文公章句)」(하)에서 "『춘추』는 천자가 하는 일이다. 이 때문에 공자가 말하기를, '나를 알아주는 것도 오직 『춘추』이며 나를 죄주는 것도 오직 『춘추』이다.'라고 하였다."
8. 관직(館職): 홍문관(弘文館)의 부제학(副提學) 이하의 관직.

다. 만약 내가 당화(黨禍)를 없애려 하다가 도리어 당인(黨人)들과 영합한다는 비방을 받는다면 뒷날 또한 분변하는 자가 있을 것이다.

무신년(1788, 정조 12) 동짓날[9]에 일환퇴사(一丸退士)가 영주(瀛州, 전남 고흥) 바닷가 귀양 처소에서 쓰다.[10]

9. 동짓날[陽復日]: 양복일은 순음(純陰)에서 양(陽)이 다시 회복되기 시작한 날이다.
10. 이상의 내용은 규장각 소장(奎15680) 『은파산고(恩坡散稿)』 권4 「定辨錄序」에 실려 있다.

『정변록』 상(上)
거듭되는 역모, 그 연원과 배후

1. 기사년(1749, 영조 25)에 왕세자[1]가 대리청정(代理聽政)하였다.

우리 조정[國朝]의 고사(故事)에 따라서 대조(大朝, 영조)[2]와 소조(小朝, 사도세자)[3]라고 칭하였다. 여러 신하들이 올린 글들[章疏]은 모두 동궁(東宮)에 들어갔고, (세자가) 차대(次對)[4]에 나아가 여러 사무를 처결하였다. 아름다운 명성이 날로 드러나서, 인심이 매이는 데가 있게 되었다.

일성위(日城尉) 정치달(鄭致達)[5]이 새로 화완옹주(和緩翁主)[6]를 아내로 맞아 주상의 총애

---

1. 왕세자: 사도세자(思悼世子, 1735~1762). 영조의 둘째 아들. 이름은 선(愃), 호 의재(毅齋), 자 윤관(允寬), 어머니는 영빈 이씨(暎嬪李氏), 부인은 홍봉한(洪鳳漢)의 딸 혜경궁(惠慶宮) 홍씨. 이복형인 효장 세자(孝章世子)가 일찍 죽자 2세 때 왕세자로 책봉되었다. 어려서부터 총명해 10세 때 신임옥사에 대해서 노론을 비판하여 갈등을 빚었다. 1749년(영조 25) 대리청정을 시작하면서 노론과의 갈등은 심해졌다. 세자의 서정(庶政)으로 장인인 영의정 홍봉한(洪鳳漢) 등의 세력이 커지자 노론과 계비 김씨, 숙의 문씨 등은 세자에 대한 무고를 계속했으며, 김씨의 아버지 김한구(金漢耉)와 그 일파인 윤급(尹汲) 등은 세자의 폐위를 꾀했다. 이들의 사주를 받은 나경언(羅景彦)이 세자의 비행 10여 조를 적은 상소를 올리자 영조는 나경언을 사형에 처하는 한편, 세자에게도 자결을 명했으나, 세자가 이를 듣지 않자 뒤주 속에 가두어 8일 만에 굶어죽게 했다. 영조는 곧 후회, 위호(位號)를 복귀시키고 사도(思悼)라는 시호를 내렸다. 정조는 즉위 후 아버지인 사도세자를 장헌(莊獻)세자라고 개칭했으며 고종 때 장조(莊祖)로 추존되었다. 장헌세자의 죽음은 비행이나 악질에 걸려 광란한 행위를 했기 때문이라기보다는 당쟁의 과정에서 희생되었다고 보는 것이 타당하다. 장헌세자를 둘러싼 조정 내부의 대립은 시파·벽파의 대립을 발생시켜 당쟁을 더욱 치열한 양상으로 새롭게 변모시켰다.
2. 대조(大朝): 동궁(東宮)이 섭정(攝政)하고 있을 때의 임금. 여기서는 영조를 가리킨다.
3. 소조(小朝): 대리청정하는 왕세자. 여기서는 사도세자를 가리킨다.
4. 차대(次對): 의정부 당상(堂上)·대간(臺諫)·옥당(玉堂)들이 매월 여섯 차례 입시하여 중요한 정무를 아뢰던 일.
5. 정치달(鄭致達, ?~1757): 본관 연일(延日). 이조 판서 우량(羽良)의 아들, 영조의 부마. 1749년(영조 25) 3월 영빈 이씨 소생의 화완옹주(和緩翁主)와 정혼하여 일성위(日城尉)가 되었다. 1757년 후사 없이 요절하였다. 1764년 인천에서 물고기를 팔던 석달(錫達)의 아들 후겸(後謙)을 양자로 삼고, 장원봉사(掌苑奉事)에 제수되

를 받았다. 정우량(鄭羽良)[7]【정치달의 아버지】과 정휘량(鄭翬良)[8]이 연계하여 일을 꾸몄다가, 세자에게 죄를 얻었다. (두 사람은) 항상 이를 불안하게 여기어 양궁(兩宮, 영조와 사도세자) 사이를 벌려 놓을 것을 모의하였다.[9]

적신(賊臣) 홍계희(洪啓禧)[10]는 일찍이 문학(文學)[11]이 되었을 때부터 대제학에 뜻을 두어 정도(正道)를 버리고 그릇된 수단을 써서 정씨 집안과 은밀히 내통하였다. 정씨 집안에서 바야흐로 세자의 과실을 떠들어대자, 적신 홍계희가 밖으로 나라를 걱정하는 말이라고 하면서 인심을 격동시켰으니, 실제로는 정휘량에게 빌붙고자 한 것이었다.

신미(1751, 영조 27) · 임신년(1752)간 적신 홍계희의 흉론(凶論)이, '사직이 중요하고 군주는 가볍다'는 설에까지 이르렀다. 혼란스러운 말로 윗사람을 능멸하고, 거짓으로 일종의 의리(義理)를 만들어 인심을 선동하였던 것이다. 정휘량은 궁금(宮禁)[12]과 결탁하였고, 홍계희 역시 거짓으로 속이고 꾸며서 헛된 명성이 있었으므로, 그 말에 미혹되기 쉬웠다. 그러나 서연(書筵)[13]에 나아갔던 신료들과 시강(侍講)하던 궁관(宮官)들이 모두 세자가 맑은 자품을 타고났을 뿐 아니라, 강학이 날로 성취되어 감을 직접 눈으로 보았다.

었다.

6. 화완옹주(和緩翁主, 1737~1808): 영조의 아홉째 딸. 영빈 이씨의 소생. 1749년 정치달과 혼인하였다. 딸이 하나 있었으나 2살에 죽었고 남편도 요절하여 23세에 과부가 되어 남편의 먼 일가인 정후겸(鄭厚謙)을 양자로 들였다. 영조는 화평옹주를 잃고 당시 10여 세였던 화완옹주를 총애했다고 한다.
7. 정우량(鄭羽良, 1692~1754): 본관 연일(延日), 자 자휘(子翬), 호 학남(鶴南). 인빈(寅賓)의 손자, 판서 수기(壽期)의 아들, 좌의정 휘량(翬良)의 형. 병조 판서 · 우의정 등을 역임하였다.
8. 정휘량(鄭翬良, 1706~1762): 본관 연일(延日), 자 자우(子羽) · 사서(士瑞), 호 남애(南崖). 우의정 우량의 동생. 치달의 숙부. 우의정 · 좌의정 등을 역임. 1755년(영조 31) 발생한 나주괘서사건(羅州掛書事件, 을해옥사) 때 정휘량을 비롯한 소론계 온건파 대부분이 조태구(趙泰耉) · 유봉휘(柳鳳輝) 등의 죄를 탄핵하여, 조태구 · 유봉휘는 노적(奴籍)으로 떨어뜨리고 이광좌(李光佐) · 최석항(崔錫恒)도 추탈(追奪)되게 하였다. 이후 사도세자의 평양 행차 사건을 수습하며 자청해서 정승의 직위를 내려놓고 판중추부사(判中樞府事)로 전직하였다. 정치달의 숙부로서 치달의 처인 화완옹주의 도움을 많이 받았으며, 은밀히 김상로(金尙魯) · 홍계희(洪啓禧) 일당과 통하여 무진(1748, 영조 24) · 기사(1749)연간에 사설(邪說)을 일으켰다. 저서로는 『남애집(南崖集)』 · 『견사록(見思錄)』 등이 있다.
9. 정우량 …… 모의하였다: 정휘량은 정치달의 숙부로서, 안으로 화완옹주의 지원을 받고 암암리에 김상로 · 홍계희의 무리에 붙어서 사도세자를 모함하였다. 이와 관련된 자세한 사실은 『현고기』 권1, 원편(原篇) 상(上) 참조.
10. 홍계희(洪啓禧, 1703~1771): 본관 남양(南陽), 자 순보(純甫), 호 담와(淡窩). 참판 우전(禹傳)의 아들. 이재(李縡)의 문인. 이조 · 예조 판서 등을 역임. 영의정 김상로(金尙魯), 형조 판서 윤급(尹汲), 참판 이기경(李基敬) 등과 교유하면서 정순왕후(貞純王后, 1745~1805) 부친 김한구와 긴밀히 연계하였다. 1762년 경기도 관찰사로서 김한구 등과 짜고 나경언(羅景彦)의 상변(上變)사건을 일으켜 사도세자의 죽음을 초래하였다. 1777년(정조 1)에 아들 술해(述海)와 손자 상간(相簡)이 대역죄로 사형을 받자 그의 관작도 추탈당하였다. 저서로는 『삼운성휘(三韻聲彙)』 등이 있다.
11. 문학(文學): 세자 시강원에 속하여 세자에게 글을 가르치던 정5품 벼슬.
12. 궁금(宮禁): 여기서는 화완옹주를 가리킨다.
13. 서연(書筵): 왕세자에게 경사(經史)를 강론하는 자리.

간혹 정휘량과 홍계희의 사론(邪論)을 배척하는 자가 있으면 흉당(凶黨)은 불가하다고 하였으며, (세자가) 조회에 임할 때 근엄한 것을 두고 한(漢)나라 성제(成帝)를 거론하였다.[14] 성명(聖明, 영조)께서 또한, "세자가 뜻을 둔 곳이 많지만, 신임대의(辛壬大義)[15]에 대해서 도리어 소홀히 한다."라고 여기자, (흉당은 이것을 빌미로 세자를) 무함하고 핍박하는 계책으로 삼고자 했다.

그러나 을해년(1755, 영조 31) 역옥(逆獄)[16]을 (영조가) 친국할 당시 세자가 항상 시좌(侍坐)[17]하였는데, 징토하고 추율(追律)[18]하는 논의에서 세자의 명이 지극히 엄정하였고 이것을 신료들이 모두 직접 목격하였다. 이리하여 사람들이 정휘량과 홍계희의 흉악함을 많이 알게 되자 조정의 논의가 비로소 나뉘어져, 마침내 남당(南黨)·동당(東黨)·중당(中黨)의 색목(色目)[19]이 생겼다.[20]

삼가 살피건대,

역적 홍계희의 욕심은 처음엔 비루하게 대제학의 자리를 차지하려는 데 불과했지만, 이내 국본(國本, 세자)을 동요하는 것이 어렵지 않게 되자 참화를 일으키려는 마음이 더욱 급해졌다. 마침내 여러 역적들과 연계하여 전혀 사리에 맞지 않은 비유를 들어 '(사직이 중요하고) 군주는 가볍다'는 설을 지어내어 떠들어 댔다. 그리하여 사람들을 현혹하고 무함하

---

14. 한(漢)나라 성제(成帝)를 거론하였다: 1748년(영조 24) 12월 18일(무술) 실록기사에서 영조는 세자에게 한나라의 임금 성제를 경계해야 한다고 하면서, "성제는 조정에 나갈 때는 위엄 있는 기상이 마치 신(神)과 같았지만 비연(飛燕, 성제의 후비)과 음란한 짓을 할 때 어찌 다시 위엄 있는 모습이 있었겠는가?"라고 하였다.
15. 신임대의(辛壬大義): 신축년(1721, 경종 1) 환국과 임인년(1722, 경종 2) 옥사에 대한 의리를 말한다. 당시 경종의 병세를 이유로 노론(老論)이 연잉군(延礽君, 영조)을 세제(世弟)로 세우고 대리청정을 건의하였으나 소론(少論)이 집권하여 노론을 역모로 몰아 처벌한 사건이다. 신임대의란 이때 노론이 정당하였는데 소론에게 억울하게 처벌받았다는 노론측 주장을 가리키는 것이다.
16. 을해년 역옥(逆獄): 1755년(영조 31) 소론이 관련된 일련의 사건을 역모로 몰아서 소론을 제거한 사건. 나주 괘서사건으로 소론을 처벌하고 나서 열린 토역(討逆) 경과(慶科)에서 시권(試券) 사건, 그리고 익명의 투서 사건이 연이어 일어나서 약 6개월 사이에 500여 명이 형을 받았고, 그 가운데 120여 명이 처형되었다. 이로 인해 소론 준론이 대거 처벌받고, 노론이 정국을 주도하였으며, 그 전말을 기록한 『천의소감(闡義昭鑑)』이 반포되었다.
17. 시좌(侍坐): 임금이 정전(政展)에 나갈 때 세자가 그 옆에서 모시던 일. 여기서는 국청(鞫廳)에 참여한 것을 말한 것이다.
18. 추율(追律): 죽은 뒤에 역적의 죄과(罪過)가 드러났을 경우, 죽은 사람에게 역률을 집행하던 일이다.
19. 색목(色目): 조선시대 당파를 지칭하는 용어이다.
20. 조정의 …… 생겼다: 노론은 김상로를 지원하는 남당(南黨)과 이천보(李天輔)를 지원하는 동당(東黨) 및 유척기(兪拓基)가 이끌던 중당(中黨)으로 구별되었다. 이러한 분화와 재편의 양상에서 가장 중요한 변수는 세자에 대한 신하들의 인식과 자세 문제였다. 대리청정 중인 세자가 노론들의 『대훈(大訓)』 수정 요구에 미온적이자, 김상로와 홍계희는 세자에 대한 의구심을 정당화했다. 반면에 노론의 동당 이천보, 중당 유척기와 소론 준론 이종성 등은 당파를 초월하여 세자의 보호를 위해 협력하였다.

며 핍박하는 계책을 만들기에 급급하여 마침내 여러 역적의 근본이 되었다. 성인의 이른 바, '득실을 걱정하여 하지 못하는 짓이 없는 자'라고 한 것에 해당한다.[21] 만고(萬古)의 흉악한 역적의 심보를 살펴보아도, 또한 이처럼 지극히 흉악하고 참혹한 역적은 지금까지 없었다.

홍계희는 일찍이 고(故) 판서 도암(陶庵) 이재(李縡)[22] 공(公)을 스승으로 섬겼다. 이 공이 일찍이 말하기를, "홍계희는 간사함이 많다."라고 하면서 편지를 보내 꾸짖었다. 홍계희의 역론(逆論)은 이 공이 세상을 떠난 뒤에 비로소 나왔으니, 사람들이 그의 선견지명에 탄복하였다고 한다.

2. 정축년(1757, 영조 33) 겨울에 적신(賊臣) 김상로(金尙魯)[23]가 공묵합(恭默閤, 창경궁 소재)에 입시해서 흉악한 말을 아뢴 적이 있었다.[24]

김상로는 역적 홍계희의 처숙부로서 나이가 서로 비슷하여 어려서부터 친밀하였다. 홍계희가 바야흐로 정도(正道)를 버리고 그릇된 수단을 써서 은밀히 내통하고 흉악한 논의를 일으켰다. 김상로가 권세를 잡고 함께 주도면밀하게 준비하여 이때 이르러 입시하여 귀에 대고 아뢰었던 것이다. 또한 후궁[25]의 사친(私親)인 요사스러운 역적 문성국(文聖國)[26]과

---

21. 성인(聖人)의 …… 해당한다: 『논어(論語)』 '양화(陽貨)'편에 공자(孔子)가 말하기를, "비루한 자와 함께 어찌 임금을 섬길 수 있겠는가? 그러한 자는 이익이나 지위를 얻기 위하여 근심하고, 또 얻으면 잃어버릴까 하여 걱정하며 하지 않는 바가 없다.[子曰 鄙夫可以事君也與 其未得之也 患得之 旣得之 患失之 苟患失之 無所不至矣]"라고 한 것을 말한다.
22. 이재(李縡, 1680~1746): 본관 우봉(牛峰), 자 희경(熙卿), 호 도암(陶庵)·한천(寒泉). 김창협(金昌協)의 문인. 이조 참판·대제학 등을 역임. 부제학 재직 시 『가례원류(家禮源流)』의 편찬자를 둘러싸고 시비가 일자 노론의 입장에서 소론을 공격하였다. 이후 노론의 중심 인물로 활약하였다. 영조대 의리론을 들어 탕평책을 부정한 노론 가운데 준론(峻論)의 대표적 인물로, 윤봉구(尹鳳九)·송명흠(宋命欽)·김양행(金亮行) 등과 함께 당시의 정국 전개에 많은 영향을 미쳤다. 호락논쟁(湖洛論爭)에서는 이간(李柬)의 학설을 계승해 한원진(韓元震) 등의 심성설(心性說)을 반박하는 낙론(洛論)의 입장에 섰다. 저서로는 『도암집(陶菴集)』·『사례편람(四禮便覽)』 등이 있다.
23. 김상로(金尙魯, 1702~1766): 본관 청풍(淸風), 자 경일(景一), 호 하계(霞溪)·만하(晩霞). 징(澄)의 손자, 유(楺)의 아들, 약로(若魯)의 아우. 좌의정·영의정 등을 역임. 1762년(영조 38) 사도세자의 처벌에 적극 참여해 영조의 동조를 얻었으나 왕이 이를 후회하자 청주로 귀양 갔으며 특명으로 풀려난 뒤 봉조하가 되었다. 죽은 뒤에 정조가 즉위하자 관작이 삭탈되었다가 고종 때 다시 신원되었다.
24. 흉악한 …… 있었다: 1757년(영조 33) 11월 13일(신축) 실록기사에 따르면, 사도세자가 낙상(落傷)한 일 때문에 입시하여 의견을 말한 일이 있었다. 중관(中官)들이 세자를 살피지 못했다고 해서 이들을 귀양 보냈다. 이때 김상로는 중관의 죄가 아니라고 말하였다. 구체적인 발언 내용은 알려지지 않았다.
25. 후궁: 숙의 문씨(淑儀文氏). 그녀는 정순왕후 집안과 함께 영조와 사도세자를 이간질하여 사도세자를 죽음에 몰아넣는 음모에 가담하였다. 정조가 즉위하자 곧 폐하여지고 사가(私家)에 안치되었다.
26. 문성국(文聖國): 숙의 문씨(淑儀文氏)의 조카. 문씨와 모의하여 사도세자를 무고하였다. 『현고기』권3, 속편

안팎으로 결합하여 흉언을 지어내어 퍼뜨리자 이에 세상이 들끓게 되었다.

고(故) 정승 유척기(兪拓基)[27]와 이천보(李天輔)[28]는 김상로 · 홍계희와 대립하였다. 고 정승 이종성(李宗城)[29]은 유척기와 합세하였으며, 고 정승 조재호(趙載浩)[30]는 조정 바깥에 있으면서 역적 무리들을 배격하였다. 이 때문에 김상로와 홍계희 등 여러 역적들은 방자하게 멋대로 흉악한 일을 저지를 수 없었다.

삼가 살피건대,

영조가 해와 달 같은 밝음으로써 그 흉악함을 밝혔지만 점차 (세자와) 소원해졌다.[31] 경진년(1760, 영조 36) 가을에 김상로가 정승에서 물러나자 이때부터 여러 역적들의 음모는 더욱 급해졌다. 도위(都尉) 신광수(申光綏)[32] 또한 세자에게 죄를 얻었는데, 그의 부친 신만(申晩)[33]이 영의정에 임명되자 김상로와 홍계희 무리들과 함께 위세를 부리고 서로 연계하여 날이 갈수록 모의가 급하게 진행되어 신사년(1761, 영조 37)까지 이어졌고, 그 이듬해

상 18번 기사에 따르면 문녀의 조카로 기록되었다. 더러 오빠나 동생이라고 기록된 곳도 있다.

27. 유척기(兪拓基, 1691~1767): 본관 기계(杞溪), 자 전보(展甫), 호 지수재(知守齋). 김창집(金昌集)의 문인. 우의정 · 영의정 등을 역임. 1739년(영조 15) 신임옥사 때 사사된 김창집 · 이이명(李頤命) 두 대신의 복관(復官)을 건의해 신원(伸寃)시켰다. 만년에 김상로 · 홍계희 등이 영조와 사도세자 사이를 이간시키자 이를 깊이 우려했고, 이천보가 영의정에서 물러나자 영조에 의해 중용되어 영의정에 임명되었다. 저서로는 『지수재집』 등이 있다.
28. 이천보(李天輔, 1698~1761): 본관 연안(延安), 자 의숙(宜叔), 호 진암(晋庵). 영의정 등을 역임. 1752년(영조 28) 우의정에 승진하고, 같은 해 좌의정에 올랐다. 1761년 영의정 재직 시 사도세자의 평양 행차 사건을 인책, 음독 자결하였다. 저서에는 『진암집』 등이 있다.
29. 이종성(李宗城, 1692~1759): 본관 경주(慶州), 자 자고(子固), 호 오천(梧川). 영의정 등 역임. 1728년(영조 4) 박문수(朴文秀)와 함께 붕당 200년의 폐를 논하였다. 1752년(영조 28) 세자의 처벌에 적극적이던 김상로 등과 대립하여 영의정에서 물러났다. 1758년 영중추부사가 되어 사도세자 보호에 앞장섰다.
30. 조재호(趙載浩, 1702~1762): 본관 풍양(豊壤), 자 경대(景大), 호 손재(損齋). 좌의정 문명(文命)의 아들, 영의정 현명(顯命)의 조카, 효순왕후(孝純王后)의 오빠. 우의정 등을 역임. 1739년(영조 15) 송인명(宋寅明)의 천거로 세자 시강원에 등용되었다. 1752년(영조 28) 이광좌를 탄핵하여 소론의 배척을 받았다. 1755년 『천의소감』 편찬의 도제조(都提調)가 되었다. 1759년(영조 35) 계비(繼妃)의 책립을 반대한 죄로 임천으로 귀양갔다가 이듬해 풀려나 춘천에 은거하였다. 1762년 사도세자가 화를 입게 되자 구원을 위해 서울로 올라왔다가, 도리어 홍봉한 등의 무고로 종성으로 유배, 사사되었다. 1775년(영조 51) 신원(伸寃)되었다. 저서로는 『손재집』이 있다.
31. 소원해졌다: 이 시기 대표적인 갈등 사례로 세자가 주상의 책망을 이기지 못하고 스스로 우물 속으로 뛰어든 일이 있었다. 이때 홍계희가 명나라 의문태자(懿文太子)의 사례를 들어 세자가 진실로 어질지 못하면 폐하는 것이 마땅하다고 하였다.
32. 신광수(申光綏, 1731~1775): 본관 평산(平山). 신만(申晩)의 아들. 영조의 일곱째 화협옹주(和協翁主)와 결혼하여 영성위(永城尉)에 봉해졌다.
33. 신만(申晩, 1703~1765): 본관 평산(平山), 자 여성(汝成) · 성백(成伯). 영중추부사 사철(思喆)의 아들. 좌의정 · 영의정 등을 역임. 동생 회(晦)와 함께 형제가 정승직에 올랐다. 1755년(영조 31) 찬수당상(纂修堂上)으로 『천의소감』을 편찬하였다. 1762년 영의정으로 재직하면서 사도세자가 뒤주에 갇힐 때 간하지 않았다고 하여 파직되었다. 사도세자를 위해하려는 세력에 가담하여 임오화변을 방조하였다는 평을 받았다.

에 나경언(羅景彦)[34]이 흉서를 올리는 변고가 발생하였다. 나경언은 역적 홍계희의 오래된 겸종(傔從)[35]으로서 액례(掖隷)[36]가 된 자였는데 끝내 그 일을 규명하지 못하였다.

3. 그해 다시 세자 시강원[春坊, 왕세자 교육 담당 관청]을 설치하였다.

세자 시강원이 다시 설치되기 전에 십여 일간 흉론이 횡행하여[37] 인심이 들끓은 적이 있었는데, 이는 모두 여러 역적들이 지어내어 퍼뜨린 것이었다. 궁궐 뜰에 모인 많은 사람들 가운데 혹 공공연히 그 말을 떠들어 대는 자가 있어서, 일반 민가에까지 소문이 자자하였다.

홍계희의 족질(族姪) 홍양해(洪量海)[38]는 호서(湖西, 충청도)에 살았는데, 이학자(理學者)라 칭하고 의리를 칭탁하며 차마 하지 못할 말과 차마 듣지 못할 흉론을 멋대로 떠들어 댔다. 홍양해의 절친한 친구 김한록(金漢祿)[39]은 홍양해의 종용을 받았다. 김한록은 김구주(金龜柱)[40]의 종숙(從叔)이었다. (이들이) 맥락을 서로 통하고, 멀거나 가까운 자들과 서로 결합하여 한 무리를 이루어 멋대로 세자를 위태롭게 핍박할 모의를 하였다.

선대왕의 성덕[英謨]이 넉넉히 끼쳐서 음험하게 남을 해치는 수많은 자들이 다시는 음모를 꾸미지 못하게 하였다. 그러나 이 같은 여러 역적들이 뒷날의 근심이 된 것은 (이들이) 수많은 계책을 세워 반드시 세자를 위태롭게 하기를 모의한 뒤에야 그만두었기 때문이다.

---

34. 나경언(羅景彦, ?~1762): 형조 판서 윤급(尹汲)의 청지기였던 나경언은 영조 계비 정순왕후의 아버지 김한구, 경기도 관찰사 홍계희, 영부사(領府事) 김상로, 윤급 등의 사주를 받아 1762년(영조 38)에 사도세자를 무고하였다. 영조가 친국(親鞫)하는 자리에서 사도세자의 허물 10여 가지를 무함하는 흉서를 올리고, 참형에 처해졌다. 나경언의 고변으로 인하여 영조는 사도세자를 서인(庶人)으로 강등하고 뒤주에 가두어 죽게 하였다.
35. 겸종(傔從): 청지기. 양반집의 수청방에 있으면서 여러 가지 잡일을 맡아보고 시중 드는 사람. 『정변록』에서는 홍계희의 겸종이라고 했는데, 윤급(尹汲)의 겸종이라는 설도 있다.
36. 액례(掖隷): 액정서(掖庭署)에 딸린 하례(下隷).
37. 흉론이 횡행하여: 대표적으로 정축년(1757, 영조 33) 낙선당(樂善堂, 세자가 거처하던 정당)에 화재가 났을 때 문녀가 동궁의 소행이라고 무고하였다. 이에 영조의 차마 들을 수 없는 하교가 날마다 내려졌다고 한다.
38. 홍양해(洪量海): 홍계희의 친속이자 김한기·김한록과 친우(親友)였다. 김구주가 그의 문인이었다.
39. 김한록(金漢祿, 1722~1790): 본관 경주(慶州), 자 여수(汝綏), 호 한간(寒澗). 영조의 장인 김한구의 종제(從弟), 우의정 관주(觀柱)의 아버지. 한원진(韓元震)의 문인. 종질녀가 영조의 계비로 간택되어 정순왕후가 되자 노론 벽파의 당론을 조종하는 등 당쟁에 깊이 관여하였다. 종질인 구주와 함께 김상로·홍계희·정휘량·신만 등 벽파 대신들을 조종하여 1762년(영조 38) 사도세자의 허물을 들추어내어 죽게 하였다. 이어서 시파(時派)의 핵심인물인 홍봉한을 탄핵하여 관직에서 물러나게 하고, 왕세손(뒤의 정조)까지 해치려 하였으나 뜻을 이루지 못하였다.
40. 김구주(金龜柱, 1740~1786): 본관 경주. 영조의 장인 김한구의 아들. 1772년 청명당(清明黨) 사건으로 유배되었다. 이를 당시 홍봉한 등 외척 정치의 탓으로 돌려, 사촌 동생 관주와 함께 홍봉한을 제거하는 것이 의리라는 소를 올렸다. 1784년에 왕세자 책봉으로 감등되어 나주에 이배되었다가 이듬해에 죽었다.

4. 계미년(1763, 영조 39)에 주상이 산림의 여러 유학자들을 조정으로 불러들였다. 찬선(贊善) 송명흠(宋明欽)[41]이 왕명을 받아 서울에 도착하였는데 얼마 뒤 파직되어 돌아갔다.

처음 송명흠이 서울에 도착하였을 때 역적 신만 · 김상로 · 홍계희의 무리들이 수많은 계책을 내어 꾀었고, 홍양해와 김한록의 무리가 한결같이 과격함을 조장하려 했지만 송명흠은 끝내 동요되지 않았다. 경연(經筵)에 나아가 아뢴 말이 주상의 마음을 감동시킨 점이 있었으나 돌아갈 때 올린 상소는[42] 도리어 주상의 마음을 격동시켰다. 당시 신만이 영의정이 되었고 홍봉한[43]이 좌의정이 되었으니 주상이 바야흐로 믿고 의지하였는데, 송명흠의 상소 가운데 '삼백 적불(三百赤芾)'[44]이라는 말이 있었다. 주상이 노하여 그 죄를 꾸짖었지만 공의 이 같은 행동이 구정(九鼎)과 대려(大呂)[45]처럼 중하여 흉악한 모의와 사특한 설이 차츰 잦아들었다고 한다.

5. 갑신년(1764, 영조 40)에 홍봉한을 영의정에 임명하였다.

당시 주상이 홍봉한에게 위임하였는데, 동궁(東宮, 정조)의 외척이기에 다른 사람들보다는 낫다고 생각한 것이다. 흉당으로서 동궁을 위태롭게 하려는 자들은 먼저 공홍(功洪)[46]을 명

---

41. 송명흠(宋明欽, 1705~1768): 본관 은진(恩津), 자 회가(晦可), 호 역천(櫟泉). 준길(浚吉)의 현손(玄孫), 이재의 문인. 동당(東黨)의 산림으로 사도세자 보호에 힘썼다. 1764년(영조 40) 부호군에 임명되고 찬선(贊善)으로 경연관이 되어 정치문제를 논의하는 가운데 영조의 비위에 거슬리는 발언을 하여 파직되었다.
42. 돌아갈 때 올린 상소: 1763년(영조 39) 3월 5일(임술) 올린 것으로서 당시 송명흠은 벼슬을 그만두면서 공평한 마음으로 정사에 힘쓰라는 내용의 상소를 올렸다. 이때 '삼백 적불(三百赤芾)'이란 표현이 영조를 진노케 하였다. 송명흠은 경연에서 영조의 인척 중용을 비판하다가 유배된 김시찬(金時粲) 등에 대한 용서를 청하면서 임오년 처분이 부득이한 것이었다면, 더는 사도세자와 관련된 과도한 조치를 취하지 말도록 충언한 것이다. 이어서 경연에서 미처 다하지 못했던 말을 상소로 올려, 영조에게 삼백 적불과 같은 척신들을 등용하여 조정을 사문(私門)으로 채우지 말 것을 주장하였다.
43. 홍봉한(洪鳳漢, 1713~1778): 본관 풍산(豊山), 자 익여(翼汝), 호 익익재(翼翼齋). 사도세자의 장인이며, 세손[정조]의 외할아버지. 그는 북당(北黨)을 이끌며, 영조 계비 정순왕후(貞純王后) 김씨(金氏)의 친정 인물인 김구주(金龜柱) 중심의 남당(南黨)과 대립하였다.
44. 삼백 적불(三百赤芾): 적불은 대부 이상의 관원이 예복을 입을 때 무릎 위를 가리던 옷. 이 옷을 착용한 자가 300명이라는 뜻이다. 이 말은 임금 주위에 있는 척신들로서 소인배를 가리키는 말로 쓰였다.
45. 구정(九鼎)과 대려(大呂): 구정은 하(夏)나라의 우왕(禹王)이 구주(九州)에서 금을 거두어들여 만든 솥. 하 · 은(殷)나라 이래 전국보(傳國寶)로 삼았다. 대려는 주(周)나라 종묘의 큰 종의 이름이다.
46. 공홍(功洪): 홍봉한을 공격한다는 뜻. 영조대 노론 탕평파 홍계희와 김상로는 사도세자를 흔드는 데 공조했지만, 홍봉한에 대한 논의에서 의견이 갈려 홍계희의 부홍파(扶洪派)와 김상로의 공홍파(攻洪派)로 분기하였다. 홍계희쪽 사람들은 북촌인(北村人)들을 기반으로 북당(北黨)이 되고 김상로쪽 사람들은 남촌인(南村人)들을 기반으로 남당(南黨)이 되었다. 그러다가 홍국영 방축 이후에 다시 부홍파는 시파(時派)로 공홍파는

분으로 삼아서 겉으로는 권신(權臣)을 공격한다고 핑계대고 속으로는 세손[貳極]을 위태롭게 하고 핍박하려 했으니 그 의도가 매우 흉악하고 참혹하였다. 뜬소문을 지어내어 퍼뜨리고 인심을 선동하고 현혹시켜 세손의 과실을 널리 퍼뜨렸다. 겉으로는 나라를 근심하는 말인 척하면서 반드시 먼저 외척에게 그 죄를 돌렸으니, (이는) 조영순(趙榮順)[47]의 부도(不道)하여 차마 듣지 못할 흉언과 같은 것이 있었다.【조영순의 흉악한 말[48]은『명의록(明義錄)』[49]에 실려 있다.[50]】

이에 여러 역적들이 김구주를 추대하여 와주(窩主)로 삼았고, 역적 홍계희의 아들 홍술해(洪述海),[51] 역적 김상로의 아들 김치양(金致讓)[52]과 모두 몰래 연락하는 통로를 만들어 두었다.

홍술해의 내종(內從, 고종 사촌)은 즉 김종건(金鍾健)이고, 김종건의 외종(外從, 외종 사촌)은 즉 심수지(沈綏之)였다. 심수지는 김구주와 친밀하게 교분을 나누었고, 심수지의 처형 신광의(申光儀)는 즉 역적 신만의 족질(族姪)로서 그 역시 김구주를 섬겼다.

역적 이율(李瑮)[53]의 형 이찬(李璨)은 신회(申晦)[54]의 사위였다. 이율과 심수지, 신광의는

벽파(僻派)로 되었다.

47. 조영순(趙榮順, 1725~1775): 본관 양주(楊州), 자 효승(孝承), 호 퇴헌(退軒). 우의정 태채(泰采)의 손자. 좌의정 김상로의 천거로 정언이 되었다. 세자에게 영의정 이천보를 매도하는 글을 올렸다가 제주도 대정(大靜)으로 유배되었다. 1759년 영의정 유척기, 우의정 신만 등의 건의로 풀려나와 세손 강서원(世孫講書院)의 익선(翊善)에 기용되었다.

48. 흉악한 말: '모년이 다시 나올 것[某年復出]', 즉 모년의 일이 다시 거론될 것이라는 말을 가리킨다. 모년은 사도세자가 뒤주에 갇혀 죽은 임오화변(壬午禍變)을 가리킨다. 세손이 즉위한 후 홍봉한이 임오화변의 시비를 다시 거론하여 사도세자의 추숭을 추진하는 등 대의리의 전복을 공론화할지도 모른다는 남당의 위기의식을 표현한 말로 보인다.

49. 『명의록(明義錄)』: 1777년(정조 1) 왕명에 의해 간행된 책이다. 정조와 정조를 보호했던 정순왕후, 정조의 궁료(홍국영·정민시), 이들과 연계하여 홍인한의 대리저지를 좌절시킨 상소문을 올렸던 소론 완론 서명선이 주체가 되어 홍인한·정후겸 도당의 반역을 물리친 기록이다.『명의록』에서 정순왕후는 후원자, 홍국영·정민시·서명선은 의리의 주인, 김종수·유언호는 의리 제공자의 지위였으며, 이들 양 세력이 협조하여 국시(國是)를 확정한 것이다.

50. 조영순의 …… 실려 있다:『명의록』「속명의록」'정유년 7월 28일부터 무술년 2월 21일까지' 가운데 '8월 17일 경술(庚戌)' 일자에 실려 있다. 그 내용은 다음과 같다. 1769년(영조 45)에 조영순이 의빈(儀賓)이 액례를 거느리고 여항(閭巷)에서 소란을 피운 일을 덮기 위해 '감히 말할 수 없는 곳'에 그 일을 돌려서 부도한 말까지 하였다는 것이다. 즉 와전된 말로써 선동하여 인심을 의혹케 하여 저위(儲位)를 위태롭게 할 계교를 꾀했다는 것이다.

51. 홍술해(洪述海, 1722~1777): 본관 남양(南陽), 자 중선(仲善). 계희의 아들. 대사성 등을 역임. 1776년(정조 즉위년)에 황해도 관찰사로 재직 중 장전(贓錢) 4만 냥, 조(租) 2,500석, 송목(松木) 260주(株)를 사취한 사실이 드러나 흑산도에 위리안치(圍籬安置)되었다. 이듬해 아들 상범(相範)이 아버지의 치죄에 불만을 품고 홍인한·정후겸 등 벽파와 제휴, 정조를 시해하고 은전군 찬(恩全君禶)을 추대하려는 역모를 꾀하였다. 그러나 발각되어 형제 필해(弼海)·지해(趾海)·찬해(纘海) 및 조카 상간(相簡) 등과 함께 주살당하였다.

52. 김치양(金致讓, 1725~1793): 본관 청풍, 자 여득(汝得). 할아버지는 유(楺), 아버지는 상로. 대사헌·이조 참의 등을 역임. 1776년 정조의 등극으로 인하여 17년간 제주도 정의(旌義)현에 유배되었다.

53. 이율(李瑮, ?~1785): 김구주의 구객(舊客)으로서 살홍론(殺洪論)을 주도하였다. 홍낙빈(洪樂彬)의 아들 복영(福榮) 등과 술사(術士)의 말을 믿고 1785년(정조 9) 2월에 역모를 꾀하다가 김이용(金履容)의 고발로 발각되

모두 김구주의 문객이 되어 각각 친척이나 친구들을 혹 나라를 근심하는 말로써 격동시키거나, 혹 작당(作黨)의 이익으로써 꾀었다. 김구주 또한 재물을 풀어 사람들을 기쁘게 하니 하나같이 그에게 빌붙게 되었다. 조금 식견이 있는 자들도 그 무리의 선동과 꾐에 빠져 크게 동요하였다.

무자(1768, 영조 44)·기축년(1769)에 팔학사(八學士)[55]가 모여서 두만강[豆江]에서 노닐 때 배에서 통곡했다는 말이 있었다. 소위 팔학사는 애초부터 역심이 있었던 것은 아니었지만 단지 흉당이 나라를 걱정한다고 가탁하는 말에 손쉽게 미혹되어 (그 말을) 그대로 믿었기 때문이었다.

흉당의 명성과 위세가 점점 커졌는데, 이때 정치달의 양자 정후겸(鄭厚謙)[56]이 주상에게 총애를 받았다. 그 어머니[57]는 궁궐에서 성장하였기에 흉당이 (정후겸에게) 소개를 구하여 연결되었다. 마침내 '삼백당(三伯黨)'이라는 명칭이 생겨났다.

정후겸의 자(字)는 백익(伯益), 구상(具庠)[58]의 자는 백은(伯殷), 김상묵(金尙默)[59]의 자는 백우(伯愚)였다. 김상묵과 구상이 친하였고, 구상과 정후겸이 친하였기에 김상묵이 김구주와 연결될 수 있었던 것이다. 심환지(沈煥之)[60]·송환억(宋煥億)[61]·정이환(鄭履煥)[62]은 또한

어 그해 3월에 홍복영(洪福榮)·양형(梁衡)·문양해(文洋海) 등과 함께 효시(梟示)되었다.

54. 신회(申晦, 1706~1776): 본관 평산(平山), 자 여근(汝根). 영중추부사(領中樞府事) 사철(思喆)의 아들. 좌의정 등을 역임. 정후겸과 함께 세손(世孫, 정조)의 대리청정을 방해하였다가 정조 즉위년(1776)에 유배되어 그곳에서 죽었다.
55. 팔학사(八學士): 이유수(李惟秀)·김상묵(金尙默)의 무리를 자칭 팔학사(八學士)라고 하였다.
56. 정후겸(鄭厚謙, 1749~1776): 본관 연일(延日), 자 백익(伯益). 화완옹주의 양자. 영조의 총애를 바탕으로 홍인한과 더불어 국정을 좌우하였다. 1775년(영조 51) 세손이 대리청정(代理聽政)하게 되자 화완옹주·홍인한 등과 함께 이를 극력 반대하였으며, 동궁에 사인(私人)을 비밀리에 보내어 세손의 언동을 살피게 하였다. 또한 한편으로는 유언비어를 퍼뜨려 세손의 비행을 조작하고 심상운(沈翔雲)을 시켜 세손을 보호하는 홍국영을 탄핵하는 등 세손을 모해하는 데 깊이 간여하였다. 그러나 정조 즉위 직후 유배된 뒤 사사(賜死)되었다.
57. 그 어머니: 화완옹주. 23세에 과부가 되어 남편의 먼 일가인 정후겸을 양자로 들였다.
58. 구상(具庠, 1759~?): 소론인 구윤옥(具允鈺)의 아들. 정후겸·이덕사(李德師) 등과 결탁했다는 혐의로 정조 즉위 직후 귀양 갔다. 그러나 1788년(정조 12) 8월 12일에 서용되어 서산 군수(瑞山郡守)에 제수되고 정조 말에 죽을 때까지 요직을 겸하였다.
59. 김상묵(金尙默, 1726~?): 본관 청풍(淸風), 자 백우(伯愚). 왕세손의 장인(丈人)인 김시묵의 8촌. 영조 말에 심이지·송재경(宋載經) 등과 함께 홍씨를 공격하는 논의를 주창하였고 한유(韓鍮)가 홍씨를 공격하는 상소를 올렸을 때 홍문관원으로서 상소하여 한유를 신구(伸救)하였다.
60. 심환지(沈煥之, 1730~1802): 본관 청송(靑松), 자 휘원(輝元), 호 만포(晩圃). 1793년(정조 17) 이후 이조 참판·규장각 제학을 거쳐서 이조·병조·형조 판서에 임명되었다. 김종수·윤시동(尹蓍東)과 정치적 동지로서 신임의리(辛壬義理)의 고수를 표방하였다. 윤시동이 죽은 뒤 1798년에 우의정에 임명되었으며, 이후 벽파의 영수가 되었다.
61. 송환억(宋煥億, 1741~?): 송덕상(宋德相)의 조카. 송덕상의 아들 환정(煥程)·환주(煥周), 조카 환구(煥九)와 더불어 '사환(四煥)'이라 일컬어졌는데, 송덕상의 4글자 흉언에 대해서 그의 흉악한 꾀를 이루고자 주석을 달아서 번갈아 가며 선동하였다고 한다.
62. 정이환(鄭履煥, 1731~?): 본관 연일(延日), 자 신지(身之). 영의정 호(澔)의 증손. 부응교·동부승지 등을 역임.

세속에서 '삼환(三煥)'이라고 불렀다.[63]

세상에 남당(南黨)과 북당(北黨), 2가지 명칭이 생겨났으니 김구주는 남쪽에 거주하였고, 홍봉한은 북쪽에 거주하였기 때문이었다.[64] 남당의 세력이 커지자, 북당의 가까운 친척과 인척들은 또한 모두 두렵게 바라보았다.

당시 인심이 또다시 무슨 일이 일어날지 몰랐는데, 홍인한(洪麟漢)[65]이 (홍봉한의) 친동생으로서 형세를 관망하다가 스스로 (그 형을) 배반할 계책을 도모하였다.[66] 고 정승 이이명(李頤命)[67] 공의 일을 끌어다가 뒷날 스스로 벗어나려는 계책으로 삼았는데 그 말이 세상에 전파되었다.

이 공은 완녕군(完寧君) 이사명(李師命)[68]의 동생이었다. 완녕군이 죄를 받아[69] 죽었는데도 이 공이 벼슬에 나아갔다. 이 때문에 홍인한이 이 말을 끌어들여 뒷날 스스로 벗어날 계책으로 삼고자 공공연히 말하며 거리낌이 없었다. (홍인한의 행동이) 인륜을 해치고 의리에 어긋남은 진실로 말할 것도 없지만 소위 남당 중에서도 그 말을 받아들여 형세를 관망

세손의 대리청정을 주장한 홍봉한을 처벌할 것을 주장하였다.

63. 김구주가 패퇴한 이후에 송환억은 숙부인 송덕상을 끌어들여 김종수를 매개로 홍국영에게 적극 협조했고, 정이환·심환지는 홍국영에게는 협조하지 않았지만 김종수의 지원 세력으로는 남아 있었다.

64. 김구주는 …… 때문이었다: 홍봉한이 안동(安洞, 안국동)에 거처하기 때문에 북촌(北村)이라고 불렀다. 김구주가 이현(泥峴)에 거처하기 때문에 남촌(南村)이라고 하였다.

65. 홍인한(洪麟漢, 1722~1776): 본관 풍산(豊山), 자 정여(定汝). 중기(重箕)의 손자, 판서 현보(鉉輔)의 아들, 봉한의 동생. 우의정·좌의정 등을 역임. 세손(정조)의 외종조부로서 안으로 정후겸 모자와 밖으로 윤양후(尹養厚)·홍지해(洪趾海) 등과 결탁하여 위세를 부렸다. 세손과 사이가 나빠지자 풍산 홍씨들이 시파에 가담하여 세손을 보호하였으나 그는 벽파에 가담하여 세손의 즉위를 반대하였다. 1776년 정조가 즉위하자 유배되었다가 곧 사사(賜死)되었다.

66. 배반할 계책을 도모하였다: 왕손추대 사건 이후 김한기·김구주 등이 유포시킨 '홍봉한이 동궁에게 불리하다'는 설이 돌았는데, 세손과 중궁전의 노력으로 수습되었다. 하지만, 이 과정에서 영조는 홍봉한에 대한 불신이 심해져, 임오화변을 양성하여 뒤주를 들이고 그 위에 풀을 덮은 책임까지 모두 홍봉한에게 돌리면서, 세손에게 홍봉한을 외할아버지로 대우하지도 말 것을 당부하기까지 했다. 홍봉한에 대한 영조의 신임이 사라졌음이 확인되면서 공홍(攻洪)을 넘어서 살홍(殺洪)이 공공연히 주장되었고, 아우인 홍인한마저 공홍을 선언하며 형과 거리를 두었다.

67. 이이명(李頤命, 1658~1722): 본관 전주(全州), 자 지인(智仁)·양숙(養叔), 호 소재(疎齋). 세종의 아들 밀성군(密城君)의 6대손, 영의정 경여(敬輿)의 손자, 대사헌 민적(敏迪)의 아들, 병조 판서 사명(師命)의 동생. 우의정·좌의정 등을 역임. 1717년(숙종 43) 정유독대(丁酉獨對)를 통해 세자(경종)의 대리청정을 주청하였고, 1721년(경종 1) 세제(世弟, 영조)의 대리청정을 건의하다가 김창집 등과 함께 유배되어 사사되었다.

68. 이사명(李師命, 1647~1689): 본관 전주, 자 백길(伯吉), 호 포암(蒲菴). 좌의정 이명의 형. 형조·병조 판서 등을 역임. 김석주·김익훈 등과 함께 1680년 경신환국에 가담하여 남인을 몰아내는 데 공을 세워 보사 공신(保社功臣) 2등에 녹훈, 완녕군에 봉해졌다.

69. 완녕군이 죄를 받아: 1688년(숙종 14) 2월 9일(임자) 실록기사에 따르면 이사명은 1688년 지평 윤세희(尹世喜)의 탄핵을 받았다. 그 혐의는 다음과 같다. 이사명이 병조 판서로 있으면서 앞선 김석주(金錫胄)의 행태를 본받아 은밀히 조사석(趙師錫)과 동평군(東平君) 이항(李杭)을 규찰하였다는 것이다. 이로 인해 삭주(朔州)로 유배되었다. 이사명은 기사환국으로 남인이 집권하자 정탐정치의 실상이 모두 드러나서 참형에 처해졌다. 이이명은 형 이사명이 역적으로 몰려 죽었지만 갑술환국 이후 정승이 되어 정국을 주도하였다.

하는 계책으로 삼고자 하는 사람이 있었다. 남당의 세력은 점차 기세를 떨쳤고, 북당은 명목만 있지 실제로는 사람이 없었다.

김종후(金鍾厚)[70]와 김종수(金鍾秀)[71] 형제는 홍봉한 종제(從娣)의 아들이었다. 김종후는 이학(理學)을 공부하였으며, 김종수 또한 젊어서 문명(文名)이 있었다. 홍봉한은 일찍부터 김종후 형제를 아꼈고, 또한 일찍이 김종후의 종숙(從叔, 당숙) 김치인(金致仁)[72]을 좋아하였으니, 그 역시 당시 정승이 되어 선대의 우의로써 또한 홍봉한과 매우 친밀하게 지냈다. 세상에서 모두 이를 알고 있었는데, 김종후 형제들이 갑자기 살홍(殺洪)[73]의 논의를 주장하자 사람들이 매우 괴이하게 여겼다.

김종후는 산림으로서 명성이 있었는데, 족제(族弟) 김종건과 역적 홍계희의 아들 홍염해(洪念海)는 내종(內從, 고종사촌) 간이었다. 이들은 모두 이학을 매개로 서로 기맥이 통하여 교유하였다. 김치양과 홍술해 또한 김종수와 친밀하였기 때문에 처음부터 그 당여들을 힘껏 끌어들였다. 이에 조카 김치인을 끌어들여서 또한 살홍의 논의를 주관하였다.

소위 살홍의 논의는 산림에서는 홍양해 · 김한록 · 김종후가 주장하였다. 조정에서는 김치인이 영수가 되고, 정이환 등 여러 사람[74]들과 김종수가 주장하였다. 유생[儒士]로서는 심수지 · 신광의 그리고 역적 이율의 무리가 주도하였다. 그 계책은 단지 김상로와 홍계희 등 여러 역적의 죄를 덮어주고 오로지 당시 사안만 가지고 홍봉한의 죄로 삼으려 하는 것이었다.

또한 세자 시강원이 다시 설치된 뒤 근거 없고 위태로운 유언비어를 허다하게 꾸며냈는데 이 또한 모두 홍봉한을 죄인으로 만들려는 것이었다. 온 세상이 소란스럽고 어지럽고 흉흉하였으니, 식견이 있는 자는 모두 깊이 우려하였다.

산림 출신의 좨주(祭酒) 미호(渼湖) 김원행(金元行),[75] 자의(諮議) 황강(黃江) 권진응(權震

---

70. 김종후(金鍾厚, 1721~1780): 본관 청풍(淸風), 자 자정(子靜), 호 본암(本庵) · 진재(眞齋). 종수의 형. 벽파로서 홍봉한을 공격하였다. 원빈(元嬪)의 오빠 홍국영을 따르다가 홍국영이 물러나자 기만당하였다고 변명하였다.
71. 김종수(金鍾秀, 1728~1799): 본관 청풍(淸風), 자 정부(定夫), 호 진솔(眞率) · 몽오(夢梧). 우의정 구(構)의 증손. 우의정 · 좌의정 등을 역임. 남인 채제공(蔡濟恭)과 함께 정조대 탕평정국을 주도해 나갔다.
72. 김치인(金致仁, 1716~1790): 본관 청풍(淸風), 자 공서(公恕), 호 고정(古亭). 영의정 김재로의 아들. 좌의정 · 영의정 등 역임. 정조 즉위 후 『명의록』 편찬을 주관하고, 1785년(정조 9)에는 『대전통편(大典通編)』 편찬을 주관하였다. 이듬해 영의정으로 기용되어 정조의 명으로 당쟁의 조정에 힘썼다.
73. 살홍(殺洪): 홍봉한을 죽이려고 한다는 뜻.
74. 여러 사람: 정이환을 포함한 삼환(三煥, 심환지 · 송환억 · 정이환)으로 추정됨.
75. 김원행(金元行, 1702~1772): 본관 안동(安東), 자 백춘(伯春), 호 미호(渼湖) · 운루(雲樓). 당숙인 숭겸(崇謙)에게 입양되어 종조부 창협(昌協)의 손자가 되었다. 이재(李縡)의 문인. 1722년(경종 2) 신임옥사 때 조부 창집(昌集)이 노론 4대신으로 사사되고, 생부 제겸(濟謙)과 친형 성행(省行) · 탄행(坦行) 등이 유배되어 죽임을 당하자, 벼슬할 뜻을 버리고 학문에 전념하였다. 그의 문하에서는 수많은 성리학자들이 배출되었고, 또한 몇 사람의 실학자도 일부 배출되었다. 그의 학통을 이은 제자로는 아들 이안(履安)과 박윤원(朴胤源) · 오윤

應),[76] 집의(執義) 여강(驪江) 김양행(金亮行)[77]이 있었는데, 이들은 남당과 북당 모두를 배척하는 논의를 폈다. 흉당이 홍봉한을 공격하는 것은 오로지 세손을 흔들려는 계책에서 나온 것임을 알았기 때문이다. 미호 김 공이 일찍이 말하기를,

"저들은 동궁의 외척이고 또한 죄를 판단할 근거가 없으니 어찌 '역(逆)' 자를 더할 수 있겠는가? 하물며 저들을 배척하는 자는 공심(公心)에서 나온 것이 아니다."라고 운운하였다. 이 때문에 남당 일파에게 큰 비방을 받았다. 마침 화양 서원(華陽書院) 비석의 일[78]이 있었는데 장문의 글로써 배척당하였고,[79]【홍상구(洪相龜)는 뒤에 홍계익(洪桂翼)으로 이름을 고쳤다.】 이에 호서 유학자들 역시 심하게 행패를 부렸으니 이는 한때 비문과 관련된 일 때문만은 아니었다. 그 논의가 공적인 것을 미워했기 때문이었다.

송덕상(宋德相)[80]은 조카 송환억 때문이라는 것을 전혀 깨닫지 못하고 오로지 홍봉한을 공격하는 데 주력하였다. 홍계능(洪啓能)[81]은 홍양해와 홍염해의 지친인데 유독 김원행을 공격[82]하였기에 사람들이 괴이하게 여겼다. 이들은 흉악하고 간사한 자들의 몸통[腹肚]으로서 이미 역적 홍계희 때부터 한패가 되어 마침내 홍상범(洪相範)·홍상길(洪相吉)과 함께 모두 큰 역적이 되었다.[83]

상(吳允常)·홍대용(洪大容)·황윤석(黃胤錫) 등이 있다. 저서로는 『미호집(渼湖集)』이 있다.

76. 권진응(權震應, 1711~1775): 본관 안동, 자 형숙(亨叔), 호 산수헌(山水軒). 권상하(權尙夏)의 증손, 한원진(韓元震)의 문인. 심낙수와 사돈을 맺었다.

77. 김양행(金亮行, 1715~1779): 본관 안동(安東), 자 자정(子靜), 호 지암(止菴)·여호(驪湖). 어머니는 좌의정 이이명(李頤命)의 딸. 민우수(閔愚洙)의 문인. 형조 참판 등을 역임. 이간(李柬)의 인물동성론(人物同性論)에 동조한 김창흡의 영향을 받아 낙론을 지지하는 입장을 취했다. 이우신(李友信)·민치복(閔致福)·박준원(朴準源) 등의 많은 학자들이 문하에서 배출되었다. 저서로는 『지암문집(止菴文集)』이 있다.

78. 화양 서원 비석의 일: 화양 서원 묘정비(廟庭碑) 건립을 둘러싼 논쟁을 가리킨다. 윤봉구(尹鳳九, 1681~1767)가 묘정비문을 지었는데, 1770년(영조 46) 비문 내용을 둘러싸고 논쟁이 벌어졌다. 즉 윤봉구가 지은 묘정비문의 명시(銘詩) 내용이 인물성이론(人物性異論)을 주장한 것이라 하여 인물성동론(人物性同論)을 지지하던 김창협 등 낙론(洛論)의 공격을 받게 되었다. 이에 호론(湖論) 측에서는 윤봉구가 송시열, 권상하 학문의 적통이라며 반박하였다. 당시 원장이었던 김원행은 건립에 반대하며 원유(院儒)들과 대립하였다.

79. 배척당하였고: 당시 김한록은 호론 한원진의 적통을 자부했고 홍양해와 동문으로서 화양비문 문제에서 김원행의 낙론을 비판하여 호서의 여론을 윤봉구로 쏠리게 했던 것이다. 이로써 김창협의 후손으로서 동당(東黨)계 산림인 김원행을 견제하였던 것이다.

80. 송덕상(宋德相, ?~1783): 본관 은진(恩津), 자 숙함(叔咸), 호 과암(果菴). 시열(時烈)의 현손. 정조가 즉위한 뒤 홍국영의 후원으로 이조 판서에 이르렀으나 홍국영이 실각하자 삼수부(三水府)에 안치되었다. 그 뒤 왕위 계승에 대하여 올린 소에 흉역(凶逆)의 뜻이 있다 하여 옥에 갇히고 많은 유생의 공격을 받았다. 대학자의 후예로서 한때 세도세력에 힘입었으나 결국 함께 몰락하였으며, 노론 벽파로 몰려 죽었다.

81. 홍계능(洪啓能, ?~1776): 본관 남양(南陽), 호 신계(莘溪). 참봉 우조(禹肇)의 아들, 홍계희의 팔촌. 1750년(영조 26) 우의정 정우량(鄭羽良)의 천거로 등용되어 왕손교부(王孫教傅)·집의 등을 역임. 홍상범(洪相範)의 사촌인 홍상길(洪相吉)과 모의하여 정조를 암살하려는 계획을 세우고, 사도세자와 경빈 박씨 사이에 태어난 은전군 찬을 국왕으로 추대하려다가 발각되어 옥사하였다.

82. 김원행을 공격: 홍계능은 민우수의 문인으로서 홍인한이 주도하고 정후겸이 협력하는 북당의 산림역할을 하고 있었다. 홍계능은 동문인 김양행·김종후·김상묵과 갈등관계였고, 김원행과도 사사건건 대립하였다.

6. 경인년(1770, 영조 46) 봄에 시골 유생 한유(韓鍮)가 상소를 올려 홍봉한을 논척하였다.[84] 주상이 직접 국문하고 한유를 귀양[竄配] 보내고, 또한 홍봉한에게 벼슬을 그만두도록 명하였다.

처음에 남당이 세력을 점차 떨쳐서 이른바 북당을 공격하는 것이 마치 썩은 나무를 베는 것과 같았다. 그러나 오로지 주상의 뜻에 따라 (홍봉한이) 영의정에게 임명되었는데, 그가 동궁[85]의 외척이었기 때문에 사람들이 선뜻 손을 대지 못하자 유생에게 상소하게 하여 시험해 보려 하였다. 이것은 대개 선비[布衣]에게서 말이 나오면 주상을 격동시키기 쉽기 때문이었다.

심수지의 족제(族弟) 심의지(沈儀之)란 자가 있었는데, 그는 경솔하게 스스로 사론(士論)을 자처하였고, 또한 일찍부터 홍봉한을 죽여야 한다는 논의에 팔을 걷어붙이고 나섰다. 그렇지만 경화 사족(京華士族)이었기 때문에 주상의 의심을 살까 두려워하여 시골 유생 가운데 용감한 자를 구하였고, 이에 한유가 나오게 된 것이다.

김종건이 청주의 족당(族黨)을 통해서 한유를 매수하여 단독으로 상소를 올리고 도끼를 가지고 대궐 문 앞에 엎드리게 하였다. 하지만 승정원에서 단독으로 올린 상소라고 하여 받아들이지 않았다. 그래서 상소문의 대략을 큰 글씨로 종이에 썼는데, 홍봉한을 참(斬)하여 사직을 편안하게 하라고 청하면서 운운하는 내용이었다. 그 종이를 장대에 걸어서 휘두르니 사람들이 보지 않을 수 없었다. 드디어 그 소문이 대궐 안까지 미쳐서 주상에게 보고되었다. 그 상소에서 간흉이라고 극언하고, 반드시 나라가 망할 것이라고 반복해서 말하였으며, 말의 표현에 또한 은미하게 핍박하는 곳이 많았다.[86]

주상이 직접 국문할 것을 명하여, 한유를 잡아다가 공초(供招)를 받았는데 자기의 죄를

---

83. 홍상범 …… 되었다: 상범은 술해의 아들이었는데 1777년(정조 1) 황해도 관찰사였던 아버지가 범인을 은닉한 죄로 유배당하게 되자 이에 불만을 품고서 조카 홍상길과 자객 용휘(龍暉)·홍문(興文) 등을 모집하여 비수를 가지고 앞장서 궁궐 담장을 넘어 주상을 시해하려 하였다. 그러나 전흥문(田興文)이 경추문(景秋門) 북쪽 담장을 몰래 넘다가 수포군(守鋪軍)에게 붙잡히게 되어 역모가 드러나 홍상범 일당은 모두 복주(伏誅)되었다.
84. 한유가 …… 논척하였다: 1770년(영조 46) 3월 21일·22일 실록기사에 따르면 3월 21일에 청주 사람 한유가 도끼를 들고 올라와 상소하였다. 그는 홍봉한의 부자 형제가 권력을 마음대로 휘두른다면서 안국동(安國洞)에 살던 홍봉한을 '망국동의 망정승[亡國洞亡政丞]'이라 하고 진(秦)나라 때의 환관(宦官) 조고(趙高)가 사슴을 말이라고 하였던 고사를 빌려 '녹마 정승[鹿馬相]' 등으로 비유하면서 처형할 것을 청하였다. 이로 인하여 홍봉한은 영의정의 자리에서 물러났고 한유도 흑산도에 유배당하였다. 이때 한유와 관계를 맺고 있던 성균관 유생들 가운데 심의지·김용갑(金龍甲)·심급(沈鈒) 등이 함께 처벌을 받아 본향으로 쫓겨났다.
85. 동궁: 당시 세손이었던 정조를 가리킨다.
86. 한유의 상소를 계기로 홍봉한이 실각하여 척신 세력이 재편되었다. 일개 유생의 상소로 실세 재상이었던 홍봉한이 물러남으로써 공홍파의 공격은 성공한 셈이었다. 홍봉한이 물러난 후에도 그를 완전히 제거하기 위한 공작은 계속되었으니, 최익남의 상소가 대표적인 사례였다.

인정하지 않았다. 심지어 팔뚝에 '나라를 위해 목숨을 바치겠다[以死報國]'는 네 글자를 새겨 보이면서 충분(忠憤)이 격발된 것이지 다른 사람의 부추김을 받아서 한 것이 아니라는 뜻을 보였다. 마침내 편배(編配)[87]를 명하였는데, 한유가 유배 갈 때 스스로 만족하는 낯빛을 띠었다. 전라도 관찰사 김치양이 수백 포의 곡식을 제공하자, 한유는 시골의 걸인들 앞에서 쌀을 쌓아놓고 자못 과시하였다. 일찍이 말하기를,

"지금 두 김씨가 큰 세력을 갖고 있다. 나는 이들과 모두 깊이 결탁해 있으니 무슨 일을 못하겠는가."라고 했다고 한다.

7. 11월에 정이환이 흉소(凶疏)를 올렸다.[88] 주상이 불태우게 하고 정이환을 삭직(削職)[89]시켰다.

처음에 최익남(崔益南)[90]이 상소하여 말하기를,

"세손(世孫, 정조)이 아직까지 사도세자의 사당[廟宮]에 참배 드린 적이 없는데, 이는 정(情)과 예(禮)를 모두 손상하는 것입니다."라고 하였다.[91] 또한 김치인이 권력을 탐하고 당여를 심은 죄를 거론하였다.

최익남은 평소 경박하고 볼만한 행실이 없었었는데, 이보다 앞서 상소하여 김치인에 대해 논하였다. 이로 인해 승진이 좌절되자 또다시 틈을 노려 논하려 하였던 것이다. 원래 상소한 말도 한때 길에서 떠도는 말을 가지고 인심을 복종시키려는 계획이었다. 상소가 들어

---

87. 편배(編配): 도형(徒刑)이나 유형(流刑)에 처한 죄인의 이름을 도류안(徒流案)에 기록하여 넣는 것.
88. 정이환이 흉소(凶疏)를 올렸다: 1770년(영조 46) 12월 1일(계유) 실록기사에 따르면 응교 정이환이 최익남의 일로 시골에서 상소를 올렸다. 당시 최익남은 세손이 사도세자 묘를 참배하지 않은 것은 불효인데, 이를 막고 있는 것은 영의정 김치인이라고 했다. 정이환은 최익남이 임금을 속인 음흉한 죄를 말하고, 이어 대각(臺閣)에서 토죄를 청하지 않는 것과 대신(大臣)이 입을 다문 채 말은 하지 않고 교묘히 사정을 두어 편의만 취하고 있는 것이 너무도 개탄스럽다고 하였다. 이에 임금이 그 소본을 불사르고 영원히 사판(仕版)에서 이름을 삭제하여 향리로 내쫓으라고 명하였다.
89. 삭직(削職): 삭탈관직(削奪官職). 죄인의 벼슬과 품계를 빼앗고 벼슬아치의 명부에서 그 이름을 지우던 일이다.
90. 최익남(崔益男, 1724~1770): 본관 전주(全州), 자 사겸(士謙). 1770년(영조 46) 이조 낭관으로서 당시 사도세자의 죽음에 영의정 김치인의 죄가 크다고 하면서 세손으로 하여금 사도세자의 묘사(墓祠)에 참배하게 할 것을 청하였다가 대신들의 맹렬한 탄핵을 받았다. 여기에 영조의 노여움까지 사서 영구히 서인(庶人)으로 강등되어 대정현에 유배되었다가 죽었다.
91. 최익남이 …… 하였다: 1770년(영조 46) 11월 10일(임자)에 올린 상소이다. 영조 46년은 홍봉한이 세력을 잃은 뒤 척신 세력이 재편되던 때였다. 한유의 상소로 홍봉한이 처벌을 받아서 물러난 후에도 그를 완전히 제거하기 위한 공작은 계속되었는데, 그 대표적 사례가 최익남의 상소였던 것이다. 영조는 홍봉한이 임오화변을 전적으로 군주의 허물로 돌리고, 아울러 김치인을 제거하기 위해 최익남을 시켜 상소한 것으로 의심하게 되었다.

가자 김치인의 무리는 최익남의 상소가 후일의 여지를 도모하기 위한 것이라고 선언하였다. 주상이 김치인을 위로하고 입시하도록 명하였다. 김치인이 스스로 말하기를,

"대의(大義)가 있기에 작은 혐의는 개의치 않겠다."라고 하면서 즉시 나아가 명에 응하였다. 주상이 최익남을 직접 국문하면서 누구의 지시를 받았는지 물었지만 최익남은 자복하지 않고 형장을 맞다가 죽었다.[92]

천한 서얼 이봉환(李鳳煥)[93]이 (최익남의) 공초에 연루되었다. 이봉환은 문장에 능하였으며 바로 홍봉한의 가까운 손님이었다. 이에 김치인의 무리가 기뻐 날뛰면서 이는 필시 홍봉한이 먼저 시험해 보려는 계책이라고 생각하였다. 김치인이 위관(委官)이 되어 반드시 이봉환으로 하여금 홍봉한의 뜻을 받들었다고 자복하게 하려 했지만 이봉환 또한 자복하지 않고 형장을 맞다가 죽었다. 정이환이 상소하여 최익남을 징토하면서 세손이 사도세자의 사당에 참배 드리는 것은 합당치 않다고 하였는데 그 말뜻이 흉참하였다. 주상이 불태우라고 명하고 그 직책을 삭탈하였다.

8. 신묘년(1771, 영조 47) 봄에 김한기(金漢耆)[94]【김구주의 숙부】가 왕손(王孫) 이인(李䄄)[95]과 이진(李禛)[96]의 일을 상변(上變)하였다. 합계(合啓)를 올려 홍봉한을 귀양 보내고, 신분을 빼앗아 서인(庶人)으로 만들었다.

이때 남당이 홍봉한을 공격하는 계략은 그 의도가 오로지 세손을 핍박하는 데 있었다. 그

---

92. 주상이 …… 죽었다: 정후겸·김구주와 연계된 구상(具庠)은 이 상소의 배후는 홍봉한이라고 주장했다. 영조는 홍봉한이 김치인을 제거하기 위해, 최익남을 시켜 상소한 것이라고 의심하였기 때문에 그 배후를 밝히기 위해서 직접 국문하였으나, 최익남이 장폐(杖斃)하여 의혹을 해소하지는 못했다.

93. 이봉환(李鳳煥, ?~1770): 본관 전주(全州), 자 성장(聖章), 호 우념재(雨念齋). 춘영(春英)의 5대손이다. 영조 때 사마시에 합격하였고, 영의정 홍봉한의 천거를 받아 관직에 나아가 양지 현감(陽智縣監)에 이르렀다. 문장으로 세상에 드날렸다. 1770년(영조 46) 경인옥(庚寅獄)에 연루되어 옥사하였다.

94. 김한기(金漢耆, 1728~?): 본관 경주, 자 덕수(德壽). 영조의 계비 정순왕후의 숙부. 영조의 장인 한구의 동생. 조카 김구주와 함께 벽파에 참여하여 정조 즉위 뒤 시파 처벌에 관여하였다는 죄로 탄핵을 받고 문외출송(門外黜送)되었다.

95. 이인(李䄄, 1754~1801): 사도세자의 아들. 어머니는 영빈 임씨(英嬪林氏). 정조의 이복동생. 작호(爵號)는 은언군(恩彦君). 1780년(정조 4) 홍국영이 은언군의 맏아들 담(湛)을 원빈의 장례 때에 대존관(代尊官)을 시켜 양자로 삼고, 완풍군(完豊君)이라 부르면서 가동궁(假東宮)이라 하여 왕위를 잇게 하려는 계책을 세웠다. 홍국영의 사후에도 그 일당이 계속 역모를 꾸미다가 일이 탄로될 우려가 있자 1786년 상계군(常溪君) 담을 독살하였다. 그 과정에서 은언군도 연루되어 죽을 뻔했으나 정조의 비호로 강화도에 유배되었다. 1801년 강화도에서 사사(賜死)되었다.

96. 이진(李禛, 1755~1771): 사도세자의 아들. 어머니는 숙빈 임씨(肅嬪林氏). 은언군의 동생, 작호는 은신군(恩信君). 흥선 대원군(興宣大院君)의 조부. 1771년(영조 47) 김구주의 무고로 형 은언군과 함께 관작을 박탈당하고, 제주로 유배되어 죽었다.

래서 홍봉한이 배척을 받고 물러나자 음모는 더욱 급박하게 전개되었다. 갑신년(1764, 영조 40) 종통(宗統)을 결정[97]하기에 앞서 역적 무리[賊黨]의 흉악한 음모는 이르지 않는 곳이 없어서, 마침내 홍양해의 흉론[98]이 나오기에 이르렀다. 갑신년 이후 주상의 뜻을 흔들 수 없다는 것을 알고 또한 흉악한 계략을 내었다. 동궁이 영명(英明)해서 반드시 이들 무리의 반역 죄상을 알고 있기에 훗날 주륙[誅殛]됨을 면치 못할 것이라고 생각하였기 때문이었다.

동궁에게는 3명의 서제(庶弟)가 있었으니, 이인 · 이진 · 이찬(李禶)[99]이었다. 역적 무리가 몰래 역적 이찬과 연결하여 한편으로는 세손의 과실을 널리 퍼뜨리고, 다른 한편으로는 역적 이찬의 명성과 영예를 떠들어대 온 세상에 퍼져 시끄러웠다. 주상이 창의궁(彰義宮)[100]에 거둥할 때 마침 동궁이 가마를 수행하지 못하였는데, (이때) 김한기가 홍봉한이 두 왕손을 끌어들여 추대하려고 한다고 은밀히 고하였다.[101] 그래서 한밤중에 창의궁으로 행차하면서 취각을 불며 호위하게 하고 하루 종일 성문을 닫았다.[102] 이인과 이진을 제주도로 유배 보내고 홍봉한은 청주에 중도부처(中道付處)[103]되었다.

김시묵(金時默)[104]은 일찍이 어영 대장으로 있었을 때 이인 · 이진 · 이찬을 위해서 초헌

---

97. 종통(宗統)을 결정: 갑신년(1764, 영조 40) 2월에 주상이 세손으로 하여금 효장세자(孝章世子)의 계통을 잇도록 하였다. 영조는 자신의 두 세자가 모두 일찍 죽었고 조손(祖孫) 계승으로 종통을 단절할 수도 없으므로, 세손이 장통(長統, 효장세자)을 승계하도록 처분했다는 내용으로 선원전(璿源殿)과 종묘에 고했다. 즉 실제로는 사도세자의 아들이었던 세손을 명목상 효장세자의 아들로 만들었던 것이다.
98. 홍양해의 흉론: 자신들이 죄인으로 규정한 사도세자의 아들 세손의 승통(承統) 문제를 언급한 것으로 판단된다.
99. 이찬(李禶, 1759~1778): 사도세자의 아들. 어머니는 경빈 박씨(景嬪朴氏). 작호는 은전군(恩全君). 1777년(정조 1) 홍술해의 아들 홍상범이 아버지가 황해도 관찰사로 있을 때 범인을 은닉한 죄로 유배당하게 되자 이에 불만을 품고서 아버지 홍술해, 숙부 홍필해(洪弼海) · 홍지해 · 홍찬해(洪纘海) · 호위 군관(扈衛軍官) 강용휘(姜龍輝) 등과 공모하여 정조를 시해하고, 은전군을 왕으로 세우려 했다. 그러나 전흥문(田興文)이 경추문(景秋門) 북쪽 담장을 몰래 넘다 수포군(守鋪軍)에게 붙잡혀 역모가 탄로 나 홍상범 일당은 모두 복주되었다. 이 일로 인해 은전군은 사사되었다. 1850년 복작되었고, 1871년(고종 8) 3월 16일 효민(孝愍)이라는 시호(諡號)를 추증하였다.
100. 창의궁(彰義宮): 효종의 4녀 숙휘 공주(淑徽公主)의 부군 인평위(寅平尉) 정제현(鄭齊賢)의 옛집. 이후 숙종이 연잉군에게 내려주었다. 1719년(숙종 45) 2월에는 영조의 세자인 효장세자가 이곳에서 태어났다. 한성부 북부 순화방(順化坊, 현재 종로구 통의동 소재)에 위치했다.
101. 이때 김구주는 정후겸과 결탁하고 김한기를 끌어들여 세손이 가마를 수행하지 않는 틈을 타 홍봉한의 왕손 추대사(王孫推戴事)로 영조를 현혹시켜서 궁성을 호위하게 하였다. 이때 정조는 정순왕후에게 여러 차례 아뢰어 영조의 마음을 돌려놓았다고 한다.
102. 한밤중에 …… 닫았다: 당시 영조는 홍봉한에 대한 의구심을 떨쳐버리지 못했는데, 바로 이때 정후겸 · 김한기가 홍봉한의 왕손 추대 음모를 고변하였다. 영조는 은언군 · 은신군의 방자함을 홍봉한이 조장했다고 하면서 창의궁에 거둥하였고, 호위 대장으로 하여금 군사를 모아 대궐과 창의궁을 호위하게 하였다.
103. 중도부처(中道付處): 유배 가던 중 정상 등을 참작하여 중간 지점의 한 곳을 지정하여 머물러 있게 하는 처분.
104. 김시묵(金時默, 1722~1772): 본관 청풍(淸風), 자 이신(而愼, 爾愼). 영돈녕부사(領敦寧府事) 우명(佑明)의 현

(軺軒, 종2품 이상이 타는 수레)을 만들어준 일로 성토되어 유배되었다. 김시묵은 세손 빈(世孫嬪)[105]의 아버지였다. 사람들이 놀라서 온 세상이 들끓어서 모두 장차 예측할 수 없는 변고가 있을 것이라고 하였다. 홍봉한은 동궁의 외척이므로 천리와 인정상 반드시 이인과 이진을 추대할 이치가 없었으니 그 뜻이 음흉하여 예측할 수 없었고 참람되어 차마 말할 수 없었다. 이 또한 먼저 이인과 이진을 제거하여 홀로 역적 이찬만 무고(無故)하게 남겨두고자 함이었다.[106]

상변(上變)이 갑작스럽고 뜻하지 않게 일어나자 주상의 마음이 크게 놀라 마침내 한유가 선견지명이 있다는 하교를 내리고, 특별히 한유를 풀어주었지만 한유가 다시 상소를 올리며 차마 들을 수 없는 말[107]을 제기하였다. 주상이 직접 국문할 것을 명하였는데, 죄인의 말이 심의지에 미쳤다. 이에 심의지를 즉시 죽이고, 한유는 시골 유생이라 하여 특별히 본도(本道)에 내려 보내 효시(梟示)하도록 명하였다.

한유를 압송하던 형조의 하예(下隸)가 죽지 않을 것이라고 속였고, 한유는 노래를 부르며 태연자약하였다. (그러나) 형장(刑場)에 이르자 받았던 인삼을 꺼내어 가속(家屬)에게 전해 주기를 부탁하며 말하기를,

"다른 사람의 꾐에 빠져 마침내 이 지경에 이르게 되었으니, 비록 한스러워한들 무슨 소용이 있겠는가."라고 운운하였다. 한유와 심의지 옥사 뒤 주상이 마음속에 깨달은 것이 있어서 특별히 이인과 이진을 풀어주도록 명하였으나 이진은 이미 죽고 없었다. 홍봉한 역시

손, 도영(道泳)의 손자, 병조 판서 성응(聖應)의 아들, 정조의 비 효의왕후(孝懿王后)의 아버지. 공조·호조 판서를 역임. 죽은 뒤 1776년(정조 즉위년) 딸이 왕비로 진봉되면서, 영의정과 청원 부원군(淸原府院君)에 추증되었다.

105. 세손 빈(世孫嬪): 정조의 비 효의왕후(孝懿王后, 1753~1821). 본관 청풍. 좌참찬 김시묵의 딸, 어머니는 남양 홍씨(南陽洪氏)로 증찬성 상언(商彦)의 딸이다. 1762년(영조 38) 세손 빈에 책봉되어 어의동(於義洞) 본궁(本宮)에서 가례(嘉禮)를 올렸고, 1776년 영조가 죽고 정조가 왕위에 오르자 왕비로 진봉(進封)되었다. 우애가 극진하여 화완옹주가 괴롭혔으나 조금도 개의치 않았고, 특히 청연(淸衍)·청선(淸璿) 두 군주(郡主)와는 더욱 우애가 돈독하였다. 자녀를 두지 못한 채 창경궁 자경전(慈慶殿)에서 69세를 일기로 세상을 떠났다. 시호는 예경자수효의왕후(睿敬慈粹孝懿王后)이다.

106. 역적 …… 함이었다: 영의정 김치인은 이인과 이진이 득죄했을 때 이찬을 위해 사부(師傅) 복설을 요청하였다. 이때 세간에서 이찬은 중궁이 기르고 김구주가 옹립한다는 말이 떠돌고 있었다. 신료들 사이에서는 '중궁전의 애육(愛育)'을 받고 있던 이찬이 세손을 포함한 여타 왕손들이 제거된다면 그 대안이 될 것으로 여겨지고 있었던 것이다.

107. 차마 들을 수 없는 말: 임오화변 때 사용된 뒤주, 즉 일물(一物)을 가리킨다. 1771년(영조 47) 8월 2일(경오) 실록기사에 따르면, 유배에서 풀려난 한유는 다시 상소하여 홍봉한을 처벌할 것을 청하였다가, 상소의 내용 중 일물이라는 말이 문제가 되어 처형되었다. 일물이란 사도세자를 가두어서 죽일 때 사용된 뒤주를 가리키는 것으로, 이것을 홍봉한이 가져다가 바쳤다고 하였다. 그러나 후일 정조는 이 일에 대해 영조의 말을 인용하여 이 일물은 홍봉한이 바친 것이 아닌데, 세상 사람들이 잘 모르기 때문에 그렇게 말한다고 하였다. 1796년(정조 20) 이후에 충심이 깃든 행위였음을 들어 한유를 추증(追贈)하자는 논의가 일어나, 1801년(순조 1) 1월 2일에 사헌부 집의로 추증되었다.

풀어주었다.

이보다 앞서 남당이 정후겸과 연결하였는데 정처(鄭妻, 화완옹주)[108]가 궁궐에서 자랐기 때문에 도움을 받고자 한 것이었다. 정처가 밖으로 남당과 연결하려 했던 것도 또한 음험한 계략을 수행하기 위해서였다. 역적 정휘량이 스스로 흉악한 계책을 가지고 와서 궁궐 안팎을 선동하면서 백방으로 계책을 시도하였다. 그러나 한유의 상소와 김한기의 고변 뒤에 주상의 뜻을 흔들 수 없다는 것을 헤아려 알게 되자 도리어 겁을 먹고 염려하는 뜻을 갖게 되었다.

홍씨 집안은 바야흐로 곤궁하고 위축되어 세력이 고립되어가자 남당의 정후겸을 끌어오려 했다.[109] 마침내 불쌍하게 굴며 구걸하여 화평하고 사이좋게 지내는 계책으로서 홍용한(洪龍漢)[110]【홍인한의 동생】이 정후겸의 집안과 약혼하였다. 정후겸 모자는 바야흐로 뒷날을 근심하고 있었는데 이때 홀연히 홍씨 집안이 불쌍하게 굴며 구걸해오자 흔쾌히 함께 합하였다. 윤양후(尹養厚)[111]의 무리는 일찍이 북당을 공격하고 홍봉한을 죽일 것을 주장한 자들이었는데, 잇따라 같은 편으로 모여들어[112] 북당의 세력이 조금 펴졌다. 유독 김종후 형제와 삼환(三煥)의 무리만은 북당으로 돌아가지 않았고, 김치인이 영의정이 되자 바야흐로 서로 대치하는 형세가 시작되었다.

남당이 정후겸과 연결된 것은 실제로는 김종수 · 윤양후 · 홍술해 등 여러 적들이 계략을 마련하고 획책한 데에서 말미암았는데 홀연히 정후겸과 윤양후가 배반하는(북당으로 가는) 것을 보고 크게 분노하였다. 무리 가운데 윤양후를 따라서 새롭게 북당으로 돌아간 자

---

108. 정처(鄭妻): 화완옹주. 정치달과 혼인했기 때문에 정처라고 불렀다. 영조의 아홉째 딸. 영빈 이씨 소생. 1749년(영조 25) 정치달과 혼인하였다. 딸이 하나 있었으나 두 살에 죽었고 남편도 요절하여 23세에 과부가 되어 남편의 먼 일가인 정후겸을 양자로 들였다. 영조는 화평옹주를 잃고 당시 10여 세였던 화완옹주를 애지중지했다고 한다.

109. 홍씨 집안은 …… 끌어오려 했다: 홍봉한의 실세 이후 위세가 한풀 꺾인 홍씨 집안에서는 정후겸과 합세하여 '동궁 보호'를 내세움으로써 동궁의 외가를 공격하는 자들은 동궁에 불리한 세력이라고 주장하고자 했다. 정후겸의 입장에서는 영조의 동궁 보호 의지가 확인된 상황에서 더 이상 살홍을 견지할 수 없다고 판단하고, 동궁 보호를 명분으로 삼아 세손 외가와 연대하려 했던 것이다.

110. 홍용한(洪龍漢, 1734~?): 본관 풍산, 자 명여(明汝). 좌의정 인한 · 영의정 봉한의 동생. 부응교 등을 역임. 정조 즉위 직후 정후겸과 홍인한에 대한 처벌이 논의되자, 정후겸에게 아첨하여 그를 섬기며 혼인을 약속했다는 이유로 탄핵을 받기도 했다.

111. 윤양후(尹養厚, 1729~1776): 본관 파평(坡平), 자 유직(幼直). 1775년 세손이 대리청정하게 되자 홍인한과 이를 극력 반대, 세손을 보호하는 홍국영을 배척하는 등 벽파로 활약하였다가 정조가 즉위한 1776년 정후겸과 더불어 해남에 유배되고 거제로 옮겨졌다. 이어 국청(鞫廳)이 열리고 그 일파가 신문을 받던 중에 죽었다.

112. 윤양후의 …… 모여들어: 1775년(영조 51) 8월 4일(기유) 실록기사에 따르면, "윤양후의 아버지 윤심형(尹心衡)은 청론(淸論)을 주장하다가 세상과 불화하여 귀향했으나, 윤양후 형제는 권세 있는 사람의 친척에 빌붙어 비루한 짓을 많이 했으니, 그 애비를 욕되게 했다."라고 하였다.

들을 힘을 다해 배척하면서 스스로 청의(淸議)를 지니고 탁류(濁流)를 공격한다고 자처했다. 정후겸의 무리도 남당의 일을 잘 알고 있었으므로 김종수가 (누군가를) 추대한다는 설을 또한 만들어내서 세상에 퍼뜨렸다.

9. 임진년(1772, 영조 48) 여름에 김치인이 남해로 유배되어 천극(荐棘)[113]에 처해졌다. 김종수 또한 섬으로 유배되었다.

당시 홍씨 집안이 불쌍하게 굴며 구걸하면서 정후겸과 화합하여 사이좋게 지내려고 했던 것은 실제로 곤궁함이 절박하여 어쩔 수 없었기 때문에 만에 하나 살아날 계책이었는데 더욱 공격을 받는 단서가 되었다. 남당은 먼저 정후겸과 결합했으면서도 도리어 홍씨 집안이 비류(匪類)와 체결한 것을 죄목으로 삼아 한목소리로 성토하였다. 이들은 태연히 스스로 청류(淸流)로 자처하면서 더욱 힘껏 공격하였다. 김치인이 영의정[首揆]이 되어 정권을 잡자 오로지 인심을 수습하는 것으로써 계책을 삼고 당류를 끌어모아 근본을 굳건히 하고 서서히 후일을 도모하고자 했다. 그러자 사람들이 모두 그 청의(淸議)의 명목에 미혹되어 서로 이끌면서 투신하였다.

이보다 앞서 주상은 김한기가 고변한 일[114]을 의심하였었는데, 한유 · 심의지의 옥사가 있자 또한 영의정이 당여를 수립한다고 의심하였다. 때마침 (김치인이) 성균관[國子]의 장으로 김종수를 추천하자 엄한 교지를 내려 영의정에서 파직하였다. 또한 김종수가 교활함이 능하다고 하교하면서, 오로지 명론(名論)을 가탁하여 편벽되고 사사롭게 당여를 비호한 것을 죄로 삼았다. 영의정은 합계로 인해 남해로 유배되었고, 김종수도 역시 섬으로 유배되었다.

이 처분은 비록 세 사람을 치우치게 추천한 일 때문에 내린【대사성을 새로 뽑는데 세 사람을 추천[通望]하였으니, 김종수 · 조정(趙晸)[115] · 서명천(徐命天)이었다.】 하교였지만[116] 주상의 뜻은 실로 깊이 걱정한 데에서 나온 것이어서, 여러 신료들을 모아놓고 김치인의 일을 물어보고 『영수록(永垂錄)』[117]을 간행하여 배포하기에 이르렀다. 이는 일시적인 고민이 아니었으니 주상의

---

113. 천극(荐棘): 중죄인이 유배된 집 주변에 가시 울타리를 쳐서 외출을 못하게 하던 형벌.
114. 김한기가 고변한 일: 신묘년(1771, 영조 47) 봄에 김한기가 왕손 이인과 이진의 변고를 고하고 합계를 올려 영조가 홍봉한을 귀양 보내고 신분을 빼앗아 서인으로 강등한 일을 말한다.
115. 조정(趙晸, 1719~?): 본관 풍양(豐壤), 자 인서(寅瑞). 이조 참의 등을 역임하였다.
116. 세 사람을 …… 하교였지만: 1772년(영조 48) 6월 12일(병자) 실록기사 참조.
117. 『영수록(永垂錄)』: 영수백세록(永垂百世錄). 영조가 탕평책을 세워 당론(黨論)을 엄금하였는데도 김치인 등

뜻을 우러러 알 수 있다. 그렇지만 남당은 정후겸이 북당에 돌아가 붙자마자 주상의 이 같은 처분이 있었기에 이는 반드시 정후겸이 꾸민 일이라고 여겼다. 흉악한 말과 사리에 어긋난 설이 나와서 심지어 동궁이 정후겸을 자못 이전보다 우대한다고 하면서 원망하고 비방하는 말과 위태롭고 의심스러운 설이 더욱 이르지 않는 것이 없었다.

10. 임진년(1772, 영조 48) 7월에 김구주가 흉소(凶疏)를 올렸다.[118]

처음에 김구주가 남당의 와굴이 되어 영의정(김치인)을 믿고 의지하고 오로지 김종수를 명맥으로 삼았다. 그러다가 갑자기 패배당하자 다른 나머지 여기저기서 모여든 부류들은 장차 위세가 별처럼 떨어져 흩어지려 하는데도 계책을 내지 못하였다. 영의정이 쫓겨난 것은 임진년 3월이었는데, 7월에 김구주가 마침내 직접 상소를 쓰고 종제(從弟)인 김관주(金觀柱)[119]로 하여금 앞장서게 하였다. 김관주는 김한록의 아들이었다. 김관주가 상소를 올리고 김구주가 계속해서 뒤를 이었다. 그 상소는 홍봉한의 흉역 죄를 엄단할 것을 논하는 내용의 글이었는데, 그 표현의 의도는 오로지 세손을 핍박하는 데 있었다.[120]

병술년(1766, 영조 42) 봄에 주상의 건강이 매우 좋지 못해 몇 개월 동안 위태로울 때 인삼을 계속 사용하다 보니 나삼(羅蔘)[121]이 부족하였다. 홍봉한이 후반(候班)[122]에 있으면서 내의원[藥院]에 들어가서 말하기를,

"나삼을 계속 공급할 수 없으니, 강화도 인삼[江蔘]을 섞어 사용하는 것이 좋을 것입니

이 파당(派黨)을 조성하였으므로, 이들을 귀양 보낸 다음 다시는 이런 일이 없도록 송장각(宋章閣)의 고사(故事)를 본받아 1772년(영조 48)에 부사직(副司直) 이해중(李海重) 이하 62명을 불러 탕평을 찬양하는 글을 짓게 하였다. 영수록은 이 글들을 모아 엮은 책이다.

118. 김구주가 흉소를 올렸다: 1772년(영조 48) 7월 21일(갑인) 실록기사에 따르면 공조 참판 김구주가 1766년(영조 42) 나삼(羅蔘)의 일로 홍봉한을 논척하는 상소를 올렸다.

119. 김관주(金觀柱, 1743~1806): 본관 경주(慶州), 자 경일(景日). 한구의 사촌 동생, 한록의 아들. 우의정 등 역임. 1772년(영조 48) 청명당(淸名黨) 사건에 연루되어 갑산에 유배되었다.

120. 김구주·김관주의 임진년 상소는 청명당(淸名黨) 사건을 계기로 조정에서 공홍·살홍론이 현저히 위축된 상황에서 나왔다. 청명당 사건은 홍인한과 정후겸 주도의 탕평당에 비판적이었던 노론 남당 위주의 청류(淸流)·명류(名流) 표방 세력과, 이들이 주도하는 공홍(攻洪)의 시류에 편승한 여타 당색 인사들에 대한 처벌이었다. 김구주와 김관주의 상소는 나삼(蘿蔘)과 송다(松茶) 문제를 제기한 것이지만, 이는 홍봉한의 '영조에 대한 불충과 모위(謀危) 시도'를 입증하기 위한 사례로 제시된 것이며, 더 본질적인 것은 홍봉한이 사도세자 추숭 논의를 세손에게 강요했다고 탄핵한 점이다.

121. 나삼(羅蔘): 경주(慶州)에서 나는 질 좋은 인삼. 1766년(영조 42) 3월에 영조의 질병에 김구주는 약효가 좋은 이 나삼을 주장하고, 홍봉한은 그냥 일반 삼을 쓸 것을 주장하였다. 그 뒤 1772년 7월에 김구주와 김관주가 상소를 올려 그때의 일을 밝히면서 홍봉한을 비난하였다. 이에 영조는 김관주와 김구주를 해임시켜 문책하고 이 일을 다시 문제 삼지 말도록 명하였다.

122. 후반(候班): 임금의 안부를 묻기 위해 늘어선 백관(百官)의 반열.

다. 지금 만약 나삼만 사용하면 나삼이 부족해져 형세로 보아 강화도 인삼을 쓸 수밖에 없을 것이니 지금 일찍 먼저 섞어 사용하는 것만 같지 못할 것입니다."라고 하였다. 국구(國舅, 김한구)가 이를 듣고,

"나삼이 비록 부족하더라도 계속해서 거두어 사용해야지 어찌 품질이 나쁜 인삼을 섞어서 사용할 수 있단 말인가?"라고 했다고 한다.

내의원 제조는 김치인이었는데 함께 참여하였다가 이 말을 들었다. 김구주가 상소에서,

"군부(君父)가 병이 들면 신하된 자는 마땅히 온 나라의 힘을 다하여 계속해서 나삼을 복용토록 해야 하는데 섞어서 사용하겠다는 말을 하다니 지극히 간사합니다. 주상의 건강이 심할 때 조금도 우려하는 뜻이 없이 득의양양한 낯빛을 드러냈습니다."라고 운운하였다. 또한 말하기를

"홍봉한이 동궁을 사사로이 만났을 때 다른 날의 의리로써 세손[儲君]을 위협하면서 '이와 같이 하지 않으면 무신년의 역도[123]들이 반드시 이러이러할 것입니다.'라고 운운하였습니다."라고 하였다. 소위 '이러할 것'이라는 것은 즉 이인과 이진을 추대할 것이라는 것이다. 김관주가 상소하기를,

"탑전(榻前) 밖은 모두 역적 편[賊邊] 사람이 아닌 자가 없습니다."라고 운운하였다.[124]

주상이 진노하여 엄한 하교를 내려 두 척리(戚里)가 서로 다투었다는 이유로 김관주를 북변으로 유배 보내고, 김구주를 궁궐로 불러들여 엄한 하교로 힐책하였다. 김구주는 당심(黨心)을 자복하고 마침내 견책을 받고 관직이 삭탈되었다.

삼가 살피건대,

김구주의 상소는 홍봉한을 토죄한다는 명목을 빌려 세손을 위태롭게 핍박하는 뜻이 명백해서 가릴 수 없었다. 홍봉한이 동궁의 외척으로서 바야흐로 영의정이 되자 주상의 건강이 매우 위중할 때 득의양양한 낯빛을 드러냈다고 말한 것은 과연 무슨 의도인가. 심지어 이러이러할 것이라는 설은 동궁을 사사로이 만나 볼 때 홍봉한이 한 말이었는데, '다른 날'이라는 말까지 감히 장소(章疏)에 써서 소문의 출처를 세손에게 돌려 증거로 삼으니 이

---

123. 무신년의 역도: 1728년(영조 4) 반란을 일으켰던 이인좌(李麟佐)의 난에 참여한 이들, 특히 급진적 소론[峻少] 일파를 가리킨다. 준소 세력은 경종 연간에 왕위 계승을 둘러싼 노론과의 대립에서 일단 승리하였으나 노론이 지지한 영조가 즉위하자 위협을 느끼게 되었다. 이에 이인좌, 정희량(鄭希亮), 박필현(朴弼顯) 등 준소 일파가 영조가 경종의 죽음에 관계되었다고 주장하면서 영조와 노론을 제거하고 밀풍군(密豊君) 탄(坦, 소현세자의 증손)을 왕으로 추대하고자 난을 일으켰다.

124. 김관주가 …… 운운하였다: 1772년(영조 48) 7월 21일(갑인) 실록기사 참조.

또한 과연 무슨 의도인가?

그 나머지 소위 '세손 보기를 마치 그의 집[渠家]'[125] 이하 두 글자[126]와 충질(沖質)을 인용한 말,[127] 김관주의 상소에서 '모두 역적 편 사람이 아닌 자가 없다'고 한 말을 보면 머리털이 솟구치고 모골이 송연하여 온몸에 소름이 끼친다. 삼환의 무리들이 '대의리(大義理)'[128]를 말하고 도를 칭하면서 인심을 구렁텅이에 빠트리는 것이 이와 같은 데까지 이르렀다. 하물며 그 상소에서 스스로 대의(大義)에 관계된다고 한 것은 무엇인가? 7년 동안 아무 말 하지 않고 있다가 김치인과 김종수가 배척되어 쫓겨난 뒤에야 비로소 급급해져 그 상소 가운데 이들을 구원하는 말이 있으니 그 마음이 어디에 있는지는 길 가던 사람도 모두 알 수 있다.

11. 갑오년(1774, 영조 50) 겨울에 홍인한이 정승에 임명되었다.[129]

임진년(1772, 영조 48) 이후 남당의 세력이 점차 잦아들자 정후겸이 이미 돌아섰으며, 홍인한 · 윤양후 · 홍지해(洪趾海)[130] · 홍술해 등 여러 적들 모두 정후겸을 따랐다. 홍인한은 홍봉한의 동생이어서 북당이라고 통칭되었지만, 정후겸 · 윤양후 · 홍술해는 모두 흉론이 나온 이래로 남당과 연결되었던 자들이었다.

정후겸은 주상의 마음을 흔들 수 없음을 알고 뒷날을 걱정하고 있었다. 그는 홍씨 집안과 합하면 반드시 동궁의 총애와 환심을 얻을 수 있다고 생각하였다. 그런데 (홍씨 집안과)

---

125. 세손 보기를 마치 그의 집[渠家]: 1772년(영조 48) 7월 21일(갑인) 실록기사에 따르면 김구주가 상소에서 홍봉한이 평일에 저하(邸下, 정조)를 그의 집 어린 손주로 보아서 손바닥 위에 올려놓고 놀리면서 마음대로 번복할 수 있다고 여겼다고 했다.

126. 이하 두 글자: 추대(推戴). 즉 이인과 이진을 추대한다는 말이다.

127. 충질(沖質)을 인용한 말: 충질은 후한(後漢) 때 권신 양기(梁冀)에게 해를 당한 충제(沖帝)와 질제(質帝)를 가리킨다. 김구주가 상소에서 홍봉한이 '나는 동궁의 외조(外祖)이니, 참으로 나를 해치는 마음을 두는 자는 동궁을 불리하게 하는 것이다.'라고 하였는데, 그 말대로라면 이는 왕망(王莽)을 죽이는 자는 성제(成帝)와 애제(哀)에게 불충한 것이고, 양기를 죽이는 자는 충제와 질제에게 불리하다는 것이라고 하였다. 김구주는 홍봉한이 이런 말로써 여러 사람의 마음을 복종시키고 말하는 사람의 입을 막으려 했다고 주장하였다.

128. 대의리(大義理): 영조는『엄변록』의 처분이 종국(宗國)을 위한 것이며 자신이 확정했던 대의리에 부합하는 것임을 강조하였다. 이러한 대의리를 인정하며 조재호 같은 자작의리(自作義理) 세력과 관계를 끊는다면, 세자보호 세력 역시 포용할 것임을 선언한 것이기도 하였다.

129. 영조는 홍인한을 정승으로 등용하여 형보다 낫다고 총애하면서 북당(北黨) 위주의 탕평을 강화하려 하였고, 홍인한 역시 정후겸과 연합하면서 노소론 탕평당 인사들을 두루 자기 세력으로 끌어들이고 있었다.

130. 홍지해(洪趾海, 1720~1777): 본관 남양(南陽), 자 백미(伯美). 판서 계희의 아들. 이조 참판 · 형조 판서 등을 역임. 노론 벽파에 속해 1776년 홍인한 · 정후겸 등과 더불어 정조의 즉위를 반대하였다. 이듬해 정조가 즉위하자 파직당하고 북도(北道)에 유배되었다가 다시 추자도로 이배되었다. 이때 아들 상간과 두 아우 술해 · 찬해(纘海)가 대역죄로 처형되자 그도 또한 주살되었다.

합한 뒤에 동궁이 외척에 대해서 조금도 용서함이 없음을 익히 보고는 단지 남당과 원한을 맺게 되었을 뿐 북당에 들어가도 이익이 없다는 것을 알게 되었다. 또한 세손이 이러한 자신의 마음을 이미 환히 알고 있었기 때문에 두려워하고 꺼리는 마음에 더욱 원망하는 뜻을 품게 되었다.

정후겸이 주도하여 마침내 당여를 이루고, 홍인한을 정승으로 추대하였다. 또한 홍지해를 정승[枚卜][131]으로 삼기를 모의하고 겉으로는 남당을 공격하는 논의를 펴면서 스스로는 세손을 보호한다는 명분을 내세웠지만, 속으로는 실제 원래부터 품고 있던 흉악한 음모를 주관하였다. 당류를 확장시켜 기반을 굳게 하고 서서히 일을 도모할 기회를 기다렸다. 그 세력이 점차 확장되면서 피차를 구분하지 않고 앞다투어 끌어들이고 이익을 차지하기를 기대하였다. 그래서 많은 사람들이 흉악한 음모임을 알지 못하고, 단지 그 겉으로 드러난 형세만 보고 빠져들었던 것이었다. 이에 남당과 북당이 명칭은 비록 다르지만 실제는 같아지고 말았다.

두 김씨와 삼환으로 이루어진 한 무리는 스스로 청류(淸流)라고 하였지만, 근본을 거슬러 올라가 보면 실제로는 김상로와 홍계희의 흉악한 음모를 주도하고 있었다. 정후겸·홍인한·윤양후·홍술해 등 여러 역적들은 스스로 (동궁을) 보호한다고 했지만 그 근본을 살펴보면 이 또한 김상로와 홍계희의 흉악한 음모를 위주로 한 것이었다. 간혹 모였다가 흩어지고 간혹 나뉘어졌다가 합쳐져 처음에는 끈끈하게 서로 달라붙어 있었지만 끝에 가서는 원수가 되었다. 모두 세력과 이익에 따라 변하는 데 급급하여, 그 흉악한 마음과 배은망덕한 창자를 가진 무리들이 이로부터 하나로 연결되었을 뿐이었다. 갑오(1774, 영조 50)·을미년(1775)간 여러 역적들이 서로 얽혀 엿보면서 핍박하고 위협하여 두렵게 만든 정황[132]은 모두 『명의록』에 실려 있다.[133]

---

131. 정승[枚卜]: 매복(枚卜)은 원래 점을 쳐서 그 가운데서 가장 길한 것을 선택한다는 뜻. 정승의 자리는 중요한 직책이기에 길흉을 점쳐서 뽑았던 데서 유래하였다.

132. 핍박하고 …… 정황: 이들이 겉으로는 동궁보호를 주장하면서 자신들의 세력을 세손 주변에 심으려 하자 세손이 이에 반발하였다. 당시 세손은 홍인한에 대해, '그의 형을 길가는 사람처럼 대하며 별도로 문호를 세웠고 그의 행실은 금수와 같다'고 평가하였다. 이에 당황한 홍인한, 정후겸 등은 갑오년(1774, 영조 50)·을미년(1775)에 근거 없이 세손을 비방하는 말들을 유포하였다. 그중에 세손이 기생집에 몰래 드나든다는 말까지 나오게 되었다.

133. 『명의록』「존현각 일기(尊賢閣日記)」(상) '을미년(1775, 영조 51)'조 참조.

12. 을미년(1775, 영조 51) 겨울에 왕세손(王世孫, 정조)이 대리청정하였다.

당시 주상이 나이가 들어 국정을 돌보기 어렵게 되자 우리 조정의 고사(故事)에 따라서 이 명을 내렸다. 홍인한과 정후겸 등 여러 역적들이 멋대로 저지하려고 계획했다.【『명의록』에 실려 있다.[134]】 여러 역적들이 터무니없는 거짓말을 늘어놓을 때 홍국영(洪國榮)[135]은 궁료(宮僚)로서 세손을 보호하는 데 노력하였고, 금상(今上, 정조)이 즉위하자 총애를 받아 발탁되어 위임받았다. 남당의 무리인 정이환과 김종수 또한 모두 발탁되어 등용되었다.[136] (이들은) 홍인한과 정후겸이 혼탁하게 어지럽힐 때 (조정에) 들어오지 않아서 애초 범죄 정황이 현저하게 드러나지 않았으며, 또한 주상이 가리고 덮어 주려 하였으니, 이는 매우 성대한 덕이었다.

홍국영은 유생(儒生)시절부터 패망(悖妄)스러워 집안에서 받아들여지지 않았지만 김면주(金勉柱)와는 서로 가장 절친하게 지냈다. 김면주는 김한록의 조카였으며, 김면주의 어머니는 홍국영의 종대고(從大姑)였다. 홍국영의 기질은 남당과 가장 잘 어울렸으므로,[137] 남당은 이로 인해 그 뜻을 얻게 되었다.

정이환이 예문관 응교에서 곧바로 부제학으로 발탁되자 남당은 뛸 듯이 좋아하며 생기가 돌았다. 그러나 은총이 비록 융성했지만 오히려 앞뒤의 범죄 정황으로 인해 스스로 의심하여 두려움을 갖고 그때까지 홍봉한을 공격한 것은 다른 뜻이 아니라 오로지 공의(公議)에서 나온 것임을 보여주려 했다. (영조의) 대상(大喪) 때 공제(公除)[138]가 지나가기 전에 정이환이 상소하여 홍봉한의 죄를 논척하였는데,[139] 마치 김구주의 상소와 같은 판에서

---

134. 『명의록』 권1 '을미년 11월 21일부터 병신년 6월 25일까지' 참조.

135. 홍국영(洪國榮, 1748~1781): 본관 풍산, 자 덕로(德老). 이조 참판·대사헌 등 역임. 세손 시절 정조를 보호하고, 즉위하자 곧 동부승지로 특진하였다. 1778년(정조 2) 여동생을 원빈으로 삼아 입지를 굳혔으며, 병으로 죽자 정조의 동생 은언군 인의 아들 담을 원빈의 양자로 삼아 완풍군에 봉하였다. 효의왕후 독살사건에 연루되어 축출당하였다.

136. 홍국영은 남당·북당에 모두 인맥을 가지고 있으나, 젊은 시절 한량과 같은 행적을 보여 청류로부터 무뢰경박하다고 배척받았기 때문에, 당파에 얽매이기보다는 권도(權道)와 기지를 발휘해 세손에 충성을 다해서 공로를 세울 수 있었다.

137. 홍국영은 홍봉한의 친척이었으나 홍인한과 개인적인 원한 관계로 인해 적대적이었기 때문에, 오히려 종조고(從祖姑)를 인연으로 김구주 집안과 친밀해졌으며, 김구주를 통해서 김종수·유언호·심환지 등 노론 남당을 끌어들일 수 있었다. 김구주가 배제된 뒤에는 그를 대신하여 노론 남당계 청론을 장악하고자 했고, 이러한 구도에 김종수·송덕상 등이 협력했다. 홍국영은 김구주·김종수가 이끄는 노론 남당을 배경으로, 서명선·정민시가 이끄는 소론계의 협력을 얻어 정조의 즉위를 이루어 냈다.

138. 공제(公除): 국상(國喪)을 당하여 조의(弔意)를 표하는 뜻으로 일정 기간 동안 공무를 보지 않고, 기간이 지난 후에 상복을 벗는 일이다.

139. 정이환이 …… 논척하였는데: 1776년(정조 즉위년) 3월 27일(무술) 실록기사 참조.

나온 듯하였다. 주상이 좋은 말로 비답을 내리고 잘못이 없음을 밝혀서 마음을 풀어주었다. 그러나 인삼 사건에 대해서는 수의(首醫)[140]를 잡아들여 국문하라고 명하였다. 김치인이 당시 내의원 제거(提擧)였기 때문에 상소하고 처벌을 기다렸다. 그러나 그 상소 내용은 세월이 오래되어 상세히 알지 못한다고 핑계를 대고 말이 모호하였지만, 대체로 나삼을 계속 쓰게 했다고 자수[首實]함으로써[141] 홍봉한을 토죄하려는 논의가 시끄럽게 무리지어 일어났다. 정이환과 송환억이 번갈아가며 상소하여 쟁론하였다.

13. 병신년(1776, 정조 즉위년) 봄 삼사(三司)에서 합계(合啓)하여 역적 김상로의 추율(追律)[142]을 청하였다.

김상로의 아들 김치현(金致顯) 또한 홍봉한을 토죄해야 한다는 상소를 올렸다. 주상이 하교하기를,

"너는 대역죄인의 자식이면서 방자하게 다른 사람을 무고하는 상소를 올렸다."라고 했다. 이어서 전교를 내려 김상로의 흉역죄를 명백하게 토죄하였다.

또한 공묵합(恭默閤)[143]의 입시 일기(入侍日記)를 살펴보도록 명하였다. 당시 도승지 채제공(蔡濟恭)[144]에게 또한 입시하라고 명하여 당시 상황을 진술하게 하였다. 김상로에게 추가로 역률을 시행한 것은 뜻밖에 나온 일로 천둥이 치듯 전격적으로 시행되어 여러 흉도들의 간담을 서늘하게 만들었다. 혹 소보(小報)[145]를 보고는 기절하여 땅에 쓰러진 자도 있었다고 한다.

---

140. 수의(首醫): 내의원 소속 의관. 당상(堂上) 의관인 어의(御醫) 중 최고 책임자.
141. 나삼을 …… 자수[首實]함으로써: 1776년(정조 즉위년) 4월 29일(경오) 실록기사 참조.
142. 추율(追律): 죽은 뒤에 역적의 죄과가 드러났을 때, 소급하여 역률(逆律)을 집행하는 것.
143. 공묵합(恭默閤): 창경궁에 소재한 건물로서 함인정(涵仁亭) 뒤에 위치하였다. 사도세자가 이곳을 세자전(世子殿)으로 사용하였다.
144. 채제공(蔡濟恭, 1720~1799): 본관 평강(平康), 자 백규(伯規), 호 번암(樊巖)·번옹(樊翁). 청남(淸南)의 영수로서 정조대 좌의정·영의정 등을 역임하며 탕평정치에 기여하였다. 영조대 사도세자 폐위에 반대하였으며, 이후 신원에도 앞장섰다.
145. 소보(小報): 정식이 아닌 간단한 보고. 또는 쪽지 글로써 보고하는 것이다.

14. 4월에 이덕사(李德師)·조재한(趙載翰)·박상로(朴相老)·유한신(柳翰申)[146]을 국문하여 사형[正法]에 처하고, 환관 김수현(金壽賢)[147]을 귀양 보냈다.[148]

주상이 춘궁(春宮)에 있을 때 한쪽 편의 음흉하고 사악한 무리들이 김상로·홍계희 무리와 신만·나경언 등 여러 역적들을 징토하는 일로써 사사롭게 한쪽 편의 의리를 만들어 후일의 계책으로 삼았다. 요사스러운 환관 김수현과 결탁하여 세손의 뜻을 시험했는데 주상(정조)이 엄하게 배척하였다.

주상(정조)이 즉위하자 이덕사 무리들이 상소하였는데 김수현의 말을 답습하였다. 주상이 친국(親鞫)하였는데, 공초가 조재한과 박상로에게까지 미쳤다. 박상로가 차마 들을 수 없는 흉언을 말한 것까지 드러나,[149] 이에 모두 사형에 처했다. 김수현은 형장을 맞고 귀양 갔다.[150] 이보다 앞서 전(前) 참의 이병정(李秉鼎)[151]이 스스로 한쪽 편 사람으로 자처하며 홍국영에게 아첨하고 그를 섬기면서, 한쪽 편이 뒷날 의리를 주도하려고 역적 이찬을 추대하기 위한 계략을 세웠다고 발설했었다. 이덕사의 상소가 나오자 '그 말을 믿을 만하다' 하고, 또한 김구주 상소에서 나온 이러이러하다는 설을 말하였다. 여기에 홍국영을 겨냥하는 내용이 있었는데, 김종수가 끝까지 파헤쳐야 한다고 힘껏 주장했지만 끝내 추대의 실체

---

146. 유한신(柳翰申, 1732~1776): 본관 문화(文化), 자 동초(同初). 정언 등을 역임. 1776년 정조 즉위 직후 사도세자의 죽음과 관련된 상소를 올렸다가 정조에 의해 역적으로 몰려 같은 상소를 올린 이덕사, 조재한과 함께 사형당하였다.

147. 김수현(金壽賢, ?~?): 용동궁(龍洞宮)을 주관하는 내시로서 평소 간계를 부려 사사로운 이익을 추구하였던 인물. 당시 조재한과 결탁하여 이흥록(李興祿)과 더불어 세손을 협박했다는 혐의를 받았다.

148. 4월에 …… 귀양 보냈다: 1776년(정조 즉위년) 4월 1일에 이덕사·박상로·조재한·이일화·최재흥(崔載興)·유한신·이동양(李東讓) 등이 복주된 사건이 발생하였다. 당시 영조가 죽어 아직 장례를 치르기 전이었는데, 조재한이 향유(鄕儒) 이일화를 사주하여 임오년에 사도세자가 죽은 일을 거론한 상소를 올리게 하였다. 이덕사의 상소도 같은 날 올라오고, 유한신도 상소를 승정원에 바쳤는데, 상소의 내용이 똑같았다. 이에 정조가 이 일을 선대왕을 모함하는 대역으로 간주하여 정국(庭鞫)을 행하였다. 그중 최재흥의 결안문서에 있는 구상(具庠)의 서찰에 '도끼를 가지고 머리를 부순다[持斧碎首]'라느니, '모년의 의리[某年義理]'라느니 '장인과 사위가 서로 익히 의논하였다[舅甥熟講]'라느니, '우리가 잡을 것이다[吾輩秉執]'라는 등의 말이 있었다.

149. 박상로가 …… 드러나: 차마 들을 수 없는 흉언이란 '벌써 임오년을 잊었다[已忘壬午]'는 것이다. 이덕사 등을 국문하는 과정에서 이일화의 상소가 조재한·박상로 등과 모의해 작성되었고, 그 와굴은 상소문을 윤색한 최재흥임을 밝혀냈다. 특히 이들이 주고받은 편지에서 '벌써 임오년을 잊었다'는 등의 흉언으로 금령을 어기고 군주를 무함한 점 등을 문제 삼으며 모두 복주했다.

150. 선세자 추숭론은 소론 준론, 노론 북당, 남인 청론 등에서 나온 것으로 당시에 이미 상당한 실체가 있었다. 조재한 등은 세손 시절부터 환관을 통해 임오년의 의리를 내세우며 추숭을 권유한 바 있어서 세손이 미워하고 있었는데, 즉위 초에 조재한이 향유(鄕儒) 이일화를 사주하여 상소를 올리게 하여 같은 주장을 반복했고, 같은 날 이덕사도 같은 취지의 상소를 올렸다가 복주되었다.

151. 이병정(李秉鼎, 1742~1804): 본관 전주(全州), 자 이중(頤仲). 예조·병조 판서 등을 역임. 1780년(정조 4)에는 홍국영의 숙부 홍낙순을 탄핵했는데, 도리어 홍국영의 여당으로 지목되어 탄핵되었다. 1789년(정조 13)에는 대사성으로서 성균관의 동·서재가 각각의 색목(色目)으로 나뉘어져 있다는 폐단을 들추기도 하였다.

를 규명하지 못하였다.

삼가 살피건대,

김상로·홍계희 무리와 신만·나경언은 하늘과 땅에 닿는 흉역의 죄를 지었으니 혈기가 있다면 누군들 토벌하지 않겠는가. 끝내 선조(先朝, 영조) 때에 성토하지 못한 것은 당시 여러 신하들의 죄였다. 이덕사와 조재한이 사사롭게 의리를 지어내고 환관과 결탁하여 세손의 뜻을 살피고 시험하여 뒷날의 계책으로 삼았으니, 이는 매우 흉악하고 사특한 것이었다. 또한 박상로의 흉언이 있었으니, 이것이 대역(大逆)이 되는 이유였다.[152] 김종수의 무리는 이덕사와 조재한으로써 구실을 삼아 반드시 김상로와 홍계희 이하 여러 역적의 죄를 가리고 덮으려 했다. 또한 역적 이찬을 추대하려는 모의에 화를 전가하려 했으니[153] 이것을 일러 속내[肺肝]가 훤히 보인다는 것이다. 뒷날 반드시 상론(尙論)[154]이 있을 것이다.

15. 9월에 역적 이율이 상소를 올려 홍봉한을 논척하였다.

흉당은 김상로의 일이 거론된 뒤 감히 다시 홍봉한을 징토하자는 말을 하지 않는다면 마치 겁먹은 듯 보일까봐 더욱 죽을 각오로 힘써 간쟁해야 한다고 생각하여[155] 마침내 유소(儒疏)[156]가 나왔다. 성균관 장의(掌議)였던 역적 이율이 논의를 주장하고 김종수가 상소문을 지었다. 주상이 비답을 내려 자못 싫어하는 뜻을 보이자 여러 유생들이 모여서 홍씨 집 앞에서 곡을 하자는 논의까지 있었는데, 그 의도는 한편으로는 온 나라의 공공의 논의(共公)로 보이고자 했으며, 다른 한편으로는 본래의 흉악하고 참혹한 역적의 죄를 덮으려고 했고, 또 한편으로는 군부를 협박하는 계책으로 삼고자 했다. 이보다 앞서 홍인한·정후겸·민항렬·홍상간[157] 등 여러 역적들이 복주되자 역적들이 토벌된 경사를 축하하여 예문관

152. 대역(大逆)이 되는 이유였다: 정조 즉위 초 다양한 추숭 논의에 대해, 정조는 영조의 대의리에 근거해서 분명한 처분을 내렸다. 영조와 선세자의 대의가 다르지 않은데 신하들이 마음대로 구분하여 진퇴의 기준으로 삼는 것은 대의리를 저버리는 행위이므로, 이를 역심으로 판단한다는 점을 분명히 했다.

153. 김종수의 무리는 …… 했으니: 남당은 일단 사도세자 추숭문제를 제시했던 이덕사 등의 사건을 거론하며 자신들의 과오를 덮으려 했다. 또한 홍봉한의 이찬 추대설을 재론함으로써 북당의 위세를 누그려뜨려 정조 즉위 초반 자파에게 유리한 정국을 조성하려 했던 것이다.

154. 상론(尙論): 옛사람의 말과 행동을 평론하다.

155. 흉당은 …… 생각하여: 이율과 정이환은 이덕사와 이응원 등의 사도세자 추숭론이 홍봉한의 사주로 나왔다거나, 홍봉한이 세손에게 추숭을 강요했다든가 임오화변 당시 뒤주를 들였다면서 그 죄를 명백히 하여 사형시켜야 한다고 공격했다.

156. 유소(儒疏): 유생들이 연명하여 올리는 소(疏).

157. 홍상간(洪相簡, 1745~1777): 본관 남양(南陽). 판중추부사 계희의 손자, 판서 지해(趾海)의 아들. 그의 아버

제학 정이환이 반교문(頒敎文)[158]을 지어 바쳤다. 여기에 왕봉(王鳳)과 왕음(王音)[159]에 비유한 말이 있었는데 홍봉한을 지목한 것이었다.[160] 상소를 올려 홍봉한의 죄명을 반포하기를 청하였으나 그 말이 행해지지 않자 상소를 올리고 고향으로 돌아갔다.

16. 9월에 김구주가 섬으로 유배되었다.

전교에는 세 가지 큰 죄안[161]이 있었으니, 신묘(1771, 영조 47) · 임진년(1772)의 일이었다. 김구주의 처분 또한 뜻하지 않게 내려졌다. 정이환 역시 김구주처럼 하찮은 물건이라고 하교하고, 삭출을 명하였다.[162] 이로 인해 남당의 사기가 떨어지자 김종수가 정이환을 구원하는 상소를 올렸다. 주상이 비답하기를,

"정이환이 어찌 그대와 같이 척리들과 서로 통하지 않았다고 하는가?"라고 하교하였다. 그 당여에도 또한 김종수를 대신하여 부끄럽게 여기는 자가 있었다. 소위 남당은 모두 두려워하면서 겉으로는 홍인한과 정후겸을 징토하여 그 명맥을 유지하면서도 속으로는 원망하고 불만스러운 마음을 품었다.

정언(正言) 한후익(韓後翼)[163]이 호서지역에 있으면서 시골에서 상소를 올려[164] 힘껏 구

지가 외척 홍인한과 결탁되어 동궁의 미움을 받았다. 정조가 즉위하자 홍인한이 정조를 시해하려다 주살(誅殺)된 역옥에 연루되어 고문을 받고 죽었다.

158. 반교문(頒敎文): 나라에 경사가 있을 때 백성들에게 널리 반포하던 임금의 교서(敎書).

159. 왕봉(王鳳, ?~BC 22)과 왕음(王音, ?~BC 15): 왕봉과 왕음은 한나라 효성제(孝成帝) 때 외척으로 형제간이었다. 왕봉은 효성제의 외삼촌으로 대사마 대장군(大司馬大將軍)이 되었고, 그가 죽은 뒤 아우 왕음이 뒤를 이어 대사마가 되었다. 이들 외척의 간특함을 홍봉한·홍인한에게 빗대었던 것이다. 1776년(정조 즉위년) 8월 24일(계해) 실록기사에 따르면 "홍인한은 본래 효경(梟獍)의 심성을 타고난 데다 탐욕이 더해졌는데, 형제가 번갈아 권좌에 있은 것은 왕봉과 왕음에 다름이 없었고, 문정(門庭)에서 투쟁하여 서로가 이어 온 것은 윤원로(尹元老)와 윤원형(尹元衡)보다 심하다"고 하였다.

160. 정이환은 「토역교문」에서 『명의록』 편찬 방향에 대해 정면으로 비판했다. 정이환은, 역적의 큰 괴수는 홍인한과 정후겸의 근저이자 사도세자 추숭을 시도했던 이덕사·이일화의 와굴인 홍봉한인데, 지금 『명의록』에서는 머리를 놓아두고 꼬리만 잡으려 하고 있으니, 이런 글은 있어도 그만 없어도 그만이라고 극언하면서 윤음을 내려 홍봉한의 죄를 바로잡아야 한다고 주장했다. 이는 근본적으로는 『명의록』이 즉위를 방해한 자들을 주로 염두에 두고 편찬된 것에 대한 반발이었던 것이다. 살홍의 재현인 동시에, 즉위 의리에 한정될 『명의록』 편찬 방침에 대한 도전이었다.

161. 세 가지 큰 죄안: 신묘년(영조 47) 봄에 '모물(某物, 뒤주)'에 대한 설과 왕손 추대설로 홍봉한을 모해한 일, 임진년(영조 48) 봄에 홍봉한의 추숭설을 상소하여 세손을 위험에 처하게 한 일, 정유년(1777, 정조 1)에 은전군을 조성(趙峸)의 가문과 혼사시켜 추대하려 한 일을 가리킨다.

162. 정이환 …… 명하였다: 1776년(정조 즉위년) 9월 11일(기묘) 실록기사에 따르면 정조가 정이환을 불러 오게 한 이유는 비록 그가 김구주와 친했지만 지난날 탁란(濁亂)한 무리에 들어가지 않았기 때문이었는데 막상 조정에서 한결같이 김구주의 주장만을 따랐다고 비난하였다.

163. 한후익(韓後翼): 한원진의 후손으로서 김구주를 적극 옹호한 사우(死友)였다. 그는 김구주와 연계된 호서 남당인사였다. 그는 홍인한계 북당인 홍계희·홍계능의 족속들이 『명의록』과 『속명의록』의 주요 희생양이

원하였다.[165] 김구주는 청양(靑陽, 심의겸)[166]과 여양(驪陽, 민유중)[167]에, 정이환은 송강(松江, 정철)[168]과 장암(丈巖, 정호)[169]에 비유하였다. 청양 심의겸(沈義謙)과 여양 민유중(閔維重)은 모두 외척으로서 청의(淸議)를 견지했던 사람이었다. 송강과 장암, 두 공(公)은 정이환의 선조로서 송강은 청양과, 장암은 여양과 모두 밀접하게 교유했기 때문이었다.

그는 상소에서 그들이 첫 정사[170]에서 배척을 받았다고 하면서 심지어

"전하께서 기사(機事)는 이미 지나갔다고 하시지만 기심(機心)은 아직 남아 있습니다."[171] 라고 하거나 '말 위에서 천하를 다스릴 수 없다'는 등 온갖 말을 다해 주상을 침범하였다. 주상이 한후익 상소의 언사에 대해 좋은 말로 비답을 내렸지만 그 상소를 보는 사람들은 심장이 떨리고 뼈가 시렸다. 이른바 기사와 기심이라고 한 것은 이상로(李商輅)의 기관(機關)이라는 말[172]보다 더 심한 흉언이었다.

되었다는 것에 불만을 품었다.

164. 시골에서 상소를 올려: 현도 봉장(縣道封章). 향리(鄕里)에 물러가 있는 재상(宰相)이 고을이나 도를 통하여 상소하는 것을 말한다.

165. 한후익이 …… 힘껏 구원하였다: 김구주의 일당인 호서지역 남당 한후익은 이전부터 홍인한의 배후인 홍봉한을 토죄하지 않았다는 이유로 『명의록』에 기심(機心)이 깔려 있다고 비판하였다. 정언 한후익이 1776년(정조 즉위년) 11월 21일에 상소하여 김구주를 찬배(竄配)한 것에 대해 논하면서, "기사(機事)는 이미 지나갔지만 기심(機心)은 아직 남아 있습니다."라고 하면서 정조의 조처가 적절하지 않았다고 하였다. 1778년(정조 2) 7월 18일에 홍양해(洪量海), 심혁(沈鑠)과 함께 복주되었다.

166. 청양(靑陽): 청양 부원군(靑陽府院君) 심의겸(沈義謙, 1535~1587). 본관 청송(靑松), 자 방숙(方叔), 호 손암(巽菴)·간암(艮菴)·황재(黃齋). 청양군(靑陽君)에 습봉(襲封)되었다. 명종의 비 인순왕후(仁順王后)의 동생, 이황(李滉)의 문인. 김종직(金宗直) 계통의 신진세력인 김효원(金孝元)과 갈등을 빚으면서 사림(士林)이 동서로 분열되었다. 심의겸을 중심으로 모인 것이 서인이 되었다.

167. 여양(驪陽): 민유중(閔維重, 1630~1687). 본관 여흥(驪興), 자 지숙(持叔), 호 둔촌(屯村). 인현왕후(仁顯王后)의 아버지. 1681년(숙종 7) 딸이 숙종의 계비가 되자 여양 부원군(驪陽府院君)이 되었다. 병조 판서 등을 역임하였다.

168. 송강(松江): 정철(鄭澈, 1536~1593). 본관 연일(延日), 자 계함(季涵), 호 송강(松江). 유침(惟沈)의 아들. 이이(李珥)·성혼(成渾)·송익필(宋翼弼) 등과 교유하였으며, 우의정·좌의정 등을 역임. 1589년(선조 22) 정여립(鄭汝立) 사건을 기화로 동인(東人)을 제압하였다. 1591년 세자 책봉 문제로 파직당하였다.

169. 장암(丈巖): 정호(鄭澔, 1648~1736). 본관 연일(延日), 자 중순(仲淳), 호 장암(丈巖). 철(澈)의 현손, 종명(宗溟)의 증손, 송시열의 문인으로서 좌의정·영의정 등을 역임하였다. 신임옥사 당시 노론 4대신과 함께 파직되어 강진으로 유배되었다. 영조대 신임옥사로 죽은 노론 4대신의 신원(伸寃)을 누차 상소하였다.

170. 첫 정사[初政]: 임금이 즉위하여 처음으로 정사(政事)를 의논하고 결정하는 것.

171. 전하께서 …… 남아 있습니다: 기사(機事)는 대체로 대리청정, 『명의록』 등의 편찬을 통해 반대파 제거를 의도한 일을 가리키며, 기심(機心)은 반대파를 제거하려는 마음을 뜻하는 듯하다. 한후익은 홍인한의 배후인 홍봉한을 토죄하지 않았다는 이유로 『명의록』에 기심이 깔려 있다고 비판하였다. 한후익은 홍양해 등과 『명의록』·『속명의록』을 모두 부정했으며, 대리청정 또한 반대파 제거를 위한 함정이라 여겨 세손을 제거한 후에 김구주와 함께 은전군 찬을 추대하려 모의하였다. 기사와 기심의 출전은 『장자(莊子)』 외편(外篇) 천지(天地)이다.

172. 이상로(李商輅)의 기관(機關)이라는 말: 이상로의 본관은 전주(全州), 자는 태소(太素)이고 의중(毅中)의 아들이다. 정조 즉위에 반대하던 홍인한·정후겸·윤양후·민항렬(閔恒烈)·홍지해·홍상간 등 노론 벽파가 제거되었을 때 이상로가 홍지해에게 보낸 편지에 쓴 '기관(機關)이 음비(陰秘)하고 경상(景像)이 위박(危迫)하다'는 구절이 문제가 되어 역적으로 몰려 죽었다.

이보다 앞서 이상로가 홍지해에게 보낸 편지에서【이상로의 일은 『명의록』에 실려 있다.[173]】 대리청정을 '기관'이라고 하였다. 대리청정은 선왕이 나이가 들어 국정을 돌보기 어렵게 되자 우리 조정의 고사(故事)에 따라서 거행한 것이었다. 따라서 이상로가 '기관'이라고 말한 것은 흉역이 되는 것인데, 한후익의 '기사'와 '기심'은 이상로에 비해 몇 배나 더 심하였다. 이상로는 북당이라고 불렸고, 한후익은 이른바 북당을 공격하던 자여서 그 말이 다를 것 같지만 마치 한 입에서 나온 것처럼 같았다. 이보다 앞서 윤약연(尹若淵)[174]이 홍인한은 죄가 없다고 밝혀 구원하려다가 형장을 맞아 죽었다.【윤약연의 일은 『명의록』에 실려 있다.[175]】 홍양해가 그 충성을 기리고 그 죽음을 슬퍼한 것을 보면 겉으로는 달랐지만 속으로는 실제로 한마음이었다는 것을 알 수 있다.

장령 윤재순(尹在醇)[176]이 계를 올려 한후익의 흉언을 논척하며 잡아들여 국문할 것을 청하였지만 주상이 윤허하지 않았다. 김종수의 족인(族人) 청주 문관 김치구(金致九)가 대관(臺官)이 되어 정계(停啓)[177]하였다. 김종수가 일찍이 한후익의 상소에 대해 사복(嗣服)[178]한 뒤 '제일의 명소(名疏)'라고 하였다. 당시 홍문록[館錄][179]이 아직 도당회권(都堂會圈)[180]에 이르지 않았는데 한후익을 뽑는 것이 마땅하다고 했다고 한다.

17. 정유년(1777, 정조 원년) 가을에 궁중의 역적 홍상범 · 홍상길 · 홍술해 · 홍지해 · 홍찬해 모두 복주(伏誅)되었다.[181] 홍계능은 형장을 맞다 죽었고, 역적 이찬은 사사(賜死)되었다.

처음에 김상로에게 추가로 역률[182]이 적용되자 역적 홍계희 집안에서 스스로 매우 위태롭

---

173. 『명의록』 권2 '병신년 6월 27일부터 정유년 4월 9일까지' 참조.
174. 윤약연(尹若淵, ?~?): 1766년(영조 42) 6월 23일 수찬 윤약연은 홍인한이 충신이라고 하는 상소를 올렸다. 이때 '국가편 사람[國邊人]'이라는 표현을 써 큰 문제가 되었는데, 이것은 홍인한을 가리키는 말이었다. 정조는 윤약연을 국문하여 배후가 홍상간임을 밝혀내고 홍지해 등을 유배 보냈다.
175. 『명의록』 권1 '을미년 11월 21일부터 병신년 6월 25일까지' 참조.
176. 윤재순(尹在醇, 1730~1806): 정조 초반에는 대간의 직책을 맡아 김종수를 공격하는 상소를 올리기도 하였으나, 조시위(趙時偉)의 당여(黨與)로 지목되면서 장악원 정(掌樂院正) 등 한직을 맡았다.
177. 정계(停啓): 대간(臺諫)이 한동안 계속해 오던 논계(論啓)를 그만두는 것.
178. 사복(嗣服): 선대의 위업을 계승하거나 왕위를 물려받던 일.
179. 홍문록[館錄]: 홍문관 교리(校理) · 수찬(修撰)을 임명하기 위한 1차 추천 기록.
180. 도당회권(都堂會圈): 의정부에서 홍문관의 교리 · 수찬 등을 선임하기 위한 2차 추천과정을 말한다.
181. 모두 복주(伏誅)되었다: 홍상범과 조카 홍상길이 자객 용휘(龍暉), 홍문(興文) 등을 모집하여 비수를 가지고 앞장서 궁궐 담장을 넘어 감히 말할 수 없는 곳을 범하려 하였다. 막 넘어 들어왔을 때 나졸에게 잡혀 홍상범과 홍지해 등과 함께 사형당했다.
182. 추가로 역률: 추율(追律). 죽은 뒤에 역적의 죄과가 드러났을 경우, 죽은 사람에게 역률을 집행하던 일.

게 여겼다. 홍술해는 마침 장률(贓律)[183]로써 형장을 맞고 유배되었고, 홍상간 역시 윤약연의 옥사에서 형장을 맞다 죽었다. 이를 원망하고 두려워하다가 마침내 비수를 품고 궁궐의 담장을 뛰어넘는 음모를 꾸몄다.【옥안은 모두 『명의록』에 실려 있다.[184]】 심지어 액속(掖屬)[185]·궁녀와 연결되었으니 이른바 수애(秀愛)[186]는 김구주 가문과 결탁한 자였다.

역적 이찬을 추대하려는 홍계능의 음모가 홍상길의 공초에서 나오자, 홍계능을 체포하여 국문하였는데 도중에 갑자기 죽었다. 주상이 특별히 김구주에게 사사의 명을 내렸다가 바로 체포하여 국문하도록 명하였는데, 이내 거둬들였다. 이찬은 김구주의 추대를 받았는데 결국에 또 홍계능의 일이 발생하였다. 주상의 뜻은 근본을 거슬러 올라가 모두 다스리려 하다가 은혜로써 의를 덮고자 하여 마침내 명령을 거두었던 것이다. 문무백관과 군민(軍民)들이 이찬을 엄단하여 법으로 다스릴 것을 청하였지만 주상이 윤허하지 않았다. 대신들이 뵙기를 청하여 온 나라의 민심으로써 주서(注書)를 재촉해서 탑교(榻敎)[187]를 써서 받들어 내게 하여 마침내 사사하였다. 이택수(李澤遂)[188]와 민홍섭(閔弘燮)[189]은 홍계능의 음모에 관련되어 이택수는 주살되고, 민홍섭은 추탈되었다. 홍계능과 홍상범의 사건이 발생하자 김구주의 죄는 더욱 드러나서, 그 당여들이 마음속으로 의심하고 원망하는 것이 날로 더욱 깊어갔다.

---

183. 장률(贓律): 뇌물을 받은 관리를 처벌하는 법률. 뇌물이 40관(貫)을 넘으면 사형, 그 이하는 정도에 따라 자자(刺字)·도류(徒流)·장(杖)·태(笞)에 처하였다.

184. 『명의록』「속명의록(續名義錄)」'정유년 7월 28일부터 무술년 2월 21일까지' 참조.

185. 액속(掖屬): 궐 안 잡무를 맡아보는 액정서(掖庭署)의 이속(吏屬).

186. 수애(秀愛): 고수애로 '고 상궁(高尙宮)'으로 불리었다. 그녀는 자신의 양녀(養女) 복문 상궁(福文尙宮)과 함께 역모에 참여하였다. 이들 족속은 모두 김구주의 집안과 친밀하여 김구주를 처분했을 때에 원망하는 말을 했다.

187. 탑교(榻敎): 임금이 의정(議政)을 불러서 친히 전하는 왕명.

188. 이택수(李澤遂, ?~?): 본관 전주(全州). 사직(司直) 언형(彦衡)의 아들, 홍봉한의 생질, 홍찬해와 동서지간. 승지·대사간 등을 역임. 1776년(정조 즉위년) 홍인한의 당여로 몰려 사헌부로부터 삭출하라는 탄핵을 받았다. 1777년(정조 1) 홍계능과 홍지해·찬해·술해 3형제 및 홍상길 형제 일파가 일으킨 존현각 적변(尊賢閣賊變)에 연루되어 역모에 동참한 것으로 결안(結案)되었으나 그 어머니가 자궁(慈宮)의 지친이라는 이유로 단지 지정불고죄(知情不告罪)의 죄목만 적용되었다.

189. 민홍섭(閔弘燮, 1735~1777): 본관 여흥(驪興), 자 대재(大哉). 진원의 증손자, 형수(亨洙)의 손자, 우의정 백상(百祥)의 아들. 1777년(정조 1) 삼척 부사 재직 시 홍상길의 공초 가운데 홍계능의 역모에 가담하였다는 진술이 나와 삭탈되었고, 이후 사형당하였다.

18. 무술년(1778, 정조 2) 가을에 호서 역적 홍양해와 한후익이 군사를 일으키려 모의했는데, 사건이 발각되고 모두 체포되어 국문을 받았다.

홍양해·홍계능·홍지해·홍술해는 이전에 서로 두루 얽혀 있었던 정황이 편지에서 뚜렷이 드러났다. 한후익·심혁·윤약연 등 여러 족속들이 서로 통하여 모의하였다. 심혁은 심의지의 숙부이고 한후익의 매부였다. 홍양해와 한후익의 공초에서 거듭 김한록이 나왔지만 체포하지 않았고, 여타 공초에서 또한 (궁중에서) 내응(內應)이 있었다고 했지만 끝내 불문(不問)에 붙였다.

정이환이 삭출되어 고향에 있을 때 집안의 아이를 시켜 상소를 올려[190] 자복하였는데, 김구주와 함께 교유한 것을 '단정하지 못한 벗을 취했다[取友不端]'라고 하였다. 홍양해와 한후익 옥사가 있은 뒤에 두렵고 겁이 나서 스스로 해명한 것이었다. 상소가 들어가자 계자(啓字)[191]를 찍어 내려보냈는데, 혹 겁이 많다고 조롱하는 자도 있었다. 김상로·김구주·홍양해·한후익 옥사 이후 그 당은 비록 기운을 잃고 위축되었지만 홍국영이 바야흐로 총애를 받아서 정사를 주도하며 그 세력이 강성하여 기세가 등등해지자 김종수가 은밀히 붙어서 깊이 의탁하여 사사건건 아첨하였다.

정유년(1777, 정조 1) 토역과(討逆科)[192] 때 김종수가 시험을 주관하였는데, 홍국영의 글방 선생[塾師] 박한규(朴漢圭)가 장원을 하였다. 그해 겨울 감제(柑製)[193]에서 홍국영의 숙부 홍낙빈(洪樂彬)[194]이 장원을 하였다. 사람들이 모두 그 비루함에 침을 뱉었고 그 말이 전해져 요란스럽게 퍼져 나갔다.

김종후가 겉으로 그 명성을 애석해하는 척하면서 김종수를 면전에서 질책하여 말하기를,

"시험을 주관하면서 사사로운 짓을 하여 비방하는 말이 자자한데 그대는 어떻게 스스로 해명할 것인가?"라고 하였다. 김종수가 형에게 대답하면서 우연이라고 핑계대고 하늘을 가리키며 맹서하였다. 이것을 들은 사람들이 모두 말하기를,

---

190. 상소를 올려: 1778년(정조 2) 10월 14일(경오) 실록기사 참조.
191. 계자(啓字): 임금이 결재하는 도장에 찍힌 '계' 자.
192. 토역과(討逆科): 나라의 역적을 토주(討誅)한 뒤 이를 기념하기 위하여 특별히 시행하는 과거 시험.
193. 감제(柑製): 해마다 제주도에서 진상하는 황감을 성균관과 사학 유생들에게 내리고 실시하던 과거.
194. 홍낙빈(洪樂彬, 1732~?): 본관 풍산(豊山), 자 계문(季文). 중해(重楷)의 증손, 양보(良輔)의 손자, 감사 창한(昌漢)의 아들. 1777년(정조 1) 감제(柑製)에서 수석을 차지하였다. 이듬해 권세에 의지하여 매관(賣官) 행위를 일삼았고, 관찰사 재직 시 장오(贓汚)죄를 많이 범했으며, 매매가 금지된 돈동(敦洞)의 공주 집을 사사로이 매입하였다는 정언 홍주익(洪柱翼)의 탄핵으로 의금부에 하옥되었다. 또한 역모 사건의 주모자로 처형된 홍복영의 친숙(親叔)이기에 이때에 연좌된 죄로 다시 갑산부(甲山府)에 유배되었다.

"김종수의 하늘을 어느 누가 믿을 것인가?"라고 하였다. 김종수는 이전부터 의심스러운 비방을 받으면 모두 하늘을 가리켰기 때문이었다.

김종수는 바야흐로 홍국영과 깊게 결탁하여 함께 그 세력과 지위가 공고하게 되었지만 그 무리들을 구원하지 못하여 항상 답답해하며 불편스러워했다. 김종건(金鍾健)[195]이 일찍이 김종수에게 말하기를,

"사람들이 부귀영화를 귀하게 여기는 이유는 그 족당(族黨)을 은밀히 비호하여 함께 그 이록을 누릴 수 있기 때문이다. 지금 공의 일가 지친이 죄인이 되어 섬에 갇혀 있고 친한 친구들은 혹 주살되고 혹 폐고(廢錮)되었으니, 공의 공명(功名)은 또한 웃기는 일이 되었다."라고 운운하였다.

소위 지친으로서 죄인이 되어 섬에 갇혀 있는 자는 김종건의 제부(諸父)였는데 모두 김상로에 연좌되어 외딴섬에 유배되었기 때문이었다. 소위 친한 친구로서 혹 주살되거나 혹 폐고된 자는 홍양해 · 한후익 · 정이환을 지목한 것이다. 김종수가 그 말을 듣고 탄식하여 말하기를,

"천도는 순환하니 살다 보면 뜻을 얻을 때가 있을 것이다. 그대는 조금 기다리라."라고 하였다.

19. 11월에 송덕상이 부름에 응하여 서울에 이르렀다.

이보다 앞서 왕대비전하의 언문 하교에 따라 후궁을 간택하였는데,[196] 후사가 태어나는 경사가 늦어졌기 때문이었다. 홍국영의 누이동생 홍씨가 간택되어 원빈(元嬪)[197]에 봉해졌다. 그 의례[儀節]가 빈궁(嬪宮)과 같아서 조정의 문안을 받았으니 우리 조정에서 처음으로 행해진 예였다.

홍국영이 궁궐 안에서 숙위하였기 때문에 권세와 총애가 이미 온 나라를 좌우하였다. 또한 폐부(肺腑)에 의탁하여 기세가 대단하고 융성해서 온 세상 사람들이 달려와 아부하니 감히 그 뜻을 어기는 자가 없었다. 그러나 원빈이 간택된 뒤로 홍국영은 오히려 인심이 복종하지 않을까 의심하여 유림(儒林)의 힘을 빌리고자 하였다. 당시 주상이 바야흐로 산림

---

195. 김종건(金鍾健): 홍술해의 내종(內從, 고종사촌)이다.

196. 홍국영은 당시 중궁전 김씨에게 본래 복병(腹病)이 없었는데도 병환이 있다는 자교(慈敎)를 내게 하여 이를 명분으로 '저사(儲嗣)를 넓히는 일'로 하교를 유도했고, 중전이 있는데도 불구하고 빈(嬪)에게 '원(元)'자를 붙여 참월(僭越)한 뜻을 드러냈다고 한다.

197. 원빈(元嬪): 정조의 후궁. 홍국영의 누이동생. 1778년(정조 2) 원빈에 봉해졌지만 1년 만에 병사(病死)하였다.

의 여러 유자들을 불러들였는데, 선정(先正, 송시열)의 후손 송덕상 또한 초치(招致)하는 반열에 들어 있었다. 그의 조카 송환억 또한 김종수를 통해 홍국영에 새롭게 붙었다. 홍국영도 송환억을 통해 송덕상을 꾀어서 왕명에 응하게 하였다.

송덕상은 평소에 지각(知覺)이 없었는데, 홍국영의 권세가 바야흐로 융성하다는 말을 들었고, 또한 조카의 꾐에 이끌려 마침내 부름에 응하여 서울에 들어왔다. 이때 진신(搢紳)과 장보(章甫)들이 모두 와서 알현한 것은 그가 선정의 후손이었기 때문인데, 송덕상은 자신의 덕망으로 온 세상을 복종시킬 수 있을 것으로 자부하였다. 또한 주상이 대우하는 예절이 매우 특별하자 더욱 스스로를 높여서 온 나라의 일을 모두 담당할 수 있다고 여겼다.

유당(柳戇)[198]이란 자는 어리석고 망령되며 비열하였는데 처음에 남당에 들어갔다. 또한 홍국영의 숙부 홍낙순(洪樂純)[199]과 매우 긴밀하게 지내며 요로를 차지하였다. 게다가 송덕상이 고향에 있을 때부터 일찍이 서로 왕래하여 친밀하게 지냈다. 송덕상이 서울에 들어오자 주인으로 자처하면서, 마치 선정 당시 완남(完南)【이후원(李厚源)[200] 공】과 창주(滄洲) 공【김익희(金益熙)[201] 공】이 된 듯 굴었다. 송덕상이 서울로 들어와서 주택을 구입하고 가속들을 거느리고 머물렀는데, 수레와 말이 날마다 이르러 집안 마당에 가득한 것이 시장과 같았다. 매번 경연에 들어갔다가 물러나 나가면 홍국영을 만나 보았고, (그때마다) 크게 취해서 조카의 부축을 받고 나갔다. 이를 본 자는 놀라 비웃었고, 식견이 있는 선비는 깊이 우려하면서 조만간에 반드시 무너져서 우리 당여들에게 치욕을 끼칠 것이라고 탄식하였다.

20. 기해년(1779, 정조 3) 여름에 송덕상이 흉악한 상소를 올렸다.

원빈의 상사(喪事)를 당해서 해당 조(曹)에서는 전례가 없어 어떻게 거행해야 할지 몰랐다. 송덕상이 유신(儒臣)으로서 홍국영과 함께 의식절차를 참정(參定)하였다. 이인의 아들 이

---

198. 유당(柳戇, ?~?): 동부승지 · 동래 부사 · 대사간 등을 역임하였다. 1777년(정조 1) 10월 23일(을묘) 실록기사에 따르면 대사간에 재직하면서 화완옹주를 처단하고, 홍계능은 노적(孥籍)하고, 역적 홍지해 등의 역적 종자들로 나이가 차지 못한 자라도 모두 전형(典刑)대로 시행하고, 한후익이 임금을 속이는 부도한 짓을 한 죄를 통쾌하게 정형(正刑)할 것을 청하였다.

199. 홍낙순(洪樂純, 1723~?): 본관 풍산(豊山), 자 백효(伯孝), 호 대릉(大陵). 홍국영이 정권을 쥐고 세도정치를 하자 그의 큰아버지로서 대제학 · 강화유수 등을 거쳐, 1779년 좌의정에 이르렀으나 이듬해 홍국영의 실각과 함께 파직되었다.

200. 이후원(李厚源, 1598~1660): 본관 전주(全州), 자 사진(士晋) · 사심(士深), 호 우재(迂齋). 김장생(金長生)의 문인. 이조 판서 · 우의정 등을 역임. 1657년 우의정으로서 송시열을 이조 판서, 송준길을 병조 판서에 임명하는 등 인재 등용에도 힘을 기울였다.

201. 김익희(金益熙, 1610~1656): 본관 광산(光山), 자 중문(仲文), 호 창주(滄洲). 장생의 손자. 대사성 · 대사헌 등을 역임하였다.

담(李湛)[202]을 수묘관(守墓官)에 차출하고, 작호(爵號)를 완풍(完豊)이라고 하였다. 종실 작호에서는 관례적으로 외가[外鄕]의 관향[籍貫] 군(郡) 이름을 사용하였는데, 풍(豊)은 홍씨의 본관이었기에 놀라지 않은 사람이 없었다.

얼마 뒤 송덕상이 상소[203]를 올려 국세가 위태롭다고 하였으며, 심지어 '모양도리(某樣道理)[204]는 감히 지적하여 말씀 드릴 수 없다'고까지 운운하였다. 주상이 좋은 말로 비답을 내렸다. 그 상소를 본 자는 모두 그 말에 뜻하는 바가 있다는 것을 알았다. '간택을 다시 할 수 없다'는 말[205]이 또한 홍국영에게서 나와서 떠들썩하게 전파되자 세상사람들 사이에서 '장차 건저(建儲)의 거사가 있을 것'이라는 말이 퍼져 항간에 자자하지 않음이 없었다. 그 당여들이 곧 말하기를,

"송나라 인종(仁宗)이 30세가 못 되어 죽자 송나라 영종(英宗)[206]이 종실의 정통이 되었다. 예로부터 미리 세자를 세우는 것은 모두 국가의 대사였다."라고 하면서 마침내 이로써 의리를 삼았다. (그러나) 식견이 있는 자들이 말하였다.

"송나라 인종 때 범진(范鎭)[207] 등 여러 사람들[208]은 애초 누구를 지적하여 청한 것이 아니었다. 만약 당시 그들이 은밀히 따로 마음을 둔 바가 있어서 왕비를 팔아서 자식으로 삼으려 했다면 범진은 역적일 뿐이니, 천하 후세에 누가 범진을 현명한 신하라 하겠는가? 하

---

202. 이담(李湛, ?~1786). 아버지는 정조의 이복동생인 은언군(恩彦君) 인(裀). 1778년(정조 2) 정조의 후궁이자 홍국영의 누이인 원빈이 소생 없이 갑자기 죽자, 홍국영은 은언군의 아들 상계군(常溪君)을 자신의 관향(貫鄕)을 넣어 완풍군(完豊君)으로 개칭한 후 원빈의 대전관(代奠官)·수원관(守園官)으로 만들어 봉사자(奉祀者)로 삼았다. 이어 홍국영은 송덕상을 동원하여 저사를 넓히는 일은 다시 할 수 없는 상황이니 후사를 정하기 위해 '모양도리(某樣道理)'를 강구해야 한다면서 완풍군으로 저사를 정하도록 권했으며 재간택(再揀擇)을 하는 것은 중궁을 핍박하는 일이라며 정조를 압박하기도 하였다.

203. 1779년(정조 3) 6월 18일(경오) 실록기사에 따르면 이조 참판 송덕상이 왕자 얻는 일과 역적 토죄를 엄중히 할 것을 상소하였다.

204. 모양도리(某樣道理): 원빈이 죽은 뒤 홍국영은 송덕상을 동원하여 저사(儲嗣)를 넓히는 일을 다시 할 수 없는 상황이니 후사를 정하기 위해 모양도리를 강구해야 한다면서 완풍군으로 저사를 정하도록 권하였다. 여기서 모양도리란 완풍군 이담을 저사로 삼는 일을 가리킨다. 즉 이담 이외의 저사를 저지하는 행위이다.

205. 간택을 …… 말: 이때 이르러 홍국영은 정조와 중궁의 화합을 구실로 내세우며 저사를 넓히기 위해 간택을 저지하고, 재간택을 중궁을 핍박하는 일이라며 정조를 압박하였다.

206. 영종(英宗, 1032~1067): 송나라 5대 황제. 북송(北宋)의 황족 조윤양(趙允讓)의 13번째 아들로 태어났다. 1063년 4대 황제 인종(仁宗)이 사망하였을 때 대를 이을 아들이 없자 사촌 조윤양의 13번째 아들로서 즉위하였다.

207. 범진(范鎭, 1008~1089): 북송대 학자. 자 경인(景仁), 시호 충문(忠文). 인종 원년(1038)에 급제하고, 지간원(知諫院)에 올랐다. 일찍이 인종에게 글을 올려 후사를 세울 것을 권했다가 간직에서 파직되었다. 영종이 즉위하자 한림학사(翰林學士)·진주지주(陳州知州)를 역임하였다. 왕안석(王安石)의 신법(新法)을 반대하다가 벼슬을 마쳤다.

208. 범진 등 여러 사람들: 인종의 나이가 겨우 26세였음에도 범진·사마광(司馬光)·한기(韓琦) 등이 종실(宗室)을 세워 저사로 삼아야 할 것을 주장하였다. 당시 지간원(知諫院)이었던 범진은 저사를 세워야 한다고 청하는 장소(章疏)를 19차례나 올렸다고 한다.

물며 작년의 (원빈) 간택은 즉 종국(宗國)의 큰 계책으로서 이미 작년에 거행한 일인데, 금년에 갑자기 원빈의 초상을 당하고 나서는 다시 간택하는 일이 불가하다고 말하는 것은 또한 무슨 뜻인가?" 이에 그 당여들은 말이 막히자,

"주상의 뜻이 이와 같으니, 지금 만약 천의(天意)를 거스른다면 이는 곧 조태구(趙泰耈)[209] · 유봉휘(柳鳳輝)[210]와 같은 자들[211]이다."라고 운운하였다.

당시 홍국영은 하는 일마다 주상의 뜻이라고 핑계 대었다. 홍국영이 일찍이 말하기를,

"나에게 공손한 자는 충이고, 나를 거스르는 자는 역(逆)이다."라고 했다. 그 위세가 쌓여서 불같이 일어나니 사람들이 모두 두려워하면서, '간택' 2글자만 나오면 곧 꺼리어 피하였다. 그 당여들은 모두 남당의 남은 부류였는데, 오히려 공의(公議)가 없어지지 않을까 두려워하여 선언하기를,

"주상의 뜻이 바야흐로 남당을 임용하는 데 있다."라고 하였다. 송환억과 심환지 · 이규위(李奎緯)[212]가 공모하여 당여를 모았다. 홍국영이 또한 말하기를,

"남당 가운데 유사(儒士)로서 기절(氣節)을 숭상하고 감히 할 말을 하는 자를 반드시 많이 모은 뒤에야 이론(異論)[213]을 저지할 수 있다."라고 운운하였다.

유당이 또 공공연히 말하기를,

"한쪽 편 사람[214]들이 장차 신임의리[215]를 뒤집으려고 한다."라고 하였다. 신임의리는 오

---

209. 조태구(趙泰耈, 1660~1723): 본관 양주(楊州), 자 덕수(德叟), 호 소헌(素軒) · 하곡(霞谷). 우의정 사석(師錫)의 아들, 태채(泰采) · 태억(泰億)의 종형. 영의정 등을 역임. 경종대 노론 4대신[김창집 · 이이명 · 이건명 · 조태채]이 연잉군을 세제로 책봉하고 곧이어 대리청정을 단행하자 이를 저지하였다.

210. 유봉휘(柳鳳輝, 1659~1727): 본관 문화(文化), 자 계창(季昌), 호 만암(晩菴). 영의정 상운(尙運)의 아들. 우의정 등을 역임. 1721년(경종 1) 노론 4대신이 연잉군을 왕세제로 책봉하고자 할 때 강력히 반대하였다. 그 뒤 세제의 대리청정이 실현되자, 소론의 영수로서 왕이 병을 앓지 않는데도 대리청정하는 것은 부당하다고 극간하여 철회시켰다. 영조대 신임옥사를 일으킨 주동자로 몰려 면직되었다.

211. 조태구 · 유봉휘와 같은 자들: 조태구와 유봉휘는 신축년(1721, 경종 1) 세제의 대리청정을 저지하였다. 이는 곧 노론의 신임의리를 부정한다는 것이다.

212. 이규위(李奎緯, 1731~?): 본관 한산(韓山), 자 평서(平瑞). 형직(亨稷)의 증손, 수번(秀蕃)의 손자, 사질(思質)의 아들. 정언 · 대사간 등을 역임. 1779년(정조 3) 곡산 부사(谷山府使)가 되어 홍국영에게 관직을 제수하기를 청하였다. 이듬해에 향교를 옮겨 세운다고 핑계 대고 돈을 횡령하였다는 죄목으로 구례현(求禮縣)에 귀양을 갔다가 2년 후 풀려났다. 1787년(정조 11) 병조 참의에 제수되었으나, 곡산 부사 때의 일로 사직하고 출사하지 않았다.

213. 이론(異論): 모양도리와 다른 의견을 가리킨다.

214. 한쪽 편 사람: 서명선과 정민시 등 소론을 가리킨다.

215. 신임의리: 경종 때 연잉군의 세제 책봉과 대리청정을 추진하다가 처벌받은 노론은 영조에 충성하다가 억울하게 피해를 입었다는 노론측 주장을 말한다. 이러한 주장은 영조가 즉위한 뒤 정치적 갈등의 원천이 되었는데, 영조는 자기 나름의 기준을 세워서 '신유 대훈(辛酉大訓)'을 만들어 공포하였다. 이것은 영조가 당쟁의 폐해를 일소하고 신임옥사의 주모자를 처벌하기 위하여 내린 훈유문(訓諭文)으로서, 1741년(영조 17) 교서관에 명하여 처음 간행되었다. 이후 1755년(영조 31)과 1769년(영조 45) 두 차례에 걸쳐 수정 · 반포되었다. 영조는 이때 확정된 신임의리를 '대의리'라 부르며, 이를 둘러싼 더 이상의 분란은 유봉휘와 조태구의

늘날 백 년이 가도 변치 않도록 크게 정해진 국시(國是)였다.[216] 비록 저들이 당심(黨心)에 고질적으로 병든 자들이라 하더라도 어찌 만의 하나 이와 비슷한 말이라도 할 수 있겠는가? 이 말을 하는 자는 그 뜻이 지극히 흉악하였다. 은연중에 홍국영과 송덕상의 흉악한 음모를 의리라고 하면서 세상을 협박하여 감히 말하지 못하게 하려 했다. 소위 한쪽 편 사람들 가운데에도 혹 협박을 받고 두려워한 자들이 있었다.

이규위는 평소 어리석고 망령되었다. 일찍이 참판 이재협(李在協)[217]과 승정원에서 서로 만나서 말하기를,

"바야흐로 주상의 뜻이 남당을 등용하고자 한다. 도승지의 뜻도 또한 이와 같다. 공의 무리 가운데 뜻을 같이하는 사람이 있으면 또한 모아야 할 것이니 공도 알아야 할 것이다."

라고 했다. 이재협이 듣고 괴이하게 여겼는데, 그 말이 새어나와 자못 전파되었다. 도승지는 홍국영을 말한다. 홍국영 또한 이규위가 말이 많은 것을 우려하여 곡산 부사에 임명하였다.

이규위가 일찍이 미호 김원행의 문하에 출입하였지만 본래 심환지와 서로 친했던 친구였기 때문에 그의 꾐을 받아 남당에 들어갔으며, 그의 딸은 김한록의 며느리가 되었다. 이규위는 구선경(具善慶)의 사위였고, 구선경의 처는 홍낙순의 고모였기 때문에 홍국영이 어려서부터 이규위와 서로 친하였다.

이규위는 성품이 차분하지 못하고 허황되어 기세를 과장하기 좋아해서 스스로 국사를 담당할 수 있다고 했다. 그래서 마침내 한쪽 편 무리[218]들을 모아들이라고 권장하는 수작이 있었던 것이다. 이규위가 외직으로 나가자 홍국영이 드러내지 않고 심환지로 하여금 서울에 있으면서 일을 주도하게 하였고, 김면상(金勉相)이 중간에서 왕복하게 하였다. 이규위가 고을에 부임할 때 심환지에게 말하기를,

"내가 비록 외직으로 나가지만 그대의 세도에 의탁할 것이다. 그대와 나 사이에 간격이 있겠는가? 내가 도승지에게 말하여 (그대를) 단망(單望)[219]으로 전한(典翰)[220] 자리에 올려 반드시 선발되게 할 것이니, 그대는 인심을 크게 끓어오르게 할 수 있을 것이다."라고 하였다.

환생으로 간주할 것이라고 공언했다. 이후 신임의리는 대의리의 전제로서 대제방(大堤防)의 역할을 하였다.

216. 신임의리는 …… 국시(國是)였다: 여기서 신임의리는 영조가 주관했고 신료들이 합의한 군신의리로서 국시(國是)로 확정된 것이다. 노론의 신임의리와는 구별해야 할 것이다.

217. 이재협(李在協, 1731~1790): 본관 용인(龍仁), 자 여고(汝皐). 좌의정·영의정 등을 역임하였다.

218. 한쪽 편 무리: 여기서는 남당을 가리킨다.

219. 단망(單望): 관리 임명 시 한 사람만 후보자로 정하여 임금의 낙점(落點)을 받아 관직을 제수하던 일.

220. 전한(典翰): 홍문관에 둔 종3품(從三品) 문한(文翰) 관직.

삼가 살피건대,

송나라 인종이 30세가 못 되어 죽자 송나라 영종이 종실의 정통이 되었다는 설은 요컨대 의리에 가탁하여 인심을 현혹시켜 속이려는 것이다. 이에 송덕상이 산림의 명성에 의지하여 비로소 흉악한 상소를 올려서 온 세상을 몰아붙여 위협하였다. 또한 간택을 다시 할 수 없다는 설을 주상의 뜻이라고 이르며 이를 어기면 곧 조태구와 유봉휘라고 하여 사람들로 하여금 감히 말하지 못하게 한 것은 그 계략이 지극히 흉악하고 참혹하였다.

예로부터 난역(亂逆)은 반드시 구실이 있었다. 임금을 대신하여 권력을 휘두르면서 원성(元聖, 국왕)을 핑계 대고, 폐립할 때면 반드시 이윤(伊尹)과 곽광(霍光)[221]이라 칭하였다. 이것은 현혹하고 의심과 혼란에 빠트리는 방법이었지만 저사(儲嗣)를 언급하며 난역을 도모한 경우는 일찍이 없었다. 김구주와 홍계능이 이찬을 옹립하려는 흉악한 음모를 세웠고, 이어서 홍국영과 송덕상이 이담을 기화(奇貨)로 간주하였으니, 그 맥락이 서로 관통하여 음모와 계략이 연이어 나온 것임을 쉽게 알 수 있다. (원빈이 죽은 뒤) 간택을 다시 할 수 없다는 말은 천고에 없던 대역(大逆)이었다.

홍국영은 경박하고 송덕상은 어리석어 그 계책을 세워서 상하를 협박한 것이 지극히 참람되지만 또 빈틈이 없어서 이들을 따라서 주장하는 자들이 있었다. 정유년(1777, 정조 1) 이찬의 변고 뒤에 일종의 논의가 있었는데, "주상에게 저사가 없으니 조정의 도리로 왕증손(王曾孫, 이담)을 차출하여 '가르치고 키우는 방도로 삼는다'고 전교하게 해야 한다."라고 했다. 그 말은 겉으로 마치 멀리 내다보는 깊은 생각처럼 보이지만 홍국영과 송덕상의 역모가 모두 이로부터 시작되었다.

21. 그해 가을에 홍국영이 벼슬을 그만두었다.

홍국영이 홀연 주상 앞에서 부절(符節)을 바치고 물러날 것[222]을 아뢰었다. 상소하고 도성 밖으로 나가니 주상이 허락하였다. 그 상소는 상식에서 어긋났고 이치에도 맞지 않았다. 말하기를,

---

221. 이윤(伊尹)과 곽광(霍光): 은(殷)나라의 이윤과 전한(前漢)의 곽광. 이윤은 태갑(太甲)을 동궁(桐宮)으로 내쫓아 악행을 고치게 하였다. 곽광은 창읍왕(昌邑王) 하(賀)를 폐하고 효선제(孝宣帝)를 세웠다.

222. 홍국영의 봉조하 치사(致仕: 나이를 핑계로 벼슬을 사양하고 물러남)는 전격적으로 이루어진 조치였다. 그 이유도 명백히 밝히지 않은 채 정조가 치사 요청을 들어주는 형식으로 최대한 예우를 갖추었고 신료들을 보내 배웅까지 해주었기 때문에, 조정 신료들은 내막을 잘 모른 채 당황했다. 더구나 정조는 홍국영의 삼촌인 홍낙순을 우의정과 호위대장에 제수하는 등 파장을 최소화하는 신중함을 보였다.

“제가 간택하기를 거듭 청하였으나 주상께서 제 얼굴에 구애받으셔서 그렇게 하지 않으셨습니다.”라고 운운하였다. 그 상소를 본 사람들은 놀라고 당혹스럽지 않을 수 없었다. 그 당의 무리들이 그를 위해 말하기를,

“이것은 바로 도승지가 스스로를 해명하는 계책으로서 나온 것이고, 주상의 뜻도 과연 이와 같으니, 지금 벼슬을 그만두는 것은 인심의 향배가 어떠한지를 살펴보고서 다시 복귀해 들어오려는 것이다.”라고 운운하였다.

홍국영의 위세가 다른 사람들을 두렵게 한 지 이미 4, 5년이나 되었는데, 그 당여들의 말이 이와 같으니 사람들이 자못 이 말을 믿어서, 벼슬을 그만두는 것을 허락하는 비답이 내릴 때 인사 담당관 또한 머뭇거리며 들이지 못하였다. 홍국영이 물러나는 날 조정에서 머물도록 만류하는 자가 없었던 것을 두고 소리치며 크게 성을 내었다. 이조 판서 송덕상은 홍국영이 벼슬을 그만두기에 앞서 이미 고향으로 돌아갔다가, 이때 이르러 상소를 올려 삼사에서 한마디도 만류하는 말이 없는 것을 논핵하였는데,[223] (상소의 내용 중에) 한쪽 편 사람들이 속으로 홍국영이 물러나는 것을 다행으로 여긴다는 말이 있었다. 이규위가 외읍(外邑)에 있으면서 상소하여 홍국영의 공덕을 한껏 칭찬하고, 또 숙위는 파(罷)할 수 없다고 말했다. 주상이 모두에게 좋은 말로 비답하였다. 얼마 뒤 복상(卜相)하여 홍낙순을 좌의정에 임명하니, 사람들이 모두 홍국영이 앞으로 다시 조정에 들어올 것이라는 말을 믿었다.

이때 김종수가 평안도[西藩]에서 돌아왔다. 김종수가 처음에는 홍낙순을 마음에 들어 하지 않았지만 이때 이르러 서로 결합하였다. 홍낙순이 가서 김종수를 보고 사람들에게 말하기를,

“사람들이 정부(定夫, 김종수)가 영웅호걸이라고 하는데 오늘 보니 과연 그렇도다.”라고 하였다. 이에 홍낙순과 김종수, 두 세력이 합쳐서 당여를 모아 자기와 다른 사람들을 배척하고 제거함으로써 위세를 세우려는 계책으로 삼으려고 모의하니, 홍낙순과 김종수 수하의 사람들이 홀연 무리지어 모여들었다. 그 나머지 식견이 있는 자들 또한 모두 두려워하여 감히 배척하는 말을 하지 못하였으며, 한쪽 편 사람들 역시 우물쭈물하면서 관망할 뿐이었다.

홍국영이 물러가겠다고 한 날, 연신(筵臣)들이 모두 만류하기를 청하였다.[224] 하지만 좌

---

223. 1779년(정조 3) 10월 6일(병진) 실록기사 참조. 이조 판서 송덕상이 홍국영의 사직이 부당하다고 아뢰었다.
224. 모두 만류하기를 청하였다: 당시 신료들은 정조가 홍국영의 퇴진을 명목으로 신하들의 향배를 시험하는 것이라고 생각하였던 것이다. 이 때문에 노론의 지도층들은 대개 정조에게 홍국영의 치사를 만류해야 한다고 주장했다. 유언호는 홍국영의 치사를 재고해야 한다며 선마문(宣麻文) 짓기를 거부했고, 김종수는 형인 김종후로 하여금 홍국영처럼 사류(士類)를 애호하고 명의(名義)를 부식한 ‘천고의 기남자(奇男子)’가 물러나

의정 서명선(徐命善)[225]과 승지 정민시(鄭民始)[226]는 모두 한마디 말도 없었다. 홍국영이 스스로 (주상을) 돕고 보호하는 일에서 두 사람과 함께 일찍이 한 몸이라고 칭하였기 때문에 원망과 노여움이 더욱 심하였다. 홍국영이 벼슬을 그만둔 것은 주상에게 강요하여 세력을 굳히기 위한 것이어서, 대제학에 권점(圈點)되기를 매우 간절하게 바랐지만 서명응(徐命膺)[227]이 권점을 주관하면서 천거하지 않았기 때문에 드디어 서씨 집안을 공격하는 논의가 있었다.[228] 서명응은 일찍이 홍계능과 서로 친하였고, 사람들이 이것을 흠으로 여겼지만 여러 해 동안 조정에서 한마디도 언급하는 자가 없었던 것은 그 동생 서명선이 국가를 위해 왕위계승을 성사시킨 친신(親臣)이었기 때문이었다.

심환지가 홀연히 음관(蔭官) 이성모(李聖模)가 홍계능을 이용하여 이름 있는 고을을 얻으려고 시도했다고 논척하였다. 그 말이 당시 전관(銓官)[229]에게까지 미쳤는데, 서명응이 당시 전관이었다. 그런데 근 십 년이 다 지난 지금에서야 그 일을 말한 것은, 갑자기 서명응을 배척할 수 없기에 말의 단서를 슬쩍 흘려서 시험해 보려는 계책이었다. 이에 이보행(李普行)[230]과 이의필(李義弼)[231]이 상소를 올려 아뢰었고, 그 나머지 논의를 따르는 자들은 모두 그 속사정을 알지 못한 채 단지 서명응이 홍계능과 친한 것을 죄로 삼아 논척하였다. 홍국영이 정승 서명응을 만나 직접 말하기를,

"심환지는 내가 이의익(李義翊)[232]을 시켜 권유한 것이고, 이보행은 내 숙부(홍낙순)가 시킨 것이며, 이의필은 내가 시킨 것이다. 그 외의 것은 나도 모른다."라고 운운하였다. 이

는 것을 허락해서는 안 된다는 상소까지 올리게 했다.

225. 서명선(徐命善, 1728~1791): 본관 달성(達城), 자 계중(繼仲), 호 귀천(歸泉)·동원(桐源). 이조 판서 종옥(宗玉)의 아들. 좌의정·영의정 등을 역임. 세손의 대리청정을 반대하는 홍인한 일파를 탄핵, 세손의 대리청정을 시행할 수 있도록 노력하였다. 정조 즉위 뒤 중용되었다.

226. 정민시(鄭民始, 1745~1800): 본관 온양(溫陽), 자 회숙(會叔). 병조 판서·돈녕부 판사 등 역임. 정조의 동궁 시절 궁료로서 홍국영과 함께 혁혁한 활약을 하였기 때문에 정조의 총애를 받았다.

227. 서명응(徐命膺, 1716~1787): 본관 달성(達成), 자 군수(君受). 보만재(保晩齋)라는 호를 정조로부터 내려받았다. 영의정 명선의 형. 이조 판서·대제학 등을 거쳐 정승이 되었다. 박학강기(博學强記)로 이름났으며 역학(易學)에도 조예가 깊었다.

228. 서명응은 유언호가 제술하기를 거부했던 선마문을 작성하여 퇴진을 공식화했으며, 퇴진한 홍국영이 원임 대제학 이휘지·황경원 등의 권점(圈點)을 받아 대제학으로 재출사를 시도했을 때 이를 과감히 끊어버리고 자신이 정조의 대제학 임명에 응하여 복귀의 길을 차단했다.

229. 전관(銓官): 이조·병조에서 인사행정을 맡은 관원.

230. 이보행(李普行, 1718~1787): 본관 용인(龍仁), 자 이보(易甫). 이조 참판·대사헌 등을 역임. 1779년(정조 3) 홍낙순·홍계능과 관련된 서명응의 치죄(治罪)를 강력히 주장하다가 도리어 정배되어 죽었다.

231. 이의필(李義弼, 1738~1808): 본관 전주(全州), 자 교백(喬伯), 호는 창계(蒼溪). 대사성·형조 판서 등을 역임. 1780년(정조 4) 홍국영의 사주를 받은 대사헌 이보행이 영의정 서명선·명응 형제를 탄핵할 때 여기에 동조하는 소를 올려 부제학에서 파직되었다.

232. 이의익(李義翊): 이택징(李澤徵)의 조카. 1782년(정조 6) 5월 이유백(李有白)의 대역부도죄 사건과 관련되어 이택징과 함께 신문을 받다가 죽임을 당하였다.

의익은 정승 김치인의 생질(甥姪)인데, 김종수와 서로 친밀하였다. 함께 홍국영에게 아부하여 당로자의 지위에 있었다.

22. 경자년(1780, 정조 4) 정월 조참(朝參)에서 주상이 특별히 홍낙순이 권력을 농단한 죄를 물어 삭출할 것을 명하였다. 삼사에서 또 합계를 올려 유배 보낼 것을 청하였다. 김종수가 차자를 올려 홍국영의 죄를 논척하자 주상이 홍국영을 고향으로 돌려보내도록 명하였다.

당시 홍국영은 동교(東郊)에 있었는데, 그 당여들이 날마다 모여들었다. 송환억이 광주 부윤[南城尹]이 되었고, 김종수는 수어사(守禦使)로서 남한산성을 순행하면서 사정을 살필 때 홍국영을 찾아보고 돌아와 보고하였다. (그런데) 다음날 차자를 올려 홍국영을 논척하였다.[233] 큰 세력이 이미 꺾이자 도리어 배척하여 함께 당여로 참여하여 모의했던 자취를 덮으려고 했던 것이다. 홍국영이 의금부에서 처벌을 기다릴 때 사람을 시켜 김종수에게 전하여 말하기를,

"지난날 함께 밥을 지어먹고 함께 술을 마시면서 말한 것이 얼마인데 이제 와서 이같이 홀대하는가."라고 하였다. 듣던 자들이 크게 비웃었다. 삼사에서 또한 차자를 올려 홍국영을 논척하자, 김종수의 차자에 대해 비답하여 홍국영을 고향으로 돌려보내도록 명하였다.

그 당여 가운데 혹 갑자기 홍국영을 논척한다고 김종수를 허물하는 자가 있을까봐 김종수가 말하기를,

"내 어찌 즐거운 마음으로 한 것이겠는가? 부득이한 사정이 있어서 그런 것이다."라고 하였다. 그 말의 뜻이 마치 주상의 뜻 때문에 그렇게 한 것처럼 보이는 점이 있었다.[234] 이의익이 홍국영의 당여라는 이유로 탄핵을 당하자 또한 김종수를 허물하여 말하기를,

"내가 홍국영과 함께 친해진 것은 처음에 정부(定夫)로 말미암은 것이었다. 지금 부득이한 일로 차자를 올릴 때 어찌 나만 연명(聯名)에 참여하지 못해서 홀로 낭패를 보게 하는

233. 김종수의 홍국영 성토는 전격적이었다. 남당이 적극 연대하고 칭송했던 홍국영을 버린 것을 의미한다. 김종수의 차자를 계기로 공론의 흐름이 바뀌었고, 이제는 홍국영에 대한 성토가 이어지고 그동안 홍국영의 전횡에 침묵했음을 자책하는 상소들이 이어졌다. 심지어 홍국영의 퇴진 이후에도 그를 대변했던 송덕상도 자신의 죄를 뉘우친다고 할 정도였다.

234. 김종수의 수차는 단독으로 올린 것이라기보다 정조의 의사를 받든 서유방이 중재했다는 말도 있다. 정조-서유방(서유린)-김종수라는 교감이 있었다는 것이다. 정조는 김종수 이전에 소론의 김상철에게도 홍국영 성토를 권유했으나, 김상철은 홍국영에게 잡혀 지낸 지 오래되어 탄핵하기 어렵다며 회피한 바 있을 정도로 당시의 형세에서 성토는 쉽지 않은 일이었다.

가?"라고 하였다. 사람들이 모두 이의익의 어리석음을 비웃었다.

이제 김종수는 공을 인정받아 대제학이 되었고, 홍국영은 죄로 인해 폐고되었다. 그 당여들은 근심하고 두려워하면서도 어찌할 줄을 몰랐다. 김종수가 말하기를,

"내가 여기 있다. 또 유현(儒賢, 송덕상)이 상소에서 한 말은 아직 분명하게 드러나지 않았으므로 주상은 선정의 후손을 소홀히 대우하지 않으니 대년(大年)이 바야흐로 등용될 것이다. 지금 무리들을 모아 수습한다면 완전히 패퇴하지는 않을 것이다."

하였다. 대년은 송환억의 자(字)이다. 그 당여들도 그렇게 여기고 다시 생기를 되찾으며 말하기를,

"홍국영이 비록 패퇴하였지만 우리 무리의 의리가 정부와 유현에게 있으니, 끝내 그 뜻을 펼 것이다."라고 하였다. 심환지가 말하기를,

"서둘러 세자를 세우는 것은 국가의 대사이니, 홍국영이 권세에 의지하여 저들의 사사로운 계책을 시행하려 한 것은 비록 죄이지만 의리는 의리이다. 홍국영이 패퇴되었다고 해서 기운을 잃어서는 안 될 것이다."라고 하였다. 일종의 흉론은 또한

"간택을 다시 할 수 없다는 말은 처음에 주상의 뜻이었는데 한쪽 편 사람들의 의논하는 말로 인하여 중간에 변경되었다."라고 운운하였다.

윤득부(尹得孚)[235]가 상소를 올려 홍국영이 멋대로 권력을 휘두른 죄를 논척하여 말하기를,

"홍국영이 이렇게까지 된 것은 사사로운 총애가 지나치게 융성하게 되어 그런 것입니다. 한 몸이 된 세 사람이 있다고 세상 사람들이 말하는데, 지금 마땅히 제재하고 억제해야 이 같은 전철(前轍)을 밟지 않을 것입니다."라고 운운하였다. 이것은 서명선과 정민시가 중간에서 참소로 이간하여 꾸민 일이라는 뜻이다. 이에 당인들이 조정에 일이 생기면 반드시 서명선과 정민시를 지목하여 공격하고 배척하였다.[236]

이때 왕대비가 언문 교서를 내려 간택을 명하였다. 그 당여들이 자못 위축되어, 송환억은 송덕상 상소의 말이 끝내 반드시 탄로 날까 우려하였다. 김종수가 말하기를,

---

235. 윤득부(尹得孚, 1723~1799): 본관 해평(海平), 자 사휴(士休), 호 신재(信齋). 근수(根壽)의 후손. 대사간·대사성 등을 역임. 정조가 즉위하자 정언으로서 서명선의 죄상을 극론하였다. 이후 윤증(尹拯)의 복관(復官)이 불가하다고 주장하다가 유배되기도 했다.

236. 홍국영이 축출된 뒤에도 남당은 서명선에 밀려 여전히 정국을 주도하지 못하였다. 이에 윤득부가 홍국영이 쫓겨난 후 서명선이 권세를 이용해 공론과 맞서면서 당을 심는 데 힘쓰고 있다고 비판하였다. 정조가 홍국영과 일체였던 서명선·정민시에게 다시 권세를 허락하며 힘을 실어주는 것에 대해서 비판했고, 서명선에게 협력하는 노론에 대해서도 전날에 실지(失志)했던 척리·인객(姻客)들이 다시 소론 당국자에 붙좇는 것에 불과하다고 주장하였다.

“‘모양도리(某樣道理)’라는 네 글자는 어떻게 해석해도 합당하지 않음이 없으니, ‘간택’이라 해도 가하고 ‘중전에게 약을 써서 병을 고치게 한다’ 해도 가하다. 우리 무리 가운데에서 감히 이 문제를 언급할 일은 결단코 없을 터이나, 혹여 한쪽 편에서 말하는 자가 있다면 문자를 흠집 잡아 산림에게 화를 전가하려는 말이라고 하면 어쩔 수 없을 것이다. 그러하니 이는 우려할 바가 못 된다. 다만 무리들을 수습하여 때를 기다리면 될 것이다.”라고 운운하였다.

김종수가 또한 대신(臺臣) 홍주익(洪柱翼)[237]을 부추겨 한쪽 편 사람들의 고사(故事)[238]를 열거하며 논하여 위협하는 계책으로 삼았다.[239] 홍주익은 암암리에 역적 홍술해를 비호하다가 발각되어 섬으로 유배되었다.

【이의익은 홍낙순이 쫓겨나고 홍국영이 세력을 잃는 것을 보고 상소를 올려 논하고자 하여 김종수와 논의하였는데, 김종수가 크게 불가하다고 말하며 힘껏 만류하였다. 얼마 뒤 김종수가 차자를 올리자 이의익은 더욱 이 일로써 김종수를 원망했다고 한다.】

23. 신축년(1781, 정조 5) 4월에 영의정 서명선이 송상덕의 안치(安置)를 청하였다. 주상이 단지 삭출(削黜)만 명하였다.

서명선이 경연에서 아뢰기를,

“송덕상이 상소에서 언급한 ‘모양도리’ 네 글자는 즉 홍국영이 대계(大計)[240]를 가로막은 장본(張本)입니다. 국가 만년의 큰 기틀을 가지고 이 무리들이 별도의 흉악한 계책을 도모하려 한 것입니다. 그들이 말하는 ‘모양도리’ 운운한 것이나, (간택) 두 글자에는 그 말뜻에 명백히 의도하는 것[241]이 있습니다. 먼저 섬에 안치할 것을 청합니다.”

---

237. 홍주익(洪柱翼, 1756~1789): 본관 남양(南陽), 자 몽서(夢瑞), 호 수백재(守白齋). 1780년(정조 4) 중종묘에 배향된 박원종(朴元宗) 등 3인과 숙종묘에 배향된 남구만(南九萬) 등 3인을 묘당에서 출향(黜享)하라고 상소하였다. 부수찬 윤행수(尹行修), 지평 강침(姜忱)의 탄핵을 받아 유배되었다. 저서로는 『수백재유고』 등이 있다.
238. 고사(故事): 숙종 말년 동궁보호를 위해 장희빈 처벌에 반대했던 남구만 · 윤지완 · 최석정의 일을 가리킨다. 1780년(정조 4) 7월 3일(기묘) 실록기사에 따르면 정언 홍주익이 홍낙빈 · 이병정 · 남구만 · 최석정의 논죄를 청한 상소를 올렸다.
239. 이는 서명선 · 정민시 등을 신임의리를 뒤집으려는 세력으로 규정하려는 남당의 전략과 관련이 있는 것으로 판단된다.
240. 대계(大計): 저위(儲位)를 세우는 일.
241. 명백히 의도하는 것: 원빈 사후 정조에게 저사(儲嗣)가 없으니 재간택보다는 조정의 도리로 왕증손(王曾孫, 이담)을 차출하여 후계를 이으려는 의도를 말한다.

하였는데, 주상이 따르지 않고 단지 삭출을 명하였다.

당시 홍국영과 송덕상의 흉악한 음모가 이미 탄로 나서 가릴 수 없게 되어 모르는 사람이 없었지만, 다만 그 죄를 말로 표출하면 조정에서 그에 합당한 조처가 있어야 하는데, 이것은 성상(聖上)의 차마 처벌하지 못하는 지극한 뜻을 받들 수 없게 되므로 일단 침묵하고 있었다.

흉당 또한 이 같은 사세(事勢)를 알아서 겉으로는 마치 그 일을 알지 못한 듯하면서도 속으로는 흉계를 반드시 이루려 도모했다. 조정에서 드러내어 성토하려 하면 차마 언급하여 제기하지 못할 것이 있고, 일단 덮으려고 하면 또한 이 같은 음모와 계책이 암암리에 번성할 것을 우려하였다. 이런 상황에서 정승 서명선이 경연에서 아뢴 것은 흉악한 무리의 만연된 음모를 물리쳐서 인심의 잘못되고 미혹됨을 끊어버리려 하였지만 또한 차마 다 드러내어 말하지는 못하였다.

주상은 송덕상의 상소가 애초 그 자신의 판단에서 나온 것이 아니니 그 정상은 혹 용서할 수 있다고 하교하면서 마침내 가벼운 죄에 처하였다. 이에 그 당여들이 송덕상을 위해 변명하여 구원하는 논의를 내었다. 여기에는 "김종수가 말한 '모양도리' 네 글자는 합당하지 않은 곳이 없다"는 말이 있었는데, 이는 송환억이 주도한 것이다. 마침내 사림의 화(禍)가 되었다고 하면서 호서(湖西, 충청도)와 해서(海西, 황해도) 유생들이 궐기하였는데, 심지어 통문(通文)을 돌려 해명하는 상소를 올릴 것을 논의하기까지 하였다. 이에 시골의 우매한 부류들이 문제가 된 본래의 그 일을 알지 못한 채 단지 유림이 처벌받았다는 말만 듣고, 태반이 뜬소문에 호응한 것이었다. 드디어 명을 내려 살피게 하고【안핵사(按覈使)는 이병모(李秉模)[242]이다.】 간략히 형장을 쳐서 유배 보냈다.

해서 지역은 더욱 무식해서 사족이 없었으며, 명색이 유자라는 자들 가운데 간혹 제자라 칭하면서 송덕상에게 의탁하여 고향에 있을 때 군보(軍保)[243]를 면하던 자들이 있었는데, 또한 크게 일어나 송덕상을 변론하려 하였다. 심지어 신축년과 임인년이 되니 어렵고 힘든 운수를 만났다는 말까지 있었는데, 이 또한 형장을 쳐서 유배 보내라고 명하였다. 송덕상은 합계(合啓)에 의해 북쪽으로 유배되었다.

삼가 살피건대,

---

242. 이병모(李秉模, 1742~1806): 본관 덕수(德水), 자 이칙(彝則), 호는 정수재(靜修齋). 단하(端夏)의 현손. 좌의정·영의정 등을 역임. 1776년 정조가 즉위하자 김상로의 죄를 탄핵하기도 했다.
243. 군보(軍保): 군정(軍丁)이 역에 복무하는 대신 정군(正軍)을 지원하기 위해 편성된 신역(身役)의 단위.

이때 주상의 뜻은 반드시 갈등을 진정(鎭定)시키려는 것이었으므로, 송덕상을 가벼운 죄에 처하였는데, 이는 온전히 보호하려는 지극한 뜻에서 나온 것이다. 그런데 그 당여들은 어찌 터무니없는 거짓말로 반드시 구원하려는 논의를 펴는가? 이것이 한 번 변해서 호서의 옥사가 되었고, 두 번 변해서 이택징(李澤徵)[244]과 이유백(李有白)의 변고가 되었으며, 세 번 변해 문인방(文仁邦)이 되었고, 네 번 다섯 번 변해 김하재[245] · 이율[246] · 구선복[247] · 구이겸[248]이 되었다. 누가 이것을 주장하였는가. 아, 통탄스럽다.

24. 임인년(1782, 정조 6) 여름에 이택징과 이유백이 복주되었다. 양사(兩司)에서 합계를 올려【대사간 심염조(沈念祖),[249] 장령 권엄(權欕),[250] 지평 이우진(李羽晉) 등】 김종수의 국문을 청하였으나 주상이 윤허하지 않았다.

처음에 오랜 가뭄으로 인해 이택징이 상소를 올려 말하기를,

"연석(筵席)에서 대신들이 곤전(坤殿)을 위해 문후(問候) 드리지 않고 내의원에서도 문안을 드리지 않으니 신하로서의 예절이 없습니다."라고 하였다.[251] 또 말하기를,

"대대로 세가의 집안사람들이 무참하게 베이는 참형을 당했습니다."

라고 하고, 심지어 '호서와 해서 지역의 유옥(儒獄)'이라고까지 말하였다. 주상은 응지(應

---

244. 이택징(李澤徵, 1715~1782): 본관 간성(杆城), 자는 경민(景民). 사헌부 장령 · 북청 부사 등 역임. 1782년(정조 6) 5월 왕의 명령에 응한 상소문이 이유백의 대역부도죄 사건과 관련되어 이최중(李最中), 조카 이의익과 함께 신문을 받다가 죽임을 당하였다.

245. 김하재(金夏材, 1745~1784): 본관 광산(光山), 자 양숙(養叔). 예조 판서 진규(鎭圭)의 손자, 영의정 양택(陽澤)의 아들. 대사성 · 이조 참의 등 역임. 1784년 영희전 고유제(永禧殿告由祭)의 헌관으로 분향 후 정조의 실덕과 사림을 장살(杖殺)할 것이라고 쓴 쪽지를 이재학(李在學)에게 주었다가 탄로 나서 주살당하였다.

246. 이율(李瑮, ?~1785): 1785년(정조 9)에 홍복영 · 양형(梁衡) · 문양해 · 주형채(朱炯采) 등과 결탁하여 3도(道)에서 거병(擧兵)할 계획을 세웠다가 발각되어 능지처사(陵遲處死)되었다.

247. 구선복(具善復, 1718~1786): 본관 능성(綾城), 자 사초(士初). 병조 판서 · 의금부판사 등 역임. 1786년(정조 10) 세자가 죽자 상계군 담을 추대하려 하려다가 적발되어 죽임을 당하였다.

248. 구이겸(具以謙, 1740~1787): 본관 능성. 선복의 양자. 포도대장 등을 역임. 1786년(정조 10) 사도세자가 뒤주에 갇혀 죽은 임오화변이 거론되자 당시 왕명으로 뒤주를 알선한 양아버지 구선복과 함께 복주되고 3족이 멸하는 화를 당하였다.

249. 심염조(沈念祖, 1734~1783): 본관 청송(靑松), 자 백수(伯修), 호 함재(涵齋). 이조 참의 등을 역임하였다.

250. 권엄(權欕, 1729~1801): 본관 안동(安東), 자 공저(公著), 호 섭서(葉西). 공조 · 형조 판서 등을 역임하였다.

251. 이택징의 상소가 나오게 된 배경은 남당에 의한 서명선 · 정민시 등 소론의 견제였다. '모양도리'와 관련한 송덕상 처벌에 대해 이의를 제기하지는 못하는 상황에서, 우회적으로 대신들의 중궁에 대한 홀대와 규장각신의 전횡 문제를 거론하면서 서명선 계열에 대한 공격을 지속했던 것이다. 1782년(정조 6) 5월 26일(임술) 실록기사에 따르면 이택징은 대신들이 중궁전에 문안하지 않을 정도로 신하의 예를 폐하고 있으며, 규장각신들이 승정원도 경유하지 않고 수시로 등대(登對)하는 등 전하 사각(私閣)의 사신(私臣)으로 전락했다고 극론했다.

旨) 상소라 하여 좋은 말로 비답을 내리고 상소에서 언급한 문후 운운했던 말은 연석에서 일기를 살펴보라고 하교하였다. 김종수가 경연에서 아뢰기를,

"이택징의 상소에 대해서 사람들이 모두 명소(名疏)라고 말합니다."

운운하였다.

이어서 이유백이 흉소(凶疏)를 올렸는데, 오로지 이택징의 말을 그대로 따라서 삼전(三殿)을 참혹하게 무함[252]하며 차마 할 수 없는 말까지 있었다.[253] 2품 이상과 삼사에서 국청을 설치하기를 청하자, 즉시 윤허하고 이택징도 잡아들이도록 하였다. 죄인의 공초에 연루된 이최중(李最中)[254]과 이의익(李義翊)도 함께 잡아들였다.[255]

이최중은 이의익의 숙부였다. 그의 형 이명중(李明中)[256]은 김치인의 제부(娣夫)였다. 이최중은 어려서부터 김치인과 사이좋게 지내서, 이최중이 벼슬에서 물러나자 날마다 상종(相從)하였다. 김종수 형제는 광주(廣州) 궁촌(宮村)에 거주하였는데, 이른바 궁촌은 바로 이씨 마을이었다. 따라서 김씨와 이씨가 한집안처럼 지냈으므로, 사람들이 모두 말하기를 '이씨의 일을 김씨가 모르는 것이 없다'고 했다.

처음에는 의금부에 국청을 설치하였는데, 이최중이 붙잡히자 주상이 직접 국문하겠다고 명하였다. 김종수는 애초 판의금부사(判義禁府事)로서 국문에 참여하였으나 직접 국문하

---

252. 삼전(三殿)을 참혹하게 무함: 삼전은 정조·왕비·혜경궁을 가리킨다. 무함 내용은 정조의 묵인 아래 중궁이 '별전(別殿)에 퇴처(退處)'하고 있는 것을 거론하며, '3년상을 함께 치른' 중궁을 버릴 것이냐며 저사(儲嗣)를 넓히는 일 이후 중궁 핍박을 기정사실화하고, 그 책임을 정조와 서명선을 비롯한 대신들 및 자궁(慈宮, 혜경궁)에까지 물었다.

253. 차마 …… 있었다: 1782년(정조 6) 6월 24일(기축) 실록기사에 따르면 이유백의 상소가 너무 흉참하여 불태워졌으므로 그 전모를 알 수 없었다. 그러나 전후의 기사를 보면, 저사를 넓히기 위해 이루어진 화빈 윤씨(和嬪尹氏) 간택 이후 실제로 중전을 핍박한 일이 있었다고 단정하며 그 책임을 묻는 내용으로 보인다. 이와 관련하여 이유백을 사주한 죄로 국문을 받은 이최중의 원정(原情)에는 '요희(妖姬) 윤빈과 그 부모와 서명선의 무리를 먼저 벤 후에야 종묘를 보존할 수 있다'는 내용이 있었다고 한다(『이재난고(頤齋亂藁)』 6책, 419쪽). 흉언 역시 이와 유사한 내용일 것으로 추정된다. 중궁과 정조의 금슬이 좋지 않다는 것은 영조 말 이래 널리 퍼진 소문이었으며, 이 때문에 정조 초반 중궁은 권어지소(權御之所)에 머무르고 있었다(『이재난고』 5책, 132·134쪽). 정조와 중궁 간 불화의 여파는 원빈 초상 이후 원빈 죽음의 배후로 화를 입을 지경이었다(『한중록』, 「읍혈록(泣血錄)」, 457쪽). 이택징·이유백 사건은 이러한 상황을 배경으로 하고 있기 때문에, 정조는 강경히 대응하는 한편으로 자신의 중궁 박대를 반성하는 계기로 삼았다.

254. 이최중(李最中, 1715~1784): 본관 전주(全州), 자 인부(仁夫), 호 위암(韋菴). 형조·이조 판서 등을 역임. 1782년(정조 6) 이유백의 대역부도죄 사건에 친척으로 연좌되어 영암 추자도에 귀양 가 그곳에서 죽었다.

255. 홍국영의 인척인 이최중과 그 조카 이의익의 촉탁을 받아 이유백을 재물로 조종하여 상소하게 했음을 시인하는 등 '일마다 모두 대역'을 범했다고 시인하였다. 이로 인해 대역부도 사건으로 전화하여 이택징과 이유백은 물고되었다. 국문 과정에서 이택징·이유백의 극언이 우발적인 일이 아니라, 홍국영·송덕상의 패퇴에 불만을 품은 세력의 조직적인 저항인 것으로 드러났다.

256. 이명중(李明中, 1712~1789): 본관 전주(全州), 자 상경(尙褧). 김재로의 사위. 1780년 맏아들 의익이 대간의 탄핵을 받아 참판 자리에서 쫓겨나자, 이를 계기로 조정에서 물러나와 귀록산(歸鹿山)에 은거하였다. 1782년 총관(摠管)에 임명되었으나, 아우 이조 판서 이최중이 섬에 유배되는 등의 일로 끝내 나오지 않았다.

겠다는 명이 내려오자 이최중과 인척 관계라는 것을 들어 국문에 참여하고 싶지 않다면서 교외로 나아가 거처하였다.

주상이 이최중을 직접 국문하고, 공모 여부는 묻지 않고 정상을 참작하여 섬으로 유배 보냈다. 양사(兩司)에서 합계를 올려 말하기를,

"김종수가 처음에는 이택징의 상소를 명소(名疏)라고 하였고, 직접 국문하겠다는 명이 있자 감히 인척간이라는 사사로운 의리를 핑계 대고 급히 돌아갔으니 마땅히 붙잡아 그 죄를 국문해야 합니다."라고 하였다. 주상이 언관을 유배 보내라고 명하고, 김종수를 위로하여 마음을 풀어주니, 대간이 김종수에 대한 논계를 즉시 멈추었다.

이택징과 이유백의 흉소는 전적으로 송덕상의 억울함을 풀어 주려는 계책에서 나온 것이었다. 이는 김종수가 '소위 모양도리 네 글자는 합당하지 않은 곳이 없다'고 한 것과 '중궁[坤宮]에게 약을 써서 병을 고치게 해도 또한 가하다'고 말한 것을 가지고 군부를 위협하고 견제하려는 계책으로 삼으려 했던 것이다.

이택징은 역적 홍계희의 문객(門客)이었다.【이택징이 붙잡히자, 수색한 문서 가운데 『입조록(立朝錄)』이 있었다. 그 가운데 흉언은 오로지 김상로와 홍계희를 따른 것이었다. 주상이 직접 국문하자 공초할 때 신하로 칭하지 않았다. 결안(結案)[257]이 나오기 전에 죽었다. 옥사 가운데 난언(亂言)이 있었으니, 차마 하지 못할 말이 있기까지 하였다.】 이유백은 이의익의 먼 친족이었다. 이최중은 이택징과 함께 손을 잡고 서로 허여하였고, 이의익은 이유백과 함께 묵으면서 모의하였으니 종용(慫慂)한 것이 틀림없다. 이최중은 평소 잔약하여 언론을 즐기지 않았고, 이의익은 평소 어리석어 스스로 주장하지 못하였으니, 그 근본을 따져보면 모두 김종수의 말에서 나온 것이었다.【김종수가 발계(發啓)[258]할 때 대사헌 김이소(金履素)[259] 등이 입시해서 발계하여 봉조하(奉朝賀) 김치인이 이최중과 당여임을 아뢰었다. 계사가 미처 끝나기도 전에 주상이 엄한 교서를 내려 김이소를 파직하라고 명하였다.】

25. 9월에 세자가 탄생하였다. 후궁 성씨(成氏)가 소용(昭容)에 봉해졌다.

이보다 앞서 경자년(1780, 정조 4) 간택에서 윤씨가 선발에 응하여 화빈(和嬪)[260]에 봉해졌

---

257. 결안(結案): 사형에 해당되는 죄인에 대한 국왕의 최종 결재에 따라 사형을 집행하기에 앞서 형을 확정하기 위한 절차 또는 그 문서.

258. 발계(發啓): 의금부에서 처결한 죄인에게 미심한 점이 있을 때 사헌부나 사간원에서 다시 조사하여 임금에게 보고하던 일.

259. 김이소(金履素, 1735~1798): 본관 안동(安東), 자 백안(伯安), 호 용암(庸庵). 영의정 창집의 증손. 우의정·좌의정 등을 역임. 1780년(정조 4) 홍국영의 관작 삭탈을 주청했고, 1783년 채제공을 탄핵하다가 잠시 파면되기도 했다.

다. 첨정(僉正) 창윤(昌胤)의 딸이었다.[261] 신축년(1781) 2월에 호산청(護産廳)[262]을 설치하고 나라 안팎에서 (출산을) 기원하였다. 이때 이미 소용 성씨[263]가 아이를 낳아 기르고 있었지만 호산청을 여전히 없애지 않았다.[264] 사람들이 모두 말하기를,

"지금의 큰 경사는 실로 나라 안팎에서 바라던 나머지 생긴 일이다."라고 하였다. 소용과 화빈이 모두 후궁이었지만 비록 내일 종사(螽斯)의 경사가 있어도[265] 오늘의 경사에 마땅히 먼저 명호를 정해야 했다. 이것이 온 나라의 공론(公論)이었지만 주상이 복을 소중히 여기는 겸손한 뜻으로써 일단 하교하지 않았다. 조정에서도 또한 감히 말하지 못하다가, 3개월이 지나서 대신들이 연석(筵席)에서 청하자 원자(元子)의 칭호를 정하였다.

처음에 김종수가 교외에 거처해 있다가 세자 탄강의 소식을 듣자마자 궁궐에 나아가 상소하였는데, 그 대략은 다음과 같다.

"삼가 왕자 탄생의 경사가 있다는 소식을 듣고 뛸 듯이 매우 기쁜 나머지 곧장 대궐 밖에 달려 왔습니다. 잠깐이라도 무도(舞蹈)[266]하고 문안하려 했으나 길이 막혀 밤새도록 눈물을 흘렸습니다. 운운." 김종수는 자신을 탄핵하는 대간의 계사가 있은 뒤에 조정에 들어가지 않았었다. 온 나라가 모두 경사롭게 여겼으니 조정과 민간을 막론하고 어느 누구인들 기쁘지 않았겠는가. 그 상소에서 '뛸 듯이 매우 기쁜 나머지 곧장 달려왔다'고 말한 것은 표현이 상정(常情)은 아니었다. 신하가 나라의 경사를 만나서 기뻐하는 것은 혹 일이 있어서 상소를 올릴 때 머리말로나 진술하는 것이지, 오로지 경사를 축하하기 위해서만 하는

---

260. 화빈(和嬪): 화빈 윤씨(和嬪尹氏, 1765~1824). 첨정(僉正) 창윤(昌胤)의 딸. 정조의 첫 번째 후궁이었던 원빈이 자식 없이 죽자 왕실에 후사가 없는 것을 염려한 정순 대비의 뜻에 따라 1780년(정조 4)에 후궁으로 간택되었다. 화빈에 봉해졌고 경수궁(慶壽宮)이란 궁호를 얻었다.

261. 화빈 간택을 계기로 조시위·조시준 형제가 척리로 자처하며 그 영향력을 강화하였다. 조시위 형제는 화빈의 큰 외숙으로 알려졌다. 서명선의 숙모가 윤창윤(尹昌胤)의 고모할머니이며, 조시위는 윤창윤의 생부 윤희적(尹熙績)과 사돈이었다. 조시준은 윤창윤의 종형인 윤창국(尹昌國)과 사돈이다. 간택 전에는 구윤옥·정민시 양가의 여자가 피선될 것이라는 정보가 있었던 만큼 소론계 배려의 조짐이 있었다.

262. 호산청(護産廳): 빈궁(嬪宮)이나 궁인(宮人)의 분만에 관한 일을 맡아 보는 임시 관아. 분만하기 1개월 전에 설치하였다. 비(妃)·빈(嬪)의 분만을 위하여 설치하는 것은 산실청(産室廳)이라고 한다.

263. 소용 성씨(昭容成氏, ?~1786): 정조의 후궁으로 문효세자의 어머니. 1782년(정조 6)에 아들을 출산하여 소용에 봉해졌으며 이듬해 아들이 세자에 책봉되자 빈으로 진봉되어 의빈(宜嬪)이 되었다. 1784년(정조 8)에는 딸을 낳았지만 첫돌을 넘기기도 전에 사망하였고 뒤이어 문효세자도 1786년(정조 10) 5살의 어린 나이로 사망하였다. 이어서 셋째 아이를 임신하였는데 세자 장례를 지낸 지 약 2개월 후 출산을 앞두고 사망하였다.

264. 호산청을 …… 않았다: 문효세자 탄생 이후에도 불임상태였던 화빈 윤씨의 산실청을 30개월이나 주관하며 세자 책봉을 늦추다가, 결국 출산에 실패하였다.

265. 종사(螽斯)의 경사가 있어도: 종사(螽斯)란, 여치가 한 번에 99개의 알을 낳으므로 부부가 화합하여 자손이 번창함을 비유하는 말이다. 여기서는 중전이 아들을 낳은 일을 가리킨다.

266. 무도(舞蹈): 임금을 알현할 때 손을 휘젓고 발을 구르는 예의.

상소는 없었다. 사람들이 모두 비웃었는데, 마치 그의 속마음을 보는 듯하였다.

승정원에서 긴요하지 않은 소장으로 여기고 단지 그 대강만 소보(小報)에 간단히 소개하고 돌려주었다. 주상이 김종수가 서울에 들어와 상소를 올렸다는 소식을 듣고 입시하도록 명하였지만, 김종수는 이미 불평하면서 떠나버린 뒤였다.

26. 11월에 문인방(文仁邦) · 이경래(李京來) · 백천식(白天湜)이 국문을 받고 모두 복주되었다. 송덕상과 송환억을 잡아들이고 국청을 설치하였다. 송덕상은 잡아 가두었지만 병들어 국문할 수 없었는데 곧바로 죽었다. 송환억은 평문(平問)[267]하고 곧 섬으로 유배 보냈다.

송덕상이 견책을 받은 뒤 호서와 해서 지역 사이에 소위 유자라는 자들은 모두 송덕상을 변론하다가 처벌을 받았으므로 인심이 아직 안정되지 못하였다. 이경래는 관동(關東)지역에 거주하였고, 문인방은 해서지역에 거주하였으며, 백천식은 관서(關西)지역에 거주하면서 서로 얽혀들었다. 이들은 여기저기 돌아다니며 시골의 어리석은 부류를 유혹하고 협박하여 삼남(三南)과 관북지역을 연결하였다. 이들은 모두 송덕상을 추존하여 대선생(大先生)으로 삼았다.

이경래는 이택징의 처족(妻族)이었는데, 도원수로 정하고 병사를 일으켜 주군(州郡)을 겁박하여 원주 감영을 빼앗아 직접 서울로 쳐들어가기로 모의하였는데, 함께 모의했던 자가 발고(發告)하였다. 이경래와 문인방은 송덕상의 집안에 출입하면서 스스로 제자라고 칭하였던 자들이었다. 송환억과 송덕상의 손자 송미규(宋美奎)가 모의를 주도하였다. 여러 역적들의 공초에서 조정에도 또한 내응하는 자가 있다고 했는데 끝까지 묻지 않았다. 단지 문인방 · 이경래 · 백천식, 세 역적만 노륙(孥戮)[268]하고 그 나머지는 죄에 따라 처벌하였다.

주상이 윤음(綸音)을 내려 나라 안팎에 널리 알리고 송덕상의 죄를 분명하게 포유(布諭)했다.[269] 송덕상이 올린 흉악한 상소의 초본(草本)에는 애초 단지 (모양도리) 네 글자만 있

267. 평문(平問): 형구를 쓰지 않고 죄인을 신문하는 일. 벼슬아치나 양반 사족을 조사할 때 사용하였다.
268. 노륙(孥戮): 연좌제에 의하여 죄인의 아내나 아들을 함께 사형에 처하던 일.
269. 정조는 송덕상이 저사(儲嗣)를 넓히는 일을 저지하기 위해 퍼뜨렸던 소문, 즉 임금과 서명선 · 정민시가 중궁을 핍박하고 있다는 것을 이들이 사실로서 전제하고 있다는 점에 충격을 받아, 송덕상을 처분한 의리를 분명히 하지 않은 것에 문제가 있다고 판단했다. 정조는 이들이 반역을 범한 근저에는 홍국영 · 송덕상이 주장한 잘못된 의리가 있다고 하면서, 송덕상과 그를 추종한 무리들을 역적으로 처벌한 이유를 밝히는 윤

었던 것이 아니었다. 원빈 초상이 났을 때 홍국영은 헤아릴 수 없는 흉악한 말을 선도하였고, 송덕상은 호조 참판이 되어 심지어 백모(白帽) 만드는 장인(匠人)들이 피신하는 일을 만들어내기까지 하였으며,[270] 경연에서는 '전하의 집안일'이라고 운운하기까지 하였다.[271] 이때의 일은 주상이 내린 윤음에 상세하게 실려 있어, 김종수가 말한 '모양도리' 네 글자에 '의약'과 '간택'의 의미가 모두 들어 있다는 말은 이제 다시 할 수 없게 되었다.

27. 계묘년(1783, 정조 7) 봄에 신응현(申應顯)[272]이 상소하여 차비(差備) 의관(醫官)을 처벌하라고 청하였다.

상소에서 말하기를,

"작년 가을 큰 경사 뒤에 대신들이 즉시 정호(定號)하자는 청을 드리지 않았습니다."라고 하였다. 또한 말하기를,

"이미 기한이 지났는데도 호산청을 닫지 않고 내의원이 습속에 따라서 지나쳤으니 청컨대 차비 의관의 죄를 물어 벌을 주십시오."[273]라고 하였다. 내의원 제거(提擧)와 여러 대신들이 모두 상소하여 말하기를,

"신들은 단지 간절히 기원 드리는 마음을 가졌을 뿐입니다. 알 수 없습니다만, 신응현은 홀로 당시에 미리 헤아려 두었던 일을 오늘에야 말하는 것입니까? 의관들을 처벌하라고 청하였는데, 이것은 바로 신들의 죄입니다."라고 운운하였다.

주상이 하교하기를,

"오늘날 신하들은 단지 기뻐하고 경사스러운 마음이 있어야 하지만, 정호의 시기를 가지고 지금 어찌 감히 말하는가? 억지로 시기하고 각박한 의논으로 품안에 있는 원자를 농락하고 희롱하였으니, 이것은 유위한(柳緯漢)의 그림자[274]이다. 그 진면목이 탄로 나기를 기다렸다가 엄히 처벌할 것이니, 신응현은 우선 관직을 삭탈하라."

음을 연이어 반포했다.

270. 백모(白帽) …… 하였으며: 1782년(정조 6) 12월 27일(기축) 실록기사에 따르면 유언비어가 퍼져 상인들이 시장을 닫고 모자를 만드는 장인들이 피신하였다고 한다.

271. 전하의 …… 하였다: 1782년(정조 6) 12월 27일(기축) 실록기사 참조.

272. 신응현(申應顯, 1722~1798): 본관 평산(平山), 자 동보(同甫), 호 우헌(愚軒). 공조 판서 · 대사헌 등을 역임. 세손의 청정(聽政)을 반대하는 상소를 올렸다가 파직되기도 했다.

273. 1783년(정조 7) 3월 3일(갑오) 실록기사 참조.

274. 유위한(柳緯漢)의 그림자: 유위한이 1689년(숙종 15) 정월에 왕자의 명호를 정하라는 상소를 올렸다. 그는 상소에서 세자(경종)를 먼저 세우는 것을 청하지 않은 것에 대해 죄를 물어야 한다고 주장하였다.

하였다. 이때 김종수의 무리들은 애초부터 송덕상의 죄를 가리고 덮기 위해 (모양도리) 네 글자의 흉언이 간택과 의약을 의미한다고 핑계 댔지만 윤음이 한 번 내려지자 그 계략이 파탄 나고 말았다. 원자의 탄생 뒤 전국에서 경사롭게 여기고 기뻐하였지만 흉얼(凶孼)의 남은 무리들은 오히려 원망하는 마음을 품고서 늘상 호산청의 기한을 넘겼다는 것으로써 멋대로 어지러운 말을 지어냈다. 큰 경사 뒤에 불과 수개월 만에 원자의 호칭을 정하였는데도 일부러 즉시 정호하지 않았다고 핑계 대면서 말다툼의 단서로 삼았다. 그 흉악한 음모와 참혹한 계책은, 주상이 이미 간파하고 있었다.

신응현은 신면(申冕)[275]의 후손인데, 신면은 선정(先正)의 의리를 배반하고 나라를 팔아먹은 것으로 죄를 얻은 자였다. 세상에서 (신응현을) 소위 한쪽 편 사람이라고 했는데 을해년(1755, 영조 31) 뒤에 그 따르는 바를 바꾸어 마침내 남당에 들어가서 멋대로 영선(瀛選)[276]을 차지하였다. 을미년(1775, 영조 51) 겨울에 상소로 역적 홍인한을 성토하여 크게 등용되었지만 사람들이 더불어 혼인하려 하지 않았다.

임육(任焴)이라는 자는 김종후의 제자인데 본성이 본래 패악하고 망령스러웠다. 병신년(1776, 영조 52) 역적 이율이 상소할 때 임육이 주장한 것이 많았으며, 김종후에게 상소의 초안을 잡아 주기를 청하고, (이율에게) 소개해준 자였다. 그 딸을 시집보내 신응현의 며느리가 되게 하였다. 김종수가 전관(銓官)으로 있을 때 임육이 처음으로 벼슬하였으므로, 임육이 김종수를 아버지처럼 섬겼다. 세상에서 말하기를,

"임육이 김종수의 뜻이라고 하면서 신응현에게 상소할 것을 종용하며 명론(名論)이라고 격동시키자, 신응현이 마침내 응하여 받아들였다."라고 하였다. 신응현이 상소한 뒤 김종수가 일찍이 그 당여에게 말하기를,

"이 하나의 상소는 지금 세상에 없는 말이다."라고 하였다.

---

275. 신면(申冕, 1607~1652): 본관은 평산(平山). 자는 시주(時周), 호는 하관(遐觀). 할아버지는 영의정 흠(欽)이고, 아버지는 익성(翊聖)이며, 어머니는 선조의 딸인 정숙옹주(貞淑翁主)이다. 효종 즉위 직후 송준길(宋浚吉)의 탄핵을 받고 아산에 유배되었고, 1651년 김자점 옥사에 연루되어 국문을 받다가 죽었다.
276. 영선(瀛選): 홍문관 관원에 뽑히는 일.

28. 11월에 참판 윤숙(尹塾)[277]이 상소하여 정휘량과 신만을 성토하였다.[278] 삼사가 합계하여 정휘량과 신만의 관직을 추탈할 것을 청하였다가 주상의 명으로 즉시 정계(停啓)하였다.

윤숙의 상소는 대략 다음과 같다.

"정휘량과 신만, 두 역적의 지극히 참람된 말과 극악스러운 반역의 죄상에 대해 혹 목격하거나 직접 들은 자도 있고, 혹 전해들은 자도 있습니다. 그리하여 오늘날 말하기 어려운 것은 두 역적이 흉악함을 부린 시기이고, 지필묵을 잡고서도 진술하기 어려운 것은 두 역적이 위태롭게 핍박한 말입니다. 그 뒤 신회·김구주·홍계희가 밤을 틈타 뒤따라서 몰래 논의한 것은 무슨 말이며, 도모한 것은 무슨 일이겠습니까? 이는 오로지 곤궁에 빠진 역적들이 삶을 도모한 계책에서 나온 것이었는데, 우리 성상(聖上)을 위태롭게 하고 동요시켜서 세자의 자리를 불안하게 만들었습니다. 운운."[279]

삼사에서 계를 올리자, 주상이 삼사로 하여금 입시하도록 명하고, 차마 들을 수 없는 하교가 있자 그날로 정계하였다.

삼가 살피건대,

정휘량과 신만 등 여러 역적들의 죄는 당시 사람들이 감히 말하지 못하였지만 또한 모르는 자가 없었다. 성상이 즉위하면서 주상의 뜻이 이들의 일에 대해 감히 발설하지 못하게 하는 데 있어서 항상 가리고 덮었기 때문에 조정 신하들 역시 감히 언급하지 못하였다. 윤숙의 상소가 나온 뒤에는 마땅히 조정에서 부르짖으며 징토하기를 청해야 할 일이었다. 이윽고 다시 두려운 마음으로 함께 합사하여 문득 아뢰었다가 즉시 정계하였지만, 상소하는 자들이 모두 여러 역적들의 죄를 이제야 비로소 알게 되었다고 운운하였다.[280]

---

277. 윤숙(尹塾, 1734~1797): 본관 파평(坡平), 자 여수(汝受). 대사간·병조 판서 등을 역임. 1762년(영조 38) 임오화변 당시 임덕제(任德濟) 등과 함께 사도세자를 구명하려고 노력하였다. 1783년(정조 7) 김종수의 시기를 받아 좌천되기도 했다.

278. 윤숙이 …… 성토하였다: 1783년(정조 7) 11월 11일(무술) 실록기사 참조.

279. 윤숙의 상소는 임오화변에 대한 금령이 엄중하여 정휘량·신만을 사도세자를 모해한 인사들로 지목하기 어려운 상황에서 정휘량·신만·신회·김구주·홍계희가 선세자의 아들 세손을 위해하려 했으므로 추율해야 한다고 주장하였다. 이는 『명의록』에서 다루고 있던 세손의 대리청정 및 즉위 방해 이전의 사안이며, 세손 반대 세력을 좀 더 거슬러 올라가면 세자 위해세력에 연결된다고 주장했다는 점에서 대의리 문제를 재론한 상소였다.

280. 윤숙의 주장은 임오의리를 뒤집을 수 있는 폭발력을 지녔고, 이미 제거된 홍인한계 북당 이외에, 김한구·김구주와 연계된 노론 남당을 겨냥했다는 점에서 의리론 분기의 커다란 전기를 제공한 것이다.

군부를 위협하려고 모의한 것이 얼마나 극악한 역적인가. 말하는 자가 만약 그들을 무고한 것이라면 마땅히 반좌(反坐)[281]의 처벌을 받아야 할 것이다. 그렇지 않고 그 말이 명백하다면 (이들을) 흉역이라고 해야 할 것이다. 그런데도 성토하라는 청을 그치게 하고 아울러 일상적인 합계(合啓)도 없었으니 이는 나라가 생긴 이래로 없었던 일이다. 세도를 어찌 말하겠는가?

29. 갑진년(1784, 정조 8) 7월에 역적 김하재를 국문하여 사형에 처하고, 그 집안 식구는 노륙하였다.[282]

당시 장차 세자 책봉례를 거행하기 위해 종묘에 고하는 격일(隔日)[283]이었는데, 김하재가 헌관(獻官)으로서 장차 향을 받으려고 궁궐에 들어가 향실(香室)에 앉아 있었다. 이때 소매 속에서 흉서를 꺼내 향을 전해준 승지(承旨)【이재학(李在學)[284]】에게 보여주고 곧 빼앗으려 했다. 승지가 종이를 가지고 급히 달려가 승정원에 이르러 상달하니, 마침내 직접 국문하겠다고 명하였다. 공초에서 갑진년(1784, 정조 8) 회갑[285]에 김일경(金一鏡)[286]의 일을 하려 했다고 하였다. 또한 뜻을 같이하는 도당들이 있다고 하였는데, 신문하지 않고 즉시 주살하고, 찾아낸 문서 또한 명하여 모두 태워 버렸다.

그 흉서에서 '병신년' 이하 아래 구절의 말은 모두 김일경 · 이천해(李天海) · 신치운(申致雲)[287]의 흉언을 그대로 베낀 것이었는데, 하늘과 땅, 고금을 다 살펴봐도 없었던 극악무도

---

281. 반좌(反坐): 사람을 무고(誣告)한 자는 무고를 입은 사람에게 그만큼의 죄를 묻는 것.
282. 1784년(정조 8) 7월 28일(신사) 실록기사 참조.
283. 격일(隔日): 유일(柔日). 10간(干) 중에서 을(乙), 정(丁), 기(己), 신(辛), 계(癸)가 들어가는 날.
284. 이재학(李在學, 1745~1806): 본관 용인(龍仁), 자 성중(聖中), 호 지포(芝浦). 형조 판서 등 역임. 1795년(정조 19) 김구주를 역모 혐의로 탄핵해 나주로 유배시켰다.
285. 갑진년(1784, 정조 8) 회갑: 1724년(영조 즉위년)은 갑진년으로 이해에 김일경이 죽었다. 이로부터 60년이 지난 회갑이 바로 1784년이었다.
286. 김일경(金一鏡, 1662~1724): 본관 광산(光山), 자 인감(人鑑), 호 아계(丫溪). 이조 참판·이조 판서 등을 역임. 1721년(경종 1)에 노론은 연잉군을 세제에 책봉한 뒤 대리청정을 실시하려고 하자 조태구 등과 함께 이를 반대해 대리청정을 취소하게 하였다. 신임옥사(1721~1722) 당시 준소(峻少)로서 김창집·이이명·조태채·이건명 등 노론 4대신의 처벌을 주도하였다. 1724년 영조가 즉위하자 노론의 재집권으로 유배되었다. 청주의 유생 송재후(宋載厚)의 상소를 발단으로 신임옥사가 무고였다는 탄핵을 받고 목호룡과 함께 참형을 당하였다.
287. 신치운(申致雲, 1700~1755): 본관 평산(平山), 자 공망(公望). 소론의 신예로서 이때 노론의 거두였던 권상하·이희조(李喜朝) 등을 축출하는 데 앞장섰다. 1722년 죽은 송시열을 공박하는 소를 올렸다가 어진 사람을 무고하고 바른 사람을 질시하였다는 이유로 파직당하였다. 1755년 나주괘서 사건이 있은 직후 심정연(沈鼎衍)·김인제(金寅濟)·박사집(朴師緝) 등과 함께 모반사건에 연루되어 경북 홍해군에 유배되었다가 처형당하였다.

한 역적의 큰 변고였다. 주상이 진정시킬 뜻으로 '천하에 어찌 2명의 김하재가 있겠는가?' 라고 하교하였다. 삼사에서 김하재의 부친 김양택(金陽澤)[288]의 관작을 추탈하라고 청하였으나 또한 윤허하지 않았다.

이보다 앞서 김하재가 이조 참판이었을 때 어떤 일로 상소를 올려서【윤득부의 일로 상소를 올렸다.】 '시(時)' 자(字)의 설을 주창하였다.[289] 이것은 근래 (송덕상에 대한) 징토의 논의[290]를 거론하면서 '시의(時議)'라고 한 것으로서 김종수가 일찍이 장려한 것이었다. 이에 흉악한 당여 가운데 불령하고 무뢰한 부류들이 모두 말하기를,

"오늘날 정승은 오직 김종수와 김하재, 두 사람만이 할 수 있으니, 특별히 발탁하면 시속(時俗)이 믿고 의지할 수 있을 것이다."라고 하였다. 심지어 '두 김 씨'라고 칭송하여 말하기까지 했다.

그해 봄에 김종수가 자결하려 한다는 말이 혹자들에 의해 파다하게 전해졌다. 김종수가 말하기를,

"지금 시사(時事)를 내가 차마 볼 수 없어 차라리 자살할 것이다."라고 하면서 목을 매려 하였지만 그 문도들이 위로하여 근심을 풀어주자 그만두었다. 이 말을 들은 사람들은 괴이하게 여겼다.

또한 봄여름 사이에 영남과 호남이 소란스러웠다. 모두 장차 병란이 있을 것이라고 하며 짐을 지고 산으로 들어가서 난을 피하려는 자가 매우 많았다. 나라 안팎의 인심이 크게 놀라고 두려워하였는데, 갑자기 역적 김하재의 변고가 일어났으니 식견이 있는 자는 모두 걱정하였다.

삼가 살피건대,

흉역이 난언(亂言)으로써 교묘하게 무고하는 일이 예로부터 어찌 한계가 있을까마는 역

---

288. 김양택(金陽澤, 1712~1777): 본관 광산(光山), 자 사서(士舒), 호 건암(健庵). 김장생의 5세손, 만기의 손자, 진규(鎭圭)의 아들. 우의정·영의정 등을 역임. 아들 하재가 역신(逆臣)으로 몰려 벼슬을 추탈당하였다가 뒤에 다시 복관되었다.

289. '시(時)' 자(字)의 설을 주창하였다: 김하재는 윤득부의 일로 상소하면서 '시' 자의 설을 꺼내어 송덕상 등에 대한 징토의 논의를 '시의(時議)'라고 비판하며 '반'시파로서 활약하였다. 이때 시의는 시배(時輩)와 함께 당인들이 사사로이 서명선계의 소론과 그에 협력하는 노론을 비하할 때 사용되었다. 통상 시배와 시의라는 표현은 벽파가 주로 사용한 것으로 알려져 있다. 이에 김종수의 칭송을 받았다. 김하재 사건은 시파(時派) 주도의 정국에 대한 반시파(反時派)의 반발이 고조되는 상황에서 발생하였다.

290. 징토의 논의: 1780년(정조 4) 이후 송덕상에 대한 징토를 주도한 이는 소론의 서명선과 그에 동조하는 노론 북당·동당계 인사들이었다. 즉 이병모·심낙수 등의 노론 북당계 인사와 서유린·서유방·김문순·김이소 등의 노론 동당계 인사들이다.

적 김하재와 같은 일은 하늘과 땅, 고금을 통틀어 보아도 없었던 흉악스러운 변고였다. 갑진년(1724, 영조 즉위년) 이천해(李天海)의 변고[291]는 처음부터 그 단서를 예측할 수 없었는데, 무진년(1728, 영조 4)에 이르러 비로소 심유현(沈維賢)[292]이 근본임을 알 수 있었다. 을해년(1755, 영조 31)에 신치운이 나타나서 더욱 그 맥락이 서로 관통됨을 알 수 있었다.

역적 김하재의 경우 이듬해 역적 이율이 결안(結案)한 초사(招辭)를 기다릴 것도 없이 김구주의 임진년(1772, 영조 48) 상소와 한후익의 병신년(1776) 상소에서 비롯되었음을 알 수 있었지만 끝내 밝혀내지 못하였다. 역적 이율이 나온 것은 또 하나의 김하재가 나온 것인데 이 역시 끝내 밝혀내지 못하였다. 하늘의 떳떳함과 땅의 의로움이 이미 휩쓸려 사라져 버렸으니 오늘날 신하로서 북면(北面)하는 자가 또한 어디에 손을 쓸 수 있겠는가.

역적 김하재의 흉언은 일단 논하지 않더라도 그가 제창한 '시' 자의 설은 징토를 시론이라고 하면서 원수처럼 배척하기 위함이었다. 이것으로 그 마음을 알 수 있는데, 또한 달갑게 여기며 함께 돌아가고자 하는 자가 있었으니 이 또한 흉악한 것이다.

30. 9월에 경사로 인해 김구주를 사면하여 특별히 육지로 나오도록 명하였다. 김종수는 다시 이조 판서에, 송재경(宋載經)[293]은 특별히 이조 참판에 임명하였다.

송재경도 또한 이른바 남당으로서, 김종수와 일찍부터 친했던 자였다. 송재경이 인사(人事)를 행할 때 남당 가운데 벼슬에 나아가지 못했던 자들을 한결같이 주의(注擬)[294]하여 그 당여들이 자못 기세가 올랐다.[295] 조사(朝士)와 유생을 물론하고 김종수와 연관된 자 및 오

---

291. 이천해(李天海)의 변고: 1725년(영조 1) 1월 16일(을묘) 실록기사에 따르면 대가(大駕)가 출궁하여 이교(二橋) 근처에 이르렀을 때 이천해가 해괴한 소리를 질러 금오 나졸(金吾羅卒)이 붙잡았다. 이 일로 인해 이천해는 그 다음날 복주되었다. 당시 발언 내용은 기록되지 않았지만 경종의 죽음에 영조가 관련되었다는 말로 추정하고 있다.

292. 심유현(沈維賢): 1728년 이인좌의 난 당시 정희량 · 이유익(李有翼) · 박필현 · 한세홍(韓世弘) 등과 함께 거사에 가담했다가 죽임을 당하였다.

293. 송재경(宋載經, 1718~1793): 본관 은진(恩津), 자 자중(子中), 호 기기와(棄棄窩). 상유(相維)의 손자. 이조 참판 등을 역임하였다. 정조는 벽파인 심환지 · 송재경 등에게 인사권까지 맡겨서 보합책을 일관되게 추진하고자 했다.

294. 주의(注擬): 관원을 임명할 때에 먼저 문관은 이조, 무관은 병조에서 후보자 3명[三望]을 정하여 임금에게 올리던 것.

295. 송재경이 …… 올랐다: 당시 송재경은 이조 참판이 되자 그동안 시파에게 막혀 있던 19명의 추천자를 원칙 없이 자의로 소통시켰다. 이에 대해 정조는 송재경이 전관으로서 당인들에게 명예를 사고 사심을 이루고자 했다는 이유로 서용하지 말라는 처분을 내렸다.

랜 세월 동안 벼슬에 나아가지 못한 부류들이 크게 일어나 몰려들어 모두 시배(時輩)를 공격하고 배척하는 논의를 일삼았다. 소위 시배로 지목된 사람은 특별히 다른 사람이 아니라 기해년(1779, 정조 3)과 경자년(1780)에 홍국영과 송덕상의 죄를 성토하며 김종수의 당여에 들어가지 않은 자들이었다.[296]

이보다 앞서 채제공이 홍국영의 흉론에 붙었다는 말이 유행하여 거듭 탄핵을 당했다. 이명식(李命植)[297]이 채제공에게 붙었다고 조원(趙瑗)을 탄핵하였다. 이에 윤득부가 평소 생각하던 바를 아뢰기를,

"채제공이 역당인지 여부는 신은 감히 알지 못하지만 이명식과 조원의 정분은 마치 형제와 같았는데, 갑자기 논핵하였으니 이는 친구를 팔아먹는 것입니다."[298]라고 운운하였다. 윤득부가 징토하는 논의를 공격하여 배척하였다는 여론이 일어나자 전조(銓曹)에서는 윤득부의 의망을 막았다. 이조 참판 김하재가 윤득부를 주의(注擬)하려고 하였지만 낭관에게 저지당하였다. 이에 김하재가 비로소 '시(時)' 자의 상소를 올렸고 주상이 특별히 윤득부를 정언에 임명하였다. 이에 윤득부가 상소하여 지난날 아뢰었던 생각을 드러내었는데, 이것은 풍속을 돈후하게 하고 경계하는 뜻에서 나온 것이었다. 끝부분에 서명선이 멋대로 권력을 휘두른 죄를 논척하였는데,[299] 그 상소 가운데 또한 '시' 자의 설이 있었다.

이노춘(李魯春)[300]이 상소하여 윤득부를 잡아서 국문할 것을 청한 적이 있었는데, 이때 이르러 다시 스스로를 해명하는 상소를 올렸다.

"제가 처음 올린 상소는 시의(時議)에 따라 부화뇌동한 것이지 제 본심이 아니었습니다."라고 하면서 소리 높여 말하기를,

"시배는 눈앞에서 아첨하고 뒤에서 비방하였습니다. 한마디 말이라도 거스르거나 순종하는 사이에 산 사람이 될지 죽은 귀신이 될지가 곧 판별됩니다."

---

296. 소위 …… 자들이었다: 소론계 서명선·정민시에게 협력하는 노론들을 '서명선 당(黨)'으로 몰아간 것을 가리킨다.
297. 이명식(李命植, 1720~1800): 본관 연안(延安), 자 건신(楗伸). 이조 판서 등을 역임. 시파로 활동하였다.
298. 1784년(정조 8) 6월 5일(무자) 실록기사 참조.
299. 윤득부가 …… 논척하였는데: 윤득부는 이명식이 절친한 친구 조준을 채제공에 물들었다고 공격하며 배척한 것은 친구를 팔아 서명선에 영합하기 위한 것이었다고 비판하였다. 그는 이명식이 이렇듯 인륜을 저버리는 속론(俗論)을 펼치면서도 벼슬이 높아지는 까닭은 의리의 주인인 서명선이 화복과 위세를 사사로이 한 채 시의(時議)에 붙좇기를 압박했기 때문이라며 서명선을 겨냥했다. 윤득부의 상소는 서명선에 협력하는 노론 세력을 시의에 아첨하는 사당(私黨), 곧 시배(時輩)라고 탄핵한 주장이었다. 시의·시배라는 용어는 당인들이 사사로이 서명선계의 소론과 그에 협력하는 노론을 비하할 때 사용되다가, 이제는 조정의 공식 상소문에 등장하게 되었다.
300. 이노춘(李魯春, 1752~?): 본관 덕수(德水), 자 군정(君正). 대사성·예조 판서 등을 역임. 1784년(정조 8) 응교로서 채제공을 탄핵하다가 도리어 운산군에 유배되었다.

운운하였다. 이것은 근래 흉악스러운 역적을 구원하는 뜻이 아님이 없었으니 오로지 역적 김하재의 '시' 자 설을 답습한 것이었다. 주상이 하교하기를,

"처음의 상소가 이미 본심이 아닌데 지금 상소가 과연 본심에서 나왔겠는가?"라고 하였다.

이노춘이 평소 호서지역의 유생 이규남(李奎南)과 서로 친하였다. 이규남은 바로 김종후의 문도로서 김종수와 왕래하면서 친숙하였다. 이규남이 김종수의 뜻에 따라 이노춘을 꾀고 협박하여 상소로 자신의 입장을 번복하는 계책으로 삼게 하였다.

김종수의 뜻은 역적 김하재가 말한 '시' 자의 설을 일대 공론으로 삼으려 한 것이었다. 이에 이노춘을 부추겨 자신의 입장을 번복하는 상소를 올리게 하여[301] 주상의 마음을 두렵게 하고, 상하를 협박할 계책으로 삼았다.

당시 김종수가 이조 판서로서 스스로 당대 세도를 자임하였다. 그래서 이노춘을 꾀고 위협하기를,

"주상의 뜻이 시배(時輩)를 모두 몰아내는 데 있으니 상소하지 않으면 반드시 시배의 당[時黨]에게 죄를 얻을 것이다."라고 했다. 이규남이 그 사이를 왕래한 것은 사람들이 모두 전하였다. 이때 이규남은 이홍재(李洪載)[302]의 집에 머물렀는데, 이노춘 역시 때때로 왕래하는 것을 사람들이 많이 보았다. 이노춘이 장차 상소를 올리려 하면서 사람들에게 말하기를,

"나 역시 번복해서는 안 된다는 것을 안다. 그러나 내가 비록 버림받을지언정 시배의 당에게 죄를 받는 것보다 나을 것이다."라고 운운하였다.

이노춘은 명가의 후예였지만 어려서부터 독서하는 것이 매우 좁았고, 평소 당의 지목이 없었는데, 갑자기 흉악한 당여의 꾐에 빠져 크게 어긋나게 되었다. 당시 김종수의 상소에도 또한 패려한 말이 있었다. 이노춘은 특별히 하교하여 형구를 갖추어 수감하였다. 김종수는 대계에서 유배를 청하여, 윤허받았는데, 곧 시행하지 말라고 명하고 단지 삭출시켰다. 이노춘은 신문하지 않고 섬으로 유배 보냈다.【김종수와 이노춘의 일은 하편(下篇)에 상세하다.】

---

301. 이노춘을 …… 올리게 하여: 이노춘이 김하재가 추천한 윤득부를 성토한 바 있었다. 그러다가 이때 이르러 지난날의 성토가 시의에 종용되어 나온 잘못이었다며 도리어 시파의 영수 서명선을 비판했다. 이노춘이 서명선 등이 주도하는 '시의'가 사적인 것이라고 비판한 것은 김하재의 '시의' 배척 상소 문구를 답습한 것이었다. 이노춘의 상소를 둘러싸고 시파·벽파의 대립이 재연되자 정조가 나서서 상황을 정리하였다.

302. 이홍재(李洪載, 1729~1794): 본관 한산(韓山), 자 사심(士深), 호 일선(一蟬). 대사성·이조 참의 등을 역임하였다.

31. 11월에 이규명(李揆明)이 국문을 받았는데 형장을 맞다가 죽었다.

이규명은 파주의 시골사람이었다. 정처(鄭妻)가 파주에 안치되었을 때 외부 사람이 연통한 흔적이 있었는데 사실이 발각되자 체포하여 국문하였다. 관련된 여러 죄인들이 또한 많았다. 죄인들의 공초 가운데 홀연히 『사략(史略)』 권2 「한기(漢紀)」 내용 중 1구절을 불쑥 말하였는데 그 말뜻이 지극히 흉악하고 참람되었다. 공초에 연루된 자들이 매우 의심스러웠지만【송정휴(宋鼎休)의 아들과 조카가 나열되었는데, 송정휴는 신응현과 가까운 인척이라고 한다.】 붙잡아 국문하지 않았다. 이규명이 형장을 맞다가 죽자 더 이상 실상을 조사해 밝히지 않고 이어 국문을 그만두었다.

삼가 살펴보기를,

신응현의 상소 뒤 흉당의 난언이 더욱 방자해져 마치 잠복된 불이 남몰래 기승을 부리는 것과 같았다. 뜻밖에도 죄수의 공초에서 근거 없이 1구절을 뽑아냈는데, 그것이 가리키는 뜻은 시골사람이 지어낼 수 있는 것이 아니었지만 끝내 밝혀내지 못하였다. 흉악한 공초의 구절은 즉 차마 형언할 수 없는 말이었다. 이에 흉당이 말하기를,

"이규명의 말이란 과연 무슨 말이며, 실상을 조사하는 것은 무슨 일이란 말인가."

라고 하면서, 거짓으로 알지 못한 척하는 것이 거의 희롱하는 것 같았으니 아, 또한 애통하도다.

32. 을사년(1785, 정조 9) 봄에 김종수가 변고를 아뢰어 김두공(金斗恭)과 이율을 잡아들여 국문하고 모두 사형에 처하였으며 처자식은 노륙하였다.

김두공은 역적 김하재의 조카였다.[303] 지난겨울 이노춘의 상소 뒤에 김종수 또한 그 상소에서 나온 말이 도리에 어긋나고 사나운 뜻이 있어, 주상이 엄한 비답을 내렸다. 김종수가 입시하자 주상이 질책하는 하교를 내리니, 김종수가 겁을 먹고 갑자기 말하기를,

"신이 광(光)과 완(完)의 일을 하려고 하였습니다."라고 운운하였다. 소위 광과 완이란 즉 광남군(光南君)과 완녕군(完寧君)【광남군 김익훈(金益勳)[304]과 완녕군 이사명(李師命)[305]】으로서 역

303. 김두공은 김종수의 형인 김종후의 문인이며, 이율은 평소에 김종수·송재경에게 의지하였다고 했다. 양 세력 모두 김종수와 친분이 있었다고 하겠다.

304. 김익훈(金益勳, 1619~1689): 본관 광산(光山), 자 무숙(懋叔), 호 광남(光南). 장생의 손자, 참판 반(槃)의

적의 사정을 정탐하여 경신옥(庚申獄)[306] 때 고변한 자였다. 주상이 '스스로 광남군과 완녕군으로 자처하는 것이 개탄스럽다'고 하교하였는데, 조지(朝紙)에 기록되어 널리 알려졌다. 보는 자들이 모두 놀라고 당황하여 그 뜻이 무엇인지 알지 못하였다. 김종수는 삭출되어 교외에 머물렀다.

2월 그믐에 몰래 구선복에게 편지를 보내 그 아들 구이겸을 보내줄 것을 요청하고, 마침내 김두공의 일을 말하고, 구선복으로 하여금 고변토록 하였다.

김종수의 족제(族弟) 김종건이 부친 김치공(金致恭)의 상사를 당해 거제(巨濟)로 달려갔다고 한다.【김치공은 김상로의 조카인데 귀양 가 있었다.】 김종건은 거제 사람 하광용(河光溶)을 통해 김두공의 흉언을 들었다고 운운하였다. 구선복이 그 뜻을 상달하자 특명으로 김종수를 서용하고, 입시하라고 명하였다. 김종수가 부름을 받아 길을 가고 있었는데, 김이용(金履容)이 김종수를 가는 길에서 만나 역적 이율의 일을 고변해 줄 것을 청하였다. 김종수가 입시하여 김두공과 이율의 일을 고변하자, 김종수를 판의금부사에 임명하고, 마침내 국청을 설치하라고 명하였다.

김이용은 즉 소위 한쪽 편 사람이었는데 평소 이율과 서로 친하여 술을 마시고 바둑을 두는 사이였다. 역적 김하재의 변고 이후 김이용이 이율의 형색을 보고 자못 이상하다고 여겼다. 또한 이율이 김하재에 대해 언급하면서

"역적에도 또한 공사의 구별이 있다."라고까지 말하는 것을 듣고, 또 위태로운 말과 행동 등에 관한 설이 있어서[307] 김이용이 크게 놀라, 겉으로는 뜻을 잃고 나라를 원망하는 모

아들. 조카 만기의 딸이 숙종 비로서, 숙종이 즉위한 뒤 어영대장 등을 역임. 1680년(숙종 6) 김석주의 주도로 경신환국(庚申換局)을 일으켜 조정에서 남인들을 숙청하는 데 적극 참여했으며, 그 공으로 보사 공신(保社功臣) 2등과 광남군에 봉해졌다. 훈척의 세력으로서, 송시열 등과의 협력 관계를 바탕으로 병권을 장악하고 정국을 주도하였다. 1689년 기사환국(己巳換局)으로 남인이 다시 정권을 잡자 공신 칭호를 빼앗기고 강계에 유배되었다가 죽었다.

305. 이사명(李師命, 1647~1689): 본관 전주, 자 백길(伯吉), 호 포암(蒲菴). 대사헌 민적(敏迪)의 아들. 이조·병조 판서 등을 역임. 김석주·김익훈 등과 함께 경신환국에 가담하여, 남인을 몰아내는 데 공을 세워 보사 공신 2등으로 책록되고 완녕군에 봉해졌다. 1689년 남인이 다시 정권을 잡는 기사환국 당시 죽임을 당하였다.

306. 경신옥(庚申獄): 경신환국 혹은 경신대출척(庚申大黜陟). 1680년(숙종 6) 남인이 정권에서 축출되고 서인이 정권을 잡은 사건이다. 당시 남인의 영수 허적(許積)이 조부 잠(潛)의 시호를 맞이하는 잔칫날 궁중에서 사용하던 용봉차일(龍鳳遮日)을 미리 가져가 사용하다가 국왕의 분노를 일으킨 유악(油幄) 사건이 발생했다. 이 사건 후 얼마 지나지 않아 서인들이 허적의 서자 허견(許堅)과 종실 삼형제인 복창군(福昌君)·복선군(福善君)·복평군(福平君)이 역모를 꾀한다고 고변한 이른바 '삼복(三福)의 변'이 발생했다. 이로 인해 허적 일가와 남인의 우두머리 윤휴가 처형되고 관련된 남인들이 대거 축출되었으며, 정권은 다시 서인에게 돌아갔다.

307. 위태로운 …… 있어서: 1785년(정조 9) 2월 29일(기유) 실록기사에 따르면 이율이 또 병신년 이후의 여러 역적들의 일을 말하다가 역적 김하재의 사건에 이르러서 다음과 같이 말하였다. "역적에는 공사의 구별이 있는 법이다. 나라에 도가 없으면 말과 행동을 조심하고, 나라에 도가 있으면 말과 행동을 바르게 하는

양을 가장하면서 역적의 동정을 깊이 살폈다. 이율이 처음에는 믿지 않아서 말하기를 꺼려했지만 김이용이 마침내 칼을 꺼내 팔뚝을 베며 맹세하려 하자 비로소 믿고 대략 그 실정을 말해 주었다.

(이율이) 홍낙순의 아들 홍복영(洪福榮)과 연통하여 전화(錢貨)를 옮기고, 하동(河洞)의 깊은 계곡에서 요사스러운 도적과 결탁하였으며, 문양해(文洋海)는 병사를 모집하여 일을 도모한다는 것이다. 김이용이 드디어 이율의 편지를 얻어서 하동으로 달려가서 역적의 동정을 염탐하였다. 또한 이율이 김이용에게 말하기를,

"3도에서 거병하면 외란이 장차 일어날 것이다. 그대는 의흥(義興, 경북 군위)을 잃었지만 도리어 복이 있을 것이다. 조정 가운데 김과 송, 두 사람이 있는데, 우리들이 평소 믿고 의지하는 사람이다. 일이 성사되면 그대는 의흥보다 10배의 이익을 볼 것이다."라고 운운하였다. 소위 김과 송이란 즉 김종수와 송재경을 말한다. 김이용이 의흥 현감을 지내다가 쫓겨난 지 얼마 되지 않았기 때문이었다.

김이용이 그 실정을 파악하고 상변(上變)하고자 하였는데, 일찍이 역적 이율이 김종수에게 의지했다는 말을 많이 들었고, 또한 김종수가 자신을 광남군과 완녕군에 비견하여 아뢴 적이 있다는 것을 알고, 그 역시 반드시 역적의 동정을 염탐하고 있을 것이라고 생각하여, 김종수로 하여금 발고하게 하려고 그의 집으로 가던 중, 부름에 응하여 가고 있던 김종수를 길가에서 만났던 것이다. 그에게 역적 이율의 일을 말하자 김종수가 처음에 김이용의 말을 듣고 놀라고 겁을 먹어 대답할 바를 알지 못하였다. 김이용이 마침내 말하기를,

"대감이 발고하지 않는다면 나 또한 말할 일이 있다."라고 했다. 김종수가 기가 죽어서 몸을 떨며 말하기를,

"내가 당장 고변할 것이다."라고 하였다.

주상이 직접 국문하자, 이율은 공초에서 역적 김하재의 변고 뒤에 나온 위태로운 말과 행동에 대한 설과 3도와 체결하여 날짜를 정하고 군대를 동원하여 하늘의 뜻을 받들어 도를 거행할 것이라고 말했다. 그 아래 또 네 글자의 차마 할 수 없는 흉언[308]이 있었다. 대역죄를 승복하고 사형을 당하였다. 같은 뜻을 품은 도당 가운데 혹 국초(鞫招)[309]에 나오거나

것이다. 말과 행동을 바르게 하는 것은 나라에서 볼 때는 역적으로 되지만 그 집으로 볼 때는 역적이 아니다." 그러자 김이용이 "어찌하여 그 집은 역적이 아니라고 하는가?"라고 묻자, 이율이 대답하기를, "김가는 학문을 배운 집안이고, 그는 말과 행동을 바르게 하였을 뿐이므로, 그의 집을 역적이라고 할 필요가 없다."라고 하였다.

308. 네 글자의 …… 흉언: 모양도리를 가리킨다. 1785년(정조 9) 3월 1일(경술) 실록기사에 김이용과 이율을 친국하는 가운데 송덕상의 네 글자의 흉악한 말이라는 표현이 나온다.

309. 국초(鞫招): 임금의 명령을 받아 반란이나 강상(綱常) 등에 관련된 중죄인을 국문한 사실과 이로부터 얻어

문서에 나와 붙잡힌 자, 예를 들면 구명겸(具明謙)[310]과 심형지(沈炯之) 같은 자는 모두 체포하지 않았다. 홍복영은 어리석고 무지하다고 해서 단지 그 사람만 주살하였고, 요사스러운 역적과 연결된 자는 모두 차등 있게 법에 따라 처리하였다. 김두공을 국문하였는데 김두공이 역적 김하재의 흉언을 기록하듯 외웠다. 또한 조정에 같은 뜻을 품은 자들이 많다고 진술하였지만 주상이 하교하여 죄가 진신(搢紳)들에게 전가된다고 하면서 모두 불문에 부쳤다. 대역죄인으로 결안하였는데 모두 승복하여 법에 따라 사형에 처하였다.

김종수·김이용·구선복을 녹훈(錄勳)하자는 논의가 있었다. 판부사 김익(金熤)[311]이 말하기를,

"김이용은 벼슬살이한 자로서 흉언을 듣고 즉시 발고하지 않았기 때문에 공과 죄가 상당하기에 녹훈하기에 마땅치 않습니다."라고 하였다. 여러 사람의 논의가 일치하지 않아 단지 김종수와 구선복에게 노비[藏獲]와 토지를 내려주고, 김이용은 자급을 올려주라고 명하였다.

갑진년(1784, 정조 8) 봄에 발생한 소란은 역적 이율이 하동에서 계획했던 일임을 비로소 알았다. 그해 겨울에 김종수가 경연 가운데 자신을 광남군과 완녕군에 비견하였으니 이 또한 반드시 역모를 미리 알고 있었기 때문에 자기도 모르게 당황하여 겁을 집어먹고 스스로 말한 것이었다. 급기야 옥사를 주관하게 되자 모든 일을 미봉하였다.[312] 상공(賞功)을 사양하는 상소에서 김이용과 오랫동안 헤어졌다가 우연히 만났다고 말했다. 김두공의 일은 고변한 것과 차이가 없어서, 단지 김두공으로 하여금 다시 역적 김하재의 흉언을 외우게 하고, 더 이상 실제를 조사하여 밝히지 않았다.

또한 그 고변은 이미 병사(兵事)와 달랐다. 당시 현직 정승【좌의정 홍낙성(洪樂性)[313]】이 김종수의 내종(內從)이었는데도 현직 정승과 논의하지 않고 구이겸과 은밀히 논의하여 구선복에게 고하게 한 것은 상식적인 일이 아니었다. 당시 구선복은 훈련 대장으로서 국가를 보위하는 원융(元戎)의 지위에 있는 사람이었지만 그것이 흉악한 짓이라는 것을 알지 못하였

낸 자백, 판결한 내용 등을 기록한 문서.

310. 구명겸(具明謙, 1737~1786): 본관 능성(綾城), 성필(聖弼)의 손자, 선복의 조카. 황해도 병마절도사·좌포도대장·삼도 수군통제사 등을 역임. 1786년(정조 10) 작은아버지인 선복 등의 반정역모에 내응하였다 하여 효시되었다.

311. 김익(金熤, 1723~1790): 본관 연안(延安), 자 광중(光仲), 호 죽하(竹下)·약현(藥峴). 우의정·영의정 등을 역임하였다.

312. 옥사 종료 직후 지의금부사였던 준소계 정창순(鄭昌順)에 의해, 옥사를 관용으로 일관해서 이율·김두공 옥사가 제대로 구명되지 않았다는 비판이 공식 제기되기도 했다.

313. 홍낙성(洪樂性, 1718~1798): 본관 풍산(豊山), 자 자안(子安), 호 항재(恒齋). 중기(重箕)의 증손, 석보(錫輔)의 손자, 상한(象漢)의 아들. 어머니는 어유봉(魚有鳳)의 딸. 좌의정·영의정 등을 역임하였다.

다. 그런데도 김종수가 지친인 현직 정승과 논의하지 않고 반드시 구선복과 의논하였으므로 사람들이 모두 이상하게 여겼다.

중죄인을 국문하는 옥사를 마치고 김종수가 말하였다.

"내가 옥사를 보니 처음부터 끝까지 여러 죄수들의 언행이 모두 괴상하고 허무맹랑하여 실제가 없었다. 이율은 추잡하고 비루하여 홍복영의 재물에 욕심이 나서 사람들을 시켜 소개한 것뿐이었다. 이율의 문서는 뇌물을 뿌려 청탁하지 않은 것이 없으니 침을 뱉을 정도로 더러운 일에 불과하였다. 그런데 김이용이 염탐하여 발고한 것은 그 화를 사림(士林)에게 옮기려는 계책이었으니 그 계책은 청교(青橋)의 조씨 집안[314]에서 나온 것이다. 조씨 집안은 우리 무리를 없애지 못하면 한을 풀지 못할 것이다. 운운."

소위 조씨 집안은 조시준(趙時俊)과 조시위(趙時偉) 등 여러 사람들이었다. 조시위는 윤창윤(尹昌胤)의 매부[妹婿]로서 화빈(和嬪)의 고모부였다. 조시위는 본래 무식했는데 경자년(1780, 정조 4) 뒤 공공연히 척리(戚里)로 자처하면서 세력을 팔아서 권력을 휘두르는 일이 많아서 사람들이 비루하게 여겼다. 김이용이 마침 조씨 집안 근처에 살았으므로, 김종수가 드디어 김이용이 조씨 집안의 부림을 받았다[315]고 말한 것이다. 또한 (김종수는) 조시위가 스스로 척리로 자처하면서 세력을 팔아서 권력을 휘둘렀다는 것으로써 곧 공론을 빌려서 공격하여 배척하는 계책으로 삼았고, 은연중에 이율의 옥사를 허무맹랑한 일로 돌려 사림에게 화를 전가하려는 것이라고 했다. 또한 말하기를,

"김이용이 스스로 발고할 수 있는데도 또한 반드시 나로 하여금 발고하게 한 것은 사림에게서 그 말이 나온 것으로 하려 한 것이니, 그 계책이 교묘하도다."라고 운운하였다.

사람들이 지난겨울에 광남군과 완녕군이라고 말했던 것을 가지고 묻자 김종수가 웃으면서

"나는 이 같은 말을 한 적이 없다. 주상의 하교가 이와 같은데, 나는 알지 못한다."라고 운운하였다. 그가 하지 않은 말을 주상이 어찌 하교할 이치가 있겠는가? 감히 무고하는 말을 지어내었으니, 그 계책이 음흉하고 교묘하며 참혹하여 차마 말로 다하지 못할 점이 있었다. 우매한 부류들이 또한 그 말에 미혹되자 김종수가 마침내 한쪽 편이 다른 한쪽 편을 모두 다 죽이려 한다고 하며 인심을 동요시켰다. 이율의 옥사가 병사를 동원해서 난을 일

---

314. 청교의 조씨 집안: 풍양 조씨 청교파(青橋派)를 가리킨다. 청교는 남산 밑에 위치하였다.
315. 김이용이 …… 받았다: 화빈 윤씨는 소론계 윤창윤의 딸로서, 소론의 서명선 및 조시위·조시준 형제와 인척이었다. 이 점을 고려할 때 김종수의 이 같은 발언은 자신에게 씌워진 혐의를 소론계로 돌리기 위한 것으로 파악된다.

으키려 한 사정이 분명하고, 역적 김하재와 체결한 맥락이 밝게 드러났는데도 오히려 이율의 옥사를 허무맹랑하다고 이르는 것은 모두 김종수가 기만하고 미혹되게 한 것이었다.

이율의 옥사 뒤 김한기가 죽을죄를 지은 신하라고 칭하면서 상소[316]하였는데, 표현한 말이 흉악하고 참람되어 도저히 가늠할 수 없었다. 이광좌(李光佐)[317]가 내의원에서 논의할 때 병을 숨긴 일[318]을 끌어다가 나라 가운데 널리 알리기를 청하였다. 역적 이율이 말한 공사의 설은 역적 김하재와 서로 연결된 흔적이 명백한데도 이율이 그 당여가 옳다고 변명하는 계책으로 삼았으니, 그 말의 흉악함을 스스로 깨닫지 못한 것이 역적 김하재와 같은 데로 돌아가고 말았다. 상소의 초본을 태워버리라고 명하였다. 대신과 삼사가 김한기를 잡아들여 국문할 것을 청하였으나 윤허하지 않았다. 김한기는 평소 어리석고 지각이 없었으니 그 계획을 모의하는 것은 모두 그 당여들과 상의한 데에서 나왔다고 한다.【이광좌의 일은 『천의소감(闡義昭鑑)』에 실려 있다.】

삼가 살피건대,

역적 이율에 앞서 여러 역적들의 음모가 있었고, 역적 이율 이후에 여러 역적들의 흉악한 시도가 있어서, 모두 한결같이 이율의 옥사로 모여 들었으니, 이율의 옥사는 수십 년 이래 흉악한 역적의 맥락과 핵심이 모인 곳이다.[319] 하물며 역적 김하재의 흉언이 이율과 관통해 있는 것을 보고도 끝내 밝혀내지 못하였다. 심지어 옥사가 허무맹랑하고 사림에게 화

---

316. 김한기가 …… 상소: 1785(정조 9) 5월 4일(임자) 실록기사에 따르면 김한기가 상소를 올려 김하재·김두공·이율 옥사의 근원은 홍인한·정후겸에게 있다고 하면서 정조의 정통성을 부정했던 흉언의 근원을 전적으로 이들 북당 세력에게 돌리려고 했다. 이어서 흉언이 나온 근원을 타파하기 위하여 자전에게 언교(諺敎)를 요청하여 흉도들이 대계(大計)를 방해한 실상을 밝혀 불간지서(不刊之書)로 만들어 반포하게 할 것을 청했다.

317. 이광좌(李光佐, 1674~1740): 본관 경주(慶州), 자 상보(尙輔), 호 운곡(雲谷). 항복(恒福)의 현손. 영의정 등을 역임. 경종대 경종 보호에 힘썼으며, 영조대 정미환국(1728)으로 소론정권이 다시 등장하자 영의정에 올랐다. 1730년 노론 민진원(閔鎭遠)과 제휴하여, 노론과 소론의 연립정권을 세웠다. 1740년 영의정으로 재직하던 중 박동준(朴東俊) 등이 중심이 되어 삼사의 합계(合啓)로 호역(護逆)한 죄를 들어 탄핵을 해오자 울분 끝에 단식하다가 죽었다.

318. 병을 숨긴 일: 1739년(영조 15) 2월 22일(기해)과 8월 2일(병자) 실록기사에 따르면 병을 숨긴 일이란 경종의 질병을 숨긴 일을 가리킨다. 경종대 세제의 대리청정 문제를 둘러싸고 벌어진 노론과 소론의 대립과정에서 영의정 이광좌가 한 말이었다. 민진원은 이광좌가 도제조로 있으면서 질병을 숨겨 심유현 등이 흉악한 말을 지어 내어 인심을 속여 현혹하게 만들기에 이르고, 역적의 변란이 이미 일어난 뒤에도 밝히지 않았다고 비판하였다. 이에 이광좌는 임금의 병환이 매우 위중했지만 인심이 의혹하고 위태로워하는 데 이르게 될까봐 염려하여 숨기고 감히 말하지 못했다고 하였다.

319. 심낙수는 이율의 옥사가 김종수의 직접 지시에 의한 것은 아니더라도 결국 김종수가 벽론을 자처하며 시의를 배척했던 대의명론에 근본하여 일어난 것이라고 보고, 을해옥사 당시 와굴인 이광좌를 성토했듯 오늘날에는 김종수의 무리를 토역해야 한다고 주장하였던 것이다.

를 끼친다는 말이 있었으니, 어찌 그렇게 말할 수 있는가?

김이용의 죄는 죽음으로도 용납될 수 없다. 대신들이 즉시 발고하지 않은 것을 들어 공과 죄가 상당하다고 하자 김이용이 해명하기를,

"만약 서찰을 찾아서 가져오지 않았다면 실상을 알지 못했을 것이다."라고 하였다. 대신들이 말하기를,

"김이용 역시 벼슬한 자인데도 흉언을 듣고도 즉시 발고하지 않았다."라고 한 것은 그 은미한 뜻이 오로지 스스로 발고하지 않은 것에 있다는 것을 볼 수 있다. 이러한 대신의 말은 백세를 기다려도 의혹되지 않을 공적인 말이라고 할 수 있다.

33. 병오년(1786, 정조 10) 5월에 문효세자(文孝世子)[320]가 죽었다.

처음 홍역[班疹]이 유행하자 내의원에서 숙직[321]하였는데, 곧 병이 회복되었기에 경사를 반포하였다. 그 다음날 적취(積聚)[322]가 상충(上衝)[323]하는 증세로써 10일에 다시 숙직하였고, 11일에 변고를 당했다. 서민과 사녀(士女)들이 분주히 돌아다니며 애통해 마지않았다.

이보다 앞서 외간(外間)에서는 세자의 자질이 성숙하여 점차 총명함이 뛰어났다고 하였다. 변고가 이른 뒤 뒤늦게 들으니

"적취의 증세가 오래되어 이미 해를 넘기자 차비 의원 이정즙(李廷楫)이 봄부터 젖을 뗄 것을 청하였다."라고 했다. (또한) 10일 다시 숙직한 뒤에 또한 인삼과 부자(附子)와 같은 열제(熱劑)를 사용하다가 마침내 변고를 당하였다.

이정즙은 애초 민간에서도 양의(良醫)로 불린 적이 없었던 자였다. 그 나머지 숙직할 때 대령한 여러 사람들 또한 이정즙의 인척(姻戚)이었다. 이정즙이 추천하고 등용하여 상을 바라는 계책으로 삼았는데, 이들 모두 이름도 없는 평범한 의원들이었다.

내의원에서 숙직하는 것은 오래된 관례인데, 차비 의관이 진찰한 뒤에 물러나와 양청(兩廳)의 여러 의관들과 상의하여 확정해야 삼제조(三提調)[324]가 비로소 어떤 약을 진용(進用)할지를 주상에게 아뢰었다. 법의(法意)가 지엄하고 또한 엄중했지만 10일 다시 숙직한 뒤

---

320. 문효세자(文孝世子, 1782~1786): 정조와 의빈 성씨의 소생으로 5세의 어린 나이로 세상을 떠났다. 죽은 뒤 현재 용산구 효창동 효창공원에 안장되었고, 효창원(孝昌園)으로 불렸다.
321. 숙직: 직숙(直宿). 문무 관리가 주간에 수직(守直)하거나 야간에 숙직하는 일.
322. 적취(積聚): 음기(陰氣)가 쌓인 적병(積病)과 양기가 모인 취병(聚病)의 합칭으로 오장육부가 막혀 통증을 일으키는 병.
323. 상충(上衝): 기(氣)·열(熱)·화(火) 등이 거꾸로 치밀어 오르는 것.
324. 삼제조(三提調): 도제조·제조·부제조.

에도 내의원에서는 처음부터 한마디 계사(啓辭)도 없었다. 양청의 여러 의관과 삼제조가 모두 어떤 약을 드시고 있는지 듣지 못하였고, 궁궐 안에서는 단지 이정즙과 3·4명의 의인(醫人)이 인삼과 부자를 조제하여 바쳤는데, 인삼과 부자는 홍역과 같은 열증(熱症)에는 크게 꺼리는 것이었다.

인심이 슬퍼하고 분노하자 삼사에서 이정즙 등을 잡아다가 국문하고 제조를 삭출할 것을 청하였지만 주상이 윤허하지 않았다. 도제조는 정승 서명선이었다. 전 장령 어석령(魚錫齡)이 상소를 올려 말하기를,

"약을 맛보지 않은 것도 임금을 시해한 것이라고 말하는데, 하물며 독약을 올렸으니 어떠하겠습니까? 사람들이 모두 그의 살점을 먹고 그의 살가죽을 깔고자 합니다."라고 운운하였다. 유소(儒疏)가 계속 올라왔는데, 어석령의 말과 같았다. 주상이 내명부에서 약재를 쓴 것이고 제조는 모두 듣지 못하였다고 하교하였다. 제조를 삭출하는 일은 정계되었다.

세자의 묏자리로 율천(栗阡)[325]과 태릉(泰陵)[326] 묘역 안을 놓고 논의하여 정하기로 하였다. 도감(都監)의 여러 신하들이 모두 봉심(奉審)[327]하였다. 조시준이 가서 자세히 살피고 돌아와서 아뢰기를,

"율천의 언덕은 멀리 바라보는 곳인데, 어떤 사람은 불길하다고 합니다."라고 운운하였다.[328] 율천은 무인 이문덕(李文德)이 대대로 전해 받은 땅이었다.[329] 김종수가 주달(奏達)하기를,

"조시준이 묘지 선정을 방해하였는데, 이미 원자의 호칭을 정하던 때부터 불만스러운 마음이 있었음을 알고 있습니다. 신이 일찍이 애통해하였습니다."라고 운운하였다. 조시준의 상소에서 대략 이르기를,

"애초 묘지로 쓸지 여부를 정하려 할 때는 마침 들은 것이 있어서 주달한 것인데, 사람의 말이 위태롭고 두렵습니다."라고 운운하였다. 김종수가 응대하는 상소에서,

"신이 그 말의 의도를 철저히 파악하고 언급한 것은 아니지만 인심이 처음부터 원통해

---

325. 율천(栗阡): 현재 서울 용산구 효창공원 일대의 옛 지명.
326. 태릉(泰陵): 중종의 계비 문정왕후(文定王后)의 능. 서울 노원구 공릉동 소재.
327. 봉심(奉審): 왕명을 받들어 묘우(廟宇)나 능침(陵寢)을 살펴보는 일.
328. 율천의 …… 운운하였다: 1786년(정조 10) 5월 23일(을축) 실록기사에서 고양(高陽)의 율목동(栗木洞)을 길지라고 하자 호조 판서 조시준이 "이 땅이 정말 좋다고 들었으나, 다만 용산(龍山)의 큰길이 묏자리에 너무 가까우며, 조그만 산기슭이 막히기는 했으나 자연히 서로 보이므로 그 흠이 작지 않습니다."라고 하였다.
329. 무인 이문덕(李文德)이 …… 땅이었다: 1787년(정조 11) 1월 29일(무술) 실록기사에 따르면 이문덕이 묏자리로 정해지는 것을 피하기 위해 경상(卿相)을 찾아가서 9세(世) 동안 전해 내려왔다는 설을 퍼뜨렸다고 했다. 그리고 마침내 조시준의 연주(筵奏)에서 그 말이 언급되자 사람들이 분개하였다는 것이다.

했습니다."라고 운운하였다. 조시준이 응대하는 상소에서,

"역적 김하재의 변고는 책봉 다음 날 나왔으니, 인심이 처음부터 원통해한 것은 과연 그의 말과 같았습니다."라고 운운하였다. 김종수가 또 상소하기를,

"신이 아뢴 것은 처음과 중간, 끝으로 단락지어 구별할 수 있는데, 조시준은 거짓으로 알지 못한 것처럼 꾸미고, 그 처음을 피하고 말하지 않았습니다."라고 운운하였다.

김종수가 처음과 중간, 끝이라고 말한 것은, 원자의 호칭을 정할 때 조시준 형제가 불만스러운 마음을 가졌는데, 이것을 처음이라고 한 것이고, 역적 김하재의 변고가 중간이며, 조시준이 묘지를 방해한 일이 끝이라고 한 것이다. 김종수가 경연에서 아뢸 때는 단지 처음 원자 칭호를 정할 때 불만스러워했다는 설만 있었을 뿐, 애초 역적 김하재에 대해서는 한마디도 언급하지 않았다. 조시준의 상소에서 역적 김하재의 변고를 김종수가 말한 처음부터 원통해했다는 것에 넣어서 말을 지어내니 김종수가 비로소 처음과 중간, 끝이라고 말한 것이다. 처음에 아뢸 때 단지 처음과 끝만 있었고 원래 중간은 없었다. 주상이 이후로 두 상소를 들이지 말라고 하였다.【뒤에 대계를 올려 이문덕을 탄핵하였다. 대대로 전해지는 땅을 지키기 위해 조시준에게 부탁하여 묏자리를 방해하였기에 이문덕을 잡아다가 국문하였는데, 원사(爰辭)[330]를 올려 발명하자 풀어주었다.】

34. 9월에 의빈 성씨(宜嬪成氏)[331]가 갑자기 죽었다.

의빈이 임신하자 5월 변고 뒤 인심은 오히려 우러러 축원할 곳이 있기를 바랐다. 하지만 또 이 같은 지경에 이르러 나라 안팎이 모두 실망하고 놀라며 탄식하고 있는데, 흉당이 그 틈을 엿보고 있자 사람들이 의심하며 두려워하였다.

---

330. 원사(爰辭): 죄인이 진술한 범죄 사실을 적어 놓은 문서.

331. 의빈 성씨(宜嬪成氏, ?~1786): 정조의 후궁. 미천한 집에서 태어나 어릴 때 궁중에 들어왔다. 정조의 눈에 들어 1782년(정조 6) 소용으로 봉해지고, 이듬해 문효세자를 낳아 세자책봉과 동시에 의빈으로 진봉되었다. 1784년(정조 8)에는 딸을 낳았지만 첫돌을 넘기기도 전에 사망하였고 뒤이어 문효세자도 1786년(정조 10) 5살의 어린 나이로 사망하였다. 의빈 성씨는 이때 세 번째 아이를 임신하고 있었는데 문효세자의 장례를 지낸 지 약 2개월 후 출산을 앞두고 사망하였다.

35. 10월 양사(兩司)에서 김우진(金宇鎭)[332]을 잡아서 국문할 것을 청하였다. 삼사(三司)에서 영부사(領府事) 김상철(金尙喆)[333]의 삭출을 청하였다.

김상철은 김우진의 아버지이다. 처음에 김상철은 정휘량의 조카사위이자 정치달의 매부로서 정휘량의 천거를 받아 정승에까지 임명되었다. 정후겸의 고모부로서 또한 도움을 많이 받았다. 병신년(1776, 정조 즉위년) 대상(大喪) 당시 김상철이 원상(院相)[334]의 일을 거행할 때 주상이 위임하고 예우하였다. 그 아들 김우진은 19세에 등제(登第)하여 늘 궁중의 내밀한 곳에 거처하면서 영화와 총애를 넘치도록 받았다. 기해년(1779, 정조 3) 가을에 홍국영이 경연 도중에 물러날 것을 청할 때 김상철 혼자만 만류하라고 힘껏 청하였고 나와서 차자를 올려 진달하였다. 그런데 홍국영과 홍낙순이 함께 쫓겨나자, 징토하는 논의[335]에 대해서 김상철은 늘 신중하게 처신하여 김종수 무리가 크게 칭찬하면서 노성한 논의라고 인정하였다.

김상철은 평소 김치인과 더불어 사이가 좋았고, 문하 소속 사람들 또한 서로 왕래하는 자가 많았다. 김우진이 광주 부윤이 되어 일찍이 김종수가 거처하던 몽촌(夢村)을 지나가게 되었는데, 김종수가 그 부자지간을 크게 칭찬하였다. 김종수는 일찍이 김상철을 '낙산(駱山)의 대로(大老)'라고 불렀고, 김우진은 일찍이 김종수를 '사림의 영수'라고 칭하였다. 김우진의 말과 주장은 그의 영향을 많이 받았다.

김우진은 일찍이 병신년 봄 옥사[336]를 처분한 일로 존호를 올리자는 논의[337]를 내고 그

---

332. 김우진(金宇鎭, 1754~?): 본관 강릉(江陵), 자 성래(聖來). 상철(尙喆)의 아들. 대사성 등을 역임. 1779년(정조 3)에 완풍군 담과 친했다는 이유로 추국(推鞫)을 받고 제주도에 위리안치되었다. 1791년(정조 15) 부친상을 당하여 풀려났다가 이후 교동(喬桐)으로 이배되었다.
333. 김상철(金尙喆, 1712~1791): 본관 강릉(江陵), 자 사보(士保), 호 화서(華西). 좌의정·영의정 등을 역임. 1781년(정조 5) 이후 김상철은 서명선과 분립해서 소론 동당(東黨)을 이끌었다. 김상철은 인척관계상 정처의 성토에 미온적이었을 뿐 아니라, 홍국영과 송덕상에 대한 성토에도 온건한 자세를 견지했기 때문에, 이들에 대한 성토를 주도하던 서명선·정민시와 분립하였다.
334. 원상(院相): 국왕이 병이 났거나 어린 왕이 즉위하였을 때 국정을 의논하기 위하여 원임(原任)·시임(時任)의 재상들로 하여금 승정원에 주재하게 한 임시관직.
335. 징토하는 논의: 1780년(정조 4) 3월 1일(경진) 실록기사에 따르면 영의정 김상철이 홍국영이 조정에 있을 때에 위복(威福)을 함부로 부리고 멋대로 교만하고 방자했던 죄를 들어 그 처벌을 촉구하였다.
336. 병신년 봄 옥사: 4월에 이덕사와 조재한 등을 사형에 처한 일. 『정변록』(상) 14번 기사 참조.
337. 존호를 올리자는 논의: 1786년(정조 10) 10월 15일(을묘) 실록기사에 따르면 정조가 존호를 올리는 일로써 이조 참의 김우진을 사판(仕版)에서 삭제하라는 하교를 내렸다. 즉 병신년 역적 이덕사와 조재한의 옥사를 조정에서 조용히 처리한 것은 차마 말하지 못할 일이 있었기 때문이었다. 그럼에도 김우진이 갑자기 이 옥사를 다스린 것으로 공덕을 칭송하는 자료로 삼아 암암리에 존호를 올리자는 의논을 제기하여 임금을 속이고 계사의 초안을 작성하였다는 것이다.

계사(啓辭)의 초본을 지어내기까지 하였다. 병신년 봄 옥사는 대상(大喪) 중에 부득이해서 내린 처분이었으므로, 신하들이 차마 다시 하지 못할 말이 있었는데, 김우진이 갑자기 이것으로써 존호를 올리자고 청하기까지 한 것은 결코 김우진 부자의 뜻이 아니었다.

김종수는 일찍이 이덕사와 조재한의 일에 대해 스스로 엄정하게 징토할 것을 주장하였다. 그 의도는 한쪽 편을 모두 이덕사와 조재한의 패거리로 몰아서 쫓아내려는 것이었으며, 또한 김상로·홍계희·정휘량·신만·나경언이 원래 지은 하늘에 닿는 죄를 이덕사와 조재한을 구실로 삼아서 덮어 버리려는 것이었다. 김우진 역시 그 뜻을 그대로 따라서 이 같은 논의를 만들어 냈던 것이다. 주상이 이를 듣고 김우진이 입시했을 때 힐책하는 엄한 하교를 내렸다. 김우진이 지방으로 쫓겨나 스스로 이를 감추었으므로, 세상에 모르는 자가 많았다.

당시 조시위가 요로(要路)에 있었는데, 김우진이 또 조시위를 장수로 의망하자는 논의를 제기하여 아첨하고 기쁘게 하는 계략으로 삼았다. 계묘년(1783, 정조 7)에 신응현이 상소를 올렸을 때[338] 김우진이 승지로 승정원에 있으면서,

"만약 신응현이 죄를 받는다면 마땅히 복역(覆逆)[339]할 것이다."라고 운운하였다. 신응현의 상소 이후 또한 김우진도 함께 알고 있었다는 말이 있었기 때문에 김우진이 일부러 복역의 논을 제기하여 서로 통한 자취를 감추려 한 것이었다. 지금까지 하는 짓을 보면 종잡을 수 없이 간특한 짓을 반복하면서 천만 가지로 변환(變幻)을 부렸다. 김우진이 전조(銓曹)에 있을 때 인사(人事)의 일로 주상이 하교하여 엄하게 질책하였는데, 존호를 올리는 계사의 초안을 작성한 일, (조시위를) 장수로 의망하려 했던 일, 복역에 관한 일 등이 비로소 모두 드러나 사판(仕版)에서 삭제하라고 명하였다. 대간에서 잡아다가 국문할 것을 청하였고, 삼사에서 합계하여 김상철을 삭출하기를 청하였지만 모두 윤허하지 않았다.

김상철과 구선복은 서로 절친한 인척(姻戚)이었다. 김상철의 서자(庶子) 김영진(金寧鎭)은 구선복의 서녀(庶女)와 결혼하여 사위가 되었다. 김상철의 서녀와 신개(申愷)가 결혼하여 그의 사위가 되었는데, 신개는 고(故) 부사 신경조(申景祖)의 서자로서 적통을 계승한 자였다. 이인의 아들 이담은 신개 적족(嫡族)의 사위였다. 신개가 그 혼인을 주도하였는데, 실제로는 김씨 집안의 권유를 받아서였다. 신개의 부친 신경조는 김치인과 어려서부터 형

338. 신응현이 상소를 올렸을 때: 1783년(정조 7) 3월 3일(갑오) 실록기사에 따르면 대사간 신응현이 산실청을 20여 개월이나 설치한 것을 지적하며 의관(醫官) 오도형(吳道炯), 정문수(丁文壽) 무리들을 귀양 보낼 것을 청하였다.

339. 복역(覆逆): 승정원에서 임금의 명을 받들지 않고 복계(覆啓)하여 반대하는 것.

제처럼 지내던 친한 친구였다. 신개는 김치인과 대대로 좋은 관계를 맺고 때때로 서로 왕래했다고 한다.

36. 11월에 이담이 죽었다.

해당 조(曹)에서 (이담이) 갑자기 죽은 것으로써 조회와 장시를 중지시키자는 계를 올렸다. 주상이 조부(弔賻)[340]하고 예식을 갖춘 장례를 치르라고 명하였다. 10월에 대비가 한글 교서를 빈청에 내렸는데 대략 다음과 같았다.

"홍국영과 송덕상의 흉악한 모의는 애초 이담에게 완풍(完豐)이라고 호를 정해줄 때부터 이미 나타났지만 주상이 매번 진정시키려고 하여 가리고 덮어왔다. 이때 이르러 흉당의 음모가 급격히 변하여 나라가 매우 위태롭게 되어, 여름과 가을에 걸쳐 상을 당할 조짐이 나타났으므로 처음부터 괴이하게 여겼다. 지금 이담이 자살하였는데 어떤 지각(知覺)이 있었는지 알 수 없지만 근심스럽고 위태로운 단서는 이담의 죽음 때문에 조금도 완화되지 않고 나날이 급해지고 있다. 영의정은 선조대의 노신이다. 폐기된 것을 다시 일으켜 정승에 임명하였는데【10월에 김치인은 다시 영의정에 임명되었다.】 또한 한마디 말도 하지 않았다. 내가 분개하여 식사를 물리친 지 여러 날이 되었다. 주상이 지극정성으로 들 것을 권하지만 눈앞에서 나라의 위태로움을 보고는 결코 먹지 않겠다."[341]

대신과 2품 이상이 빈청에서 연계(聯啓)하고, 이어서 백관을 거느리고 정청(庭請)[342]하여 이담을 추탈하고 그 아버지 이인을 처단하라고 주장하였다. 주상이 연이어 하교하여 계사(啓辭)를 불태우게 하였다. 대비가 또 한글 교서를 내리기를,

"흉역은 아직 사로잡히지 않았는데, 이미 죽은 이담이 어찌 경들의 입을 빌려서 말하려고 하겠는가?"라고 하였다. 조정이 허둥대면서 어찌할 바를 알지 못하였다.

이때 송낙휴(宋樂休)가 고변하였다. 송낙휴는 이인의 장인이자 이담의 외할아버지였다. 송낙휴는 상을 당한 사람으로서 궁궐에 나아가서 스스로 고변하겠다고 말하여 병교(兵校)

---

340. 조부(弔賻): 치부(致賻)와 조제(弔祭). 즉, 임금의 특명에 의한 부의(賻儀)와 조문.
341. 정순왕후의 언교 후에 즉각 현안이 된 것은 상계군의 죽음을 어떤 방향에서 조사해야 할 것인지의 문제였다. 정순왕후는 상계군 자살의 배후에 은언군이 있다는 것에 초점을 맞추었다. 정조는 일관되게 배후설를 일축했으므로 은언군에 대한 직접 조사도 못하게 했다. 정조는 상계군이 이미 기해년 홍국영에게 추대될 당시부터 죽을죄를 지었으므로 그의 죽음은 당연하며, 은언군은 상계군을 자식으로 여기지 않고 별거하며 간섭하지도 않았으므로 은언군 배후설은 가당치 않다고 보았다.
342. 정청(庭請): 국가에 중대사가 있을 때 세자 또는 의정(議政)이 백관을 거느리고 궁정에 이르러서 계(啓)를 올리고 전교(傳敎)를 기다림.

에게 붙잡혔다. 병조 판서 김이소가 대신·삼사와 청대(請對)하여 국청을 설치할 것을 청하였다. 송낙휴가 공초하였다.

"일찍이 평안도 병사(兵使) 구이겸(具以謙)이 이담에게 후하게 선물을 바치는 것을 보았습니다. 편지에 소인(小人)이라고 칭하였는데 나이 어린 이담이 매우 기뻐하였습니다. 김상철과 김우진에 대한 논계가 나온 뒤, 그가 가서 보았는데 이담이 말하기를,

'김씨 집안이 살면 나도 살 것이고 김씨 집안이 죽으면 나도 죽을 것이다.'라고 하였습니다. 그런데 며칠 뒤 홀연히 자살했다고 들었습니다.[343] 운운."

구이겸을 국문하니, 공초에 구선복과 구명겸이 연루되었는데, 이들을 모두 붙잡아다가 국문하였다. 대비가 또 한글 교서를 내려서 말하기를,

"죄인을 잡았다고 하는데, 반정(反正)한다는 것과 관상을 보았다[344]는 등의 일을 기어코 모두 밝혀내라."라고 하였다. 구선복을 국문하였지만 자복을 하지 않자 구선복의 문객 장언회(張彦會)를 잡아다가 국문하고 구선복과 면질을 시켰다. 장언회가 구선복과 그의 사위 김영진이 은밀히 서로 상의한 말을 갖추어 말하였다. 구선복이 말이 막히자 공초하기를,

"숙위소에서 출입할 때 이담을 보았는데 그 귀한 기운을 살피고는 하교가 없음에도 아들 구이겸이 선물을 보냈습니다. 위태로운 국가의 형세를 보고 마침내 흉악한 음모를 꾸며 반정이라 칭하였습니다. 밖으로는 병마절도사, 안으로 장교·나졸과 모두 체결하여 배치해 놓고 장차 거사를 이루고자 했습니다. 작년 역적 이율이 군대를 동원할 때 조카 구명겸이 역적을 위해 궁궐에서 호응하여 (거사가 성공하면) 대장이 되기로 하였습니다." 운운하였다. '나라가 장차 망할 것인데 살아서 또한 무엇하겠는가' 등의 말은 김하재의 흉언을 답습한 것이었다. 대역죄를 승복하고 사형을 당하였다.

이보다 앞서 이율의 옥사에서 문양해가 공초하기를,

"구명겸이 궁궐에서 호응하여 대장이 되기로 하였습니다. 역적 이율이 구명겸에게 생년월일을 편지로 보내 그 길흉을 묻기도 했습니다."라고 운운하였다. 난초(亂招)[345]였으므로 더 이상 묻지 않았다. 또한 선전관에게 명하여 감옥에 가서 문양해에게 다시는 구명겸에 관해 말하지 말라고 신칙하였다. 옥사 뒤 구명겸이 승지로서 입시하였는데, 주상이 구명겸

---

343. 자살했다고 들었습니다: 1786년(정조 10) 12월 5일(갑진) 실록기사에 따르면 이담의 외할아버지 송낙휴가 이담의 갑작스런 죽음이 의심스럽다고 고하였다.

344. 관상을 보았다: 1786년(정조 10) 12월 8일(정미) 실록기사에 따르면 구선복이 그해 10월에 강진(康津)의 관상가(觀相家) 여맹철(呂孟喆)에게 이담의 관상을 물어본 일을 가리킨다.

345. 난초(亂招): 죄인이 신문에 대하여 함부로 꾸며서 아무렇게나 대답하는 진술.

을 위로하고 마음을 풀어주는 하교를 내렸다. 그런데 구명겸은 감격하고 황송한 뜻이 전혀 없었고 감히 우스운 말로 오만하게 응대하였다. 이때는 일이 병사(兵事)에 관계되었으므로 특별히 효시(梟示)하라고 명하였다.

김우진을 국문하자 공초하기를,

"과연 후일을 도모할 뜻이 있었습니다."라고 운운하였다. 다른 날이 언제인지 묻자,

"여러 불령스러운 무리가 뜻을 얻을 수 있는 때입니다."라고 공초하였다. 그 뒤로는 다시 묻지 않고 특별히 작처(酌處)하여 섬에 안치하도록 명하였다. 구이겸 역시 사형에 처하고 이어서 국청을 그만두라고 명하였다.

작년 봄에 구선복이 김종수의 고변으로 인하여 옥사를 함께 다스렸는데, 당시 사람들은 모두 역적 이율이 김종수의 당이라는 것을 알고 있었다. 갑진년(1784, 정조 8) 겨울에 역적 이율과 왕래한 자는 모두 김종수의 문생이었다. 김종수가 광남군과 완녕군에 대해 말한 것 역시 매우 괴이하고 의심스러웠기 때문에 모두 김종수와 이율이 서로 통한다고 의심하였다. 구선복의 경우, 그들이 역적 이율과 내응한 것을 전혀 알지 못하다가 구명겸의 일이 나오자 비로소 그 흉악한 음모가 처음부터 하나였다는 것을 알게 되었다. 김종수가 고변할 때 반드시 구선복과 상의한 것을 당시 사람들이 이미 괴이하게 여겼었는데, 여기에 이르러 김종수의 자취는 더욱 가릴 수 없게 되었다.

구선복의 옥사에서 김치인이 위관(委官)이 되었고, 김종수 또한 판의금으로서 옥사를 주관하였다. 구선복은 한 나라의 원융(元戎)[346]으로서 반정을 도모하였다고 칭하였는데도 처음부터 그 실정을 캐묻지 않았다. 구선복이 결안한 뒤에 고개를 치켜들고 말하기를,

"판의금부사[判堂, 김종수]가 또한 어찌 우리의 일을 모르겠습니까? 원컨대 억울함을 풀어주십시오."라고 운운하였는데, 의금부의 하인들이 모두 들었다.

김우진을 국문할 때 옥사의 실정과 가장 긴밀하게 관련되었는데도, 부질없는 말로 수작을 부리는 것이 마치 희롱하는 듯하였다. 심지어 신문받으면서 면전에서 위관을 배척하였다. 김우진이 '한 패거리의 불령한 무리'라고 이미 그 입으로 말했는데도 더 이상 묻지 않았다. 신개가 혼인을 주도했다는 설[347]과 김영진이 구선복과 비밀리에 상의한 말 등에 대

346. 구선복은 홍인한 · 정후겸 · 김구주와 모두 밀접한 관계를 유지했던 전력이 있었다. 그는 영조 후반 이후 '원융(元戎)', '무종(武宗)'이라 칭하면서 국왕 및 외척세력과 긴밀한 관계를 유지했다. 이를 바탕으로 정조대에도 장기간 훈련대장을 맡으면서 정보망을 통해 궐내의 내밀한 동정까지 일일이 보고받고, 연석(筵席)에서 좌의정 홍낙성에게 모욕감을 줄 정도로 그 위세가 대단했다.

347. 신개가 혼인을 주도했다는 설: 이인의 아들 이담은 신개 적족(嫡族)의 사위였다. 신개가 그 혼인을 주도하였는데, 실제로는 김상철 집안의 권유를 받아서였다.

해서도 더 이상 파헤치지 않았다. 대비의 한글 교서 가운데,

"여름과 가을에 걸쳐 상을 당할 조짐이 나타났으므로 처음부터 괴이하게 여겼다."라는 하교는 사람들이 모두 뼈에 사무치도록 놀라고 통탄스러워하였으므로 반드시 찾아낼 만한 단서가 있었을 것인데도 전혀 거론하지 않았다. 역적 이담이 독약을 복용하고 자살한 근본적인 원인은 가장 핵심적인 문제였으나 이 또한 자세히 묻지 않고 주상의 하교를 핑계 대고 황망히 국청을 마무리했다.

이인의 일로써 대신들이 또한 백관들을 거느리고 정청(庭請)하였으나 주상이 문을 닫고 수라를 거부하자 조정에서 주상의 뜻을 받들어 이인의 집안을 보전하여 강화도에 안치하였다.

삼가 살피건대,

예로부터 난역(亂逆)에는 반드시 본말이 있었다. 최근 우리 조정에서 발생한 사건으로 말하자면 무신란(1728, 영조 4)을 초래한 것은 이사성(李思晟)[348] · 이인좌(李麟佐)[349] · 정희량(鄭希亮)[350]이었고, 을해년(1755, 영조 31)의 난을 초래한 것은 윤지(尹志)[351] · 신치운(申致雲) · 심악(沈鏍)[352]이었다. 이는 모두 조태구와 유봉휘가 말한 바를 그대로 답습한[祖述] 것이고 김일경과 박필몽(朴弼夢)[353]에게서 방법을 전수받은 것임을 사람들이 모두 쉽

---

348. 이사성(李思晟, ?~1729): 1728년(영조 4) 이인좌가 밀풍군 탄을 왕으로 세워 왕통을 바르게 한다는 등의 내용으로 격문을 사방으로 돌리고 정변을 기도할 때, 총융사 김중기(金重器), 금군별장 남태징(南泰徵) 등과 통모하여 병사를 이끌고 서울로 쳐들어갈 계획을 세웠으나 발각되어 이듬해 3월 참형되었다.

349. 이인좌(李麟佐, ?~1728): 본관 전주(全州). 윤휴(尹鑴)의 손녀사위. 영조의 즉위로 소론이 정계에서 배제되자 이인좌는 정희량·이유익·심유현·박필현·한세홍 등 소론 과격파와 갑술환국 이후 정계에서 물러난 남인들과 공모하여 밀풍군 탄을 추대하고 무력으로 정권쟁탈을 꾀하였다. 1728년(영조 4) 3월 15일 상여에 무기를 싣고 청주에 진입, 청주성을 점령하고 안성, 죽산에 이르렀으나 진압군에 패하여 도주하다 잡혀 서울로 압송되었다. 그해 3월 26일 친국에서 역모의 전모를 공술하고 다음날 대역죄로 군기시(軍器寺) 앞에서 능지처참되었다.

350. 정희량(鄭希亮, ?~1728): 1728년 이인좌·박필현 등과 공모하여, 영조 즉위 후 벼슬에서 밀려난 소론 일파의 호응을 얻어 밀풍군 탄을 추대, 왕통을 바로 세워야 한다고 주장하고, 이인좌를 도원수로, 스스로는 원수가 되어 반란을 일으켰다. 거창에서 선산 부사 박필건(朴弼建)과 곤양 군수 우하형(禹夏亨) 등에게 체포되어 참수되었다.

351. 윤지(尹志, 1688~1755): 본관 함안(咸安), 자 사심(士心). 판서 취상(就商)의 아들. 지평 등 역임. 1724년(영조 즉위년) 김일경 등의 옥사에 연좌되어 아버지는 죽고, 본인은 귀양에 처해졌다. 1755년 을해옥사가 일어나자 이하징·박찬신(朴纘新) 등과 함께 처형되었다.

352. 심악(沈鏍, 1702~1755): 준소(峻少)로 활동하다가 심정연(沈鼎衍)의 흉서 사건에 관련되어 사형에 처해졌다. 심정연 흉서 사건이란 1755년 5월 나주괘서 사건을 수습하고 나서 치러진 토역 정시에 준소 계열인 심정연이 응시하여 영조의 준소 세력에 대한 처우의 부당함을 알리는 내용을 답안 대신 제출해 벌어진 옥사를 말한다.

353. 박필몽(朴弼夢, 1668~1728): 본관 반남(潘南), 자 양경(良卿). 이조 참의·강화유수 등을 역임. 1716년(숙종 42)에 병신처분(丙申處分)으로 좌천된 뒤 준소의 주요 인물로 활약하였다. 1721년(경종 1) 김일경·이명의

게 알았다.

그런데 그 근원이 멀고 흐름이 길어서 가면 갈수록 기이해져 그 본바탕보다 현란해진 자는 바로 근래 여러 역적들이었다. 김상로 · 홍계희 · 정휘량 · 신만으로부터 한 번 발생한 것이 다시 전수되어 홍인한 · 정후겸 · 김구주 · 홍계능이 되었다. 세 번, 네 번 전수되어 홍국영 · 송덕상 · 이택징 · 이유백이 되었다. 마침내 김하재와 이율에 미쳐 그 맥락을 볼 수 있었고, 끝내 구선복과 구이겸에 이르러 그 정절(情節)이 모두 드러났다. 이는 김상로와 홍계희가 홍국영과 송덕상을 가르쳐 꾀어내고 구선복과 구이겸을 불러일으킨 것이 아니라면 과연 누가 이것을 주장한 것이겠는가?

구선복은 누대에 걸쳐 훈척 집안이었고, 김우진은 빛나는 정승 집안 자제였는데도 흉악한 마음을 품고 있었다. 비록 그들이 별종이라 해도 만약 쉽게 미혹하는 말로 종용하고 점차 오염시키는 술수를 써서 꾀고 위협하여, 흉악하고 간사한 길로 인도하지 않았다면 어찌 흉악스러운 변고가 여기에 이를 수 있겠는가?

가까운 종친으로 단지 세 사람이 있었는데 이진은 섬에서 죽고, 이찬은 김구주에게 옹립 · 추대되어 마침내 사형당하였다. 이인의 아들 이담은 또 홍국영과 송덕상의 기이한 재물이 되었지만 주상이 반드시 모두 목숨을 보전해 주고자 했기에 여러 신하들이 차마 거론하지 못하였다. 이미 7, 8년이 지났는데도 흉악한 역도의 당여들이 반드시 그 뜻을 멋대로 부리고자 하면서 죽도록 버리지 않았다. 은밀히 흉악한 음모를 축적하고 몰래 재앙의 빌미를 늘어놓아 스스로 죽는 데 이르렀다. 복겸(復謙, 구선복과 구명겸), 두 글자가 흉악한 모의에서 나와서, 구명겸은 효시되었다. 전교하기를,

"가까운 종친을 기이한 재물로 여긴 흉악한 무리들은 비단 종사의 죄인일 뿐만 아니라 내가 병기를 뒤로 물리지 않고 싸워야 할 사사로운 원수이다."라고 하였다. 이 교지를 읽는 자는 누구인들 울지 않겠는가? 구명겸으로 하여금 역적의 마음을 싹트게 한 자가 이 하교에 해당할 것이다.

37. 12월에 대간이 조시준을 잡아다가 국문할 것을 청하였다.

이보다 앞서 갑진년(1784, 정조 8) 책봉 때 사옹원[廚院] 제조(提調) 자리가 많이 비어 차출하였는데, 조시준이 이조 판서로서 이담을 제조에 의망하였다. 인사에 참여한 참판[亞堂]

(李明誼) 등과 함께 노론 4대신의 죄를 성토해 신임옥사를 일으켰다. 1724년 영조 즉위 뒤 탄핵을 받아 유배되었다. 1728년(영조 4) 이인좌가 난을 일으키자 반란에 가담하였다가 붙잡혀 능지처참되었다.

심풍지(沈豊之)354가 상소하여 스스로를 변명하고, 조시준이 멋대로 의망한 것을 탄핵하였다.355 조시준이 상소로 대응하여 스스로를 탄핵하니, 주상이 '내 뜻을 이행하기 위한 것이라는 것을 누가 모르겠는가?'라고 비답하였다. 대간이 무슨 마음에 이담을 제조에 의망했는지 조시준을 잡아다가 국문할 것을 청하였는데, 주상이 윤허하지 않았다.

대간이 또 발계(發啓)하여 조규진(趙奎鎭)을 붙잡아 국문할 것을 청하였다. 이보다 앞서 이담이 독약을 먹은 근본 원인을 추궁하다가, 죄인의 공초에 이담의 처갓집 계집종 연이(連伊)가 나왔다. 조규진이 포도대장으로서 수사하고 형장을 시행하였는데, 연이가 곧 죽었다. 대계에 이르기를,

"조규진이 일부러 연이를 죽여 캐물을 경로를 없애버렸습니다."라고 운운하였다. 주상은 당시 옥에 갇혀 있던 죄수가 늙고 병들어 죽었다고 하교하였다. 조규진은 조시준의 친족이었다.

38. 정미년(1787, 정조 11) 정월에 양사(兩司)에서 아뢰어 조시위를 잡아다가 국문할 것을 청하였다. 주상이 윤허하지 않고 다만 섬으로 유배 보냈다.

대간의 계사에서 말하기를,

"김우진이 조시위를 장수로 의망(擬望)하였습니다. 임인년(1782, 정조 6) 가을 큰 경사356에서 중신(重臣)이 상소하여【즉 김종수였는데, 상소문은 주상에게 올리지 않았다.】 경사를 축하하였는데, 조시위가 승정원[喉院]의 공적인 자리에서 멋대로 불만스러워하는 말을 하였으니, 그 마음의 소재를 헤아릴 수 없습니다. 청컨대 붙잡아 국문하십시오."라고 하였다. 정언 이홍재(李洪載)357가 상소하여 말하기를,

"이 역적을 한 번 국문하면 5, 9월의 변고가 차례로 밝혀질 것입니다."라고 운운하였다. 주상이 묻기를,

"대신(臺臣)이 공적인 자리에서 그 말을 전해 들었다고 하는데 과연 누가 들었는가?"라

354. 심풍지(沈豊之, 1738~1793): 본관 청송(靑松), 자 사상(士常), 호 기기재(頎頎齋). 이조 참의·예조 판서 등을 역임. 문효세자의 조제(弔祭)를 주관하던 중 규례를 그르쳐 파직되었다. 1788년(정조 12) 조덕린(趙德鄰)·황익재(黃翼再) 등을 용서하는 데 반대하다 뜻이 관철되지 않자 사직하였다. 이후 노론 벽파의 입장을 지켜, 남인을 등용하는 조정에 출사하지 않았다.

355. 1786년(정조 10) 12월 15일(갑인) 실록기사 참조.

356. 큰 경사: 문효세자 탄생.

357. 이홍재(李洪載, 1729~1794): 본관 한산(韓山), 자 사심(士深), 호 일선(一蟬). 이조 참의·대사간 등을 역임하였다.

고 하였다. 대신들은 입이 있는 자가 모두 전하고 귀가 있는 자는 모두 들었다고 하면서 누구라고 지적하여 답하지 않았다.

20일 상참(常參)[358]에서 주상이 영의정에게 대계에서 거론한 조시위의 일에 대해 물었다. 영의정이 대답하기를,

"이 일은 산실청을 설치한 지 30개월이 지났을 때[359]부터 거론되었습니다. 여항(閭巷)의 말이 이미 의혹스러운 것이 많았는데, 사람들이 모두 한 곳을 의심하였습니다. 임인년 가을 큰 경사에 조시위가 감히 부도한 말을 하였습니다. 국가의 경사스러운 날 여러 재신(宰臣)들이 황급히 궁궐에 들어왔는데, 조시위가 말하기를, '일개 왕자의 탄생이 뭐 그리 큰일이라고 이처럼 요란스러운가?'라고 운운하였습니다. 여름과 가을 상사(喪事)의 변고가 있은 뒤 사람들은 모두 의심이 생겨난 근본으로 거슬러 올라가 논의해야 한다고 합니다. 오늘날 조시위가 공적인 자리에서 한 말이 대계에서 이미 나왔으니 지금 만약 차례차례 함문(緘問)[360]한다면 반드시 그 증거가 있을 것입니다. 비록 이와 같이 하지 않더라도 조시위를 한 번 국문하면 잘 알 수 있을 것입니다."라고 하였다.

주상이 말하기를,

"그날 일기를 살펴보더라도 그는 승지도 아니었고 또한 숙직하는 병조의 당상관[騎堂]도 아니었으니 지금 비록 그를 국문해도 극구 변명할 것이다. 오늘 대신(大臣)의 아뢰는 말을 들어보니 더욱 듣지 못할 말을 듣게 되었다. 대신(臺臣)도 오히려 함문할 수 없는데, 하물며 대신(大臣)들이야 어떻겠는가. 그렇지만 한결같이 고집을 부릴 수도 없다."라고 하면서, 특별히 명하여 조시위를 섬으로 유배 보냈다.

이어서 대략 다음과 같이 하교하였다.

"(김우진이) 조시위를 장수로 의망하려 한 일로써 대계를 올린 것은 오히려 늦었다고 하겠다. 그가 일찍이 서로 아무 관계가 없을 때[361] (김우진과) 스스로 끊었다면 어찌 이름이 주토(誅討)의 대상에 오르겠는가? 김우진의 상소를 한마디로 말한다면 '어떻게 이것을 얻을 것인가'였다. 조시위를 우선 섬으로 유배 보내어, 궁중의 내밀한 곳에 출입하는 자들에게 경계할 것이 있다는 것을 알게 하라."

---

358. 상참(常參): 대신·중신 및 중요 아문의 참상관 이상 관인 등이 편전(便殿)에서 국왕을 배알하던 약식 조회이다.

359. 문효세자 탄생 이후에도 불임 상태였던 화빈 윤씨의 산실청을 30개월이나 주관하며 세자 책봉을 늦추다가, 결국 생산에 실패하자 군신을 기만했다는 비판을 받았다.

360. 함문(緘問): 신문을 받아야 하는 사람이 직접 출두할 수 없을 때 서면으로 대신 묻는 것.

361. 서로 아무 관계가 없을 때: 풍마우불상급(風馬牛不相及). 동물의 암컷과 수컷이 서로 유인하고 그리워하여도 미치지 못할 만큼 멀리 떨어져 있다는 것으로, 서로 아무 관계가 없음을 비유하는 말이다.

조시위는 평소 김우진과 서로 친해서 단절할 수 없었다. 김우진이 조시위를 장수에 의망한 것은 아첨하려는 계책이었다. 주상이 '서로 아무 관계가 없을 때'라고 하교한 것은 이를 말한 것이다. 김종수 역시 상소를 올려서,

"나라에 경사가 있은 뒤에도 인심이 불만스러워하여 5년이 하루 같더니 지금 또한 안팎으로 역적들이 일어났습니다."라고 운운하였다.

삼가 살피건대,

김치인이 '한 곳을 의심한다'고 한 것은 그 말이 은밀하고 헷갈려서 알 수 없으니 과연 어디를 지적한 것인가? 그 말이 단지 여름과 가을 상사(喪事)의 변고 뒤에 의심스럽다는 것뿐이 아니라 앞서 호산청이 기한을 넘겼을 때 이미 '한 곳을 의심한다'는 말이 있었는데, 그 당시 의심스러운 곳이 어디인지 알지 못하겠다. 지금 말이 '의심이 생겨난 근본으로 거슬러 올라가야 한다'고까지 말한 것은 무슨 뜻인가?

조시위가 척리로 자처하면서 세력을 빌려 권력을 휘둘러서, 그로 인해 엄숙해야 할 궁궐에 누를 끼쳤으니, 이는 진실로 죽고도 남을 죄였다. 하물며 공적인 자리에서 흉언이 이미 그의 입에서 나왔으니, 그 죄는 홍국영과 송덕상보다 10배도 넘는다. 그런데 신하로서 이 말을 들은 자들이 어찌 차마 하루라도 그대로 있을 수 있겠는가? 즉시 명백하게 성토하지 않고 5년이 지난 뒤에 비로소 말하였으니 이는 흉악한 역적을 파헤칠 수 있는 길을 없애버린 것이다. 이렇게 만든 사람이 바로 김종수였다.

김종수가 말하기를,

"당시 조시위의 세력이 성대하여 사람들이 감히 말하지 못했다."라고 했다. 하지만 김종수는 지나친 총애를 받아 두터운 은혜가 여러 신료들보다 월등하였으니, 그 말을 듣자마자 즉시 논파하였다면 조시위가 무슨 말로 스스로 해명할 수 있었겠는가? 하물며 조시위의 흉언이 김종수가 경사를 축하하는 글로 인해서 나왔으니, 그것을 말하기가 더욱 쉬웠을 텐데 여러 해 동안 침묵하다가 지금에야 비로소 말을 하였다. 조시위의 죄는 진실로 만 번 죽어 마땅하지만 천하 후세에 김종수를 또한 뭐라고 할지는 알지 못하겠다.

39. 판의금 김종정(金鍾正)[362]이 이광운(李匡運)의 흉소를 고변하자 체포하여 국문하였다. 이광운은 사형에 처해졌다.

이광운은 용인의 시골사람이었는데 김종정과는 먼 친척이었다. 어느날 김종정에게 상소 초본을 보여주었는데 그 상소는 흉악하고 참람스러웠다. 김종정이 미처 고하지 못하였는데, 이광운은 이미 떠나버렸다. 김종정이 상변(上變)했고 마침내 이광운을 체포하였다. 대궐 안에서 이광운을 국문하니 그가 상소한 말을 가지고 공초하였는데, '주상 운운'한 곳으로부터 '구선복과 다르다'고 말한 아래 부분은 흉계였다. 상소 가운데 '입승대통(立承大統)'이라는 흉언 네 글자가 있는데 소장을 초할 때 참여하여 본 사람으로 한채(韓采)라는 이름을 가진 자가 또한 붙잡혀 왔다. 한채가 공초하기를

"그 상소를 보고 초본을 태워버렸는데 네 글자 가운데 '입(入)' 자를 '입(立)' 자로 썼습니다."라고 하였다.

이광운은 시골의 무지한 부류였다. 이제 막 큰 옥사를 겪었는데 흉악한 상소를 하려 했으니 과연 무슨 계책인지 알 수 없었다. 그렇지만 평상시에 꾐을 당하고 미혹되어 흉당이 말하는 의리에 물들었다는 것을 단연코 알 수 있다. 이광운은 사주한 자를 고하지 않고 대역죄로 사형당하였다. 한채는 참작하여 유배 보냈다.

40. 9월에 행 사직(行司直) 정민시가 상소를 올려 물러날 것을 청하였다.

정민시가 함경도[北藩]에서 돌아와 상소를 올려 말하기를,

"김하재와 구명겸, 두 역적이 나온 이래 윤리기강이 무너지고 의리가 막혔습니다. 오늘날 신하로서 머리를 부수고 피를 흘리며 끝까지 죄상을 캐어 엄히 징토하지 못한다면 또한 관(冠)을 찢고 면(冕)을 벗고서 의리를 지키며 물러가 죽어야 합니다."라고 운운하였다. 또 말하기를,

"신이 평안도[西藩]에서 돌아온 뒤로 역적을 다스리는 일이 엄하지 못한 것을 매우 통탄하고 물러가서 자정(自靖)하려 하였습니다. 함경도[北關]에 명을 받은 것도 영적(零賊)[363]

---

362. 김종정(金鍾正, 1722~1787): 본관은 청풍(淸風), 자는 강백(剛伯), 호는 운계(雲溪). 아버지는 대사간 치후(致垕)이며, 어머니는 완산이씨(完山李氏)로 군수 규수(奎壽)의 딸이다. 정조가 즉위한 뒤 홍국영(洪國榮)에게 몰려났다가 홍국영이 실각하자 1782년(정조 6) 청천군의 군호(君號)가 회복되고 이어 판돈녕부사(判敦寧府事) · 한성판윤 · 판의금부사 · 형조판서 · 좌참찬 등을 지냈다. 증조 김간(金榦)의 가학을 이어 많은 저술을 남겼다.

을 조사하기 위해서였으니 지금까지도 사사로운 의리가 이전과 다름이 없습니다."라고 운운하였다.

삼가 살피건대,

김하재와 구명겸이 나왔지만 끝내 다 조사해 밝히지 못하였으니 지금 세상에 인륜과 의리가 없다고 말할 수 있다. 수년 이래 날마다 의례적으로 연계(連啓)한 것 이외의 장소(章疏)에서도 조용해서 김하재와 구명겸을 징토하는 논의는 없었다. 그런데 정민시의 상소는 족히 어리석은 사람들을 경계하고 미혹한 사람들을 깨우쳐 주어서 우리 동방의 혈기를 지닌 자들에게 모두 김하재와 구명겸을 징토해야 한다는 의리를 알려 주었으니 이 또한 위대하도다. 그러나 일종의 논의 가운데 혹 정민시가 재앙을 일으킬 마음을 품었다고 배척하는 논의가 있으니 이 또한 어찌하겠는가.

41. 무신년(1788, 정조 12) 3월에 김치인이 연주(筵奏)[364]하여 이노춘의 석방을 청하였다. 주상이 당시 일기를 보여주고 살펴보라고 명하였다. 김치인이 상소를 올려 대죄(待罪)하였다. 홍문관에서 차자를 올려 김치인이 역적과 당여를 이룬 죄를 논척하였다. 주상이 엄정한 하교를 내려 여섯 유신(儒臣)을 관북(關北)[365]으로 유배 보냈다.

김치인이 주상 앞에서 아뢰어 말하였다.

"전하께서 건극(建極)의 다스림을 이루고자 한다면 먼저 인심을 복종시켜야 합니다. 작년 이노춘의 일은 말을 이랬다저랬다 하였기에 진실로 해괴했지만 특별히 나라에 죄를 얻을 만한 것은 없었습니다. 오늘날 이미 우의정이 등용되었으니【2월에 채제공이 우의정에 특별히 임명되었다.】 윤득부 역시 영원히 내치는 것은 마땅하지 않은데, 하물며 이노춘이겠습니까? 청컨대 너그럽게 처결하여 풀어줌으로써【유악주(兪岳柱)도 함께 풀어줄 것을 청하는 일은 하편에 있다.】 성덕(聖德)을 빛내소서. 운운."

주상이 비변사 당상관에게 당시 일에 대해 두루 물었지만 대다수가 기억하지 못한다고

---

363. 영적(零賊): 여기서는 북쪽 오랑캐를 가리키는 듯하다.
364. 연주(筵奏): 조강(朝講)·주강(晝講)·석강(夕講)과 같은 경연(經筵) 및 임금을 대하는 자리에서 임금에게 시사(時事) 혹은 정책 등에 대한 의견을 직접 아뢰는 일.
365. 관북(關北): 마천령 이북의 한반도 북동부 지역을 일컫는 말. 현재의 함경도·양강도 일대를 포함하였다.

대답하였다. 민종현(閔鍾顯)[366]이 당시 발계(發啓)했던 대사헌이었지만 또한 아뢰는 말이 없었다. 주상이 이노춘을 처분할 당시의 일기를 찾아서 김치인에게 보여주라고 명하였다.

김치인이 변명하는 상소를 올렸는데, 그에 대한 비답을 받고 곧 도성에서 나갔다. 주상이 명하여 민종현을 파직하면서,

"당시 무슨 마음으로 국청을 설치하라고 청하였으며, 오늘날에는 어찌 한마디 말도 없는가?"라는 하교가 있었다. 홍문관에서 차자를 올려 김치인의 죄를 논척하며 말하기를,

"5년 뒤에야 비로소 역적 김하재의 와굴을 잡았습니다."라고 운운하였다. 주상이 차자를 올린 유신(儒臣)을 입시하도록 명하여 꾸짖는 하교를 내리고 그 차자를 불태우고 곧 북변으로 유배 보내라고 명하였다.

이노춘이 처음에는 윤득부 상소에 나오는 '시(時)' 자의 설을 논척하였는데, 역적 김하재가 나오자 곧 또 상소하여 자신의 논의를 뒤집었다. 전후의 말이 오로지 '시' 자의 의미를 두고 왔다 갔다 한 것이어서 채제공의 일은 오히려 부차적인 문제가 되었다. 그 일은 당시 일기와 여러 신하들의 상소, 비답과 전교에 갖추어져 있다. 그 뒤 채제공의 일에 대해서 주상이 떠도는 말이고 뜬소문이라고 하교하면서 특별히 정승에 임명하였다. 김치인이 이른바 '이미 우의정이 등용되었다'고 운운한 것은, (직위를) 뛰어넘어 거듭 올려주는 일의 발단은 단지 채제공의 일 때문이었는데, 이후 밝게 해명하는 하교가 있었으므로 정승을 임명하는 일의 비중을 빙자해서 이노춘의 죄를 구원하려 한 것이었다. 이노춘의 죄가 오로지 다른 사람의 사주를 받아서 '시' 자의 뜻을 두고 왔다 갔다 한 것에 있다고 한 것은 결국 역적 김하재와 같아진다는 것을 알지 못한 것 같다. 김치인이 상소를 올려 말하기를,

"당시 일을 전혀 기억할 수 없지만, 일기에서 볼 수 있으니 비로소 경솔한 죄를 깨닫게 되었습니다."라고 운운하였다. 주상이 거듭 돈유(敦諭)[367]하는 하교를 내리자 곧 도성으로 들어왔다.

삼가 살피건대,

이노춘이 섬으로 유배 간 뒤에도 대계(臺啓)가 아직 남아 있었으며, 사람들이 보고 들은 것이 있는데도 김치인이 석방을 청하였다. 이것은 그 조카의 꾐을 받은 것이었는데, 그 계략을 이루지 못하자 나이를 먹어서 기억하지 못한다고 핑계 댔다. 김종수는 처음에는 이노

---

366. 민종현(閔鍾顯, 1735~1798): 본관 여흥(驪興), 자 공기(公紀). 진후(鎭厚)의 증손, 백겸(百兼)의 아들. 대사헌·예조 판서 등을 역임하였다.
367. 돈유(敦諭): 임금이 의정(議政)과 유현(儒賢)에게 면려를 권하는 말.

춘을 그르치고, 또한 그의 숙부를 그르쳤는데, 이것은 반드시 자신의 세력을 구축하고자 하여 주상을 시험해 보려는 계책이었다. 이에 갑자기 상소하여 장차 어머니를 위해 고향으로 돌아가기를 청하였다. 주상이 '매우 어려운 일이지만, 서울에 있기 어렵더라도 몸을 부추겨 세워 편안하게 있으라'고 하교하였다. 백세 노인이 조금씩 나아가고자 하는 계책이었는데, "그가 부모를 편안하게 모시기 위함이라고 한 것은 크게 편치 못하다고 할 수 있다"고 하교하였다. 김종수가 정미년(1787, 정조 11) 여름에는 교외에 거처하면서 어머니를 모시고 상경하여 직책을 받들었으나 지금 갑자기 고향으로 돌아가기를 청하였기 때문이다.

42. 5월에 형조에서 박우(朴瑀)와 김종건의 초기(草記)를 조사하였다. 김종건을 풀어주라고 명하였다.

처음에 북영(北營)[368] 도감군(都監軍)[369]이 어두워진 뒤 어떤 사람이 요금문(曜金門, 창덕궁 소재)에서 서성이는 것을 보고 궁궐 담장 밖에서 체포하여 대장에게 데려갔다. 대장 서유대(徐有大)[370]가 조사하여 신문하니, 그는 즉 경성(鏡城) 사람 박우였으며 주머니 속에 상소문 초안이 있었는데, 그 형의 억울함을 호소하는 것이었다. 그의 형 박종(朴琮)은 홍술해(洪述海)에 연루되어 영남에 유배된 자였다. 또한 김종건이 받은 박종의 편지는 어투가 음험하고 참람되어 마침내 형조에 이송하자, 형조에서 김종건을 체포하여 조사하였다. 편지에는 '창상(滄桑)[371] · 화표(華表)'[372], '망상도의(妄想圖議)' 등의 말이 있었으며, 심지어 '도체(道體)를 어떻게 하겠는가'라고 운운하였다.[373]

박종은 홍염해(洪念海)의 제자였다. 김종건이 공초하기를,

"도의(圖議)의 설은 바로 동협(東峽)[374]으로 이거(移居)하는 일입니다." 운운하였는데, 말도 안 되는 소리였다. 박우가 공초하기를,

---

368. 북영(北營): 창덕궁 북쪽에 있는 훈련도감의 분영.
369. 도감군(都監軍): 훈련도감(訓鍊都監)에 소속한 군사를 두루 일컫는 말.
370. 서유대(徐有大, 1732~1802): 본관 달성(達城), 자 자겸(子謙). 훈련대장·금위대장 등을 역임하였다.
371. 창상(滄桑): 덧없이 변하는 세태.
372. 화표(華表): 화표는 요동(遼東) 사람 정영위(丁令威)가 고향을 떠나 신선이 되고 나서 1천 년 만에 학으로 변해 다시 찾아왔다는 요동 성문의 화표주(華表柱)를 말한다.
373. 1788년(정조 12) 5월 12일(계유) 실록기사 참조.
374. 동협(東峽): 동협의 위치와 관련해서는 1783년(정조 7) 1월 15일(정미) 실록기사 참조. 이에 따르면 사면령을 반포하여 송덕상 등의 무리를 동협으로 이배시킨 일이 있다.

"반촌(泮村)[375]에 거주하는 현기(玄杞)【홍술해의 문객으로 경성(鏡城)출신 문관이다.】를 방문하려다가 날이 저물어 길을 잃어 잘못하여 궁궐 담장 밖에 이르렀습니다."라고 운운하였다. 주상이 하교하기를,

"을사년(1785, 정조 9)의 일로써 이미 그 마음을 알 수 있으나, 궁궐과 가깝다는 이유로 죄안(罪案)을 만드는 것은 불가하다."라고 하면서 김종건을 특별히 풀어 주라고 명하였다. 박우는 가두어 형장을 기다리게 하고, 현기는 고향으로 쫓아 보냈다. 형조에서 김종건의 일이 부당하다고 복역(覆逆)하자 주상이 당상을 파직시켰다.

375. 반촌(泮村): 성균관 근처에 위치한 동네.

『정변록』 하(下), 일(一)
1756년~1779년 7월

1. 1756~57년, 남·북당 분열 조짐

병자년(1756, 영조 32), 정축년(1757, 영조 33) 연간 인심이 흉흉할 때 김상로(金尙魯)[1]가 권력을 잡고 있었다. 세상에 떠도는 말이 정승 유척기(兪拓基),[2] 이천보(李天輔)[3]가 김상로와 화합하지 못하고 유척기와 정승 이종성(李宗城)[4]이 서로 어울린다고 하였다. 나 또한 그 이야기를 들었으나 어떻게 된 일인지는 알지 못하였다.

어느 날 이규위(李奎緯)[5]가 찾아왔다. 규위는 내 처의 오라비이다. 말이 시사에 미치자 이규위가 목소리를 높여 말하였다.

---

1. 김상로(金尙魯, 1702~1766): 본관 청풍(淸風), 자 경일(景一), 호 하계(霞溪)·만하(晩霞). 징(澄)의 손자, 유(楺)의 아들, 약로(若魯)의 아우. 좌의정·영의정 등을 역임. 1762년(영조 38) 사도세자의 처벌에 적극 참여해 영조의 동조를 얻었으나 왕이 이를 후회하자 청주로 귀양 갔으며 특명으로 풀려난 뒤 봉조하가 되었다. 죽은 뒤에 정조가 즉위하자 관작이 삭탈되었다가 고종 때 다시 신원되었다.
2. 유척기(兪拓基, 1691~1767): 본관 기계(杞溪), 자 전보(展甫), 호 지수재(知守齋). 김창집(金昌集)의 문인. 우의정·영의정 등을 역임. 1739년(영조 15) 신임옥사 때 김창집·이이명(李頤命) 두 대신의 복관(復官)을 건의해 신원(伸寃)시켰다. 만년에 김상로(金尙魯)·홍계희(洪啓禧) 등이 영조와 사도세자(思悼世子) 사이를 이간시키자 이를 깊이 우려했고, 이천보(李天輔)가 영의정에서 물러나자 영조에 의해 중용되어 영의정에 임명되었다. 저서로는 『지수재집(知守齋集)』 등이 있다.
3. 이천보(李天輔, 1698~1761): 본관 연안(延安), 자 의숙(宜叔), 호 진암(晋庵). 영의정 등 역임. 1761년(영조 37) 사도세자의 평양 행차 사건을 책임지고 음독 자결했다.
4. 이종성(李宗城, 1692~1759): 본관 경주(慶州), 자 자고(子固), 호 오천(梧川). 영의정 등 역임. 1728년(영조 4) 박문수(朴文秀)와 함께 붕당 200년의 폐를 논하였다. 1752년(영조 28) 세자의 처벌에 적극적이던 김상로(金尙魯) 등과 대립하여 영의정에서 물러났다. 1758년 영중추부사가 되어 사도세자 보호에 앞장섰다.
5. 이규위(李奎緯, 1731~?): 본관 한산(韓山), 자 평서(平瑞). 대사간 등을 역임. 지은이 심낙수의 손위 처남이다. 1779년(정조 3)에 곡산 부사(谷山府使)가 되었는데, 홍국영(洪國榮)에게 관직을 제수하기를 청하였다. 이듬해에 향교를 세운다고 돈을 횡령하였다는 죄목으로 구례현(求禮縣)에 귀양을 갔다가 2년 후 풀려났다.

"이종성은 역적이다. 유척기는 노성(老成)한 사람인데 이종성과 서로 어울리고 있으니 어찌 괴이하다 아니하겠는가?" 내가 말하였다.

"내가 듣건대 유척기는 아량이 있는 사람이라 하니, 이종성과 서로 어울리는 것은 반드시 까닭이 있을 것이다. 이종성은 단정 지을 근거가 없으니 경솔하게 당목(黨目)을 가지고 그에게 '역(逆)' 자를 더해서는 안 될 것이다." 이규위가 성을 내며 큰 소리로 말하였다.

"그는 이광좌(李光佐)[6]를 스승으로 섬겼고, 이 사실을 작년에 상소를 올려 비로소 밝혔으니[7] 어찌 역적이 아니겠는가? 그대의 나이 스무 살이 안 되었는데 의론[言議]이 이러하니 세도를 알 만하다." 내가 말하였다.

"유척기와 이종성은 나이와 지위가 모두 높은 이들이니 서로 어울리는 것은 반드시 세력과 이익 때문은 아닐 것이다." 이규위가 말하였다.

"듣자 하니 유척기가 영의정 김상로와는 화합하지 않고 이종성과 화합한다 하니 이상하지 않은가?" 내가 물었다.

"이른바 화합한다는 것과 화합하지 않는다는 것은 무슨 일을 말함인가?" 이규위가 말하였다.

"들어보니 이는 국가대사라 사람들에게 함부로 말할 수 없다." 내가 말하였다.

"어떤 일인지를 논하지 않더라도 그 사람을 보면 알 수 있다. 유척기는 청렴하고 문식(文識)이 있는 사람이고 영의정은 비루하고 탐욕스러운 사람이니, 그 사람됨을 알 수 있다. 그가 주장하는 의론이 어떠한가?" 이규위가 말하였다.

"영의정은 그대의 외가 쪽 지친이다. 그대는 연소한 사람이니 말하는 품새가 이와 같아서는 안 된다." 내가 말하였다.

"그가 비록 외가 쪽 사람이지만 내 말은 다만 그의 인품을 평가한 것일 뿐이니, 이 어찌 의를 해치는 것이라 하겠는가?"

이규위의 성품이 우매하고 사려가 깊지 않아 일의 시비가 어떠한지를 논하지 않았으므

---

6. 이광좌(李光佐, 1674~1740): 본관 경주(慶州), 자 상보(尙輔), 호 운곡(雲谷). 경종 보호에 적극적으로 나섰으며, 1725년(영조 1)에는 영의정에 이르렀으나 노론의 등장으로 파직당하였다. 1740년 영의정으로 재직하던 중 삼사가 합계(合啓)하여 '호역(護逆)'이라고 탄핵하자 울분 끝에 단식하다가 죽었다. 1755년 나주벽서 사건으로 소론이 탄압을 받을 때 관작이 추탈되었다.
7. 그는 …… 밝혔으니: 1755년(영조 31) 나주벽서 사건으로 이광좌의 관작이 추탈되었다. 이 일과 연관하여 판중추부사 이종성은 자송(自訟)하는 상서(上書)를 올렸는데, 이는 그가 과거에 이광좌를 신구(伸救)하면서 의리로는 사표(師表)와 같다는 상소를 올렸었기 때문이었다. 이종성의 자송 상서는 1755년(영조 31) 3월 5일 실록기사 참조.

로 권세를 잡은 당로의 사람들이 모두 그를 보호하고 도왔다. 이때 이규위 또한 정승 유척기와 김상로가 어떠한 일로 화합하지 못했는지를 알고 있었으면서도 그 말이 이와 같았다.

이후 기묘년(1759, 영조 35)에 이규위가 별시(別試)에 응시하였는데, 과거 답안지[對策]에 망령된 말이 있었다. 주상이 국문하고자 하였는데, 김상로가 상주(上奏)하여 해명하였고, 주상이 충군(充軍)을 명하자 김상로가 다시 상주하여 명이 거두어졌다. 이규위가 이를 고맙게 여겨 일찍이 왕래하며 만나기를 청하였다.

이규위는 또한 일찍이 예를 갖추어 좨주(祭酒) 미음(渼陰) 김원행(金元行)[8]의 문하에서 종학하였다. 내가 이를 희롱하여 말하기를,

"그대가 장자(長者)를 좇아 노닐면서 배운 것이 고작 권세 있는 재상에게 만나기를 청하는 것인가?"라고 하자, 규위가 불쾌해했다.

후에 나의 내종(內從) 김치신(金致信)에게 김치양(金致讓)[9]을 만났던 일을 들었는데 치양이 치신에게 묻기를,

"심 아무개(심낙수[10])는 어떤 사람인가? 그 처의 오라비 되는 이규위는 훌륭한 선비인데 그가 심 아무개를 모난 사람이라고 말하니, 심 아무개는 반드시 괴망한 사람일 것이다."라고 하였다 한다.

내가 이 얘기를 듣고 웃었다. 대개 이규위가 김치양과 점차 친해져서 나에 대해서까지 언급한 것을 알았기 때문이었다.

---

8. 김원행(金元行, 1702~1772): 본관 안동(安東), 자 백춘(伯春), 호 미호(渼湖)·운루(雲樓). 당숙인 숭겸(崇謙)에게 입양되어 종조부 창협(昌協)의 손자가 되었다. 이재(李縡)의 문인. 1722년(경종 2) 신임옥사 때 조부 창집(昌集)이 노론 4대신으로 사사되고, 생부 제겸(濟謙)과 친형 성행(省行)·탄행(坦行) 등이 유배되어 죽음을 당하자, 벼슬할 뜻을 버리고 학문에 전념하였다. 그의 문하에서는 수많은 성리학자들이 배출되었고, 또한 실학자도 일부 배출되었다. 그의 학통을 이은 제자로는 아들 이안(履安)과 박윤원(朴胤源)·오윤상(吳允常)·홍대용(洪大容)·황윤석(黃胤錫) 등이 있다. 저서로는 『미호집(渼湖集)』이 있다.
9. 김치양(金致讓, 1725~1793): 본관 청풍, 자 여득(汝得). 유(楺)의 손자, 상로(尙魯)의 아들. 대사헌·이조 참의 등을 역임. 1776년 정조의 등극으로 인하여 17년간 제주 정의(旌義)현에 유배되었다.
10. 심낙수(沈樂洙, 1739~1799): 본관 청송(青松), 자 경문(景文), 호 일환재(一丸齋)·은파(恩坡). 영의정 지원(之源)의 현손, 형운(亨雲)의 아들. 1775년(영조 51) 식년 문과에서 장원으로 급제하여 성균관 전적을 지냈다. 정조 초년에는 주로 삼사(三司)의 관직을 역임하면서 홍국영(洪國榮)·김종수·심환지(沈煥之)를 김구주의 당여(黨與)로 논박하였다. 1786년(정조 10) 문효세자(文孝世子)가 죽자 고부재자관(告訃齎咨官)으로서 청나라에 다녀왔으며, 1790년 이후 희천 군수·제주 목사 등 외직을 역임하였다. 1795년 이후 고향인 파산(坡山)에서 은거하다가 생을 마쳤다. 생전에 심낙수는 홍양호(洪良浩)·심이지(沈頤之)·심환지·홍낙순(洪樂舜)·이규경(李圭景) 등과 친밀한 관계를 유지하였다. 하지만 심환지가 김구주와 아울러 홍봉한 공격을 의리로 삼자 결별하였다. 그 뒤 이른바 시파 언론의 선봉으로서 남당(南黨)·북당(北黨)의 분열을 화(禍)의 근본이라 하여 모두 제거해야 한다는 입장을 취하고 심환지·김종수·유언호(兪彦鎬)를 맹렬히 공격하였다. 이 때문에 신유사옥(辛酉邪獄, 1801) 때 관작이 추탈되었다가 6년 후에 신원(伸寃)되기도 하였다.

신사년(1761, 영조 37) 봄 왕세손의 입학례가 행해지려 할 때였다. 하루는 이규위가 찾아와 말하였다.

"입학례가 행해질 때 사학(四學)[11]의 재임(齋任)[12]은 마땅히 대성전(大成殿) 안으로 들어가야 하니, 이때 관광(觀光)[13]할 수 있을 것이다. 그대가 장의(掌議)[14]가 되면 어떻겠는가?" 내가 말하였다.

"학궁(學宮)에는 선대의 가르침이 있어 발을 들이려 하지 않았으나 지금 성대한 의례를 맞아 관광이 화려하게 행해질 터이니, 내가 장의가 된다면 좋은 일일 것이다." 이규위가 말하였다.

"그대가 장의가 될 수 있도록 내 힘써 보겠다. 그대가 장의가 되면 동임(同任)을 천거해야 한다. 그대는 늘 자기 견해를 주장하여 세상의 흐름과 같이하지 않으니 이것이 큰 문제이다. 이번에는 한결같이 내 말을 따라 천거해야 한다." 내가 말했다.

"천거할 만한 사람이 누구인가?" 이규위가 말하였다.

"심환지(沈煥之)[15]이다." 내가 말하였다.

"이 사람은 동종(同宗)이나 아직까지 만나보지 못하였다. 내가 장의가 된다면 마땅히 나의 친한 벗을 의망할 것이다." 이규위가 말하였다.

"이 일은 나의 친구들이 모두 상의해서 결정한 것이다. 그대가 아니라도 장의를 맡을 만한 사람이 어찌 없겠는가? 그러나 내가 굳이 그대를 장의로 삼으려 하는 것은 그대를 우리 모임에 함께 참여시키고자 해서이다. 그런데도 그대가 내 말을 따르지 않고 이같이 한다면 장의가 될 수 없을 것이다." 나는 관광을 간절히 바랐으므로 마침내 수락하며

"마땅히 그대의 말을 따르겠다."라고 말하였다.

며칠 후 나는 남학(南學)[16]의 장의가 되어 입재(入齋)하였고, 동임으로서 민백준(閔百準), 김이운(金履運), 김상정(金相正)을 의망하였다. 민백준은 나의 어릴 적 친구였으므로 함께

---

11. 사학(四學): 조선시대 중앙 각 부, 즉 동부·서부·남부·중부에 설치된 관립교육기관이다.
12. 재임(齋任): 사학(四學)·성균관(成均館)·향교(鄕校) 등의 교육기관에서 일을 맡아보던 거재유생(居齋儒生). 유생들의 의견 등을 대표하거나 거재(居齋)할 때의 여러 일들을 처리하기 위해 뽑힌 임원(任員)이다.
13. 관광(觀光): 임금의 빛나는 성덕(盛德)을 본다는 뜻으로, 여기에서는 임금이 직접 주재하거나 참관하는 의례를 볼 수 있는 기회를 의미한다.
14. 장의(掌議): 사학이나 성균관(成均館), 향교(鄕校)의 수석 재임(首席齋任)이다.
15. 심환지(沈煥之, 1730~1802): 본관 청송(靑松), 자 휘원(輝元), 호 만포(晩圃). 1793년(정조 17) 이후 이조 참판·규장각 제학을 거쳐서 이조·병조·형조의 판서에 임명되었다. 김종수(金鍾秀)·윤시동(尹蓍東)과 정치적 동지로서 신임의리(辛壬義理)의 고수를 표방하였다. 윤시동이 죽은 뒤 1798년에 우의정에 임명되었으며, 이후 벽파(僻派)의 영수가 되었다.
16. 남학(南學): 서울 남쪽에 있던 국립교육기관인 사학(四學)의 하나. 태종11년(1411) 동학(東學)·서학(西學)·중학(中學)과 더불어 설치되었다.

관광하고 싶었다.

당시 대사성(大司成) 조명정(趙明鼎)이 의망 기록을 보고 말하기를,

"수망(首望)은 나의 생질이므로 친혐(親嫌)[17]을 피하는 것이 마땅하다고 생각하여 부망에 '위(爲)' 자를 썼다."라고 하였다. 재천(齋薦)[18]은 친혐에 구애되지 않고, 구례(舊例)에도 부망에 '위' 자를 쓰는 일은 없었는데, 대사성이 구례(舊例)를 알지 못하고 이같이 한 것이다. 김이운은 부의(副擬)로서 '위' 자를 받는 것은 전례가 없다 하여 정체(呈遞)[19]되었고, 나 또한 의리를 들어 스스로 물러났다. 이규위가 크게 노하여 일이 어그러졌다고 나를 책망하였다.

이때 이미 남인(南人)과 북인(北人)[20]의 명목이 있었다. 규위가 나에게 말하기를,

"그대는 북인이 되려 하는가?"라고 하였다. 내가 말하였다.

"나는 남북이 어떤 방향인지 모른다. 민백준은 내 어릴 적 친구일 뿐이다. 내가 장의가 되었으니 어찌 그와 함께 관광하고 싶지 않았겠는가?"

그때 다투며 힐난했던 것은 나이 어릴 때였으니 웃어넘길 일이었으나, 당목의 조짐은 여기에서 이미 시작되고 있었다.

2. 심낙수가 이규위와 사이가 나빠진 사연

계미년(1763, 영조 39) 인심이 아직 정해지지 않았을 때, 작년부터 홍양해(洪量海)[21]와 김한록(金漢祿)[22]의 흉론이 연이어 그치지 않았다. 역적 신만(申晩)[23]이 나라의 정무를 담당

---

17. 친혐(親嫌): 친분으로 인해 공정하지 못하다는 오해를 받을 소지가 있는 의혹을 말한다.
18. 재천(齋薦): 성균관, 사학 등의 장의(掌議)에 사람을 추천하던 일이다.
19. 정체(呈遞): 관리를 의망(擬望)할 때 친혐(親嫌), 신병(身病), 상사(喪事) 등의 일로 인해 다른 사람으로 교체 임명하기를 청하는 것이다.
20. 남인(南人)과 북인(北人): 여기서는 남당(南黨)과 북당(北黨)을 가리킨다. 김구주는 남쪽에 거주하였고, 홍봉한은 북쪽에 거주하였기 때문에 생긴 명칭이다. 홍봉한이 안동(安洞, 안국동)에 거처하기 때문에 북촌(北村)이라고 불렀다. 김구주가 이현(泥峴)에 거처하기 때문에 남촌(南村)이라고 하였다.
21. 홍양해(洪量海): 홍계희의 친속이자 김한기 · 김한록과 친우(親友)였다. 김구주(金龜柱)가 그의 문인이었다.
22. 김한록(金漢祿, 1722~1790): 본관 경주(慶州), 자 여수(汝綏), 호 한간(寒澗). 영조의 장인 한구(漢耉)의 종제(從弟), 우의정 관주(觀柱)의 아버지. 한원진(韓元震)의 문인. 종질녀가 영조의 계비인 정순왕후(貞純王后)가 되자 노론 벽파(老論僻派)의 당론을 조종하는 등 당쟁에 깊이 관여하였다. 종질인 구주(龜柱)와 함께 김상로(金尙魯) · 홍계희(洪啓禧) · 정휘량 · 신만(申晩) 등 벽파 대신들을 조종하여 1762년(영조 38) 사도세자(思悼世子)의 허물을 들추어내어 죽게 하였다. 이어서 시파(時派)의 핵심인물인 홍봉한(洪鳳漢)을 탄핵하여 관직에서 물러나게 하고, 왕세손(뒤의 정조)까지 해치려 하였으나 뜻을 이루지 못하였다.
23. 신만(申晩, 1703~1765): 본관 평산(平山), 자 여성(汝成) · 성백(成伯). 영중추부사 사철(思喆)의 아들. 좌의정 · 영의정 등을 역임. 동생 회(晦)와 함께 형제가 정승직에 올랐다. 1755년(영조 31) 찬수당상(纂修堂上)으로 『천의소감(闡義昭鑑)』을 편찬하였다. 1762년 영의정으로 재직하면서 사도세자(思悼世子)가 뒤주에 갇힐

하고 김구주(金龜柱)[24]가 새로 등제(登第)하자 붕당이 조성되어 만연해지는[引朋聚黨] 조짐이 처음 생기게 되었다. 이때 이규위 또한 등제하였다.

규위는 고(故) 부제학 권변(權忭)[25]의 외증손이었는데, 권변의 사위 원경순(元景淳)[26]은 김구주의 외숙이었으므로 (이규위와 김구주는) 평소에 소식을 주고받는 사이였다. 이에 드디어 이규위가 김구주와 친교를 맺었다.

갑신년(1764, 영조 40)에 이규위가 한림(翰林)으로서 하번(下番)[27]이었을 때, 마침 '종통을 바르게 한다[正宗統]'는 하교[28]가 내려졌다. 고 정승 조경(趙璥)[29] 공이 한림(翰林)으로서 상번(上番)이었는데 연설(筵說)을 보고자 하였다.

그러나 이규위가 숨기고 보여주지 않으면서 연설을 베껴 써서 원경순에게 보냈다. 이는 김구주에게 보내졌고 다시 구선행(具善行)[30]에게 베껴 전해졌다. 구선행은 이규위의 처숙(妻叔)이다. 조 공이 이 일을 듣고 이규위와 의절하였다. 조 공 또한 이규위가 포의(布衣) 때부터 교분이 있었다.

이규위가 등제한 후 나는 그와 왕래하지 않았는데 하루는 규위가 내 처의 병문안을 왔다. 내가 규위에게 말하였다.

"그대는 유서 깊으나 쇠락한 가문 출신으로 다행히 과거에 합격하였으니 다만 수약보졸(守約保拙)[31]하는 것이 마땅하다. 앞길에는 정해진 운수가 있으니 세상 사람들을 좇아 몰려

때 간하지 않았다고 하여 파직되었다. 사도세자를 위해하려는 세력에 가담하여 임오화변을 방조하였다는 평을 받았다.

24. 김구주(金龜柱, 1740~1786): 본관 경주. 영조의 장인 김한구(金漢耈)의 아들. 1772년 청명당(清明黨) 사건으로 유배되었다. 이를 당시 홍봉한(洪鳳漢) 외척 정치의 탓으로 돌려, 사촌 동생 관주(觀柱)와 함께 홍봉한을 제거하는 것이 의리라는 소를 올렸다. 1784년에 왕세자 책봉으로 감등되어 나주에 이배되었다가 이듬해 죽었다.
25. 권변(權忭, 1651~1726): 본관 안동, 자 이숙(怡叔), 호 수초당(遂初堂). 부수찬·대사간 등을 역임. 숙종이 인현왕후를 폐위하려고 하자 고향에 돌아가 두문불출하였다. 저서로는 『수초당집(遂初堂集)』이 있다.
26. 원경순(元景淳, 1701~1765): 본관 원주(原州), 자 도이(道而). 영조의 계비 정순왕후와 김구주의 외삼촌이다. 1736년(영조 12) 정시 문과에 병과로 급제한 후, 대사헌·대사간·도승지·예조 판서 등을 역임하였다.
27. 하번(下番): 근무를 교대함에 있어, 그 순서가 뒤쪽에 있는 사람을 가리킨다.
28. 종통을 …… 하교: 1764년(영조 40) 세손이 조부(祖父)를 승계하는 것이 아니라 효장세자를 사속(嗣續)하는 방식으로 승통(承統)하도록 한 갑신처분(甲申處分)을 가리킨다.
29. 조경(趙璥, 1727~1787): 본관 풍양(豊壤), 자 경서(景瑞), 호 하서(荷棲). 1763년(영조 39) 증광 문과(增廣文科)에 을과로 급제한 뒤 부제학·대사헌 등을 거쳐 함경도 관찰사 때 민폐를 없애고, 군무(軍務)를 충실하게 하여 명성을 떨쳤다. 1786년(정조 10) 우의정이 된 뒤 은언군(恩彦君) 인(裀)의 처벌을 수차 주장하여 파직되었다가 중추부판사(中樞府判事)로 다시 기용되었다. 문집으로 『하서집(荷棲集)』이 있다.
30. 구선행(具善行, 1709~1775): 본관 능성(綾城). 병조 판서 성임(聖任)의 아들. 삼도수군통제사, 금위대장, 병조 판서, 한성부 판윤, 총융사 등을 지냈다.
31. 수약보졸(守約保拙): 자신의 소박한 본성과 분수를 지킴에 요령을 얻어 보전함을 이른다.

다녀서는 안 될 것이다. 듣자 하니 근래 그대가 척완(戚畹)[32]과 서로 친밀하다 하니, 이 어찌 유자의 평소 본색이라 하겠는가? 조경서(趙景瑞)【정승 조경(趙璥)의 자(字)이다.】는 신중하고 삼갈 줄 아는 선비인데, 그대는 어찌하여 의절을 당하였는가?" 이규위가 성을 내며 말하기를,

"내 일은 내가 알아서 할 것이다. 어찌 그대의 말을 기다려 듣겠는가?"라고 하고는 옷자락을 떨치며 돌아갔다. 그 후로 나는 다시 말을 하지 않았다.

병술년(1766, 영조 42) 이규위가 거처를 옮겼다. (그는) 집에 '애오(愛吾)'라는 현판을 걸고,[33] 사람들이 지은 제벽(題壁)[34]을 두었다. 일찍이 장인이 입경(入京)하였을 때 내가 문안 인사차 찾아보았다.

규위는 나에게 글을 청하지 않았지만 나는 글을 지어 보냈는데, 그 내용은 성명(性命)을 버리고 명리(名利)를 좇는 것을 경계한 것이다. 이규위가 나에게

"글이 좋다."라고 하였다. 내가 말하기를,

"글이야 어찌 말할 것이 있겠는가? (다만) 그 뜻이 정말로 좋다면 그대는 항상 주의 깊게 보아야 할 것이네."라고 하자, 이규위가 불쾌해하였다.

정해년(1767, 영조 43) 이규위가 정언(正言)으로서 시사를 언급하다가 외딴섬에 유배되었다.[35] 이에 앞서 주상이 당습(黨習)을 우려하며 산림(山林)의 폐해가 홍수나 맹수보다도 심하다고 하교한 일이 있었다. 김상철(金尙喆)[36]이 말하기를,

"주상의 하교와 같다면 비록 공자(孔子)라 하더라도 어찌할 수 없을 것이다."[37]라고 하였다 하니, 이는 망발이었다.

---

32. 척완(戚畹): 임금의 내척(內戚)과 외척(外戚)을 말한다.
33. '애오(愛吾)'라는 현판을 걸고: 심낙수가 지은 「애오헌기(愛吾軒記)」에 따르면 이규위가 남소동(南小洞)에 집을 짓고 도연명(陶淵明)의 시에 나오는 '내 집을 사랑한다'는 의미의 '애오려(愛吾廬)'에서 뜻을 취하여 그 집을 '애오헌(愛吾軒)'이라 하였다.
34. 제벽(題壁): 바위나 벽면 등에 글을 남기는 것을 이른다.
35. 외딴섬에 유배되었다: 1767년(영조 43) 7월 5일에 이규위는 정언으로서 상소를 올려 간관을 사면해 줄 것을 청하고 김상철을 탄핵하여 귀양 보낼 것을 주청하였다. 이 상소로 인해 이규위는 흑산도에 위리안치되었다.
36. 김상철(金尙喆, 1712~1791): 본관 강릉(江陵), 자 사보(士保), 호 화서(華西). 정우량(鄭羽良)의 사위이고, 구선복(具善復)과 사돈간이다. 정조 즉위 후 영의정이 되었고, 홍국영(洪國榮)이 축출된 후 서명선(徐命善)계와 주도권 다툼을 벌였다.
37. 주상의 …… 없을 것이다: 1767년(영조 43) 7월 5일 실록기사에 따르면 김상철은 "주상께서 이처럼 노하시니 비록 공자라고 하더라도 처벌하자고 요청하는 상소를 올리는 것 외에는 어쩔 수 없을 것이다[上怒如此, 雖孔子請罪之疏爲之之外, 無奈何云]."라고 말했다 한다.

이규위가 이 말을 가지고 김상철을 탄핵하였는데, 주상이 그 언근(言根)을 추궁하자 규위가 이미(李瀰)[38]라고 대답하였다. 이미는 규위의 가까운 친척이며 김상철은 이미와 같은 무리였다. 때문에 규위가 이미를 끌어들여 그 말이 사실임을 밝히고자 하였는데 이미는 이러한 말을 한 일이 없었다. 주상이 이미를 잡아들여 국문하였는데, 이미가 대면하여 공술하자 석방하였다.

이후 내가 듣기로는 이규위의 상소 또한 권력을 잡고 있는 이에게서 나왔다고 한다. 이에 내가 외딴섬에 유배된 규위에게 편지를 보내어 행실을 과장하여 명예를 구하고[沽直干名] 헛된 말로 화를 초래한 것을 책망하였다. 대부분 나무라고 경계하는 말이었는데 이규위는 답서를 보내오지 않았다.

그 후 이규위와 김한록이 인척이 되었는데 진심으로 말해 보아도 더 이상 소용없다는 것을 알았다. 이로부터 시간이 흘러 거의 사이를 보전하기 어렵기에 이르렀는데, 이규위가 갑자기 내 집 규문(閨門)의 하찮은 일로 나를 질책하고 내가 경박하게 행동한다고 친구들 사이에 널리 말을 퍼뜨렸다. 이에 내가 마침내 장문의 편지를 보내어 질책하였다. 이규위 형제는 나에게 잘못이 없으며, 규위가 나를 미워하여 말을 만들어낸 것임을 알고 있었다.

이 일은 기축년(1769, 영조 45), 경인년(1770, 영조 46) 연간에 있었다. 임진년(1772, 영조 48)에는 내가 남산으로 이사 가 이규위와 문을 맞대게 되었으나 나는 그 집에 가지 않았고 이규위 또한 지나다가 안채에 들르는 일은 있어도 내가 있는 바깥채[外堂]에는 들어오지 않았다.

3. 심낙수와 심환지의 차이점

병술년(1766, 영조 42) 정시(庭試) 때 나는 과거 공부를 하고 있었다. 계지(繼之) 심덕승(沈德承)이 마침 근처에 거주하고 있었는데 나의 종숙부 집에 모여 함께 과거 공부를 하면서 서로 친하게 되었다.

나는 심환지와 이규위가 친하게 지내며 평소에 남당(南黨)이라 칭하는 것을 알고 있었으므로 일찍이 심덕승과 대화하다가 그의 종형에 대해 말이 미쳤다.

심덕승의 품성은 소탈하고 호탕하였는데, 일찍이 말하기를,

---

38. 이미(李瀰, 1725~?): 본관 덕수(德水), 자 중호(仲浩). 한성 판윤 광하(光夏)의 증손으로, 할아버지는 우의정 집(㙫), 아버지는 주진(周鎭), 어머니는 민진원(閔鎭遠)의 딸. 대사헌·대사간·이조 참판 등을 역임. 1767년(영조 43) 수원 부사 재직 때 마병(馬兵)을 허술하게 했다는 이유로 진잠현(鎭岑縣)에 충군(充軍)되기도 하였다.

"나의 종형(심환지)은 김구주와 친한데 나 또한 종형의 그러한 모습이 잘못이라고 생각한다. 사대부로서 청의(淸議)를 지켜야 할 사람이 척리와 상통하다니 종내 부끄러운 일이건만 종형은 내 말이 지나치다고 한다."라고 하였다. 내가 그의 말을 듣고 매우 기특하게 여겨, 마침내 심덕승과 친하게 지냈다. 이윽고 내가 심덕승의 집과 아주 가까운 곳으로 이사를 하게 되어 심덕승과 수시로 왕래하였다.

그때 심환지 또한 심덕승의 집에서 함께 살고 있었는데 간혹 심덕승을 따라 나를 방문하기도 하였고, 심환지의 동생 심위지(沈煒之), 심형지(沈炯之) 또한 심덕승을 따라 나를 방문하였다.

심위지는 심덕승과 함께 와 과거 공부를 하기도 하였고, 심형지는 이학(理學)한다고 자칭하면서 과거 공부를 하지 않았지만 또한 간혹 가다 찾아와 만났다. 나는 심환지가 표방하는 것에 의심을 품고 있었다. 그리하여 일찍이 심덕승에게 묻기를,

"세상에서 삼환(三煥)[39]이라 말하는데, 그대의 종형이 그중 한 사람이다. 삼백(三伯)[40]을 연결하고 있는 사람은 단지 김구주뿐만이 아니니, 내 일찍이 이 점을 의심해 왔다."라고 하였다. 심덕승이 말하였다.

"나의 종형은 일찍이 홍봉한(洪鳳漢)[41]을 공격[攻洪]하였는데, 김구주와 서로 주장이 합치되어, 김구주가 스스로 종형을 찾아와서 이윽고 서로 친하게 되었다. 이 외에 '삼환'·'삼백'의 설과 홍봉한을 공격하는 것은 동궁을 불리하게 만든다는 설 등은 북인(北人, 북당)의 말이니 믿을 만한 것이 못 된다. 나의 종형과 김구주가 친밀히 지내는 것은 진실로 흠이 되는 일이지만 이 밖에 다른 것은 결단코 없다."

나 또한 심환지에게 학문과 식견이 있음을 보았고 인지상정으로 헤아려 심덕승의 말이 그럴듯하다고 생각하였다. (그리하여) 이따금 (심환지와) 만나 시를 수창(酬唱)[42]하거나 술을 마셨고, 심환지 또한 등제한 후에도 때때로 왕래하였다.

임진년(1772, 영조 48) 겨울에 심환지가 서북 지방[西邑]에서 돌아왔을 때 나와 심덕승은 함께 공부를 하고 있었는데 심환지가 자주 들러 시사에 대해 언급하였다. 내가 척리에게 물들었다고 비판하니, 심환지가 웃으며 말하였다.

---

39. 삼환(三煥): 심환지(沈煥之)·송환억(宋煥億)·정이환(鄭履煥)을 가리킨다.
40. 삼백(三伯): 정후겸[伯益], 구상[伯殷], 김상묵[伯愚]을 가리킨다.
41. 홍봉한(洪鳳漢, 1713~1778): 본관 풍산(豊山), 자 익여(翼汝), 호 익익재(翼翼齋). 사도세자의 장인이며, 세손(정조)의 외할아버지. 그는 북당(北黨)을 이끌며, 영조 계비 정순왕후(貞純王后) 김씨(金氏)의 친정 인물인 김구주(金龜柱) 중심의 남당(南黨)에 대립하였다.
42. 수창(酬唱): 문인들 간에 시가(詩歌)를 주고받으며 읊는 일을 말한다.

"그대의 말도 일리가 있다. 그러나 그대는 아직 그(김구주)를 알지 못한다. 그의 문장과 의론은 고인(古人)에 비견할 만하다. 옛날에도 청양(靑陽)[43]과 여양(驪陽)[44]이 있었다." 내가 웃으며 말하였다.

"청양군은 그대의 선조이거늘 그대는 어찌하여 선조를 무함하는가? 청양공이 어찌 김구주와 같단 말인가? 김구주의 상소에서 '그의 집[渠家]'[45] 이하 두 글자[46]와 '충질(冲質)'[47]을 인용한 말과 같은 것은 어찌 신하된 자로서 할 수 있는 말이겠는가?

상소 또한 거상(居喪) 중의 신하[草土臣][48]로서 어찌하여 그 당시에 올리지 않고 몇 년이 지난 지금에서야 올린단 말인가? (상소의 내용이) 결코 공분(公憤)에서 비롯된 것이 아님을 알 수 있는데, 그대는 김구주를 청양군에 비하는가?" 심환지가 말하였다.

"나 또한 (김구주가) 모두 다 옳다는 것은 아니지만 대체로 보면 대의(大義)를 지키고 있다. 내가 심덕승에게 그대가 한 말을 들어보니 그대 또한 '공홍(攻洪)'[49]을 잘못이라 여기지

---

43. 청양(靑陽): 청양군(靑陽君) 심의겸(沈義謙, 1535~1587). 본관 청송(靑松), 자 방숙(方叔), 호 손암(巽菴)·간암(艮菴)·황재(黃齋)이다. 명종비인 인순왕후(仁順王后)의 남동생이다. 벼슬이 대사헌에 이르렀고, 외척으로 있으면서도 권세를 함부로 부리지 않아 서인(西人)의 중망(重望)을 얻었다. 나주의 월정서원(月井書院)에 제향되었다.
44. 여양(驪陽): 숙종(肅宗)의 계비(繼妃) 인현왕후(仁顯王后)의 부친 여양 부원군(驪陽府院君) 민유중(閔維重, 1630~1687). 본관 여흥(驪興), 자 지숙(持叔), 호 둔촌(屯村). 1680년(숙종 6) 경신환국으로 남인이 실각하자, 다시 조정에 들어와 공조 판서·호조 판서 겸 선혜청당상·병조 판서 등을 역임하며 서인 정권을 주도하였다. 그리고 이듬해 3월 국구(國舅)가 되자 여양 부원군에 봉해지고, 금위영(禁衛營)의 창설을 주도하여 병권과 재정권을 모두 관장하였다. 노론(老論)에 속했으며, 경서(經書)에 밝아 사림 간에 명망이 높았다.
45. 그의 집[渠家]: 이 구절은 1772년(영조 48) 7월 21일(갑인)에 김구주의 재종제(再從弟)인 김관주(金觀柱)의 상소에 나오는데, 그 구체적 내용은 다음과 같다. "그가 평일에 우리 저하(邸下)를 거의 그의 집 어린 아손(兒孫)으로 보아서 손바닥 위에 올려놓고 놀리면서 마음대로 번복할 수 있다고 여겼기 때문에 지척의 전석에서 감히 흉언 꺼내기를 조금도 꺼리지 않은 것입니다[彼其平日視我邸下, 殆如渠家之小兒孫, 謂可以翫弄掌上, 隨意翻覆, 故咫尺前席, 敢發凶言, 無所顧忌]." 심낙수는 김관주가 올린 이 상소 구절을 김구주의 상소로 간주하고 있다. 이는 심낙수가 김관주의 상소 또한 김구주의 사주를 받아 올린 것으로 보고 있음을 보여준다.
46. 이하 두 글자: 두 글자는 '흉언(凶言)'인데, 그 내용은 추대(推戴)이다. 즉 이인과 이진을 추대한다는 말이다.
47. 충질(冲質): 후한(後漢) 때 권신 양기(梁冀)에게 해를 당한 충제(冲帝)와 질제(質帝)를 가리킨다. 김구주는 1772년(영조 48) 7월 21일(갑인)에 올린 상소문에서 홍봉한이 동궁, 즉 세손을 끼고 사도세자 추숭(追崇)을 주장하고 동궁을 보호해야 한다는 설을 만들어 내어 인심을 현혹시키고 있다고 주장하였다. 그러면서 권간(權奸) 왕망(王莽)과 양기(梁冀)를 죽인다고 그것이 성제(成帝)·애제(哀帝)나 충제(冲帝)와 질제(質帝)를 불리하게 하는 것이 아님을 들어 홍봉한의 동궁보호설을 비판하였다.
48. 거상(居喪) 중의 신하[草土臣]: 초토(草土)는 거적자리와 흙베개를 뜻하는 것으로서 거상(居喪) 중임을 뜻한다. 김구주의 선친인 오흥 부원군(鰲興府院君) 김한구(金漢耉)는 1769년(영조 45)에 죽었으므로 1772년(영조 48) 홍봉한을 비판하는 상소를 올렸을 당시 김구주는 거상 중이었다. 심낙수는 김구주가 1772년 상소문에서 1766년(영조 42) 나삼(羅蔘)·송다(松茶)의 일을 상기시키며, 홍봉한을 '역신(逆臣)'으로 참(斬)해야 한다고 주장한 것을 두고 상중의 신하가 굳이 수년 전의 일을 새삼 거론한 것에는 동궁에게 불리한 정국을 조성하려는 음모에서 비롯된 것이라고 비판하고 있다.
49. 공홍(功洪): 홍봉한을 공격한다는 뜻이다. 영조대 노론 탕평당 홍계희와 김상로는 사도세자를 흔드는 데 공조했지만, 홍봉한에 대한 논의에서 의견이 갈려 홍계희의 부홍파(扶洪派)와 김상로의 공홍파(攻洪派)로 분기하였다. 홍계희쪽 사람들은 북촌인(北村人)들을 기반으로 북당(北黨)이 되고 김상로쪽 사람들은 남촌인(南村

않는다 하니 공격하는 정도의 깊고 얕음은 구차하게 같을 필요는 없다. 다만 그대가 '공김(攻金)'이고 김이 '공홍'이라고 해서 '공김'을 곧 '부홍(扶洪)'이라 한다면 천하에 이 같은 시비는 없다." 내가 말하였다.

"나는 유사(儒士)이니 어찌 의론이 있겠는가? 다만 크게 시비를 가려야 할 곳이라 스스로 주장하는 소견이 있을 뿐이다. 그대가 '구차하게 같을 필요는 없다'고 말한 것은 진실로 그러하다. 그대는 '공홍(攻洪)', '부김(扶金)'이고, 나는 '공홍'이자 또한 '공김(攻金)'이니 이는 구차하게 같이할 필요가 없다. 가끔씩 만나 시와 술이나 나누면 좋을 것이다." 심환지가 말하였다.

"홍봉한과 김구주를 모두 배척하는 논의는, 근일에 좨주 김원행이 주장하고 있는데 그대들이 이에 물든 것 같다. 그러한 의론을 배우는 이들은 진실로 세도에 해가 될 것이다." 내가 웃으며 말하였다.

"그대의 절친한 벗 이평서(李平瑞)【이규위의 자이다.】는 김원행 공의 문인이면서도 가장 먼저 김구주의 당이 되었다. 나는 김 공의 얼굴을 알지 못하는 사람인데, 홀로 물든 것이겠는가? 나는 나의 소견을 스스로 주장할 뿐이다. 김 공의 소견이 공정하다고 들었기에 한번 그 문하에 나아가고 싶으나 이규위와 동문이라 일컬어질 것이 부끄러워 나아가지 못하고 있을 뿐이다." 심환지가 말하였다.

"그대와 평서 이규위의 사이가 어그러진 것을 내 일찍이 잘못이라 생각하였다. 평서가 진실로 잘못한 것이 있지만 그대 또한 지나치다."

4. 심낙수가 목격한 남당의 회합 장면

계사년(1773, 영조 49) 여름, 내가 집에서 과거 공부를 하고 있을 때 심덕승 또한 와서 함께 공부하였다. 심덕승의 종형인 심위지가 심덕승을 따라와 함께 모였다.

내가 거처하는 건물이 온 마을을 훤히 내려다보는 곳에 있었는데, 하루는 관인 한 사람이 이규위의 집으로 들어가는 것을 보았다. 심위지가 심덕승에게 말하기를,

"저 사람은 김문순(金文淳)[50]인데 무슨 일로 평서를 방문하는가?"라고 하였다. 심위지가

人)들을 기반으로 남당(南黨)이 되었다. 이것이 홍국영 방축 이후에 다시 부홍파는 시파(時派)로 공홍파는 벽파(僻派)로 되었다.

50. 김문순(金文淳, 1744~1811): 본관 안동, 자 재인(在人). 이조 참의·예조 판서 등을 역임. 순조대 김조순(金祖淳)을 중심으로 형조 판서 김희순(金羲淳) 등과 함께 이후 60여 년에 걸친 김씨 세도정치의 기반을 확립하였다.

하던 공부를 미처 마치지 못하고 말하기를,

"오늘은 일찍 돌아가야겠다."라 하고 이규위의 집에 갔다가 이윽고 돌아갔다. 내가 심덕승에게 물었다.

"숙장(叔章)【심위지(沈煒之)의 자이다.】은 무슨 일로 일찍 가는가? 또 무슨 일로 평서를 보려 하는가?" 심덕승이 말하였다.

"근간에 전하는 말로, 평서가 임육(任焴)[51]을 시켜 홍봉한을 논핵하는 상소를 올리려 하고, 나의 종씨(심환지)가 귀양지에서 이 일을 주장했다고 하니, 그 말이 위태하고 두렵다. 김문순은 홍봉한의 사람인데, 갑자기 평서의 집으로 들어갔으니 반드시 이유가 있을 것이다. 이 때문에 숙장이 그 말을 듣고자 평서를 방문하는 것 같다."

당시 심환지는 (어떤) 일로 인해 북쪽으로 귀양 가 있었다. 내가 심덕승의 말을 듣고 놀라 말하기를,

"그대는 나와 평서가 소원한 사이라는 것을 알고 있다. 그런데 그대의 종씨 또한 어찌 우려할 만한 사람이 아니겠는가? 이러한 말들은 무엇 때문에 나왔는가?" 하니, 심덕승이 말하기를,

"진실로 그대의 말과 같다. 종형의 고난은 스스로 자초한 것이라고 사람들이 말한다."라고 하였다.

며칠 후 황혼 무렵 홀연 서너 명의 사람들이 말을 타고 오거나 걸어와 이규위의 집으로 들어가는 것을 보고는 내가 괴이하게 여겼다. 이때 장남이 열두 살로 자못 영리하였으므로, 외삼촌의 집으로 가 아이들과 노는 척하며 모여 있는 이들이 누구인지 엿보아 알아오되 외삼촌이 알지 못하게 하라고 시켰다. 아이가 갔다가 돌아와 말하였다.

"물어보니 김면주(金勉柱),[52] 김화주(金華柱)와 홍구서(洪九瑞)라 하였고 김구주는 밤이 깊으면 온다고 합니다."

내가 반드시 (무슨) 일이 있음을 알고, 다음날 이규위의 아들 이정재(李定載)를 불러 말하였다.

"내가 전후로 부친에게 충고를 하다가 도리어 사이가 소원해졌으므로 지금은 다시 말을 할 수 없게 되었다. 그러나 근자에 들리는 소문에 부친이 유소(儒疏)를 주동한다는 말들이

---

51. 임육(任焴, 1736~?): 본관 풍천(豊川), 자 여휘(汝輝), 39세 때인 1774년(영조 50) 갑오(甲午) 식년시(式年試) 생원 2등(二等)으로 급제하여 출사하였다. 김종후(金鍾厚)의 문인으로서 김종수가 엮은 『가례집고(家禮集考)』를 1801년(순조 1)에 간행하였다.
52. 김면주(金勉柱, ?~?): 김한록의 조카로서, 김면주의 어머니는 홍국영의 종대고(從大姑)이다. 홍국영은 유생(儒生)시절부터 김면주와 친하였다.

자자하게 전해지고 있으니 이 무슨 일인가?

홍봉한에 대해 비판할 만한 것이 있으면 자연히 공의(公議)가 있을 터인데 유소를 올리도록 부추긴다 하니 이 어찌 사대부가 할 일인가?

전일에 한유(韓鍮)[53]가 말하기를 자기 스스로 한 일이라 하였는데, 지금 보니 또한 사주를 받아 한 것임을 알겠다.

그대의 가문은 반드시 화를 면치 못할 것이다. 내가 그대를 불러 이러한 말을 하는 것은 실로 충정에서 나온 것인데, 그대의 생각은 어떠한가?"

이정재가 문득 낯빛을 고치며 말하기를,

"과연 이러한 말이 퍼지고 있으나 그러한 일은 결코 없습니다. 지금의 가르침은 실로 진심 어린 마음에서 나온 것임을 잘 알고 있습니다."라고 하였다. 내가 말하기를,

"말이 거짓인가 참인가를 떠나서 일이 이 지경에 이른 것에 어찌 연유가 없겠는가? 어제 보니 서너 명이 그대의 집으로 들어가기에 내가 아이에게 알아보라고 시켜 그들이 아무개 아무개임을 알게 되었다. 이들이 또한 어찌 까닭 없이 왔겠는가? 지금의 방도로는 고향으로 내려가 은거하는 것이 최선이다."라고 하니, 이정재가 마음이 통한 듯 말하기를,

"과연 가르침과 같습니다."라고 하였다. 내가 말하기를,

"그대와 말하는 것이 부친과 말하는 것보다 낫구나. 내가 또한 진심 어린 마음으로 그대를 위해 한마디 하고자 한다. 그대 사문(師門)의 일 또한 괴이하다.【이정재는 김종후(金鍾厚)[54]의 문인이다.】 홍봉한은 김종후의 종구(從舅)[55]이거늘 김종후는 홍봉한을 죽여야 한다는 논의를

---

53. 한유(韓鍮): 경인년(1770년, 영조 46) 3월 21일 홍봉한을 논척하는 상소를 올린 청주 유생. 이때 한유는 도끼를 들고 올라와 상소하여 홍봉한의 부자 형제가 권력을 마음대로 휘두른다면서 안국동(安國洞)에 살던 홍봉한을 '망국동의 망정승[亡國洞亡政丞]'이라거나 진(秦)나라 때의 환관(宦官) 조고(趙高)가 사슴을 말이라고 하였던 고사를 빌려 '녹마정승[鹿馬相]' 등으로 비유하면서 처형할 것을 청하였다가 흑산도(黑山島)에 정배되었다. 이듬해 유배에서 풀려난 한유는 다시 상소하여 홍봉한을 처벌할 것을 청하였다가, 상소의 내용 중 '일물(一物)'이라는 말이 문제가 되어 처형되었다. '일물'이란 사도세자를 가두어서 죽일 때 사용된 뒤주를 가리키는 것으로, 이것을 홍봉한이 가져다가 바쳤다고 하였다. 그러나 후일 정조는 이 일에 대해 영조의 말을 인용하여 이 '일물'은 홍봉한이 바친 것이 아닌데, 세상 사람들이 잘 모르기 때문에 그렇게 말한다고 하였다[1770년(영조 46) 3월 21일·22일 실록기사; 1771년 2월 8일, 8월 2일·7일 실록기사; 1776년(정조 즉위년) 3월 27일 실록기사]. 1796년(정조 20) 이후에 충심이 깃든 행위였음을 들어 추증(追贈)하자는 논의가 일어나, 1801년(순조 1) 1월 2일에 사헌부 집의(司憲府執義)로 추증되었다.
54. 김종후(金鍾厚, 1721~1780): 본관 청풍(淸風), 자 자정(子靜), 호 본암(本庵)·진재(眞齋). 종수(鍾秀)의 형. 벽파(僻派)로서 홍봉한(洪鳳漢)을 공격하였다. 원빈(元嬪)의 오빠인 홍국영(洪國榮)을 따르다가 홍국영이 물러나자 기만당하였다고 변명하였다.
55. 종구(從舅): 어머니 쪽 사촌 형제. 김종후의 어머니는 홍석보(洪錫輔)의 딸이다. 홍석보는 홍만용(洪萬容)의 손자이자 홍중기(洪重箕)의 아들이고, 홍봉한은 홍만용의 증손이자 홍중기의 손자이다. 김종후의 외조부 홍석보는 홍봉한의 아버지 홍현보(洪鉉輔)와 사촌지간이므로, 김종후의 어머니와 홍봉한은 재종형제(再從兄弟)가 된다.

주장하고 있으니 인정상 어찌 이리한단 말인가?"라고 하였더니, 이정재가 말하기를,

"일찍이 이러한 질문을 스승에게 드렸더니 역적을 토벌하는 일이 중요하므로 사적인 정의(情意)는 돌아보지 않는다고 하셨습니다."라고 하였다. 내가 말하기를,

"홍봉한을 역적이라고 하는 것은 김구주의 주장이다. 홍봉한에게 어찌 배척할 만한 점이 없겠냐만 그를 반드시 역적이라 하는 것은 무슨 의도인가? 홍봉한은 세손[春宮]의 외척이고 지금 그가 역적질을 했다는 어떠한 근거도 없는데 그를 반드시 역(逆)이라 하고 있으니 어찌 괴이한 일이 아니겠는가? 그대 부친의 사문은 이러한 논의와는 다른 주장을 하고 있다."라고 하니, 이정재가 말하기를,

"미호(渼湖)[56]의 논의는 과연 조금 다릅니다."라고 하여, 내가 웃으며 말하기를,

"그대 부자의 사문이 주장하는 의론이 조금씩 다른데, 부친은 그대의 사문과 의론이 부합하고 그대는 부친의 사문과 언의가 부합하는가? 부자가 스승을 바꾸는 것이 좋겠다."라고 하였다.

이정재는 내가 평소에 농담을 좋아하는 것을 알고 있었고, 마음으로는 그의 아버지와 내 사이가 소원하게 된 것이 나의 잘못이 아니라는 것을 알고 있었다. 또한 나와 그의 숙부들 사이는 좋았으므로 내 말에 기분 나빠하지 않았다.

이윽고 이규위가 집을 팔고 귀향하여 내가 시를 지어 전송하였다.

어릴 때부터 종유한 지 이십 년,	小少追遊二十年,
한번 어긋남에 천지가 나누어진 듯 소원했지.	中間一失膈天淵.
평생 강직하게 영욕을 잊었으니,	平生傲骨忘榮辱,
사각 막대기는 원 안에 들어갈 수 없음이라.	只是枘方不入圓.
마을에서 동과 서로 마주하다	相對東西一巷乎,
아름다운 이웃으로 우연히 맺어졌네.	卜隣佳計偶然成.
가까이 살며 만나지 않아도 본 듯했으니,	對門不見如相見,
무정한 듯해도 정이 있음을 그대는 알리라.	倘識無情却有情.
호산으로 돌아갈 계획에 뒤늦게 분주한데,	湖山歸計晚忽忽,
바다로 편지 써 보냈던 일[57]이 생각나네.	尙憶貽書送海中.
시를 짓고자 하나 시어가 거칠어,	便欲題詩詩語苦,
낙엽 가득한 뜰에서 홀로 읊조리네.	滿庭秋葉獨吟風.

56. 미호(渼湖): 김원행(金元行)의 호이다.
57. 바다로 편지 써 보냈던 일: 정해년(1767, 영조 43) 이규위가 정언으로서 시사를 언급하다 절도에 유배되었을 때, 심낙수가 이규위에게 편지를 보냈던 일을 가리킨다.

나는 여전히 (이규위가) 뉘우치고 깨닫기를 바랐다. 중간에 말을 만들어 나를 배척하였던 일도 노여워하지 않고 오히려 곡진하게 아끼는 뜻으로 시를 주었다. (이규위가) 떠나면서 홀연히 찾아와 나를 보고 말하기를,

"그대의 시가 좋다. '무정한 듯해도 정이 있다'는 구절은 과연 진실한 말이다."라고 하였다. 내가 말하기를,

"그대가 내가 전후로 행한 일들을 생각해 본다면 내 어찌 그대에게 정이 없겠는가?" 하니, 이규위가 애써 웃으며 떠났다.

5. 김원행 문인 홍낙안이 남당을 비판하다

내 벗인 유인(幼仁) 홍낙안(洪樂顔)은 미호(渼湖, 김원행)의 문인이다. 일찍이 말하기를, 김 공이 세상에 뜻이 맞는 사람이 없음을 탄식하였는데, 유인이 나에 대해 언급하며 칭찬하는 말을 하자 김 공이 만나고 싶어한다고 하였다. 내가 말하기를,

"나 또한 김 공을 한번 만나고 싶으나 평서(平瑞, 이규위)와 같은 사람이 모두 제자라 칭하고 있으니 그 문하를 알 만하다. 또한 세상에서 사문에 이름을 가탁하는 자들이 모두 성심으로 도를 구하는 것은 아니니, 내가 이를 매우 부끄럽게 생각한다."라고 하였는데, 김 공이 유인에게 나의 말을 전해 듣고 미소를 지으며,

"아무개는 평서를 어떻게 생각한다고 하던가?"라고 물어서 유인이 말하기를,

"말할 때마다 평서는 어리석고 사리에 어두우며 허황된 사람이라고 합니다."라고 하자, 김 공이 웃으며 말하기를,

"그 사람이 인물을 논박하는 것이 어찌 그리 박절한가?"라고 하였다 한다. 김 공은 내가 고집이 세고 치우친 점이 있다는 것을 알고 있었으나 심히 그릇되게 여기지는 않았던 것이다. 이윽고 김 공이 세상을 떠나자[卒], 내가 마음으로 보답하는 뜻에서 공의 영전에 한 번 곡을 하였다.

유인 홍낙안의 성품은 고결하고 강정(剛正)하였다. 일찍이 나와 함께 시사를 논하다가 문득 노기를 띠며 말하기를,

"남당(南黨)의 아무개, 아무개는 후에 반드시 역적이 될 것이다."라고 하였는데, 그때는 아직 뚜렷한 족적이 나타나기 전이었다. 내가 웃으며 말하기를,

"그대가 홍씨로서 이러한 논의를 하니, 어찌 사사롭다는 혐의를 받지 않겠는가?"라고 하니, 유인이 말하기를,

"나와 그 사람(홍봉한)이 가까운 친족이나 내 일찍이 그 집 문에 한 번도 발을 들여놓지 않았으니 나에게 어찌 사사로움이 있겠는가? 다만 그를 공격하여 배척하는 의도를 자세히 살펴보면 역심(逆心)이 있는 것이 분명하다."라고 하였다.

그 말이 명쾌하여, 오히려 내가 주저하며 분명하게 말하지 못하는 것을 잘못이라고 하였다. 이후 유인은 알 수 없는 병에 걸려 요절하였다. 내가 세도가 여러 차례 뒤바뀌며 여기에 이른 것을 보니 유인의 말이 들어맞지 않은 것이 없었다. 그가 아득한 구천에서 다시 올 수 없음을 매번 한탄할 뿐이니, 지금 세상에 어느 곳에서 다시 유인과 같은 사람을 만날 수 있겠는가. 슬프다!

6. 심낙수 사돈 권진응이 남당을 비판하다

갑오년(1774, 영조 50) 봄에 내가 딸을 보기 위해 황강(黃江)으로 가 10여 일을 묵었는데, 주인장 권진응(權震應)[58] 공과 함께 산수헌(山水軒)에서 함께 묵었다. 하루는 밤이 깊었는데 공의 말이 시사에 미쳤다. 공이 말하기를,

"듣자 하니 그대는 김구주와 홍봉한에 대해 양자를 모두 논척할 것을 주장하고 있다는데, 소견이 있겠군요."라고 하여, 내가 말하기를,

"홍봉한이 무죄라고 말하는 것은 아닙니다. (다만) 홍봉한은 춘궁의 외척이니 김구주가 그에게 반드시 '역(逆)' 자를 더하고자 함은 그 뜻이 망측합니다. 저의 벗들 중에는 김구주 편 사람들이 많이 있어서 일찍이 이 때문에 언쟁을 벌였는데, 그래서 제가 양쪽을 모두 배척한다는 말이 있게 된 것입니다." 하였다. 권공이 말하기를,

"그대의 소견이 이와 같으니 내가 속의 말을 다 할 수 있겠군요. 홍봉한을 공격하는 주장은 비록 공분에서 나온 듯하나 그 뜻에는 불측함이 있으니, (김구주의) 임진년 상소[59] 후에 그 자취가 이미 드러났습니다." 하고, 이어서 홍양해에 대해 말하기를,

"이 사람은 나와 동문인 벗인데, 지금은 이미 김구주의 사람이 되었습니다. 김한록 또한 남당(南塘, 한원진[60])의 문인인데 계미년(1763, 영조 39) 이래 그 언의를 들어보면 비단 홍

---

58. 권진응(權震應, 1711~1775): 본관 안동, 자 형숙(亨叔), 호 산수헌(山水軒). 권상하(權尙夏)의 증손, 한원진(韓元震)의 문인. 심낙수와 사돈을 맺었다.

59. 임진년 상소: 임진년(1772, 영조 48)에 김구주가 올린 상소를 가리킨다. 이 상소에서 김구주는 세손이었던 정조와 홍봉한이 나누었던 사도세자 추숭설을 발설함으로써 세손의 지위를 위태롭게 하였다.

60. 한원진(韓元震, 1682~1751): 본관 청주(清州), 자 덕소(德昭), 호 남당(南塘). 권상하(權尙夏)의 문인, 강문팔학사(江門八學士) 중 한 사람. 호락논쟁(湖洛論爭)에서 호론(湖論)인 인물성이론(人物性異論)을 주장하였다. 이이(李珥)－송시열－권상하로 이어지는 학통을 계승하여 기발이승일도설(氣發理乘一途說)의 입장을 고수하

봉한을 공격하는 데 그치지 않고 차마 들을 수 없는 흉언(凶言)을 하며 이를 일러 '의리'라고 하는 데까지 이르렀으니, 내가 늙어서 죽지 못하고 이러한 차마 들을 수 없는 말을 들었습니다. 또한 요즘 들어 들려오는 소문에 동궁의 과실이 많이 전파되고 있으니 이야말로 망국의 근본입니다."라고 하여, 내가 말하기를,

"흉당이 만들어낸 말들로 어찌 망국에야 이르겠습니까?" 하니, 권공이 탄식하며 말하기를,

"흉언을 만들어내는 것이 종국에는 어찌 될지 모르니, 나라가 어찌 망하지 않겠습니까?"라고 하였다. 이어 목이 메어 눈물을 흘리며 말하기를,

"우리 가문은 대대로 나라의 은혜를 받아 왔으니, 내 비록 궁벽한 산골에 웅크리고 있으나 나라를 보전할 수 있다면 간과 뇌를 땅에 쏟더라도 사양하지 않을 것입니다. 그러나 내 언의(言議)의 역량이 사설(邪說)을 막을 수 없어 마음이 썩고 뼈에 사무칠 뿐입니다. 바라는 것은 빨리 죽어 나라가 망하는 꼴을 보지 않는 것뿐입니다."라고 하였다.

내가 전에 홍양해(洪量海), 김한록이 흉론을 지어낸다는 말을 들었는데, 전하는 말로 들었을 뿐이라 믿기지 않았다. (그런데 지금) 권 공의 말을 들으니 심담(心膽)이 땅에 떨어지는 듯하였다. 이에 공에게

"이른바 호서 지역의 의론을 공은 어디에서 들으셨습니까?"라고 물으니, 권 공이 말했다.

"몇 해 전 홍양해가 내게 편지를 보내어 고사(古事)를 인용하여 질문을 하기[引古設問][61]에 그 뜻을 알 수 있었습니다. 내가 답하기를,

'의리는 끝이 없으니 만약 잘못 끌어다 어긋나게 본다면 티끌 하나의 차이가 천리의 차이가 될 것입니다. 정인홍(鄭仁弘)·이이첨(李爾瞻)이 호씨(胡氏)의 설을 인용[62]하다가 결

였다. 호락논쟁에서는 낙론(洛論)인 이간(李柬)을 중심으로 하는 인물성동론(人物性同論)의 주장에 반대하였다. 저서로는 『남당집(南塘集)』 등이 있다.

61. 고사(古事)를 인용하여 질문을 하기[引古設問]: 김구주는 임오화변 이전부터 숙부인 김한록과 함께 충청 지역 동문(同門)들 사이에서 세자위해 세력의 명분인 종사론(宗社論)을 학문적 강론의 형식으로 퍼뜨리고 있었다. 즉 '인고설문(引故設問)'의 형식을 통해, 자질 문제 때문에 측천무후(則天武后)에 의해 폐해진 당(唐) 중종(中宗)의 고사(故事)와 이를 둘러싼 주자(朱子)와 장식(張栻)의 문답을 인용하며, 세자의 폐위를 정당화하는 의론을 확산시켰던 것이다. 크게 보아 임오년 이전의 흉언은 세자의 자질 문제, 임오년 이후의 흉언은 자신들이 '죄인'으로 규정한 세자의 아들 세손의 승통(承統) 문제를 언급한 것으로 판단된다. 이 글에서 권진응은 1763년(영조 39), 1764년 사이에 홍양해에게 '인고설문'이 담긴 편지를 받았다고 하였는데, 이에 따르면 '흉론'의 전파는 김구주, 김한록뿐 아니라 홍양해도 주도적으로 참여하여 동조자를 규합하고 있었던 것으로 볼 수 있다. 권진응이 동문인 이들과 절교했던 이유가 여기에 있었다.

62. 정인홍(鄭仁弘)·이이첨(李爾瞻)이 호씨(胡氏)의 설을 인용: 정인홍·이이첨 등 북인이 폐모론(廢母論)을 주도할 때 그 근거로서 호안국(胡安國)의 설을 제시하였던 것을 가리킨다. 문강(文姜)이 제나라 양공(襄公)과 간통하다가 남편인 노나라 환공을 죽이는 데 참여한 것에 대하여 공자의 『춘추』에서는 '부인이 제나라로 도망쳤다'고 하였다. 이에 대해 호안국은 "사사로운 정을 따르면 천하의 대의를 해치고 왕법(王法)을 받들면 모자의 지극한 은의를 상하게 한다. 경(經)에, '부인이 제나라로 도망쳤다.'라고 썼으니 은의(恩義)의 경중이 분명해졌다."라고 해석하였다. 정인홍·이이첨은 호안국의 이러한 의론이 은(恩)보다 의(義)를 앞세운 해석으로

국 만고의 흉악한 역적이 된 것과 같은 것입니다. 일에 따라 마땅한 방도를 마련[隨事制宜]하여 경상(經常)의 도리를 잃지 않는 것, 이것이 의리인데, 멀리서 방증(旁證)을 끌어대어 매번 어긋남이 많습니다. 운운' 하였습니다. 홍양해가 내 뜻을 알고는 편지의 왕복을 끊어 버렸습니다.

작년에 내가 외딴섬에서 돌아왔을 때【신묘년(1771, 영조 47) 봄에 권 공이 자의(諮議)[63]로서 상소하여 사문(斯文)의 시비와 우암 송시열(宋時烈)[64]·수암 권상하(權尙夏)[65] 두 선생의 일을 진변(陳卞)하였다. 이에 주상이 당습(黨習)이라며 격노하여 대정현(大靜縣)에 위리안치하도록 명하였다.】 김한록이 편지를 보내 말하기를,

'노년의 영화(英華)가 있어 다행히 갑적(甲謫)의 아버지, 이현(泥峴)의 숙부가 되었다'며, 아들과 조카의 상소가 대의를 붙들어 세워서 밝혔다고 주장하였습니다. 김관주가 갑산에 위배되었고 김구주가 이현에 거주하였기 때문에 이렇게 말한 것이지요. 이에 내가 답하기를,

'시비를 가리는 것은 자연히 공의(公議)가 있게 될 터이니 백 년을 기다려야 할 것입니다. 궁벽한 산골에 은거한 우리가 어찌 감히 시사에 의론을 내겠습니까?'라고 하였는데, 그는 내 답장을 보고 다시는 편지를 보내오지 않았습니다."

내가 묻기를,

"당대의 산림(山林) 중에 믿을 만한 사람은 누구입니까?"라고 하니, 공이 말하였다.

"역천(櫟泉, 송명흠[66])과 미호(渼湖)는 이미 세상을 떠났고, 자정(子靜)【김양행(金亮行)[67] 공의

서 곧 성현의 대의라 주장하고 이를 폐모론의 근거로 삼았다.

63. 자의(諮議): 세자 시강원의 관직. 1646년(인조 24) 좌의정 김상헌(金尙憲)이 "과거에 급제하지 않은 품행이 방정하고 학문이 돈독하여 명성이 현저한 인사를 널리 뽑아 세자를 보도(輔導)하게 하소서."라고 한 상차(上箚)에 따라 송나라 제도를 참작하여 종래의 세자 시강원관 외에 찬선(贊善)·익선(翊善)·자의(諮議) 각 1인을 설치하여 산림의 노성한 인물을 제수하면서 비롯되었다.

64. 송시열(宋時烈, 1607~1689): 본관 은진(恩津), 자 영보(英甫), 호 우암(尤菴)·우재(尤齋)이다. 김장생(金長生)·김집(金集)의 문인. 일찍부터 학문적 명성을 널리 떨쳤으나 병자호란으로 왕이 치욕을 당하고 소현세자와 봉림대군이 인질로 잡혀가자, 좌절감 속에서 낙향하여 10여 년간 일체의 벼슬을 사양하고 전야에 묻혀 학문에만 몰두하였다. 효종대에 들어와 존주대의(尊周大義)와 복수설치(復讐雪恥)를 역설하여 관념론적 북벌론의 핵심 인물로 부상하였다. 재야에 은거해 있는 동안에도 사림의 중망을 뒤에 업고 예송(禮訟) 시비 등에서 막대한 정치적 영향력을 행사하는 가운데 남인과의 정치적 대립을 치열하게 전개하였다. 1689년(숙종 15) 기사환국 때 원자(元子)의 세자 책봉에 반대하는 소를 올렸다가 제주도로 유배되었고, 그해 6월 서울로 압송되어 오던 중 정읍에서 사사되었다. 그의 행적에 대해서는 당파 간에 칭송과 비방이 무성했으나, 1716년의 병신처분(丙申處分)과 1744년(영조 20)의 문묘배향으로 학문적 권위와 정치적 정당성이 공인되었다.

65. 권상하(權尙夏, 1641~1721): 본관 안동(安東), 자 치도(致道), 호 수암(遂菴)·한수재(寒水齋). 송시열(宋時烈)·송준길(宋浚吉)의 문인. 송시열의 유언에 따라 괴산 화양동(華陽洞)에 만동묘(萬東廟)와 대보단(大報壇)을 세워 명나라 신종(神宗)·의종(毅宗)을 제향하였다. 이이·송시열로 이어지는 기호학파의 정통 계승자이며, 인물성동이논쟁(人物性同異論爭)인 호락논변(湖洛論辨)이 일어나게 되는 계기를 마련하였다.

66. 송명흠(宋明欽, 1705~1768): 본관 은진(恩津). 자 회가(晦可), 호 역천(櫟泉). 아버지는 요좌(堯佐)이며, 이재(李縡)의 문인. 학행(學行)으로 천거받아 충청도 도사(都事)·지평(持平) 등에 임명되었으나 모두 사퇴했다.

자이다.】은 강정하고 공명하나 기력이 적어 자기 몸을 보전할 뿐입니다.

숙함(叔涵)【송덕상(宋德相)[68]의 자이다.】은 원래 지각이 없으며 그 아들과 조카도 모두 식견이 없으니 이야말로 심히 우려스럽습니다.

백고(伯高)【김종후(金鍾厚)의 자이다.】는 학문이 돈독하다 이를 만하나 성품이 협애(狹隘)하고 지려(智慮)가 없으며, 밖으로 질책하는 것만을 일삼고 일 만들기를 좋아하는 병통이 있습니다. 듣자 하니 김구주 쪽 사람이 되었다 하는데 나는 아직 믿지 않고 있습니다. 그런데 작년에 내가 귀양 갈 때 정승 김치인(金致仁)이 백고 김종후를 통해 인삼을 보내겠다는 뜻을 전해 왔습니다. 내 비록 김 정승[金相, 김치인]을 알지 못하지만, 김 정승은 백고의 숙부이고 백고가 이미 숙부의 뜻을 전하며 대신 보내왔으므로 진실로 받지 않을 의리가 없다고 생각하여 이를 받았습니다.

김구주 또한 백고를 통해 인삼을 보내왔는데, 나와 김구주는 서로 알지 못하는 사이이고, 또한 백고가 김구주의 친속도 아니었습니다. 그리하여 사람을 통해 보내온 것이 심히 불가하다 생각하여 이것은 받지 않았는데, (이로써) 백고가 이미 김구주와 서로 통하는 사이임을 알 수 있습니다.

이른바 신촌(莘村, 홍계능[69])이라는 사람은 내가 알지 못하는 사람입니다. 그런데 내가 유배된 후, 내 둘째 아들이 진안(鎭安)의 수령이 되어 막 벼슬자리를 내놓고 물러나려 하였는데, 소위 신촌이란 자가 극구 말하기를,

'아무개가 유배되어 있으니, 그 아들이 관직에 있은 후라야 (아비를) 공양할 수 있을 터이니 체직을 허락함은 옳지 않다.'라고 하였다 합니다. 이 말이 감사에게 한번 전해지자 감

1755년(영조 31) 노모의 간청으로 옥과 현감(玉果縣監)이 되었으나 모친상을 치른 뒤 사직했다. 1764년 찬선(贊善) 때 경연관(經筵官)이 되어 정치문제를 논하다가 왕의 비위를 거슬러 파직당했다. 죽은 뒤에 복관(復官)되어 이조 판서로 추증되었다.

67. 김양행(金亮行, 1715~1779): 본관 안동(安東), 자 자정(子靜), 호 지암(止菴)·여호(驪湖). 어머니는 좌의정 이명(頤命)의 딸. 민우수(閔愚洙)의 문인이고 형조 참판 등을 역임. 이간(李柬)의 인물동성론(人物同性論)에 동조한 김창흡(金昌翕)의 영향을 받아 낙론을 지지하는 입장을 취했다. 이우신(李友信)·민치복(閔致福)·박준원(朴準源) 등의 많은 학자들이 문하에서 배출되었다. 저서로는 『지암문집(止菴文集)』이 있다.

68. 송덕상(宋德相, ?~1783): 본관 은진(恩津), 호 과암(果菴). 송시열(宋時烈)의 현손, 도암(陶庵) 이재(李縡)의 문인. 정조가 즉위한 뒤 홍국영(洪國榮)의 뒷받침으로 이조 판서에 이르렀으나 홍국영이 실각하자 삼수부(三水府)에 안치되었다. 그 뒤 왕위계승에 대하여 올린 소에 흉역(凶逆)의 뜻이 있다 하여 옥에 갇히고 많은 유생의 공격을 받았다. 대학자의 후예로서 한때 세도세력에 힘입었으나 결국 함께 몰락하여 죽었다.

69. 홍계능(洪啓能, ?~1776): 본관 남양(南陽), 호 신계(莘溪). 1750년(영조 26) 우의정 정우량(鄭羽良)의 천거로 등용되어 1757년 왕손 교부(王孫敎傅)가 되고, 이듬해 자의(諮議)가 되었다. 1759년 평안도 도사로 나갔다가 곧 돌아와 지평을 거쳐 이듬해 집의로 승진하였으며, 1763년 세자시강원진선이 되었다. 벽파(僻派) 홍인한(洪麟漢)과 더불어 세손의 즉위를 반대하다가 1776년 정조가 즉위하자 하옥되어 옥사하였다. 아들 신해(信海)와 조카 이해(履海)도 모두 주살(誅殺)당하였다.

사가 계체(啓遞, 임금께 아뢰어 체직시킴)하려 하지 않았다고 합니다. 이 때문에 내가 도성 안의 벗들에게 편지를 보내,

'아비가 유배되어 있는데 그 아들이 관직에 있는 것은 결코 도리가 아니다. 그런데 듣건대, 독서하는 자들이 이러한 의론을 주장하였다고 하니 세도(世道)를 알 만하다.'라고 하였습니다. 그 사람이 이 얘기를 듣고 불쾌해했다고 합니다.

몇 해 전 홍염해(洪念海)[70]가 일부러 찾아왔는데 내가 소원하게 대하였고, 신촌의 뜻을 전달하기에 내가 또한 성의 없이 대답하였습니다.

몇 해 전 역옹(櫟翁)이 패하여 귀향하였을 때,[71] 그 상소에서 이른바 '땅 밑의 잔양처럼 가늘게 이어진다[線線若地底之殘陽]'[72]고 한 말들은 모두 비판하고 폄하하는 말이니, 대개 역옹이 그들 무리의 의론을 따르지 않았기 때문이었습니다. 소위 신촌이란 사람은 그 끝이 어떠할지 모르겠습니다."

이어 슬피 탄식하고 얼굴을 가리고 울며 말하기를,

"우리 조선은 유술(儒術)을 숭상하였으므로 지금까지 이에 힘입어 강상윤리가 땅에 떨어지지 않았습니다. 그러나 이제 세운(世運)이 막혀 유명(儒名)에 가탁하여 세도를 해치고 의리를 빙자하여 인심을 어지럽히는 이들이 또한 우리 당(黨) 중에서 나오고 있습니다. 그 조짐을 보건대 끝내는 반드시 무너지고 갈라지기에 이를 것입니다. 이는 망국의 근본이니 어찌해야 하겠습니까?"라고 하여, 내가 말하기를,

"이 무리들이 계책을 쓰는 것이 아주 흉악합니다. 밖으로는 명의(名義)에 가탁하고 안으로는 흉악한 음모를 쌓아두며, 의(義)로써 격동시키고 이(利)로써 꾀어내니, 주관이 없는 사람은 그 우리 안에 들어가지 않는 사람이 드물며 자기도 모르게 흉악한 당이 됩니다. 혹 이러한 정상(情狀)에 대해 소견을 펴는 사람이 있어도 명의에 가탁하기 때문에 드러내놓고 배척할 수 없습니다. 예로부터 국가에 흉악한 난을 일으키는 이들이 어찌 한이 있겠습니까만 이와 같은 흉악하고 독한 무리는 없었으니, 어찌 큰 걱정거리가 아니겠습니까?"라고 하였다.

이어서 말이 이규위와 사이가 틀어진 전후의 일에 미쳐 말하기를,

---

70. 홍염해(洪念海): 1777년(정조 1) 8월 11일 실록기사에 홍상범(洪相範)이 아비 홍술해(洪述海)에 대한 처벌에 불만을 품고 사촌 홍상길(洪相吉)과 종실인 은전군(恩全君) 찬(禶)을 추대하여 반역을 꾀한 사건이 있었는데 결국 법대로 처형되었다. 홍염해는 바로 홍상길의 아버지이다.

71. 역옹(櫟翁)이 패하여 귀향하였을 때: 1763년(영조 39) 송명흠이 찬선(贊善)으로 재직하며 경연관(經筵官)으로서 정치문제를 논하다가 왕의 비위를 거슬러 파직당한 일을 말한다.

72. 땅 밑의 잔양처럼 가늘게 이어진다[線線若地底之殘陽]: 1763년(영조 39) 3월 12일(기사) 실록기사에 송명흠의 일을 이같이 언급한 홍계능의 상소가 실려 있다.

"이 사람은 오랜 친구로 그 품성이 어리석고 망령됨을 잘 알기에 처음에는 꾐에 빠졌을 뿐인가 했는데 일을 벌이고 마음 쓰는 단서를 보다 보니 차츰 의심이 깊어져 지금은 의절한 듯 사이가 소원해졌습니다. 어르신의 생각은 어떠십니까?"라고 하니, 공이 말하기를,

"자야(子野)【고 부사(府使) 이사질(李思質)[73]의 자이다.】는 나의 친한 벗으로 충직하고 순후한 사람인데, 그 아들은 어찌하여 이와 같단 말입니까? 내 일찍이 한두 번 그를 보았는데 그러한 줄은 몰랐습니다. 지금 그대의 말을 들으니 너무도 놀랍고 안타깝습니다.

그러나 의론이 서로 맞지 않는다 해도 가까운 인척의 의리는 또한 보존할 수 있습니다. 그 사람이 비록 그 당(남당)에 깊이 개입하고 있다 해도 일단 그의 형적에 지적할 만한 것이 보이지 않으니 결코 드러내놓고 의절을 해서는 안 됩니다.

비록 가까운 인척이 아니라 해도 대개 친한 사람 가운데 잘못된 길로 빠진 사람에 대해서는 우선 겉으로 드러난 친분을 보전하는 것이 옳지, 드러내어 의절하는 것은 옳지 않습니다. 내가 홍양해나 김한록에 대해 그들의 심술(心術)이 헤아리기 어렵다는 것을 잘 알면서도 드러내어 의절하지 못하는 것이, 드러내어 언급할 만한 것이 없어서 명백하게 말할 수 없기 때문인 것과 같습니다.

그대는 문을 닫아걸고 교유를 끊음으로써 자정(自靖)의 도로 삼으십시오. 그리고 가만히 세상의 변고를 살펴 그들의 형적이 남김없이 드러나길 기다려서 의절하고 배척해도 늦지 않습니다. 그대의 품성은 트인 가운데 또한 고집하는 병통이 있어, 일찍이 내가 '해를 입을 수도 있겠다'고 생각했었지요. 명심하십시오."라고 하여, 내가 그 말에 깊이 심복하였다.

몇 년 후 을미년(1775, 영조 51)에 내가 대책문(對策文)으로 인해 직부전시(直赴殿試)하게 되었다.[74] 당시 공의 병이 심하였는데 나에게 편지를 보내어 '기쁨은 적고 근심은 많습니다.'라고 하였다. 그리고 '나아가기는 어렵게 하고 물러나기는 쉽게 한다[難進易退]'[75]는 말로써 경계하여 말하기를,

---

73. 이사질(李思質): 이규위의 아버지이다.

74. 을미년 …… 직부전시(直赴殿試)하게 되었다: 직부전시는 과거에서 초시 또는 복시를 면제받고 최종 시험인 전시에 바로 응시할 수 있는 자격을 주는 것을 말한다. 저자인 심낙수는 계사년(1773, 영조 49)과 갑오년(1774) 두 해의 증광시(增廣試) 소과에서 모두 초시(初試)에는 합격했으나 복시(覆試)에서는 합격하지 못했다. 을미년(1775) 6월 19일 실시된 현량과에서 심낙수는 책문을 지어 장원을 차지하였으며, 영조는 심낙수의 직부전시(直赴殿試)를 명하였다.

75. 나아가기는 어렵게 하고 물러나기는 쉽게 한다[難進易退]: 벼슬을 사양하면서 미련 없이 과감하게 물러나는 것을 가리킨다. 『예기』「표기(表記)」에 "임금을 섬길 적에, 나아가기는 어렵게 하고 물러나기는 쉽게 한다면 자리에 질서가 잡힐 것이요, 반면에 나아가기는 쉽게 하고 물러나기는 어렵게 한다면 어지러워질 것이다. 따라서 군자는 세 번 읍을 한 다음에야 나아가고 한 번 사양하고는 곧바로 물러남으로써 어지러워지는 것을 예방한다[事君難進而易退, 則位有序, 易進而難退, 則亂也. 故君子三揖而進, 一辭而退, 以遠亂也]."라는 말이 나온다.

"'나아간다'는 것은 다만 진취(進取)의 문제만이 아닙니다. 헤아리지 못하고 진언(進言)하는 것 또한 경계해야 할 하나의 일입니다."라고 하였는데, 이는 내가 과감한 직언을 함부로 할까 우려한 것이다. 얼마 후 공이 세상을 떠났다. 내가 제문을 지어 공의 영전에서 곡을 하며 말하기를,

"세상에서 학문으로 자처하는 자들이 의론으로써 자부하기도 하고 밖으로 언사와 용모를 삼가기도 한다. 그러나 '공은 그렇게 하지 않았다'고 말하는 것 또한 깊은 뜻이 있는 것이다."라고 하였다.

공이 돌아간 지 10여 년, 세상의 변고가 끝이 없어 공의 말이 적중하지 않은 것이 드물었다. 늘 그리는 마음이지만 공은 구천[九原]에서 일어날 수 없으니, 슬프도다!

7. 홍인한은 원래 남당 사람

을미년(1775, 영조 51) 내가 처음 관직에 올랐을 때, 이규위가 찾아와 말하기를,

"전부터 그대와 나는 서로 화합하지 못하였는데, 이는 모두 주장이 과격하였기 때문이다. 나도 또한 세상일을 겪다 보니 모난 부분이 이미 깎여나갔는데, 지금 그대는 벼슬길에 나아가 조정에 섰으나 심히 고단한 신세이다. 이제 연소한 시절의 일들은 모두 제쳐 두고 모름지기 서로 의지하며 불화하지 말아야 할 것이다."라고 하여 내가 말하기를,

"그대와 나는 가까운 인척일 뿐만 아니라 어린 시절부터 오랫동안 교유하였다. 내가 (그대에게) 정이 없다면 전에 어찌 서로를 권면하는 말을 했겠는가? 사대부로서 척리에게 물드는 것은 진실로 해괴한 일이다. 내 견해는 이와 같은데 그대가 마음으로 깨우치지 못하기에, 세월이 흘러 사이가 소원해지기에 이르렀다.

지금 그대가 이미 저들과 교유하고 있으니 갑자기 끊을 수는 없다 해도 만약 스스로 멀리하여 이른바 의론을 함께하지 않는다면, 나 또한 그대가 옛정을 돌이켜 깨달아서 처음과 같아졌음을 알게 될 것이다. 나는 벼슬에 나아가고 나아가지 않고를 막론하고 나의 소견을 스스로 주장할 뿐이다. 내 진실로 고단한 신세이지만 그 고단함이 어찌 문제가 되겠는가? 세상 사람처럼 붕당을 만들어 출몰하지 않으려 할 뿐이다."라고 하니, 이규위가 말하기를,

"그대의 고집을 내 어찌 모르겠냐만, 세상에 나아가면 이처럼 한결같기는 어려울 것이다."라고 하였다.

이때 홍인한과 정후겸의 세력이 성대해져 남당이 매우 궁지에 몰렸다. 이규위가 자못 자기 생각을 고집하지 않는 뜻이 있어서 소리 높여 주장하거나 배척하는 말을 하지 않고 돌

아갔다. 이해 겨울, 홍인한이 (세손의) 대리청정을 방해한 죄를 두고 공론이 크게 펼쳐지려 하였다. 하루는 이규위가 찾아와 말하기를,

"그대는 일찍이 남당이 홍봉한을 공격하는 것을 잘못이라 하였으나 홍씨 가문[洪家]에서 대역 죄인이 나왔다. 아직도 그대는 남당을 잘못이라 생각하는가?"라고 하여, 내가 웃으며 말하기를,

"남당이 홍봉한을 공격한 것이 만약 오늘날 홍인한의 일이 있을 줄 미리 알고 한 것이라면 과연 선견지명이 있다고 하겠다. 그러나 홍인한이 일찍이 소재(疎齋) 이이명(李頤命)[76]의 일을 끌어다 말한 것[77]을 그대도 들었을 것이다. 홍인한은 비록 그 형의 아우라고 하지만 처음부터 남당 사람이었으니, 내 생각에는 남당이 지금 홍인한의 변고를 가지고 감히 큰소리를 쳐서는 안 된다."라고 하였더니, 이규위가 불쾌해하며 말하기를,

"그대의 괴상한 의론은 날이 갈수록 더욱 심해지는구나. 어찌 풍문으로 들은 말로 홍씨 형제(홍봉한·홍인한)가 서로 다르다는 말을 기필코 믿으려 한단 말인가? 이미 큰 역적이 나왔는데 아직도 망설이고 있으니 그대는 괴상한 사람이라 할 만하다. 홍인한이 이미 나온 후에도 그대는 여전히 홍봉한을 공격하는 것이 잘못이라 생각하고 있으니 세상에 용납되지 못할 것이다. 나하고 말하는 것이야 무슨 문제가 되겠는가만, 앞으로 다른 사람에게는 이러한 말을 하지 마라."라고 하여, 내가 웃으며 말하기를,

"그대가 기왕에 말을 꺼냈으니 내가 대답하였을 뿐, 내 어찌 사람들에게 굳이 이러한 말을 하겠는가? 그리고 나는 홍인한을 역적이 아니라고 하는 것이 아닌데, 어찌 세상에 용납되지 못한단 말인가?"라고 하니, 이규위가 기분이 상해 돌아갔다.

얼마 후 이규위가 서산(瑞山) 군수로 부임하게 되어 내가 비로소 찾아가 전별하였다.

---

76. 이이명(李頤命, 1658~1722): 본관 전주(全州), 자 지인(智仁)·양숙(養叔), 호 소재(疎齋). 세종의 아들 밀성군(密城君)의 6대손, 영의정 경여(敬輿)의 손자, 대사헌 민적(敏迪)의 아들, 병조 판서 사명(師命)의 동생. 우의정·좌의정 등을 역임. 1717년(숙종 43) 정유독대(丁酉獨對)를 통해 세자(경종)의 대리청정을 주청하였고, 1721년(경종 1) 세제(世弟, 영조)의 대리청정을 건의하다가 김창집(金昌集) 등과 함께 유배되어 사사(賜死)되었다.

77. 홍인한이 …… 말한 것: 1688년(숙종 14) 2월에 서인(西人) 이사명은 남인 윤세희(尹世喜)의 탄핵을 받아 병조 판서에서 삭직되고 삭주(朔州)로 유배되었다. 그러나 동생 이이명은 이에 연좌되지 않고 강원도 관찰사로 나간 지 8개월 만에 승정원의 승지가 되어 돌아와 승진을 거듭하였다. 여기서는 홍인한이 형인 홍봉한의 패퇴를 대비하여 이이명이 형 이사명의 죄에 구애받지 않았던 일을 인용함으로써 훗날 스스로 벗어날 계책으로 삼았던 일을 가리킨다.

8. 심낙수가 심환지의 중매를 거부하다

이때 심환지가 가까운 동네에 거주하였는데 상중(喪中)이었다. 하루는 편지를 보내 나를 청하기에 찾아가 보았다. 대화를 나누던 중 심환지가 나에게 묻기를,

"그대의 맏아들이 아직 혼처(婚處)가 정해지지 않았지요?"라고 하여, 내가 그렇다고 하자 심환지가 말하기를,

"혼처가 하나 있는데 모든 것이 좋습니다."라고 하여, 내가 누구냐고 묻자, 심환지가 말하기를,

"한(韓) 정언(正言)【후익(後翼)이다.】에게 딸이 있는데 규수가 출중합니다. 한정언 또한 훌륭한 선비이니, 그대의 뜻은 어떠하십니까?"라고 하였다. 내가 말하기를,

"우리 가문이 비록 쇠미하나 저쪽은 결성(結城)[78] 사람이니, 한 고장 사람과 혼인을 맺는 것은 거론할 수 없는 일입니다."라고 했더니, 심환지가 말하기를,

"저쪽이 비록 유서 깊은 가문은 아니나 유학에 종사해 온 가문으로 남당(南塘, 한원진)의 질자(姪子)입니다. 사대부는 모두 혼인을 통해 인척이 됩니다. 그대의 여식은 이미 수옹(遂翁)[79]의 가문으로 시집갔으니, 그대의 아들이 또한 남당의 가문과 맺어진다면 어찌 좋은 일이 아니겠습니까?"라고 하여, 내가 말하기를,

"저쪽이 비록 유학자의 가문이라 하지만 본래 성족(盛族)은 아니니, 남당의 조카와 그 자식은 차이가 큽니다. 게다가 한후익은 이미 유자(儒者) 가문의 사람이라고 하지만 기꺼이 척리(戚里)의 사객(私客)이 되었으니 어찌 훌륭한 선비라 하겠습니까?"라고 하였더니, 심환지가 불쾌해하며 말하기를,

"혼인을 허락하지 않으면 그만이지 어찌 그 사람을 비방할 필요가 있겠습니까? 결성 사람이 본래부터 서산(瑞山) 사람(김구주)[80]과 친밀했으니, 이것이 어찌 척리가 된 후 교유를 구한 것이라 하겠습니까?"라고 하였다.

이어서 심환지의 말이 홍인한의 일에 미치자 내가 답하였는데, 이규위와 말을 주고받았을 때와 같았다. 이에 심환지가 즐겁게 웃으며 말하기를,

---

78. 결성(結城): 충청남도 홍성 지역의 옛 지명이다.
79. 수옹(遂翁): 수암(遂菴) 권상하(權尙夏). 심낙수는 권상하의 증손인 산수헌(山水軒) 권진응(權震應, 1711~1775)과 사돈을 맺었다.
80. 서산(瑞山) 사람: 김구주를 가리킨다. 김구주의 집안은 조선전기 김연(金埏)이 서산(瑞山)에 정착한 후 서산·보령 일대에 세거한 가문이며, 5대조 김홍욱(金弘郁, 1602~1654)은 1721년(경종 1)에 서산의 성암서원(聖巖書院)에 배향되었다.

"그대는 그대의 족인(族人) 심상운(沈翔雲)[81]의 무리와 서로 친밀히 지내면서 이같이 (척리에게) 물들었다는 의론을 펴는군요."라고 하여, 내가 말하기를,

"심상운의 아우 심익운(沈翼雲)은 내가 본디 문자(文字)로 사귀어 서로 친하게 지내고 있지만, 심상운은 경박한 사람이라 일찍부터 좋아하지 않았습니다. 이러한 사실은 내 일가붙이들이 모두 알고 있습니다."라고 하니, 심환지가 또한 웃으며 말하기를,

"내가 농담을 하였습니다. 그대가 곰곰이 생각하여 소견을 고친다면 좋겠습니다."라고 하였다.

【후에 들으니 심환지의 재간은 혼인에 중매를 서서 당인(黨人)을 모으는 계략으로 삼는 것이라 한다. 어떤 사람이 그 당에 들어가지 않고 있는데 그에게 자식이 있으면 반드시 당의 사람과 혼인을 맺도록 중매하였다. 대개 인척이 되어 친밀한 관계를 맺게 되면 점차 젖어들어 당에 들어가는 것이 쉬워진다.

적신(賊臣) 이율(李瑮)[82]의 아들은 심환지 종형의 사위인데, 이 또한 심환지가 중매한 것이다. 처음에 심환지의 종형은 이율이 평소 패려하다 일컬어졌기 때문에 혼인을 허락하려 하지 않았으나 심환지가 극력 권유하여 끝내 그 혼인을 성사시켰다.

이율의 역변이 있은 후 그 집안에서는 애초에 딸을 시집보낸 것이 본의가 아니었으므로 더욱 애통해하고 한스러워하였다고 한다.】

9. 1776년(정조 즉위년) 홍봉한 처벌을 둘러싼 논쟁

병신년(1776년) 대상(大喪)의 공제(公除)[83] 전, 정이환(鄭履煥)[84]이 상소하여 홍봉한의 죄를 논하였는데 김구주가 임진년에 올린 상소와 똑같았다. 주상이 좋은 말로 비답을 내리고 개

---

81. 심상운(沈翔雲, 1732~1776): 본관 청송(靑松), 자 봉여(鳳汝). 효종의 부마 익현(益顯)의 현손. 아버지가 박상검(朴尙儉)의 사건에 연루되었던 역적 심익창(沈益昌)의 손자인 사순(師淳)의 양자로 입적되어 벼슬길이 평탄치 못하였다. 1764년 영의정 홍봉한(洪鳳漢)에 의해 오명이 벗겨져 비로소 출사하여 1774년 승지로 임명되었다. 이때 정후겸(鄭厚謙)·홍인한(洪麟漢) 등이 세손(世孫, 정조)의 대리청정을 막으려다 뜻을 이루지 못하게 되자, 이들의 사주를 받고 부사직(副司直)으로서 세손의 사부(師傅)와 빈료(賓僚, 가까이 지내는 관료)를 비난하면서, 세손을 '온실수(溫室樹)'에 비유하는 흉서를 올렸다. 이 일로 삼사(三司)의 탄핵을 받아 흑산도를 거쳐 제주에 유배되어 있다가 1776년에 정조가 즉위하자 삼사의 상소로 중앙에 붙들려와 정조의 친국을 받은 뒤 주살되었다.
82. 이율(李瑮): 역모 죄인 이율을 가리킨다. 이율은 홍낙빈(洪樂彬)의 아들 복영(福榮) 등과 술사(術士)의 말을 믿고 정조 9년(1785) 2월에 역모를 꾀하다가 김이용(金履容)의 고발로 발각되어 그해 3월에 홍복영(洪福榮)·양형(梁衡)·문양해(文洋海) 등과 함께 효시당했다.
83. 공제(公除): 왕이나 왕비가 죽은 뒤 26일 동안 공무(公務)를 중지하고 조의(弔意)를 표하던 일.
84. 정이환(鄭履煥, 1731~?): 본관 연일(延日), 자 신지(身之). 영의정 호(澔)의 증손. 부응교·동부승지 등을 역임. 세손(世孫)의 대리청정을 주장한 홍봉한을 처벌할 것을 주장하였다.

석(開釋)[85]하였다.

이때 남당이 기가 살아 날뛰며 홍봉한을 성토하는 의론이 날마다 어지럽게 일어났는데, 김상로(金尙魯)[86]에 대한 처분이 있자 남당의 기세는 자못 꺾였으나 그 의론은 더욱 일어났다.

하루는 내가 심환지를 보러 가서, 방문을 여니 유생 한 사람이 앉아 있고 방 중앙에는 글의 초안이 하나 놓여 있었다. 심환지가 나를 보더니 글을 거두었다. 내가 웃으며 말하기를,

"그 글은 무슨 글입니까?"라고 하니, 심환지가 처음에는 가리고 보이려 하지 않다가 곧 내보이며 말하기를,

"이것은 성균관[賢關][87]에서 작성한 통문(通文) 초안인데, 토역(討逆)에 관한 상소를 올리자고 발론한 것입니다."라고 하여, 내가 말하기를,

"사론(士論)은 스스로 사론이 되는 것이니 조신(朝紳, 벼슬아치)이 굳이 관여할 필요가 없습니다. 하물며 그대는 효건(孝巾)[88]을 두른 몸으로 성균관의 일을 주장하는 것입니까?"라고 하니, 심환지의 안색이 변하며 말하기를,

"다만 과거에 작성한 초안을 보았을 뿐입니다."라고 하였다. 같이 있던 유생이 또한 바로 일어나 갔는데, 물어보니 김면주(金勉柱)였다. 심환지가 나에게 말하기를,

"그대는 농담[戱言]하지 마십시오. 지금 이 토역의 의론은 온 나라가 함께하는 것입니다. 그대의 생각은 어떠하십니까?"라고 하여, 내가 말하기를,

"토역에는 자연히 공론이 있는 것입니다. 더욱이 유소(儒疏)가 얼마나 중요한 공의(公議)인데 매번 주장하는 사람이 있다는 말이 들리니, 이는 공론이라고 할 수 없습니다."라고 하니, 심환지가 말하기를,

"유소는 예로부터 진신(搢紳)이 주관하였습니다."라 하고, 또 말하기를,

"홍인한의 일이 있은 뒤에도 그대는 오히려 홍봉한에 대한 토역을 잘못이라 여기고 있습니다. 신지(身之)【정이환의 자이다.】의 상소에 내린 비답(批答)을 그대 또한 보았을 것입니다. 주상의 뜻 또한 홍봉한에 대한 토역을 불가하다고 여기지는 않고 있는데, 그대는 어찌하여 소견이 이와 같습니까?"라고 하였다. 내가 말하기를,

---

85. 개석(開釋): 잘못이 없음을 밝혀서 마음을 풀어주다.
86. 김상로(金尙魯, 1702~1766): 본관 청풍(淸風), 자 경일(景一), 호 하계(霞溪)·만하(晩霞)이다. 1762년(영조 38) 사도세자의 처벌에 적극 참여해 영조의 동조를 얻었다. 이후 사도세자에 대한 '영조의 대의리'가 확립되며 청주로 귀양갔다가 특명으로 풀려난 뒤 봉조하가 되었다. 병신년(1776, 정조 즉위년) 3월 정조는 전교를 내려 김상로의 흉역죄를 토죄하고 김상로의 관작을 추탈하는 한편 추가로 역률을 시행하였다.
87. 성균관[賢關]: 현관은 성균관(成均館)의 별칭으로서, 현인(賢人)이 되는 관문(關門)이라는 뜻이다.
88. 효건(孝巾): 상복(喪服)에 쓰는 두건이다.

"홍인한의 일이 있기 전부터 나 또한 홍봉한이 죄가 없다고는 생각하지 않았습니다. 다만 동궁의 외척이고 역적이라 단정 지을 근거도 없는데 갑자기 역적으로 성토하는 것은 불가합니다. 지금 북쪽을 향하여 신하로서 우리 임금을 섬기는 자들은 위로 자궁(慈宮, 혜경궁)을 받들고 있습니다. 홍봉한은 자궁의 사친(私親)인데, 어찌 홍인한의 변고가 나왔다고 하여 그 형을 반드시 역적이라고 억지로 단정 짓고 바로 주살하라고 주청할 수 있겠습니까?"라고 하니, 심환지가 말하기를,

"고려조 이자겸(李資謙)[89]같이 흉악하다 하더라도 군상(君上)의 외척이면 토벌할 수 없는 것입니까?"라고 하여, 내가 말하기를,

"그에게는 일단 이자겸처럼 역모를 꾀한 정상이 분명하게 드러난 것이 없습니다. 주상을 사사로이 뵈었을 때 한 망발[90]을 가지고 삼사(三司)가 발계(發啓)하여 관작을 삭탈하고 찬배하는 것으로 논죄하는 것은 괜찮지만 대역(大逆)으로서 주살하자고 논하는 것은 불가합니다."라고 하였다. 심환지가 말하기를,

"위에서 주상이 사은(私恩)으로써 죽음을 감해 주면 어쩔 수 없겠지요. 그러나 아래로부터의 의론이 토역을 하지 않았으면 그만이지만, 이미 토역하였으면 어찌 사형[一律]보다 아래에 두겠습니까? 그대의 말이 해괴하군요."라 하고, 이어서 웃으며 말하기를,

"그대 또한 어찌 통분하는 마음이 없겠습니까? 다만 비탈을 달려 내려가는 듯한 행보만을 고집할 뿐이군요."라고 하여, 내가 말하기를,

"나는 장점이 없는 사람입니다. 그러나 그 잘못을 알면서도 기어이 그 잘못된 주장을 관철하려는 마음은 없습니다. 내 뜻은 시종일관 이와 같을 따름입니다."라고 하니, 심환지가 기분 좋게 웃으며 말하기를,

"괴상한 사람이군요. 괴상한 사람이군요."라고 하였다.

---

89. 이자겸(李資謙, ?~1126): 본관 인주(仁州). 1108년(예종 3) 그의 둘째 딸이 예종의 비가 되자 익성공신(翼聖功臣)에 녹훈되고, 소성군 개국백(邵城郡開國伯)에 봉해졌다. 인종대 셋째와 넷째 딸을 왕비로 삼게 하였다. 막강한 권력을 휘두르다가 인종의 사주를 받은 척준경에 의해 심복들이 제거되었고, 자신은 유배된 후 병사하였다.

90. 주상을 …… 망발: 홍봉한이 세손에게 사도세자의 추숭을 건의하였다는 일을 말한다. 이에 대해 김구주 등의 남당과 정조의 입장이 갈리고 있음을 볼 수 있다. 즉 남당의 입장은 홍봉한이 세손에게 사도세자 추숭을 권하면서 자신의 말을 따르지 않으면 '이러이러하게 될 것[如是如是]'이라며 세손을 위협하였다는 것이다. 이에 대해 정조는 홍봉한이 사도세자의 추숭에 대해 언급한 일이 있었던 것은 사실이나 이는 무신년의 무리들이 추숭을 논할 경우 어떻게 대처할 것인지에 관해 우려했던 것에 불과한 것이라고 주장하였다.

10. 남당의 심낙수 포섭 공작

이해 봄, 정이환이 예문관 응교(應敎)[91]에서 홍문관 부제학으로 바로 발탁되었다.[92] 명성과 기운이 융성하게 빛나니, 그 당에서는 말할 때마다 반드시 신지(身之, 정이환)를 언급하면서 그가 때를 얻은 것을 과시하였다.

하루는 심환지의 종제(從弟) 수지(綏之)가 찾아왔다. 심수지는 심덕승(沈德承)을 통해 알게 되어 예전에 친했으나 나는 (그가) 남당에 가장 긴요한 사람임을 알고 있던 터라 일찍부터 상종하지 않았다. 심수지가 정이환이 총애를 받고 있음을 극구 언급하며, 또 말하기를,

"지금의 제일가는 총신(寵臣)은 홍국영(洪國榮)입니다. 여범(汝範)【김구주의 자이다.】이 홍국영과 친하고, 신지 또한 명망 있는 사람입니다. 그대가 이미 벼슬길에 올라 시종(侍從)의 반열에 들었는데도 이러한 사람들과 한 번도 만나지 않았으니, 이 어찌 말이 되겠습니까?"라고 하여, 내가 말하기를,

"성품이 졸렬하여 교유하지 않았으니 안면이 없는 것이 마땅하지요."라고 하니, 심수지가 말하기를,

"그래도 그대는 큰일을 할 선비[措大][93]이거늘, 이같이 마음이 졸렬해서야 어찌 행세하겠습니까?" 하고, 이어서 말하기를,

"여범이 우리를 통해 그대의 문학(文學)을 익히 듣고는 그대와 교유하고 싶어하고, 신지 또한 그대를 한번 만나보고 싶어합니다. 일찍이 그대는 여범이 척리라는 이유로 우리들[吾輩]이 교유하는 것은 불가하다고 말했지요.

그러나 지금은 그가 척리라 해도 또한 선조(先朝) 때와는 다르니 그가 척리라는 사실에 구애될 필요는 없습니다. 게다가 신지도 명가(名家)의 사람이니 상종하면 어찌 좋은 일이 아니겠습니까? 그대가 화합할 뜻을 가지고 있다면 우리 종씨(從氏)의 집에서 한번 모이는 것이 좋겠습니다."라고 하여, 내가 말하기를,

"신지는 일찍이 만난 적이 없습니다. 지금 내가 신진(新進)으로서 어찌 교유하기를 구하여 만나기를 약속하겠습니까? 그가 만나고자 한다면 조정에 있는데 어찌 만날 때가 없겠

---

91. 응교(應敎): 예문관(藝文館)에 두었던 정4품(正四品) 관직으로, 홍문관 직제학(弘文館直提學, 정3품 당하)으로부터 교리(校理, 정5품)까지의 관원 중에서 뽑아 겸임(兼任)시켰다.

92. 정이환이 …… 발탁되었다: 정이환이 예문관 응교가 된 것은 병신년(1776, 영조 52) 3월 3일이며, 홍문관 부제학이 된 것은 같은 해 영조 승하 후인 3월 22일이었다.

93. 큰일을 할 선비[措大]: 원래 조대(措大)는 수재(秀才) 혹은 '큰일을 처리할 수 있는 사람'을 가리키는 말이었으나 후세에는 '현실감각이 없는 어리석은 사람'을 가리키기도 하였다. 여기에서는 글의 맥락상 조대의 원뜻으로 해석하였다.

습니까? 그대가 말한 여범에 대해, 내 일찍이 그대들이 그와 서로 친히 지내는 것을 나무랐는데, 도리어 그와 교유한다면 어찌 그대들에게 부끄럽지 않겠습니까?"라고 하니, 심수지가 말하기를,

"사람의 견해가 처음과 나중이 다른 것은 자연스러운 일이나 어찌 그러한 일에 구애될 필요가 있겠습니까?"라고 하여, 내가 말하기를,

"그 사람에 대해서는 내가 끝내 의심이 없을 수 없으니, 만나고 싶지 않습니다."라고 하였다. 심수지가 말하기를,

"그대는 평소에 북인과 친한 사람이 없으나, 의론이 우리와 조금 다르므로 신지의 무리가 의심하고 있습니다. 그대가 의심을 풀어주지 않는다면 앞으로 있을 홍문록에 주의(注擬)되는 것은 이루어지기 어려울 것입니다."라고 하여, 내가 말하기를,

"나의 소견은 본래 이와 같아 사람들과 구차히 같아질 수 없음은 종씨께서도 알고 있습니다. 나는 유서 깊은 가문의 후손으로서, 어로(魚魯)를 분간하지 못하는[不卞魚魯][94] 지경에 이르지는 않았습니다. 소위 홍문록 또한 어찌 다른 사람을 의지하여 오르기를 구하겠습니까? 그대는 웃음거리가 될 말은 하지 마십시오."라고 하니, 심수지가 말하기를,

"우리는 그대에게 정이 깊어, 행여 오랜 벗들 간에 이유 없이 의심하는 일이 생길까 염려하고 있습니다."라고 하였다. 그가 또 말하기를,

"그대는 이미 대관(臺官)의 자리에 주의(注擬)되었는데, 또한 그대가 서툴고 거칠어 망령된 발언을 할까 의심하고 있습니다."라고 하여, 내가 웃으며 말하기를,

"내 본래 주장이 없으나, 만약 눈앞에 말할 만한 것이 있고 (그것을 말해야 할) 관직에 있다면 어찌 말하지 않겠습니까? 다만 이로써 의심하는 것은 지나치군요."라고 하니, 심수지가 웃으며 말하기를,

"고집을 조금만 고친다면 그대에게 해가 없을 것입니다."라고 운운하며 돌아갔다.

이것은 심환지가 매우 간교하여, 자신이 말하지 않고, 심수지를 시켜 허황된 말로 그 당시의 형세를 과장하여 말하게 하여, 나의 일거일동을 살펴 끌어들이고자 한 것이었다.

얼마 후 나는 충청 도사(忠淸都事)를 제수받고 시험을 주관하기 위해 내려가게 되었다. 심환지가 말하기를,

"호서 지역의 명망 있는 선비 한후정(韓後定)은 남당(南塘, 한원진)의 아들입니다. 김서행(金恕行) 또한 명망 있는 선비이니, 그대가 물색(物色)[95]하여 뽑으면 좋을 것입니다."라

94. 어로(魚魯)를 분간하지 못하는[不卞魚魯]: 어(魚) 자와 노(魯) 자를 분간 못할 정도로 무식하다는 뜻이다.
95. 물색(物色): 어떤 기준으로 거기에 알맞은 사람을 고르거나 찾아내다.

고 하여, 내가 말하기를,

"그들이 비록 명망 있는 선비라 하나 과장(科場)에서 어찌 물색을 하겠습니까? 나는 겉만 보고 사람을 분별해 내는 식견[藻鑑][96]은 없으니, 다만 그 문장의 우열을 살필 뿐입니다. 세상에서는 간혹 자표(字標)로 서로 호응[97]하여 물색하기도 한다는데, 내 생각에 이와 같다면, 비록 매성유(梅聖兪)[98]를 얻는다 해도 (그리하는 것은) 도리가 아닙니다."라고 하였다.

심환지가 내 뜻을 알고 다시 억지로 권하지 않고, 대화를 나누다가 나에게 묻기를,

"그대는 일찍이 증광시(增廣試)에서 인표(引表)를 잘 지었으나 합격은 못하였지요.[99] 나는 평소 사륙문(四六文)을 공부하지 않아 몰라서 물으니, 인표가 과연 범표(凡表)보다 낫습니까?"라고 하여, 내가 말하기를,

"인표의 문리(文理)는 기운이 흘러넘치는 것[淋漓][100]과 같고 문체의 품격 또한 전아(典雅)하니 어찌 범표(凡表)와 비교할 수 있겠습니까?"라고 하였다. 심환지가 말하기를,

"이제 그대가 처음으로 시험을 주관하게 되었는데, (답안을) 일찍 내는 사람과 늦게 내는 사람 중 어느 쪽을 뽑겠습니까?"라고 하여, 내가 말하기를,

"일찍 내고 늦게 내고를 막론하고 뽑는 기준은 문장일 뿐입니다. 그러나 내 일찍이 보잘것없는 답안을 늦게 내는 바람에 매번 불리하였습니다. 만약 법식에 맞는 글이라면 비록 늦게 제출해도 뽑으려 합니다."라고 하였다.

내가 말을 주고받는 사이에 뜻하지 아니하게 심환지에게 나의 생각을 알려 준 것이었다.

중장(中場)의 시관을 할 때 거의 끝 축(軸)[101]에 인표(引表)가 있었는데, 글의 이치가 갖

---

96. 겉만 …… 식견[藻鑑]: 사람이나 사물의 겉만 보고도 그 인품이나 호오(好惡)를 분별하는 식견(識見)을 '조감(藻鑑)'이라 한다.
97. 자표(字標)로 서로 호응: 자표(字標)란 경서(經書)의 강독 시험에 낼 문제를 추첨하기 위하여 어려운 대문(大文)에 천(天)·지(地)·현(玄)·황(黃)으로 표식한 것인데, '자표로 서로 호응한다'는 것은 시험관이 농간을 부려 문제를 미리 유출하거나 혹은 시폭(試幅)을 봉미(封彌)한 후 수험생이 고쳐 쓴 것을 허용하는 등의 부정행위를 이른다. 봉미는 과거의 답안지 오른편 끝에 성명·생년월일·주소와 아버지, 할아버지, 증조할아버지, 외할아버지의 네 조상인 사조(四祖)를 쓰고 봉하여 붙이는 것을 가리킨다.
98. 매성유(梅聖兪, 1002~1060): 송나라 시인 매요신(梅堯臣). 성유(聖兪)는 매요신의 자(字)이다. 선성(宣城) 사람이며, 세상에서는 완릉 선생(宛陵先生)이라고 칭하였다. 일찍이 시로 이름을 날려 전유연(錢惟演), 구양수(歐陽脩) 등과 교제하면서 시문을 주고받았다. 『당서(唐書)』를 수찬(修纂)하는 데 참여하였으며, 국자감 직강(國子監直講)을 지냈다. 저서로는 『당재기(唐載記)』, 『모시소전(毛詩小傳)』, 『완릉집(宛陵集)』이 있다.
99. 증광시(增廣試)에서 …… 합격은 못하였지요: 심낙수는 계사년(1773)과 갑오년 두 해의 증광시(增廣試) 소과에서 모두 초시에는 합격했으나 복시의 표문 시험에서 낙방하였다. 이에 그는 날마다 혹독하리만큼 표문을 짓는 학습을 하였다고 한다.
100. 기운이 흘러넘치는 것[淋漓]: 임리(淋漓)란 기운이 넘칠 듯 힘찬 필세(筆勢)나 문장력을 뜻한다.
101. 축(軸): 과거를 볼 때, 답안(答案) 10장을 묶은 단위(單位)를 이른다.

추어지고 뛰어나기에 마침내 일등을 매기고 탁명(坼名)[102]해 보니 한후정이었다. 이에 심환지가 의도를 가지고 일부러 나에게 질문한 다음 그 주고받은 내용을 한후정에게 전하였으며, (한후정은) 여러 사람의 힘을 합해 글을 지었고 또 이를 늦게 제출하였던 것임을 알게 되었다. 심환지의 마음 씀이 너무도 간교함을 알았다.

한후정은 한후익의 사촌이다. 나는 너무도 한스러웠으나 어찌할 방법이 없었다. 심환지가 사람을 기만하는 술수는 여기에서 그 일단을 볼 수 있다. 후에 한후정의 일을 따져 물으니 심환지가 말하기를,

"과거에 응시하는 사람이 시관이 숭상하는 바를 알고 글을 지어 답안을 제출하는 것은 아름다운 일인데, 그대는 어찌하여 못마땅하게 여기고 원망합니까? 그때 내가 그 내용을 (한후정에게) 말한 일이 있긴 합니다."라고 하였다.

11. 심환지의 당심을 비판하는 심낙수

이해 가을, 김구주가 혜경궁(惠慶宮)[103]에게 문안을 올릴 때 불참한 일로 인해 특명으로 외딴섬에 귀양 보내는 처분을 내렸다.[104] 이어서 그의 세 가지 큰 죄악[三大罪][105]을 전교하자 양사(兩司)가 즉시 계를 올렸다. 정이환 또한 김구주의 사인(私人)이라 하여 특명으로 삭출하였다. 내가 심환지를 만나 묻기를,

"그대의 청양군과 여양군은 지금 어찌하여 역적이 되었습니까?"라고 하니, 심환지가 크게 실망하여 말하기를,

"나는 정말로 그 죄를 모르겠습니다. 주상이 내리신 전교에서 '응당 널리 밝게 알려야 한다'고 하교하셨는데 실로 무슨 일인지 모르겠고, 하교하신 세 가지 죄안은 반드시 성교(聖敎)라 할 수는 없을 것 같습니다. 홍봉한은 외척이고, 그 권세는 끝내 대적할 수 없는가 봅

---

102. 탁명(坼名): 과거에 급제한 사람의 봉미(封彌)를 임금 앞에서 뜯던 일이다.

103. 혜경궁(惠慶宮, 1735~1815): 사도세자의 비(妃), 영의정 홍봉한(洪鳳漢)의 딸, 정조의 어머니. 1744년 (영조 20) 세자빈에 책봉되고, 1762년 사도세자가 죽은 뒤 혜빈(惠嬪)에 추서되었다. 1776년 아들 정조가 즉위하자 궁호가 혜경(惠慶)으로 올라 혜경궁 홍씨로 잘 알려져 있다. 고종 때 헌경왕후(獻敬王后)로 추존되었으며, 대한제국 때 의황후(懿皇后)로 다시 추존되었다. 저서로는 『한중록(恨中錄)』이 있다.

104. 김구주가 …… 내렸다: 1776년(정조 즉위년) 9월 9일 (정축) 실록기사에 따르면 혜경궁 홍씨에게 환후가 있자 정조가 약방 삼제조에게 모두 입직할 것을 명하였다. 이때 온 조정이 문안하였는데 당시 한성좌윤이던 김구주가 불참하자 흑산도에 유배하였다.

105. 그의 세 가지 큰 죄악[三大罪]: 신묘년(영조 47) 봄에 '모물(某物, 뒤주)'에 대한 설과 왕손추대설로 홍봉한을 모해한 일, 임진년(영조 48) 봄에 홍봉한의 추숭설을 상소하여 세손을 위험에 처하게 한 일, 정유년(정조 원년)에 은전군을 조성(趙峸)의 가문과 혼사시켜 추대하려 한 일을 가리킨다.

니다.

주상께서 신지를 척리의 사인(私人)이라 알고 계셨다면 처음에는 어찌하여 탁용하였으며 지금은 또 어찌 이같이 하신단 말입니까? 사교(辭敎)가 너무도 박절하니 진실로 알 수가 없습니다."라고 하며, 분개하고 원망하는 기색을 드러냈다.

내가 말하기를,

"구주의 상소에서 이른바 '그의 집 어린 아손(兒孫)처럼 보았다[視若渠家]'[106] 이하 운운한 내용과 또한 '충제(冲帝)와 질제(質帝)의 고사를 인용한 것[其所引冲質]'[107] 등의 말은 내 일찍이 신하된 자가 말할 수 있는 것이 아니라고 생각하였습니다.

그리고 '사사로이 만났을 때[私覿時]'[108] 운운한 것에 대해서는, 지금 전교를 보고 불현듯 그 마음 씀이 망측하였음을 더욱 깨닫게 되었는데, 그대는 반드시 성교라 할 수는 없을 것 같다니, 이 무슨 뜻입니까?"라고 하니, 심환지가 말하기를,

"이미 흉언을 들은 터에, 어찌 말이 동궁[銅闈]에서 나왔다고 하여 그 말을 듣지 않은 것으로 하겠습니까?"[109]라고 하여, 내가 말하기를,

"그대는 당심(黨心)이 고질이 되었다고 할 만하군요. 처음에는 잘못 들어갔다 하더라도 불현듯 깨닫는다면 병을 완전히 낫게 하는 데 해가 없을 것입니다. 그대는 마땅히 마음을

---

106. 그의 집 …… 보았다: 이 구절은 1772년(영조 48) 7월 21일에 김구주의 재종제(再從弟)인 김관주(金觀柱)의 상소에 나오는데, 그 구체적 내용은 다음과 같다. "그가 평일에 우리 저하(邸下)를 거의 그의 집 어린 아손(兒孫)처럼 보아서 손바닥 위에 올려놓고 놀리면서 마음대로 번복할 수 있다고 여겼기 때문에 지척의 전석에서 감히 흉언 꺼내기를 조금도 꺼리지 않은 것입니다[彼其平日視我邸下, 殆如渠家之小兒孫, 謂可以翫弄掌上, 隨意翻覆, 故咫尺前席, 敢發凶言, 無所顧忌]." 심낙수는 김관주가 올린 이 상소 구절을 김구주의 상소로 간주하고 있다. 이는 심낙수가 김관주의 상소 또한 김구주의 사주를 받아 올린 것으로 보고 있음을 보여준다.

107. 충제(冲帝)와 질제(質帝)의 고사를 인용한 것[其所引冲質]: 김구주는 1772년(영조 48) 7월 21일에 올린 상소에서 홍봉한이 동궁, 즉 세손을 끼고 사도세자 추숭(追崇)을 주장하고 동궁을 보호해야 한다는 설을 만들어 내어 인심을 현혹시켰다고 주장하였다. 그러면서 권간 왕망(王莽)과 양기(梁冀)를 죽인다고 그것이 성제(成帝)·애제(哀帝)나 충제(冲帝)와 질제(質帝)를 불리하게 하는 것이 아님을 들어 홍봉한의 동궁보호설을 비판하였다.

108. 사사로이 만났을 때[私覿時]: 김구주의 1772년 상소에서 홍봉한이 세손을 사사로이 만나 사도세자의 추숭을 논의하고 면전에서 협박하였다고 언급한 내용을 가리킨다. 김구주에 의해 홍봉한과 세손이 사도세자 추숭 문제 등에 대해 사적으로 대화한 내용이 폭로되자 세손은 다급하게 수습에 나섰다. 추숭 논의를 세손이 홍봉한과 수작했다는 사실 자체만으로도 세손의 처지는 충분히 위태로울 수 있었기 때문이다. 이에 세손은 홍봉한과 논의한 것은 장래에 제기될 수도 있는 추숭문제에 대한 정당한 대응책에 대해 미리 논의한 것이라는 취지로 영조에게 임기응변으로 답변하여 상황을 모면하였다.

109. 이미 …… 하겠습니까: 심환지는 김구주가 1772년 상소에서 주장했듯 홍봉한이 세손과 수작하여 사도세자를 추숭하고자 하였고, 이로써 임오년 대처분(대의리)에 대한 변란을 시도했다고 생각하고 이를 '흉언'이라 표현하고 있다. 그리고 홍봉한의 이러한 '흉언'이 동궁인 세손과의 사적인 대화에서 나왔다 하더라도 결코 묵과할 수 없는 중대한 일임을 강조하고 있다. 이와 같은 심환지의 주장은 김구주가 패퇴한 현실에서도 남당(南黨)이 주장한 살홍(殺洪, 홍봉한을 죽임)의 명분이 정당하였음을 여전히 강조하고 있는 것이라 하겠다.

열고 가슴속을 씻어내야 할 것입니다."라고 하니, 심환지가 자못 겸연쩍어하는 기색이 있었다.

이에 앞서 역적 이율이 성균관[太學]의 장의(掌議)로서 홍봉한을 비판하는 유소(儒疏)를 올렸다. 그는 항상 사람들 가운데에서 팔을 걷어붙이며 말하기를,

"내가 홍봉한을 죽이고자 하는 것은 아니나, 맹세코 살아서 함께할 수는 없다."라고 하였는데, 그 위태롭고 두려운 형상을 사람들이 모두 지목하였다.

이율은 심환지의 친한 벗으로, 성균관의 통문은 환지에게서 나왔고 유소의 초안은 김종후에게서 나왔다. 그러나 김구주가 유배되자 이율 또한 기세가 꺾여 사람들이 모두 비웃었다.

나의 벗 의술(義術) 이성임(李聖任)이 성균관 장의로 있을 때 이율을 장의에 추천[齋薦][110]하지 않고 탈락시킨 일이 있었다. 심환지는 내가 이 일을 알고 있었으리라 생각하여 나에 대한 의구심과 노여움을 쌓아 갔다.

이성임은 내 맏아들의 처부(妻父)이다. 몇 달 후 심환지를 만났는데 내가 웃으며 말하기를,

"이율이 장의에 추천되지 못한 것을 두고 그대는 내가 이 일을 알고 있었을 것이라 의심하고 있습니다. 나와 이성임은 인척지간이 된 지 얼마 되지 않았고 일찍이 친밀히 지낸 일도 없습니다. 게다가 유소나 성균관 통문을 내도록 사주하는 일은 내 일찍이 사대부의 일이라 여기지 않았거늘 어찌 이러한 일들에 간여했겠습니까?

다만 이율이 장의에 추천되지 못하고 탈락한 것은 그럴 만했습니다. 그 후 내가 이성임을 만났는데 (이율의 탈락이) 사리에 맞는 합당한 조처였다고 말하며 한번 웃었습니다."라고 하니, 심환지가 말하기를,

"나 또한 그대가 처음부터 이 일에 간여하지는 않았음을 알고 있습니다. 그러나 사론(士論)을 주도하는 사람을 북돋아주지는 못할망정 어찌 공격하고 배척하는 것입니까? 이는 그대의 큰 병통입니다."라고 하여, 내가 웃으며 말하기를,

"그대들은 사론(士論)을 말하는데, 그 사론이라는 것을 나는 잘 모르겠습니다. 이율은 세속에서 말하는 향도군(香徒軍)[111]인데, 향도군이 사론을 행한다는 말은 내 일찍이 들어보지 못하였습니다."라고 하니, 심환지의 안색이 어두워졌고, 자리를 파하였다.

---

110. 장의에 추천[齋薦]: 재천(齋薦)이란 조선 시대에 성균관의 장의(掌議)로 될 사람을 추천하던 일이다.
111. 향도군(香徒軍): 사람이 죽어 장례를 치를 때 상여를 메는 사람이다.

12. 홍국영의 심낙수 비판

병신년(1776, 정조 즉위년) 봄에 내가 처음으로 대망(臺望)[112]에 올랐는데【이조 판서는 서명선(徐命善)[113]이었다.】 관례에 따르면 제수되어야 했으나 곧 의망(擬望)이 취소되었다.

그해 여름 충청 도사(忠清都事)에 두 번째로 의망되어[114] 임명되자, 과거 시험을 주관하였다. 돌아온 후에는 또 검의(檢擬)[115]에서 제외되었다.

섣달[臘月]에 영동 지방의 흉년으로 인해 특명으로 울진(蔚珍) 현령에 제수되었다. 내가 첫 번째로 의망에 올라 임명되었고, 이에 당일로 조정에 하직 인사를 올렸다.

이때 홍국영이 궁중에 장기간 거처하였는데 승정원이 아닌 약방에 머물렀다.[116] 문과, 문음, 무과를 막론하고 수령들이 (홍국영을) 알든 모르든 간에 모두 그를 직접 대면하고 하직 인사를 올린 후 부임하였다.

나는 일찍이 국영과 아는 사이가 아니었고, 승지에게 일일이 하직 인사를 하는 것 또한 전례에 없는 일이었으므로 찾아가 만나지 않고 떠났는데, 사람들이 모두 내가 잘못하였다고 말하였다. 후에 들으니 홍국영이 사람들에게 말하기를,

"이 사람은 일찍이 괴팍하고 편벽된 사람이라 들었는데, 진실로 반상낙하(半上落下)[117]하는 사람이로다."라고 운운하였다고 한다.

내가 부임한 지 한 달이 채 안 되었을 때 일로 인해 관직을 버리고 돌아왔다. 감사가 투인(投印)[118]으로 논계(論啓)하여 고신(告身)[119]을 추탈당하였다.

---

112. 대망(臺望): 사헌부(司憲府)와 사간원(司諫院)의 관원을 뽑을 때 후보자 세 사람을 추천하는 일이다. 또는 추천된 사람.
113. 서명선(徐命善, 1728~1791): 본관 달성(達城), 자 계중(繼仲), 호 귀천(歸泉)·동원(桐源). 이조 판서 종옥(宗玉)의 아들. 좌의정·영의정 등을 역임. 세손의 대리청정을 반대하는 홍인한(洪麟漢) 일파를 탄핵, 세손의 대리청정을 시행할 수 있도록 노력하였다. 정조 즉위 뒤 중용되었다.
114. 두 번째로 의망되어: 부의(副擬). 관직의 후보에 두 번째로 천거되는 것으로, 부망(副望)이라고도 한다. 전조(銓曹)에서 관원의 후보로 삼망(三望)을 갖추어 올려서 낙점을 받는데, 첫 번째를 수망(首望), 두 번째를 부망, 세 번째를 말망(末望)이라 하였다.
115. 검의(檢擬): 인재를 골라 뽑아서 관직의 후보자로 추천하는 것을 말함. 문관의 경우는 청직(淸職)으로 꼽히는 의정부(議政府)의 검상(檢詳), 경연청(經筵廳)의 검토관(檢討官) 등에 임용하기 위해서 추천하는 인사 행정을 말하며, 무관의 경우 당하 무관직(武官職)을 임명할 때 취재(取才)에 합격했는지 또는 선전관(宣傳官)·부장(部將)·수문장(守門將) 등에 추천된 사실이 있는지의 여부를 조사하여 위에 주천(奏薦)하는 것을 의미함.
116. 홍국영이 …… 머물렀다: 당시 홍국영은 도승지 및 숙위 대장으로서 궁중에 늘 거처하고 있었는데, 도승지라는 직책상 승정원에 머무르는 것이 마땅했으나 그리하지 않았음을 지적하는 내용이다.
117. 반상낙하(半上落下): 처음에는 성의껏 하다가 중도에 그만두어 이루지 못함.
118. 투인(投印): 합당하지 않은 이유로 관직의 징표인 인장(印章)을 던지고 벼슬을 그만둠.
119. 고신(告身): 관리를 임용하는 사령장.

13. 1777년 은전군(恩全君) 이찬(李禶) 추대 사건에 대한 논란

정유년(1777, 정조 1) 겨울에 나는 장인[外舅]의 초상에 조문하기 위해 공주로 갔다. 이때는 대옥(大獄)[120]을 겨우 지난 때였는데, 이규위가 소리 높여 말하기를,

"홍계능의 흉악한 음모[121]는 모두 북당(北黨)에서 나왔다. 김구주를 사사(賜死)하라는 전교는 곧 철회되긴 하였으나, 군관 조성(趙峸)[122]에 대한 설은 병조의 『급마등록(給馬謄錄)』을 살펴보아도 또한 없었다고 한다. 추대라는 것이 어떠한 일이건대 변변한 근거도 없이 억지로 역안(逆案)을 만든단 말인가?"라고 하여, 내가 말하기를,

"주상이 명을 거두신 것은 실로 관대하고 어진 마음에서 나온 것이니, 구주의 죄에 어찌 근거를 논한단 말인가? 그 당에서는 전부터 매번 야순(夜巡), 엄금(嚴禁)과 같은 세손의 과실을 언급하며, 이는 모두 주상의 뜻이며 동궁을 위해 한 일이라고 하였다. (또) 번번이 말하기를, '홍봉한은 승순(承順)함이 지나치니 반드시 모년(某年)의 일이 다시 거론될 것[123]이다.'라고 하였고, 은전군 이찬(李禶)[124]을 예찬한 것은 입에 담지 못할 정도였다. 이러한 말들을 거리낌 없이 하여 당시 예사로운 말이 되었으니, 누구인들 듣지 못했겠는가? 지금에 와서 어찌 변명하며 그 책임을 홍계능에게만 떠넘긴단 말인가?"라고 하니, 이규위가 말하기를,

---

120. 대옥(大獄): 정유년에 있었던 역모 사건을 가리킨다. 정유년(1777, 정조 1) 홍상범(洪相範)이 부친인 홍술해(洪述海) 등과 연계하여 강용휘·전흥문 등 자객을 궁궐에 침입시켜 정조를 시해하려 하였다. 이때 홍술해의 처 효임(孝任)은 궁궐의 액속들을 매수하여 홍술해 방면운동과 저주행위를 하였는데, 역변이 실패로 돌아감에 따라 이에 가담한 궁궐 안팎의 연계가 드러났다. 정조는 즉위한 후 자신의 즉위를 방해했던 홍인한계 북당을 역적으로 규정, 제거하였는데, 이에 불만을 품은 홍계능(洪啓能)·홍상길(洪相吉) 등이 이택수(李澤遂)·민홍섭(閔弘燮) 등을 끌어들여 정조를 시해한 후 은전군(恩全君) 찬(禶)을 추대하려 하였다. 이때 홍계능은 홍인한·홍계희·정후겸 등의 소굴로 규정되어 장살되었다.

121. 흉악한 음모: 역적 이찬을 추대하려는 의도를 가리킨다. 1776년(정조 즉위년) 홍계능은 홍상범의 사촌인 홍상길과 모의하여 정조를 암살하려는 계획을 세우고, 사도세자와 경빈 박씨 사이에 태어난 은전군 찬을 국왕으로 추대하려다가 발각되어 옥사하였다.

122. 조성(趙峸): 은전군(恩全君) 이찬(李禶)의 장인. 심낙수는 김구주가 이찬을 추대하려는 치밀한 사전 모의 아래 문하의 무인이었던 조성의 딸을 은전군의 처로 삼게 하였다고 보았다.

123. 모년(某年)의 …… 거론될 것: 세손이 즉위한 후 홍봉한이 임오화변의 시비를 다시 거론하여 사도세자의 추숭을 추진하는 등 대의리의 전복을 공론화할지도 모른다는 남당의 위기의식을 표현한 것으로 보인다.

124. 이찬(李禶, 1759~1778): 사도세자의 서자 은전군(恩全君). 어머니는 경빈 박씨(景嬪朴氏). 1777년(정조 1) 홍술해(洪述海)의 아들 홍상범(洪相範)이 아버지가 황해도 관찰사로 있을 때 범인을 은닉한 죄로 유배당하게 되자 이에 불만을 품고서 아버지 홍술해, 숙부 홍필해(洪弼海)·홍지해(洪趾海)·홍찬해(洪纘海), 호위 군관(扈衛軍官) 강용휘(姜龍輝) 등과 공모하여 정조를 시해하고, 은전군을 왕으로 세우려 했다. 그러나 전흥문(田興文)이 경추문(景秋門) 북쪽 담장을 몰래 넘다 수포군(守鋪軍)에게 붙잡히게 되어 역모가 탄로 나 홍상범 일당은 모두 복주되었다. 이 일로 인해 은전군은 사사되었다. 1850년 복작되었고, 1871년(고종 8) 3월 16일 효민(孝愍)이라는 시호(諡號)가 내려졌다.

"비록 이러한 말들이 있었으나, 이는 당시 이와 같은 말들을 들었기에 모두 나라를 위해 근심하고 탄식한 말들이다. 어찌 이러한 말들로 증좌를 삼을 수 있단 말인가?"라고 하여, 내가 말하기를,

"그대들이 비록 구주와 친했어도 그대들 또한 속임을 당했을 뿐인데, 어찌 구주를 위해 변명한단 말인가?"라고 하였다. 이에 이규위가 말하기를,

"마침 본 것이 이와 같아서 말한 것인데, 이것은 유배지의 사사로운 장소에서 있었던 일이었다. 그대의 주장이 과격하지만 또한 어렸을 때 옛정이 있는데, 내가 본 것을 어찌 말하지 못하겠는가? 이찬의 일은 물론하고, 누가 아무개를 추대하였는가? 그는 나이가 어린데, 어찌 스스로 죄를 범하였겠는가? 그런데도 (이찬을) 사사(賜死)한 것은 성덕(聖德)에 흠이 되는 것이다. 집의(執義) 김양행(金亮行) 같은 사람은 상소에서 '인(仁)의 지극함이고, 의(義)를 다한 것'이라고 하였으니, 이러한 산림은 없는 것만 같지 못하다."라고 하여, 내가 말하기를,

"그대의 말은 고인(古人)의 말과 비슷한 듯하나 크게 사리에 어긋난다. 듣건대, 이찬은 지극히 총명하고 영리한데도, 변고를 만난 처음에 눈물을 흘리지도 않고 아무것도 모르는 척 추대가 무슨 일이냐고 묻고는 짐짓 의식(衣食)을 평소처럼 하였으니, 어리석기가 지각이 없는 형상과 같았다고 한다. 아마도 죽음을 면하기를 바란 듯하니, 이야말로 진정한 반역이다.

주상이 차마 법대로 행하지 못하다가 며칠 만에 수라를 물리고 눈물을 흘리며 마침내 법에 따라 조처하라는 조정의 의론으로 탑교(榻敎)[125]를 써서 사사(賜死)하였다. 김양행 어르신이 말한 '인(仁)의 지극함이고, 의(義)를 다한 것'이라고 한 것은 이것을 가리킨 것이다."라고 하였다. 이규위가 말하기를,

"오늘날 종영(宗英, 임금의 친척)이 거의 없고 주상에게는 후사가 없으니, 이는 지금 가장 근심스러운 일이다. 5, 6년쯤 기다려보고, (그래도 후사가 없으면) 조정의 도리상 마땅히 먼저 왕증손(王曾孫)을 뽑아 교부(敎傅)[126]를 두고 가르치는 방책을 마련해야 할 것이다."라고 하여, 내가 말하기를,

"왕손의 교부는 원래 있었지만, 왕증손을 위해 어찌 교부를 둔단 말인가?"라고 하니, 이규위가 말하기를,

"이 어찌 전례(前例)를 논할 일인가?"라고 하여, 내가 말하기를,

---

125. 탑교(榻敎): 임금이 의정(議政)을 불러 친히 전하는 왕명(王命)을 가리킨다.

126. 교부(敎傅): 왕손(王孫)의 교육을 담당하는 관직. 대군과 왕자의 교육을 담당한 관직은 사부(師傅)이다.

"이는 그대의 의견인가? 누가 또 이러한 의론을 주장하였는가?"라고 하니, 이규위가 말하기를,

"백고(伯高, 김종후) 또한 이러한 주장을 한다고 들었다."라고 하여, 내가 말하기를,

"후사가 늦어짐은 온 나라가 근심하는 일이지만, 그대의 말은 진실로 천만뜻밖이다. 이러한 말이 나오면 남아 있는 종친도 틀림없이 보전하지 못할 것이다. 이러한 말은 더 이상 듣고 싶지 않다."라고 운운하고 자리를 파하였다.

14. 심낙수가 도당록(都堂錄)에 오른 사연

무술년(1778, 정조 2) 동짓달[至月]에 처음 지평에 제수되었다. 통청(通淸)[127] 후 33개월 만에 비로소 대간 직[臺職]에 제수된 것이었다. 이때 홍낙순(洪樂純)[128]이 이조 판서였는데, 어떤 사람에게 말하기를,

"아무개(심낙수)가 새롭게 통청되었는데 그동안 별다른 이유도 없이 의망에 오르지 못한 지 3년이 넘었으니, 이는 전례에 없던 일이다. 누구는 (그를) 남당이라 하고 누구는 북당이라 하며, 그 사람됨이 괴벽하여 망령된 말을 할까 우려하기도 한다. 그러나 그동안 지적할 만한 형적이 없는데, 계속 의망을 막을 수는 없다고 생각하여 내가 의망에 올린 것이다. 그런데 (그가 대관이 되어) 징토(懲討)를 청한 상소[129]를 보니, 김구주를 논단한 내용이 매우 절실하였다. 그러니 전에 혹자가 그를 일러 남당이라 한 것은 필시 헛된 말이다."라고 운운하였다고 한다.

대개 남당은 평소 나의 주장을 알고 있었다. 예를 들면 심수지가 말하기를,

"그대가 대관(臺官)에 주의(注擬)되었으나 또한 그대가 생소하여 망령된 발언을 할까 의심하고 있다."라고 한 것은 바로 그 당 안의 논의에서 나온 것으로서 심지어 (나를) 괴벽한 사람으로 지목하기까지 하였다. 또 내가 이규위와 가까운 인척이었으므로 도리어 나를 남당이라고 지목하기도 하였다. 그러다가 내가 대직(臺職)에 제수된 후 올린 사직소에서 김구주를 역당의 우두머리라 하고 또 '추악하고 사악한 무리'라는 말을 하였는데, 홍낙순의

---

127. 통청(通淸): 청요직의 후보자로 추천되거나 비준될 자격을 얻는 것을 말한다.
128. 홍낙순(洪樂純, 1723~?): 본관 풍산(豊山), 자 백효(伯孝), 호 대릉(大陵). 홍국영(洪國榮)이 정권을 쥐고 세도정치를 하자 그의 큰아버지로서 대제학·강화유수 등을 거쳐, 1779년 좌의정에 이르렀으나 이듬해 홍국영의 실각과 함께 파직되었다.
129. 징토(懲討)를 청한 상소: 1778년(정조 2) 11월 12일 사헌부 지평으로 제수된 심낙수가 사직소를 올려 반역을 꾀한 잔당들을 남김없이 징토할 것을 주장한 것을 가리킨다.

말은 대개 이를 가리킨 것이었다.

기해년(1779, 정조 3) 봄에 홍문록(弘文錄)을 작성하라는 명이 있었다. 이때 홍문록은 오로지 국영이 주도하였다. 응교(應敎) 이도묵(李度默)[130]은 나의 오랜 벗으로 권점(圈點)[131]을 담당하였다.

하루는 숙위소(宿衛所)에 갔다가 홍문록에 대해 말이 미쳤는데, 홍국영이 관안(官案)을 보고 아무개 등에 대해 일일이 헤아려 말하면서도 나에 대해서는 언급이 없었다. 이도묵이 홍국영의 기색을 보고 내 이름을 가리키며 말하기를,

"이 사람도 마땅히 권점에 들 만합니다."라고 하니, 홍국영이 말하기를,

"차후에 하는 것이 좋겠다. 지금은 정원이 모두 채워졌다."라고 운운하여, 이도묵이 홍국영의 뜻을 알고 힘써 말할 수가 없었다고 한다.

홍문록을 작성한 지 5일 후 당권(堂圈)[132]을 행하였는데 별안간 내가 도당록(都堂錄)에 들었다. 그 연유를 알지 못하다가 이후 들으니 김상철(金尙喆)이 영의정으로서 권점을 주관하였는데, 홍국영이 김상철에게 말하기를,

"홍문록에 들지 못한 사람 중에서도 마땅히 추가로 헤아려 선발해야 할 것입니다. 모두 선발할 수는 없으나 다만 한 사람 심 아무개만은 뺄 수 없습니다."라고 운운하였다고 한다.

처음에는 홍문록에 의망하는 것을 막더니 며칠 만에 다시 도당의 권점을 받도록 권유하니 진실로 그 뜻을 알 수 없었다.

이때 이규위가 상(喪)을 마치고 고향에서 올라와 나를 보고 말하기를,

"그대는 도승지[知申, 홍국영]와 일면식도 없는데 도승지가 도당록의 권점에 들도록 힘을 써 주었으니, 지금부터 그 괴벽한 성정을 고쳐야 할 것이다."라고 하여, 내가 웃으며 말하기를,

"내 일찍이 괴벽했다는 것은 무엇이며, 도승지는 무엇 때문에 도당록의 권점을 받도록 힘을 썼는가?"라고 하자, 이규위가 말하기를,

"이전에 (울진 현령으로) 부임하기 전 하직인사를 다닐 때 찾아보지 않았다 하니 어찌

---

130. 이도묵(李度默, 1736~?): 본관 연안(延安), 자 사신(士愼). 대사간 · 대사헌 등을 역임하였다.

131. 권점(圈點): 청환(淸宦)인 홍문관(弘文館)의 관원을 채용하고자 할 때 후보자의 이름을 적어놓고 전선관(銓選官)들이 각각 자기 마음에 드는 후보자 이름 위에 둥근 점을 찍었는데, 이 점을 권점이라 하였으며, 권점이 많은 사람이 등용되었다. 청요직 임용에 권점제도가 시행된 것은 인망을 중시하고 인사의 공정을 기하기 위해서였다.

132. 당권(堂圈): 도당(都堂)의 권점(圈點). 의정부에서 홍문관의 교리(校理) · 수찬(修撰)을 임명하기 위해 의정(議政) · 참의(參議) · 참찬(參贊) · 이조 판서(吏曹判書) 등이 모여 적합한 사람의 이름 위에 권점을 찍어 도당록(都堂錄)을 작성하고 그 권점의 수를 헤아려 임금에게 올리면, 득점의 순위대로 교리 · 수찬에 임명되었다.

괴벽하지 않단 말인가? 도당록의 권점에 든 일은, 그대에 대한 도승지의 의중을 헤아려야 한다는 뜻이다."라고 하여, 내가 말하기를,

"도승지는 이 나라의 훌륭한 신하이나 내 일찍이 한 번도 만난 일이 없는데 도승지가 어떻게 나를 알아서 마음을 쓴단 말인가? 진실로 나를 위해 하는 말인 줄은 알겠으나 내 성정상 남이 하는 일을 그대로 따를 수 없음은 그대도 알고 있을 것이다. 이후로 다시는 내 일을 입에 올리지 마라.

나는 그대가 평소 도승지와 친숙하게 지내는 것을 알고 있다. 도승지가 비록 이 나라의 훌륭한 신하이지만 지금은 척리의 핵심이다. 유자(儒者)의 평소 품행으로 너무 친밀히 지냄은 온당치 않으니, 그대 또한 너무 자주 왕래하지 말아야 할 것이다."라고 하였다. 이에 이규위가 화를 내며 말하기를,

"그대가 지금 도승지를 척리라 하니, 그가 지난날 김구주와 같다는 말인가?"라고 하여, 내가 놀라 두려워하며 낯빛을 고치고 말하기를,

"그대는 무슨 말을 망령되이 하는가? 구주는 이미 난역(亂逆)이 되었고, 도승지는 의리의 주인이며 국가의 주석(柱石)이거늘 어찌 서로 견주어 말을 한단 말인가? 내 말은 다만 유자의 품행을 지닌 사람은 (척리와) 너무 가까이 지내서는 안 된다는 것뿐이다."라고 하니, 이규위가 정색을 하고 다시 말하기를,

"지난번에 그대가 올린 상소문의 말 중에서 '추악하고 사악한 무리' 운운한 것 또한 어찌 괴벽하지 않다 하겠는가? 사류 중에 혹 김구주와 친밀했던 이들은 모두 속임을 당했던 것이거늘, 이를 두고 어찌 '추악하고 사악한 무리'라 할 수 있는가?

처음에 그 상소를 보고 나 또한 해괴한 마음을 이길 수 없었으나 그대의 말씨가 이러함을 본래부터 알고 있었기에 오히려 헤아려 이해하였다. 대년(大年)【송환억(宋煥億)[133]의 자이다.】이나 휘원(輝遠, 심환지) 같은 이들은 크게 놀라며 괴이해했다고 한다."라고 하였다. 내가 말하기를,

"작년 겨울 유현(儒賢, 송덕상)이 상경한 후 내가 대대로 내려온 정리상 찾아가 인사를 하니, 별안간 묻기를, '지난번에 올린 상소에서 〈재물을 널리 퍼뜨려 죽음을 불사하는 선비[死士]들을 많이 모았다[廣布財賄, 多結死士]〉와 〈추악하고 사악한 무리[醜類淫朋]〉라고 한

---

133. 송환억(宋煥億, 1741~?): 본관 은진(恩津). 송덕상(宋德相)의 조카. 김구주가 패퇴한 이후에 숙부인 송덕상을 끌어들여 김종수를 매개로 홍국영에게 적극 협조하여 권력을 잡았다. 1781년(정조 5) 송덕상이 1779년 상소문에서 거론한 '모양도리(某樣道理)' 문구가 문제되어 삭출되자 호서지역의 유생들이 통문을 돌려 송덕상을 신구하려 하였는데 송환억은 그 배후 선동 세력으로 지목되어 외딴섬에 유배되었다.

말들은 무엇을 가리켜 한 말인가?'라고 하여, 내가 대답하기를, '홍양해와 한후익 무리야말로 어찌 추악하고 사악한 무리가 아니겠습니까? 그러니 이들은 보전하기 어렵지만 그 나머지 추악한 잔당은 없다는 것이 그 상소의 뜻이었습니다.'라고 하였다. 지금 그대의 말을 들으니 대년의 무리들이 모두 너무 심각하게 생각하는 것 같다."라고 하였다. 이규위가 말하기를,

"이후로 올리는 상소는 반드시 우리들과 상의하여 올리시게."라고 하여, 내가 말하기를,

"나는 주장이 없으니 이후로 굳이 소를 올릴 필요가 없을 것이다. 혹여 부득이한 일로 상소하는 일이 있다면 나의 본뜻은 내가 스스로 결정할 것이지만, 문자의 표현에 대해 의논하여 정하는 것은 또한 무슨 문제가 되겠는가?

그러나 그대가 비록 내 가까운 인척이자 벗이라 해도 소장(疏章)을 올리는 것을 내가 하고자 하지 않는다면, 그대가 나를 권면해도 결코 할 수 없다.

내 생각에 대직(臺職)에 의망되는 것이 오랫동안 막혀 있다가 도당록의 권점에 겨우 선발되어 갑자기 들어가게 된 것은 모두 나를 꾀거나 위협하려는 뜻이다. 일에 앞서 미리 근심하는 것이긴 하나 일부러라도 이 말을 하여 그러한 뜻들을 막고자 한다."라고 하였다. 이에 이규위가 말하기를,

"지금 우리는 다만 한마음으로 단합해야 한다. 그런데 어떤 이는 그대가 모난 사람이라 우리와 맞지 않는다고 우려하니, 이 어찌 반드시 소장만을 가리키는 것이겠는가? 마땅히 관대하고 평온하기에 힘써야 할 것이다."라고 하여, 내가 말하기를,

"관대하고 평온한 것은 진실로 좋은 일이고 내 생각 또한 그러하다. 그대도 세상에 나아가 공명을 이루려 하고 조급히 권세를 다투는 마음을 버린다면 이야말로 반은 넘긴 것이다."라고 하였더니, 이규위가 말하기를,

"그대는 말마다 나를 비웃고 있지만 나는 진실한 마음으로 그대를 대하고 있다. 그대 또한 어찌 감동하는 마음이 없겠는가?"라고 하였다.

15. 심낙수가 홍국영을 처음 만나는 장면

기해년(1779, 정조 3) 5월에 원빈(元嬪)[134]의 상사(喪事)가 있었다.

해당 관청에서 의례 절차를 참정(參定)하고 수묘관(守墓官)을 차출하였는데, 여기에 이

134. 원빈(元嬪): 정조의 후궁. 홍국영의 누이동생으로 1778년(정조 2) 13세의 나이로 원빈(元嬪)에 봉해졌으나, 1년 만에 병사(病死)하였다.

담(李湛)[135]을 봉하면서 완풍군(完豐君)이라는 작호를 내렸다. 사람들이 눈을 휘둥그레 뜨며 놀라고 의아해하였다. 하루는 이규위가 나에게 말하기를,

"한쪽 편 사람들[136]이 이덕사(李德師)와 조재한(趙載翰)의 일[137] 때부터 분수에 넘치는 야심으로 기회를 노리고 엿본 지 이미 오래되었고, 자못 가까운 종친을 우롱하는 뜻이 있어 왔다.

이번에 완풍군을 봉작한 것은 대개 한쪽 편 사람들의 흉계를 먼저 없애 진정시키는 방도이다. 이는 도승지의 계책인데, 그대의 뜻은 어떠한가?"라고 하였다.

내가 이 말을 듣고 놀란 마음에 감히 깊은 말을 하지 못하고 답하기를,

"이와 같은 말은 듣고 싶지 않네."라고 하였더니, 이규위가 말하기를,

"그대는 변변치 못한 사람이라 할 만하군. 나라 일 보기를 초월(楚越)[138]같이 무심하게 하는가."라고 하여, 내가 말하기를,

"식견과 역량이 없으면서 망령되이 국사를 논하면 다만 나라에 무익할 뿐만 아니라 이로 인해 흉해(凶害)에 이르면서도 스스로 알지 못하는 것이 예로부터 모두 그러했네. 그대가 이러한 의론에 간여하려 한다면 나는 그대를 보려 하지 않을 것세."라고 하니, 이규위가 내 낯빛이 변하고 말이 간절한 것을 보고 자못 주저하며 말하기를,

"근신(謹愼)하는 도리로는 그대의 말 또한 하나의 방도가 될 수 있을 것이다."라고 운운하였다.

얼마 후 이규위가 장령에서 특별히 승지로 발탁되었고, 6월에는 내가 홍문관 직책에 제수되어 입직하였다. 이규위가 승정원에 있으면서 나에게 홍국영을 찾아가 만나라고 권유하였다. 내가 일찍이 홍국영과 만난 일이 없어 지금 찾아가 보기는 어렵다고 생각하여, 이후 자연스럽게 만나는 것이 좋겠다고 말하고 번(番)을 마친 후 나왔다. 그러자 이규위가 나를 괴벽하다 책망하며 위협하고 겁주는 말까지 하기에 이르렀다.

---

135. 이담(李湛, ?~1786). 아버지는 정조의 이복동생인 은언군(恩彦君) 인(裀). 1779년 정조의 후궁 원빈 홍씨가 소생 없이 갑자기 죽자 당시 홍국영에 의하여 효의왕후의 양자가 되어 완풍군(完豐君)에 봉하여지고, 이어 상계군(常溪君)으로 개봉되면서 왕의 후계자로 추대되려 하였으나, 오히려 모반죄로 몰려 유폐되고, 이 결과 1786년 음독 자살하였다.

136. 한쪽 편 사람들: 서명선과 정민시 등 소론을 가리킨다.

137. 이덕사(李德師)와 조재한(趙載翰)의 일: 1776년(정조 즉위년) 4월 1일에 준소(峻少) 이덕사(李德師)·조재한(趙載翰)·박상로(朴相老)·이일화(李一和)·최재홍(崔載興)·유한신(柳翰申) 등이 복주(伏誅)된 사건이 발생하였다. 당시 영조가 승하하여 아직 장례를 치르기 전이었는데, 조재한이 향유(鄕儒) 이일화를 사주하여 임오년의 일과 사도세자의 추숭을 언급하는 상소를 올리게 하였다. 이덕사의 상소도 같은 날 올라오고, 유한신도 상소를 승정원에 바쳤는데, 상소의 내용이 똑같았다. 이에 정조가 이 일을 선대왕(先大王)을 모함하는 대역(大逆)으로 간주하여 정국(庭鞫)을 행하였다.

138. 초월(楚越): 초나라와 월나라처럼 서로 떨어져 상관없는 사이를 의미한다.

그 후 입직하였을 때 승정원에 갔더니 마침 홍국영이 당도하여 나에게 말하기를,

"지금까지 한 번도 대면하지 못하다가 지금에야 비로소 만나게 되었습니다."라고 하여, 내가 "그러합니다."라고 대답하니, 홍국영이 말하기를,

"번을 마치고 나가기 전에 방문해 주실 수 있습니까?"라고 하기에 내가 응낙하였다.

다음날 홍국영이 머무는 숙위소(宿衛所)에 갔는데, 여러 사람들이 둘러앉아 웃으며 이야기하는 것이 북적북적하였다. 내가 들어가 앉자 안부를 묻고 파하였다. 홍국영이 백수(伯修) 심염조(沈念祖)[139]를 보고 말하기를,

"하번(下番)의 용모가 고(故) 남 봉조하(奉朝賀)[140]와 비슷한 듯한데, 그대가 보기에도 또한 그러한가?" 하니, 백수가 그렇다고 답하였다.

내가 그 떠들썩한 광경을 처음 보았는데 마치 처녀가 기방에 새로 들어온 듯 마음이 매우 불안하여 하직하고 돌아왔다.

16. 이규위가 남당의 정치공작에 앞장서다

경회(景會) 홍병성(洪秉聖)[141]은 나와 같은 마을에서 꽤 친숙한 사이였는데, 하루는 나를 찾아와 묻기를,

"같은 마을에 사는 참판 여고(汝皐)【재상 이재협(李在協)[142]의 자이다.】 이재협이 그대에게 물어보라고 나에게 요청한 것이 있습니다. 만약 그대가 기탄없이 말하고자 하지 않는다면 아예 말을 꺼내지 않는 편이 나을 것입니다."라고 하여, 내가 말하기를,

"한 마을에 살기에 얼굴을 안다고 할 수는 있으나 일찍이 서로 친한 일은 없었는데 나에게 물을 일이 무엇이란 말입니까? 하지만 내 어찌 기꺼이 말하지 못할 일이 있겠습니까?"라고 하니, 경회가 말하였다.

---

139. 심염조(沈念祖, 1734~1783): 본관 청송(青松), 자 백수(伯修), 호 함재(涵齋). 1776년(영조 52) 별시문과에 을과로 급제하였다. 1777년(정조 1) 사은 겸 진주사(謝恩兼陳奏使) 채제공(蔡濟恭)의 서장관(書狀官)이 되어 청나라에 다녀온 뒤 『서장문견록(書狀文見錄)』을 지어 정조에게 바쳤다. 1782년 홍문관부제학으로 감인당상(監印堂上)에 임명되고, 1783년 황해도 관찰사로 있다가 임지에서 죽었다. 당색은 노론 동당계로 분류된다.
140. 고(故) 남 봉조하(奉朝賀): 남유용(南有容, 1698~1773)으로 추정된다. 본관 의령(宜寧), 자 덕재(德哉), 호 뇌연(雷淵) · 소화(小華). 대제학 용익(龍翼)의 증손. 이재(李縡)의 문인. 형조 판서 · 원손사부(元孫師傅) 등을 역임하였다. 문장과 시(詩)에 뛰어나고 서예(書藝)에도 일가를 이루었다.
141. 홍병성(洪秉聖, ?~?): 본관 남양(南陽). 증조부 군수 우익(禹翊), 조부는 계창(洪啓昌), 부친 구해(龜海). 1771년(영조 47) 사헌부지평(司憲府持平), 1789년(정조 13)에 대사간(大司諫)을 역임하였다.
142. 이재협(李在協, 1731~1790): 본관 용인(龍仁), 자 여고(汝皐). 병조 판서 경우(景祐)의 아들. 1757년(영조 33) 문과에 장원 급제, 병조 판서를 거쳐 인릉군(仁陵君)에 피봉되었고, 1787년(정조 11) 우의정, 좌의정을 거쳐 1789년(정조 13) 영의정에 이르렀다.

"일전에 이재협 대감이 승정원에 가자 이평서(平瑞, 이규위)가 여고(汝皐, 이재협)를 데리고 육선루(六仙樓)로 올라가 조용히 말하기를,

'지금 도승지가 남당을 끌어모아 등용하려 하고 있고, 주상의 뜻 또한 이와 같습니다. 한쪽 편에도 뜻을 같이하여 상응하는 사람이 있을 것이니, 공께서는 주의를 기울여 이들을 수합하는 것이 좋을 것입니다.'라고 하였다 합니다. 이 대감과 이규위 공이 오랫동안 마주하고 말을 나누니 이를 본 사람들이 괴이쩍게 여기므로 말을 다 하지 못하고 자리를 마쳤다 합니다.

이 대감이 생각하기에 그대와 이 공이 가까운 인척이니 그대는 반드시 자세한 내막을 알 것으로 생각하고, 내가 그대와 친숙하니 그대에게 가서 물어보라고 나에게 부탁한 것입니다." 내가 이 말을 듣고 놀란 마음으로 답하였다.

"말씀하신 이 공은 내 처의 오라비로 그와는 30년 동안 교분을 쌓아 왔습니다. 내가 또한 그 사람됨을 잘 아는데, 그 마음에 주관이 없어 허황되고 망령되지요. 일찍이 김구주와 서로 친하여 스스로를 남당이라 여겼습니다.

지금 도승지도 전부터 (이규위와) 친숙하게 지내긴 하였으나, 소위 남당을 모아 거두어 등용한다는 설은 그러할 리가 없으며 이는 틀림없이 도승지가 한 말이 아닐 것입니다. 주상의 뜻 운운하는 것은 더욱 망령된 말입니다. 주상의 뜻이 어찌 일당(一黨, 남당)을 치우쳐 등용하는 것에 있을 리가 있겠습니까? 이는 반드시 이 공의 허황하고 과장된 말일 것입니다.

한쪽 편에서 뜻을 같이하는 이들을 수합하라는 설은 지극히 해괴하니, 이른바 뜻을 같이한다 함은 무슨 일을 말하는 것입니까? 이는 망령된 말이 틀림없습니다.

모름지기 내 뜻을 이 대감에게 전해 주십시오. 이 대감에게 이후 이 공을 만나거든 다시는 이러한 말을 하지 말라 하고 절대로 그 말을 믿어서는 안 된다고 하십시오."

경회는 내가 내막을 자세히 알면서도 고의로 짐짓 홀대하는 말을 한다고 의심하며 나에게 말하기를,

"그대와 나는 세속에서 말하는 색목은 다르지만 여러 해 동안 친하게 지내 왔는데, 끝내 진실한 마음으로 상대해 주지 않는 겁니까? 이 공이 또한 어찌 망령된 말을 하는 사람이겠습니까?"라고 하여, 내가 웃으며 말하기를,

"그대는 나와 친하다 하면서도 내가 평소 이 공과 서로 화합하지 않음은 모르고 있으니, 이는 (그대와 내가) 색목이 다르기 때문입니다. 그대는 마을에 새로 이주해 와 모르시지만, 이 공이 일찍이 나와 문을 마주하고 살면서도 서로 왕래가 없었음은 마을 사람들도 모두

알고 있습니다. 나와 이 공은 어려서부터 의론이 맞지 않았습니다.

나는 이 공이 이 대감과 말한 내용을 전혀 듣지 못하다가 지금에서야 그대를 통해 듣게 되었습니다. 그 말은 허황하고 망령된 말일 뿐만 아니라, 내 생각에는 필경 화환(禍患)이 있게 될 것입니다.

내 진실로 그대에게 신뢰를 받지 못하고 있으나 이 대감이 이 사실을 알게 되기를 바랍니다. 나는 그대에게 성의를 다하여 할 말을 다 하였습니다."라고 하였다.

경회가 내 말이 매우 간절한 것을 듣고 자못 그러하다고 여기면서도, 반신반의(半信半疑)한 채로 돌아갔다. 내가 경회의 말을 듣고 놀라고 두려운 마음을 이기지 못하여 규위를 찾아가 정색을 하고 책망하며 말하기를,

"그대가 말하는 남당이 무슨 해야 할 일이 있다고 수합하여 모은단 말인가? 한쪽 편 사람들 중 뜻을 같이하는 이들을 수합한다는 말은 또 무슨 일인가?"라고 하였더니, 이규위가 안색이 변하여 말하기를,

"그대는 어디에서 그러한 말을 들었는가?"라고 하여, 내가 말하기를,

"그대가 비록 나에게 말하지 않았으나, 이 대감에게 그 말을 들었네."라고 하니, 이규위는 내가 이 대감과 일찍이 상종한 일이 없다는 것을 알고 있었으므로 나에게 묻기를,

"이 대감과 그대는 서로 친하지 않거늘, 그대는 정말 어디에서 그 말을 들었는가?"라고 하여, 경회가 나에게 물었던 말을 내가 상세히 말하니, 이규위가 말하기를,

"과연 그러한 말이 있었다. 그대는 매사 나와 의론이 맞지 않으므로 말을 하지 않았을 뿐이다."라고 하였다. 내가 말하기를,

"도승지는 나라의 훌륭한 신하인데 어찌 남당에 편향된 뜻이 있겠는가? 주상의 뜻 운운하는 것 또한 더더욱 그러할 리가 없다. 성명(聖明)이 위에 계시면서 어찌 남당을 편향되게 등용할 리가 있겠는가?

이는 그대가 전부터 말한 남당이 당류(黨類)를 이루어 도승지의 권위에 편승하려는 것이 틀림없거늘, 그대는 어찌하여 이같이 경악할 일을 하는가?"라고 하니, 이규위가 말하기를,

"도승지는 정말로 남당에게 의지하려는 뜻을 가지고 있고 주상의 뜻 또한 진실로 이와 같다. 이는 나라 일을 행함에 등용할 만한 사람들이 남당에 많이 있기 때문이다. 남당 중에 오랜 벗 아무개 아무개는 등용할 만한 사람이라, 내가 이미 성명을 열거하여 도승지에게 보여주었다.

정일환(鄭日煥)은 음직(蔭職)을 받은 유사(儒士)인데, 도승지가 일전에 사람을 보내 안부를 물었다. 이에 내가 '대부(大夫)가 사(士)에게 안부를 물으면 사는 반드시 찾아가 사례해

야 하는 예(禮)'를 들어 정일환에게 도승지를 찾아가 만나도록 권유하였다.

그대는 어찌하여 믿지 않는가? 도승지의 뜻 또한 주상의 뜻에서 나온 것이다. 그대가 괴벽하므로 내가 말을 하지 않았는데, 그대가 이미 알고 있다면 이를 의심해서는 안 될 것이다."라고 하였다. 내가 말하기를,

"만약 등용할 만한 사람들이 남당에 많아서 도승지의 뜻이 이와 같다면 그대가 말하는 남당은 자연히 등용될 수 있을 터인데, 어찌하여 군이 스스로 사람을 끌어모으는 주인[募人之主]이 되었는가?

또한 성명을 열거해 쓰는 것은 세속에서 말하는 '군도목(群都目)'[143]이니, 이는 녹림도당(綠林徒黨)[144]의 일이다."라고 하니, 이규위가 억지웃음을 지으며 말하기를,

"예전부터 그대의 의론은 우리와 달랐지만, 도승지는 그대를 우리 쪽 사람으로 알고 있다. 그대가 숙위소로 찾아갔을 때, 도승지가 의관을 갖추고 일어나 맞이했다 들었는데, 이는 정승에게도 하지 않은 일이니, 도승지가 그대를 독서하는 선비로 공경하여 대접한 것이다.

그대의 말에 '군도목'이니 '녹림'이니 하는 말들이 있는데, 도승지가 이 사실을 알게 된다면 그대는 반드시 버려질 것이다. 그러하니 그대는 말을 많이 하지 마라. 다만 우리만 믿고 다시는 괴벽한 말을 하지 마라."라고 하였다.

내가 이규위를 알기에 더 이상 할 말이 없었고, 더 깊이 말을 했다가 거슬려 불화하는 일이 생길까 두려웠다. 이에 심환지를 찾아가 묻기를,

"그대는 근래 평서의 일을 알고 있습니까?"라고 하자, 심환지가

"무슨 일이 있었습니까?"라고 말하여, 내가 경회 홍병성과 문답한 말과 평서와 문답한 말을 자세히 말해 주었다. 심환지가 말하기를,

"나는 처음 듣는 일입니다."라고 하여, 내가 말하기를,

"평서는 원래 지각이 없었습니다. 한번 생각해 보십시오. 이 어찌 놀랍고도 우려할 만한 일이 아니겠습니까? 내가 평소 평서와 화합하지 못하였던 터라 내 말은 그가 잘 받아들이지 않습니다. 그대가 말하면 혹여 마음을 돌려 따를 수도 있으니, 그대는 속히 그러한 일을 금지시켜야 할 것입니다."라고 하니, 심환지가 말하기를,

"그대의 말도 듣지 않는데 어찌 내 말을 중히 여기겠습니까?"라고 하였다.

내가 말하기를,

---

143. 군도목(群都目): 소수의 몇 사람이나 당류(黨類)가 도목정사를 좌지우지하는 일을 가리킨다.
144. 녹림도당(綠林徒黨): 녹림은 중국 호북성(湖北省)에 있는 산 이름인데 전한(前漢) 말엽 왕망(王莽) 때 반도(叛徒)들이 이 산에 들어가 도둑질하며 관군(官軍)에 대항했으므로, 이후 이 산 이름이 도적의 별칭이 되었다.

"비단 평서뿐만 아니라 그대가 말한 대년(大年, 송환억)이라는 사람은 더욱 우려할 만합니다. 유현(儒賢, 송덕상)이 상경한 후 일마다 모두 온 세상의 웃음거리가 되고 있습니다. 이는 모두 그대의 대년이 무식하여 초래한 일이니, 이 어찌 우리의 수치가 아니겠습니까?"
라고 하니, 심환지가 말하기를,

"유현은 시골에서 살아 사리에 어두운 듯하고, 대년은 식견은 없으나 취할 만한 것이 많습니다."라고 하였다. 심환지가 나에게 대답한 것은 모두 성의가 없었으나 화를 내는 기색은 없었다.

나는 심환지가 이규위의 일을 처음 들었다고 한 말을 믿었는데, 후에 들으니 심환지가 그 일을 모두 주관하였다고 한다. 이규위가 홍국영과 가장 친하였으므로 그로 하여금 중간에서 소개하게 하였으면서도, 나에게는 거짓으로 알지 못한 척한 것이다.

17. 이규위에 대한 엇갈리는 평가

이때 송덕상의 상소[145]에 '모양도리(某樣道理)[146]에 대해서는 감히 아랫사람으로서 지적하여 진달할 수는 없습니다.'라는 말이 있었다. 이를 본 사람들은 모두 놀라고 당혹하였는데 주상이 은혜로운 비답을 내려 격려하였다.

이전에 이미 이담에게 완풍군의 작호를 내린 일이 있었으므로 사람들은 틀림없이 그 일과 관련된 말이 있을 것으로 생각하고 있었으나, 이 상소에 이르러서는 모두 눈을 휘둥그레 뜨고 말을 잇지 못하였다.

내가 그 상소를 보니, 이규위가 말한 '남당만을 등용한다는 설[南黨專用之說]'과 '한쪽 편 사람들 중에서 또한 뜻을 함께하는 이들을 모아야 한다는 설[一邊亦聚同志之說]'에 까닭이 있음을 더욱 분명히 알게 되었다. 이에 마음에 남모르는 근심을 품은 것이 마치 가슴에 쇠못을 꽂은 듯했으나 또한 어찌할 방법이 없었다.

하루는 입직을 하였는데 양오(養吾) 심이지(沈頤之)가 입직하고 있는 곳에 들러 대화를 나누다가 말이 이규위에게 미쳤다. 내가 말하기를,

---

145. 송덕상의 상소: 1779년(정조 3) 6월 18일(경오) 실록기사에 이조 참판 송덕상이 후사를 얻는 일과 김구주 등 역적에 대한 토죄를 엄중히 할 것을 주청하며 올린 상소를 가리킨다.

146. 모양도리(某樣道理): 원빈의 사후 홍국영은 은언군의 아들 상계군(常溪君)을 자신의 관향(貫鄕)을 넣어 완풍군(完豊君)으로 개칭한 후 원빈의 봉사자(奉祀者)로 삼았다. 이는 홍국영이 완풍군으로 저사를 정하려는 의도에서 행한 일들이었다. 이때 송덕상은 상소를 올려 저사를 넓히는 일[廣儲嗣]은 다시 할 수 없는 상황이니 후사를 정하기 위한 '모양도리'를 강구할 것을 주청하였는데, 이는 완풍군을 저사로 세우려는 홍국영의 의도를 배후에서 지원한 것이었다.

"그 사람됨이 허황되어 앞날을 전혀 헤아릴 줄 모르는데, 지금 도승지와 친숙히 지내니 틀림없이 깊이 우려할 만한 일이 있을 것입니다."라고 하였다. 규위는 양오와도 아는 사이였기 때문에 이렇게 말한 것이다. 양오가 웃으며 말하기를,

"과연 그대의 말과 같습니다. 비유하건대 평서(平瑞, 이규위)는 커다란 소가 쥐구멍에 들어가려 하는 것과 같으니, 진실로 염려스럽습니다. 그러나 나의 종씨(從氏)는 평서보다 훨씬 나은 사람이니, 깊이 우려할 지경에 이르지는 않을 것입니다."라고 하였다. 그가 말한 종씨는 심환지를 가리킨다. 내가 말하기를,

"내 생각에는 그대가 말하는 종씨도 매우 염려스러운데, 평서보다 나으면 얼마나 낫겠습니까."라고 하니, 양오가 웃으며 그렇다고 하였다.

내가 또 승정원에 들렀는데, 원례(元禮) 서유방(徐有防)[147]과 극경(克卿) 오재소(吳載紹)[148]가 승지로서 승정원에 있었다. 이때 마침 이규위를 특별히 대간(大諫)에 제수하는 교지가 내려졌다. 원례와 극경이 소리 높여 말하기를,

"이규위는 기력(氣力)이 있으니 후에 반드시 크게 영달할 것이다."라고 하여, 내가 말하기를,

"그대들이 평서를 아는 것은 나만 못합니다. 그 사람됨이 허황되고 자만하여 내실이 없는데 특별히 발탁하여 등용하라는 명이 여러 차례 내려지니 어리석은 기운이 반드시 배가 될 것입니다. 내가 깊이 근심하고 있으니 실로 무슨 일을 그르칠지, 어디에서 잘못될지 모르겠습니다. 그대들이 그를 생각해 주는 마음이 있다면 만류하여 멈추도록 권면하고 경계해야 하지, 그 허황된 기세가 더하도록 부추겨서는 절대로 안 될 것입니다."라고 하니, 원례와 극경이 웃으며 말하기를,

"그대가 이같이 말해도 그대는 결코 평서에게 미치지 못할 것입니다."라고 하였다.

서원덕(徐元德, 서유린[149]) 대감 또한 그 자리에 있었는데 고개를 숙이고 듣고 있다가 웃으며 말하기를,

---

147. 서유방(徐有防, 1741~1798): 본관 달성(達城), 자 원례(元禮), 호 봉헌(奉軒). 종적(宗積)의 증손, 도승지 명형(命珩)의 손자, 수찬 효수(孝修)의 아들, 이조 판서 유린(有隣)의 동생. 병조·공조 판서 등을 역임하였다. 1778년에 『속명의록(續明義錄)』을 언해하여 간행하는 데 참여하였다.

148. 오재소(吳載紹, 1729~1811): 본관 해주(海州), 자 극경(克卿), 호 석천(石泉). 대사간·예조 판서 등을 역임하였다.

149. 서유린(徐有隣, 1738~1802): 본관 달성(達城), 자 원덕(元德), 호 영호(潁湖). 도승지 명형(命珩)의 손자, 교리 효수(孝修)의 아들. 서유린은 서유방·김문순·김이소 등과 함께 노론 동당계(東黨系)를 이끌었다. 그는 김희, 이명식, 황승원, 이병모, 심낙수 등과 함께 서명선의 의리 주도에 동의하였다. 즉 서명선·정민시의 소론과 서유린·김이소·김희 등의 노론이 연합하여 정국을 주도하고, 김종수 계열이 이들을 비판·견제하는 구도가 자리 잡았다.

"경문(景文, 심낙수)의 말에 자못 일리가 있으니 평서야말로 근심거리라 아니할 수 없다."라고 하였다.

18. 세상물정 모르는 송덕상 발언의 파장

6월에【20일인 듯하나 정확하지는 않다.】 차대(次對)[150] 겸 주강(晝講)을 행하였다. 내가 하번(下番)[151]으로서 나아갔고, 송덕상도 경연관으로서 입시하였다.

주강이 끝난 뒤 내가 합계(合啓)에 참여하려 물러가지 않고 있는데, 갑자기 송덕상이 (다음과 같이) 아뢰는 말이 들렸다.

"신이 일전에 아뢴 말은 깊은 뜻이 있는 것이 아니었습니다. 그런데 신이 아뢴 말로 인해 대신[152]이 불안해하며 자리에서 물러나려 한다고 합니다. 이는 신의 본뜻이 아니니, 대신이 이 일로 물러나면 신 또한 마땅히 물러날 것입니다." 주상이 말하기를,

"이는 반안(反案)[153] 운운했던 일을 말함인가?"라고 하니, 홍국영이 대신하여 말하기를,

"유현(儒賢, 송덕상)은 이전에 아뢴 말뜻이 이러한 것이 아니었음을 풀이하여 아뢰는 것입니다. 유현이 이로 인해 물러나려 한다고 말하기까지 한 것은 대신 또한 지나치게 스스로를 허물하면서 물러나려 해서는 안 된다는 뜻인 것 같습니다."라고 하니, 주상이 말하기를,

"그때의 기주(記注)[154]가 틀림없이 있을 것인데, 들은 자가 아마 듣고도 그 의미를 잘 몰라 뜻을 잘 살피지 못한 듯하다."라고 하였다.

내가 자리에 엎드려 군신 간에 서로 주고받는 말을 들었지만 무슨 일인지 몰랐다. 그러나 '반안' 두 글자에 나도 모르게 두려운 마음이 들었다.

며칠 후 동료 관원[僚官] 오대익(吳大益)이 이어서 진강할 책을 문의하는 일로 송덕상을 만나고 와 나에게 말하기를,

"오늘 내가 험한 일을 겪었습니다. 유현을 찾아가니 말하기를, '내가 경연 중에 남인과 소론은 모두 역적이라고 아뢰었는데, 내 뜻은 대체적으로 말한 것이었을 뿐 지금 등용된 이들을 지목하여 말한 것은 아니었소. 그런데 대신이 이 말을 듣고 스스로 물러나고자 한

---

150. 차대(次對): 의정부 당상(堂上) · 대간(臺諫) · 홍문관 관원들이 매월 여섯 차례 입시하여 중요한 정무를 아뢰던 일을 가리킨다.

151. 하번(下番): 순번이 아래인 사람. 경연(經筵)의 경우 나중에 진강(進講)하는 사람을 가리킨다.

152. 대신: 영의정 김상철(金尙喆), 좌의정 서명선(徐命善) 등 소론 대신들을 가리킨다.

153. 반안(反案): 반안은 죄안(罪案)을 재심(再審)한다는 뜻으로, 여기에서는 송덕상이 소론 일각에서 신임의리(辛壬義理)를 뒤집는 계략을 만들려 한다고 아뢰었던 것을 가리킨다.

154. 기주(記注): 승정원의 주서(注書)나 춘추관의 기주관(記注官)이 임금과 신하의 대화 등을 적은 기록이다.

다니 내가 심히 불안하오. 그대의 의견은 어떠하오?'라고 하기에 내가 대답할 말이 없어 모르겠다고만 말하고 왔습니다."라고 하여, 내가 웃으며 말하기를,

"그대는 남인[155]인데, 남인과 소론은 모두 역적이라는 말을 들었으면서도 지금 어찌 태연하게 재직하고 있습니까? 속히 물러나는 것이 좋을 것입니다."라고 하니, 오대익이 손을 저으며 말하기를,

"제발 그런 말씀은 하지 마십시오. 제발 그런 말씀은 하지 마십시오. 시끄러운 사단이 생길까 두렵습니다."라고 하였다.

대개 송덕상은 오대익의 당색이 다르다는 것을 모르고 이같이 말하였으니 진실로 가소롭다. 후에 들으니 반안의 설은 유당(柳戇)[156]이 지어낸 말로서 소론 일각에서 신임의리(辛壬義理)[157]를 뒤집는 계략을 만들려 한다고 운운한 것이었다.

이때의 대신은 김상철(金尙喆),[158] 서명선(徐命善)[159]으로 이른바 한쪽 편 사람들(소론)이었다. 유당의 뜻은 오로지 한쪽 편 사람들을 위협하려는 데 있었는데, 덕상이 이를 경연에서 아뢰고, 이후 다시 스스로 해명하는 내용을 아뢰었던 것은 국영이 지시한 것임에 틀림없다. 그때 유당에 대해서는 다른 일로 인해 삭직하라는 전교가 있었다.

19. 홍국영이 남당을 끌어들인 이유

나는 이때 이규위와 상대하려 하지 않았는데, 혹시라도 듣고 싶지 않은 말이 귀에 들어올까 염려해서였다. 또한 그가 마음을 돌이켜 뉘우침이 없으니 관계를 점점 멀리하는 것이

---

155. 그대는 남인: 오대익(吳大益)은 청남계(淸南系) 오광운(吳光運)의 조카였다.
156. 유당(柳戇, 1723~1794): 본관 전주(全州), 자 직보(直甫). 수찬 겸명(謙明)의 아들. 이재(李縡)의 문인. 형조 참판·공조 판서 등을 역임. 1780년(정조 4) 홍국영이 실각할 때 한패라 하여 파직되었으나 후에 재기용되었다.
157. 신임의리(辛壬義理): 신축년(1721, 경종 1) 환국과 임인년(1722, 경종 2) 옥사에 대한 의리를 말한다. 당시 경종의 병세를 이유로 노론(老論)이 연잉군(延礽君, 영조)을 세제(世弟)로 세우고 대리청정을 건의하였으나 소론(少論)이 집권하여 노론을 역모로 몰아 처벌하였다. 신임의리란 이때 노론이 정당하였는데 소론에게 억울하게 처벌받았다는 노론측 주장을 가리킨다. 이러한 의리의 천명은 1741년(영조 17) 신유 대훈(辛酉大訓)으로 공포되었다. 영조는 이때 확정된 신임의리를 '대의리(大義理)'라 부르며, 이를 둘러싼 더 이상의 분란은 용납하지 않겠다고 공언했다.
158. 김상철(金尙喆, 1712~1791): 본관 강릉(江陵), 자 사보(士保), 호 화서(華西). 영조대 후반에서 정조대 전반기에 걸쳐 소론 탕평파의 영수로서 활약하였다. 그러나 1786년(정조 10) 상계군 추대 역모의 주역으로 집중 성토를 당하여 죽을 뻔하였으나 정조는 그가 원상(院相)으로서 즉위를 도운 공로를 감안하여 엄한 처벌은 면하도록 배려하였다.
159. 서명선(徐命善, 1728~1791): 본관 달성(達城), 자 계중(繼仲), 호 귀천(歸泉)·동원(桐源). 이조 판서 종옥(宗玉)의 아들. 세손의 대리청정을 반대하는 홍인한(洪麟漢) 일파를 탄핵, 세손의 대리청정을 시행할 수 있도록 노력하였다. 정조 즉위 뒤 중용되었다.

낫겠다고 생각하여 오랫동안 찾아가지 않았다. 이규위 또한 나와 만나면 내가 반드시 듣기 싫은 소리를 할 것으로 여겨 찾아오지 않았다.

하루는 이규위의 장자 이정재(李定載)가 찾아왔는데, 내가 마침 안채에 있었다. 이정재가 자못 은근하게 말하기를,

"공은 근래 숙위소(宿衛所, 홍국영)의 의론을 들으셨습니까?"라고 하여, 내가 말하기를,

"듣지 못했네만 무슨 별다른 의론이라도 있는가?"라고 하니, 이정재가 말하기를,

"원빈의 상사 후 다시 간택을 하여서는 안 된다고 했다 합니다."라고 하였다.

내 마음속에 의심이 일었었는데, 이 말을 들으니 더욱 두려운 마음이 들어 정재에게 말하기를,

"작년에 종국(宗國)의 대계(大計)로서 (원빈) 간택을 거행하였는데, 작년에 이미 시행한 일을 올해에는 다시 할 수 없다고 하는 게 말이 되는가?"라고 하니, 이정재가 말하기를,

"밖으로 드러난 것만으로 말한다면야 진실로 말씀하신 바와 같지만 숙위소가 이러한 의론을 주장하고 있고, 주상의 뜻 또한 이와 같다고 합니다."라고 하여, 내가 말하기를,

"주상의 뜻이 어찌 이와 같을 리가 있겠는가?"라고 하니, 이정재가 말하기를,

"주상의 뜻 또한 어찌 깊은 헤아림이 없이 이와 같겠습니까?"라고 하였다.

나도 모르게 안색이 변하여 말하기를,

"숙위소의 의론이 이러저러함을 논할 것 없이 이는 신하된 자가 입을 열어 말할 일이 아니다. 그대 또한 유사(儒士)이니 조정의 일에 대해서는 말하지 않는 것이 마땅할 것이다. 하물며 이것이 어떠한 말인가? 나는 듣고 싶지도 않다. 지금 그대가 한 말은 부친이 숙위소에서 들은 것인가?"라고 하니, 이정재가 말하기를,

"그러합니다."라고 하여, 내가 말하기를,

"남당(南黨)을 끌어들여 모은다는 설을 내 일찍이 들었기에 부친께 경계하는 뜻을 전하였었다. 이 어찌 간여하여 입에 담을 일이란 말인가?"라고 하니, 이정재가 말하기를,

"이 또한 숙위소의 뜻이라 합니다. 그 말을 들어 보니, 일개 유사(儒士)라 하더라도 의론에 대해 진언할 것이 있거나[持三條],[160] 해진 부채로 땅을 치며 고상한 의론을 행하는 사람들이 있으면 모두 끌어들여 등용해야 한다고 했답니다."라고 하였다.

내가 이 말을 듣고 머리털이 쭈뼛하였으나 온화한 얼굴로 말하기를,

---

160. 진언할 것이 있거나[持三條]: 공경(公卿)들이 왕께 올리는 중요한 진언(進言). 북조(北朝) 위문제(魏文帝)가 공경들에게 달마다 봉사(封事) 3조씩을 올려 득실(得失)을 극언(極言)토록 조서(詔書)를 내린 데에서 기인하였다. 삼조(三條)라고도 한다.

"그대는 한번 생각해 보라. 부친과 나는 친하기로는 가까운 인척이고 의리로는 벗이며, 둘 다 유서 깊지만 쇠락한 가문 출신으로 요행히 과거에 합격하여 조정에 섰으니 서로 의지하고 아끼는 바가 어떠하겠는가?

전부터 의론이 맞지 않았던 것은 이미 지나간 일이고, 지금 나는 부친을 위해 지성으로 권면하고 있으니, 졸규(拙規)[161]를 조심스럽게 지켜 결코 망령되이 의론에 간여하지 못하게 하려 한 것이다. 세상일은 다단(多端)하여 이같이 하지 않으면 반드시 불행한 화가 있게 될 것이기 때문이다.

그대 부친의 본성은 안정(安靜)되지 못하여 내가 권면하는 것과는 반대로 하니, 근래의 일은 매우 염려스럽다. 그대는 전부터 나를 알아줌이 또한 그대 부친보다 낫다. 지금 그대가 부친에게 들었다는 말은 부친이 나에게는 말해 주지 않은 내용인데, 그대가 나에게 이를 말해 준 것은 내 말을 들어 보려 한 것이다.

내가 그대의 말을 들으니 놀라 간담이 떨어지는 듯하여 다시 입에 올리고 싶지 않다. 그대도 옆에서 부친에게 잘 고하여 다시는 이러한 말들을 입에 담지 못하도록 해야 할 것이다."라고 하니, 이정재가 말하기를,

"가르쳐 주신 바가 오직 '조심하고 삼가라[謹愼]'는 것입니다. 그러나 지금 그 말[162]을 모르는 사람이 없고, 또한 모두 주상의 뜻이 이와 같다고 알고 있으니, 이는 피할 일이 아닙니다.

다만 한쪽 편 사람들이 자못 화합할 수 없는 의론을 내므로 숙위소에서 남당을 끌어들이고자 한 것이니, 이는 적을 막을 계책입니다."라고 하여, 내가 말하기를,

"이 어찌 한쪽 편 사람들뿐이겠는가? 다시 간택하지 않겠다는 설을 가지고 일반 사람들에게 물어보면 틀림없이 모두 놀라 눈을 휘둥그레 뜰 것이다. 그대의 고모(심낙수의 처)는 부인으로서 무슨 식견이 있겠는가만, 그런데도 지금 그대의 말을 듣고 안색이 변하며 놀라고 당혹해하니, 이것만으로도 인심을 알 수 있다. 아까 말한 대로 이러저러함을 논할 것 없이 모든 게 간여하거나 입에 담을 일이 아니다.

그대가 나의 간절한 말을 들었으니 어찌 마음에 느끼는 것이 없겠는가? 부친에게도 잘 말씀 드려 혹여 다시 간여하는 일이 없도록 하라."라고 하니, 이정재가 네, 네 하고 공손히 대답하고 돌아갔다.

---

161. 졸규(拙規): 세상에 나서기 위해 교사(巧詐)한 짓을 하지 않고 자신의 소박한 본성과 분수를 지키다.
162. 그 말: 남당을 끌어모아 등용하려 한다는 설을 가리킨다.

20. 남당이 사람을 끌어모으는 방법

이규위가 곡산 부사에 제수되자 내가 매우 기뻐하였는데 그가 외직에 제수된 이유는 알지 못했다.[163]

이규위가 조정에 하직 인사를 올리던 날 내가 마침 번(番)을 마치고 나오던 길이라 대루청(待漏廳)[164]에서 만났다. 이규위가 말하기를,

"내가 외직에 제수된 일에 대해 그대는 어찌 생각하는가?"라고 하여, 내가 말하기를,

"편양(便養)[165] 때문일 터이니, 그대에게는 천만다행이다. 그대는 만족하지 않는가?"라고 하니, 이규위가 말하기를,

"내가 떠나도 그대는 휘원(輝遠, 심환지)과 행여 어긋나는 일이 생기지 않도록 하게."라고 하여, 내가 말하기를,

"행여 휘원과 어긋나는 일이 생기지 않게 하라고 나를 경계하는 것은 무슨 일인가?"라고 하니, 이규위가 말하기를,

"지금 국사(國事)를 담당할 사람이 우리 아니면 누구이겠는가?"라고 하였다.

내가 나도 모르게 크게 웃으며 말하기를,

"조선이 작다 하나 이규위와 심환지 말고는 사람이 없단 말인가?"라고 하니, 이규위가 말하기를,

"그대처럼 이리저리 돌아보며 머뭇거리는 사람이 지금 세상의 절반이다."라 하고, 또 말하기를,

"그대도 외직에 제수되고 싶다면 내 마땅히 숙위소에 말을 해볼 것이다. 그대의 뜻은 어떠한가?" 내가 말하였다.

"나는 내직이든 외직이든 물론하고, 내가 알아서 할 터이니 굳이 그대를 번거롭게 할 필요가 없다. 행여 나에 대한 말은 하지 마라."

인척 형님 되는 원덕(元德) 서유린(徐有隣)이 마침 옆에서 이 말을 듣고 있다가 미소를 지으며 돌아갔다. 대개 이규위는 내가 그들과 다른 의론을 내어 화합하지 못할까 염려하

---

163. 이유는 알지 못했다: 『정변록』(상) 20번 기사에 따르면 이규위가 이재협을 만나 주상이 남당을 등용하고자 한다고 하면서 홍국영도 같은 생각이기 때문에 무리를 모아야 한다고 했다. 이에 홍국영은 이규위가 말이 많은 것을 우려하여 곡산 부사에 임명하였다.

164. 대루청(待漏廳): 관원들이 입조하기 전에 궐문이 열리기를 기다리기 위하여 잠시 머무르던 장소로 대루원(待漏院)이라고도 한다. '대루(待漏)'는 물시계 시간을 기다린다는 뜻으로 입조시간을 말한다. 경복궁 영추문(迎秋門) 밖에 위치하였다.

165. 편양(便養): 부모를 편하게 봉양하기 위하여 외직을 청하는 일을 말한다.

여 외직을 권유한 것이다.

후에 들으니 홍국영은 이규위가 말을 많이 하여 삼감이 없으므로 우선 외관을 제수하였는데, 이규위가 심환지를 천거하여 사람들을 끌어모으는 일을 주관하게 하였다고 한다.

이에 홍국영에게 권유하여 심환지를 단망(單望)으로 전한(典翰)[166]에 올리고 이로써 인심을 움직이는 계책으로 삼자고 하였다 한다. 또 들으니 환지가 일찍이 이규위에게 말하기를,

"경문(景文, 심낙수)은 비록 고집이 있으나 반드시 감히 드러내어 배척하는 말을 하지는 않을 것이다. 우리가 고삐를 쥐고 끌어들이면 자연히 우리에게 돌아올 것이다."라고 하였다 한다. 이는 사람들을 점점 물들게 하는 술책으로서, 예전부터 그가 사람들을 꾀어 당을 모으는 재주였다.

166. 전한(典翰): 홍문관(弘文館) 종3품(從三品) 벼슬이다.

『정변록』 하(下), 이(二)
1779년 8월~1788년

1. 심낙수와 송덕상의 첫 만남

송덕상(宋德相)[1]이 여러 차례 경연에 입시하였다가 문밖에서 나를 보고 번번이 말하기를,

"어찌하여 나를 찾아오지 않습니까?"라고 하였다. 또 송환억(宋煥億)[2]에게 들으니 (송덕상이 말하기를),

"아무개(심낙수[3])가 나와 여러 번 마주치기에 말을 나누어볼까 했는데 항상 먼저 일어나 나가기에 내 일찍이 괴이쩍게 여겼다. 작년 겨울 장석(丈席)[4]에서 한 번 인사를 나누었는데 그 후로 다시 찾아오지 않으니 또한 괴이하다."라고 하였다 한다.

---

1. 송덕상(宋德相, ?~1783): 본관 은진(恩津), 자 숙함(叔咸), 호 과암(果菴). 시열(時烈)의 현손. 정조가 즉위한 뒤 홍국영(洪國榮)의 뒷받침으로 이조 판서에 이르렀으나 홍국영이 실각하자 삼수부(三水府)에 안치되었다. 그 뒤 왕위계승에 대하여 올린 소에 흉역(凶逆)의 뜻이 있다 하여 옥에 갇히고 많은 유생의 공격을 받았다. 대학자의 후예로서 한때 세도세력에 힘입었으나 결국 함께 몰락하였으며, 노론 벽파(老論辟派)로 몰려 죽었다.
2. 송환억(宋煥億, 1741~?): 송덕상(宋德相)의 조카. 송덕상(宋德相)의 아들 환정(煥程)·환주(煥周), 조카 환구(煥九)와 더불어 '사환(四煥)'이라 일컬었는데, 송덕상의 네 글자 흉언에 대해서 그의 흉악한 죄를 이루고자 주석을 달아서 번갈아 가며 선동하였다고 한다.
3. 심낙수(沈樂洙, 1739~1799): 본관 청송(靑松), 자 경문(景文), 호 일환재(一丸齋)·은파(恩坡). 영의정 지원(之源)의 현손, 형운(亨雲)의 아들이다. 1775년(영조 51) 식년 문과에서 장원으로 급제하여 성균관 전적을 지냈다. 정조 초년에는 주로 삼사(三司)의 관직을 역임하면서 홍국영(洪國榮)·김종수·심환지(沈煥之)를 김구주의 당여(黨與)로 논박하였다. 1786년(정조 10) 문효세자(文孝世子)가 죽자 고부재자관(告訃齎咨官)으로서 청나라에 다녀왔으며, 1790년 이후 희천 군수·제주 목사 등 외직을 역임하였다. 1795년 이후 고향인 파산(坡山)에서 은거하다가 생을 마쳤다. 생전에 심낙수는 홍양호(洪良浩)·심이지(沈頤之)·심환지·홍낙순(洪樂舜)·이규경(李圭景) 등과 친밀한 관계를 유지하였다. 하지만 심환지가 김구주와 아울러 홍봉한 공격을 의리로 삼자 결별하였다. 그 뒤 이른바 시파 언론의 선봉으로서 남당(南黨)·북당(北黨)의 분열을 화(禍)의 근본이라 하여 모두 제거해야 한다는 입장을 취하고 심환지·김종수·유언호(兪彦鎬)를 맹렬히 공격하였다. 이 때문에 신유사옥(辛酉邪獄, 1801) 때 관작이 추탈되었다가, 6년 후에 신원(伸寃)되었다.
4. 장석(丈席): 학문을 강론하는 자리 또는 학문과 덕망이 높은 사람을 이르는 말이다.

나는 송덕상의 이러한 말을 듣고 심히 곤혹스러웠다. 홍문관의 관례에 따르면 경연이 파한 후 홍문관 아전[館吏]은 으레 경연에 참석하지 않은 경연관에게, 책의 어디에서 시작하여 어디까지 강했다는 내용을 적은 소보(小報)를 보내게 되어 있다.

그런데 소대(召對)[5]가 있던 어느 날, 홍문관 아전이 송덕상에게 소보를 보내지 않았다. 당시 내가 입직하고 있었는데 송덕상이 크게 노하여 홍문관 아전을 불러 분부(分付)하기를,

"이것은 하급 아전의 죄일 뿐만 아니라 입직 관원이 신칙하지 않은 것이 틀림없으니, 나를 아무것도 아닌 사람으로 본 것이다."라고 하였다 한다.

이에 내가 그 아전을 파직하여 송덕상의 노여움을 풀어주고자 하였다. 아전이 덕상을 찾아가 용서를 빌고 돌아와 한번 보고 싶다는 그의 뜻을 가지고 와 전하였는데, 찾아가는 것이 내키지 않았다.

때마침 송덕상이 입궐하여 상서원(尚瑞院)[6]에 자리하였는데 당시 내가 재직 중이었던지라 마침내 찾아가 홍문관 아전이 잘못한 일에 대해 사과하였다. 송덕상이 말하기를,

"그 (아전이) 소보 보내는 일을 잊은 게 괴이한 일도 아닌데, 굳이 파직시킬 것까지야 있겠습니까?"라고 하였다.

송덕상을 보니 귀밑털이 난 뺨에 조그만 종기가 있어 푸른 잎사귀를 붙이고 있었는데, 송덕상이 손으로 종기가 난 곳을 가리키며 말하기를,

"이렇게 종기가 나서 실로 주상의 부르심에 나아가기 어려우나, 부르시는 명이 정중하여 부득이하게 들어왔습니다. 이러한 모양새로 입시하게 되어 심히 황송합니다. 그대의 생각은 어떠십니까?"라고 하여, 내가 말하기를,

"어르신께서 비록 빈사(賓師)[7]로서 자처하지는 않으시나 주상의 예우가 동렬의 관원들에 비해 두텁고 남다릅니다. 이미 부르시는 명이 있으니 굳이 이 때문에 구애될 필요는 없을 것입니다."라고 하니, 송덕상이

"그렇군요."라고 말하였다.

내가 하직하고 돌아왔는데, 상서원 관원 조홍진(趙弘鎭)[8]이 청헌(廳軒)에서 벽을 사이에 둔 방 안에 있었다. 내 일찍이 그와 아는 터라 창을 지나며 안부를 묻고 갔는데, 조홍진은

---

5. 소대(召對): 왕명으로 입대(入對)하여 정사에 관한 의견을 상주하거나 또는 경연(經筵)의 참찬관(參贊官) 이하를 불러 임금이 경사(經史)를 강론하는 것을 말한다.
6. 상서원(尚瑞院): 국왕의 새보(璽寶)·부신(符信) 등을 관장하였던 정3품 아문(正三品衙門)이다.
7. 빈사(賓師): 학문과 덕행을 두루 갖추어 군주에게 스승으로 대우를 받는 학자를 말한다.
8. 조홍진(趙弘鎭, 1743~?): 본관 풍양(豊壤), 자 관보(寬甫). 대수(大壽)의 증손으로, 석명(錫命)의 손자, 재검(載儉)의 아들. 어머니는 한배주(韓配周)의 딸이다. 재운(載運)에게 입양되었다.

그때 틀림없이 내가 송덕상과 주고받았던 말을 듣고 웃었을 것이다. 후에 조홍진을 보니 나 또한 그때의 일이 생각나 마음속으로 웃었다.

2. 김양행과 송덕상의 차이점

8월에 주상이 영릉(寧陵)[9]에 거동하였을 때, 나는 홍문관 관원으로 배종하여 여주(驪州)에 이르렀다.

참의(參議) 김양행(金亮行)[10] 공이 읍내(邑內)에 거주하고 있었는데, 공은 황강(黃江) 권진응(權震應)[11] 공의 매부였으므로 일찍이 황강에 거주하였었다.

내가 전부터 이미 여러 차례 방문하여 김 공과 잘 아는 사이였으므로 찾아뵈었는데 자리를 잡고 앉기도 전에 송덕상이 왔다. 김 공이 송덕상을 자리로 이끌어 안부 인사를 마쳤다. 김 공이 송덕상에게 말하기를,

"지금 공은 이미 정승의 모양새를 하고 있습니다."라고 하였는데, 송덕상이 주상을 배종하는 복색이라 융복(戎服)[12]을 입고 주립(朱笠)[13]을 써서 모습이 자못 선명하였으므로, 김 공이 희롱하는 말을 한 것이다. 송덕상이 손으로 융복 소매의 먼지를 털며,

"이는 모두 빌려 입은 것입니다."라고 답하였다. 이에 김 공이 웃으며 말하기를,

"빌려 입었다 한들 무슨 상관입니까? 옛날의 이른바 청빈한 정승인 게지요."라고 하자, 송덕상이 소리 높여 말하기를,

"은총이 비상하니 보답할 길이 없습니다."라고 하였고, 또 말하기를,

"공 또한 여러 번 조정에 부르심을 받았으니 의리상 주상의 뜻을 저버려서는 안 될 것입니다. 하루 속히 국사(國事)를 함께하게 되기를 바랍니다."라고 하였다. 김 공이 사양하며 말하기를,

"나 같은 사람은 비록 소명에 응하여 조정에 나아간다 해도 틀림없이 무익할 것을 알고

---

9. 영릉(寧陵): 효종과 비 인선왕후 장씨의 무덤. 경기도 여주시 능서면 왕대리에 소재한다.
10. 김양행(金亮行, 1715~1779): 본관 안동(安東), 자 자정(子靜). 호 지암(止菴)·여호(驪湖). 어머니는 좌의정 이명(頤命)의 딸. 민우수(閔遇洙)의 문인. 형조 참판 등을 역임. 이간(李柬)의 인물동성론(人物同性論)에 동조한 김창흡(金昌翕)의 영향을 받아 낙론을 지지하는 입장을 취했다. 이우신(李友信)·민치복(閔致福)·박준원(朴準源) 등의 많은 학자들이 문하에서 배출되었다. 저서로는 『지암문집(止菴文集)』이 있다.
11. 권진응(權震應, 1711~1775): 본관 안동, 자 형숙(亨叔), 호 산수헌(山水軒). 권상하(權尙夏)의 증손, 한원진(韓元震)의 문인. 심낙수와 혼인 관계를 맺었다.
12. 융복(戎服): 철릭과 주립으로 된 옛 군복. 무신이 입었으며, 문신도 전쟁이 일어났을 때나 임금을 호종(扈從)할 때에는 입었다.
13. 주립(朱笠): 융복(戎服)을 입을 때 쓰는 붉은 칠을 한 갓이다.

있습니다. 공 또한 소명에 응한 지 거의 일 년이 다 되어 가는데 은혜에 보답한 일이 무엇이 있습니까? 내 생각에는 속히 돌아오는 것이 더 나을 듯합니다."라고 하니, 송덕상이 자못 불쾌해하며 말하기를,

"은혜에 보답하고자 해도 매사 마음대로 할 수 없는 일[掣肘][14]이 많습니다. 작금의 세도를 위한 계책으로는 한쪽 편 사람들을 점차 제거해 나가는 것만 한 것이 없습니다."라고 하니, 김 공이 말하기를,

"작금의 계책은 다만 견보가루(牽輔架漏)[15]함이 마땅합니다. 성명(聖明)께서 위에 계시고 규모(規模)가 이미 정해져 한쪽 편 사람들 또한 태평한 성화(聖化) 가운데 있거늘 어찌하여 굳이 한쪽 편 사람들을 지금의 우환거리라 생각하십니까? 한쪽 편 사람들을 제거하는 것 말고 공에게 대업으로 삼을 만한 것이 또 무엇이 있습니까?

우리는 선조(先朝, 영조)대에 능히 명을 받들지 못하였습니다. 지금 성상의 은혜로운 예우가 융숭하니 한 번 나아가 은혜에 보답하고 머리를 조아려 고마운 마음을 나타내는 것은 가하지만 또한 그대로 도성에 머물러 있는 것은 불가합니다."라고 하니, 송덕상이 다만 공손히 네, 네 하며 말하기를,

"나 또한 떠나고자 하나 성은(聖恩) 때문에 차마 떠나지 못하고 있습니다."라고 하였다. 내가 자리에 있으며 그 말을 들어보니 김 공의 뜻을 알 수 있었다. 김 공이 나에게 말하기를,

"내가 말한 '견보가루(牽輔架漏)'에 대해 그대와 같은 연소한 사람들은 혹여 나약한 늙은이와 같다고 기롱할지도 모르겠습니다."라고 하여, 내가 말하기를,

"비유하자면 병을 다스림에 별다른 위급한 증세가 없으니 다만 안정을 취하여 스스로 보탬이 되게 함이 가하다는 것이겠지요. 공의 말씀을 들으니 깊이 느껴지는 바가 있습니다."라고 하자, 송덕상이 그대로 일어나 돌아갔다. 나는 더 머무르고 싶었으나 송덕상이 나를 의심하여 뒷말이 있을까 두려워 하직하고 나왔다.

대가(大駕)가 환궁한 후 김양행 공이 소명(召命)에 응하여 도성에 이르렀으나 병으로 오랫동안 등대(登對)[16]하지 못하였다. 마침 내가 경시관(京試官)[17]으로 호서(湖西)지방으로 가게 되었으므로 장동(壯洞)[18]의 여저(旅邸)[19]를 찾아가 뵈었다. 공이 병으로 인해 손님을

---

14. 마음대로 할 수 없는 일[掣肘]: 철주(掣肘)란 팔꿈치를 당긴다는 뜻으로, 간섭하여 마음대로 하지 못하게 함을 비유적으로 이르는 말이다.
15. 견보가루(牽輔架漏): 새는 곳을 막고 해진 데를 깁는다는 말로 수시변통(隨時變通)을 뜻한다.
16. 등대(登對): 어전에서 임금을 직접 면대(面對)하여 아뢰다.
17. 경시관(京試官): 지방에서 치러지는 향시(鄕試)를 감독하기 위해 중앙에서 파견한 시험관이다.
18. 장동(壯洞): 종로구 통의동·효자동·창성동에 걸쳐 있던 마을로서, 원래 이곳에 창의문이 있어서 창의동이라 하던 것이 변해서 장의동이 되고, 이것이 줄어 장동이 되었다.

만나지 않았으나 내가 왔다는 말을 듣고는 나를 맞아들여 만났다. 내가 말하기를,

"주상의 은혜가 융숭하니 공은 갑자기 돌아가서는 안 될 것입니다."라고 하니, 김 공이 말하기를,

"한 번 등대하고 돌아가고자 하였는데 병세가 이러하니 걱정스럽네. 그대는 나에게 돌아가라고 권유해야 마땅하거늘 또한 겉치레의 인사로 머무를 것을 권유하는가? 그대가 송형(宋兄, 송덕상)의 모양을 보았으니 하는 말이지 이 무슨 형상이란 말인가? 그가 안타깝네." 라고 하여, 내가 말하기를,

"진실로 공의 말씀과 같습니다. 실로 무슨 일이 더 일어날지 모르겠습니다."라고 하니, 김 공이 말하기를,

"내가 (그에게) 돌아갈 것을 권하고 싶어도 다른 사람의 거취에 대해 말하는 것은 또한 어려우므로, 지금은 일단 말을 하지 않고 있네."라고 하여, 내가 말하기를,

"공이 등대하면 아뢸 만한 말이 무엇이 있습니까?"라고 하니, 김 공이 말하기를,

"나라고 어찌 별달리 아뢸 일이 있겠는가? 요사이 효상(爻象)[20]을 살펴보고 내가 하고자 하지 않는 일이 세 가지가 있네. 즉 말을 하고자 하지 않고 듣고자 하지 않으며 보고자 하지 않는 것이 그것이네.

지난번 그대가 병을 다스림에 비유하여, 안정을 취하여 보탬이 되게 함이 가하다고 한 것은 내 뜻과 매우 일치하네. 그대 또한 세 가지 하고자 하지 않는 일을 배운다면 좋을 것이네."라고 하였다.

내가 김 공의 뜻을 알고, 시험을 시행하고 돌아와 들으니 김 공과 송덕상이 함께 등대하였는데 강론하고 토론할 즈음의 의론이 송덕상과 많은 부분에서 합하지 않았다고 한다. 이로 인해 김 공이 즉시 상소를 남겨두고 돌아가자 송덕상이 크게 불쾌해했다고 한다. 얼마 후 김 공이 세상을 떠났다.

들어보니 공이 떠난 후 송덕상 무리의 사악한 의론 또한 위축되었는데, 김 공이 이들과 상대하여 말을 주고받았을 때 공의 낯빛과 말에 범할 수 없는 기운이 있자 (이들 무리가) 감히 더 말을 하지 못했다고 한다.

---

19. 여저(旅邸): 벼슬아치의 타향 처소를 말한다.
20. 효상(爻象): 원래 역괘(易卦)에서 길흉을 나타내는 상(象)을 가리키는데, 전하여 좋지 못한 몰골을 뜻한다.

3. 홍국영의 방자한 행태에 대한 소심한 반발

내가 국제(菊製)[21]의 대독관(對讀官)[22]으로서 급제자의 순위를 매기는 자리에 입시하였다. 홍국영(洪國榮)[23]이 홍문관 제학(提學)으로서 시권(試券)의 성적을 매겼는데, 주상[天威]이 지척에 있었는데도 조금도 삼가거나 두려워하는 기색이 없었다. 팔을 움직여 붓을 휘둘렀고 우스갯소리를 섞어가며 시권의 가부(可否)를 평가하다가 문득 나에게 묻기를,

"심 교리의 소견은 어떠합니까?"라고 하기에 내가

"모르겠습니다."라고 대답하였다. 그러자 홍국영이 말하기를,

"대독관은 시권을 평가하는 데 간여해서는 안 된다 하지만 어찌 문편(文篇)의 우열을 나누는 일에까지 소견을 말하지 않을 필요가 있겠습니까?"라고 하였다. 내가 또 모르겠다고 대답하였는데, 이같이 한 것이 무릇 서너 번이었다.

예문관 제학(提學) 황경원(黃景源)[24] 또한 고권(考券)에 참여하였으나 늙어서 정신이 어두운지라 착오가 많았다. 홍국영이 시권 한 장을 살펴보고 있었는데 미처 마치기도 전에 황경원이 갑자기 외등(外等)[25]으로 기록하고 떨어뜨렸다. 홍국영이 혀를 차며 말하기를,

"문장이 매우 좋은데 어찌하여 떨어뜨립니까?"라고 하자 황경원이 입을 다물고 대답을 하지 못하였다. 홍국영이 다시 나에게 묻기를,

"심 교리의 소견은 어떠합니까?"라고 하였다. 내가 이미 서너 번 모르겠다고 했기 때문에 한 마디 대답을 하지 않을 수 없어 말하기를,

"좋고 나쁘고를 논할 것도 없이 문장 중에 먹으로 지운[墨抹] 부분이 없으니 백문에서 벗어났다[白文外][26]고 할 만합니다."라고 하였다.

---

21. 국제(菊製): 절일제(節日製)의 하나로, 매년 9월 9일 성균관에서 거재 유생(居齋儒生)과 지방의 유생에게 제술(製述)로써 행하던 시험이다. 의정부·육조·홍문관·예문관의 당상관이 시관(試官)이 되어 대책(對策)·표(表)·전(箋)·잠(箴)·송(頌)·제(制)·조(詔) 중에서 1편을 짓게 하였다. 여기에 1등으로 합격하면 문과(文科)의 전시(殿試)나 복시(覆試)에 응시할 자격을 주었다.
22. 대독관(對讀官): 친림 과거(親臨科擧)에 임시로 임명하는 정3품(正三品) 이하의 시험관을 말한다. 부시관(副試官) 이하의 배석 시관(陪席試官)으로서 독권관(讀券官)을 보좌하였다.
23. 홍국영(洪國榮, 1748~1781): 본관 풍산(豊山), 자 덕로(德老). 이조 참판·대사헌 등 역임. 세손 시절 정조를 보호하고, 즉위하자 곧 동부승지로 특진하였다. 1778년(정조 2) 여동생을 원빈(元嬪)으로 삼아 입지를 굳혔으며, 병으로 죽자 정조의 동생 은언군(恩彦君) 인(䄄)의 아들 담(湛)을 원빈의 양자로 삼아 완풍군(完豊君)에 봉하였다. 효의왕후(孝懿王后) 독살사건에 연루되어 축출당하였다.
24. 황경원(黃景源, 1709~1787): 본관 장수(長水), 자 대경(大卿), 호 강한유로(江漢遺老). 예조·공조 판서 등을 역임하였다. 저서로는 『강한집(江漢集)』이 있다.
25. 외등(外等): 과거의 최하등 시험 성적. 차하(次下)의 아래로 영점인 것을 이른다.
26. 백문에서 벗어났다[白文外]: 백문(白文)은 관인(官印)이 찍히지 않은 문서, 혹은 구두점이나 주석 등이 붙어 있지 않은 한문 문장[正文]을 말한다. '백문에서 벗어났다'라 함은 이 글의 맥락상 '뛰어난 글'이라는 의미로

홍국영이 고권을 마친 후 하나도 취할 만한 것이 없다고 여기고는 입시한 승지에게 낙축(落軸)[27] 중에 이른바 '백문에서 벗어난 것'을 찾아오라고 말하였다. '백문에서 벗어났다'고 한 것은 내가 우연히 말한 것인데, 마침내 높은 등수가 매겨졌다.

탁명(坼名)[28]하게 되자, 혹시라도 그가 (위험한 인물로) 지목받고 있는 사람일까 봐 마음이 두렵고 불안하였다. 이윽고 탁명하자 바로 엄사윤(嚴思允)이어서 마음이 조금 진정되었다. 그에게는 다만 회시(會試)에 직부하라는 명만 내려졌다.

내가 어전(御前)의 자리에서 홍국영의 방자하고 무엄한 형상을 목격하고 마음에 놀라고 분통스러웠다. 홍국영이 나에게 문편의 우열을 물을 때 대독관이라고 하지 않고 번번이 '심 교리'라고 부르며 마치 사석에서 수작하듯이 한 것이 너무도 해괴하였으나 감히 한마디도 못하고 물러나왔다. 비록 홍국영의 흉포한 기세가 엄습했기 때문이기는 하나 부끄럽고 분통스러운 마음은 평생토록 잊을 수 없을 것이다.

그다음 날 주강에 내가 강관(講官)으로 입시하였는데, 송덕상 또한 함께 입시하였다. 그 아뢰는 말을 들으니, 팔도의 환곡(還穀)이 과다하니 환전(換錢)[29]을 하게 함이 마땅하다는 것과 무릇 후사를 잇는[繼後] 법은 사람으로서의 도리[受中][30]를 부여하는 것인데, 일각에서 부모가 없는데도 후사로 삼도록 허락하는 것은 옳지 않다고 운운하였다.[31] 아뢰는 말이 모두 성의 없이 함부로 지껄이는 말들이었다. 또한 갑자기 아뢰기를,

"근래에 삼사(三司)가 한마디 말도 없으니 진실로 개탄스럽습니다."라고 운운하였다. 대신(臺臣) 이정훈(李正薰)이 입시하여 나와 나란히 엎드려 피혐(避嫌)[32]하고자 하면서 나에게 은밀히 묻기에 내가 대청(臺廳)[33]에 나아가 피혐하는 것이 좋겠다고 대답하였다. 대간과 홍문관[玉堂]은 다르지만 대신이 즉석에서 피혐하면 나 또한 난처하기에 대청으로 나아

보인다.

27. 낙축(落軸): 과거에 떨어진 사람의 답안지를 열 장씩 묶어 놓은 축을 이르던 말이다.
28. 탁명(坼名): 과거에 급제한 사람의 봉미(封彌)를 임금 앞에서 뜯던 일이다.
29. 환전(換錢): 환곡을 시가(市價)에 따라 돈으로 내게 하는 것을 말한다.
30. 사람으로서의 도리[受中]: 수중은 '수중이생(受中以生)'의 준말로, 사람으로서의 도리를 말한다. 『시전방통(詩傳旁通)』권12, 「대아탕지십(大雅蕩之什)」에 "'수중이생'이라는 것은 백성이 천지의 크게 중(中)하고 지극히 바른 이치를 받아서 살아간다는 것을 뜻한다."라고 하였다.
31. 부모가 …… 운운하였다: 1779년(정조 3) 9월 2일(계미) 실록기사에서 송덕상은 후사를 잇는 법을 엄중히 하도록 다음과 같이 청하였다. "국조(國朝)는 후사(後嗣)를 잇는 법이 매우 엄한데, 근래 부모가 없는 아들로서 조부모도 다 죽은 자가 상언(上言)하여 진소(陳訴)하고 성문(成文)을 청탁하려고 꾀하니, 윤리를 어기고 의리를 해치는 것이 큽니다. 청컨대 구전(舊典)을 더욱 밝히고 다시 더 엄하게 경계하소서."
32. 피혐(避嫌): 논핵하는 사건에 관련이 있는 관원이 혐의를 피해 벼슬에서 물러나는 것을 말한다. 사건에서 혐의가 풀릴 때까지 벼슬길에 나가지 않는 것이 관례였다.
33. 대청(臺廳): 궁궐에 설치한 양사(兩司)의 회의실. 창덕궁의 대청은 숙종 때 지은 것으로 연영문(延英門) 안 승정원 서쪽에 있었다.

가 피혐할 것을 권한 것이다.

그다음 날 내가 경시관으로서 출발하기 전에 홍국영을 찾아가 하직 인사를 하니, 홍국영이 말하기를,

"어제 경연에서 대신(臺臣)에게 나가서 피혐하라고 권하였다는데, 왜 그리했소? 내 처음에는 심 교리를 질박하고 정직하다 여겼는데, 이같이 모의(謀議)를 합니까?"라고 하여, 내가 말하기를,

"이는 모의를 한 것이 아닙니다. 나 같은 사람이 삼사의 자리를 더럽히고 있으니 말을 하지 않는다고 배척당한 것은 옳습니다. 감히 스스로 물러나지 못하고 있는데 동석하고 있던 대신(臺臣)이 피혐한다면 또한 홀로 입을 다물고 있기가 난처하겠기에 나가서 피혐하라고 권유하였습니다."라고 하니, 홍국영이 말하기를,

"이는 괴이할 것이 없다 하겠으나, 유현(儒賢, 송덕상)이 삼사가 말을 하지 않는다고 아뢴 것은 진실로 좋은 말이오. 스스로 물러나고자 하지 않는다면 장차 그 책임을 질 방법이 있겠소?"라고 하여, 내가 말하기를,

"성품이 졸렬하여 주장하는 것이 무엇인지 모르겠습니다. 삼사의 저 같은 관원은 다만 녹사(祿仕)[34]에 불과할 뿐입니다."라고 하니, 홍국영이 말하기를,

"이는 너무도 지나친 겸손이니 말이 되지 않습니다."라고 하였다.

이어서 나에게 묻기를,

"대년(大年, 송환억)이 그대와 여러 번 마주쳤는데 말을 건네기도 전에 그대가 번번이 먼저 일어나 가버리니 자못 괴이하다 합니다. 이는 왜 그리한 것입니까?"라고 하여, 내가 말하기를,

"사신(士愼, 이도묵)의 집에서 한 번 만난 일이 있고, 또 평서(平瑞, 이규위)가 함께한 자리에서 본 일이 있습니다. 그러나 마침 바쁜 일이 있어 대화를 나누기도 전에 먼저 일어났습니다. 또 저의 졸렬한 성품으로 인해 사람들에게 먼저 말을 건네지 못했을 뿐입니다."라고 하니, 홍국영이 말하기를,

"대년은 다른 이들과는 다른데 어찌 이같이 할 수 있습니까? 유현(儒賢)에게도 어찌 찾아가 뵙지 않는 것입니까?"라고 하여, 내가 말하기를,

"지난겨울 한 번 뵈었으나 다시 찾아가지는 못했습니다. 그러나 진강(進講)할 때 여러 차례 문밖에서 인사를 드렸습니다."라고 하니, 홍국영이 말하기를,

34. 녹사(祿仕): 봉록(俸祿)을 받기 위해 벼슬살이를 하다.

"우리가 유현에게 어찌 소홀할 수 있겠습니까?"라고 하여,

내가 네, 네 하며 공손히 대답하였다.

이러한 말을 들으니 혹시 심환지와 내가 주고받은 말들 때문이 아닌가 생각되어 두려웠다. (그중에) 심환지가 송환억에 대해 언급한 말이 있었는데, 그 말이 돌고 돌아 홍국영에게 의심을 받은 듯하여 두려움이 갑절로 더해졌다. 경시관으로 지방에 나아가는 것이 비록 한 달간이었으나 매우 다행으로 생각되었고, 돌아온 후에는 병을 핑계로 출사하지 않을 계획이었다.

4. 홍국영의 치사와 그 이후 행태

호서 지역 시관(試官)의 임무를 마치고 돌아오다가 과천에 이르러 길에서 서울 사람을 만나 홍국영이 치사(致仕)했다[35]는 소식을 들었다. 말 위에서 생각하니 무슨 일이 일어난 것이 틀림없었다. 서울에 들어와 홍국영이 올렸다는 상소를 보니 그 내용이 하나도 말이 되는 게 없었다. 이른바 '그가 간절한 말로 극력 간쟁하였으나 전하께서 안면에 얽매여 간택을 하지 않는다.'라고 한 것은 사리상 전혀 맞지 않아 어린아이도 속일 수 없는 말이었다. 진심으로 그 역절(逆節)이 훤히 드러났음을 알겠는데도, 온 세상은 그의 치사(致仕)가 진짜 물러난 것이 아니며, 인심의 향배를 보고자 일부러 물러나는 행동을 한 것이고, 주상의 뜻 또한 그를 다시 등용하는 것이라 운운한다고 한다.

내가 입궐하여 복명(復命)하고 승정원에 가니, 그곳에 있던 심백수(沈伯修)가 먼 길 소임을 마치고 돌아온 나를 위로하였다. 내가 말하기를,

"그 사이 조정에 큰 일이 있었더군요. 지금 막 외방에서 와서 어찌 된 영문인지 모르겠습니다."라고 하니, 심백수가 말하기를,

"특별한 사고도 없이 하루아침에 물러나니 우리도 무슨 일인지 모르겠습니다."라고 하였다. 이어서 나에게 말하기를,

"그대가 시험장에서 감독을 엄격하게 하여 남당(南黨)에 크게 죄를 지었더군요."라고 하여, 내가 말하기를,

"무엇을 말하는 것입니까?" 하니, 심백수가 말하기를,

---

35. 홍국영이 치사(致仕)했다: 홍국영의 치사는 전격적으로 이루어진 조치였고, 그 이유도 명백히 밝히지 않은 채 홍국영의 치사요청을 들어주는 형식으로 최대한 예우를 갖추었고 신료들을 보내 배웅까지 해주었기 때문에, 조정 신료들은 내막을 잘 모른 채 당황해했다.

"정일환(鄭日煥)의 형에게 칼을 씌워 가두었다는 설이 파다합니다."라고 하여, 내가 말하기를,

"그 일은 정말 부득이한 일이었습니다. 어찌 남당이라 하여 법을 굽혀 용서하겠습니까? 제천의 시험장을 감독하던 중 무뢰한 한 명이 난동을 부리기에 잡아들여 가두었습니다. 그러자 유생 한 명이 계단 앞에 서서 풀어줄 것을 요구하며 자기의 수종(隨從)이라고 하였습니다. 그러면서 말하기를,

'사대부의 수종을 어찌 이같이 대한단 말이오?'라고 운운하였습니다. 이에 내가 묻기를,

'네가 누구인지는 모르겠으나 수종을 시켜 난동을 부리게 하였으니 너무도 해괴한 일이다. 게다가 법을 굽혀 풀어주기를 요구하니 너 또한 어찌 옥에 갇히지 않을 수 있겠느냐?' 라고 하였습니다. 그러자 유생이 크게 웃으며 말하기를,

'내가 정세환(鄭世煥)이다. 시관이 나를 가둘 수 있겠는가?'라고 하였습니다. 내가 평소 호서(湖西)지방 토호들이 시험장에서 제멋대로 구는 폐단을 들었던지라 (이를) 반드시 응징하고 국법이 있음을 알게 하겠다고 마음먹었습니다. 또한 스스로 자기 이름을 말하며, 믿는 구석을 등에 업고 거들먹거리는 형상이 미웠지요. 그래서 웃으며 말하기를,

'네가 정세환이라 하나 옥에 갇히지 않을 수 없을 것이다. 세가의 자제로서 근신하지 않고 국법을 모르는 자들에게 조금이나마 징계하여 자중하는 도리를 알게 하겠다.'라고 하고는 마침내 가두라고 명하였습니다."라고 하면서, 내가 사정을 낱낱이 말하자 심백수 또한 웃었다. 내가 심백수에게 이 일을 어디에서 들었냐고 묻자, 백수는 웃으며 대답하지 않았다.

곧이어 내가 홍문관 부교리로서 입직하여 송덕상의 상소를 보았는데, 그는 현도소(縣道疏)[36]를 통해 홍국영이 물러나는 것을 허락해서는 안 된다고 강력히 주장하였다. 또한 이에 대해 삼사가 한마디도 하지 않은 것을 배척하였으며, 이어서 조정 가운데 국영의 퇴거를 은밀히 바라는 자들이 있음이 틀림없다고 운운하였다.

내가 상소하여 스스로 책임을 인정하고 곧장 물러나자[自引徑出] 주상이 비답을 내려 사직하지 말라 하며 재차 부르시기에 부득이하게 다시 입직하였다.

이때 홍국영이 물러났다고는 하나 매일 아침 대궐에 나아가 반나절씩 입시하였다가 나가는 것이 일상이 되자 사람들이 의구심을 품었다. 이에 홍국영이 또한 큰 소리로 말하기를,

"내가 물러나는 것을 어찌 사람들의 입을 빌려 만류하게 하겠는가? 그러나 온 조정이 무심하게[越視][37] 아무 말도 하지 않으니 이 무슨 도리란 말인가?"라고 하였다.

---

36. 현도소(縣道疏): 현도 봉장(縣道封章), 즉 향리(鄕里)에 물러가 있는 관료가 고을이나 도를 통하여 상소하는 것을 말한다.

홍국영이 스스로 두문불출하며 손님을 모두 사양하면서도 찾아가 보지 않은 사람에 대해서는 의심하며 노여워하였으므로 사람들이 모두 두려워하였다. 나는 복명한 지 이미 오래되었는데도 한 번도 홍국영을 만나지 않았으므로 많은 사람들이 걱정하였다. (그러던 중) 홍국영이 출입하며 매번 병조 앞길을 지나는데 간혹 사람들이 그 길목을 지키고 있다가 그를 만나기도 한다는 말을 들었다.

어느 날 내가 병조에 가 보니 입직한 병조의 당상관[騎堂]이 이형원(李亨元)이었다. 내가 홍국영을 길에서 만나보려 한다는 뜻을 말하고, 사람을 시켜 홍국영의 오고 감을 살피게 하였다. 내가 나가 서 있자 홍국영이 멀리서 나를 보고 말을 건네기를,

"먼 길 소임을 어찌 마치고 돌아왔소? 내 일에 대해서는 어찌 생각하시오?"라고 하여, 내가 말하기를,

"사람들은 모두 영감[令公][38]께서 과감하게 물러난 일을 두고 훌륭하다 하지만 저는 그렇게 생각하지 않습니다. 하루아침에 연유도 없이 물러나셨으니 저는 무슨 일인지 모르겠습니다."라고 하니, 홍국영이 말하기를,

"길게 말할 겨를이 없소. 그런데 시험장에서는 엄격해야 한다지만 어찌하여 사대부의 신망을 그리 크게 잃었소? 내 진실로 그대가 법을 지킨 것을 알고는 있소만 어찌 그리도 융통성이 없소?"라고 하였다.

나는 심백수의 말을 들은 것이 생각나서, 해명하고 웃으며 답하기를,

"그때는 단지 법이 있음을 알았을 뿐입니다만 곧 큰 과오를 저질렀다고 후회하였습니다."라 하고, 이어 내가 말하기를,

"영감께서 손님을 사양하고 만나지 않으셔서 찾아가 안부를 여쭐 길이 없었습니다. 지금 영감께서 이곳을 지나가신다기에 한번 뵙고자 하였습니다. 언제 다시 만나 뵐지 모르겠습니다."라고 하니, 홍국영이 말하기를,

"지금부터 나는 한가롭게 노니는 사람이 되었으니, 북악산이든 남산이든 마음대로 오갈 수 있소. 남산 기슭에 꽃이 피면 술 한 병 들고 한번 방문하시오."라고 하며 떠나갔다.

내가 다행히 이 한 번의 만남으로 홍국영의 의심과 노여움을 피할 수 있었으니, 이때의 인정(人情)이 이러한 지경에 이르렀음을 알 수 있다.

---

37. 무심하게[越視]: 월(越)나라 사람이 진(秦)나라 사람의 살찌고 수척한 것을 보듯 자신과는 무관한 일로 여긴다는 말이다.
38. 영감[令公]: 종2품·정3품 당상관의 품계를 가진 관인을 높인 칭호이다.

5. 홍국영 퇴거 이후 심낙수의 출처

이때 홍낙순(洪樂純)[39]이 재상에 임명되자[40] 사람들이 모두 홍국영이 다시 복귀한다는 설을 믿어, 홍국영의 퇴거를 만류하라는 상소가 날마다 공거(公車)[41]에 쌓였다.

또한 송덕상이 상소에서 말한 홍국영의 퇴거를 은밀히 바라는 자들이란 한쪽 편 사람들을 가리킨 것으로, 서명선(徐命善)[42]과 정민시(鄭民始)[43]가 지목되기에 이르렀다. 정승 서명선과 참판 정민시는 모두 홍국영의 퇴거를 만류하지 않았기 때문에 홍국영이 가장 미워하였다.

내가 마침 홍문관 관직에 있었는데 계복(啓復)하는 날에 입시하였다가 지평에 이배(移拜)되었다.[44] 가만히 효상(爻象)[45]을 보니 일의 변고가 어느 곳에서 일어날지 알 수가 없었다. 이에 병을 이유로 인혐하고 물러났다.

그런데 일종의 부류[一種之類][46]들은 내가 처음에 홍국영의 퇴거를 만류하는 상소를 올리지 않았고, 송덕상의 현도소(縣道疏) 후에도 별다른 말이 없었으며, 그 때문에 스스로 인혐하는 상소는 말에 실제가 없었는데도 당시 대관(臺官)이 나를 불러들이려고 하니 그 뜻을 알 만하다고 운운하며 자못 위협하는 말이 있었다. 내가 또한 마음이 동요하지 않을 수 없었는데, 혹자가 송덕상을 소환하라는 상소를 올리라고 권하였지만 이는 결코 하고 싶지 않았다.

이보다 앞서 참판 김양행(金亮行)이 잠시 이르렀다가 곧 돌아갔다. 또한 김종후(金鍾厚)[47]는 김종수(金鍾秀)[48]가 있는 서영(西營)[49] 임소로부터 돌아오는 길에 경성에 들러 홍국

---

39. 홍낙순(洪樂純, 1723~?): 본관 풍산(豊山), 자 백효(伯孝), 호 대릉(大陵). 홍국영(洪國榮)이 정권을 쥐고 세도정치를 하자 그의 큰아버지로서 대제학·강화 유수 등을 거쳐, 1779년 좌의정에 이르렀으나 이듬해 홍국영의 실각과 함께 파직되었다.
40. 이때 …… 임명되자: 정조는 홍국영의 삼촌인 홍낙순을 재상에 임명하여 홍국영 치사의 파장을 최소화하는 신중함을 보였다. 1779년(정조 3) 9월 20일에 홍낙순은 우의정에, 홍국영이 치사한 사흘 후인 9월 29일에는 좌의정에 임명되었다.
41. 공거(公車): 임금에게 올리던 글인 장주(章奏)를 받아들이고, 상소하는 자들이 나와서 대기하던 곳이다. 공거는 원래 한(漢)나라 때에 상서(上書)와 징소(徵召)를 관장하던 관청이었다.
42. 서명선(徐命善, 1728~1791): 본관 달성(達城), 자 계중(繼仲), 호 귀천(歸泉)·동원(桐源). 이조 판서 종옥(宗玉)의 아들. 좌의정·영의정 등을 역임. 세손의 대리청정을 반대하는 홍인한(洪麟漢) 일파를 탄핵, 세손의 대리청정을 시행할 수 있도록 노력하였다. 정조 즉위 뒤 중용되었다.
43. 정민시(鄭民始, 1745~1800): 본관 온양(溫陽), 자 회숙(會叔). 병조 판서·돈녕부 판사 등 역임. 정조의 동궁 시절 궁료로서 홍국영과 함께 혁혁한 활약을 하였기 때문에 정조의 총애를 받았다.
44. 지평에 이배(移拜)되었다: 당시 심낙수는 종5품 홍문관 교리에서 정5품 사헌부 지평에 이배(移拜)되었다.
45. 효상(爻象): 육효(六爻)를 점쳤을 때 각 효에 나타난 형상을 말한 것으로, 길흉 화복의 조짐을 의미한다.
46. 일종의 부류[一種之類]: 여기에서는 노론 남당(南黨)을 가리킨다.
47. 김종후(金鍾厚, 1721~1780): 본관 청풍(淸風), 자 자정(子靜), 호 본암(本庵)·진재(眞齋). 종수(鍾秀)의 형.

영의 퇴거를 만류하라는 상소를 올렸다.[50]

주상이 돈독하게 불렀으나 명을 따르지 않고 돌아갔다. 내가 병을 이유로 사직소를 올리며 소의 말미에 말하기를,

"유현(儒賢, 김양행)이 잠시 이르렀다가 곧 돌아갔고, 또 한 사람의 유신(儒臣, 김종후)은 그가 지나는 길에 불렀으니 성의가 부족하였습니다."라고 운운하였다.[51] 이는 대개 일종의 부류들이 품은 의혹을 풀어주고자 한 말이었다. 비답을 받고 (소명을) 여러 번 어겼으나 처분을 받지 못하였다.

이때 마침 천둥이 치는 재변을 만나 구언(求言)을 하자 삼사가 모두 응지(應旨)[52]하였는데 대부분 홍국영의 퇴거가 재이를 불러왔다고 하였다. 나는 병을 이유로 나아가지 않았으나, 여전히 관직에서 놓이지 못하고 있었으므로 응지상소하지 않을 수 없었다.

이때 동료 대관인 윤득부(尹得孚)가 어떤 일로 인해 엄한 하교를 입어[53] 피혐하고 물러나 처분을 기다리고 있어서, 나는 나아가지 않았지만, 아직 처치를 받지 못하고 있었다. 내가 상소에서 말하기를,

"응지하여 상소하는 것은 신이 감히 할 수 없는 일입니다만, 윤득부의 일을 가지고 논해보아도 대간의 간언을 꺾어 버리는 것은 너그러이 받아들이는 도량에 흠이 있습니다."라고 운운하였다.[54] 이는 진실로 색책(塞責)[55]한 것이었으나 주상이 좋은 말로 비답을 내리

벽파(僻派)로서 홍봉한(洪鳳漢)을 공격하였다. 원빈(元嬪)의 오빠인 홍국영(洪國榮)을 따르다가 홍국영이 물러나자 기만당하였다고 변명하였다.

48. 김종수(金鍾秀, 1728~1799): 본관 청풍(淸風), 자 정부(定夫), 호 진솔(眞率)·몽오(夢梧). 우의정 구(構)의 증손. 우의정·좌의정 등을 역임. 남인 채제공(蔡濟恭)과 함께 정조대 탕평정국을 주도하였다.

49. 서영(西營): 평안도 관찰사의 영문. 김종후의 아우 김종수는 1778년(정조 2) 9월 평안도 관찰사에 제수되었다.

50. 김종후는 …… 올렸다: 김종후가 올린 이 상소의 배후는 김종수로서, 김종수는 형인 김종후로 하여금 홍국영처럼 사류를 애호하고 명의(名義)를 부식한 천고(千古)의 기남자(奇男子)가 물러나는 것을 허락해서는 안 된다는 상소를 올리게 하였다.

51. 내가 …… 운운하였다: 심낙수의 이 사직소는 1779년(정조 3) 10월 27일 『일성록(日省錄)』 기사 참조.

52. 응지(應旨): 임금의 구언(求言)이나 유지(諭旨)에 응하여 진언(進言)하는 것을 응지라 하고, 그 상소를 응지소(應旨疏)라고 한다.

53. 윤득부가 …… 입어: 1779년(정조 3) 10월 대사헌 서유녕(徐有寧)이 상소하여 역모를 꾀한 정치달의 처와 김구주의 처벌을 청하는 한편 변란의 근원을 경종의 장인인 함원 부원군(咸原副院君) 어유귀(魚有龜)에게까지 소급시키는 주장을 폈고, 홍국영의 퇴거를 만류할 것을 청하기도 하였다. 서유녕은 이 상소로 인해 파직되었는데, 곧이어 지평 윤득부가 서유녕을 파직하라는 명을 거두어 줄 것을 청하는 상소를 올렸다. 이에 대해 정조는 서유녕이 '변란의 근원으로 함원 부원군을 거론하면서 오늘날의 일들은 대수롭지 않게 여기니, 이는 구역(舊逆)에는 엄하면서 신역(新逆)에는 소홀한 것으로 그 완급의 기준이 없다.'라고 하여 서유녕의 파직은 당연하다는 비답을 내렸다. 이 일로 윤득부는 사직을 청하고 처분을 기다리고 있었다.

54. 운운하였다: 1779년(정조 3) 10월 30일, 심낙수는 사헌부 지평으로서 상소하여 신하의 상소 등에 대해 왕의 도량을 넓힐 것을 주장하였다.

55. 색책(塞責): 허물이나 잘못에 대해 책임을 지는 일 또는 책임을 묻는 것을 말한다.

고, 윤득부의 일로 내린 전교의 어구를 지우고 고치라는 명을 내렸다.[56]

연이어 소패(召牌)[57]하였으나 재직한 30여 일 동안에 17차례의 소패를 어겼다. 그러자 조강(朝講)에 불참한 일을 들어 좌의정 홍낙순이 경연에서 아뢰어 나를 파직시켰다.

이때는 홍국영이 다시 들어온다는 설에 대해 결코 그러할 리가 없음을 알고 있었으나, (그가) 일부러 퇴거하여 인심의 향배를 알아보려 한다는 설은 심히 두려워할 만하였다. 또한 홍낙순이 좌의정에 제수되자 떠도는 말 중에, 남당이 말한 '주상의 뜻이 이와 같다'는 설이 더욱 파다하게 퍼졌으나, 홍국영의 사퇴 상소에서 그 역절(逆節)의 정상을 분명하게 알 수 있었다.

내가 생각하기에 이때의 효상(爻象)을 비유하자면 한 가닥 나 있는 길의 좌우가 모두 천층 구덩이라, 한 번이라도 잘못 내딛으면 귀신이 바로 곁에 있는 것과 같은 형상이었다. 만약 일종(一種) 부류의 의론을 따른다면 화복을 논할 것도 없이 천고에 명의의 죄인이 될 것이 틀림없었다. 경솔하게 그들의 흉악한 기세를 범하여 먼저 그들의 의심을 받는다면 어떠한 위험이 있을지 알 수가 없었다. 이 때문에 나는 결코 다른 사람의 말을 따르거나 행동에 옮기려 하지 않았다.

이때 내가 변화하는 양상을 살펴보니 또한 의심을 받지 않을 수 없는 형국이라, 대직(臺職)을 사직하는 상소에서 대략이나마 김종후를 불러들이는 일을 언급하여 일종 부류의 의심을 풀어보고자 하였다. 후에 들으니 김종후 형제가 나의 상소를 보고 자못 기뻐하였다고 한다.

사대부가 조정에 서면 다만 신의(信義)의 마음만을 가져야 마땅하지, 계교를 부려 헤아리고자 한다면 이는 너무도 부끄러운 일이다. 하물며 군주에게 고하는 말이 마음과 다르다면 '충(忠)' 자 가운데 있는 마음[心]의 의리를 더욱 잃게 된다. 이때의 일은 진실로 부득이한 계책에서 나왔지만 실로 죽을 때까지 부끄럽고 후회스러운 일이 되었다. 그래서 이 일을 기록으로 남겨 뒷사람의 경계로 삼으려 한다.

6. 홍국영 치사 만류 상소 소동

상지(像之) 이규상(李奎象)은 이규위의 형인데, 사람됨이 삼갈 줄 알며 점잖고 소박하였다.

---

56. 윤득부의 …… 내렸다: 1779년(정조 3) 10월 26일 지평 윤득부가 서유녕 파직의 명을 거두도록 청한 상소에 정조가 내린 비답 중 신역(新逆)·구역(舊逆)의 완급이 어그러졌다는 하교를 지우라고 명한 사실을 가리킨다.
57. 소패(召牌): 임금이 관리를 불러들일 때 사용하던 패. 또는 그 패를 보내어 신하를 부르던 일을 말한다.

시문을 좋아하였고 과거를 보지 않은 채 향촌에 은거하며 세상의 의론과는 일체 단절하고 살았다. 스스로를 일러 귀머거리 소경[聾瞽]이라 하였고 또한 사리의 시비분별[涇渭]에 밝아 일찍이 나와 우의가 깊었다.

매번 그 아우의 어리석은 행동을 근심하며 나에게 한탄하곤 했다. 이때 이규상이 아우를 보러 곡산에 갔다가[58] 고향으로 돌아오는 길에 서울[京城]에 들러 나를 방문하였다. 그가 말하기를,

"아우가 홍국영의 퇴거를 만류하기 위해 상소를 올리려 하자 연로하신 모친이 애써 그만두게 하였소. 감사【감사는 김상익(金相翊)이다.】가 그 소를 돌려보내며 만류하였소. 지금은 다행히 다시 상소할 염려는 없는 듯하오."라고 하여, 내가 웃으며 말하기를,

"노형께서는 50년을 형제지간으로 지냈으면서도 어찌 그 사람을 이리도 모를 수 있단 말입니까? 오래지 않아 반드시 상소가 올라올 것입니다."라고 하니, 상지가

"어찌 그럴 리가 있겠소?"라고 말하였다. 이어 서로 웃으며 헤어졌다.

그런데 겨우 5, 6일 만에, 이규위의 상소가 승정원에 도달했으나 격식에 어긋나 도로 돌려보냈고, 10여 일 후 다시 상소가 올라와 승정원에서 주상에게 올려 비답을 받았다는 소식을 들었다.

그의 상소를 보니 홍국영이 28세에 해를 떠받치는 공을 세운 것과 32세에 용퇴한 일을 일일이 열거하며 그의 덕과 공을 칭송하였는데 읽는 사람으로 하여금 실소(失笑)를 금할 수 없게 했다. 또한 숙위소를 혁파해서는 안 된다는 뜻을 누누이 강조하였다.

이규위가 나에게 편지를 보내 말하기를,

"그대는 내가 굳이 하지 않아도 될 일을 했다고 생각하겠지만 나의 상소는 실로 나라를 위한 정성에서 나온 것이네. 비록 정수리에서 무쇠바퀴를 돌리는 한이 있더라도 그만둘 수 없네."라고 하여, 내가 편지를 보내 답하면서, 감히 비난하거나 배척하지는 않고 다만 말하기를,

"고인(古人)이 말하기를, '아첨하는 상소는 직언하는 상소만 못하고 직언하는 상소는 상소를 올리지 않는 것만 못하다'고 하였네. 외관(外官)으로서 일마다 발언하는 것은 굳이 하지 않아도 될 일이라 생각하네."라고 운운하였다.

이규위의 상소는 보는 자마다 모두 코를 가렸으나[59] 홍국영은 그 상소를 보고 이규위를

---

58. 아우를 보러 곡산에 갔다가: 이규위는 1779년(정조 3) 7월 곡산 부사(谷山府使)에 임명되어 부임했고, 같은 해 11월 28일 홍국영의 퇴거를 만류할 것과 숙위소의 철폐를 철회할 것을 주청하는 상소를 올렸다.
59. 코를 가렸으나: 엄비(掩鼻). 더러운 물건이나 추악한 행위에 대해 매우 혐오함을 가리킨다.

일러 '원우완인(元祐完人)'[60]이라고 하였다 한다.

다음해 봄 상지가 다시 상경하였을 때 홍국영은 이미 시골로 쫓겨 간 후였다. 상지가 나에게 말하기를,

"내가 처음 이규위의 상소를 보았을 때 놀라서 여러 날을 자지도 먹지도 못했소. 다만 조상의 두터운 음덕으로 가문이 전복되는 지경에 이르지 않기만을 바랐습니다."라고 하면서 눈물을 머금고 간절히 말한 후 돌아갔다.

후에 들으니 김종후(金鍾厚)가 이정재(李定載, 이규위의 아들)에게 편지를 보내 부친의 상소가 크게 잘못된 것이라 하고, 부친을 만류하지 못한 이정재를 책망하였다고 한다.

그로부터 얼마 후 김종후가 상소를 올려 홍국영의 퇴거를 만류해야 한다고 하였는데, 이는 종후의 본의가 아니라 (아우인) 김종수의 사주를 받은 것이었다. 이규위는 그 형이 만류하려 하였으나 결국 그렇게 하지 못하였고, 김종수는 그 형의 본의가 아님에도 형을 꾀어서 상소를 올리게 했다. 양측 형제의 일은 그 우열을 가려야 하니 또한 한번 웃을 만하다.

7. 남당이 소론 탕평파를 공격하는 방법

내가 대직(臺職)에 있으며 소보(小報)를 보니, 심환지가 경연에서 이성모(李聖模)를 찬배하는 일을 아뢰어 윤허를 받았다. 이성모는 10여 년 전에 성천(成川) 부사에 제수되었었는데, 심환지가 주장하기를,

"이성모와 홍계능(洪啓能)[61]이 친하였는데, 홍계능이 당시 전관(銓官)에게 말하여 이름난 읍(邑)을 차지하게 하였다."라는 것이다. 이 일은 자질구레한 일이고 또 여러 해 전의 일이었다.

또한 이장(李丈, 이성모)의 아들 이노술(李魯述)은 심환지의 재종매부였다. 상정(常情)으로 헤아려보아도 단서도 없이 논계할 리가 없을 터인데 논계하였으니 그 일이 매우 의심스러웠다. (그러나) 내가 어리석어 심환지의 뜻이 오로지 당시의 전관(銓官)에게 있었던

---

60. 원우완인(元祐完人): 원우(元祐)는 송나라 철종(哲宗)의 연호이고, 완인(完人)이란 덕행이 완미(完美)한 사람이란 뜻이다. 송나라 철종 때 채경(蔡京)이 주도하는 정국에서 왕안석(王安石)의 신법을 반대하다 처벌을 받은 정이(程頤), 사마광(司馬光), 문언박(文彦博) 등 119인의 문인 학자를 원우당인(元祐黨人)이라 하며, 원우완인(完人)이란 원우당인에서 파생되어 덕행이 완미(完美)한 사람을 뜻하는 용어이다.

61. 홍계능(洪啓能, ?~1777): 본관 남양(南陽), 호 신계(莘溪). 참봉 우조(禹肇)의 아들, 홍계희의 팔촌. 1750년(영조 26) 우의정 정우량(鄭羽良)의 천거로 등용되어 왕손교부(王孫敎傅)·집의 등을 역임. 홍상범의 사촌인 홍상길과 모의하여 정조를 암살하려는 계획을 세우고, 사도세자와 경빈 박씨 사이에 태어난 은전군 찬을 국왕으로 추대하려다가 발각되어 옥사하였다.

것[62]을 깨닫지 못하였다.

마침내 내가 심환지에게 편지를 보내 묻기를,

"(그 일은) 해묵은 일이고, 또한 넌지시 건넨 말이라 (실정이) 명백한 것도 아닌데 무슨 뜻으로 이러는지 모르겠습니다."라고 하였다. 이에 심환지가 답하기를,

"이 일은 평소부터 한번 말하려 했던 것이거늘 어찌 명백하지 않단 말입니까?"라고 운운하였다.

얼마 후 이보행(李普行),[63] 이의필(李義弼)[64]이 잇따라 서명응(徐命膺)[65]의 일을 가지고 상소하여 아뢰었고, 한만유(韓晩裕)[66]와 윤필병(尹弼秉)의 상소 또한 이에 호응하여 나왔다. 이들은 모두 서명응이 홍계능에게 붙어 친하게 지냈다는 것으로써 말을 만들어 발계(發啓)하였는데, 이에 대해

"나 또한 무슨 내용으로 대답해야 할지 모르겠다."라는 비답이 내려졌다. 그러자 영의정 서명선이 도성 밖으로 나갔고, (서명응의 아들) 서호수(徐浩修)[67]는 함경도 관찰사로 있다가 관직의 교귀(交龜)[68]도 기다리지 않고 곧바로 말을 달려 돌아왔다. 이에 비로소 내가 환지가 처음 발의한 뜻이 오로지 당시 전관이던 서명응에게 있었고, 이를 위해 주상의 뜻을 시험해 본 것[69]임을 알게 되었다.

얼마 후 온 세상이 전하는 말에, 홍국영이 영의정 서명선에게 말하기를,

'심환지의 논계는 내가 이의익(李義翊)[70]을 시켜 권유한 것이고, 이보행의 상소는 나의

---

62. 심환지의 뜻이 …… 있었던 것: 홍계능과 친하게 지낸 이성모(李聖模)를 성천 부사(成川府使)로 제수할 때에 당시 전관(銓官)이었던 서명응이 홍계능의 사주를 받아 처리했다고 논핵함으로써, 심환지가 서명응 및 서명선에 대한 정치적 공격을 목표로 하였음을 말한다. 본 책 『정변록』(상) 21번 기사 참조.
63. 이보행(李普行, 1718~1787): 본관 용인(龍仁), 자 이보(易甫). 이조 참판·대사헌 등을 역임. 1779년(정조 3) 홍낙순·홍계능과 관련된 서명응의 치죄(治罪)를 강력히 주장하다가 도리어 정배되어 죽었다.
64. 이의필(李義弼, 1738~1808): 본관 전주(全州), 자 교백(喬伯), 호 창계(蒼溪). 대사성·형조 판서 등을 역임. 1780년(정조 4) 홍국영의 사주를 받은 대사헌 이보행(李普行)이 영의정 서명선(徐命善)·명응(命膺) 형제를 탄핵할 때 여기에 동조하는 소를 올려 부제학에서 파직되었다.
65. 서명응(徐命膺, 1716~1787): 본관 달성(達成), 자 군수(君受). 보만재(保晩齋)라는 호를 정조로부터 내려받았다. 영의정 명선(命善)의 형. 이조 판서·대제학 등을 거쳐 정승이 되었다. 박학강기(博學强記)로 이름났으며 역학(易學)에도 조예가 깊었다.
66. 한만유(韓晩裕, 1746~1812): 본관 청주(淸州), 자 여성(汝成). 한성 판윤·이조 판서 등을 역임하였다.
67. 서호수(徐浩修, 1736~1799): 본관 달성(達城), 자 양직(養直). 호조 판서 종옥(宗玉)의 손자, 판중추부사 명응(命膺)의 아들. 이조 판서 등 역임. 1776년 정조가 즉위하자 도승지에 임명되어 왕의 측근이 되었다.
68. 교귀(交龜): 감사(監司)·병마절도사(兵馬節度使)·수군통제사(水軍統制使) 등이 바뀔 때, 거북 모양의 병부(兵符)나 인신(印信)을 서로 넘겨주고 받던 일을 가리킨다.
69. 시험해 본 것: 심낙수는 심환지가 근 십 년이 다 지난 지금에서야 그 일을 거론한 것은 때 지난 일을 가지고 갑자기 서명응을 배척할 수 없기에 말의 단서를 슬쩍 흘려 시험해 보려는 계책이라고 보았다.
70. 이의익(李義翊): 이택징(李澤徵)의 조카. 1782년(정조 6) 5월 이유백(李有白)의 대역부도죄 사건과 관련되어 이택징과 함께 신문을 받다가 죽임을 당하였다.

숙부(홍낙순)가 시킨 것이며, 그 외의 것은 나도 모른다.'라고 운운하였다고 한다. 이 말이 한번 퍼지자 사람들이 모두 전하며 웃었다. 내가 심환지를 만나 묻기를,

"그대가 처음에 이성모를 논계한 일을 두고 내가 매우 의심스러웠기에 그대에게 편지를 보내 물었더니 그대는 평소부터 말하고자 한 일이라고 답하였습니다. 그런데 지금 세상 사람들이 하는 말을 들어보니, 모두 그대가 이의익의 사주를 받아 행한 일이라고 합니다. 그대는 일찍이 '아무개가 아무개를 논핵할 때 대개 (누군가의 사주를) 받아 행하는데, 이는 심히 수치스러운 일'이라고 말하였습니다. 그런데 그대는 어찌하여 이러한 일을 하였습니까?"라고 하니, 심환지가 말하기를,

"군필(君弼, 이의익)이 과연 봉조하(奉朝賀, 홍국영)의 말을 전하며 나를 권유하긴 하였습니다. 그러나 또한 그 일은 주상의 뜻이기도 하다는 것을 알았기에 한 것입니다. 그 후에 벌어진 일은 그대도 보았으니, 내 어찌 불선한 일을 한 것이라 하겠습니까? 다만 봉조하가 영의정 서명선에게 했다는 말이 이처럼 퍼졌으니 실로 뜻밖입니다. 봉조하는 더불어 일을 함께 할 수 없는 사람이군요."라고 하여, 내가 웃으며 말하기를,

"봉조하는 피하거나 굽히지 않으니 남아의 기습(氣習)을 가졌다 할 것입니다. 다만 사람들이 서명응에 대해서 직론(直論)하는 것은 괜찮지만, 그대가 이장(李丈, 이성모)의 일을 끌어들인 일은 어찌 (본래 의도를) 숨기고 둘러댄 것이 아니겠습니까? 게다가 서명응의 일은 이미 오래된 일로 앞뒤를 분간할 수도 없는데, 지금에 와서 어찌 논계를 한단 말입니까?"라고 하니, 심환지가 말하기를,

"그의 아우(서명선) 때문에 사람들이 감히 말을 꺼내지 못한 것입니다. 지금 그 아우를 논척할 수 있게 되었는데, 하물며 그 형이야 무슨 문제가 되겠습니까?"라고 하였다. 내가 그의 말에 깊은 뜻이 있음을 알고 두려워 다시 힐난하지 않았다.

8. 심환지가 심낙수를 끌어들이려는 이유

내가 병조 정랑[騎郎]으로서 입직하였다.

하루는 심환지가 외사(外司)의 숙직소[直廬]로 찾아왔다. 내가 무슨 일이 있음에 틀림없다고 의심하여, 바쁠 때 찾아왔다는 뜻으로 사양했다. 그러자 심환지가 말하기를,

"내가 하고 싶은 말이 있는데 숙직소 안이 조용할 것 같아 왔습니다."라고 하였다. 내가 무슨 일이냐고 묻자 심환지가 말하기를,

"얼마 전 내가 좌의정(홍낙순)을 만났습니다. 좌의정이 말하기를 '지금 조정의 형세는,

우리는 매우 고단한데 한쪽 편은 자못 성세를 이루고 있으니 (우리가) 단합하여 세력을 모으지 않으면 안 된다. 그러나 오랜 벗들 가운데 의지하고 믿을 수 있는 사람과 연소자로서 과감한 언론을 행할 수 있는 사람이 드물다.'라고 운운하였습니다.

좌의정의 의중이 사신(士愼, 이도묵[71])과 그대에게 있어서, 나에게 어떻게 생각하느냐고 물었습니다. 이에 내가 사신은 너무 무능하고 그대는 조금 낫지만 그 뜻을 모르겠다고 대답하였습니다.

그대는 작금의 형세(形勢)를 모르고 있습니다. 정부(定夫, 김종수)와 좌의정은 원래 사이가 좋지 않았지만 정부가 평안도[西藩]에서 돌아왔을 때 좌상이 가서 만나보고 말 한마디로 의기가 투합하였습니다. 좌의정은 사람들에게 정부를 영웅호걸이라 말하며, 그와 말해보니 헛된 명성을 얻은 것이 아니라고 하고 있습니다. 지금은 막역하게 서로 화합하고 있지요. 이러한 때 대신의 뜻이 그대에게 기울어 있으니, 그대가 (우리와) 어울리는 걸 시종일관 피할 수는 없을 것입니다."라고 하였다.

내가 심환지의 말을 들어보니 그 뜻을 알 것 같아서 답하여 말하기를,

"정부는 내가 만나본 일이 없고, 좌의정은 춘추관[史局]에서 일할 때 처음 보았습니다. 내가 처음 벼슬길에 나갔을 때 친밀하게 대해 주었으므로, 그분이 정승이 되신 후 내가 인사차 한번 찾아가 만났을 뿐입니다.

좌의정의 의중이 나에게 기울었다고 한 그대의 말이 무슨 뜻인지는 모르겠습니다만 만약 과감한 언론을 행할 사람을 구한다면 나는 적임자가 아닙니다. 나는 우유부단하고 무능하기로는 사신보다도 더합니다. 그대가 (좌의정에게) 나를 조금 낫다고 말한 것은 답변을 잘못한 것입니다. 나는 본디 의론으로 자처하는 사람이 아닌데, 그대는 어찌 모른단 말입니까?"라고 하였다. 이에 심환지가 말하기를,

"지금 우리의 형세는 이미 펼쳐졌으나 우려스러운 것은 한쪽 편 사람들입니다. 서명선은 이미 얼어붙은 시신과 다름없게 되었으나 정민시는 논척하지 않을 수 없습니다. 그대는 삼사에 있으면서 이에 대해 일찍이 한 마디도 하지 않았습니다. 지난날 그대가 애써 대직(臺職)에서 체차되었던 일을 두고 사람들은 모두 일을 피하기 위해 (일부러) 그리한 것이라고 의심하고 있습니다. 그러니 지금 그대가 정민시를 논척하는 언론을 행한다면 좋을 것입니다."라고 하여, 내가 말하기를,

"모사(某事)[72]에 대해 논계하지 않았던 것은, 내 스스로 그에 대해 말하지 않기로 정했으

---

71. 이도묵(李度默, 1736~?): 본관 연안(延安), 자 사신. 대사간 · 대사헌 등을 역임. 1778년(정조 2) 사간이 되어 임금과 독대하여 육선공(陸宣公)의 주의(奏議)와 인재 등용법에 관하여 논의하였다.

므로 시비를 굳이 논할 필요가 없었기 때문이었습니다. 그리고 이른바 한쪽 편 사람들에 대해서는 지금 별다르게 드러난 형적도, 논척할 만한 일도 없는데 굳이 논척하려 하는 것은 무슨 일입니까?

서명응의 일은 해묵은 일을 갑자기 끄집어내었으니 괴이하다 할 만합니다. 더욱이 정민시는 죄가 없는데 어찌하여 굳이 논척하려 하십니까?"라고 하니, 심환지가 말하기를,

"그대가 시세를 모르니 너무도 답답하군요. 지금 이 부류(서명응·정민시)를 논척하지 않으면 저들이 반드시 우리에게 화를 끼칠 것입니다. 정민시를 곧바로 논척할 수는 없으니 먼저 정광한(鄭光漢)[73]을 탄핵하여 그들의 세력을 조금씩 줄여나가야 할 것입니다."라고 하여, 내가 말하기를,

"저들이 비록 우리에게 화를 끼치고자 해도 우리에게 트집 잡힐 죄가 없다면 저들 또한 어찌하겠습니까? 더욱이 성명(聖明)께서 위에 계시니 어찌 그러할 리가 있겠습니까?

지금 아직 일어나지도 않은 일을 가지고 사람을 의심하여 어지러이 무고한 사람을 탄핵한다면, 그 일이 과연 옳은 것인지 저는 모르겠습니다. 더구나 그 일이 십분 할 만한 일이라 해도 나는 결코 언론의 일에 나서고 싶지 않습니다.

아무쪼록 그대가 좌의정에게 말을 잘해서, 내가 본래 언론의 일을 행하고 싶어하는 사람이 아니라는 것을 알려 주십시오. 그러나 방금 한 말은 다만 말을 주고받는 사이에 생각나는 대로 나온 말이니 굳이 좌상에게 들려줄 필요는 없겠습니다."라고 하니, 심환지가 말하기를,

"그대는 고집이 센 사람이군요. 다시 한번 잘 생각해 보기 바랍니다."라고 운운하고 돌아갔다.

9. 홍낙순의 심낙수 포섭 시도

경자년(1780, 정조 4) 정월 3일에 주상이 춘당대(春塘臺)[74]에 나와 입직한 군병들에게 음식을 나누어 주고 위로하였다.

나는 금훤(禁喧)[75]으로서 청양문(青陽門) 안에 있었는데, 결속리(結束吏)[76]가 와 고하기

72. 모사(某事): 이성모의 일을 문제 삼아 당시의 전관이었던 서명응이 논척당한 일을 말한다.
73. 정광한(鄭光漢, 1720~1780): 본관 온양(溫陽). 자 수부(秀夫)·양보(良甫). 대사헌·예조 판서 등을 역임하였다.
74. 춘당대(春塘臺): 춘당지(春塘池) 옆의 대(臺)로서, 창경궁 후원(後苑)에 있다.
75. 금훤(禁喧): 임금의 전좌(殿座)나 거둥 때 함부로 들어와서 떠드는 사람을 단속하는 것을 이르던 말이다.
76. 결속리(結束吏): 병조에 딸린 한 직장(職掌)으로, 대궐 안에서나 임금의 행차 때 일반인들의 소란한 행동을

를 대신들이 문밖에 자리하고 있으면서 나를 부른다고 하였다.

내가 가서 보니 홍낙순이 문밖 소청(小廳)에 앉아 있었다. 내가 인사를 올리고 안부를 묻자 홍낙순이 말하기를,

"마침 이곳에 앉아 금휜이 누구냐고 물었더니 (그대라고 하기에) 그대가 와 있는 것을 알았소. 이에 잠시 인사나 나누려고 청하였소."라 하고, 이어 말하기를,

"내가 휘원(輝遠, 심환지)을 만나 말한 것이 있는데, 그 사이 휘원이 그대를 만나본 후 그대의 뜻도 좋다고 말하였소. 내가 그 얘기를 듣고 매우 기뻐하였소."라고 하였다.

내 생각에, 내가 말한 내용을 심환지가 홍낙순에게 전하였다면 낙순이 이렇게 말할 리가 없었다. 지금 분명하게 답변하지 않는다면 이후 반드시 후회할 일이 있으리라 생각하고, 마침내 말하기를,

"휘원이 과연 저에게 전한 말이 있었습니다. 그러나 소인은 본래 의론에 간여하는 일을 하고 싶지 않을뿐더러 휘원과도 뜻이 합하지 않기에 이러한 뜻을 이미 휘원에게 말하였습니다."라고 하니, 홍낙순이 말하기를,

"뜻이 합하지 않는다는 것은 무슨 일입니까? 또 그대는 휘원이 경연에서 아뢴 말에 대해서 어떻게 생각하오?"라고 하여, 내가 말하기를,

"소인이 일찍이 편지로 그 잘못한 점을 책망하였습니다."라고 하니, 홍낙순이 놀라 눈을 휘둥그레 뜨고 말하기를,

"무엇을 잘못이라고 하는 것이오?"라고 하여, 내가 말하기를,

"이미 해묵은 일을 지금에 와 비로소 말한 것을 두고 많은 사람들이 괴이쩍게 여기고 있다는 것과, 서명응을 곧장 겨냥하여 논책하는 것은 오히려 괜찮지만 이성모의 일을 끌어들인 것은 (본래 의도를) 숨기고 둘러댄 것이라고 하였습니다."라고 하였다. 이에 홍낙순이 말하기를,

"그대의 말은 말인즉 옳지만, 이 일을 운만 띄우고 다 말하지는 않은 것은 대각(臺閣)에서 거론하기를 기다린 것이니 어찌 잘못이라 하겠소? 또한 우리 오랜 벗들이 모름지기 정신을 가다듬어 세력을 모아야 일을 도모할 수 있다는 말과, 연소한 이들 가운데 그대와 이사신(李士愼, 이도묵)에게 내 일찍부터 마음을 두고 있었으니 함께 뜻을 통해 보면 좋겠다는 말을 휘원에게 한 일이 있소."라고 하여, 내가 말하기를,

"소인은 평생토록 거칠고 옹졸하여 평소에도 교유가 없습니다. 휘원과는 절친한 사이기

금하는 일을 맡아보았다. '결속빗'이라고도 칭하였다.

는 하나 의론에서는 왜곡된 소견으로 인해 전부터 대부분 서로 용납하지 못하곤 했지요. 저는 외롭고 고립된 처지로 남과 어울리지 못함을 스스로 아는 터라 무릇 의론에는 결코 간여하지 않았습니다.

대감께서 소인을 알지 못하고 이러한 말씀을 하셨으나 지금 제 실정을 사실 그대로 말씀드리오니 의론의 일로 책망하지 말아 주신다면 다행이겠습니다. 예전에 춘추관[史局]에 있으면서 간혹 문자로 여쭈는 일이 있을 때 분에 넘치는 칭찬을 받았으니, 소인 또한 어찌 은혜에 감사하는 뜻이 없겠습니까? 그러나 천성이 거칠고 옹졸하여 자주 찾아뵙지 못한 것에 대해서는 용서를 바랄 뿐입니다."라고 하니, 홍낙순이 말하기를,

"휘원이 말하기를 그대의 뜻 또한 우리와 합한다 하였는데, 지금 그대의 말은 이와 다르니 어찌 된 일이오?"라고 하여, 내가 말하기를,

"대감의 성의가 이와 같으시므로, 휘원이 적당하게 둘러댄 것이 틀림없습니다."라고 하니, 홍낙순이 자못 실망하며 말하기를,

"그대가 말은 이렇게 해도 어찌 그 뜻이 다르겠소? 모쪼록 휘원의 무리와 힘을 모으는 것이 좋을 것이오."라고 하여, 내가 말하기를,

"특별히 힘을 모을 일은 없을 것입니다. 그리고 소인은 정말 쓸모없는 사람입니다."라고 하였다. 나는 이래저래 말이 깊어지는 것이 두려워, 금훤의 처소를 오랫동안 비웠다고 핑계 대고 물러 나왔다.

10. 홍낙순 · 홍국영 · 김구주와 남당의 관계

내가 홍낙순의 말을 듣고 심환지에게 물어보고 싶었으나 공사[公故][77]가 잇따라서 보러 갈 겨를이 없었고, 또한 상대하여 말을 주고받는 사이에 듣고 싶지 않은 말을 듣게 될까 두려웠다.

오랜 벗 중 함께 말을 나눌 만한 사람을 만날 때마다 번번이 청양문 밖에서 홍낙순과 만나 문답한 말을 들려주었는데, 이는 사람들로 하여금 모두 나의 뜻을 알게 하고자 해서였다.

9일 조참(朝參)에서 주상이 홍낙순에게 처분을 내리자[78] 삼사가 잇따라 합계하였다. 내가 마침 감군(監軍)[79]으로서 밤에 순찰을 돌다가 삼청동에 있는 심환지의 집에 들렀다. 심

77. 공사[公故]: 벼슬아치들이 조회(朝會) · 진하(進賀) · 거둥 및 그 밖의 행사에 참여하던 일을 말한다.
78. 홍낙순에게 처분을 내리자: 경자년(1780, 정조 4) 정월 조참에서, 정조가 홍낙순이 권력을 농단한 죄를 물어 삭출하라 명한 것을 말한다.

환지가 놀라고 의아해하며

"밤이 늦었는데, 무슨 일로 방문하시었소?"라고 하기에 내가

"밤에 순찰을 돌다가 들렀습니다."라고 답하였다. 심환지가 다시 급하게 묻기를,

"근일의 처분을 그대는 어찌 생각하시오?"라고 하여, 내가 웃으며 말하기를,

"내가 그대에게 묻고 싶어 왔는데, 그대는 어찌 나에게 먼저 물으십니까?"라고 하였다. 심환지가 말하기를,

"내가 정말 잘못 생각하였습니다. 요 근래 들으니 정승 홍낙순과 그 조카 홍국영이 서로 어긋나 각자 문호를 세웠다고 하니, 이것이 지금의 처분이 있게 된 까닭입니다. 숙부는 비록 처벌을 받았지만, 그 조카는 주상이 장차 다시 등용하려는 뜻을 가지고 있으니, 도승지[知申, 홍국영]의 치사(致仕)는 장차 그의 숙부를 처분하고자 행한 것이라 합니다."라고 하여, 내가 말하기를,

"이는 전혀 말이 되지 않습니다. 숙부와 조카가 비록 다름이 있다 해도 어찌 그 숙부를 간흉이라 성토하고 그 조카가 평상시처럼 태연할 리가 있겠습니까?"라고 하니, 심환지가 말하기를,

"그대는 평서 이규위의 상소에 내린 비답을 보지 않았습니까? 비답에 '부득이한 개인사[私事]'라고 전교한 것은 대개 이러한 주상의 뜻을 보인 것입니다. 평서의 상소에 내린 비답을 보면 어찌 홍국영을 특별히 대우하는 것이 아니겠습니까?"라고 하여, 내가 말하기를,

"이른바 평서의 상소는 그 내용이 너무도 부당하다고 생각합니다. 설령 말할 만한 일이 었다 하더라도 이는 외관으로서 굳이 나서지 않아도 될 일에 나선 것이 아니겠습니까? 또한 정말 그대의 말과 같다면, 정승 홍낙순이 '단합하여 힘을 모아야 한다'고 운운한 것은 그 조카의 생각과 다르다는 것입니까?"라고 하니, 심환지가 말하기를,

"그것은 홍 정승이 자기 조카의 의중을 알고 근래 다시 화합하였기에 그렇게 말하였던 것입니다."라고 하였다. 내가 말하기를,

"그들 숙질 간에 같고 다른 점은 일단 논하지 않겠습니다. 그러나 지난 날 그대와 말을 나눈 후 내가 청양문에서 홍 정승을 만났더니 그가 말하기를 그대가 나의 뜻도 부합한다고 말하였다 합니다. 내가 말한 내용은 그렇지 않았는데, 그대는 어찌하여 말을 다르게 전한 것입니까?"라고 하니, 심환지가 말하기를,

"그것은 좋은 뜻으로 말한 것입니다. 내가 생각하기에 그대가 홍 정승의 뜻을 거스르기

79. 감군(監軍): 도성 내외의 야간순찰을 감독하는 군직(軍職)을 말한다.

어려울 것이므로, 우선 좋게 말해 둔 것입니다."라고 하였다.

이에 내가 홍낙순과 나누었던 문답 내용을 일일이 말하자, 심환지가 실망하여 말하기를,

"어찌 다른 뜻이 있었겠습니까? 다만 좋게 말하고자 했을 뿐입니다."라고 하였다. 내가 말하기를,

"여름에 내가 평서의 일을 그대에게 말하자, 그때 그대는 모르겠다고 하였습니다. 지금 홍 정승이 '단합하여 힘을 모아야 한다'고 운운한 것은 평서가 말한 남당이 단합해야 한다고 한 것과 그 뜻이 같으니, 이것이 어찌 된 일입니까? 내가 이정재(규위의 아들)에게 이러이러한 말을 들었는데, 이 어찌 경악할 만한 일이 아니겠습니까?

완풍군(完豊君)이라는 작호[80]를 내린 후 사람들이 모두 의심하고 괴이쩍게 생각하였습니다. 곧이어 유신(儒臣)의 상소[81]가 나오자 의혹이 더욱 부풀려졌고, 다시 간택을 하는 것은 불가하다는 설이 나오자 그 뜻을 더욱 분명하게 알 수 있었습니다. 생각해 보십시오. 이것이 정말 의리입니까?

만약 범진(范鎭)[82]에게 지적할 부분이 있고,[83] 그가 또한 비(妃, 후궁)를 들일 것을 요구하며 (후사로 세울 사람을) 그 비의 양자로 들이게 했다면 이는 역절(逆節)이니, 후세의 누가 범진을 현명한 신하라 하겠습니까?"라고 하니, 심환지가 생각에 잠겨 있다가 말하기를,

"과연 그대의 말대로 범진에게 사사로운 의도가 섞여 있었다고 하더라도 미리 건저해야 한다[預建]는 의리를 불가하다 말할 수는 없을 것입니다. 그리고 '간택을 다시 할 수 없다는 설'은 주상의 뜻입니다."라고 하여, 내가 말하기를,

"주상의 뜻이 이와 같을 리 없습니다. 주상의 뜻이 아닌데도 주상의 뜻이라 말하면서, 심

---

80. 완풍군(完豊君)이라는 작호: 홍국영은 은언군의 아들 상계군(常溪君)을 자신의 관향(貫鄕)을 넣어 완풍군(完豊君)으로 개칭한 후 원빈의 대전관(代奠官)·수원관(守園官)으로 만들어 봉사자(奉祀者)로 삼았다. 이어 홍국영은 송덕상을 동원하여 저사를 넓히는 일은 다시 할 수 없는 상황이니 후사를 정하기 위해 '모양(某樣)의 도리(道理)'를 강구해야 한다면서 완풍군으로 저사를 정하도록 권했으며 재간택(再揀擇)을 하는 것은 중궁을 핍박하는 일이라며 정조를 압박하기도 하였다.

81. 유신(儒臣)의 상소: 1779년(정조 3) 6월 18일자 실록에 있는 이조 참판 송덕상이 '모양도리(某樣道理)'를 강구하라고 주청한 상소를 가리킨다. 송덕상의 이 상소는 홍국영의 사주를 받아 올린 것으로 알려져 있다. 홍국영은 송덕상의 '모양도리'를, 저사를 보기 위한 간택(揀擇)을 다시 행하지 말고 완풍군으로 저사를 정하자는 의론으로 몰아가려 하였다.

82. 범진(范鎭, 1008~1089): 송나라 학자. 자 경인(景仁), 시호 충문(忠文). 인종(仁宗)이 재위 35년에도 후사가 없자, 범진이 종실의 근속(近屬) 중에서 현량한 자를 골라 건저(建儲)하기를 청하였는데, 면전에서 몹시 간절하게 진달하면서 눈물을 흘리기까지 하였다. 범진이 전후로 19차례나 상소를 올리고는 100여 일 동안 명이 내려지기를 기다렸는데, 노심초사한 탓에 수염과 눈썹이 하얗게 세었다. 그의 주청으로 마침내 복왕(濮王)의 아들 서(曙)를 데려다 황자(皇子)로 삼았는데 그가 뒤의 영종(英宗)이 되었다.

83. 지적할 부분이 있고: 여기에서 지적할 부분이란, 범진이 건저할 것을 주청한 것이 그의 충심에서 우러나온 것이 아니라 건저에 공을 세워 이후 권력의 발판으로 삼고자 하는 등의 다른 의도를 가지고 있었음을 가정하여 말한 것이다.

지어 '간택을 다시 하는 것은 불가하다'고까지 말하는 것이 어찌 역절이 아니겠습니까? 주상의 뜻 운운하는 설에 대해서는 내가 이정재에게 들은 바가 있으나 이는 신하된 자가 입에 올려 발설할 일이 아니기에 마음속으로 남몰래 근심하고 있었습니다.

도승지가 별다른 이유도 없이 일부러 물러간 것은 있을 수 있는 일인데도 일부러 치사하여 인심의 향배를 보고자 행한 것일 뿐 곧 다시 복귀해 들어올 것이라는 말이 온 세상에 자자합니다.

구윤옥(具允鈺)[84]이 평소 (홍국영의) '마음에 간교함이 있다[自中之黠]'고 일컬었는데 그의 말도 또한 그러하였으니, 저 또한 의심이 없을 수 없습니다. 그런데 근일의 처분[85]을 보면 그것[86]이 주상의 뜻이 아님을 분명히 알 수 있습니다.

삼척동자에게 물어보아도 오히려 훤히 알 수 있는데, 그대는 다시 숙질 간에 각기 다른 설이 있었다는 설을 주장하니 이는 그대가 현혹된 것이라 할 만합니다."라고 하니, 심환지가 말하기를,

"나는 현혹된 것이 아닌데, 그대는 어찌하여 이리도 지나친 의심을 하십니까? 봉조하(奉朝賀, 홍국영)는 나라와 휴척(休戚)을 함께하는 사람인데, 만약 주상의 뜻이 아니라면 어찌 이러한 의론이 있겠습니까?

그대는 근래 승정원의 계사(啓辭)가 중지된 것을 아십니까? 그 계사에 김구주에 대한 말이 있었기 때문입니다. 도승지가 물러갈 때 김구주의 석방을 이미 주청하였으니 장차 처분이 있을 것입니다.

여중(汝重)【김면주(金勉柱)[87]의 자이다.】은 수년 동안 한림(翰林)으로 있으면서 모르는 일이 없는 사람인데, 내가 이 일을 여중에게 들었습니다."라고 하여, 내가 말하기를,

"봉조하가 어찌하여 김구주의 석방을 청하였단 말입니까?"라고 하자, 심환지가

"김구주는 (주상의 세손 시절) 대리청정에 공(功)이 있었기 때문입니다."라고 하였다. 내가 이 말을 듣고 나도 모르게 큰 소리로 성을 내며 말하기를,

"이 무슨 말입니까? 대리청정은 선왕께서 정사에 피로하시어 국조의 고사(故事)에 따라 명하신 것이고, 또한 성모(聖母)[88]의 자애로운 보살핌과 은밀한 도움이 있었기 때문에 이

---

84. 구윤옥(具允鈺, 1720~1792): 본관 능성(綾城), 자 성집(聖集). 병조·호조 판서 등을 역임하였다.
85. 근일의 처분: 경자년(1780, 정조 4) 정월 조참에서, 정조가 홍낙순이 권력을 농단한 죄를 물어 삭출하라 명한 것을 말한다.
86. 그것: 주상이 고의로 치사한 홍국영의 뜻을 방조하고 다시 홍국영을 복귀시키려 한다는 것을 가리킨다.
87. 김면주(金勉柱, ?~?): 김한록의 조카로서, 김면주의 어머니는 홍국영의 종대고(從大姑)였다. 홍국영은 유생(儒生)시절부터 김면주와 친하였다.
88. 성모(聖母): 영조의 계비 정순왕후(貞純王后, 1745~1805)를 가리킨다. 본관 경주(慶州). 성 김(金). 오흥 부원

루어진 것입니다. 김구주가 어떤 사람이건데 감히 그 사이에 공이 있다 말하는 것입니까?" 라고 하니, 심환지가 말하기를,

"내가 그대의 의심을 풀고자 하여 나도 모르게 이러한 망발을 하기에 이르렀습니다. 이는 할 말이 아니니 번잡하게 퍼트리지 말아주시기 바랍니다. 다만 앞으로의 일을 지켜보면 알 수 있을 것입니다. 경솔히 발언한 것을 후회하고 있으니 말이 새어나가지 않기를 거듭 부탁드립니다."라 하고, 또 말하기를,

"봉조하가 물러난 처음에 나는 그의 얼굴에서 자못 수심 어린 기색을 보았습니다. 그러나 한 달 전 북영(北營)[89]에서 연회가 있었을 때 만나 보았더니 기운이 편안하고 말하는 것이 호쾌하여 대사(大事)에 대한 조치가 내려질 것을 알 수 있었으니 걱정할 것이 없습니다."라고 하여, 내가 말하기를,

"그대는 다만 앞으로 일어날 일만 보라고 말씀하시는데, 나 또한 그렇게 말하겠습니다. 그러나 내 뜻은 끝내 그대와는 다르니 훗날 제가 그런 말을 한 일이 없다고 하지는 말아주십시오."라고 하였다.

11. 심낙수가 홍국영 처벌 상소에 참여하다

내가 홍문관으로 옮긴 후,[90] 2월 19일 주강에 나아갔는데 김종수도 지경연사(知經筵事)로서 합문(閤門) 밖에 나와 있었다.

김종수가 나를 보고 친척 관계의 촌수를 헤아리며 말을 건넸는데, 자못 후의를 보였다. 입시하여 『논어(論語)』의 「재여단상장(宰予短喪章)」[91]을 강론하였다. 내가 글의 뜻을 설명하여 말하기를,

"선유(先儒)가 재여를 '허물을 숨김이 없다[無隱]'라고 하였으니, 이는 성인(聖人)이 지성으로 가르친 교화의 공덕입니다. 군주가 교화를 행하는 것이 지성에서 나온다면 아랫사람

군(鰲興府院君) 한구(漢耉)의 딸. 1759년(영조 35) 15세로 51세 연상인 영조와 결혼하여 왕비로 책봉되었다. 1762년 영조가 사도세자를 뒤주에 가두어 죽이는 데 정순왕후의 친정이 적지 않은 역할을 했다고 전해진다. 오빠 김구주(金龜柱)가 이끄는 세력이 영조 말년에 사도세자의 장인인 홍봉한(洪鳳漢) 중심세력과 맞서고, 친정인물들을 중심으로 하는 벽파(僻派)가 정조대에 시파(時派)와 대립하는 중요한 정치적 배경이 되었다.

89. 북영(北營): 훈련도감의 본영으로서 창덕궁 서쪽, 지금의 원서동에 있었다.

90. 내가 …… 옮긴 후: 1780년(정조 4) 2월 14일, 심낙수는 홍문관 부수찬에 제수되었다.

91. 재여단상장(宰予短喪章): 『논어』「양화(陽貨)」 21장에서 재여가 부모상을 1년으로 단상(短喪)하자고 말하자, 공자가 "자식이 태어난 지 3년이 지난 뒤라야 부모의 품을 떠날 수 있으니, 삼년상은 천하 모든 사람의 공통된 상이다."라고 꾸짖은 내용을 가리킨다.

들 또한 정상(情狀)을 숨기는 일이 없게 될 것입니다. 아뢰옵건대 이러한 부분은 더욱더 깊이 유의하십시오."라고 하니, 주상이 말하기를,

"비단 성인이 교화한 공덕일 뿐만 아니라 재여가 어질었기 때문에 허물을 숨기지 않을 수 있었던 것이다."라고 하였다. 김종수가 말하기를,

"하번(下番)[92]이 아뢴 글의 뜻이 적실하여 매우 좋습니다."라고 운운하였다. 합문 밖으로 물러나와 김종수가 나에게 말하기를,

"아까 그대가 글의 뜻을 설명한 것이 진실로 좋았소. 내 여러 차례 경연에 들어갔지만 글의 뜻을 이렇게 설명한 것은 들어본 일이 없소이다."라고 하였다. 이에 내가 말하기를,

"얕은 식견으로 한 말인데, 어찌 족하다고 하겠습니까?"라고 하였다.

내가 번을 마치고 나온 26일 아침 홍문관 아전이 전갈을 가지고 왔는데 즉시 입직하라는 내용이었다. 이치가(李穉可)【이시수(李時秀)[93]의 자이다.】가 통지를 보낸 것인데, 홍국영의 일로 올릴 차자에 대해 논의하기 위한 것이었다.

내가 바로 들어가자 동료들이 모두 모여 있었고, 김하재(金夏材)[94]도 부제학으로 들어왔다. 내가 서군집(徐君集)【서유성(徐有成)의 자이다.】과 이치가에게 묻기를,

"인심의 울분이 이미 오래되었지만 오늘 즉시 차자를 올리는 것은 또한 의외의 일인데 누가 발론할 수 있겠습니까?"라고 하니, 답하기를,

"김종수가 아침에 수차(手箚)를 올렸는데[95] 주상이 비답을 일부러 미루고 있습니다. 이에 홍문관에서 차자를 올리는 일을 잠시도 늦출 수 없게 되어 전갈을 보낸 것입니다."라고 하였다.

홍문관 동료들이 장관에게 차자를 지으라고 청하였는데, 하재가 초안을 내지 않았는데, 동료들 또한 차자를 지으려고 나서는 사람이 없었다. 날이 저물려 하자 이치가가 하재에게 성을 내며 말하기를,

"오늘 중에 차자를 올리는 일은 그만둘 수 없는 일인데, 날이 저무는데도 아직 올리지

---

92. 하번(下番): 순번이 아래인 사람을 말한다. 경연의 경우에는 나중에 진강(進講)하는 사람을 가리킨다.
93. 이시수(李時秀, 1745~1821): 본관 연안(延安), 호 급건(及健). 복원의 아들, 서명선의 사위. 우의정·영의정 등을 역임하였다.
94. 김하재(金夏材, 1745~1784): 본관 광산(光山), 자 양숙(養叔). 예조 판서 진규(鎭圭)의 손자, 영의정 양택(陽澤)의 아들. 대사성·이조 참의 등 역임. 1784년 영희전 고유제(永禧殿告由祭)의 헌관으로 분향 후 정조의 실덕과 사림을 장살(杖殺)할 것을 쓴 쪽지를 이재학(李在學)에게 주었다가 탄로 나서 주살당하였다.
95. 1780년(정조 4) 2월 26일, 이조 판서 김종수가 홍국영이 공을 믿고 방자하여 임금도 안중에 없이 조정을 농단했으며, 원빈(元嬪)의 졸서 이후 재간택도 저지했으니 그 죄를 밝혀 귀양 보내야 한다는 내용의 수차를 올렸다.

못하고 있으니 이대로 모임을 파하려 하는 것입니까?"라고 하였다.

김하재는 이조 판서(김종수)의 수차에 대한 비답을 잠시 기다렸다가 차자를 올려도 늦지 않는다고 하였다. 이치가가 말하기를,

"비답은 내려지지 않고 대궐 문이 닫힐 시간은 임박했는데, 이대로 흩어져 돌아가자는 것입니까?"라고 하였다.

잠시 후 비답[96]이 내려지자 김하재가 비로소 소매 속에서 차자 한 통을 꺼냈는데, 대부분의 구절이 장황하고 불필요한 말들이었다. 이에 동료들이 상의하여 내용을 산삭하거나 윤색한 다음 촛불을 밝혀 놓고 바삐 베껴 올렸다. 차자의 내용은 볼만한 것이 없었으나 인정(人定)[97] 후에 비답을 받고 돌아갔다.[98]

다음날 내가 입직하자 주상이 소대(召對)해서 진강할 것을 명하였다. 글의 뜻을 설명하기를 마친 후, 상번(上番) 이치가와 함께 나아가 홍국영의 일에 관한 소회를 아뢰고 합계(合啓)를 따라줄 것을 청하였다. 내가 아뢰기를,

"이것은 그동안 온 세상 사람들의 입에 칼을 채워 감히 오랫동안 말할 수 없었던 것입니다. 홍국영의 죄는 만 번 죽임을 당한다 해도 마땅합니다. 지금 국영을 벌하지 않고 그 죄를 용서해 주는 것은 불가하니 속히 사람들의 주청을 따르시어 인심을 위로해 주소서."라고 하였더니, 주상이 전교하는 목소리가 낮고 작았는데, 내용은 스스로의 허물을 자책하는 것이었다. 황공하여 감히 힘써 아뢰지 못하고 물러 나왔다.

12. 홍국영 축출 이후 남당의 생존 전략

4, 5년간 홍국영의 위세가 등등하여, 사람들은 부자 · 형제끼리 사실(私室)에 있을 때에도 말이 홍국영에게 미치면 마치 귀신이 몰래 엿듣고 있기라도 한 듯이 두려워하며 감히 배척하는 말을 하지 못하였다.

홍낙순을 처분한 이후에도 한마디 말이 없었고, 김종수가 수차를 올린 후에도 그 당(남당)은 홍국영의 방축을 애석해하였으니, 인심이 어지러워져 상실된 것이 이 지경에 이르렀다.

---

96. 비답: 김종수가 상소한 그날로 홍국영을 전리(田里)로 방환(放還)하라는 정조의 명이 내려졌다.
97. 인정(人定): 통금을 알리는 시각을 말한다. 매일 밤 초경(初更) 3점(三點)에 종루의 종을 28번 쳐서 도성 사람의 통행을 금지하였다.
98. 이 차자는 1780년(정조 4) 2월 26일자 실록에 실려 있다.

사역원(司譯院)[99]에 임관된 사람이 홍국영과 친숙하게 지냈는데, 홍국영이 물러난 뒤에도 그를 날마다 옆에 두고 일을 시켰다.

그런데 그 사람에게 일이 있어 여러 날 자리를 비웠더니 홍국영이 크게 노하여 사역원 제조에게 그를 파직시키게 하였다. 그러자 그 사람이 기뻐하며 말하기를,

"지금 이후 나는 요망한 역적을 보지 않아도 된다. 파직되어 굶어죽는다 하더라도 다행이다."라고 하였다 한다. 이 말에서 그 진정을 볼 수 있으니, 사대부들은 일개 역관만도 못하였다.

내가 듣기에 김종수가 갑작스레 홍국영을 배척한 것을 두고 그 당이 비난하자, 김종수가 말하기를,

"내 어찌 기꺼운 마음으로 그 일을 하였겠는가? 부득이한 일이었다."라고 하였다 한다. 이른바 부득이한 일이라는 것은 주상의 뜻이었음을 이르는 것이다.

송환억이 송덕상의 상소를 사주하여 흉언[100]을 이어갔는데 이것이 드러날까 걱정하였다. 이에 김종수가 말하기를,

"우리는 무슨 일이 있어도 유현(儒賢)을 논척하는 일은 없을 것이다. 만약 한쪽 편 사람들 중에 (모양도리라는) 문자를 가지고 말하는 자가 있으면 숨겨진 것을 끄집어내어 화를 양성한다고 배척할 것이다. 그리하면 주상 또한 어쩌지 못할 것이다. 우리는 다만 정신을 가다듬어 세력을 모아 대비하고 있으면 된다."라고 하였다 한다.

이때 주상의 뜻은 오로지 진정시켜 안정하는 것[鎭安]을 원칙으로 삼았다. 송덕상과 김종후가 상소하여 홍국영의 사직을 만류한 것을 자신들의 죄라고 인정하였는데, 모두 홍국영의 죄에 대해 처음에 그 죄를 몰랐다고 운운하였다. 이에 주상이 은혜로운 비답을 내려서 말하기를,

"지난날에도 마땅했고 지금도 마땅하다."라고 하였다. 이는 때에 맞게 적절하게 조치하라는 전교였다. 그리고 김종후의 상소에 대한 비답에서

"네 아우가 한 번 차자를 올린 것이 너에게 광영이다."라고 전교하였다.[101] 이에 온 세상이 기롱하고 비웃으니, 우리 당(노론)의 수치인지라, 분통스러워 할 말이 없었다.

내가 생각하기에 주상의 뜻은 '진정시켜 안정하는 것'에 있었으므로, 만약 흉당이 화를

---

99. 사역원(司譯院): 외국어의 번역과 통역의 일을 맡아보던 예조 산하의 관청이다.
100. 흉언: 송덕상이 상소에서 언급한 '모양도리(某樣道理)'를 가리킨다.
101. 김종후의 상소에 …… 전교하였다: 1780년(정조 4) 3월 9일, 김종후가 홍국영의 퇴거를 만류하라는 상소를 올렸던 자신의 죄를 뉘우치는 상소를 올렸다. 이에 정조는 지난 2월 26일 김종후의 동생 김종수가 홍국영을 탄핵하며 귀양 보내라는 수차를 올린 것을 언급하며 이러한 비답을 내렸다.

빚은 것을 정말로 뉘우친다면 진실로 다행이지만, 그들의 정상(情狀)을 살펴보면 반드시 흉악한 재앙에 이른 후에야 그칠 것이었다.

홍국영의 죄는 송덕상의 흉악한 상소로 증명이 되었다. 그러나 김종수의 수차에는 이러한 내용이 조금도 보이지 않았다. 김종수가 또한 부득이하여 상차했다는 설을 주장하였고, 또한 송덕상의 소를 두고 '어디에도 부당함이 없다는 설[無處不當之說]'[102]을 온 세상에 퍼뜨렸으니, 대의를 의심스럽게 흐리고 인심을 미혹시키는 것이 도리어 홍국영이 방출되기 전보다도 심한 점이 있었다. 홍국영이 비록 흉악한 음모를 꾸몄다 하더라도 만약 송덕상의 상소가 없었다면 세도가 무너지고 갈라지는 것이 이 지경에 이르지는 않았을 것이다.

그리고 송덕상으로 하여금 굳이 올라오게 하여 홍국영과 둘 사이를 주선하고 장소(章疏)를 전해줌으로써 우리에게 천고의 수치를 끼친 것은 모두 송환억에게서 비롯되었으니[103] 내가 분통스러움을 이기지 못하겠다.

이때 내가 이 점을 말하고자 하였으나 진정시켜 안정하려는 주상의 뜻을 상하게 할까 두려웠고, 그렇다고 말하지 않으면 미혹됨이 점차 깊어질 것이 걱정이었다. 또한 내가 신진(新進)으로서 아직 신뢰를 받지 못하고 있는데, 말을 하게 되면 무익할 것으로 생각하였다.

혹 우리 중에 이들을 타파할 것을 극진하게 말하여 재앙의 싹을 잘라내는 사람이 나오기를 바랐으나 수개월이 지나도록 나오는 사람이 없었다.

13. 심낙수가 훈련도감을 안핵할 당시의 정세

3월 8일 내가 입직하고 있었는데 밤에 입시하라는 명이 내려졌다. 이때 사간 이명훈(李命勳)이 구선복(具善復)[104]을 논핵하는 소를 올렸다.

구선복이 훈련도감의 공금 만 냥을 해마다 홍국영에게 날랐고 훈련도감의 장교(將校)·군졸(軍卒)을 모두 홍국영의 사인(私人)으로 차출하였다는 것이다. 주상이 나에게 자세하게 조사하여 살필 것을 명하고, 안핵 어사로 임명하는 전교를 내렸다.

---

102. 어디에도 부당함이 없다는 설[無處不當之說]: 김종수는 송덕상의 '모양도리(某樣道理)'는 명시해서 말한 것이 아니므로, 그것을 재간택(再簡擇)이라고 해도 되고 중궁의 병을 고치는 것[醫藥]이라고 해도 되니 부당한 곳이 없다고 주장하였다.

103. 모두 송환억에게서 비롯되었으니: 김구주가 패퇴한 이후에 송환억은 숙부인 송덕상을 끌어들여 김종수를 매개로 홍국영에게 적극 협조했고, 송덕상 또한 송시열의 후손이라는 명망을 등에 업고 경연에 적극 참여, 홍국영의 지시를 받아 의견을 내는 등 그의 수족 역할을 했다는 평을 받았다.

104. 구선복(具善復, ?~1786): 본관 능성(綾城), 자 사초(士初). 병조 판서·의금부판사 등 역임. 1786년(정조 10) 세자가 죽자 상계군(常溪君) 담(湛)을 추대하려다가 적발되어 죽임을 당하였다.

입시하였을 때 마침 심환지를 삭직하라는 하교가 있었다. 승지가 전교를 써서 읽었는데, '이처럼 달라붙고 파리처럼 오락가락하여, 기꺼이 창귀(倀鬼)[105]가 되었다.'라는 내용이었다. 지난겨울 심환지가 소회(所懷)를 아뢰었던 것[106]은 홍국영이 사주한 것인데 주상은 이미 훤히 알고 계셨던 것이다. 승지가 읽기를 마치자 주상이 전교하기를,

"서남(西南)이 합세하여 작당하는 일을 내 모르는 바가 아니다. 유배하고 찬축하여 죽인다 해도 불가하지 않으나 세신(世臣)을 온전하게 보호하고자 하여 멈추고 있는 것이다. 승지 및 여러 신료들도 또한 이 점을 알아야 할 것이다."라고 하였다.

내가 (훈련도감을) 조사하여 살피라는 전교를 받고 물러 나왔는데, 승지는 서원례(徐元禮)였다. 그때 밤이 깊었던지라 나도 그를 따라 승지 직소(直所)로 와 함께 마주하고 조금 전 주상의 황송한 전교에 대해 말하였다. 내가 말하기를,

"하교 중에 서남이라 하셨는데 서(西)는 홍낙순이고 남(南)은 김종수입니다. 홍낙순은 진실로 논할 것도 없고, 김종수는 본래부터 좋아하지 않았던 사람입니다. 심환지를 비롯한 여러 사람들이 어찌 김종수가 주장한 내용[107]을 비난하지 않겠습니까? 주상의 뜻이 비록 진정시켜 안정하고자 하나 이후 반드시 우려할 만한 일이 생길 것입니다."라고 하니, 서원례가 말하기를,

"지금은 이미 일이 정해졌으니 어찌 다른 생각을 하겠습니까?"라고 하였다. 내가 말하기를,

"그들은 결코 잘못을 뉘우치거나 깨닫지 못할 터이니, 훗날 한번 보시지요."라고 말한 후 서로 웃으며 자리를 파하였다.

다음 날 내가 곧장 신영(新營)[108]으로 가 문부(文簿)를 상세히 조사하였으나 특별히 문제 삼을 만한 것은 없었다. 홍국영이 연회 때 체급[帖給][109]한 것은 그 수가 수백에 지나지 않았고, 장교·군졸은 군오(軍伍)에서 연차가 되기를 기다려 승천(陞遷)하였으므로 특별히 문제가 될 만한 사람은 없었다. 이러한 내용으로 서계하였다.

---

105. 창귀(倀鬼): 호랑이에게 물려 죽은 사람의 혼(魂)으로, 호랑이가 먹을 것을 구하러 다닐 때 앞장서서 먹이를 찾아 준다고 한다. 못된 짓을 하는 데 앞장서는 사람을 비유하기도 한다.
106. 소회(所懷)를 아뢰었던 것: 1779년(정조 3) 12월 22일 심환지가 소대에서, 홍계능과 친하게 지낸 이성모(李聖模)를 성천 부사(成川府使)로 제수할 때에 당시 전관(銓官)이었던 서명응이 홍계능의 사주를 받아 처리했다고 논핵하였던 일을 가리킨다.
107. 김종수가 주장한 내용: 노론 남당의 영수였던 김종수가 1780년(정조 4) 2월 26일 수차를 올려, 홍국영이 공을 믿고 방자하여 임금도 안중에 없이 조정을 농단했으며, 원빈(元嬪) 졸서 이후 재간택(再揀擇)도 저지했으니 그 죄를 밝혀 귀양 보내야 한다고 주장한 것을 가리킨다.
108. 신영(新營): 훈련도감(訓鍊都監)의 분영(分營)으로 경희궁(慶熙宮)의 정문인 흥화문(興化門) 밖에 있었다.
109. 체급[帖給]: 관아에서 역인(役人) 또는 상인(商人)에게 금품을 내줄 때 서면(書面)으로 기록하고 내주는 것.

다음 날 차대(次對)[110]에서 명을 받고 입시하였다. 주상이 말하기를,

"어사는 또한 삼사의 관원이니 조사한 내용을 참작하여 대관(臺官)의 말에 대해 상세히 설명하라."라고 하여, 내가 대답하여 말하기를,

"서계의 내용 외에 별다르게 진달할 만한 일은 없었습니다. 체급했다는 물건은 대신(臺臣)이 풍설을 들은 것이니, 백 냥이 천 냥 되고 천 냥이 만 냥 되는 것을 괴이하게 생각할 것은 없습니다. 그러하니 대간의 말을 두고 '무함했다'고 할 수는 없습니다."라고 하였다. 물러나오니 김종수가 나를 보고 말하기를,

"(주상에게) 아뢴 말이 좋았습니다."라고 하기에 내가 말하기를,

"사실대로 말한 것일 뿐인데, 좋을 것이 뭐가 있겠습니까?"라고 하였다.

14. 심낙수의 홍국영 탄핵 상소가 나온 이유

이 무렵 내가 간혹 '당인(黨人)들이 화를 빚은 것을 뉘우친다'고 말하였는데, 심환지를 찾아가 말하기를,

"그대가 삭직된 것과, '이처럼 달라붙고 파리처럼 오락가락하여, 기꺼이 창귀가 되었다'는 전교는 그대 스스로 자초한 것입니다.

그러나 내려진 처분은 이보행(李普行)[111]보다 우대함이 있었으니 그대는 주상의 은혜에 감사해야 할 것입니다."라고 하니, 심환지가 힘없이 말하기를,

"그렇습니다. 그러나 우리도 속은 것입니다."라고 하였다. 내가 말하기를,

"그대는 일찍이 앞으로 일어날 일[112]을 두고 보라고 하셨는데, 지금도 주상의 뜻이라고 말하는 것입니까?"라고 하니, 심환지가 발끈하며 말하기를,

"당초 주상의 뜻이 그렇지 않았다는 것을 어찌 알았겠습니까? 한쪽 편 사람들이 중간에 참소하여 이러한 상황에 이른 것이 틀림없습니다."라고 하여, 내가 말하기를,

"무릇 일은 반드시 사악함과 올바름을 살핀 후라야, 이른바 '중간에서 참소하였다'는 말을 비로소 받아들일 수 있는 것입니다. 홍국영의 일은 귀신에게 물어보아도 천고의 흉악한

---

110. 차대(次對): 의정부 당상(堂上)·대간(臺諫)·옥당(玉堂) 관원들이 매월 여섯 차례 입시하여 중요한 정무를 아뢰던 일을 가리킨다.

111. 이보행(李普行, 1718~1787): 본관 용인(龍仁), 자 이보(易甫). 이조 참판·대사헌 등을 역임. 1779년(정조 3) 홍낙순·홍계능과 관련된 서명응의 치죄(治罪)를 강력히 주장하다가 도리어 추자도(楸子島)에 정배되어 죽었다.

112. 앞으로 일어날 일: 심환지는, 홍국영의 치사는 정조가 홍국영의 퇴진을 명목으로 신하들의 향배를 시험하는 것이므로, 홍국영은 곧 복귀할 것이라고 주장하였었다.

역적이라는 것을 틀림없이 알 것인데, 오늘의 처분을 일러 중간의 참소가 있었기 때문이라고 하니, 그대는 국영을 역적이 아니라고 말하는 것입니까?"라고 하니, 심환지가 어조를 자못 굽혀서 말하기를,

"홍국영이 비록 흉악하나 우리도 이로 인한 재앙이 장차 어디까지 뻗칠지 모를 지경이 되었습니다. 이러한데 한쪽 편 사람들이 어찌 중간에서 참소함이 없었다 하겠습니까?"라고 하였다. 내가 말하기를,

"이른바 우리의 일이 명백히 죄가 없다면 저들이 비록 화를 끼칠 마음을 가지고 있더라도 어찌하겠습니까? 게다가 성명한 주상이 위에 계시고 근일의 처분 또한 모두 진정시켜 안정하는 방책이니, 여기에서 일이 더 확대될 리는 없을 것입니다. 그대들이 이치를 보는 것이 밝지 못하여 비록 속임 당하는 것을 면치 못했다 하나 이 어찌 죄가 깊다 하겠습니까?

다만 유신(儒臣, 송덕상)의 상소는 홍국영의 죄상을 밝히는 명백한 증거이니 끝내 가리거나 덮을 수 없을 것입니다. 그런데 이조 판서(김종수)가 올린 수차 또한 이를 언급하지 않아[113] 한쪽 편 사람들의 기롱과 조소를 받았습니다. 그래서 흉론(凶論)을 가지고 우리 당의 대동(大同)의 논의로 삼고 있으니, 그중에 정론(正論)이 있는지는 모르겠지만 이 어찌 우리의 큰 수치가 아니겠습니까?

작년 여름 내가 평서(平瑞, 이규위)의 일을 가지고 그대에게 말하였을 때 또한 송환억이 우려스럽다[114]고 말한 일이 있습니다. 이는 내 견해가 남보다 뛰어나서가 아닙니다. 당시 식견과 사려가 깊은 사람들은 비록 드러내어 논척하지는 못했어도 남몰래 근심하여 한탄하고 있었습니다.

일찍이 여주 김양행(金亮行) 어르신의 말을 들었는데, 양오(養吾, 심이지)의 무리가 나와 대화한 내용에 대해 깊이 우려하였습니다.[115] 유신이 만약 그대처럼 속임을 당한 것이라면, 어찌하여 사실대로 자백하는 소장(疏章)을 올려 흉악한 음모가 모두 홍국영에게서 나

---

113. 이를 언급하지 않아: 1780년(정조 4) 2월 26일, 이조 판서 김종수가 홍국영을 탄핵하기 위해 올린 수차에서 홍국영이 원빈(元嬪)의 졸서 이후 재간택도 저지했으니 그 죄를 밝혀 귀양 보내야 한다고 주장하면서 송환억이 사주하여 송덕상이 올린 상소에 대해서는 언급하지 않은 것을 가리킨다.

114. 송환억이 우려스럽다: 송환억은 숙부인 송덕상을 끌어들여 홍국영에게 적극 협조했고, 이에 송덕상은 '모양도리(某樣道理)'를 강구하라는 상소를 올려 원빈(元嬪)의 사후 재간택을 막고자 한 홍국영의 의도를 적극 지지하였다. 송환억의 이러한 행동에 대해 심낙수는 심환지에게 우려를 표한 바 있다.

115. 깊이 우려하였습니다: 송덕상은 세도를 위한 계책으로 한쪽 편 사람들, 즉 소론을 정국에서 점차 제거해 나가야 한다고 주장하였다. 김양행은 송덕상의 이런 태도를 비판하며 조롱했는데, 여기에는 당시의 정국에 대한 판단도 작용했다. 즉 김양행은 정조 초 토역의 규모가 정해지고 소론도 그에 참여하고 있는 것이 문제되지 않는다고 보고, 견보가루(牽輔架漏), 즉 소론 탕평파와 노론의 협력 아래 정국을 운영해야 한다는 수시변통의 방책을 주장하였다. 본 책 『정변록』(상) 2번 기사 참조.

왔음을 온 세상이 알게 하고 유신을 다시 구실로 삼지 못하게 하지 않는 것입니까?"라고 하니, 심환지가 말하기를,

"그대의 말에 사뭇 일리가 있는 듯하나 지금 이미 한쪽 편 사람들이 유신을 핍박하고 있습니다. 만약 유신이 사실을 자백한다면 분명 그들의 압박이 배가될 터이니 일단은 가만히 정황을 살피는 것이 낫습니다."라고 하였다. 내가 말하기를,

"그대는 어찌하여 매양 한쪽 편 사람들을 말하는 것입니까? 한쪽 편 사람들이 아니라면 국영이 역절이 아니란 말입니까? 충역(忠逆)을 분변함에 어찌 당색을 논하는 것입니까? 이는 한마디로 결론지을 수 있는 것입니다.

유신이 정말 홍국영에게 속임을 당하였고 지금 이를 뉘우치고 있다면 하루도 지체하지 말고 빨리 소장을 올려 사실대로 죄를 자복해야 할 것입니다. 만약 끝내 국영의 흉악한 음모를 의리로 삼아 자신이 올렸던 상소의 잘못을 인정하지 않는다면 이는 곧 홍국영과 함께 역절을 도모한 것이 될 것이니, 이 어찌 한쪽 편 사람들과 연관 지을 일이겠습니까?"라고 하니, 심환지가 말하기를,

"그 상소에는 드러나 있는 말이 없으니 다른 일에 붙여 말할 수 있을 것[116]입니다. 또한 사실이라 인정하고 자백하면 그 말의 여파가 장차 어디까지 미칠지 모르고 어린 종친[117]도 보전할 수 없을 것이니 이 어찌 경솔히 발언할 일이겠습니까?"라고 하여 내가 말하기를,

"유신의 이 상소가 홍국영의 사주를 받은 것임은 온 세상이 다 알고 있습니다. 가리키는 뜻에 다른 의도가 있다는 것은 삼척동자도 속일 수 없거늘, 어찌 다른 일로 핑계 댈 일이겠습니까? 종친의 일은 제가 생각하기에 유신이 죄를 자복한 이후라야 비로소 보전할 수 있을 것입니다.

그렇게 하지 않는다면 홍국영이 비록 물러나 그 뜻을 잃었다 하더라도, 유신의 상소를 구실로 삼아 은밀히 흉악한 음모를 도모하려는 불령(不逞)한 무리들이 흉측한 해악을 끼친 후에야 그치게 될 것입니다. 사태가 이 지경에 이르면 유신을 보전할 수 없음은 물론입니다.

지금 (유신이) 사실대로 자백하면 인심이 안정되고 대의가 밝혀질 것이니, 유신의 상소를 구실로 삼으려는 자들이 감히 딴 마음을 품을 수 없게 될 것입니다. 이러한 까닭에 제가

116. 다른 …… 있을 것: 여기에서 심환지는 김종수의 의견을 인용한 것으로 보인다. 김종수는 송덕상의 '모양도리(某樣道理)'는 명시해서 말한 것이 아니므로, 그것을 재간택(再簡擇)이라고 해도 되고 중궁의 병을 고치는 것[醫藥]이라고 해도 되니 부당한 곳이 없다[無處不當之說]고 주장하였다. 심환지가 '다른 일에 붙여 말할 수 있을 것'이라 한 것은 김종수가 말한 어떻게 해석하든 '부당한 곳이 없다'고 말한 것과 같은 의미라 할 수 있다.

117. 어린 종친: 완풍군을 가리킨다.

'(유신이 죄를 자복한 이후라야) 비로소 보전할 수 있다'고 말씀 드리는 것입니다."라고 하였다. 심환지가 말하기를,

"유신에게 사실을 인정하고 자복하면 이전에 작호(爵號)를 내린 일[118]이 표적이 될 것입니다. 그러나 훗날 국가에 종사(螽斯)의 경사[119]가 없게 되면 어찌할 것입니까?"라고 하여, 내가 말하기를,

"이를 두고 이른바 '장심(將心)'[120]이라 하는 것인데, 그대는 어찌 이런 말을 하십니까? 간택을 다시 할 수 없다는 설을 두고 국영이 주상의 뜻이라 하였는데, 그대들이 (홍국영에게) 속임을 당했다면, 지금 다시 훗날 운운하는 것이 어찌 후회하고 뉘우치는 것이며 어찌 '장심'이 아니라 하겠습니까?

이러한 의론은 정부(定夫) 김종수에게 나왔다고 들었는데, 내가 보기에 이른바 '온전히 보전한다'[121]는 것은 끝내 보전할 수 없는 지경에 이르고 말 것이 분명합니다."라고 하였다. 이에 심환지가 말하기를,

"한쪽 편 사람들이 유신을 핍박한다는 말은 유신을 역절로 몰아 급기야는 신축년과 임인년에 계책을 결정한 제신(諸臣)들의 의론을 침해하려는 것입니다.[122] 이 어찌 해괴하고 분통스러운 일이 아니겠습니까?"라고 하여, 내가 말하기를,

"신임년의 일은 이미 정해진 천고의 계책입니다. 저들이 만약 신임의리를 가지고 말을 한다면 이는 진실로 반역입니다. 이는 저들 중에 무지하고 몰지각한 구당(舊黨)의 여파가

---

118. 작호(爵號)를 내린 일: 홍국영은 은언군의 아들 상계군(常溪君)을 자신의 관향(貫鄕)을 넣어 완풍군(完豐君)으로 개칭하였고, 송덕상이 상소에서 '모양(某樣)의 도리(道理)'를 강구해야 한다며 완풍군으로 저사를 정하려는 홍국영의 뜻을 은밀히 지원한 일을 가리킨다.

119. 종사(螽斯)의 경사: 여치가 한 번에 99개의 알을 낳으므로 부부가 화합하여 자손이 번창함을 비유하는 말이다. 여기서는 왕자가 태어나는 일을 가리킨다.

120. 장심(將心): 역심(逆心)을 뜻한다.『공양전(公羊傳)』장공(莊公) 32년에 "임금과 어버이에게는 장차 어떻게 하리라는 마음도 가져서는 안 되니, 그런 마음을 갖기만 해도 주벌(誅伐)을 받는다[君親無將 將而誅焉]."라고 하였다.

121. 온전히 보전한다: 여기에서 '온전히 보전한다'는 것은 심환지의 방안을 가리킨다. 즉 송덕상이 스스로의 죄상을 자복하는 길만이 온전히 보전할 수 있는 길이라는 심낙수의 주장에 대해, 심환지는 송덕상의 상소에는 뚜렷이 지칭한 내용이 없으니 다른 일에 붙여 말할 수 있을 것이라 보았고, 또 송덕상이 섣불리 자복하면 그 말의 여파가 어디까지 미칠지 모르므로 경솔히 발언하지 않는 것이 '온전히 보전'하는 길이라고 주장하였다.

122. 신축년과 …… 것입니다: 여기서는 신축년(1721, 경종1) 환국과 임인년(1722, 경종2) 옥사에 대한 의리, 즉 신임의리(辛壬義理)를 말한 것이다. 당시 경종의 병세를 이유로 노론(老論)이 연잉군(延礽君, 영조)을 세제(世弟)로 세우고 대리청정을 건의하였으나 소론(少論)이 집권하여 이를 주도한 노론의 4대신을 역모로 몰아 처벌하는 사건이 일어났다. 신임의리란 이때 노론이 정당하였는데 소론에게 억울하게 처벌받았다는 노론측 주장을 가리키는 것이다. 심환지는 서명선·정민시 등이 송덕상의 상소를 구실 삼아 신임의리를 뒤집으려 한다는 노론 강경 세력의 의구심을 대변하고 있다.

퍼뜨린 난언(亂言)이 분명합니다.

그러나 저들로 하여금 이러한 말을 하도록 만든 사람은 과연 누구이겠습니까? 이 때문에 제가 '우리에게 수치를 끼쳤다'[123]고 말하는 것입니다. 제가 신진(新進)으로서 신뢰를 받고 있지는 못하지만, (조만간) 상소를 올려 세상 사람들의 의혹을 풀어주고 우리의 수치를 씻으려 합니다."라고 하니, 심환지가 놀라 눈을 휘둥그레 뜨고 말하기를,

"그렇다면 그대는 유신을 논척하겠단 말입니까?"라고 하여, 내가 말하기를,

"유신에 대해서는 우선 경솔히 말하기 어렵고 또한 심히 가련하게 생각합니다. 그러나 또한 어찌 할 말이 없겠습니까?"라고 하니, 심환지가 내가 말하려는 내용을 집요하게 캐물었다. 내가 말하기를,

"그대와 나는 예전부터 의론이 일치하지 않았으나 그래도 나는 그대를 늘 마음에 두고 친애하였습니다. 그러한데 그대는 작년 여름과 겨울의 일[124]에 어찌 일찍이 일언반구(一言半句)도 나에게 의논하지 않았습니까?

간혹 내가 물어보아도 그대는 번번이 피하기만 하였습니다. 그래놓고 지금 내가 말하려는 내용을 어찌 이리도 집요하게 캐물으십니까?"라고 하니, 심환지가 발끈하며 말하기를,

"그렇다면 그대는 나를 멀리하여 끊으려는 것입니까?"라고 하여, 내가 말하기를,

"의론이 합하지 않는다고 하여 (관계를) 끊어버린다면 이미 오래전에 끊었을 것입니다. 그대가 진심으로 뉘우치고 스스로 속임을 당하였음을 깨닫는다면 어찌 그대를 멀리하여 끊어 버리겠습니까?"라고 하면서, 내가 송환억을 논척하지 않겠다는 뜻을 바로 심환지에게 말하였는데, 이는 그에게 나의 뜻을 대략이나마 알리고자 해서였다.

15. 심낙수 상소의 논지와 파장

내가 생각하기에 홍국영이 송덕상의 상소를 빙자하여 흉모를 꾀한 것은 송환억이 배후에서 모의한 것이다. 홍국영이 퇴거한 후에는 홍낙순과 김종수가 뒤에서 지원하였고 송환억

123. 우리에게 수치를 끼쳤다: 송환억이 숙부인 송덕상을 끌어들여 '모양도리'를 운운한 상소를 올리게 하였고, 이로써 송덕상이 홍국영이 품은 '역절'의 의도를 지지하게 된 결과, 소론측에 신임의리를 뒤집을 수 있는 빌미를 제공하였다고 보고 심낙수가 비판한 말이다. 그러나 심낙수의 이 말은 심환지와의 대화 과정에서 나온 말일 뿐, 그가 소론측이 정말로 신임의리를 뒤집으려는 계책을 행한다고 생각한 것은 아니다.

124. 작년 여름과 겨울의 일: 여름의 일이란 심환지가 "주상의 뜻이 남당을 등용하는 데 있다."라고 하며, 송환억, 이규위와 공모하여 당여를 모은 일을 가리킨다. 겨울의 일이란 1779년(정조 3) 12월 22일, 심환지가 음관(蔭官) 이성모(李聖模)가 홍계능을 이용하여 이름 있는 고을[名邑]을 얻으려고 시도했다고 논척하며 당시의 전관(銓官)이었던 서명응을 공격한 일을 가리킨다.

이 좌지우지하였다.

홍국영과 홍낙순이 방출된 후에는 김종수가 밖으로 정국을 수습한다는 명분을 내세우면서 안으로는 이를 엄폐하려는 계책을 주도하였고, 마침내 송환억으로 하여금 송덕상이 흉소에서 올린 말을 다른 일에 붙여서 돌려 말하게 하였다. 전후를 관통하여 세도를 어지럽히고 인심을 미혹시킨 죄는 김종수와 송환억에게 있었다.

그러나 김종수가 결단하여 수차를 올리자, 그가 나서서 정국을 수습하는 것을 상하가 허여하였기에 일단 그를 배척할 수 없었으므로, 송환억의 형적(形跡)이 이미 드러난 것 또한 논척할 수 없었다. 그리하여 그 방자한 행동을 그대로 두게 되니 의리가 어두워지고 왜곡되는 것이 점점 심해져 다시 어떠한 변고가 생길지 알 수 없었다. 또한 부형(父兄)을 팔고 그 붕류(朋類)를 꾀어내어 우리 당에 천고의 수치를 끼쳤으니 생각하면 분하고 가슴이 아프다.

비록 상소하여 논척하고자 하나 그가 선정(先正)의 후손이기에 또한 차마 할 수 없는 것이 있었다. 그러나 생각해 보면 이 무리들이 뉘우칠 생각이 없고 광패한 설을 계속 멋대로 퍼트려, 후일의 화가 더욱 커져 막을 수 없는 지경에 이르기보다는 차라리 지금 일이 작을 때 먼저 잘라 내는 것이 선정의 가문을 보전하는 것에 해가 되지 않을 것이었다. 천 번 만 번을 헤아려보아도 말을 하지 않을 수 없어 다시 아뢰려고 하였다.

마침 대간으로 이직하였기에 드디어 상소하여 송환억이 부형(父兄)을 기만하고 사우(師友)를 팔아넘긴 죄를 논척하였다. 상소 중에 '정수리에 침을 놓아 단독을 녹여 원기를 회복한다[顖門一針, 消丹反元]'[125]는 비유를 들어 말하였는데, 대개 내 뜻은 그 죄를 우선 거론하여 송환억을 깨달아 뉘우치게 하고, 또한 송덕상이 속임을 당한 것을 밝히고자 한 것이었다. 상소 말미에 말하기를,

'홍국영이 국정을 농단할 때 형상(刑賞)이 바르게 행해지지 않아 김면주를 은밀히 끌어들여 돌연 등용하기에 이르렀습니다.'라고 하였다.

주상이 비답을 내려 책망하고 바로 차대(次對)에 입시하라 전교하였다. 피혐하려 하니 주상이 전교하기를,

"내가 진정시켜 안정하려 한다고 하교하면서 누차에 걸쳐서 사용한 표현들이 소탈하고

---

125. 정수리에 …… 회복한다[顖門一針, 消丹反元]: 1780년(정조 4) 3월 19일 심낙수는 송환억의 죄를 밝혀 변방으로 내칠 것을 주청한 상소에서, "의원이 병을 고칠 때에 병이 열(熱)에서 기인하여 온몸에 단독(丹毒)이 퍼졌으면 먼저 정수리에 침을 놓아 독열을 뺀다[譬如醫者治病, 病祟於熱, 遍身毒丹, 先從顖門試針, 以泄毒熱]"는 비유를 들어, 송환억을 오늘날 세도(世道)의 정수리로 생각하여 침을 놓듯 벌해야 한다고 주장하였다.

조용한 말이라는 것을 저 대신(臺臣, 심낙수)이 또한 알고 있을 것인데도 내 생각과 반대로 갑자기 이러한 짓을 하니 진실로 지극히 개탄스럽다."라고 하셨다. 그 자세한 하교는 모두 당시 연석(筵席)의 대화를 기록한 일기에 적혀 있다.

내가 주상 앞에 나아가 피혐하며 아뢰기를,

"대개 유신이 상경한 후 송환억이 그 숙부를 빙자하여 하지 않는 일이 없었으므로 일세의 인심이 모두 분통스러워하였던지라 말을 올리지 않을 수 없었습니다."라는 뜻을 아뢰었다.

주상이 물러가 대기하라 명하였다. 출사하라는 처치(處置)가 내려졌으나 소패에 응하지 않아 파직되었다.

처음에 상소를 올린 후 주상이 진정시켜 안정하게 할 뜻으로 반드시 책망하는 전교가 있을 것이나 우리 중에는 분명 내가 옳은 말을 했다고 여기는 사람이 있을 것이고, 터무니없는 거짓말을 일삼는 그 당(남당) 사람들이 이로 인해 경계하며 위축되는 효과가 있을 것으로 생각하였다.

비답을 받고 피혐한 후 여러 날이 지나서 내가 춘추관[史局]에 나아가니 김종수가 발끈하며 말하기를,

"그대의 괴이한 상소를 두고 사람들이 말하기를, 내가 이 일에 관여하였다고 합니다. 앉더라도 내 가까이에는 앉지 마시오."라고 하여, 내가 웃으며 말하기를,

"공이 과연 (제 상소에) 관여하여 알았다면 사류(士類)라 할 수 있겠지요."라고 하였다. 김종수가 말하기를,

"지난번 경연에서 그대가 어사로서 아뢴 말이 매우 좋았습니다. 그런데 어찌하여 지금 갑자기 이런 괴이한 상소를 올린 것이오?"라고 하여, 내가 말하기를,

"어찌하여 괴이한 상소라고 하십니까?"라고 하니, 김종수가 말하기를,

"우리가 선정(先正, 송시열)의 후손을 논하는 일이 어찌 괴이하지 않단 말이오?"라고 하였다. 내가 말하기를,

"저는 송환억을 논척하는 것이 곧 선정을 높이는 것으로 생각하였습니다."라고 하니, 김종수가 말하기를,

"한쪽 편 사람들이 내가 이 일에 관여하였다 생각하고 있으니 이 또한 곤혹스럽습니다."라고 하여, 내가 말하기를,

"이것을 공이 상소에서 언급하지 않은 것은 괴이하지 않습니까? 사람들은 공이 관여했다고 여기고 있고, 저 또한 제가 올린 소를 두고 공이 반드시 잘못이라 여기지 않을 것으

로 생각하였는데, 지금 공께서 잘못이라 하시니 이는 공이 처음에 헤아려 생각하신 것과 다르십니다."라고 하니, 김종수가 대답을 하지 못했다.

이에 심환지의 무리가 일제히 비난하고 배척하며 나를 남곤(南袞)[126] · 심정(沈貞)[127]에 비유하였는데, 이는 심환지에게서 비롯되었다.

심환지의 절친한 벗 신광의(申光儀)가 길에서 나의 벗 성뢰(聖賚) 이의윤(李義胤)을 만나 말하기를,

"그대의 벗에서 심정이 나왔더군요."라고 하여, 성뢰가 말하기를,

"그가 심정이라면 지금 정암(靜菴, 조광조[128])은 누구입니까? 이러한 말은 어디에서 나온 것입니까?"라고 하니, 신광의가 말하기를,

"휘원(輝遠, 심환지)의 성도 심씨인데, 그 말이 이와 같았습니다."라고 하였다.

벗들 중에 비록 이 무리가 아닌 이들도 모두 나를 비난하며 말하기를,

"송환억이 진실로 제멋대로이기는 하나 어찌 '지붕 위의 까마귀도 사랑한다[愛屋烏]'[129]는 뜻을 생각지 않고 갑작스레 이렇듯 참혹하고 각박한 의론을 펼치는가?"라고 운운하였다. 나는 (벗들의) 그 말은 괴이할 것이 없다고 생각하였다.

심환지가 마침내 소리 높여 주장하기를, 내가 한쪽 편 사람들과 상통한다고 하였다. 한 사람이 주창하자 백 사람이 호응하였다. 내 평생의 벗들 중 본디 그 부류가 아닌 이들도 모두 소문을 듣고 동요하며 의아해하였고 소를 올려 나를 논척하였다. 그런데 사앙(士仰) 이태영(李泰永)[130]만은 말하기를,

---

126. 남곤(南袞, 1471~1527): 본관 의령(宜寧), 자 사화(士華), 호 지정(止亭) · 지족당(知足堂). 1519년 심정(沈貞) 등과 함께 기묘사화를 일으켜 조광조(趙光祖) · 김정 등 신진 사림파를 숙청한 뒤, 좌의정을 거쳐 1523년 영의정이 되었다. 죽은 뒤 문경(文景)이라는 시호가 내려졌으나 이후 세력이 커진 사림파의 탄핵을 받아 1558년(명종 13) 관작과 함께 삭탈당했다. 선조 초년 다시 관작을 추삭(追削)당했다. 문장에 뛰어나고 글씨에도 능했으나, 사화를 일으킨 것이 문제가 되어 후대 사림의 지탄의 대상이 되었다.
127. 심정(沈貞, 1471~1531): 본관 풍산(豊山), 자 정지(貞之), 호 소요정(逍遙亭). 1519년 조광조 등이 위훈삭제(僞勳削除)를 요구, 반정공신들로부터 심한 반발을 받게 되자 경빈 박씨(敬嬪朴氏)를 통하여 조씨전국(趙氏專國, 조씨가 나라를 오로지한다)의 말을 궁중에 퍼뜨리고 남곤 · 홍경주(洪景舟) 등과 모의, 기묘사화를 일으켜 사류를 일망타진하였다.
128. 조광조(趙光祖, 1482~1519): 본관 한양(漢陽), 자 효직(孝直), 호 정암(靜庵). 사림파의 영수로서 김종직(金宗直)의 학통을 이어 중종의 신임을 받았다. 기묘사화(己卯士禍) 당시 훈구파 홍경주(洪景舟), 남곤(南袞), 심정(沈貞) 등의 무함을 받아 능주(綾州)로 유배되었다가 결국 사사(賜死)되었다. 선조 초기에 신원(伸冤)되어 영의정에 추증되고 문묘(文廟)에 배향되었다.
129. 지붕 …… 사랑한다[愛屋烏]: 사랑하는 사람의 집 지붕 위에 앉은 까마귀까지도 사랑한다는 말로 지극한 애정을 가리킨다. 여기에서는 선정(先正)인 송시열을 생각해서라도 그 후손인 송환억을 논척한 심낙수의 처사는 잘못되었다는 비난의 말로 쓰였다.
130. 이태영(李泰永, 1744~?): 본관 한산(韓山), 자 사앙(士仰). 교리 · 지평 등을 역임. 경상도 관찰사로 부임하여 각종 묵은 토지의 등급을 낮추고 조세의 부담을 덜어 주어 농사를 권면하는 데 힘썼다.

"시비를 물론하고, 경문(景文, 심낙수)은 반드시 자기 견해를 주장하였으니, 결코 다른 이의 꾐에 빠졌을 리가 없다. 하물며 한쪽 편 사람들과 상통했다는 설은 더욱 말할 것도 없다."라고 하였다 한다.

16. 심낙수 상소에 대한 이규위의 반응

내가 춘추관[史局]에서 참판 김이소(金履素)[131]와 더불어 일을 같이 하며 주선(周旋)하다가, 말이 내가 상소한 일에 미쳐 내 뜻을 갖추어 말했다. 김이소 대감이 말하기를,

"말이 옳지 않은 것은 아니지만 어째서 그 거조(擧措)를 관망하지 않고 서둘러 먼저 상소하여 도리어 의심과 비방을 불러왔는가?"라고 하였다. 내가 김 대감이 정견(定見)이 있음을 알고 이규위·심환지와의 사이에서 있었던 일을 간략하게 말하였다.

김 대감은 곧 미음(渼陰) 김원행(金元行)[132] 어른의 조카이니, 또한 이규위와 서로 친했다. 김 대감이 말하기를,

"평서(平瑞, 이규위)가 지각이 없어서 돌아가신 숙부(김원행)께서도 근심하셨다. 나 또한 어찌 작년 가을에 있었던 간택[133]을 다시 할 수 없다고 한 말을 모르겠는가? 평서가 또한 그렇게 하였으니 그대는 마땅히 근심이 깊었겠다."라고 하고, 이어서 웃으며 말하기를,

"그대는 이미 불행히도 평서의 매부가 되었으니, 또 어쩌겠는가?"라고 하였다. 이때 아는 친구들이 모두 나를 멀리했는데, 오직 김 대감만이 마음을 열고 말하니 나 또한 감복하였다.

하루는 이규위가 그 어머니를 모시고 서울에 왔다는 말을 듣고 내가 가서 그를 보았다. 이규위가 말하기를,

"그대를 보니 호랑이를 보는 것 같다."라고 하여, 내가 말하기를,

"무슨 말인가?"라고 하니, 이규위가 말하기를,

---

131. 김이소(金履素, 1735~1798): 본관 안동(安東), 자 백안(伯安), 호 용암(庸庵). 영의정 창집(昌集)의 증손, 승지 제겸(濟謙)의 손자. 우의정 등을 역임. 1780년(정조 4)에는 대사헌이 되어 홍국영(洪國榮)의 관작 삭탈을 주청했고, 1783년 예조 판서로 있을 때 채제공(蔡濟恭)을 탄핵하다가 잠시 파면되기도 했다.

132. 김원행(金元行, 1702년~1772): 본관 안동(安東), 자 백춘(伯春), 호 미호(渼湖)·운루(雲樓). 당숙인 숭겸(崇謙)에게 입양되어 종조부 창협(昌協)의 손자가 되었다. 이재(李縡)의 문인. 1722년(경종 2) 신임옥사 때 조부 창집(昌集)이 노론 4대신으로 사사되고, 생부 제겸(濟謙)과 친형 성행(省行)·탄행(坦行) 등이 유배되어 죽음을 당하자, 벼슬할 뜻을 버리고 학문에 전념하였다. 그의 문하에서는 수많은 성리학자들이 배출되었고, 또한 몇 사람의 실학자도 배출되었다. 그의 학통을 이은 제자로는 아들 이안(履安)과 박윤원(朴胤源)·오윤상(吳允常)·홍대용(洪大容)·황윤석(黃胤錫) 등이 있다. 저서로는 『미호집(渼湖集)』이 있다.

133. 작년 가을에 있었던 간택: 홍국영의 누이동생인 원빈(元嬪)이 죽고 난 뒤 새로운 후궁을 맞이하려 했던 일을 가리킨다.

"그대가 반드시 사람을 죽이려고 하니, 호랑이가 아니면 무엇이겠는가?"라고 하여, 내가 말하기를,

"나는 사람을 죽이려는 것이 아니라 사실은 사람을 살리려고 하는 것이니, 호랑이가 아니라 바로 기린이다. 작년에 내가 한 말이 과연 어떠했는데, 그대는 듣지 않고 외관(外官, 곡산 부사)으로 있으면서 상소하기까지 하였다. 어째서 또 쇠바퀴에 머리를 들이미는 짓을 한 것인가?"라고 하니, 이규위가 말하기를,

"처음부터 나는 속았을 뿐이었다. 걱정하고 사랑하는 마음으로 다만 숙위(宿衛)[134]를 파(罷)하지 않게 하려고 상소한 것이 어째서 죄가 되는가?"라고 하여, 내가 말하기를,

"그렇다면 작년 가을에 그대는 어째서 간택을 다시 하는 것은 불가하다는 말을 하였는가?"라고 하니, 이규위가 성내며 말하기를,

"이 무슨 말인가? 나는 그런 말을 하지 않았다."라고 하였다. 내가 말하기를,

"김백안(金伯安, 김이소) 대감이 또한 그대에게서 들었다고 하였다. 사대부가 죽으면 죽었지 어째서 한 말을 하지 않았다고 하는가?"라고 하니, 이규위가 말하기를,

"이는 백안이 망녕이 든 것이다."라고 하여, 내가 말하기를,

"그대의 맏아들이 또 나에게 찾아와서 이러이러한 말이 있었다고 한 일이 있었는데, 이러고도 그대가 한 말이 아니란 말인가?"라고 하니, 이규위가 말하기를,

"그대가 아들의 말로 아버지의 말을 증명하려 하다니 또 나를 죽이려고 하는가?"라고 하였다. 내가 말하기를,

"작년 여름 그대는 남당(南黨)[135]을 끌어모아야 한다고 주장하여 이재협[136] 대감에게서 한쪽 편(남당) 사람들이 모였다는 설이 나오기에 이르렀다.[137] 이것은 과연 무슨 일인가?"라고 하니, 이규위가 말하기를,

"이 무슨 말인가? 이 무슨 말인가? 내가 어찌 그 일을 했단 말인가? 그대는 어찌 있지도 않은 말을 만들어 나를 죽이려고 하는가?"라고 하여, 내가 말하기를,

---

134. 숙위(宿衛): 당시 홍국영(洪國榮)이 숙위 대장으로 있었다. 1779년(정조 3) 11월 28일 실록기사에서 곡산 부사 이규위는 홍국영을 다시 부르고 숙위소를 철폐하지 말라고 상소하였다.

135. 남당(南黨): 영조의 외가인 경주 김씨(慶州金氏)의 김한록(金漢祿), 김구주(金龜柱) 등을 중심으로 결집한 노론의 한 분파로서, 탕평을 반대하고 풍산 홍씨 공격의 중심이 되었다. 이에 반해 북당은 사도세자의 처가인 풍산 홍씨(豐山洪氏) 홍봉한(洪鳳漢), 홍인한(洪麟漢) 등이 중심이 되어, 탕평책을 지지하고 세손의 보호를 표방하였다. 정조는 외척을 제거한다는 목표 아래 이들을 제거, 무력화시키는 데 노력하였다.

136. 이재협(李在協, 1731~1790): 본관 용인(龍仁), 자 여고(汝皐). 좌의정 보혁(普赫)의 손자, 병조 판서 경호(景祜)의 아들. 좌의정·영의정 등을 역임하였다.

137. 본 책 『정변록』(상) 20번 기사 참조.

"남당이 무리를 모았다는 말은 그때 내가 처음 듣고서 그대를 대면하여 매우 꾸짖었는데 그대는 어찌 그것을 잊었는가?"라고 하였다. 이정재(李定載, 이규위의 아들)가 말없이 옆에 있었다. 내가 말하기를,

"이렇다 저렇다 할 것 없이 이것은 모두 그대가 속임을 당한 일이다. 나는 그대가 깨닫기를 바랄 뿐이었는데, 그대가 말한 것을 하지 않았다 하고, 심지어 덮어서 숨기려고까지 하니, 그래서 내가 말을 이렇게 할 수밖에 없었다. 그대는 어째서 지나치게 의심하는가? 이제 그대가 나를 보고 마땅히 참회하는 말을 해야 하는데 도리어 나를 호랑이처럼 보니, 이것이 어찌 정상적인 마음[常情]인가?

내가 송환억(宋煥億)[138]을 논척한 것 또한 부득이한 것이었다.[139] 홍국영이 쫓겨난 뒤에 오히려 유신(儒臣)을 빙자하여 터무니없는 말로 속이는 주장을 하였기 때문이다. 내 뜻은 일찍이 (송환억을) 등용하는 일을 막으려고 먼저 논척하였으니, 이것이 그를 보호하는 방도였다.[140] 그대는 어째서 이것을 헤아리지 못하고 내가 그르다고 하는가?"라고 하였다. 이에 이규위가 말하기를,

"그대가 한쪽 편이 되었다고는 생각지 못했다."라고 하여, 내가 말하기를,

"그대는 내가 이 대감(이재협)과 서로 이어지고자 한다고 운운했지만 내가 어찌 한쪽 편에 관여할 일이 있겠는가? 나는 그대를 위하는 마음이 지극하여 스스로 이처럼 정성스럽게 말하는데 그대는 어찌 내 뜻을 몰라주는가? 그대가 속임을 당한 일을 죄다 털어놓고 죄를 인정한 뒤 다시 상소하여 충분히 후회하는 진심을 내보여야 인사가 도리에 합당할 것이다. 작년 겨울 상소는 또한 지방관으로서 올린 것인데, 역적을 성토하기 위해 죄를 실토하는 상소를 지금 또 하지 못하겠는가?"라고 하니, 이규위가 말하기를,

"나는 본디 실토할 일도 없고 죄를 자복할 것도 없다. 이에 대해 논할 것이 없다."라고 하여, 나는 더 할 말이 없는 것을 알고 이내 바로 돌아왔다.

다음날 돌연 (이규위에게서) 편지가 왔는데, '어제의 말은 술에 취하여 주정하며 나왔다'

---

138. 송환억(宋煥億, 1741~?): 본관 은진(恩津), 자 대년(大年). 증조부는 회석(晦錫), 조부는 무원(婺源), 부친은 술상(述相), 송덕상(宋德相)의 조카. 1771년(영조 47) 신묘(辛卯) 식년시(式年試)에 급제하여 부윤을 지냈고 임인년에 화를 당했다.

139. 내가 …… 것이었다: 1780년(정조 4) 3월 19일 실록기사에서 심낙수는 상소를 올려 홍국영을 공격하면서 그에 붙었던 송환억도 공격하였다.

140. 이것이 …… 방도였다: 1780년(정조 4) 3월 19일(무술) 이래로 이 같은 상소를 세 차례나 더 올린 것으로 보이는데 실록에는 두 차례만 등장한다(정조 4년 3월 19일, 10월 14일). 그런데 1781년(정조 5) 4월 28일(신미) 실록기사에 따르면 세 번이라고 주상이 거론하였다. 세 번째 상소에서는 송환억 이외에도 그의 숙부인 송덕상(宋德相)을 함께 거론했던 것으로 생각된다.

라고 운운하였다. 뒤에 춘추관에 가서 이규위가 한 말을 김 대감에게 하니 김 대감이 웃으며 말하기를,

"평서는 본래 성품이 말한 것을 말하지 않았다고 하고 말하지 않은 것을 말했다고 하는데, 그대가 어찌 몰랐단 말인가?"라고 하여, 마주 보며 웃었다.

내 아들 심노숭(沈魯崇)[141]이 그 외조모 노부인에게 가서 인사 드리니, 부인이 말하기를,

"네 부친이 무슨 상소를 올렸기에 사람들이 남곤(南袞)과 심정(沈貞)에다 비유[142]하느냐?"라고 운운하였다.

대개 이규위 또한 심환지의 말을 답습한 것이다. 이규위는 본디 전후의 일을 잘 모르고 모두 심환지와 김종수(金鍾秀)[143]에게 물들고 종용받았으나 실제로는 굳게 참고 악착같이 미워하는 마음이 없었다. 일이 잘못되자 후회하고 겁나서 말한 것을 말하지 않았다고 하였으니, 허망하기 그지없으나, 그 후회하고 겁내는 모습을 볼 수 있으니, 가련할 따름이다.

17. 송환억을 다시 탄핵하여 이규위와 다투다

송환억이 승지에 임명되어 내가 올린 소장(疏章)에 대응하는 상소를 올렸는데[144] 자신의 죄를 드러내어 말하지 않고, 곧바로 내 말을 날조한 것이라고 말하였다. 주상이 좋은 말로 비답을 내리고 또 대략 다음과 같은 전교를 내렸다.

---

141. 심노숭(沈魯崇, 1762~1837): 본관 청송(青松), 자 태등(泰登), 호 몽산거사(夢山居士) · 효전(孝田). 심낙수(沈樂洙)의 장남. 홍지섭(洪志燮), 임이주(任履周), 서준보(徐俊輔), 강이천(姜彝天), 김조순(金祖淳), 김려(金鑢), 김노경(金魯敬), 김겸(金鎌), 김기서(金箕書), 강준흠(姜浚欽), 권비응(勸丕應), 김상휴(金相休), 조학은(趙學殷) 등과 교유하였다. 그는 당시의 정치 실세인 노론이었으면서도 자당에 비판적 이야기를 서슴지 않았고 인조반정 후 계속된 벌열과 사림의 결탁, 정주학의 정치수단화에 대한 날카로운 비판의식을 보였다. 1801년(순조 1) 벽파가 정권을 장악하자 시파의 핵심인물이었던 부친 심낙수는 관직이 추삭(追削)되었고, 심노숭도 '배치의리(背馳義理), 장해선류(戕害善類)'로 지목되어 1801년 2월에 경남 기장현(機張縣)으로 유배되었다. 1806년 정순왕후의 승하를 시작으로 벽파정권이 무너지자 풀려났다. 저서로는 『효전산고(孝田散稿)』 등이 있으며 『대동패림(大東稗林)』 · 『은파산고(恩坡散稿)』를 편찬하였고 『정변록(定辨錄)』을 산정(刪定)하였다.
142. 남곤(南袞)과 심정(沈貞)에다 비유: 1784년(정조 8) 11월 3일 실록기사에서 유악주(兪岳柱)가 심낙수를 남곤과 심정에 비유하면서 변방으로 내쫓을 것을 상소하였다. 심낙수가 이전에 올린 한 상소에서 '사류(士流)들은 처음부터 마지막까지 흉악한 역적들의 이용물이 되고 말았다.'라고 한 구절이 문제가 되었다. 심낙수는 홍양해(洪量海)와 심익운(沈翼雲)이 김구주(金龜柱)에게 이용당하고 송덕상(宋德相)과 송환억(宋煥億)이 홍국영에게 이용당했는데, 또한 일찍이 사류(士類)라고 불렸다고 했다. 이에 유악주는 심낙수야말로 권세 있는 흉악한 역적의 앞잡이라고 하면서 남곤 · 심정에 비유하며 비판하였다.
143. 김종수(金鍾秀, 1728~1799): 본관 청풍(淸風), 자 정부(定夫), 호 진솔(眞率) 또는 몽오(夢梧)이다. 1781년(정조 5)에 대제학에 올라 이조 판서를 거쳐 우의정에 올랐다. 1802년(순조 2)에 유언호(兪彦鎬)와 함께 정조묘에 배향되었다. 저서에 『몽오집』이 있다.
144. 1780년(정조 4) 4월 30일 실록기사 참조.

"선정(先正)[145]의 가문이 이 같은 일을 만나다니 나도 마음이 아프다. 언관의 처지로 선정의 유손(遺孫) 하나를 보호하지 못하는가? 만일 교제를 잘못한 실수를 말하자면 온 세상이 다 그러한데 말한 자만이 홀로 이러한 비방을 면할 수 있겠는가? 나는 (비방받는) 차례가 서너 번째도 안 될 것이다."

전교가 한 번 내리자 그 무리가 더욱 시끄럽게 나를 배척하였다. 심지어는 내가 실제로는 홍국영에게 붙었는데 도리어 송환억을 탄핵했다고 비방하고 원망하며 떠들썩하게 날뛰었다. 심환지의 무리는 더욱 생기가 돌았다.

이때 갑자기 홍국영이 다시 들어온다는 말이 자자하였다. 이규위가 나에게 말하기를,

"홍국영이 이제 다시 들어온다는데 그대는 어쩌려고 그러는가? 술병이라도 들고 교외에 나가 맞이하며 스스로 엎드려 사죄해야 되는 것 아닌가?"라고 하여, 내가 웃으며 말하기를,

"홍국영이 다시 들어오면 나라가 반드시 망할 것인데 사과는 해서 무엇하겠는가?"라고 하니, 이규위가 말하기를,

"(비방받는) 차례가 서너 번째도 안 될 것이라는 하교가 어찌 그대에게 미치겠는가?"라고 하여, 내가 말하기를,

"나와 홍국영이 서로 안 지 겨우 몇 달밖에 안 된다는 사실은 온 세상이 안다. 그리고 홍국영이 나를 보는 것이 반드시 정성스럽고 친밀하였는데, 이것은 그대들이 나에 대해 소문을 낸 것에 불과하다. (비방받는 차례가) 첫째 둘째 셋째 넷째를 따질 것 없이 그대와 휘원(輝遠, 심환지)이 감당해야 한다."라고 하였다. 이규위가 말하기를,

"이후에도 그대는 또 상소하려 하는가?"라고 하여, 내가 말하기를,

"송환억이 내가 거짓을 꾸며 상소했다고 하는데 내가 어찌 해명하지 않겠는가?"라고 하니, 이규위가 말하기를,

"그대가 이미 한 번 탄핵했는데 어찌 그리 심한가? 성교(聖敎)가 또한 이와 같았으니, 스스로 그만두는 것만 못하다."라고 하여, 내가 말하기를,

"이것은 오직 나에게 달린 것이다. 휘원의 일은 내가 알지 못하는데 갑자기 나더러 한쪽 편과 서로 통한다고 하며 남곤과 심정에다 비유하기까지 했으니 이 무슨 말인가?"라고 하니, 이규위가 말하기를,

"이것은 휘원의 말이 아니다. 어머니께서 전에 언문으로 번역된 『기묘록(己卯錄)』[146]을

---

145. 선정(先正): 선대(先代)의 어진 신하를 이른다. 여기서는 송시열(宋時烈)을 가리킨다.
146. 『기묘록(己卯錄)』: 1638년(인조 16)에 김육(金堉)이 기묘사화와 관련된 인물들의 전기를 모아 간행한 책이다. 일명 『기묘제현전(己卯諸賢傳)』이라고도 한다. 이 책은 사화 피해자인 김정국(金正國)이 사화 관련 94인

보신 적이 있다. 그대 말이 유현을 핍박하여 세간에서 그대를 헐뜯는 말이 있자 마침 조카들에게 말한 것일 뿐인데 그대가 어찌 이것으로 혐의를 삼는가?"라고 하였다. 내가 또 성뢰(聖賚, 이의윤)가 신광의(申光儀)[147]에게 들었다는 말을 했다. 이규위가 말하기를,

"성뢰의 말은 꼭 믿을 수는 없다. 다만 뒷일은 그대의 상소가 과격한지 아닌지에 달려 있으니, 그대는 반드시 과격한 상소를 해서는 안 된다."라고 하였다.

내가 상소한 뒤 김종수가 이조 판서로 있으면서 나의 의망을 정지시켰다. 9월이 되어 정민시(鄭民始)[148]가 이조 참판[亞銓]이 되었을 때 비로소 관직(館職, 홍문관 교리)에 제수되었고, 이에 상소하여 대략 (송환억이) 부형을 속이고 사우를 팔아먹은 실상을 말하였다.[149] 이 상소에서 홍국영은 자(字)로 호칭하고, 송환억은 아무개라고 했는데, 내가 유신(儒臣)[150]이었으므로 의도하는 바가 있었기 때문이었다. 이 말이 전파되어 온 세상에 본보기가 되었다.

끝부분에서 사사로운 의리로 스스로를 인책하며 말하기를,

"신은 본디 외롭고 곤궁하며 젊어서 친구들과의 교제를 끊었으나 요행히 과거에 합격하여 도리어 몸과 이름을 더럽혔습니다. 어떤 사람이 신을 위해 홍국영에게 말해 주어서 작년 여름 궁궐 안[禁中]에서 과연 서로 대면하였습니다. 선비에게 소중한 것은 행실을 자신의 그림자에도 부끄럽지 않게 하는 것이나 신은 스스로를 돌아보건대 부끄럽고 애통합니다. 운운."[151] 하였다. 주상께서 상소를 자세히 보았다고 비답하였다. 이에 헐뜯는 말이 더욱 심해졌다.

이규위가 나에게 말하기를,

"그대는 어찌 이미 심하였는데도 반드시 유현인 대년(大年, 송환억)에게 유감을 가지려 하는가?"라고 하여, 내가 말하기를,

"그가 만일 그 죄를 스스로 승복한다면 내가 어찌 다시 말하겠는가? 그가 감히 내가 말을 날조하였다고 말하여 인심을 더욱 현혹하였으니 내가 어찌 말하지 않을 수 있겠는가?"라고 하였다. 이규위가 말하기를,

---

의 행적을 다룬 『기묘당적(己卯黨籍)』과 기묘팔현(己卯八賢)인 안당(安瑭)의 손자 안로(安璐)가 129인의 행적을 기록한 『기묘록보유 (己卯錄補遺)』를 바탕으로, 기묘사화의 피해자인 증조부 식(湜)을 생각하면서 218명의 행적을 찬술하였다.

147. 신광의(申光儀): 심수지(沈綏之)의 처형. 신만(申晩)의 족질이다.

148. 정민시(鄭民始, 1745~1800): 본관 온양(溫陽), 자 회숙(會叔). 병조 판서·돈녕부 판사 등 역임. 정조의 동궁 시절 궁료로서 홍국영과 함께 혁혁한 활약을 하였기 때문에 정조의 총애를 받았다.

149. 1780년(정조 4) 10월 14일 실록기사에 교리 심낙수가 홍국영에 빌붙은 송환억을 비난하는 상소가 있다.

150. 내가 유신(儒臣): 1780년(정조 4) 10월 14일 실록기사에서 심낙수가 홍문관 교리가 되어 올린 상소이기 때문에 유신이라고 하였다. 홍문관 관원을 일반적으로 '유신'이라고 칭한다.

151. 1780(정조 4) 10월 14일에 올린 상소이다.

“‘(홍국영에게 소개시켜 준) 어떤 사람이 있다’고 한 것은 나를 가리키는 것인가?”라고 하여, 내가 말하기를,

“나는 홍국영을 알지 못하는데 홍국영이 나를 처음 안 것이 어찌 그대의 말 때문이 아니겠는가?”라고 하니, 이규위가 말하기를,

“그때 내가 그대를 위해 말한 것이지 그대를 해치려고 한 것이 아니다. 그대가 그때는 그르다고 하지 않고, 이제 와서 상소문에 나를 끌어들인단 말인가?”라고 하여, 내가 말하기를,

“나는 전에 한 마디도 그대에게 나를 위해 말해 달라고 한 적이 없었는데 그대가 스스로 말한 것이다. 이제 내가 스스로 실상을 밝히다 보니 어쩔 수 없이 이같이 말하게 되었다.

또 그대가 나를 위해 홍국영에게 말한 것이 어찌 죄가 되겠는가? 다만 이 밖에 다른 죄과가 있을까 두려울 뿐이다. 나는 스스로 죄를 인정하고 실상을 말하려 한 것이니 그대에게 무슨 해될 것이 있겠는가?”라고 하니, 이규위가 말하기를,

“이후로 유현이 혹시나 스스로 허물하는 상소를 올리면 그대는 또 대응하는 상소를 올릴 것인가?”라고 하여, 내가 말하기를,

“유신이 이제 과연 상소하여 처음부터 실상을 말하고 스스로 승복하여 죄를 청한다면 진실로 세도(世道)의 다행이니 내가 다시 무슨 말을 하겠는가?

그렇게 하지 않고 또 (송덕상[152]이) 그 조카를 위해서 상소하려 한다는 말이 있다고 하니 내가 어찌 입 다물고 가만히 있겠는가?”라고 하였다. 이규위가 말하기를,

“그가 무슨 죄를 지었다고 승복하겠는가? 대응하는 상소에 어쩔 수 없이 조목조목 설명한 것인데 그대가 또 참혹하고 각박한 논의를 한다면 그대가 어찌 한쪽 편이라는 지목을 면할 수 있겠는가?”라고 하여, 내가 말하기를,

“나는 차라리 한쪽 편이라는 지목을 당할지언정 진실로 인심이 점차 그릇되고 현혹되는 것은 차마 볼 수 없다.”라고 하였다.

그 뒤 송덕상은 오래도록 상소하지 않았다. 송환억은 외직에 있다가 파직으로 감죄한 뒤에 다시 승지에 제수되자 상소하였는데, 다만 ‘사람들의 말이 더욱 참혹하여 신의 몸에 그치지 않는다’고만 하고 스스로 해명하는 말이 없었다.

---

152. 송덕상(宋德相, ?~1783): 본관 은진(恩津), 자 숙함(叔咸), 호 과암(果菴). 시열(時烈)의 현손. 정조가 즉위한 뒤 홍국영(洪國榮)의 뒷받침으로 이조 판서에 이르렀으나 홍국영이 실각하자 삼수부(三水府)에 안치되었다. 그 뒤 왕위계승에 대하여 올린 소에 흉역(凶逆)의 뜻이 있다 하여 옥에 갇히고 많은 유생의 공격을 받았다. 대학자의 후예로서 한때 세도세력에 힘입었으나 결국 함께 몰락하였으며, 노론 벽파(老論辟派)로 몰려 죽었다.

18. 송환억 상소에 대응하며 송덕상을 비판하다

내가 다시 상소한 뒤 송덕상은 감히 스스로 허물하는 상소를 올리지 못하였는데, 해명할 말이 없었기 때문이었다. 또 내가 대응하는 상소를 올려 직언할까 두려워서였다.

이때 김종수는 송덕상의 흉소를 '다른 일로 대신하려는 것'이라는 설로 온 세상을 속이고 또 나를 한쪽 편[153]에 영합하였다고 지목하며 소리내어 꾸짖기를,

"심 아무개가 만일 다시 상소하여 유현이 상소한 일을 언급한다면 이는 참으로 조정을 해치려는 마음이니 마땅히 엄하게 배척해야 할 것입니다.

지금 유현이 한 마디도 자신의 허물을 털어놓지 않는 것은 체면[事面]을 잃었기 때문입니다. 주상께서도 괴이하게 여기시니 즉시 상소하여 분별하고 밝히는 것이 좋겠습니다."라고 운운하였다.

이에 송덕상이 과연 상소하여 내 말은 형체도 그림자도 없어서 포착할 수 없는 일이라고 하였다.[154] 또 말하기를,

"신은 참으로 늙고 혼미하여 홍국영과 신의 조카 사이에, 그리고 신의 조카와 천신(賤臣) 사이에 무슨 일이 있었는지 기억할 수 없습니다."라고 하였다.

또 '창과 칼끝이 한 몸에 모였다'고 하였으며, 나의 상소를 '앞서 휘두른 창[前矛]'이라고 하였는데, 모두 김종수의 말을 듣고 그대로 따라서 조절하여 (내가) 다시 말하지 못하게 하려 한 것이다.

내가 애초에 직명(職名)을 기다리지 않고 곧 상소로 대변(對辨)하여 바로 그 흉언[155]을 입증하고자 하였으나 주상께서 진정[鎭安]시키는 것을 위주로 하고 있는데, 만일 김종수가 (주상의) 의도를 떠보려고 대관(臺官) 한 사람을 사주하여 내 말을 가지고 '숨겨진 것을 들추어내어 화를 전가하였다'고 죄를 삼아서 주상이 혹시 윤허하게 되면 몸과 이름을 욕되게 할 뿐만 아니라 대의(大義) 또한 반드시 이 때문에 감춰질 것이었다. 이 때문에 짐짓 입을 다물었는데, 이조[銓曹]에서 한결같이 의망(擬望)을 가로막았다.

이때 홍문관[玉署]에서 경연에 참가하라는 명이 있었고, 전망(前望)[156]으로 낙점을 받고 밤에 재차 패(牌)를 내렸지만 상소를 올리기 전에 곧 탄핵을 받고 파직되었다.

---

153. 한쪽 편: 여기서는 소론의 서명선·정민시 측을 가리킨다.
154. 송덕상이 …… 하였다: 이 상소는 『승정원일기』(정조 4년 12월 5일 기유)에 보인다.
155. 흉언: '모양도리'를 가리킨다.
156. 전망(前望): 전에 삼망(三望)에 들었던 사람을 가리킨다.

얼마 지나지 않아 관직(館職)에 제수되자 상소하여 다음과 같이 말하였다.

"신이 송환억을 처음 논척할 때 유신(儒臣, 송덕상)이 무죄라고 생각한 것은 아니지만 일단 송환억만을 논척한 것입니다. 유신이 홍국영의 꾐에 빠져 한 발자국도 홍국영에게서 떠나지 못하고, 홍국영으로 하여금 호랑이가 날개를 단 듯하게 하여 임금의 부호(扶護)를 받자 쫓아가서 소매 안의 장차(章箚)[157]를 보고 논란한 것은 송환억의 소개가 아닌 것이 없었습니다. 운운."

'장차'라고만 하고 흉언을 직접 논할 수 없었던 것은 김종수가 공갈한 말을 우려하고, 또 주상의 뜻이 진정시키는 것에 있는 것은 실로 차마 할 수 없는 마음에서 나온 것이라는 것을 생각하여, 곧바로 말하는 것 또한 감히 할 수 없었기 때문이다. 주상이 의례적으로 비답하였다.

이에 김종수의 한 무리는 내 상소의 '장차' 두 글자는 반드시 화를 전가하려는 것이라고 비방하는 말이 더욱 심해졌다.

19. 서명선이 송덕상의 처벌을 청하다

(1781년, 정조 5) 4월 차대(次對)[158]에서 영의정 서명선(徐命善)[159]이 송덕상의 죄에 관해 경연석상에서 아뢰었는데, 상세히 말하기를,

"'모양도리(某樣道理)'[160]라는 네 글자는 홍국영이 대계(大計)를 저지시키려는 장본(張本)이 되었습니다. 지난날 유신(儒臣, 심낙수)의 상소에 이른바 '소매 안의 장차(章箚)'라는 말이 이미 나왔으니, 이제 한결같이 너그럽게 용서할 수 없습니다. 청컨대 송덕상을 외딴섬에 안치(安置)하십시오."라고 하였다.

주상이 나에게 입시할 것을 명하였다. 나는 이때 직명이 없었는데 특별히 하교하여 입시

---

157. 소매 안의 장차(章箚): 1781년(정조 5년) 4월 28일 실록기사에 따르면 홍국영이 원빈 사망 이후 다시는 간택을 거론해서는 안 된다는 소본(疏本)을 지어, 이를 송덕상에게 주어 다른 사람들에게 보여줌으로써 그 이야기를 전하게 했다는 것이다.

158. 차대(次對): 의정부 당상(堂上)·대간(臺諫)·홍문관 관원들이 매월 여섯 차례 입시하여 중요한 정무를 아뢰던 일을 가리킨다.

159. 서명선(徐命善, 1728~1791): 본관 달성(達城), 자 계중(繼仲), 호 귀천(歸泉)·동원(桐源). 이조 판서 종옥(宗玉)의 아들. 좌의정·영의정 등을 역임. 세손의 대리청정을 반대하는 홍인한(洪麟漢) 일파를 탄핵, 세손의 대리청정을 시행할 수 있도록 노력하였다. 정조 즉위 뒤 중용되었다.

160. 모양도리(某樣道理): 원빈의 사후 홍국영은 은언군의 아들 상계군(常溪君)을 자신의 관향(貫鄕)을 넣어 완풍군(完豊君)으로 개칭한 후 원빈의 봉사자(奉祀者)로 삼았고, 급기야 송덕상을 동원하여 저사를 넓히는 일[廣儲嗣]은 다시 할 수 없는 상황이니 후사를 정하기 위해 '모양(某樣)의 도리(道理)'를 강구해야 한다면서 완풍군으로 저사를 정하도록 권유하였다.

하였으므로 무슨 일인지 알지 못하고 입궐하여 진선문(進善門)[161]에 이르렀는데, 서군집(徐君集)[162]이 길 옆에 서 있다가 나에게 말하기를,

"좀 전에 대신(大臣)이 송덕상의 네 글자 흉언을 연주에서 아뢰면서 그대 상소를 인용하였기 때문에 주상께서 입시를 명하였네."라고 하여, 내가 비로소 알게 되었다.

합문(閤門) 바깥에 이르자 차대에 참여한 여러 신료들이 잠시 물러나와 나를 기다리고 있어서, 나는 그들을 따라서 들어갔다. 주상이 말하기를,

"상소 중에 '소매 안의 장차' 아래에 뭐라고 말하였는가?"라고 하여, 내가 대답하기를,

"(홍국영에게) 질의하였다고 했습니다."라고 하니, 주상이 말하기를,

"질의한 것이 아니라 지어서 준 것이다."라고 하였다. 이어서 하교하기를,

"하고 싶은 말이 있거든 말하여 보라."라고 하여, 내가 말하기를,

"송덕상이 말한 네 글자 흉언은 그때 사람들 가운데 알지 못하는 사람이 없었습니다. 신이 늦게나마 상소한 것은 또한 송덕상이 송환억에게 속은 것을 분하게 여겼기 때문이었지만 또한 감히 밝혀 죄를 성토할 수 없었습니다. 한번 말이 나오면 조정에서 처치하지 않을 수 없기 때문입니다.

신은 성상께서 진정시키려는 생각을 우러러 받들고자 하였습니다. 또 송덕상이 지각이 없다는 것은 성상께서도 반드시 통찰하여 알고 계실 것입니다. 이는 모두 송환억이 속인 것이라는 게 신이 상소한 뜻이었습니다. 지금은 우러러 상소한 뜻을 말한 데 불과할 뿐, 신이 어찌 감히 스스로의 주장을 내세우며 다시 아뢸 것이 있겠습니까?"라고 하였다. 주상이 하교하신 것이 그때 경연 일기에 다 갖추어져 있다.

정승 서명선이 내가 말을 다하지 않아 삼사(三司)의 체통을 잃었다고 하며 파직을 청하여, 마침내 물러 나왔다. 주상이 송덕상에게는 삭출(削黜)할 것만 명하였다가 그 상소를 스스로 지은 것과 다른 점이 있다고 하면서 특별히 용서하는 하교가 있었다. 이것은 실로 진정시키어 온전히 보존하려는 지극한 뜻에서 나왔으니 그 덕(德)이 매우 융성한 것이었다.

당시의 형세로 보아 송덕상의 일을 말하려 하면 주상의 차마 하지 못하는 지극한 뜻을 상하게 할까 두려웠고, 송덕상의 죄를 감추어 두고자 하면 당인(黨人)이 반드시 점점 더 흉악한 의도를 드러낼 것이었다. 내가 송환억을 논척한 것은 그 당이 행동을 경계하여 거두

---

161. 진선문(進善門): 창덕궁(昌德宮)의 정문인 돈화문을 지나 금천교를 건너면 나오는 중문(中門)이다. 백성의 억울함을 알리는 신문고 혹은 등문고라 불리는 북을 태종 때 진선문에 설치했고, 중간에 유명무실해졌다가 영조 때 다시 설치했다고 한다.

162. 서군집(徐君集): 군집(君集)은 서유성(徐有成, 1737~?)의 자(字)이다.

어들이게 하려는 것이었으나 도리어 더욱 격해지게 만들고 말았다.

송덕상의 상소에 대응하게 되어서는 또 '장차(章箚)' 두 글자를 끌어다가 감히 자신을 덮어 가리는 계책을 삼지 못하게 해서 온 세상이 또한 그 죄가 여기에 있다는 것을 알게 하려 한 것이었다. 이것은 또한 내가 김종수의 큰소리로 꾸짖는 말을 두려워한 것이었는데, 서 정승이 아뢴 것도 흉언의 뜻만 대략 언급한 데 불과했을 뿐, 차마 그 말을 드러내어 성토하지 못한 것 또한 주상의 뜻을 우러러 본받은 데서 나온 것이었다.

이에 그 당에서 사화(士禍)가 장차 일어날 것이라고 떠들썩하게 지껄이게 되었다. 김종수는 송덕상의 상소에 있는 '다른 일을 가리키는 것'이라는 말로 의리를 만들고, 나와 서 정승의 말을 마침내 '화를 전가하는 데 뜻이 있다'고 말하였다. 또 서 정승이 경연에서 아뢰면서 나의 말을 인용하여 말한 것을 가지고 내가 '기꺼이 앞서 휘두른 창이 되었다'고 말하는 등 이루 다 헤아릴 수 없이 헐뜯는 말이 많아서 매우 시끄러웠다.

20. 김종후·김종수 형제와 이규위·이규경 형제의 차이

내가 이때 당인(黨人)의 무리를 살펴보니, 송덕상이 처벌받자 불평불만을 품고 답답해하였다. 송환억은 죄명이 없어 서울과 지방에 출몰하였으며, 김종수는 근교에 있으면서 터무니없는 말로 남을 속이는 일을 전담하였다.

내가 반드시 무한한 변괴가 일어날 것으로 생각하여, 마침 홍문관에 재직하고 있으면서 사직 상소를 올려 이전에 말하지 못했던 나머지 뜻을 대략 다음과 같이 진술하였다.

"유사(儒士)라 이름하면서 권력과 세력을 가진 간사한 신하[權奸]에 붙어 부자간처럼 친하게 지내고, (숙부를) 빙자하고 (친구를) 파는 것을 달갑게 여기니 이것은 하루아침의 연고가 아닙니다. 이것은 김구주(金龜柱)[163]로부터 시작된 일로서, 사대부를 꾀어내어 의리를 가탁하며, 언의(言議)를 억지로 끌어대어 반드시 온 세상을 기울이고 온 정국을 뒤엎으려 했습니다. 홍국영이 끝에 가서 의지하려는 마음이 생겨난 것이 바로 이 김구주의 혈당(血

163. 김구주(金龜柱, 1740~1786): 본관 경주. 영조의 장인 한구(金漢耉)의 아들. 영조의 계비 정순왕후(貞純王后) 오빠. 홍양해(洪量海)의 문인, 심낙수(沈樂洙)와 동문이다. 1772년(영조 48) 공조 참판으로 있을 때, 청의(淸議)와 명절(名節)을 우선하는 정치적 결사 모임인 청명류(淸名流)가 발각되어 영조의 탕평책에 대한 배신으로 지목, 유배되는 사태가 발생하였다. 그는 이를 당시 홍봉한(洪鳳漢) 외척 정치의 탓으로 돌려, 사촌 동생 관주(觀柱)와 함께 홍봉한을 제거하는 것이 의리라는 소를 올렸다. 이를 계기로 벽파의 영수(領袖)로서 정국을 주도하였다. 영조가 사도세자에 대한 처사를 후회하면서 벽파를 의심하자, 홍국영(洪國榮)에게 접근하여 지난날의 허물을 은폐하려 하였다. 1776년 정조가 즉위하자 흑산도에 유배되었고, 1779년에 위리안치(圍籬安置)되었다. 1784년 왕세자 책봉 때 특사령으로 나주에 옮겨졌으나 병들어 죽었다.

黨)과 사우(死友)였습니다.[164] 이 무리들이 아침에는 동쪽에서 저녁에는 서쪽에서 저지르지 못하는 것이 없었는데, 시대가 바뀌어 자신들이 해온 일이 실패하자 문득 속았다고 핑계를 댔습니다.

국가가 의지하고 지켜야 할 자는 오직 사류(士流)뿐인데, 이른바 사류란 처음부터 끝까지 흉적을 돕는 도끼가 되었습니다. 천만 가지 기괴한 일들을 차마 똑바로 쳐다볼 수 없고, 인심이 현혹되는 것이 종이가 물에 젖어드는 것 같았습니다. 빨리 삼사(三司)의 청을 따르십시오. 운운." 주상이 비답하기를,

"그대는 그 (사류라는) 칭호를 미워하지만 나는 그 이름을 아낀다."라고 하였다.

나의 이 상소는 비록 난의 근원을 끝까지 파헤치지 못했으나 역적의 소굴을 모두 찾아서 토벌할 것을 명백하게 말하고, 또 그 갈라져 흐르는 것이 어디서 비롯되었는지를 가리켜 그 흉역의 마음이 싹트는 것을 모두 막고 끊어 버리고자 한 것이었다. 김종수는 (나의 상소의) 뜻이 그 당여 일대(一隊)에 있다고 생각하여 의심하고 비방하는 말이 들끓었다.

비답을 받은 지 6, 7일 뒤에 홍문관[本館]의 청패초기(請牌草記)[165]로 인하여 삭판(削版)하라는 특명이 있었다.[166] 심지어 백마청류(白馬淸流)의 화(禍)[167]를 인용하여 책망하는 하교까지 있었다. 여러 차례의 하교가 모두 진정시키려는 주상의 생각에서 나온 것이었다. 전교가 한번 내려지자 헐뜯는 말이 더욱 심해졌다.

심환지는 내가 처음 상소한 뒤로는 안부를 끊어 버릴 것처럼 하다가 갑자기 편지에 시를 써서 보내왔다. 그 편지에 나를 책망하기를 '화를 일으키려는 마음이 더해졌다'고 하고, 또 말하기를,

"상소에 가득찬 말이 자못 길거리의 욕과 같다."라고 하면서 그 시에 '운운'하였다. 내가 답하기를,

"언의(言議)가 비록 같지 않았지만 반평생을 상대하며 서로 익숙해진 말들이다. 이제 와

---

164. 김구주의 혈당(血黨)과 사우(死友)였습니다: 심낙수는 홍국영에게 의존한 사람들은 모두 김구주의 사우(死友)들이었다면서, 김구주에 대한 토역론까지 제기했다.

165. 청패초기(請牌草記): 패초(牌招)를 주청한 보고서. 패초는 주상이 비상사태나 야간에 급히 만나야 할 신하가 있을 경우, 승정원(承政院)에 명하여 패를 써서 입궐하게 하던 제도이다. 초기(草記)는 각 관서(官署)에서 국왕에게 올리는 문서로, 정무상 중대하지 않은 사항을 그 내용만 간단히 적어 올리는 서식이다.

166. 특명이 있었다: 1781년(정조 5) 윤5월 29일이었다. '삭판'은 '삭거사판(削去仕版)'의 줄임말로 벼슬아치 명단에서 이름을 삭제하는 처벌이다.

167. 백마청류(白馬淸流)의 화(禍): 당나라 소선제(昭宣帝) 때 주전충(朱全忠)이 당시의 명사(名士)인 배추(裴樞) 등 수십 명을 살해하여 그 시체를 황하에 내버리면서, "이들은 스스로 청류(淸流)라고 하였으니 흐린 황하에 던져 넣어 탁류(濁流)로 만들어야 한다."고 한 데서 온 말이다. 백마역(白馬驛)은 황하(黃河) 강가에 있는 역(驛)이다.

서 갑자기 한 번의 상소를 가지고 남을 해치려는 마음이 있다고 하니 나도 모르게 웃음이 나온다."라고 운운하였다. 시를 지어 화답하였는데, 다음과 같다.

> 좁은 골목 매화 잔을 지니고 방문할 때
> 주장이 같지 않아도 서로 사귐을 허락하였네.
> 종횡으로 주장하는 것에 무슨 의리가 있다고
> 나로 하여금 마음속에 매번 의심을 품도록 하는가.
> 지금 세상 인정이 야박해지니 누구인들 맑겠는가마는
> 그대 무리가 헛된 명성을 빙자하는 것이 부끄럽네.
> 어지러운 물결 속에서 헤어 나오지 못하는 것을 보라!
> 참으로 어떤 사람이 성(城)처럼 우뚝 서 있단 말인가.

그 나머지는 다 적지 않는다.

심환지는 주상의 하교로 인하여 스스로 '청류(淸流)'라 자처하고, 나를 재앙을 불러들이는 소인에 비유하여 시를 주기에 이르렀다. 거기에 '옛 사람은 인정이 두터워 의심하지 않는다'는 구절이 있었으니, 이 또한 몹시 웃을 만한 일이다.

이규위는 또 내 상소가 정민시 대감에게서 나왔다고 하고, 내가 수어청 군영의 돈을 뇌물로 많이 받았다는 말을 퍼뜨렸다. 정 대감이 이때 수어사(守禦使)였다. 이규위가 하루는 우리 아이들을 불러다가 말하기를,

"세상에서 모두들 너희 부친이 수어청의 돈을 많이 받았다고 말한다."라고 하였다. 아이가 말하기를,

"이른바 사류(士流)란 김구주의 보살핌을 달게 받는 자들인데, 저들의 일이란 근거 없는 말을 지어내어 다른 사람에게 더하고자 하는 것이니, 어찌 말이 되겠습니까?"라고 하니, 이규위의 얼굴색이 변하였다.

이 무리는 내가 한쪽 편과 서로 통하는 자라고 말하고 있지만 반드시 이런 이치가 없다는 것을 모르지 않았으므로 억지로 말을 만들어 온 세상을 속여서 홀리려고 했다. 내가 그들이 말하는 서명선·정민시와는 서로 전혀 친하지 않다는 것은 그들이 알고 있는 일이었다.

기해년(1779, 정조 3) 겨울에 그 무리들이 주로 서명선과 정민시의 논의를 공격하였는데 나는 그것을 그르게 여겼다. 그때 심환지 또한 내 말이 공정한 마음에서 나왔고, 조금도 저들에게 사사로움이 있지 않았다는 것을 알고 있었다.

(하지만) 내 논의가 송환억에게 미치자 갑자기 나를 한쪽 편과 서로 통하는 자라고 말하였는데, 그 뜻은 전적으로 홀리고 속이려는 데서 나왔다. 터무니없는 거짓말과 뜬소문으로

인심을 선동하는 것은 저들 무리의 장기였다. 나를 공격하여 한쪽 편과 서로 통하는 자라 하니, 그 마음 씀씀이를 헤아려보건대 더욱 통탄스럽다.

호서(湖西) 유생들이 송덕상을 구원하는 논의를 하고, 통문을 보내기에 이르렀다.[168] 송환억이 김종수의 지휘를 받아 송덕상의 흉악한 상소를 다른 일에 속하는 것이라 하고, 송덕상을 공격하는 것을 재앙을 불러들이는 소인이라고 하였다. 주상이 안핵사에게 명하여 가서 조사하도록 하였다.

이른바 유생들이란 시골에서 아무것도 모르는 채 꾐에 넘어간 무리들이 많았다. 이규위의 동생 이규경(李奎景)[169]도 그 가운데 들어갔다.

이규경은 본래 그 형과는 논의[言議]가 달랐다. 자못 성정이 바르고 호탕하며 늘 남당을 공격하였다. 그 형의 벗이나 당류와는 조금도 알지 못하였으므로 내가 일찍부터 그를 좋아하였다.

기해년(1779, 정조 3) 겨울에 곡산(谷山)에 가서 부모님을 찾아뵙고, 고향으로 돌아가다가 서울을 지나갈 때, 이규위가 홍국영을 만류하는 상소를 한 것을 두고 이규경이 나를 보고 탄식하여 말하기를,

"나는 장차 죄도 없으면서, 고금도(古今島)와 신지도(薪智島), 그 어디로 갈지 모르게 되는 일을 면하지 못할 것이다."라고 하였다. 내가 일찍이 이규경을 대면하여 도척(盜跖)·장교(莊蹻)와 유하혜(柳下惠)에 비유하면서 그를 놀린 적이 있었다.[170]

신축년(1781, 정조 5) 여름에 이규경이 마침 상경하여 나를 방문하고 열흘간 머물렀다. 말이 송덕상의 일에 미치자 의기가 북받쳐 원통해하며 배척하는 말을 하였다. 내 말이 그 형(이규위)이 걱정스럽다는 데 미치자 이규경 또한 그 말이 맞다 하고는 이윽고 고향으로 내려갔다.

그런데 문득 들으니 통문을 보낸 일로 갇혔다고 해서 내가 매우 괴이하게 여겼다. 소문을 추적해 보니 유생들이 송환억의 사주를 받아서 통문을 돌리는데[171] 이규경이 규위의 동생이므로 반드시 이론(異論)이 없을 것으로 여겼던 것이다.

---

168. 본 책 『정변록』(상) 24번 기사 참조.
169. 이규경(李奎景): 호서(湖西)의 유생(儒生) 등이 송덕상을 위하여 사도(四道)에 통문(通文)을 보내어 서로 선동(煽動)하였을 때 참여하였다가 처벌받았다.
170. 도척(盜跖)·장교(莊蹻) …… 있었다: 유하혜와 같은 성인에게 천하의 대도(大盜)인 척교(跖蹻)와 같은 동생이 있었음을 말한다. 척교는 중국의 대도(大盜)인 진나라의 도척(盜跖)과 초나라의 장교(莊蹻)를 가리킨다.
171. 송환억의 …… 돌리는데: 당시 송환억이 '모양도리'를 언급한 상소를 올린 송덕상을 구원하기 위해 호서(湖西)지역 유사(儒士)들을 부추겨 통문을 돌려 상소하여 해명하게 하였다. 이에 정조는 안핵사(按覈使) 이병모(李秉模)를 파견하여 상황을 살피고 처벌토록 하였다.

이규경 또한 김종수와 더불어 서로 친했다. 두 사람이 일찍이 화양 서원(華陽書院)[172]의 원임(院任)이 된 일이 있었고, 호서의 유서 깊은 집안 자제로 유명하였기 때문에 왕래하여 상의하지 않고 그 이름을 끌어다가 썼던 것이다.

안핵사가 이규경을 조사하여 묻자 이규경은 스스로 나와 가까운 인척 남매(娚妹) 사이이며, 언의가 본래 같았다고 밝혔다. 안핵사가 말하기를,

"너의 형과 심 아무개가 서로 어긋난 것은 온 세상이 아는데, 너는 어찌 너의 형과 다른가?"라고 하니, 이규경이 대답하지 못하다가 장형(杖刑)이 두려워 거짓 자복하고는 마침내 금갑도(金甲島)에 유배되었다. 내가 이규위에게 말하기를,

"그대의 성대한 명성 때문에 죄 없는 아우가 죄에 걸려들게 됐으니 이것이 사류란 말인가?"라고 하니, 이규위가 화를 내며 말하기를,

"그대 또한 일찍이 유현(儒賢, 송덕상)을 뵈었으면서 뒤늦게 공격하는 상소를 하고서도 이렇게 잘난 체하는가?"라고 하였다. 이규위 또한 그 아우가 본디 그와 다르다는 것을 알고 있었는데, 자기 때문에 죄를 받게 되자 내 말에 대답할 말이 없었으므로 억지를 쓰며 말한 것이 이처럼 이치가 없었다.

김종후(金鍾厚)[173]는 처음에 김종수의 꾐으로 홍국영을 머물게 하라는 상소를 했다가 이윽고 후회하였다. 김종후는 성품이 협소하고, 자못 명분과 의리[名義]를 두려워하였으므로, 부끄러움과 분통이 병이 되어 죽었다. 김종수는 후회하지 않았을 뿐만 아니라 갈수록 터무니없는 거짓말로 꾀어서 미혹하려는 계책을 내놓았다.

나는 김종수와 이규위는 모두 형제간에 서로 보존하지 못한 것은 똑같지만, 이규경은 처음부터 그 형과 달랐으면서도 또한 이것을 면할 수 없었다는 점이 또 김종후와는 달랐다고 생각한다.

21. 이유백 사건 문사낭청이 되어 김종수와 갈등하다

임인년(1782, 정조 6) 관직(館職)에 여러 번 제수되었으나 모두 위패(違牌)[174]하여 파직되

172. 화양 서원(華陽書院): 노론(老論)의 영수 송시열(宋時烈)을 제향한 서원으로, 1696년(숙종 22) 9월 사액(賜額)을 받았다. 충북 괴산군 청천면(靑川面) 화양리에 있다.

173. 김종후(金鍾厚, 1721~1780): 본관 청풍(淸風), 자 자정(子靜), 호 본암(本庵) · 진재(眞齋). 참판 희로(希魯)의 손자, 종수(鍾秀)의 형. 민우수(閔遇洙)의 문인. 김구주(金龜柱) · 김종수와 함께 홍봉한(洪鳳漢)을 공격하였다. 김구주 일당이 제거되자 홍국영(洪國榮)을 따랐고, 그가 물러나자 변명하는 상소를 올리기도 했다. 저서로는 『본암집(本庵集)』이 있다.

174. 위패(違牌): 임금이 명패(命牌)를 내어 부르는 명령을 어기고 오지 않음을 가리킨다.

었다. 한 번 상소하여 수십 년 흉역의 근원을 진술하고자 하였으나 주상의 뜻이 진정하는 데 있음을 생각하고, 마침 호서 유생의 옥사가 발생하였으므로, 당인의 무리가 또한 혹시 이것으로 인하여 활동을 자제할까 싶어서 우선 가만히 기다리는 것이 마땅하다고 생각하였다.

삭출하는 처벌을 명할 때 백마청류(白馬淸流)의 하교가 있었고,[175] 그 나머지 누누이 하교한 것도 (나의 상소가) 사사로운 의리에서 나온 것이라는 점에 있었으므로 스스로 허물을 밝히는 상소를 올리지 않을 수 없었다. 그렇지만 이같이 한때를 진정시키려는 하교가 있었는데도 만약 스스로 허물을 밝히고자 하면 또한 어쩔 수 없이 사건의 내용을 처음부터 펼쳐서 깨뜨리지 않을 수 없는데, (또한) 스스로 해명하는 데 급급해서 다시 소란을 일으켜 (주상이 갈등을) 진정시키려는 방도를 잃어버리게 해서는 안 된다고 생각하였던 것이다. 그래서 입을 다물고 있었지만 한결같이 (직무를) 회피하고 (규정을) 어기기만 하는 것 역시 송구스러웠다.

또한 주상이 하교하여 처벌하고 책망한 것을 다른 사람의 말과 같이 생각할 수는 없었으므로, 이후 스스로 처신하는 도리로서 여러 차례의 패초에 부지런히 힘써 나가 일을 맡았다. 때마침 다른 신료가 없어서 이에 곧 수십 일간 숙직하기도 했다. 이때 자주 경연이 있었는데, 진강할 때 문의(文義)를 진술하면서 으레 '황공하게도 감히 진달합니다[惶恐敢達].'라고 칭하였다.

하루는 주상이 하교하기를,

"하번(下番)[176]이 문의를 진술할 때 매번 황공하다고 하는 것은 무엇 때문인가?"라고 하였다. 내가 말하기를,

"작년에 신이 망령되게 상소 하나를 올렸습니다. 신의 본래 뜻은 의리를 거짓으로 빌려 터무니없는 논의를 내세우는 부류에 대해서 매우 분통스럽게 생각하여, 항상 주자(朱子)가 '국가가 망하지 않더라도 사류가 먼저 망한다'고 한 말을 읊조리며 마음 아파하고 있었으므로, 망령되게 아뢴 것입니다. 그때 책망하는 하교가 엄하시었으니, 이는 마치 혼미한 자식이 자애로운 아비에게 책망을 받는 것과 같았습니다. 그리하여 감히 스스로 허물을 밝히지 못한 것이 오늘에 이르기까지 황공하여 몸을 움츠립니다."라고 하니, 주상이 말하기를,

"지금 비로소 생각해 보니, 그 상소에서 누구라고 말하지 않고 다만 사류라고 말했다. 지금 어찌 이것을 끌어다가 스스로 인책할 필요가 있겠는가만 이후 좋은 말이 될 수 있겠

175. 백마청류(白馬淸流)의 하교가 있었고: 1781년(정조 5) 윤5월 29일(신미) 실록기사에 실려 있다.
176. 하번(下番): 경연(經筵)에서 나중에 진강(進講)하는 사람을 가리킨다.

다."라고 하였다.

얼마 지나지 않아 이택징(李澤徵)[177]의 흉악한 상소가 있었다.[178] 마음속으로 반드시 그것을 종용한 자가 있으며, 그것은 오로지 김종수가 말한 송덕상의 흉소에 나오는 '다른 일로 대신하려는 것[諉托]'이라는 말에서 말미암은 것으로 생각하였다. 상소하여 물리치고자 하였으나 또한 소란이 일어날까 염려되어 주저하다가 올리지 못했다.

이어서 이유백(李有白)의 변고[179]가 있었다. 의금부[本府]에 국청을 설치하고 김종수가 판의금부사[判堂]가 되었다. 나 또한 문랑(問郎)[180]으로 추국에 참여하였다. 김종수가 처음에 나를 보고 얼굴빛이 변하며 기꺼이 말하려고 하지 않다가 조금 지나자 친근하게 대하며 매번 문안을 쓸 때 문득 구절마다 나에게 물어서 산정(刪正)하였다. (죄인의) 진술에서 이최중(李最中)[181]이 나오자 김종수가 갑자기 서청(西廳)으로 물러나 앉아 골똘히 생각하며 말없이 근심스럽게 남산을 바라보고 앉아 있었다. 그때 마침 내가 근처에 앉아 있던 다른 문랑에게 말하기를,

"이 옥사의 핵심을 알기는 어렵지 않다. 이것은 송덕상의 상소에 나오는 '대신하려는 것[諉托]'이라는 말을 구하려는 계책이다."라고 하니, 김종수가 그것을 듣고 노한 눈으로 나를 쳐다보고 일어나 이최중의 인척이라고 핑계대며[182] 스스로 벼슬을 내놓고 교대할 사람이 오기도 전에 교외로 나가 버렸다.

심백수(沈伯修, 심염조[183])가 계(啓)를 올려 김종수를 논척하였다가 유배되었다. 나는 이

---

177. 이택징(李澤徵, 1715~1782): 본관 간성(杆城), 자 경민(景民). 장령·북청 부사 등 역임. 1782년(정조 6) 5월 왕의 명령에 응한 상소문이 이유백(李有白)의 대역부도죄 사건과 관련되어 이최중(李最中), 조카 이의익(李義翊)과 함께 신문을 받다가 죽임을 당하였다.

178. 이택징(李澤徵)의 …… 있었다: 1782년(정조 6) 5월 26일(임술) 실록기사에서 공조 참의 이택징이 상소를 올렸는데, 송덕상을 비호하면서 호서와 해서 지역에서 발생한 유생들의 호응과 그에 대한 처벌을 유옥(儒獄)이라고 하였다. 당시 김종수는 이택징의 상소를 좋은 상소라고 했다. 그 후 7월에 공산(公山)의 업유(業儒)인 권홍진이 상소를 올리고 친국을 당하자 이택징과 전후로 호응하였다고 자백하였다.

179. 이유백(李有白)의 변고: 1782년(정조 6) 6월 24일(기축) 실록기사에서 전 지평 이유백(李有白)이 응지(應旨)를 가탁하여 상소를 올렸다. 그 상소에서 곤전(坤殿)인 효의왕후(孝懿王后)를 핍박하는 내용이 있었다. 김구주가 와굴(窩窟)이고 홍국영(洪國榮)과 송덕상(宋德相)이 근저(根柢)라는 지적을 받았다.

180. 문랑(問郎): 문사낭청(問事郎廳). 중죄인을 임금이 직접 심문할 때에 기록과 낭독을 맡은 임시 벼슬이다.

181. 이최중(李最中, 1715~1784): 본관 전주(全州), 자 인부(仁夫), 호 위암(韋菴). 형조·이조 판서 등을 역임. 1782년(정조 6) 이유백의 대역부도 사건에 친척으로 연좌되어 영암 추자도에 귀양 가 그곳에서 죽었다. 이택징(李澤徵)과 이유백(李有白)이 올린 응지소(應旨疏)의 내용이 문제가 되어 국문을 받을 때 이들의 배후로 지목된 인물이었다. 이의직과 그의 종제(從弟)인 이의익(李義翊)은 모두 이최중의 조카로서, 이 사건에 연루된 혐의를 받았다.

182. 이최중의 인척이라고 핑계대며: 이최중이 관직에 출사하여 김종수 형제를 따라 광주(廣州) 궁촌(宮村)에 거주하면서 한집안처럼 지냈다고 했다. 본 책 『정변록』(상) 24번 기사 참조.

183. 심염조(沈念祖, 1734~1783): 본관 청송(青松), 자 백수(伯修), 호 함재(涵齋). 황해도 관찰사 등을 역임하였다.

옥사에 문랑으로 참여하여 처음부터 끝까지 목격하였다. 이최중이 체포되자 주상이 직접 국문하였는데, 그 정황을 묻지도 않고 특명으로 외딴섬에 귀양 보냈다. 여러 죄수들 또한 정황을 묻지 않고 처분하니 인정이 분통과 원망을 이기지 못하였다.

나는 그 책임이 전적으로 김종수에게 있다고 논하는 상소를 올리고자 하였으나 마침 다른 일로 인하여 체직되어 올리지 못했다.

22. 심낙수가 강동현감이 되어 백천식 옥사를 처리하다

나는 심덕승(沈德承)[184]의 집에서 심환지를 만났는데, 신축년(1781, 정조 5) 상소를 올린 뒤 처음 보았다. 내가 말하기를,

"내가 작년에 올린 상소는 평생 상대해서 익숙한 말인데 그대가 갑자기 재앙을 일으키려는 마음이라고 한 것은 어째서인가?"라고 하니, 심환지가 말하기를,

"그대가 이른바 '사류(士流)'라고 한 것은 그대의 뜻이 나와 평서(이규위)를 가리키는 데 있었던 것이 아닌가?"라고 하여, 내가 말하기를,

"이는 사부(士夫)로서 김구주에게 불려가 꾐을 받은 자이고, 다시 홍국영이 의지하려 한 자들을 가리켜 말했을 뿐이다. 내가 마음속으로 심환지와 이규위를 염두에 둔 것은 아니고 널리 통틀어 말한 것인데, 그대는 어찌 꼭 억지로 끌어다가 스스로 감당하려 하는가?"라고 하였다. 심환지가 말하기를,

"작년에 그대가 화답한 시에 이른바 '종횡으로 주장하는 것에 무슨 의리가 있다고 나로 하여금 마음속에 매번 의심을 품도록 하는가?'라고 한 것은 과연 무엇을 가리키는가?"라고 하여, 내가 말하기를,

"지금까지 언의의 시비(是非)에 대해서 그대는 옳다고 말하고 나는 틀리다고 말했기에 이 모두 의심스럽다는 것이다."라고 하니, 심환지가 기쁘게 웃으며 말하기를,

"그대가 이미 상소에서 비판한 사람 가운데 나는 없다고 하였으니 내가 어찌 꼭 그대가 반드시 다른 뜻이 있다고 억지로 생각해서 감정을 풀지 않겠는가? 이제부터는 서로 의심하는 일이 없었으면 좋겠다. 운운." 하였다.

이때 겨우 이택징과 이유백의 옥사가 다스려졌으나 김종수가 새롭게 논척을 받아서 그 당여가 자못 위축되었다. 그래서 심환지의 말이 이와 같았던 것이다. 내 시구가 무슨 뜻인

---

184. 심덕승(沈德承): 자 계지(繼之). 심환지(沈煥之)의 종제(從弟). 심낙수와 친분이 있었다.

지 물은 것은 혹 내가 기해년(1779, 정조 3)과 경자년(1780, 정조 4) 사이에 그와 서로 따졌던 말이 사람들에게 새어나갔을까 의심하여 물은 것이다.

이때 심덕승은 마침 자리에 없었고 그의 형 이회(而晦) 심현지(沈顯之)가 병들어 누워 있었는데 웃으며 둘을 화해시키며 말하기를,

"그대들이 서로 다투면 또한 새로워질 수 없다. 오늘 다행히 풀었으니 다시는 전과 같이 다투지 마라."라고 하였다. 심현지는 굳게 지조를 지키고 질박하고 검소하여 일찍이 심환지와 더불어 의론한 일이 없었다.

그해 겨울에 강동 현감(江東縣監)에 제수되었다. 다음날 곧 명을 받들어 임금을 뵙고 하직 인사를 드리려고 입시하였다. 주상이 본 현에서 마땅히 (처리해야) 할 일이 있으니 즉시 내려가서 상세히 조사하라고 하교하고, 입시한 대신에게 그 전말을 간략히 가르쳐주라고 하였다. 백천식(白天湜)[185]은 본 현 사람인데 어지러운 말과 괴이한 행적으로 진천(鎭川)의 산중에서 붙잡혀 이미 귀양 갔으나, 또 그 동류(同類)의 고변으로 인하여 일의 단서가 또 나왔다.

내가 부임하니 백천식과 김훈(金勳)의 친척과 도당(徒黨)들이 감옥에 갇힌 자가 너무 많았다. 드디어 하나하나 조사하여 물으니 이른바 백천식은 점술을 조금 안다고 자칭한 자인데, 곡산에 사는 문인방(文仁邦)의 꾐에 빠져 스스로 큰 일을 경영하겠다고 생각하고 간 것이었다. 여러 죄수들이 모두 말하기를,

"송청계(宋淸溪, 송덕상)는 회덕(懷德)의 명현 후손으로 도술(道術)이 고명(高明)했지만 북도에 유배되어 있었다. 문인방이 말하기를, '이 사람을 따라 일을 꾸민다면 향교에 배향되는 것은 쉽지 않겠지만 서원은 넉넉히 들어갈 수 있으니, 그 공명이 스스로 현달할 수 있다.'라고 하였다. 그러므로 백천식과 김훈이 모두 따라갔다. 운운." 하였다.

대개 이들은 모두 손에 괭이를 든 무식한 무리로 송덕상이 어떤 사람인지도 알지 못하고, 문득 '송청계'라 칭하였다. '청계'란 본 현에 청계 서원이 있었으므로 송덕상을 청계라고 부른 것이다. 또한 말하기를,

"이 진사가 도술이 신묘하다."라고 했는데, 이경래(李京來)를 가리킨다. 백천식과 김훈은 모두 체포되어 국문을 받고 대역죄로 처형되었다. 그 친척과 도당으로 본 현에 갇힌 자들을 조사하여 보고하고 지방에 나누어 유배 보냈다.

지방의 촌구석에 사는 어리석은 무리들이 무슨 식견이 있었겠는가? 여기저기에서 꾐에

---

185. 백천식(白天湜): 문인방(文仁邦)·이경래(李京來)·박서집(朴瑞集) 등과 어울려 송덕상을 신원한다는 구실로 역모를 꾸몄다가 발각되어 사형당했다. 1782년(정조 6) 4월 4일(경오) 실록기사에 보인다.

빠져 마침내 군대를 일으키고 난리를 모의하는 일을 하기에 이른 것이다. 참으로 그 연유를 찾아보면 김종수가 송덕상이 무죄라는 설[186]을 내세워 유혹한 것에서 생긴 일이었다. 백천식과 김훈과 같은 무리들은 송덕상의 얼굴도 알지 못했을 뿐 아니라 그 이름도 몰랐다. 송덕상이 북쪽에 있어서 반드시 상응할 일이 없었는데도 이같이 터무니없이 거짓된 계책이 있었다. 이에 주상이 비록 전적으로 송덕상을 보호하고자 하였으나 그럴 수 없었다. 세도를 어지럽히고 인심을 현혹한 것이 끝내 이에까지 이르렀으니 이것이 김종수의 죄가 아니라면 과연 누구의 죄란 말인가? 국문하는 옥사가 끝난 뒤 윤음을 내려 송덕상의 죄를 밝혀 선포하였다. 이로써 김종수가 이른바 (모양도리) 네 글자를 '(다른 일로) 대신하려 한다[諉托]'는 계책은 다시 말할 수 없게 되었다.

23. 김우진이 신응현 상소를 알고 있었다

내가 서북 지방[西邑]에 있을 때 저보(邸報)[187]에 실린 신응현(申應顯)[188]의 상소를 보고, 반드시 그것을 종용한 자가 있다는 것을 알았다. 마침 감사(監司) 서호수(徐浩修)[189]를 만나 이야기를 나누던 중 말이 신응현의 상소[190]에 미쳤다. 서호수가 말하기를,

"작년 큰 경사[191] 뒤에 인심이 기댈 곳이 있게 되었으니, 단지 목을 길게 빼고 (세자를 위해) 죽기를 원하는 마음이 있을 뿐이다. 무엇 때문에 이처럼 주상을 시험하며 의심하고 혼란시키는 말을 하는가? 그대 무리의 친구 중에 누가 이런 논의를 주장하여 이런 상소를 올렸는가?"라고 하여, 내가 웃으며 말하기를,

---

186. 무죄라는 설: 김종수는 '모양도리'를 '간택'이라고 해도 합당하지 못하다고 할 수 없으며, 또한 중궁을 고치는 '의약'이라고 해도 무방하다고 하면서 이를 무죄의 근거로 삼으려 했다.

187. 저보(邸報): 조정의 관보(官報). 옛 제도에 각 지방의 장관(長官)들이 경사(京師)에 저(邸)를 두고서 조정의 조령(詔令)이나 주장(奏章) 등을 베껴 자신들에게 알리게 하였으므로 저보라고 칭한다.

188. 신응현(申應顯, 1722~1798): 본관 평산(平山), 자 동보(同甫), 호 우헌(愚軒). 대사간·대사헌 등을 역임. 1783년(정조 7) 3월 3일(갑오) 실록기사에 따르면 대사간 신응현이 산실청(産室廳)을 20여 개월이나 설치한 것을 지적하며 의관(醫官) 오도형(吳道炯), 정문수(丁文壽) 무리들을 귀양 보낼 것을 청하였다.

189. 서호수(徐浩修, 1736~1799): 본관 달성(達城), 자 양직(養直). 호조 판서 종옥(宗玉)의 손자, 판중추부사 명응(命膺)의 아들. 이조 판서 등을 역임. 1776년 정조가 즉위하자 도승지에 임명되어 왕의 측근이 되었다. 그 뒤 대사헌 등 청관직(淸官職)을 거쳤으나 끝내 삼상(三相)에는 오르지 못하고 규장각의 각종 편찬사업에 중추적 역할을 수행하였다. 대체로 서명응의 후손들은 이른바 '영조의 임오의리'를 강조하였는데, 그 이유는 서명응이 사도세자의 비행을 공론화한 인물로 성토 대상이 되었기 때문이다. 서호수가 세자 보호에 힘썼던 장인 이이장의 임오화변 일기를 없애 버렸던 것은 이 때문으로 보인다.

190. 신응현의 상소: 신만의 후손인 신응현은 문효세자(文孝世子)가 태어난 뒤에도 즉시 원자(元子) 정호(定號)를 지체한 점을 논척하였고, 또한 이미 기한이 지났는데도 산실청을 닫지 않은 점을 들어 차비 의관의 죄를 물을 것을 청하였다.

191. 작년 큰 경사: 1782년(정조 6) 문효세자가 탄생한 일을 가리킨다.

"신응현 공은 원래 공의 무리 가운데 사람인데, 어찌 도리어 우리 무리라고 합니까?"라고 하니, 서호수도 웃으며 말하기를,

"그 사람이 주장을 바꾼 것이 이미 오래되었는데, 어찌 우리 무리라고 하겠는가?"라고 하여, 내가 말하기를,

"주장을 바꾼 사람은 옛날에도 많았습니다. 과연 공의 말과 같이 피차를 따지지 않고 이 논의를 주장하는 자는 그 마음을 헤아릴 수 없습니다."라고 하였다.

뒤에 과연 들으니, 이것은 김종수가 주장한 것이고, 저 무리 가운데 김우진(金宇鎭)[192] 또한 참여하여 알고 있었다고 한다. 운운.

조금 있다가 감사가 체직되어 이성원(李性源)[193] 공이 대신하였다. 나는 사건을 조사하면서 여러 차례 왕래하여 그와 자못 친숙해졌다. 하루는 갑자기 나에게 말하기를,

"김우진은 내 사위의 형이고, 또 이웃에 사는 절친이었으나 근래에는 갑자기 멀어져 심지어 해를 끼치려는 뜻마저 있으니 천하의 일은 알 수가 없다."라고 하여, 내가 대답하기를,

"김우진은 일찍부터 동료라서 잘 아는데, 그 사람은 이와 같은 사람이 아닙니다. 이제 공의 말을 듣고 보니 매우 괴이하군요."라 하고, 또한 그 어떤 연고로 이에 이르렀는지는 묻지 않았으나 이에 이르러 비로소 김우진이 신응현 상소에 참여하여 알고 있었다는 말이 헛된 말이 아니며 반드시 연고가 있다는 것을 알았다.

24. 윤숙 상소에 침묵하는 신료들을 비판하다

나는 저보에서 윤숙(尹塾)[194]의 상소[195]가 있다는 것을 보고, 그 글을 얻어 보니 정휘량(鄭

---

192. 김우진(金宇鎭, 1754~?): 본관 강릉(江陵), 자 성래(聖來). 영의정 상철(尙喆)의 아들. 이조 참의·대사성 등 역임. 상계군(常溪君) 담(湛)의 역모 사건에 연루되어 제주도에 위리안치되었다. 1791년(정조 15) 부친상을 당하여 풀려났다가 이후 교동(喬桐)으로 이배되었다.

193. 이성원(李性源, 1725~1790): 본관 연안(延安), 자 선지(善之), 호 호은(湖隱). 좌의정 정구(廷龜)의 후손. 우의정·좌의정 등을 역임하였다.

194. 윤숙(尹塾, 1734~1797): 본관 파평(坡平), 자 여수(汝受). 1762년(영조 38) 동궁이 역모를 꾀한다는 나경언(羅景彦)의 상변(上變)으로 영조가 사도세자를 친국하여 상황이 급박하게 되자, 임덕제(任德濟) 등과 함께 사도세자를 구명하려고 필사적으로 노력하는 한편, 힘써 간쟁하지 않는다고 삼대신을 책망하다가 영조의 노여움을 사서 강진으로 유배당하였다. 1776년 정조가 즉위하자 다시 등용되었다. 1783년(정조 7) 대사간을 거쳐 병조판서에 이르렀으나, 김종수(金鍾秀)의 시기를 받았다.

195. 윤숙의 상소는 임오화변에 대한 금령이 엄중하여 정휘량·신만을 사도세자를 모해한 인사들로 지목하기 어려운 상황에서 정휘량·신만·신회·김구주·홍계희가 선세자의 아들 세손을 위해하려 했으므로 추율해야 한다고 주장하였다. 이는 『명의록』에서 다루고 있던 세손의 대리청정 및 즉위 방해 이전의 사안이며, 세손 반대 세력을 좀 더 거슬러 올라가면 세자 위해세력에 연결된다고 주장했다는 점에서 대의리 문제를 재론한 상소였다.

翬良),[196] 신만(申晩),[197] 김구주(金龜柱), 홍계희(洪啓禧)[198]의 일을 대강 언급한 것이었다.[199] 이는 의리의 가장 중요한 부분으로서, 오늘날 신하된 자라면 마땅히 먼저 성토해야 할 일이었다.

내가 임인년(1782, 정조 6)에 관직에 임명된 뒤 모든 사람들의 의견을 종합한 글을 지어 흉역의 근원을 갖추어 말하고자 하였으나 할 수 없었다. 그러다가 윤숙의 상소를 보니 나도 모르게 진심으로 존경하여 감복하였다.[200] 이 말이 나오지 않았다면 그만이지만 이미 나온 뒤에 조정에서 어찌 징토할 것을 힘써 다투는 방법이 없겠는가?

그래서 삼사가 발론하여 아뢰었는데, 주상이 삼사를 입시하라고 명하고, 크게 질책하는 하교를 내렸다. 이에 발론한 자는 곧 스스로 논계(論啓)를 멈추었다.

이 몇몇 역적의 일은 당시 사람들이 감히 말하지 못하였으나 또한 알지 못하는 자도 없었다. 주상이 보위에 오른 뒤 주상의 뜻은 늘 이런 일을 드러내어 발론하지 않으려 하였으므로 항상 더욱 숨기고 덮었다. 이는 실로 큰 덕이었기에 조정의 신하들 또한 감히 말하지 못했다. 그러나 지금 이미 드러났으니 조정의 도리로 보아 결코 전처럼 따를 수 없는 것이다.

이때 장소(章疏)에서는 혹 처음에는 이 일을 알지 못했다가 이제야 비로소 알게 된 것처

---

196. 정휘량(鄭翬良, 1706~1762): 본관 연일(延日), 자 자우(子羽)·사서(士瑞), 호 남애(南崖). 우의정 우량(羽良)의 동생. 치달(致達)의 숙부. 우의정·좌의정 등을 역임. 1755년(영조 31) 발생한 나주괘서사건(羅州掛書事件, 乙亥獄事) 때 정휘량을 비롯한 소론계 온건파 대부분이 조태구(趙泰耉)·유봉휘(柳鳳輝) 등의 죄를 탄핵하여, 조태구·유봉휘는 노적(奴籍)으로 떨어뜨리고 이광좌(李光佐)·최석항(崔錫恒)도 추탈(追奪)되게 하였다. 이후 사도세자의 평양 행차 사건을 수습하며 자청해서 정승의 직위를 내려놓고 판중추부사(判中樞府事)로 전직하였다. 정치달(鄭致達)의 숙부로서 치달의 처인 화완옹주(和緩翁主)의 도움을 많이 받았으며, 은밀히 김상로(金尙魯)·홍계희(洪啓禧)의 일당과 통하여 무진(1748, 영조24)·기사(1749)연간에 사설(邪說)을 일으켰다. 저서로는 『남애집(南崖集)』·『견사록(見思錄)』 등이 있다.
197. 신만(申晩, 1703~1765): 본관 평산(平山), 자 여성(汝成)·성백(成伯). 영중추부사 사철(思喆)의 아들. 좌의정·영의정 등을 역임. 동생 회(晦)와 함께 형제가 정승에 올랐다. 1755년(영조 31) 찬수당상(纂修堂上)으로 『천의소감(闡義昭鑑)』을 편찬하였다. 1762년 영의정으로 재직하면서 사도세자가 뒤주에 갇힐 때 간하지 않았다고 하여 파직되었다. 사도세자를 보호하기보다는 세자를 위해하려는 세력에 가담하여 임오화변을 방조하였다는 평을 받았다.
198. 홍계희(洪啓禧, 1703~1771): 본관 남양(南陽), 자 순보(純甫), 호 담와(淡窩). 참판 홍우전(洪禹傳)의 아들. 이재(李縡)의 문인. 이조·예조 판서 등을 역임. 영의정 김상로(金尙魯), 형조 판서 윤급(尹汲), 참판 이기경(李基敬) 등과 교유하면서 정순왕후 부친 김한구(金漢耉)와 긴밀히 연계하였다. 1762년 경기도 관찰사로서 김한구 등과 짜고 나경언(羅景彦)의 상변(上變)사건을 일으켜 사도세자의 죽음을 초래하였다. 1777년(정조 1)에 아들 술해(述海)와 손자 상간(相簡)이 대역죄로 사형을 받자 그의 관작도 추탈당하였다. 저서로는 『삼운성휘(三韻聲彙)』 등이 있다.
199. 윤숙이 대사간으로서 올린 첫 번째 상소 내용은 자세히 알 수 없으나, 그 뒤에 올린 상소 등을 참고해 볼 때 정휘량과 신만이 사도세자를 핍박한 죄와 그들이 신회, 김구주, 홍계희 등과 어울려 음모를 꾸민 죄에 대해 소급해서 시행하는 형률을 적용할 것을 청하였던 것으로 보인다. 1783년(정조 7) 9월 20일, 11월 11일자 실록기사에 보인다.
200. 감복하였다: 심낙수는 당시 정휘량과 신만 등 여러 역적들의 죄를 알지 못했지만 윤숙의 상소가 나오면서 조정에서 징토하기를 청할 수 있게 된 점을 높이 평가하였던 것이다. 본 책 『정변록』(상) 28번 기사 참조.

럼 말하였다. 이는 진실로 정성이 모자란 것이었는데, 한번 말했다가 그만둔 뒤 곧 다시 두려워하며 한마디 말도 하지 못했다. 세도가 이에 이르니 군신의 대의는 이미 땅에 다 떨어져 버렸다.

임금을 위태롭게 하려는 모의가 얼마나 극악한 반역죄인가? 만일 말하는 사람이 다른 사람을 (역적이라고) 무함한 것이라면 마땅히 반좌(反坐)[201]에 처해야 한다. 그러나 그 말이 명백하다면 흉역이라고 불러야 할 것이다. 그런데도 징토하는 것을 그만둘 것을 청하는 것은 나라가 있은 뒤에 없었던 일이다.

이때 인심이 정해지지 않아서 어지러운 말이 끊이지 않았는데, 윤숙의 상소가 나온 뒤에 만일 크게 징토하는 일이 있었다면 국시(國是)를 정하여 반란의 싹을 없앨 수 있었을 것인데, 덮어두고 방치하여 도리어 그 말이 나오지 않았을 때만도 못하게 되었으니, 세도를 어떻게 해 볼 도리가 없게 되었다.

25. 심낙수와 정민시가 김종수에 대해 의견을 주고받다

정민시 공이 처음 감사가 되자 내가 연명(延命)[202]하러 가서 보았다. 정 대감이 웃으며 말하기를,

"수어청에서 뇌물을 받았다는 말이 있었는데 근래는 어떤가?"라고 하여, 내가 말하기를,

"공께서 이제 도(道)를 안찰하면서 많은 돈을 관리할 텐데, 그 말과 같다면 많이 베풀 수 있겠습니다."라고 하니, 정 대감이 말하기를,

"고을 수령은 돈이 있는데 어찌 다른 기관에서 받은 뇌물을 쓰겠는가?" 하고 서로 마주 보고 웃었다. 내가 말하기를,

"비록 친하게 지내지 못했어도 이미 7, 8년이나 안면이 있었습니다. 서울에 있을 때 백씨(伯氏)의 상(喪)이 있다는 말을 들었으니 한번 가서 위로함이 마땅하였으나 뜬소문과 헐뜯는 말을 꺼리어 오랫동안 그러지 못했습니다."라고 하니, 정 공이 말하기를,

"인심과 세도가 사람으로 하여금 서로 조문하고 위로할 수 없게 하는 데 이르렀으니 이 어찌 변괴가 아니겠는가?"라고 하였다. 내가 말하기를,

---

201. 반좌(反坐): 어떤 사건을 무고하거나 위증해서 죄를 만들었다가, 뒤에 일이 뒤집히면 도로 그 사람이 받았던 만큼 죄를 받게 되는데, 이를 반좌율(反坐律)이라 한다.

202. 연명(延命): 감사나 수령이 부임할 때 궐패(闕牌) 앞에서 왕명을 전포(傳布)하는 의식, 혹은 수령이 처음 감사를 보는 의식을 말한다.

"헐뜯는 말은 경자년(1780, 정조 4)에 의망(擬望)을 받았을 때부터 나왔습니다. 나의 첫 번째 상소가 나오고 난 뒤, 의망이 막힌 것이 이미 반년에 이르렀습니다. 공께서는 그때 어쩌자고 여러 사람이 꺼리는 것을 무릅쓰고 반드시 의망하신 것입니까?"라고 하니, 정 대감이 말하기를,

"그때 내가 어찌 그것을 몰랐겠는가? 다만 당시의 의망을 막는 것이 명분도 없고 의리도 없었네. 또 나는 당시 당인(黨人)들에게 격분하여 있었네."라고 하였다. 또 말하기를,

"근일에 그대의 무리와 친구들 가운데 또한 꺼리고 시기하는 자는 없는가?"라고 하여, 내가 말하기를,

"지금 시비가 이미 정해지고 의리가 점차 밝아져서 이전처럼 허투루 현혹하는 무리는 없는 듯합니다."라고 하였다.

뒤에 조사하는 일로 또 감영에 나아가 며칠 머무르다 말이 시사(時事)에 미쳤다. 정 공이 말하기를,

"김정부(金定夫, 김종수)는 일찍이 함께 동료 관원으로 지내서 그 사람에 대해 잘 아는데, 편안하고 고요한 점이 조금 부족하지만 지난 번 대계(臺啓)에서 (김종수를) 역적으로 논죄한 것은 사람들로 하여금 간담이 서늘하게 하였네. 이 일은 어떠한가?"라고 하여, 내가 말하기를,

"친하게 알았던 적은 없지만, 대강 그 사람이 좋은 사람이 아니라는 것만 압니다. 그렇지만 역적이라는 논계가 너무 가볍게 나온 듯한 것은 과연 공의 말과 같습니다."라고 하였다.

이때 나는 김종수의 일을 의심한 것이 전후로 하나둘에 그치지 않았으나[203] 또한 정 공에게 차마 (김종수를) 배척하는 말을 할 수 없었다. 이는 인정상 어쩔 수 없어서 그런 것이다.

26. 김종수가 자결하려 했다는 소문을 듣다

갑진년(1784, 정조 8) 봄, 나의 벗 이성임(李聖任)[204]이 편지를 부쳤는데 별폭(別幅)이 있었다. 여기서 말하기를, 심환지의 아우 심형지(沈炯之)가 살고 있던 여주(驪州)에서 서울로 올라와서 만나는 사람마다 위험한 말을 많이 했다고 하였다. 심형지가 스스로 말하기를,

---

203. 심낙수는 정민시가 소론이지만 그의 의론이 옳다며 적극 동조했다. 심낙수는 구선복·김우진의 반정(反正) 시도가 김상로·홍계희에서 시작해 김구주·김하재·이율 등을 거쳐 다시 발생한 것이며, 이들의 저군(儲君)을 흔드는 계획은 30년 전 선세자(先世子) 시절 이래로 유전(流轉)된 것이므로 그 와굴(窩窟)을 제거해야 한다고 상소하기도 했다.

204. 이성임(李聖任): 심낙수의 사돈. 심노숭의 장인이다.

"세도가 이 지경에 이르러 여주의 이학자(理學者) 가운데 민이현(閔彝顯),[205] 이성보(李城輔) 같은 이들은 모두 용렬하고 미약하여 논의와 비판을 감당할 수 없으니 우리 무리 중 충의한 선비가 모여야 한다."라 하고, 또한 "김구주는 무죄이므로 당초의 처분은 전부 명백하지 않았다."라고 하였다 한다.

또 나를 배척하면서 심지어 성을 빼고 부르며 욕하는 기세[頭勢]가 두려웠다고 한다. 또 듣건대 김종수가 말하기를,

"내가 차마 시사가 이 지경에 이른 것을 볼 수 없으니 차라리 자결하는 것보다 나은 것이 없다."라고 하며 목을 맨 일까지 있었다고 한다. 그 문도들이 풀어주어 멈추었다고 하는데, 이것을 전하는 말이 자자하였다. 이 말은 지극히 괴이하니 반드시 무슨 변고가 있을 것인데 알 수 없다고 하였다.

내가 그 편지를 보고 놀랍고 의심스러움을 이길 수 없었으나 자세하게 들을 수 없었다. 서북 지방에 있으며 정사를 돌본 지 3년이 되어 사직하고 돌아가고자 하였으나 그럴 수 없었다. 7월에 이전에 의망했던 관직에 임명되는 은혜를 입어 벼슬을 받아 돌아왔다.

이성임을 보고 물으니 숙도(叔道) 김상임(金相任)[206]에게 들었다고 한다. 숙도는 이성임의 조카사위인데, 문아(文雅)한 선비이다. 일찍부터 나와 더불어 서로 호감이 있었으며, 또 심덕승과도 서로 친했기 때문에 심형지와 안면이 있었다.

하루는 김숙도가 길에서 심형지를 만났는데 형지가 심윤지(沈允之)의 집에서 모이기로 약속하였다. 김숙도와 심윤지는 전에 함께 공부했기 때문에 약속대로 갔다. 심형지가 나를 언급하면서 문득 성을 빼고 부르며 배척하여 말하기를,

"이 사람은 흉악한 놈이다. 우리 종씨(從氏)가 이 흉악한 놈의 꾐에 빠져 함께 어울리고 서로 좋게 지내며 우리 집안 일도 다 말해 주었으니, 우리 종씨는 잔약하고 용렬하다고 할 수 있다. 그대는 일찍이 이 흉악한 놈의 상소를 배척한 적이 있으니 이에 내가 듣고서 기뻤다."라고 했다. 그 종씨는 심덕승을 가리키는 것이다. 김숙도가 전에 내가 신축년(1781, 정조 5) 상소에서 '사류(士流) 운운'한 것을 불가하다고 하였다. 그래서 그 말이 이와 같았다. 또 (심형지가) 말하기를,

---

205. 민이현(閔彝顯, 1750년~1793): 본관 여흥(驪興), 자 공저(公著), 호 관생와(觀生窩). 아우 종현(鍾顯)과 함께 김양행(金亮行)에게 수학하였다. 이직보(李直輔) · 김이영(金履永) · 김양순(金養淳) · 원유승(元有昇) · 이광희(李光熹) 등과 교유하였다. 약관에 벌써 문명이 자자하였으나 과거에는 응시하지 않았다. 1787년(정조 11) 사헌부 장령에 부임하였다. 그는 사학(史學)과 경제방면에 능통하였으며, 특히 유형원(柳馨遠)을 사숙(私淑)하였다.

206. 김상임(金相任, 1753~?): 자 숙도(叔道). 본관 광산(光山). 1789년(정조 13) 식년시(式年試) 진사.

“세도가 장차 반드시 망하는 데 이르렀으나 민이현과 이성보 등 여러 사람을 믿을 수 없으니, 우리 무리 가운데 의기 있는 자들이 모여야 한다. 그대가 문식(文識)이 있는 것을 아니, 함께 마음을 맡겨 주기 바란다.”라고 하고, 이어서 김구주가 무죄라고 말하였는데, 그 말이 위태롭고 급박하였다. 또 말하기를,

“그대는 집이 가난한데 어떻게 사는가? 나도 몹시 가난하지만 아는 친구들 가운데 이자를 받고 돈을 꾸어주겠다는 사람이 있으니 내가 그대를 위해 급한 처지를 구해 주겠다.”라고 하니, 김숙도가 말하기를,

“나는 비록 가난하지만 백씨가 있어서 입고 먹는 일을 모르니, 남에게 이자를 내면서까지 돈을 꿀 필요는 없다.”라고 하였다. 김숙도는 그 화두가 위태롭고 급박한 것을 보고, 급한 처지를 구해 주겠다는 말도 또한 상식을 벗어난 일이라 괴이하게 여겨 곧 사양하고 떠났다.

심형지가 또 모일 것을 약속하자고 청했으나 가지 않았다. 그리고 그 주고받은 말을 이성임에게 말하였는데, 김숙도는 놀라서 스스로 안정하지 못하고 가서 모였던 일을 깊이 후회했다고 한다.

내가 김숙도에게 물으니, 숙도는 자세하게 말해 주지 않으려 했다. 심덕승이 내가 멀리서 왔다고 나를 방문했기에, 김숙도의 일을 물어보았다. 심덕승이 말하기를,

“이것은 유숙(幼肅)【심형지의 자이다.】의 말도 안 되고 한결같지 않은 말이니 말할 것도 없다. 운운.” 하여, 내가 말하기를,

“그대는 말도 안 되고 한결같지 않은 말이라고 하지 말게. 그 말이 참으로 위태롭고 급박하였네. 성을 빼고 나를 불렀다고 해서 내가 화를 낼 것은 없지만 이 일은 반드시 그 끝이 좋지 않을 것이니, 그대는 소홀히 보아 넘기지 말고 휘원(輝遠, 심환지)에게 말해서 조사하고 단속하도록 하게.”라고 하니, 심덕승이 말하기를,

“근일 형세가 자못 이상하여, 김구주에게 출륙(出陸)하라는 명[207]이 있을 것이라는 말이 자자하네. 그래서 유숙의 말이 이와 같은 듯하나 중요한 문제는 아니네. 근래 들으니 김종수와 김하재(金夏材)[208]가 당시 시속(時俗)과 다르다는 것으로써 자못 명성을 얻었고, 남당의 여러 사람이 또한 자못 흥기되었다고 하네. 우리 종씨도 또한 서장(書狀)을 올리려다 말

---

207. 출륙(出陸)하라는 명: 1776년(정조 즉위년) 섬으로 유배 보냈던 김구주를 1785년(정조 9) 9월 사면하여 특별히 육지로 나오도록 명하였다.

208. 김하재(金夏材, 1745~1784): 본관 광산(光山), 자 양숙(養叔). 예조 판서 진규(鎭圭)의 손자, 영의정 양택(陽澤)의 아들. 대사성·이조 참의 등을 역임. 1784년(정조 8) 영희전 고유제(永禧殿告由祭)의 헌관으로 분향 후 정조의 실덕과 사림을 장살(杖殺)할 것을 쓴 쪽지를 이재학(李在學)에게 주었다가 탄로 나서 주살당하였다.

았다고 하네."라고 하여, 내가 말하기를,

"김하재는 본래 남당이 아닌데 어떻게 김종수와 함께 칭찬하는가?"라고 하니, 심덕승이 말하기를,

"시배(時輩)를 공척(攻斥)하는 데 서로 합한 것이 틀림없네."라고 하였다. 심덕승은 또한 나와 서로 좋게 지낸다는 비방을 괴롭게 여겨 말을 다 하지 않았고, 나도 말이 심환지에게까지 미치기 쉬웠으므로 깊은 말을 할 수 없었다.

내가 이성임에게 김종수가 스스로 목맸다는 말을 어디에서 들었는지 물으니, 이성임은 광주(廣州) 사람이 임회주(任晦周)의 집에 와서 말했다고 하는데, 전하면서 괴이하다고 말했다고 한다.

27. 모든 역적의 뿌리는 김구주다

7월에 김하재의 변고[209]로 친국(親鞫)이 있었다. 다음날 조보에 나온 결안(結案)[210]을 보니, 갑진년(1784, 정조 8) 회갑[211]에 (김하재가) 김일경[212]의 일을 하려 했다는 공초(供招)가 있었다. 또 듣건대 그 흉서의 내용을 들어보니, 천지 고금에 없었던 흉언이어서 마음이 놀라고 간담이 떨어지는 것 같았다.

내가 생각하기에 그 흉언의 뜻은 인심을 지닌 자라면 차마 형언하기 어려운 것이었으며, 또한 김구주의 임진년(1772, 영조 48) 상소[213]와 서로 표리가 되었다. 한후익(韓後翼)[214]의

---

209. 김하재의 변고: 이는 시파(時派) 주도의 정국에 대한 반시파(反時派)의 반발이 고조되는 상황에서, 윤득부를 의망한 책임으로 이조 참판에서 체직된 김하재가 영희전(永禧殿) 고유제의 헌관(獻官)으로 참여했다가 흉서를 예방승지 이재학(李在學)에게 보여 주었고, 이를 이재학이 고변하여 발생하였다. 본 책 『정변록』(상) 29번 기사 참조.

210. 결안(結案): 사형에 해당되는 죄인에 대한 국왕의 최종 결재에 따라 사형을 집행하기에 앞서 형을 확정하기 위한 절차 또는 그 문서를 말한다.

211. 갑진년(1784, 정조 8) 회갑: 1724년(영조 즉위년)은 갑진년으로 이해에 김일경이 죽었다. 이로부터 60년이 지난 회갑이 바로 1784년이었다.

212. 김일경(金一鏡, 1662~1724): 본관 광산(光山), 자 인감(人鑑), 호 아계(丫溪). 이조 참판·이조 판서 등을 역임. 1721년(경종 1)에 노론은 연잉군(延礽君, 영조)을 세제(世弟)에 책봉한 뒤 대리청정을 실시하려고 하자 조태구(趙泰耉) 등과 함께 이를 반대해 대리청정을 취소하게 하였다. 신임옥사(1721~1722) 당시 준소(峻少)로서 김창집(金昌集)·이이명(李頤命)·조태채(趙泰采)·이건명(李健命) 등 노론 4대신의 처벌을 주도하였다. 1724년 영조가 즉위하자 노론의 재집권으로 유배되었다. 청주의 유생 송재후(宋載厚)의 상소를 발단으로 신임옥사가 무고(誣告)였다는 탄핵을 받고 목호룡과 함께 참형을 당하였다.

213. 김구주의 임진년(1772, 영조 48) 상소: 홍봉한의 흉역 죄를 엄단할 것을 논하는 내용이었다. 1766년(영조 42) 영조의 병환 중에 홍봉한이 나삼(羅蔘) 사용을 막았다고 하면서 논척하였다. 본 책 『정변록』(상) 10번 기사 참조.

214. 한후익(韓後翼): 한원진의 후손으로서 김구주를 적극 옹호한 사우(死友)였다. 그는 김구주와 연계된 호서

기사(機事) · 기심(機心)의 흉언[215]은 역적 김하재가 나온 뒤에 생각해 보니, 더욱 그것이 지극히 흉악하고 지극히 참람됨을 알았다. 나는 또 이제 막 김종수와 김하재를 함께 일컫는 말을 들었는데, 열흘이 지나기 전에 이 변고를 보았으니 마음이 슬프고 분하기가 또한 말할 수 없다.

9월 26일 나는 관직(館職)으로 입직하였는데, 마침 김구주를 출륙(出陸)시키는 일이 있었다. 밤에 상소를 올리고 아침에 청대(請對)하였으나 모두 윤허를 받지 못했다.

마침 주상이 직접 무과 시험을 주관하기 위해서 춘당대(春塘臺)로 나왔다. 나는 참고관(叅考官)으로 입시했다가 시험을 마치기 전에 마음속에 품은 말을 진달하였다.

"신이 수년간 서북 지방[西邑]에서 대죄(待罪)하고 돌아와 세도를 보니 인심은 물처럼 아래로 흘러 하늘과 땅의 악함을 다하고, 고금의 변고를 다하기에 이르렀습니다. 역적 김하재가 나온 것 또한 김구주가 근저(根柢)가 아님이 없는데도 오히려 이처럼 숨어 살면서 편안히 쉬고 있기 때문이었습니다.

전하께서는 틀림없이 국시를 이미 정하시고 다스리는 도가 어느 정도 이루어져 지금은 걱정할 것이 없다고 생각하실 것입니다. 또 큰 경사를 맞아 법을 굽혀 은혜를 베풀어도 해가 없다고 생각하십니다.

그러나 신은 흉악한 무리의 잔당으로 얽힌 자들 가운데는 또한 반드시 김구주의 편을 들면서 곁에서 엿보는 자들이 있다는 것을 압니다. 오늘 뜻밖의 일이 일어나 대의는 자취를 감추고 인심은 속고 미혹되어 사람의 힘으로는 수습할 수 없게 되었습니다. 이것이 어찌 크게 걱정할 것이 아니겠습니까? 엎드려 바라건대 속히 명을 거두어 주십시오." 윤허를 받지 못하면 감히 물러나지 않겠다는 뜻으로 누누이 힘써 아뢰었지만 주상이 윤허하지 않았다.

이는 김구주가 출륙한 일로 인해 청대하여 차자를 올리고 남아 있던 생각이었는데, 또 마침 입시하게 되자 걱정스럽고 분한 마음이 입을 따라 나온 것이었다. 마음속으로는 일찍부터 역적 김하재의 흉언이 김구주와 한후익의 상소가 빌미가 되어 나온 것이라고 의심

지역 남당 인사였다. 그는 홍인한계 북당인 홍계희 · 홍계능의 족속들이 『명의록』과 『속명의록』의 주요 희생양이 되었다는 것에 불만을 품었다. 1778년(정조 2) 7월 18일 홍양해(洪量海), 심혁(沈鍊)과 함께 복주(伏誅)되었다. 본 책 『정변록』(상) 16번, 18번 기사 참조.

215. 기사(機事) · 기심(機心)의 흉언: 정언 한후익이 1776년(정조 즉위년) 11월 21일에 상소하여 김구주를 찬배(竄配)한 것에 대해 논하면서, "기사(機事)는 이미 지나갔지만 기심(機心)은 아직 남아 있습니다."라고 하면서 정조의 조처가 적절하지 않았다고 비판하였다. '기사'는 대체로 대리청정, 『명의록』 등의 편찬을 통해 반대파 제거를 의도한 일을 가리키며, '기심'은 반대파를 제거하려는 마음을 뜻하는 듯하다. 한후익은 홍인한의 배후인 홍봉한을 토죄하지 않았다는 이유로 『명의록』에 기심이 깔려 있다고 비판한 것이다.

하고 있었다. 또 심형지에게서 김구주는 무죄라는 말을 듣고 마음 깊이 분통스러웠으며, 항상 그 무리가 반드시 터무니없는 거짓말을 할 것이라고 염려했으므로 마음속에 쌓였던 것이 자연히 입에서 나온 것이지, 누군가를 꼭 집어서 핍박하는 말은 없었다.

그런데 김종수가 유독 이것을 가지고 '반드시 나를 죽이려는 계책이다.'라고 생각하고, 그 당인들이 분연히 다투어 일어나서

"역적 김하재가 김구주와 무슨 관계가 있으며, '근저'라고 말한 것은 어째서인가?"라고 운운하였다.

근저라고 한 것은 비록 내 마음속에 의심이 있어서 나온 것이기는 하지만 상소나 계사(啓辭)에서 흉역을 논한 것은 모두 김구주가 근저라고 하는 것이 문득 의례적인 말이 되었는데, 오직 이 말을 가지고 (당인들이) 분분히 상소하기에 겨를이 없으니, 또한 그 이유를 알 수가 없었다.

심덕승이 나를 보고 말하기를,

"그대는 어째서 품은 생각을 말하여 또 비방을 받는가? '근저'라는 말은 이미 확실한 증거가 없이 사람들이 운운하는 것에 지나지 않고, 이른바 '얽혀 있다', '곁에서 엿본다'고 한 것 또한 어찌 지나친 말이 아니겠는가?"라고 하여, 내가 말하기를,

"김구주는 여러 역적의 근본이다. 여러 상소와 계사에서 누구인들 이런 말을 하지 않았겠는가? 그런데도 반드시 이것을 가지고 비방하는 것은 어째서인가? '얽혀 있다', '곁에서 엿본다'고 한 것은 내가 일찍부터 이 무리를 의심해 왔기 때문에 나온 말이다. 그대는 또한 이런 걱정이 없다는 것을 어찌 알고서 나더러 지나치다고 하는가?"라고 하였다. 심덕승이 말하기를,

"그대는 신축년(1781, 정조 5) 상소가 지나치다는 것을 알지 못한다고 말하였으니, 무슨 말을 하겠는가?"라고 하여, 내가 말하기를,

"내가 서북 지방에서 돌아와서 김종수와 김하재가 당시 시속과 다르다는 것으로써 함께 칭송받고 있다는 말을 그대에게서 들었다. 이 말이 과연 어디에서 나왔는가? 이른바 당시 '시속과 다르다'는 것은 무엇을 가리키는 것인지 모르겠다. 다르다는 것이 무엇인가?"라고 하니, 심덕승이 말하기를,

"김하재는 일찍이 윤득부(尹得孚)[216]를 의망했고, 김종수도 또한 일찍이 윤득부를 인정

---

216. 윤득부(尹得孚, 1723~1799): 본관 해평(海平), 자 사휴(士休), 호 신재(信齋). 근수(根壽)의 후손. 대사간·대사성 등을 역임. 정조가 즉위하자 정언으로서 서명선의 죄상을 극론하였다. 이후 윤증(尹拯)의 복관(復官)이 불가함을 주장하다가 유배되기도 했다.

하였다. 이것이 함께 칭송받았다는 말이 있었던 이유이다. 나 또한 어디서부터 나왔는지는 알지 못한다."라고 하여, 내가 말하기를,

"윤득부의 일이 무슨 관계가 있으며, 어찌 이것이 함께 칭송받을 이유가 되는가? 이것은 말이 안 된다."라고 하니, 심덕승이 말하기를,

"근래 시벽(時僻)의 설[217]이 있는데, 김종수는 벽당(僻黨)으로 시배(時輩)와 달랐다. 김하재도 또한 시의(時議)를 배척하는 상소를 한 적이 있고 이것이 함께 칭송받은 이유라고들 한다."라고 하였다.

28. 심환지가 상소하여 서명응을 공격한 것을 비판하다

이때 김종수가 이조 판서가 되고, 송재경(宋載經)[218]이 이조 참판에 특별히 제수되었다. 김종수가 스스로 잘못을 들어 출사하지 않고 교외에 있어 송재경이 인사를 행하였는데, 소통(疏通)을 명분으로 내세우면서 전적으로 그 무리를 끌어다가 등용하였다. 심환지가 그 첫 번째였다.

심환지는 겸문학(兼文學)[219]이 되어 상소하기를, 기해년(1779, 정조 3) 연주(筵奏)의 일을 끌어다가 서명응(徐命膺)[220]의 죄를 열거하며 논하고 그 가운데 내가 신축년(1781, 정조 5) 상소에서 했던 말을 끼워 넣었다. 주상이 의례적으로 비답하고 상소 원본은 내려주지 않았다.

내가 나중에 비로소 그 일을 듣고 마침내 심환지에게 가서 만나보았다. 마침 사심(士深) 이홍재(李洪載)[221]도 자리에 함께 있었다. 내가 심환지에게 말하기를,

---

217. 근래 시벽(時僻)의 설: 김하재는 윤득부의 일로 상소하면서 '시' 자의 설을 꺼내어 송덕상 등에 대한 징토의 논의를 '시의(時議)'라고 비판하며 '반(反)'시파로서 활약하였다. 이때 시의는 시배(時輩)와 함께 당인(黨人)들이 사사로이 서명선계의 소론과 그에 협력하는 노론을 비하할 때 사용되었다. 통상 시배와 시의라는 표현은 벽파가 주로 사용한 것으로 알려져 있다. 김하재 사건은 시파(時派) 주도의 정국에 대한 반시파(反時派)의 반발이 고조되는 상황에서 발생하였다.

218. 송재경(宋載經, 1718~1793): 본관 은진(恩津), 자 자중(子中), 호 기기와(棄棄窩). 상유(相維)의 손자. 강화유수·충청도 관찰사 등을 역임. 남당(南黨)의 일원으로 김종수와 친하였다.

219. 겸문학(兼文學): 세자 시강원의 정5품 벼슬이다.

220. 서명응(徐命膺, 1716~1787): 본관 달성(達成), 자 군수(君受). 보만재(保晩齋)라는 호를 정조로부터 내려받았다. 이조 판서 종옥(宗玉)의 아들, 영의정 명선(命善)의 형. 이조 판서·대제학 등을 거쳐 정승이 되었다. 정조가 동궁에 있을 때 빈객(賓客)으로 초치(招致)되어 학문 수련에 큰 도움을 주었다. 정조 즉위 직후 규장각 제학(提學)에 임명되었으며, 운영에 깊이 관여하였다. 박학강기(博學强記)로 이름났으며 역학(易學)에도 조예가 깊었다. 그의 학문정신은 아들 호수(浩修), 손자 유구(有榘)에게 이어져 가학(家學)으로 확립되었다. 저서로는 『보만재총서(保晩齋叢書)』 등이 있다.

221. 이홍재(李洪載, 1729~1794): 본관 한산(韓山), 자 사심(士深), 호 일선(一蟬). 황해도 관찰사·대사헌 등을

"그대는 내가 상소를 올린 뒤부터 연락도 없이 절교한 것 같더니, 지난 번 화답한 시에는 내 뜻을 인정한 것 같아서 나는 오히려 옛정을 잊지 않고 서북 지역에 있을 때, 편지로 안부를 묻자 그대가 답하기를,

'궁벽한 산골의 쓸모없는 사람이 당세(當世)에 바삐 돌아다니는 자들과 무슨 관계가 있겠습니까?'라고 했습니다. 내가 어찌 그대처럼 바삐 돌아다닌 적이 있겠습니까? 그대가 지난번 전한(典翰)[222]에 단부(單付)[223]로 의망되었는데, 이것이 참으로 바삐 돌아다닌 것입니다. 오늘날 (그대의) 죄를 씻어준 것 또한 바삐 돌아다닌 결과라고 말하기에도 부족합니다. 그대의 말을 내가 어찌 책망할 가치가 있겠습니까? 다만 그때를 생각하면 가소로울 뿐입니다."라고 하니, 심환지가 말하기를,

"그대가 나의 이 말에 노했다고 들었으나 이는 우연히 한 말입니다."라고 하였다. 내가 말하기를,

"그대의 상소에 내 일을 끼워 넣었다는 말을 들었습니다. 상소 원본을 내려주지 않았는데, 그것을 보고 싶습니다. 내가 만약 틀렸다면 그대의 말이 맞을 것입니다."라고 하니, 심환지가 말하기를,

"머물러 둔 상소는 남에게 보여줄 수 없습니다. 다만 연전의 그대 상소의 뜻이 나에게 있었으나 이름을 드러내지 않았으니 나 또한 이같이 갚았을 뿐입니다."라고 하였다.

내가 말하기를,

"내 상소는 통틀어 말한 것입니다. 그대는 스스로 (내 상소) 가운데 들어 있다고 생각하겠지만 내 뜻은 또한 오로지 그대 때문에 말한 것은 아니었습니다. 이제 그대가 내 상소를 말하면서 비록 이름을 드러내지 않았다고 하지만 또한 이름을 가리킨 것과 무엇이 다릅니까? 나는 그대 무리가 (나를) 소인이라고 비방하는 말을 귀로 익숙히 들었습니다. 그대가 비록 백 번 상소하더라도 나에게 손해가 없지만 그대의 일은 작지 않은 것입니다. 또 그대가 지금 성은(聖恩)을 입어 죄가 씻겨졌으니 그대의 도리로는 다만 실상을 가지고 자신의 허물을 인정할 따름입니다.

서명응에 대해서는 사람들이 모두 배척할 수 있어도 그대는 배척할 수 없습니다. 그대의 연주는 사람들이 모두 이의익(李義翊)[224]이 사이에 끼어들어 사주했다고 알고 있습니다.[225]

역임하였다.

222. 전한(典翰): 홍문관에 둔 종3품 벼슬. 문한(文翰)을 맡아 보았다.
223. 단부(單付): 단망(單望)으로 관원을 골라 정하던 일이다.
224. 이의익(李義翊): 홍계희의 문객(門客). 이택징(李澤徵)과 이유백(李有白)이 올린 응지소(應旨疏)의 내용이 문제가 되어 국문을 받을 때 이들의 배후로 지목된 사람이 이최중(李最中)이었다. 이의직(李義直)과 그의 종

지금 공론을 가탁하는 자가 어찌 임금에게 사실을 고하여 마음을 다해 뼈저리게 반성하는 길을 가겠습니까?"라고 하니, 심환지가 얼굴색이 변하며 대답하지 못했다.

사심(이홍재)이 말하기를,

"나는 그대 두 사람이 하는 말이 도무지 무슨 말인지 모르겠다. 다만 지금 (벼슬길을) 소통하는 정치에 대한 그대들의 생각은 어떠한가?"라고 하여, 내가 말하기를,

"소통은 지금 제일 급한 일이다. 다만 휘원(輝遠, 심환지)을 우선하면 안 된다. 죄 없이 (벼슬길이) 막힌 자가 얼마나 되는지 알지 못한다. 또 기해년(1779, 정조 3) 겨울의 일로 말하자면, 한만유(韓晩裕), 윤필병(尹弼秉)[226]을 먼저 소통하고 그다음에 휘원에게 미치는 것이 옳다."라고 하니, 사심이 말하기를,

"어째서 그런가?"라고 하여, 내가 말하기를,

"한만유와 윤필병은 실제 사주를 받은 적이 없고 또 그 속사정을 모른 채 다만 서명응을 논척했을 뿐이니 이것이 어찌 죄인가? 휘원은 이의익의 사주를 받았다. 비록 휘원으로 하여금 스스로 한 말이라고 말하게 하였지만 또한 무죄라고 말할 수 없다. 지금 만일 소통한다면 마땅히 한만유와 윤필병을 먼저 해야지 휘원을 우선한다면 나는 그것이 옳은지 모르겠다."라고 하니, 사심이 말하기를,

"그대 말이 공정한 듯하지만 휘원에 대해서는 어찌 그렇게 야박한가?"라고 하여, 내가 말하기를,

"내가 일찍부터 이같이 말하였기 때문에 휘원이 나를 좋아하지 않는 것이다."라고 하였다.

사심은 곧 이규위의 종질이다. 애초 언의가 그 숙부와 달라서, 내가 그를 좋아하였다. 그는 또한 심환지와 서로 친하였지만 함께 서로 논의를 주고받은 일은 없었다.

제(從弟)인 이의익은 모두 이최중의 조카로서, 이 사건에 연루된 혐의를 받았다. 결국 이최중은 추자도(楸子島)에 천극(荐棘)하도록 처벌하였으나, 이의익은 무죄로 풀어주었다. 이의직은 이 사건 외에도 홍계능(洪啓能)의 제자라는 점 때문에 신하들이 처벌하기를 요청하였으나, 별다른 처벌은 받지 않은 것으로 보인다. 1782년(정조 6) 5월 26일·27일, 6월 24일·25일·28일자 실록기사 및 『승정원일기』 정조 6년 7월 4일, 8년 1월 16일자 참조.

225. 본 책 『정변록』(상) 21번 기사 참조.

226. 윤필병(尹弼秉, 1730~1810): 본관 파평(坡平), 자 이중(彝仲), 호 무호당(無號堂). 1758년(영조 43)에 정시(庭試)에 급제하여 언관(言官)이 되었다. 1797(정조 21) 한성부 우윤(漢城府右尹)에 재직 중 서학(西學)을 옹호했다는 죄목을 들어 채제공을 탄핵하다가 삭직(削職)되었다.

29. 유악주의 심낙수 탄핵 상소가 나온 사연

나는 유악주(兪岳柱)가 어떠한 사람인지 알지 못했다. 그러나 조정에 드나들면서 몇 번 본 적이 있었다.

9월에 김구주의 일로 삼사가 청대할 때 유악주가 대관(臺官)으로서 편전의 문밖[閤外]에 함께 모여 있었다. 그날 나는 참고관(參考官)으로 입시하여 소회를 아뢰고 물러나와 대청(臺廳)[227]을 지나가는데 (유악주가) 내가 입시하여 청대한 뒤에 반드시 아뢴 일이 있을 것이라 여겨 묻기에 내가 대략 말해 주었다. 유악주가 듣고 말하기를,

"양사(兩司)에서 소회를 써서 아뢰었으나 이처럼 격렬하고 절실하지 못하니, 그 말이 과연 좋다고 할 수 있다."라고 하였다.

10월 초에 (유악주가) 갑자기 나를 방문하여 심환지가 상소한 일을 묻기에 내가 심환지와 주고받은 말을 대략 말해 주었다. 유악주가 말하기를,

"한만유와 윤필병이 그 속내를 알지 못했다고 한 것은 과연 공정한 말이다."라고 하고, 또 말하기를,

"지난번 소회는 그때 당시에는 좋다고 생각했는데, 어떤 사람들은 '근저가 있다'고 운운한 것은 그르다고 여겼다. 과연 그런 말을 들은 적이 있지 않은가?"라고 하여, 내가 말하기를,

"이는 상소 가운데에 의례적인 말이므로, 이것만을 가지고 운운한 것에 대해서는 나는 알지 못한다."라고 하였다. 유악주가 반나절을 이야기하고 갔다.

11월에 내가 관직(館職)으로 사은숙배하고, 그날 곧 차대(次對)가 있어 입시하기를 기다렸다. 잠시 앉아 있으니 승정원 주서(注書)의 방[堂后] 서리가 유악주가 상소한 일로 나를 불렀다. 내가 주서(注書)와 함께 앉아서 그 상소를 보니 나를 탄핵한 것이었다.[228] 보고 나서 곧 나왔다.

그 상소는 내가 신축년(1781, 정조 5)에 올린 상소를 공격하였는데 그때 엄한 하교를 받은 것을 가지고 소인이라고 배척하며 남곤과 심정에 비유하기까지 하였다. 또 말하기를,

"포위(布韋)[229]로 있을 때부터 좋아하고 싫어하는 것이 정상이 아니었다."라고 하고, 또

---

227. 대청(臺廳): 사헌부나 사간원의 벼슬아치들이 임금에게 아뢸 일을 의논하던 곳이다.
228. 나를 탄핵한 것이었다: 1784년(정조 8) 11월 3일(갑인) 실록기사에서 유악주가 심낙수를 변방으로 추방할 것을 건의하였다. 그는 이전에 올린 심낙수 상소를 거론하면서 이른바, '사류(士流)들은 처음부터 마지막까지 흉악한 역적들의 이용물이 되고 말았다'는 내용을 지목하며 이를 사류(士類)를 일망타진하려는 계책으로 규정하였다.

역적 김하재와 시배의 말을 그대로 따라서 '반드시 나라를 그르치기에 이를 것'이라고 운운하였다. 주상이 비답을 내려,

"오래된 일을 끄집어 내었으니 나는 크게 잘못되었다고 여긴다."라고 하교하였다.

나는 유악주가 상소하기 전부터 이미 당인(黨人)이 반드시 중상모략하는 일이 있을 것을 알았다. 그러나 그 상소를 보니 문득 김종수와 심환지의 무리라는 것을 알았다. 유악주와 그들이 서로 친하다는 말은 듣지 못했으나, 마음속으로 몹시 의아스럽게 생각하였다. 좌랑(佐郎) 박명구(朴命球)가 와서 말하기를,

"어제 김이소(金履素)[230] 대감을 보았는데 유악주의 상소는 남산동(南山洞)의 한 유생이 주장한 것이라고 했다. 경문(景文, 심낙수)이 만일 듣지 못했다면 전해 주라고 했다."라고 하였다.

내가 비로소 그 유생이 곧 역적 이율(李瑮)[231]이라는 것을 깨달았다. 소문을 추적해 보니, 이율과 유악주가 서로 친했고, 심환지가 이율을 시켜 사주하였다고 전하는 말들이 자자해서 모르는 사람이 없었다.

심덕승이 나에게 와서 만나보았다. 내가 말하기를,

"그대의 종씨는 일찍이 남의 사주를 받아서 다른 사람을 탄핵한 일이 있었다. 그런데 이제는 남을 사주하여 다른 사람을 탄핵하게 만드니, 그 수단이 이와 같은가?"라고 하니, 심덕승이 말하기를,

"우리 종씨가 함께 알았지만 만류하여 그치게 하지 못했다고 한다면 맞지만, 저 유악주가 어찌 다만 종씨가 말해서 했겠는가? 이것은 이율이 김종수의 뜻에 따라 유악주를 움직여서 이것으로써 공을 이루고자 한 것이다."라고 하였다.

내가 대응하는 상소에서 당인에게 미움을 받았던 일과 신축년(1781, 정조 5) 상소에서 다 말하지 못했던 뜻을 말하고, 이어서 김종수와 심환지가 전후에 현혹한 실상까지 낱낱이 언급하고자 했다. 저 무리를 생각하면 참으로 말할 만한 죄가 있으나 우선 당장 결정적 증거[斷案]가 없었다. 내가 탄핵받았다고 해서 심하게 꾸짖는 말을 하는 것은 매우 도리에 맞지 않는 일이므로, 다만 유악주의 상소에 대해서만 조목조목 반론하는 것으로 대응하였다.

---

229. 포위(布韋): 무명옷을 입고 가죽 띠를 맨 사람이란 뜻이다. 아직 벼슬하지 못한 빈천한 선비를 가리킨다.

230. 김이소(金履素, 1735~1798): 본관 안동(安東), 자 백안(伯安), 호 용암(庸庵). 영의정 창집(昌集)의 증손, 승지 제겸(濟謙)의 손자. 우의정 등을 역임. 1780년(정조 4)에는 대사헌이 되어 홍국영(洪國榮)의 관작 삭탈을 주청했고, 1783년 예조 판서로 있을 때 채제공을 탄핵하다가 잠시 파면되기도 했다.

231. 이율(李瑮, ?~1785): 홍낙빈(洪樂彬)의 아들 복영(福榮) 등과 술사(術士)의 말을 믿고 정조 9년(1785) 2월에 역모를 꾀하다가 김이용(金履容)의 고발로 발각되어 그해 3월에 홍복영(洪福榮)·양형(梁衡)·문양해(文洋海) 등과 함께 효수당했다[『정조실록』 권19, 정조 9년 3월 2일(신해)].

주상이 비답하기를,

“연전의 처분을 도리어 들추어내는 바탕으로 삼을 줄은 실로 생각지 못하였다.”라고 하교하였다.

30. 유악주 상소를 사주한 심환지를 힐난하다

내가 탄핵을 당한 뒤 심환지가 갑자기 사람을 보내 방문하겠다고 하고는 끝내 오지 않았다. 장차 고향에 돌아가려고 하다가 내가 가서 심환지를 보고 말하기를,

“그대는 어째서 용렬하게 사람을 사주하여 나를 탄핵하였습니까? 그렇게 해 놓고서 도리어 부끄러워서 와서 보기로 약속해 놓고는 끝내 오지 않았던 것이 아닙니까?”라고 하니, 심환지가 말하기를,

“어떻게 내가 사람을 사주했다는 것을 알았습니까?”라고 하여, 내가 말하기를,

“이는 내 말이 아니고 세상에서 하는 말입니다.”라고 하였다. 심환지가 말하기를,

“그렇다면 그대는 어찌 성내지 않고 나를 보러 왔습니까?”라고 하여, 내가 말하기를,

“옛사람이 혹간 정이 형제와 같더라도 또한 서로 어긋나서 탄핵하고 논박하기도 합니다. 그 사람이 탄핵할 만한 죄가 있다면 비록 친한 친구일지라도 상대하여 직언[痛言]하는 것입니다. (하지만) 배척할 만한 일로 탄핵해도 탄핵을 받은 사람은 반드시

‘내가 비록 죄가 있지만 어찌 차마 정의(情誼)를 생각하지 않고 탄핵하는가?’라고 할 것이니, 이는 노여워할 만한 일입니다.

만일 그 사람이 죄가 없고 친구인데 무고하여 탄핵했다면 또한 반드시 말하기를

‘내가 참으로 죄가 없는데 친구로서 어떻게 차마 이같이 하는가?’라고 할 것이니 이 또한 노여워할 만한 것입니다.

지금 그대는 그렇지 않습니다. 몰래 남을 사주하여 친구를 탄핵했으니, 이것은 그 정상이 슬퍼할 만한 것이지 노여워할 일이 아닙니다. 내가 만일 그대에게 성내면 도리어 그대만 못하게 됩니다. 내가 대응하는 상소에서 어찌 할 말이 없겠는가마는 차마 하지 않았습니다. 내가 만일 말한다면 또한 마땅히 스스로 말할 것이지, 결코 그대처럼 다른 사람을 사주하지 않을 것입니다.”라고 하였다. 심환지가 말하기를,

“그대는 내가 남을 사주했다고 하니 내가 어찌 변명하겠습니까?”라고 하여, 내가 말하기를,

“이번 일은 내가 자초한 것입니다. 지난 번 계씨(季氏, 심형지)의 일은 내가 처음 듣고는

몹시 놀라서 심덕승에게 말하여 그대를 근신하게 하라고 했습니다. 이는 나의 충실한 뜻이었으나 도리어 그대의 의심만 불러왔습니다. 한 달쯤 전의 소회 또한 내가 한때 마음속에서 나온 말이었으나 또 그대 무리의 의심과 분노를 건드렸습니다. 이는 내가 스스로 취한 것이니 어찌하겠습니까?

다만 그대 무리는 내가 한쪽 편에 영합하기를 바란다고 여기는데, 내가 기해년(1779, 정조 3) 여름 그대에게 송환억이 근심거리가 된다고 한 것과, 그 겨울에 그대에게 매번 서명선과 정민시를 공격하여 배척하는 것이 잘못이라고 말한 것은, 그 당시 내 말이 공정한 마음에서 나오고 사사로움이 있지 않았다는 것을 그대 또한 알았을 것입니다. 나의 전후의 상소는 곧 그때 그대에게 한 말에 불과하였는데도 갑자기 영합하기를 바란다고 여기는 것은 어째서입니까?"라고 하니, 심환지가 말하기를,

"내가 그때는 과연 그대가 기이한 선비[奇士]라고 생각해서 말하지 않은 것이 없었습니다."라고 하여, 내가 말하기를,

"내가 어찌 기이한 선비가 될 수 있겠습니까? 그러나 그대가 이미 기이한 선비라고 말하고서 이제 또 어떤 일과 어떤 말이 전과 달라서 기이한 선비가 아니라고 합니까?"라고 하니 심환지가 대답하지 못했다. 내가 말하기를,

"내가 그대를 방문한 것은 그대에게 부끄러움을 알게 하고 후회하는 마음을 일으키게 하고자 해서입니다. 이것이 또 옛사람의 정입니다."라고 하였다.

뒤에 심덕승의 말을 들으니, 심수지(沈綏之)가 병중에서 나의 대응한 상소를 보고 심환지에게 말하기를,

"경문(景文, 심낙수)이 스스로 온 것이 이와 같다. 병신년(1776, 영조 52) 봄에 내가 일찍이 김구주와 교유하라는 뜻을 경문에게 말한 적이 있는데, 그때 자못 세력이 펴졌으나 경문은 조금도 동요하지 않았다. 그 사람의 고집이 이와 같다. 이른바 신축년(1781, 정조 5) 상소에서 이미 우리를 지적하여 말한 것이 없었으니 나로서는 혐의할 필요가 없었으므로, 서로 사귀는 정만은 보전할 수 있었을 것이다. (그런데) 지난번 종씨의 상소에 경문의 일을 함부로 찔러 넣었으니 이미 매우 잘못이었다. 유악주의 상소에 종씨가 참여하여 알고 있었던 일은 매우 큰 잘못이니, 크게 근심하고 탄식할 일이다."라고 했다 한다.

심수지는 얼마 뒤에 죽었으니, 죽기 전에 한 말이 착하다고 할 수 있다. 내가 제문을 지어서 그 영좌(靈座)[232] 앞에서 읽으려 하였으나 하지 못했다.

---

232. 영좌(靈座): 영위(靈位)를 모셔 놓은 자리를 가리킨다. 혼령자리.

31. 시벽 명목의 등장과 이노춘 상소가 나온 사정

이때 인심은 구름이 요동치고 물결이 일 듯 시벽(時僻)의 지목이 세상에 자자했다. 김종수와 송재경을 '김송(金宋)'이라 부르며 '벽당(僻黨)'의 수괴라 여겼다. 그 당에서 새로 죄를 털어낸 자와 뜻을 잃고 의지할 데가 없는 무리가 조정의 관리[朝士]와 유생을 물론하고 벌떼처럼 들고 일어나 마침내 시배(時輩)를 공격하여 논척하는 것을 명분으로 삼았다.

이른바 시배라는 한마디 말이 있자 '인방식희승병문(隣防植憙昇秉文)'의 호칭이 전파되었다. 서유린(徐有隣),[233] 서유방(徐有防),[234] 이명식(李命植),[235] 김희(金憙),[236] 황승원(黃昇源),[237] 이병모(李秉模),[238] 김문순(金文淳)[239]을 말한다. 이 일곱 사람은 별다른 언의가 있는 것도 아닌데 또한 김종수의 당에 들어가지 않았기 때문에 이런 지목이 있었다. 그 당에서 뜬소문을 만들어 말하기를,

"주상의 뜻이 김종수와 송재경을 대접하여 등용하고 시배는 모두 막고 버리려 한다."라고 운운하였다.

이노춘(李魯春)[240]이 급히 자신의 주장을 번복할 계책을 내어 직명(職名)을 기다리지 않고 예전 직함[前啣]으로 상소하였는데 모두 역적 김하재의 '시의(時議)'설을 답습한 것이었다.[241] 이노춘은 나랏일에 관계되는 상소[言事] 때문에 유배되었다가 주상이 용서해 주어

---

233. 서유린(徐有隣, 1738~1802): 본관 달성(達城), 자 원덕(元德), 호 영호(潁湖). 도승지 명형(命珩)의 손자, 교리 효수(孝修)의 아들. 서유린은 서유방·김문순·김이소 등과 함께 노론 동당계(東黨系)를 이끌었다. 그는 김희, 이명식, 황승원, 이병모, 심낙수 등과 함께 서명선의 의리 주도에 동의하였다. 즉 서명선·정민시의 소론과 서유린·김이소·김희 등의 노론이 연합하여 정국을 주도하고, 김종수 계열이 이들을 비판·견제하는 구도가 자리 잡았다.
234. 서유방(徐有防, 1741~1798): 본관 달성(達城), 자 원례(元禮), 호 봉헌(奉軒). 종적(宗積)의 증손, 도승지 명형(命珩)의 손자, 수찬 효수(孝修)의 아들, 이조 판서 유린(有隣)의 동생. 병조·공조 판서 등을 역임하였다. 1778년에 『속명의록(續明義錄)』을 언해하여 간행하는 데 참여하였다.
235. 이명식(李命植, 1720~1800): 본관 연안(延安), 자 건신(楗伸). 평안도 관찰사·이조 판서 등을 역임하였다.
236. 김희(金憙, 1729~1800): 본관 광산(光山), 자 선지(善之), 호 근와(芹窩), 김장생(金長生)의 후손. 대사성·이조 참의 등을 역임하였다.
237. 황승원(黃昇源, 1732~1807): 본관 장수(長水), 자 윤지(允之). 승지·강화 유수 등을 역임. 강화 유수로 재직 당시 은언군 인(恩彦君裀)의 탈출사건이 일어나 파직되고 유배되었다. 저서로는 『일통표(一統表)』 등이 있다.
238. 이병모(李秉模, 1742~1806): 본관 덕수(德水), 자 이칙(彝則), 호 정수재(靜修齋). 단하(端夏)의 현손. 좌의정·영의정 등을 역임. 1776년 정조가 즉위하자 김상로(金尙魯)의 죄를 탄핵하기도 했다.
239. 김문순(金文淳, 1744~1811): 본관 안동(安東), 자 재인(在人). 창집(昌集)의 고손. 이조 참판 등 역임. 순조대 김조순(金祖淳)·김희순(金羲淳) 등과 함께 안동 김씨 세도의 중심 인물이 되어 김씨 세도정치의 기반을 확립하였다.
240. 이노춘(李魯春, 1752~?): 본관 덕수(德水), 자 군정(君正). 이정(李瀞)의 손자. 김하재(金夏材)를 비호하는 상소를 하였다. 1784년(정조 8) 응교로서 채제공을 탄핵하다가 도리어 운산군에 유배되었다.
241. 시의(時議) 설을 답습한 것이었다: 이노춘이 김하재가 추천한 윤득부를 성토한 바 있었다. 그러다가 이때 이르러 지난날의 성토가 시의에 종용되어 나온 잘못이었다며 도리어 시파의 영수 서명선을 비판했다.

서 서용(敍用)되었지만 의망(擬望)되지 않고 있었다.

이노춘은 일찍이 호서의 유생 이규남(李奎南)과 함께 공부했는데, 이규남은 곧 이규위의 종제이며 김종후의 문인이었으므로 김종수와 왕래하며 친숙했다. 성품이 간사하며 이익을 뒤쫓아 오로지 김종수에게 아첨하고자 하였다. 일찍이 나를 논척한 적이 있었고, 또 역적 이율과 서로 친했다.

사람들은 이규남 또한 유악주의 상소를 함께 알고 있었다고 말했다. 이규남은 김종수의 뜻에 따라 이노춘을 꾀고 협박하였다. 이때 이규남은 이홍재의 집에 머물렀는데, 이노춘이 자주 방문하였다. 심지어 상소문이 이들 사이에 오고간 일까지 있어서 사람들이 간혹 보고 전하는 말이 자자했다.

김종수의 뜻은 이노춘을 시켜 상소하여 위험한 말로 주상을 겁주려고 세상의 공론(公論)이 이와 같다고 하면서 위협하고 괴롭히는 계책으로 삼고자 했다. (김종수가) 이노춘을 꾀고 위협하며 말하기를,

"주상의 뜻이 시배(時輩)를 막고 쫓아내는 데 있으니 이 상소를 올리지 않으면 반드시 시배의 당으로 몰려 죄를 받을 것이다."라고 하였다.

이노춘이 상소하기 며칠 전 좌랑 박명구가 가서 보았는데, 이노춘이 상소를 올리려 하면서 말하기를,

"나 또한 번복하면 안 된다는 것[242]을 안다. 그러나 내가 비록 버림받더라도 오히려 시당(時黨)으로 몰려 죄를 받아 죽는 것보다는 낫다."라고 운운하였다. 그 꾀 깊고 몹시 과격했음을 볼 수 있다. 승정원에서 처음에는 이노춘의 상소를 받지 않았다가 결국 내용을 갖추어 입계(入啓)하였다.[243] 주상이 하교하기를,

"처음 상소가 본심이 아니었다면 지금 상소는 과연 본심에서 나왔겠는가?"라고 하니, 그 당에서는 오히려 주상이 (이노춘이) 처음에 올린 상소가 잘못이라고 여긴 것으로 간주하여, 인심이 비등해져서 진정시킬 수 없었다.

---

242. 번복하면 안 된다는 것: 이노춘이 서명선 등이 주도하는 '시의(時議)'가 사적인 것이라고 비판한 것은 김하재의 '시의' 배척 상소 문구를 답습한 것이었다. 이때 이르러 지난날의 성토가 시의에 종용되어 나온 잘못이었다고 자신의 입장을 번복하면서 도리어 시파의 영수 서명선을 비판했다. 이노춘의 상소를 둘러싸고 시파·벽파의 대립이 재연되었으며, 결국 정조가 나서서 상황을 정리하지 않을 수 없었다.

243. 1784년(정조 8) 11월 29일(경진) 실록기사 참조.

32. 시파 탕평의 허점을 지적하다

대사헌[都憲] 이형달(李亨達)[244]이 상소하여 말하기를,

"홍국영과 송덕상의 흉악한 음모는 처음에 김종수가 차자로 논하였고, 이어서 심 아무개의 상소가 이어져서 의리가 더욱 밝아졌습니다. (그런데) 유악주가 갑자기 공척하면서 '두건덕(竇建德)을 위하여 원수를 갚는 것과 같다'[245]는 말이 있었으니, 멀리 유배 보내기를 청합니다."라고 하였다. 주상이 비답하기를,

"유배 보내는 것은 지나친 듯하니 우선 직함을 깎아 버리라." 하였다.

나는 그 상소에 김종수를 집어넣은 것을 보고 반드시 그 이유가 있을 것으로 여겼다. 이윽고 시배(時輩) 가운데에서도 그것을 상의하는 자가 있다고 들었다.

대개 유악주와 이노춘의 상소는 김종수가 사주한 것임을 알지 못하는 사람이 없었다. 김종수는 내가 연주(筵奏)를 올린 뒤 의심과 노여움이 점점 심해져서, 오로지 시배를 공척하는 논의가 역적 김하재의 논의와 똑같이 처리되는 것을 걱정하여, 마침내 헛된 말로 선동하여 두 상소가 나오도록 사주함으로써 공론을 막고 차단하여 주상의 마음을 동요시키는 계책으로 삼았다.

그런데도 시배의 뜻은, 대사헌이 김종수가 홍국영 등을 논한 것을 칭찬하고, 유악주의 상소가 김종수에게서 나온 것을 일부러 모르는 척하면서, 내가 이어서 상소하여 말한 것을 가지고 그 의리 일반을 밝힌 것으로 간주함으로써, 그 서로 맞서서 속이고 미혹시키는 말을 멈추게 하여 차츰 진정되기를 바랐던 것이다.

나는 인척인 서 형(徐兄, 서유린)과 그 계공(季公, 서유방)을 만나서 함께 이야기를 나누다가 이 일을 언급했다. 내가 말하기를,

"이 일은 미봉책이다. 나는 그것이 분란을 더욱 부채질할까봐 두렵다."라고 하니, 서형이 말하기를,

"그는 대사헌의 상소가 마음에 들지 않겠지만 또한 할 말이 없을 것이다."라고 하여, 내가 말하기를,

---

244. 이형달(李亨達, 1748~1800): 본관 전주, 자 계지(繼之). 선조의 아버지 덕흥대원군의 8대손이다.

245. 두건덕(竇建德)을 …… 같다: 여기서 두건덕은 남인(南人) 채제공을 가리켜 말한 것이다. 두건덕은 당나라 고조(高祖) 때 하왕(夏王)을 칭하였는데 정(鄭)나라의 왕세충(王世充)이 훗날의 태종(太宗)인 진왕(秦王) 이세민(李世民)에게 정벌당하자 그를 돕다가 참형(斬刑)당한 인물이다. 이후 이세민은 형 건성(建成)과 아우 원길(元吉)이 권력을 다투어 자신을 죽이려 하자, 고조에게 "형제들이 나를 죽이려는 것은 왕세충과 두건덕을 위하여 원수를 갚는 것과 같습니다."라고 하고, 다음날 건성과 원길을 죽인 뒤 태자(太子)에 올랐다. 『구당서』 권54 '두건덕 열전(竇建德列傳)'; 권64 '은태자건성열전(隱太子建成列傳)' 참조.

"그는 나를 공격한 한 가지 일로써 그 당여들의 추대를 받았다. 그러니 대사헌의 상소에서 대비시켜 논한 것을 그가 어찌 편안하게 받아들이겠는가? 그가 요량이 있다면 마음에 비록 달갑지 않더라도 또한 마땅히 묵묵히 받아들여야 할 것이다. 그러나 그의 성품은 사납고 성을 잘 내니 이것을 보면 반드시 괴이한 행동을 할 것이다. 진정시키려고 한 것이 도리어 반드시 싸움을 일으키는 발단이 될 것이니 이 계책은 그것을 안정시키는 것이 아니고 격렬하게 만드는 것이다. 그가 하는 짓을 보면 또한 반드시 알 수 있을 것이다."라고 하니, 계공이 말하기를,

"그 또한 어찌 생각이 없겠는가? 반드시 그렇지는 않을 것이다. 그대는 일찍이 밤에 입시했다가 승정원에 물러나와 나에게 정부(定夫, 김종수)는 좋지 않은 사람이라고 하면서 뒤에 반드시 근심할 만한 일이 있을 것이라고 말한 적이 있었다. 그때 나는 반드시 그렇지는 않을 것으로 생각했는데, 지금 보니 그대의 말이 맞았다."라고 하였다.

이어서 유사(儒士)의 무리가 터무니없는 거짓말을 하여 우려스럽다는 말이 나왔다. 서형 형제는 그 당여가 어디에서 연유하는지 맥락을 몰랐다. (그래서) 내가 역적 이율·이규남(李奎南)·임육(任焴)[246]의 전후 일에 대해 갖추어 말하자 서 형은 다른 사람으로부터 이미 이규남과 이노춘이 이홍재의 집에서 모인 것을 들었다고 하며 나에게 묻기를,

"사심(士深, 이홍재)은 어떤가?"라고 하여, 내가 말하기를,

"그의 주장은 그 숙부(이규위)와는 본디 다르다."라고 하자, 서 형이 말하기를,

"사람들은 사심이 자못 엄하다고 말하는데 이상하다. 사심은 점잖은 사람[長者人]이다."라고 하여, 내가 말하기를,

"사심의 아들은 이율의 아들과 동서인데, 그 사람이 자못 삼가고 검소하지 않아 간혹 그 아버지에게 누를 끼치는 듯하다. 그러나 그 아버지는 내가 알기로 반드시 그렇지는 않다."라고 하였다.

33. 드디어 김종수가 삭출되다

김종수가 과연 상소하여 대사헌의 상소로 인해 (자신이) 허공에서 번쩍이는 듯 (갑작스럽게) 농간에 걸려들었다고 했다.[247]

---

246. 임육(任焴, 1736~?): 본관 풍천(豊川). 자 여휘(汝輝). 김종후(金鍾厚)의 문인으로서 김종수가 엮은 『가례집고(家禮集考)』를 1801년(순조 1)에 간행하였다.

247. 1784년(정조 8) 12월 1일(임오) 실록기사에서 이조 판서 김종수는 심낙수와의 관련을 부정하는 상소를

"신과 심 아무개는 심술(心術)과 언의가 얼음과 숯, 연나라와 월나라[248]와 같습니다. 아무개와 신이 연계되었는지 연계되지 않았는지는 귀신과 하늘이 알고, 여러 사람의 눈이 보고 있습니다. 이제 갑자기 같은 무리라고 하니, 묵묵히 받아들인다면 수치가 될 것입니다. 운운." 주상의 비답은 대략 다음과 같았다.

"대사헌이 올린 상소에 경의 경자년(1780, 정조 4) 상소를 크게 칭찬하면서, 경이 잡고 지키던 의리를 함께 인정하였는데도 같은 무리라고 보는 것마저 부끄러워하니, 여러 차례 읽어보고 나도 모르게 눈이 휘둥그레진다."

또 입시를 명하여 세도를 무너뜨린다고 책망하는 하교가 있었다. 김종수가 말하기를,

"신이 장차 광(光)과 완(完)[249]의 일을 하고자 합니다."라고 운운하였다.

이때 조정에서는 이노춘의 죄를 공격하여 논척하는 일을 머뭇거리면서 발론하지 못하였는데, 김종수의 상소에 대한 비답이 내려지면서 논의가 정해졌다.

심양오(沈養吾, 심이지)가 대사헌으로서 차자를 올려 이노춘을 공격하였으나 주상이 상소의 말이 두루뭉술하여 엄격하지 못하고, 즉시 논척하지 않고 눈치를 보며 관망한다고 하교하고, 특별히 명하여 대사헌을 멀리 유배 보내고, 이노춘은 형구를 갖추어 잡아가두었다.

이에 대신들이 연명으로 상소하여 김종수가 의리를 불분명하게 만든 죄를 논척하였다. 김종수가 죽을죄를 지었다고 상소하여 말하기를,

"심 아무개가 경자년(1780, 정조 4)에 올린 상소는 신도 또한 승복하였습니다. 그러나 신축년(1781, 정조 5)의 상소는 온 세상이 다 잘못이라고 합니다. 신이 연대[年條]를 분별하지 못하고 뒤섞어 말하였으니, 참으로 죄가 있습니다. 운운." 하였다. 주상이 비답하기를,

"내가 경을 저버린 것이 아니라 경이 참으로 나를 저버리고 있다."라고 하였다.

사헌부에서 상소를 올려 김종수를 멀리 유배 보낼 것을 청하자, 올린 대로 하라고 했다가 곧 명을 바꾸어 삭출하라고만 명하였다. 그리고 따로 전교를 내려 김종수가 경연 석상에서 나라를 향한 마음이 광남군(김익훈)과 완녕군(이사명)과 같다고 자처한 것을 개탄하면서, 오히려 말하기를,

"네가 거칠게 스스로를 변명한 상소는 말에 전혀 조리가 없다."라고 하교하였다. 그 상

올렸다.

248. 연나라와 월나라: 연나라는 황하(黃河)의 북쪽인 지금의 북경(北京) 근처에 있었고, 월나라는 정반대의 남쪽에 있어서 그 거리가 매우 멀었다. 서로 지역적으로 멀리 떨어져 있거나 주장하는 바의 격차가 매우 큰 것을 비유하기도 한다.

249. 광(光)과 완(完): 광남군(光南君)과 완녕군(完寧君). 광남군 김익훈(金益勳)과 완녕군 이사명(李師命)이다. 이들은 숙종대 경신환국 이후 정탐과 고변을 통해서 남인을 일망타진하려고 시도한 자들이다. 소장 정치인들이 여기에 반대하여 서인이 노론과 소론으로 분열되는 빌미가 되었다.

소에서 경자년(1780, 정조 4), 신축년(1781)의 연대를 혼동하였다고 한 말은 군색하게 빠져나가려는 것이어서 말이 되지 않았다.

사간원에서 유악주를 외딴섬에 귀양 보내기를 청하자 올린 대로 따랐다. 양사에서 이노춘을 엄하게 국문하기를 청하였으나 윤허하지 않았다.

내가 김종수에 대응하여 상소하였는데, 대략 말하기를,

"신하가 역적을 토벌하는 의리는 비록 김종수가 말한 연나라와 월나라처럼 다르다고 한 것 또한 같은 마음입니다만, 신이 말하고 논의하는 사이에 김종수와 어긋난 것이 과연 하나둘이 아니었습니다. 그러나 공공(共公)의 논의로 중대한 사안이 이미 정해졌는데도 반드시 갈라서려고 한 것은 신이 미처 생각하지 못하였습니다. 김종수가 당파에 치우친 마음으로 깃발을 세우고 북을 울리며, 반드시 온 세상을 휩쓸어 그를 따르게 하려고 하니 아, 무서운 일입니다."라고 운운하였다.[250]

내 뜻은 그 단서를 조금 밝히고자 한 것이었지 직언(直言)하여 몹시 배척하려 했던 것은 아니었다. 조정의 논의가 엄중하고, 나에게 기회를 틈탔다는 혐의가 있어서 또한 차마 하지 못할 말이 있었기 때문이었다. 주상이 의례적으로 비답하였다.

이홍재가 찾아와서 말하기를,

"이노춘이 우리 집을 왕래했다는 말 때문에 내가 의심을 받게 되었다. 종숙(從叔)이 마침 와서 머물렀는데 이노춘이 종숙을 보기 위해 왔었다. 처음에는 내가 마침 다른 곳에 나가 있어 보지 못했다. 그 뒤에 또 와서 종숙과 함께 대화하였는데, 하인을 통해 주인을 보고 싶다고 해서 서로 대면했을 뿐이다. 이른바 상소의 일은 내가 전혀 듣지 못했다. 심지어 유악주의 상소는 종숙 또한 반드시 알지 못했을 것이나 사람들의 말이 매우 자자하였다. 나는 전후로 아무 관계가 없는데도 사람들의 욕설에 오르내렸다."라고 하였다. (이홍재가) 누누이 해명하기에 나는 서 형과 주고받은 말로써 답하였다. 이규남의 일에 대해서는 내가 대답하기를,

"이것은 무지한 젊은이의 일이니 비록 사람들의 말이 이와 같아도 내가 어찌 혐의하고 성내겠는가?"라고 운운하고 헤어졌다.

이규위가 고향에서 편지를 보내 안부를 물으면서 내가 탄핵당한 것은 내가 신축년에 올린 상소 때문이라고 하면서 혀를 차고 또 찼다. 내가 답하기를,

"남들이 나에 대해 혀를 차면 나도 남들에게 혀를 찰 것이다. 형은 일찍이 휘원(輝遠, 심

250. 1784년(정조 8) 12월 19일(경자) 실록기사 참조.

환지)을 국사(國士)라고 했는데, 국사가 또 남을 사주하여 일을 벌이니 몹시 부끄러운 일이다."라고 하였다.

34. 이율 옥사와 김종수

을사년(1785, 정조 9) 이율(李瑮) 옥사의 결안이 나왔다. 김구주의 당여들이 역적 김하재와 서로 연관되었다는 것이 분명하고 의심할 여지가 없었다. 내가 작년 가을에 올린 연주(筵奏)[251]는 그때의 그림자를 살펴서 우연히 말한 것이었는데, 소위 '곁에서 모여들어 틈을 노리던 자'들이라고 한 것은 이들이 몰래 시기와 형편을 노리고 있던 것을 바로 지적한 것이었으니, 그들이 놀라고 의심하면서 원한이 뼛속까지 사무쳐서 반드시 모함하여 해를 입히고자 한 것이 당연하였다.

죄인의 공초에 심형지가 연루되었다. 역적 이율이 하동(河東)으로 가는 일을 심형지와 서로 의논하였는데, 심형지가 내려가지 말라고 했다고 운운하였다. 대신과 옥관(獄官)이 체포하기를 청하였으나 주상이 허락하지 않았다.

수색해서 획득한 문서 가운데 『역서일기(曆書日記)』가 있었는데, 이규남이 와서 묵은 일이 매우 빈번하게 기록되어 있었고, 또 심환지의 서찰도 많았다. 유악주의 상소 초고를 깎고 다듬은 것 또한 문서 속에 있었다. 이것은 옥관으로 참여한 여러 낭청들이 전해 준 것이다. 발고한 김이용(金履容)이 말하기를,

"이율이 말하기를, '우리가 믿을 것은 김종수와 송재경이니, 거병한 뒤라도 김종수와 송재경은 인사 행정을 담당하는 자리에서 떠나서는 안 된다.'라고 하였다."라고 운운하였다.
【김이용과 김종수가 고변한 일은 상편에 상세하다.[252]】

옥사가 끝난 뒤 김종수가 말하기를,

"이 옥사는 괴이하고 거짓되어 실상이 없다. 김이용이 스스로 고하지 않고 나로 하여금 고하게 한 것은 사류들의 입을 빌리고자 한 것이었다."라고 운운하였다.

나의 이종형[外兄] 진사 김치화(金致和)가 나에게 말하기를,

"내가 정부(定夫, 김종수)를 만났는데, 그가 '그대(심낙수)가 대응하여 올린 상소는 잘 지

---

251. 연주(筵奏): 조강(朝講)·주강(晝講)·석강(夕講)과 같은 경연(經筵) 및 임금을 대하는 자리에서 임금에게 시사(時事) 혹은 정책 등에 대한 의견을 직접 아뢰는 것을 말한다.
252. 당시 김이용이 김종수를 길 가운데에서 만나 역적 이율의 일을 가지고 고변해 줄 것을 청하였다. 김종수가 입시하여 김두공과 이율의 일을 고변하였고, 김종수가 판의금부사[判義禁]에 임명되어 마침내 국청을 설치하였다[본 책 『정변록』(상) 32번 기사 참조].

어서 문장이 매우 읽기 좋다.'라고 말하였다."라고 하여, 내가 웃으며 말하기를,

"온공(溫公, 사마광[253])이 범경인(范景仁, 범진[254])의 비문을 지으면서 왕안석(王安石)[255]을 몹시 배척하였는데, 왕안석이 그것을 보고 '군실(君實, 사마광)의 문장은 서한(西漢)의 문장'이라고 하였다. 지금 정부의 말이 이것과 다름이 없다."라고 하였다.

내가 말하기를,

"지난겨울에 김종수가 광남군(김익훈)과 완녕군(이사명)으로 자처한 것은 사람들이 모두 이상하게 생각하였다. 지금 과연 광남군과 완녕군처럼 일찍 역적의 모의를 알았으면서도 어찌 곧바로 고변하지 않았던가?"라고 하니, 김 형이 말하기를,

"정부가 말하기를 '나는 일찍이 이런 말을 한 적이 없는데, 주상의 하교가 이와 같았다.'라고 하였다. 아무리 생각해도 그 실상을 알 수 없다."라고 하였다.

내가 대응하여 상소를 올린 것은 김종수가 군색하고 급박할 즈음이니, 김종수는 반드시 명백하게 말하여 심하게 배척당할 것을 우려하였다. 그런데 내가 상소에서 다만 가볍게 말하였기에 심히 다행이라고 여겨 문장이 좋다고 칭찬하여 나로 하여금 듣게 하고자 한 것이었다. 그 뒤 내가 심덕승을 만나 묻기를,

"김종수가 말하기를, '지난겨울에 광남군과 완녕군이라는 말을 애초 아뢰지 않았는데 주상의 하교가 이와 같았다.'라고 하였다. 이렇게 아뢴 적이 없는데 이러한 주상의 하교가 있었다고 한 것이 어찌 괴이하지 않겠는가?"라고 하니, 심덕승이 말하기를,

"이 말은 나도 들었는데, 김정부(김종수)의 말이 과연 이와 같았다."라고 하였다.

35. 김한기 상소가 나온 배경

심덕승이 나를 보러 왔다. 내가 말하기를,

"그대의 종씨(從氏)는 일찍이 사론(士論)으로 인정하였던 평생의 절친한 친구가 거병한 역적이 되었는데도 지금 오히려 내 신축년 상소가 잘못되었다고 하는가?"라고 하니, 심덕승이 말하기를,

---

253. 사마광(司馬光, 1019~1086): 북송(北宋) 때 학자. 온공(溫公)이라 칭하여진다. 당대 변법을 단행했던 왕안석(王安石, 1021~86)과 대립하였다. 저서로는 『자치통감(資治通鑑)』이 있다.

254. 범진(范鎭, 1008~1089): 북송 때 학자. 자 경인(景仁), 시호 충문(忠文). 왕안석의 신법(新法)을 극력 반대하다가 치사(致仕)했다.

255. 왕안석(王安石, 1021~1086): 북송 때 학자. 자 개보(介甫), 호 반산(半山). 신종(神宗)에게 발탁되어 신법(新法)이라고 불리는 청묘법(青苗法), 모역법(募役法), 시역법(市易法), 보갑법(保甲法), 보마법(保馬法) 등의 정책을 입안하고 추진하였다.

"이율(李瑮)은 곧 한 명의 (또 다른) 정여립(鄭汝立)[256]이다. 종씨는 반평생을 흉악한 역적에게 속아왔으니, 만일 주상의 진정시키려는 성대한 덕이 아니었다면 옥사가 반복되어 반드시 이발(李潑)[257]의 재앙을 면치 못했을 것이다."라고 하여, 내가 말하기를,

"이 말은 진실로 좋다. 이발이 과연 속았던 것인가? 이길(李洁)이 고변하고자 했으나 미처 고변하지 못하고 일이 발각되어 잡혔다. 이발이 죽으면서 중봉(重峯, 조헌[258])의 말을 듣지 않은 것을 후회했다. 종씨가 만일 깊이 후회했다면 마땅히 나를 보러 와야 할 것이다.

나는 이율의 옥사 이후부터 생각이 매우 많았다. 나 또한 종씨가 그 음모를 같이 알고 있었다고 차마 말하지 못하겠다. 심형지가 역적의 공초에서 나왔지만 붙잡혀 가지 않은 것은 뼈에 사무치도록 성은에 감사해야 할 일이다. 그대는 반드시 종씨로 하여금 나를 보러 가라고 말해야 할 것이다. 나 또한 그에게 할 말이 있기 때문이다."라고 하였으나, 심환지는 끝내 오지 않았다.

이윽고 김한기(金漢耆)의 상소가 있었는데 김한기는 본디 미욱하고 생각이 없었다. 사람들이 모두 그가 스스로 상소한 것이 아니라 그 무리 가운데 반드시 종용한 자가 있을 것이라고 말하였다. 이율 옥사의 결안이 나오자, 사람들이 모두 그 당여가 역적 김하재와 관련이 있는 것을 알았으므로, 김한기의 상소는 바로 (그렇지 않다고) 발명하려는 계책이었으나 그러한 계책은 (그것을) 감추려다가 도리어 더욱 드러내게 된다는 것을 알지 못하였다. 김치인이 정승에 임명된 뒤에 이조[銓曹]에서 심환지를 관직(館職)에 의망하였다.

---

256. 정여립(鄭汝立, 1546~1589): 본관 동래(東萊), 자 인백(仁伯)이다. 서인(西人)으로, 이이(李珥)와 성혼(成渾)의 각별한 총애를 받았으나, 이이가 죽은 뒤에는 당시 집권 세력인 동인(東人)에 가담하여 이이를 배반하고 박순(朴淳)·성혼을 비판하면서 이발(李潑)과 특히 친하게 지냈다. 선조가 이를 불쾌히 여기자 벼슬을 버리고 고향인 전라도로 돌아가, 진안(鎭安) 죽도(竹島)에 서실(書室)을 지어 놓고 대동계(大同契)를 조직하여 매달 사회(射會)를 여는 등 세력을 확장하였다. 그 뒤 대동계의 조직이 전국적으로 확대되어 황해도 안악(安岳)의 변숭복(邊崇福)·박연령(朴延齡), 해주(海州)의 지함두(池涵斗), 운봉(雲峰)의 승려 의연(義衍) 등 기인(奇人)과 모사(謀士)의 세력으로 확대되었다. 그러던 중 1589년(선조 22)에 이들의 기밀이 누설되어 관련자들이 차례로 체포되었으며, 정여립은 죽도로 피신하였다가 자살하였다. 이 사건을 흔히 기축옥사(己丑獄事)라고 하는데, 이 옥사에 동인들이 많이 연루되어 동인들의 기세가 꺾이게 되었으며, 전라도는 반역향(反逆鄕)이라 하여 서북인(西北人)들과 함께 조정 진출이 억제되었다.
257. 이발(李潑, 1544~1589): 본관 광주(廣州), 자 경함(景涵), 호 동암(東菴). 1573(선조6) 알성 문과(謁聖文科)에 장원, 사가독서를 하고 이조 정랑(吏曹正郎)으로 발탁되었다. 북인(北人)의 수령으로 왕도정치를 제창하여 기강확립에 힘썼다. 1589년(선조 22) 정여립의 모반사건이 일어나자 화가 미칠 것을 예상하고 대사간(大司諫)을 사퇴하고 대죄하던 중 체포되어 장살(杖殺)되었다.
258. 조헌(趙憲, 1544~1592): 본관 백천(白川), 자 여식(汝式), 호 중봉(重峯)·도원(陶原)·후율(後栗). 이이(李珥)·성혼(成渾)의 문인. 공조 좌랑 등을 역임. 임진왜란 당시 의병활동을 벌이다가 금산(錦山)에서 전사하였다.

36. 유배 간 이규위가 잘못을 후회한다고 말하다

이해 가을에 나는 평사(評事)[259]가 되어 북쪽으로 들어갔다. 지나는 길에 덕원(德源)의 이규위(李奎緯)가 유배 간 곳을 들렀다.

앞서 이규위가 양근(楊根)의 골짜기에 살 때에 대관(臺官) 홍수보(洪秀輔)[260]가 이규위가 시골에 살면서 무단(武斷)의 죄를 지었다고 상소[261]하여 논척하고 유배 보낼 것을 청하였다. 주상이 이규위를 붙잡아 신문할 것을 명하였다.

이규위가 심문에 응하여 변명하였는데, 공초한 말이 번잡하고 늘어져 두루마리에 가득하였다. (그는) 다른 사람에 의해 모함당했다고 하면서 심지어 이 몸은 '도마에 오른 고기'라고 하였다. 또 '깊은 골짜기에 집을 지었다'고 한 것은 은연중 역적 이율이 하동에서 벌인 일에 비겨서 모함하려는 의도에서 나온 것이라고 운운하였는데, 말이 지극히 위태롭고 두려웠다. 주상이 공초의 말이 지루하고 번잡하며 이치가 없다 하고 특별히 유배 보내라고 명하였다.

내가 북쪽에 들어갈 때 지나가다 방문하였다. 내가 말하기를,

"다른 일은 말할 것도 없고, 자네가 공초에서 말한 것 가운데 '도마에 오른 고기[机上肉]' 세 글자는 이것이 어찌 감히 신하로서 임금 앞에서 공초할 말인가? 또 하물며 역적 이율을 운운할 수 있는가? 사람들의 말이 비록 참으로 자네를 이율에 견준다 해도 이것은 차마 언급해서는 안 될 말인데, 사람들이 말하지도 않은 일을 자네는 어찌 스스로 끌어다가 말했단 말인가?"라고 하니, 이규위가 성내어 말하기를,

"한쪽 편 사람인 서명선(徐命善)의 무리가 반드시 나를 죽이려고 한다. 사람들이 말하는 것이 나를 역적 이율의 무리라고 몰아가려는 뜻임을 분명히 아는데 내가 어찌 입 다물고 가만히 있겠는가? 듣건대 자네도 홍수보의 상소를 다 같이 알았다고 하던데 나는 이것을 믿지 않았다. 작년 겨울 유악주의 상소에서 자네는 내 마음을 의심하지 않을 수 없었다고 했으나, 나는 자네를 의심하지 않는다. 이것은 내 마음으로 다른 사람을 헤아리기 때문이다."라고 하여, 내가 말하기를,

---

259. 평사(評事): 병마평사(兵馬評事). 1466년(세조 12)에 병마도사(兵馬都使)를 개칭한 것이다. 우후(虞候)와 더불어 병마절도사(兵馬節度使)의 속료(屬僚)로서 함경도(咸鏡道)에 1원, 평안도(平安道)에 1원을 두었다.

260. 홍수보(洪秀輔, 1723~?): 본관 풍산(豊山), 자 군실(君實). 예조 판서 중후(重厚)의 아들, 중효(重孝)에게 입양되었다. 경기수군절도사 등 역임. 1782년 판서 권이진(權以鎭)의 서족(庶族) 조카 권홍징(權泓徵)의 흉소(凶疏)로 사판(仕版)에서 삭제당하는 불운을 겪었다.

261. 무단(武斷)의 …… 상소: 1785년(정조 9) 5월 22일(경오) 실록기사에 따르면 당시 이규위는 양근군에서 백성들에게 횡포를 부린다고 탄핵받았다.

"지난겨울 유악주의 상소로 내가 어찌 자네를 의심한 적이 있었겠는가? 그러나 심환지는 곧 자네의 절친한 벗이고 이규남은 곧 자네의 종제이니, 자네가 어찌 모를 이치가 있겠는가? 그렇지만 나는 과연 그대가 반드시 알지 못할 것으로 생각했었다. 그 이유는 저 몇 사람들이 자네가 말이 많다는 이유로 반드시 말해 주지 않았을 것으로 생각했기 때문이다. 홍수보와 나의 경우는 곧 발정한 말과 소[風馬牛]처럼 아무 관계가 없는데, 내가 함께 알고 있다고 한 말은 자네에게서 처음 들었으니 또한 한 번 웃고 말 일이다."라고 하니, 이규위가 말하기를,

"나를 죽이려고 하는 자는 곧 서명선인데, 자네는 서명선 쪽 사람이다. 이것이 함께 알고 있다고 말한 이유이다."라고 하여, 내가 말하기를,

"내가 어째서 서명선 쪽 사람인가? 자네가 언제 나와 서명선이 상종하는 것을 본 적이 있는가? 또 서명선이 무슨 일로 반드시 자네를 죽이려고 하겠는가?"라고 하니, 이규위가 말하기를,

"내가 사류(士流)이기 때문에 서명선이 나를 죽이려는 것이고 자네 또한 사류를 배척하기 때문에 서명선과 합세한 것이다."라고 하여, 내가 말하기를,

"자네가 말하는 사류는 모두 역적질을 하였다. 자네는 또한 이율이 사론(士論)을 한다고 인정하고, 성임(聖任, 이의술)이 천거에서 떨어뜨렸다고 책망하였는데, 이제 거병한 역적이 되었다. 지금부터 자네는 사류라는 말을 하지 마라."라고 하니, 이규위가 말하기를,

"내가 유배 온 지 오래되었는데, 자네는 어째서 한 번도 편지로 안부를 묻지 않았는가?"라고 하여, 내가 말하기를,

"나는 자네의 심성을 안다. 자네는 반드시 역적은 아니지만 자네가 말하는 사류의 무리는 모두 역적의 무리이다. 그러니 자네가 이 무리의 꾐에 빠져 무슨 일을 할지 어찌 알겠는가? 나는 진심으로 깊이 염려해서 편지를 끊었던 것이다."라고 하면서 반나절을 말다툼하다가 헤어졌다.

이듬해 돌아오는 길에 또 들어가 만나 보니, 이규위가 문득 나에게 말하기를,

"지금은 내가 많이 참회하고 있다. 자네는 꼭 알아주기 바란다."라고 하여, 내가 말하기를,

"그렇다면 어찌 다행이 아니겠는가? 그런데 무엇이 후회스러운가?"라고 하니, 이규위가 말하기를,

"지금까지 일에 대해 뉘우칠 만한 죄는 없다고 생각했는데, 지금 내가 갑자기 깨닫게 되었다. 자네 또한 나를 예전처럼 보지 말아 달라."라고 하였다.

내가 그 말을 듣고 매우 기뻐하며 돌아왔다. 서원례(徐元禮)가 내게 이규위를 방문하고

온 일을 물었다. 내가 대답하기를,

"그 사람이 예닐곱 달 사이에 들뜬 기운을 없애고 진심으로 후회하였다면 다행이다. 그렇지 않으면 아마도 죽을 때가 되어서야 착한 마음이 싹틀 것이다."라고 하고, 서로 웃으며 헤어졌다.

37. 문효세자 홍서 직후의 갈등

병오년(1786, 정조 10) 5월에 문효세자(文孝世子)[262]가 세상을 떠났다[薨逝]. 나는 그때 관직(館職)에 임명되었으나 숙배하지 않았다. 유악주의 상소가 있은 뒤에는 스스로의 허물을 들어서 나아가지 않았던 것이다.

이때 세자 시강원(世子侍講院)에서 상소하고, 양사가 아뢰어, 모두 차비 의관(差備醫官)을 잡아다가 국문하기를 청하였다. 나도 상소하여 의관들을 국문하기를 청하며 말하기를,

"약원의 고례(故例)에 따르면 차비 의관이 진찰한 뒤 물러나와 양청(兩廳)의 여러 의원들이 함께 상의하여 제조가 어떤 약을 지어 바칠지 그 뜻을 아뢰고 조보(朝報)에 적어내었습니다. 그런데 지금은 몇몇 의관이 안에서 망령되게 (인삼과 부자를) 익혀서 조제하여 사용하고는 한 글자도 보고하지 않았습니다. 비록 당황하고 놀라서 제조에게 알리지 못하였다 하더라도 (세자를) 보호하는 의리를 잃었으니 여러 의관들을 끝까지 조사하지 않을 수 없습니다. 운운." 하였다. 이것이 그때의 실상이었다.

내가 상소한 뒤 삼사에서 합계하여 도제조 서명선을 삭출하라고 상소하였다.[263] 어석령(魚錫齡)이 상소하여 제조를 바로 시역(弑逆)으로 감죄(勘罪)하고 심지어 그 살점을 먹고 살가죽을 깔고 자려 한다고까지 말하였다.[264] 그리고 한편에서는 내가 상소에서 말한 '제조가 알지 못했다'고 운운한 것을 두고 사실을 왜곡하여 제조를 비호하였다고 하면서, 비방하는 말이 또 나왔다. 내 상소는 지금 상황에서 해야 할 도리가 이와 같다는 것을 말한 것일 뿐이었다. 비록 제조가 진정으로 불측한 마음을 먹었더라도 이는 보통 사람의 마음으로 헤아려 알 수 있는 것이 아니었다. 과연 어석령의 말과 같다면 이른바 살점을 씹어 먹고 살가죽을 깔고 잔다는 말이 어찌 단지 그 무리에게만 적용되겠는가? 그런데 분명한 증

---

262. 문효세자(文孝世子, 1782~1786): 정조와 의빈 성씨(宜嬪成氏)의 소생으로 5세의 어린 나이로 세상을 떠났다. 죽은 뒤 현재 용산구 효창동 효창공원에 안장되었고, 효창원(孝昌園)으로 불렸다.
263. 1786년(정조 10) 5월 22일(갑자) 실록기사 참조.
264. 어석령(魚錫齡)이 …… 말하였다: 1786년(정조 10) 6월 1일(계유) 실록기사에 보인다. 본 책 『정변록』(상) 37번 기사 참조.

거도 없이 바로 시역(弑逆)으로 감죄하였으니, 이것은 보통 사람이 차마 할 수 있는 말이 아니었다.

얼마 뒤 내가 (세자의) 부고를 알리는 사신으로 북경에 간 뒤 성균관의 유소가 나왔는데, 어석령의 상소와 같았다. 장의(掌議) 김종화(金鍾和)가 주도하였다. 김종화는 청주에 사는 문관 김치구(金致九)의 종질이다. 상소를 의론할 때 내 상소에 있는 말을 끼워넣어서 배척하려고 하였다. 그 설이 시끄럽게 퍼지자 큰아들 심노숭이 그것을 듣고, 그 상소에서 나를 언급하는 것을 말리려고 하였는데, 김종화가 친구 서효원(徐孝遠)【계수(季修)】의 집 근처에 살고 있다는 말을 들었다. 노숭은 서효원과 서로 아는 사이라서 드디어 서효원을 가서 만나보고 김종화에게 그 말을 빼달라고 요청하게 하였다. 서효원이 극진하게 말하자 김종화가 어쩔 수 없이 그 말을 뺐다고 한다. 내가 돌아온 뒤에 그 일을 듣고 노숭을 책망하였다. 뒤에 들으니 김종수가 이 상소를 주도하였는데, 김종화가 노숭을 통해서 먼저 그 일을 알고 뺐다고 한다.

38. 1786년 김하재와 이율을 거론한 심낙수 상소가 나온 사정

이율의 옥사가 있은 뒤 김종수가 말한 괴상하고 허무맹랑하여 실체가 없는 설에 인심이 또 동요하였다. 모두 김이용(金履容)[265]이 스스로 역적 가운데 투신하여 염탐해서 발고한 것으로 의심하였는데, 이것은 모두 화를 남에게 떠넘기려는 계책이었다. 이런 와중에 한쪽 편이 반드시 사류를 모두 죽이고자 한다는 설이 나와 크게 소동을 더하였다.

5월에 변고가 있은 뒤에 정승 서명선의 약원 제조의 일로 인해 상소가 번갈아 나오고, 또 조시준(趙時俊)이 묘지 선정을 방해하고 희롱한 일[266]로 김종수가 연주(筵奏)하여 마침내 한쪽 편을 내쫓으려는 계책으로 삼았다. 지각이 없어서 단지 색목만을 아는 사람들은 모두 김종수로는 어렵다고 하면서도 그를 인정하여 말하기를,

"우리 무리가 보존된 것은 정부(定夫, 김종수)가 있기 때문이다."라고 운운하였다.

을사년(1785, 정조 9) 봄부터 병오년(1786, 정조 10) 가을에 이르기까지 올린 소장 가운

---

265. 김이용(金履容): 이율(李瑮)이 하동(河東)에 집을 지어 소굴로 삼고 널리 도당을 모아 홍복영(洪福榮), 양형(梁衡), 문양해(文洋海), 주형채(朱炯采) 등과 결탁하여 요망한 말로 백성들을 미혹하고, 3도(道)에서 거병(擧兵)할 계획을 세웠다고 고변하였다.

266. 조시준이 …… 희롱한 일: 1786년(정조 10) 5월 23일(을축) 실록기사에서 고양(高陽)의 율목동(栗木洞)을 길지라고 하자 호조 판서 조시준이 "이 땅이 정말 좋다고 들었으나, 다만 용산(龍山)의 큰길이 묏자리에 너무 가까우며, 조그만 산기슭이 막히기는 했으나 자연히 서로 보이므로 그 흠이 작지 않습니다."라고 하여 묘지 선정을 방해한 일을 말한다. 본 책 『정변록』(상) 33번 기사 참조.

데 한 마디도 김하재와 이율을 언급하는 것이 없어서 이것은 꺼리고 피하는 일이 되었다. 그 사이에 이동형(李東馨)이 상소하여 이병정(李秉鼎)[267]을 김하재의 무리라고 탄핵했다가 멀리 유배되었다.[268] 이동형을 유배 보내라는 계사가 나온 뒤에 '하율(夏瑮, 김하재와 이율)' 두 글자는 과거[先天]의 일이 되어 버려 내가 다시 말하고 싶지 않았으나 분통을 이길 수 없었다. 그때 채제공(蔡濟恭)을 외방에 임명하는 일로 삼사에서 바야흐로 쟁론할 때 내가 마침 관직(館職)에 임명되어 상소하여 말하기를,

"근래 징토(懲討)가 엄하지 않아 의리가 무너져서, 삼사에서 일제히 상소한 일도 이현묵(李顯默)이 스스로 (역적을 토벌하라는) 계사를 중지한 일이 있고 나서는 온 세상이 모두 분노하는 말에 대해 다시는 잇따라 논하는 자가 없고, 혹은 이은모(李殷模)[269]가 삭직당한 일은 있었지만, (김하재와 이율에 대해서는) 다시 아뢴 자가 없었습니다. 최근에 채제공의 일뿐만이 아닙니다. 역적 이율에게 사형을 판결한 공초에는 은연중 만고에 없을 역적과 서로 관련이 있다고 되어 있는데 마침내 끝까지 조사하여 밝히지 않았습니다.

신은 지난겨울부터 올여름까지 원역(遠役, 중국 사행)에 응하느라 산해관(山海關)과 황하에서 눈서리 맞은 저녁과 요동과 계주(薊州)의 비바람 치는 밤에 외로운 등불을 밝히고 일편단심으로 나라를 걱정하며 날이 새도록 잠을 이루지 못하였습니다. 그리하여 이제 차마 저버리지 못하는 마음으로 또 망령되게 말을 하게 되었습니다. 운운." 하였다. 주상이 비답하기를,

"언뜻 조정의 상황[朝象]을 보면 네 말이 이상할 것이 없다만, 너는 모름지기 아침 경연에서 나온 하교를 참석한 신하들에게서 듣도록 하라."라고 하였다. 이날 김우진(金宇鎭)[270]을 삭직하라는 하교가 있었다.

세상에서 내 상소를 본 자들도 혹 이현묵과 이은모의 일을 알지 못하였는데, 이것은 곧 정휘량과 신만(申晩)의 일을 거론한 것이었다. 계사를 중지시킨 것은 김한기(金漢耆)의 일에까지 이르렀으니, 이것이 얼마나 중대한 일인데 이처럼 하찮게 보았으니 인심이 안일함

---

267. 이병정(李秉鼎, 1742~1804): 본관 전주(全州), 자 이중(頤仲). 예조·병조 판서 등을 역임. 1780년(정조 4)에는 홍국영의 숙부 홍낙순(洪樂純)을 탄핵했는데, 도리어 홍국영의 여당으로 지목되어 탄핵당했다. 1789년(정조 13)에는 대사성으로서 태학(太學)의 동·서재가 각각의 색목(色目)으로 나누어져 있다는 폐단을 들추기도 하였다.

268. 이동형이 …… 유배되었다: 1786년(정조 10) 6월 3일(을해) 실록기사 참조.

269. 이은모(李殷模, 1745~?): 본관 덕수(德水), 자 자경(子敬). 대사간 등을 역임. 1779년 우의정 정홍순(鄭弘淳)을 수뢰혐의로 탄핵하다가 파직당하기도 했다.

270. 김우진(金宇鎭, 1754~?): 본관 강릉(江陵), 자 성래(聖來). 영의정 상철(尙喆)의 아들. 이조 참의·대사성 등을 역임. 상계군(常溪君) 담(湛)의 역모 사건에 연루되어 제주도에 위리안치되었다. 1791년(정조 15) 부친상을 당하여 풀려났다가 이후 교동(喬桐)으로 이배되었다.

에 익숙해진 것이 이와 같았다. 내가 상소하여 언급한 김하재와 이율의 경우도 지난 2년간 상소에서 거론하지 않았다. 김종수가 그것을 보고 말하기를,

"이 사람이 끝내 화를 일으킬 마음을 갖고 있다."라고 하였으나 드러내 놓고 배척하지는 못하였다.

39. 모든 역모의 뿌리는 김종수인데 차마 말하지 못하다

병오년(1786, 정조 10) 10월에 봉조하 김치인(金致仁)을 영의정에 임명하였다.

12월에 왕대비가 언문하교를 내린 뒤 송낙휴(宋樂休)[271]가 고변하여 구선복(具善復), 구명겸(具明謙), 김우진(金宇鎭)을 체포하여 국청을 설치하였다.[272] 위관으로서 김치인과 판의금 김종수가 옥사를 조사하였다.

내가 문사낭청 이성익(李聖翊)과 이우진(李羽晉)에게 들으니, 역적 이담과 생사를 같이 하겠다는 말이 송낙휴에게서 나왔고, 김우진이 가장 관계가 깊었다고 하였다. 그러나 위관(委官)이 김우진을 조사하면서 끝까지 파헤칠 뜻이 없어 모두 여유롭게 말을 주고받으며 그 벼슬한 경력과 출처를 물었다. 김우진도 그가 근시(近侍)로서 은혜를 받은 것을 말하며 느긋하게 대답하여 사건과 관련된 내용을 지적하여 말한 것이 없자 문랑(問郎)이 위관에게 말하기를,

"이와 같은 긴요하지 않은 말은 추안(推案)에 쓸 필요가 없습니다. 운운." 하니, 위관이 크게 성내며 말하기를,

"문랑은 다만 공초한 말을 쓰면 된다. 만일 옥사에 대한 국문을 지휘하고 싶다면 어째서 위관이 되지 않았는가?"라고 하였다. 김종수도 문랑이 위관과 다투는 것은 큰 잘못이라고 비난하며 더욱 배척하니, 문랑이 감히 다시 말하지 못하였다.

---

271. 송낙휴(宋樂休): 상계군 이담(李湛)의 외할아버지. 1786년(정조 10) 5월에 문효세자(文孝世子)가 죽고 그해 12월에 임신 중이던 문효세자의 생모 의빈(宜嬪) 성씨(成氏)가 잇따라 죽자 정순왕후가 빈청(賓廳)에 언문전교를 내려, 이들의 죽음에 의심스러운 정황이 있음을 논하고 역적을 토벌하게 하였는데, 송낙휴가 여기에 관계된 역적으로 김우진(金宇鎭), 구선복(具善復) 등이 상계군 이담을 추대할 것을 모의했다고 고변했다. 추문 과정에서 독약이 든 약봉지를 송낙휴의 집에서 가져왔다는 공초가 나와 포도청에서 송낙휴에게 공초받기를 청한 일이 있었고, 이후 심환지(沈煥之)의 상소에서도 송낙휴가 독약을 보내 세자를 죽였다고 의심하였다.

272. 12월에 …… 설치하였다: 송낙휴의 고변이 있은 뒤 상계군 자살 사건은 상계군 추대사건으로 급격히 전환되었다. 정조는 이 사건을 신하들의 후사 문제 개입의 부당함에 초점을 두어 해결했다. 추국을 통해 주벌된 것은 구선복과 그의 조카 구명겸이었다. 그 밖에 반정 모의에 가담한 이로서, 김상철의 서자이자 구선복의 사위인 김영진이 있었으며, 김상철과 김우진은 이러한 모의를 알고도 고하지 않았다는 정황이 드러났다.

김우진은 공초에서, 다른 날 불령한 무리가 뜻을 얻는 때를 기다린다고 했지만 또한 불령한 무리가 어떤 사람인지 묻지 않았다. 구선복을 국문하였는데, 두 글자의 흉악한 시도[273]에 대해서 그 정절(情節)을 같이한 자도 묻지 않았다. 구선복이 결안을 마치자 판당(判堂, 판의금부사 김종수)을 우러러 부르며 말하기를,

"마음과 몸이 (나와 같이) 하나이니 마땅히 나의 원통함을 알 것이다."라고 하였는데, 하예(下隷)와 군졸들이 모두 들었다고 한다.

내가 이 옥사를 생각해 보았다. 두 글자의 흉악한 시도를 계획한 것은 반드시 구선복·구명겸·김상철·김우진이 홀로 터무니없는 거짓말을 주장한 것이 아니고, 원래부터 잘못을 저지르도록 유혹하고 선동하여 여러 역적들의 역모를 주동하였던 것이다. 하물며 구명겸이 이율과 내응하기로 한 일이 명백하여 앞뒤가 한 줄로 꿴 듯하였다.

대비의 언문교서에서 여름과 가을의 상변(喪變)[274]이 그 증세가 괴이하다고 하였는데, 이는 바로 신민이 반드시 갚아야 하는 원수인데도 또한 끝까지 조사하지 않아서, 극악한 변고와 흉악한 환란을 목격하게 되니, 매우 분하고 원통하였다. 그 연원으로부터 생각하면 수십 년 이래로 역적의 핵심을 깨트리지 못하여 그 맥락이 더욱 긴밀해졌는데도, 이때 징토의 논의는 조시위가 공적인 자리에서 한 흉언을 구실로 삼는 데 불과하고, 변란의 근원을 끝까지 거슬러 올라가 절실하고 명확하게 지적한 논의는 하나도 없었다.

정미년(1787, 정조 11) 정월 나는 관직(館職)에 임명되어 상소하였는데 대략 다음과 같다.

"구선복과 구명겸은 기꺼이 역적 이율의 내시[腐豎]가 되어 내응하였고, 김상철과 김우진은 흉악한 무리의 뒷날 흉계를 도모하고자 하였습니다. 이는 반드시 흉악한 모의를 남몰래 주도하고 몰래 화변의 빌미를 도발하여 여러 역적들을 불러 모아 끌어들인 자가 있는 것입니다. 어찌 소굴의 우두머리가 없겠습니까? 서둘러 국청을 거둔 것은 아마도 확실한 증거[眞贓][275]가 역적의 입에서 나올까 두려워한 것입니다. 의리를 천명하고 조정을 진정시켜 편안하게 만든 것은 전하께서 고심하여 십 년 동안 성취하신 것인데, 영의정[上相]과 원융(元戎)으로 하여금 가까운 종실을 부추겨 난리를 도모하여 차마 말할 수 없는 변괴와 흉악한 모의가 나오게 되었습니다."

이어서 김상로(金尙魯), 홍계희(洪啓禧), 정휘량(鄭翬良), 신만, 김구주, 홍인한(洪麟漢),

---

273. 두 글자의 흉악한 시도: 1786년(정조 10) 12월 8일(정미) 실록기사에서 구선복은 공초에서 언문의 전교 중에 두 글자란 것은 바로 '반정(反正)' 두 글자를 말한다고 했다.

274. 여름과 가을의 상변(喪變): 5월에 문효세자가, 9월에 의빈 성씨(宜嬪成氏)가 세상을 떠난 일을 가리킨다.

275. 진장(眞贓): 확실한 증거를 가리킨다. 도둑질한 물건인 줄 알면서도 감추어 주거나 사거나 팔아 준 사실이 확실한 흔적이다.

홍양해(洪量海), 한후익(韓後翼), 홍국영(洪國榮), 송덕상(宋德相), 이택징(李澤徵), 이유백(李有白) 등을 나열하면서, 이들이 김하재(金夏材), 구명겸(具明謙), 이율, 홍복영(洪福榮), 구선복(具善復), 구이겸(具以謙) 등의 뿌리가 된 정상을 자세히 말하였다. 그리고 '수십 년의 변란과 역모가 계속 이어져 한 줄로 꿴 듯하다'고 말하고, 또 말하기를,

"조시위의 흉언은 공적인 자리에서 말하였으니, 반드시 참석하여 들은 자가 있을 것입니다. 빨리 끝까지 조사하라고 명하십시오."라고 하였다. 또 말하기를,

"난언(亂言)의 재앙은 군대를 일으키는 것보다 심합니다. 무신년(1728, 영조 4)의 역모에서 남태징(南泰徵)·이사성(李思晟)·이인좌(李麟佐)·정희량(鄭希亮)은 복주되지 않음이 없었으나 나머지 화가 오히려 극렬하여 을해년(1755, 영조 31)에 이르러 신치운(申致雲)[276]과 심악(沈鑵)[277]이 복주되고, 조태구(趙泰耉)와 유봉휘(柳鳳輝)를 추율(追律)[278]하자 비로소 뿌리 뽑을 수 있었습니다.

지금 구선복과 구명겸이 비록 주살되었으나, 오늘날의 신치운과 심악은 오히려 실상을 조사하지 못했습니다. 김상로와 홍계희 이하 여러 역적은 모두 극률(極律)을 시행하지 않았으니, 이것이 의리가 끝내 천명될 수 없고 조정이 끝내 진정되고 편안할 수 없는 까닭입니다."라고 운운하였다. 주상이 의례적으로 비답하였다.

대개 나의 이 상소는 십여 년 동안 한 번 진달하고자 했지만 하지 못하다가 김상로의 죄가 드러난 뒤 징토의 의리가 분명해졌으므로, 여러 역적의 뿌리를 거슬러 올라가 나열하여 대의를 밝힌 것이었다.

기해년(1779, 정조 3) 봄에 내가 정언으로 있으면서 상소를 올려 정처(鄭妻, 화완옹주)[279]와 김구주를 성토하였으나 통렬하게 말하지 못했고, 경자년(1780, 정조 4)에 처음으로 송

---

276. 신치운(申致雲, 1700~1755): 본관 평산(平山), 자 공망(公望). 영의정 신흠(申欽)의 5세손. 1721년(경종 1) 증광문과에 병과로 급제하였다. 소론의 신예로서 이때 노론의 거두였던 권상하(權尙夏)·이희조(李喜朝) 등을 축출하는 데 앞장섰다. 1724년 승문원교리로 있을 때 죽은 송시열(宋時烈)을 공박하는 소를 올렸다가 어진 사람을 무고하고 바른 사람을 질시하였다는 이유로 파직당하였다. 1755년 나주괘서사건이 있은 직후 심정연(沈鼎衍)·김인제(金寅濟)·박사집(朴師緝) 등과 함께 모반사건에 연루되어 경상북도 흥해군에 유배되었다가 처형당하였다.

277. 심악(沈鑵, ?~1755): 본관 청송(青松), 자 언로(彦魯), 호 동리(東里). 1755년(영조 31)에 나주괘서(羅州掛書) 사건을 처리한 뒤 특별히 베푼 과거 시험에서 나타난 변서(變書)로 인하여 소론을 숙청할 때 대역죄로 처형되었다.

278. 추율(追律): 죽은 뒤에 역적(逆賊)의 죄과가 드러났을 때, 소급하여 죽은 사람에게 역률(逆律)을 집행하는 것이다.

279. 정처(鄭妻): 화완옹주(和緩翁主, 1737~1808). 정치달과 혼인했기 때문에 정처라고 불렀다. 영조의 아홉째 딸. 영빈 이씨의 소생. 1749년(영조 25) 정치달과 혼인하였다. 딸이 하나 있었으나 두 살에 죽었고 남편도 요절하여 23세에 과부가 되어 남편의 먼 일가인 정후겸을 양자로 들였다. 영조는 화평옹주를 잃고 당시 10여 세였던 화완옹주를 애지중지했다고 한다.

환억(宋煥億)을 논한 상소에서는 난역의 근본이 정처로부터 나와서 김구주가 되고, 김구주로부터 오늘날의 홍국영이 되었다고만 말하여, 다만 이미 드러난 것을 따라서 말했을 뿐 또 통렬하게 말할 수 없었다.

신축년(1781, 정조 5)의 상소에서 이른바 '의리를 가탁(假托)하여 억지 주장을 한다'고 한 것은 또한 남모르게 통하던 맥락을 조금 지적하여 경계하려고 한 것에 불과했으나 도리어 의심과 비방만 야기하였다.

갑진년(1784, 정조 8)의 연주(筵奏)는 비유하자면 정독(疔毒)[280]의 빌미가 되는 곳에 침을 놓는 것과 같았는데 도리어 그것에 중독되었다. 유악주와 김종수 두 사람의 상소에 대한 대응 상소에서 극언하고자 하였지만, 탄핵받은 것에 대응하여 변명하다 보니 저절로 경박해져서, 도리어 인심을 승복시키지 못하고 단지 스스로 경솔하게 말한 것이 되고 말았다.

병오년(1786, 정조 10) 10월의 상소는 조금 포괄적인 내용이 있지만 또한 통렬히 말할 수 없었다. 흉변이 일어나자 그 흉악한 역모의 내용이 낭자하게 드러난 것을 보았지만, 모두 하나같이 흩어져 사라지고 가려서 비호하였다. 수십 년 동안 인심을 그릇되게 유혹하여, 역모가 꼬리를 물고 일어나서 구선복과 김우진의 흉악한 계획에 이른 것이 어찌 김종수에게서 나온 것이 아니겠는가?

그러나 김종수가 감히 태연하게 자신을 감추고 온 세상을 속일 수 있다고 생각하여 거리낌 없이 마음대로 하는 것이 참으로 걱정스럽고 마음이 아프다는 것을 새삼 깨닫게 되었다. 그래서 마침내 그 연원을 거슬러 올라가 끝까지 논의하여 전후의 흉악한 속내를 밝히고 싶었다.

그리하여 비록 갈래는 다르지만 사실은 하나로 꿰뚫어져 있다는 것을 온 세상에 환하게 드러내어 쉽게 알 수 있게 만들어 김종수가 죽기 전에 뼈를 시리게 만들려고 하였다. 또한 지금 세상에서 그 간사한 음모에 속임을 당하지 않은 사람들이 있지만 분명하게 말하여 바로 논척하지 않고 있다는 것을 알게 하려 하였다. 그렇지만 이제 겨우 큰 옥사를 겪고 나서 주상이 진정시키는 데 온 뜻을 다하고 있는데, 오직 말이 미덥지 못해서 도리어 대의에 해를 끼칠까 두려웠다.

280. 정독(疔毒): 겉에 생기는 여러 가지 외과 질환과 피부 질환 중 하나이다.

40. 심낙수 상소에 대한 김종수 계열의 대응

내가 상소한 뒤, 김종수의 마음과 몸이 비록 서늘했겠지만, 반드시 감히 나의 상소에 대해 말하지 못할 것으로 생각하였다. 김종수는 교외에 있으면서 오랫동안 (도성에) 들어오지 않았다. 영의정 또한 병을 핑계로 오랫동안 나오지 않았다. 그런데 김종수가 갑자기 상소하여 부모 봉양[乞養][281]을 구하면서 귀신, 돼지, 더럽혀졌다는 등의 말들을 인용하였다. 그 뜻은 내가 올린 상소에 있었으니, 스스로 조가(趙家)를 공척하는 것으로써 굳게 지켜온 의리로 삼아서 은연중에 내 상소를 또 한쪽 편에 영합하기를 바라는 것으로 돌리려 했던 것이다.

우의정 유언호(兪彦鎬)[282]가 평안도 관찰사[西藩]의 임소에서 새로 정승에 임명되어 조정에 돌아왔다. 초연(初筵)에 참여한 뒤 차대(次對)에 입시(入侍)하여 나의 상소에 대해 아뢰었는데,[283] 갑자기 번쩍하다가 숨겨서 주상의 이목을 어지럽게 하여, 단지 한두 구절이 어긋날 뿐만이 아니라고 하였다.

또 내 상소 가운데 '한적(漢賊)[284]을 구분할 수 없고, 충역(忠逆)이 서로 섞여 있다'고 한 구절을 가리켜 서로 섞여 있어 매우 명확하지 못하다고 하였다. 심지어 '실정이 있든 없든 반드시 번거롭게 논할 것이 없다'고 하고, 상소의 말이 체통을 잃었다고 하면서 파직하기를 청하였다. 주상이 말하기를,

"너무 심하면 어지럽게 된다. 이미 신축년(1781, 정조 5)에 이 사람에 대한 처분이 있었으니, 또 처분하면 새롭고 또 새로워질 수 없다. 그렇지만 그 상소 가운데 '한적을 구분할 수 없고, 충역이 서로 섞여 있다'고 한 말은 응큼하게 침묵한 것을 면하지 못하였으니, 그렇게 하라."라고 하였다.

며칠이 지나 세자 시강원[春坊]의 옛 신하들로 파직당한 사람을 서용(敍用)한다는 명이 있었다.[285] 문희묘(文禧廟, 문효세자)의 소상(小祥)이 한 달 뒤에 있었기 때문이었다. 나도 서용되어 군직(軍職)에 부쳐졌다. 주상이 특별히 전교를 내려[286] 대략 말하기를,

---

281. 부모 봉양[乞養]: 관원으로서 늙은 부모가 계실 때 그 봉양을 위하여 수령이 될 것을 주청(奏請)하는 일이다.
282. 유언호(兪彦鎬, 1730~1796): 본관 기계(杞溪), 자 사경(士京), 호 칙지헌(則止軒). 우의정·좌의정 등 역임. 김우진(金宇鎭)·심환지(沈煥之)·김종수와 교유하였다. 1772년(영조 48) 청명류(淸名流)사건에 연루되어 유배되었으나 정조 즉위 후 세손 보호의 공로를 인정받아 홍국영(洪國榮)·김종수(金鍾秀)와 함께 중용되었다. 『명의록(名義錄)』 편찬을 주관하였다. 남인 조덕린(趙德隣) 복관에 반대하였다가 유배되었다.
283. 1787년(정조 11) 4월 5일(임인) 실록기사 및 『일성록』 기사 참조.
284. 한적(漢賊): 제갈량(諸葛亮)이 지은 출사표(出師表)에 나온 것으로, 한(漢)은 선주(先主)를 지칭하고 적(賊)은 조조(曹操)를 지칭하였다. 곧 종실에 대한 역적을 일컫는 말이다.
285. 1787년(정조 11) 4월 10일(정미) 『일성록』 기사 참조.
286. 1787년(정조 11) 4월 13일(경술) 『일성록』 기사 참조.

"당초 상소의 말은 환난을 우려하여 가정한 데서 나왔다. 만약 그 말대로라면 곧 이율과 홍복영 이외에 또 다른 이율과 홍복영이 있다는 것이고, 구선복과 구명겸 외에 또 구선복과 구명겸이 있다는 것이다. 천하에 어찌 이런 이치가 있겠는가? 우의정[右相]이 처음 경연에 나왔을 때 이미 이 일로 의견이 오고간 뒤 감죄하여 즉시 시행하였다. 임금에게 아뢰는 말이 어찌 이와 같이 감추고 가리려 해서야 되겠는가?

지금 병조의 군직 망통(望筒)[287]을 보고 그 서용하는 데 섞여 들어간 것을 비로소 알았다. 때에 따라 비록 분간해야겠지만 지금 뒤섞어 서용하는 것은 완급을 조절해야 하는 정사에 크게 잘못된 것이다. 이 망통은 시행하지 말고 심낙수에게도 알려서 전처럼 고집 부리는 일이 없게 하라."라고 하였다. 얼마 안 있어 또 서용하라는 명을 받았다.

대개 정승 유언호가 경연에서 아뢴 것은 김종수와 영의정에게서 나왔다. 유언호가 처음 경연에서 아뢴 일을 나는 듣지 못했는데, 주상의 하교를 보고 비로소 이미 그런 논의가 있었다는 사실을 알았다. 나의 죄를 논하여 정하면서, '의심스럽고 혼란스럽다'고 하였고, 이른바 '실정이 있거나 없거나'라고 한 것은 즉 이전부터 있었던 이른바 '한쪽 편에 영합하기를 바란다'는 말에서 비롯된 것이었다.

만일 주상이 말을 만들어서 하교하지 않고, 단지 '아뢴 대로 하라'는 비답만 내렸다면 장차 다시 대간을 부추겨서 나를 얽어 넣을 계책을 도모하려 하였지만, 그 일에 대한 비답에서는 신축년(1781, 정조 5) 일을 들어 하교하였다. 서용을 거둬들이는 전교에서는 또한 '환난을 우려하여 가정한 데서 나왔다'는 말로 해석해 주었다. '고집부리는 일이 없게 하라'고까지 하교하여 감히 다시는 다른 사람을 사주하는 계책을 저지르지 못하게 하였다.

이에 없는 사실을 꾸며 의심하고 비방한 것이 이르지 않는 곳이 없었으니, 정승이 경연에서 아뢴, 이른바 한두 구절이 어긋났다고 말한 것은 곧 내 상소 가운데 '홍인한의 흉악한 속임수가 그 형과 달랐다'고 한 구절을 가리킨 것이었다. 이에 내가 홍봉한의 편이라고 말하고, 또 내 상소 가운데 조시위가 흉악한 말을 할 때 반드시 참석하여 들은 사람이 있다고 한 것을 가지고 내가 조시위의 편이 되었다고 말하였다.

이른바 '한쪽 편에 영합하기를 바란다'는 말은, 전에는 서명선 · 정민시와 서로 통했다고 말했는데, 지금은 또 조가(趙家)와 절친한 사람이었던 윤재순(尹在醇)[288] · 유협기(柳協基)[289]

---

287. 망통(望筒): 삼망(三望)을 기록한 단자(單子)를 넣는 통, 즉 후보자의 성명을 적어 넣은 통이다.

288. 윤재순(尹在醇, 1730~1806): 본관 파평(坡平). 정조 초반에 대간의 직책을 맡아 김종수를 공격하는 상소를 올리기도 하였으나, 조시위의 당여(黨與)로 지적되면서 장악원 정(掌樂院正) 등 한직을 맡았다.

289. 유협기(柳協基, 1732~1801): 본관 진주(晉州), 자 사인(士寅), 호 만롱(晩聾). 성대중(成大中) · 조중진(趙重鎭) 등과 교유하였다. 사간원 정언 등을 역임. 홍국영의 세도에 합세하던 예조 판서 구윤옥(具允鈺), 이조

와 내가 모두 친밀하여 밤낮으로 서로 어울렸다고 운운하면서 그 기괴한 말들이 하루하루 더 심해졌다. 그것은 우리 무리의 오래된 친구들로 하여금 '한쪽 편에 영합하기를 바란다'는 말에 현혹되어 나를 용납하지 않게 하려는 계책이었다.

41. 주변의 반응과 심낙수의 변명

내가 처음에 김종수가 감히 내 상소에 대해 말하지 못할 것으로 생각했던 것은 잘못이었다. 김종수는 진정시켜 안정하려는 주상의 뜻에 기대어 자신을 덮어서 가리려는 계책으로 삼았다. 또 조시위의 일을 이용하여 권력을 잡고 온 세상을 호령하려 하였다. 그런데 갑자기 나의 근본을 찾는 논의가 있자, 김종수는 마치 알지 못하는 것처럼 침묵하고 변척하지 않는다면, 이는 조정에서 약하게 보일 뿐만 아니라 또한 이로 인해 (자신을) 직접 변척하는 논의가 있을까 두려워했던 것이다. 이 때문에 '한쪽 편에 영합하기를 바란다'는 말로 먼저 나를 배척하여 청문(聽聞)을 현혹시켜서 상하를 위협[脅持]하는 계책으로 삼고자 했다.

내가 서용된 뒤에도 이조[銓曹]에서 감히 의망하지 못하자 내 벗 사혁(士赫) 박천형(朴天衡)[290]이 나를 위해 걱정하면서 내가 비방을 당하기에 이른 것을 힐난했다. 내가 말하였다.

"저들이 내 상소 가운데 '홍인한이 그 형과 다르다'고 한 구절을 가지고 내 죄로 삼으려 하는데, 홍인한이 그의 형과 각기 문호를 세운 것은 주상의 하교에서도 언급되었고 또한 『명의록』에도 실려 있다. 지금 이것을 가지고 내 죄로 삼는 것은 어째서인가?

'조시위의 흉악한 말을 참석하여 들은 사람이 반드시 있을 것이다.'라고 한 것은 온 세상의 공적인 말인데, 내가 규명하기를 청한 것이 어찌 죄가 되는가? '한쪽 편에 영합하기를 바란다'는 말은 저들이 나를 없애 버리려고 한 말이다.

내가 서북 지방[西邑]에 있을 때, 윤재순도 근처 고을에 있었다. 평상시 사사관(查事官)으로서 주선하여 비로소 서로 친해질 수 있었다. 갑진년(1784, 정조 8) 겨울에 김종수의 일로 우리 무리 가운데 논척하는 자가 많이 나왔으나 한쪽 편에서는 나오지 않았다. 윤재순이 갑자기 상소하여 배척하였는데, 내가 그 상소를 보니 좀 볼만했다. 그 상소에는 '용맹하고 싸움 잘하는 이리', '부모도 돌아보지 않았다'는 구절이 있었는데, 나는 이 말을 모두 좋

참판 이의익(李義翊) 등을 탄핵하였다.

290. 박천형(朴天衡, 1737~?): 본관 밀양(密陽), 자 사혁(士赫), 호 해강(海岡). 대사간·충청도 관찰사 등을 역임. 그는 김상로(金尙魯)의 인친(姻親)을 논핵하였는데, 그 상소에서 인친의 구체적인 성명을 거론하지 않은 문제로 윤필병(尹弼秉)이 박천형을 함문하도록 청한 일이 있다. 윤필병의 상소는 1777년(정조 1) 1월 22일 실록기사에 나온다.

다고 여겨 그 상소를 베껴서 해당 구절에 동그라미를 쳐두었다. 하루는 윤재순이 나를 방문했는데, 내가 그 상소를 칭찬하고 함께 웃고 헤어졌다.

나는 유협기가 어떤 사람인지 모르는데 나와 함께 상종하였다고 하거나 심지어 내가 서자(庶子)가 있어서 유협기의 서녀와 약혼하자는 말까지 했다고 운운하였다. 나는 유협기에게 과연 서녀가 있는지 알지 못하나 내가 측실에서 낳은 아들이 없는 것은 그대도 알고 있는 일이다. 이렇게 비방하는 말들이 어디서 꾸며져 나온 것인지 알지 못하겠지만 또한 (그렇게 할 자들은) 나를 대적할 저 무리에 불과할 뿐이다. 그 계책이 비록 사람을 무함하는데 급급하더라도 또한 어찌 차마 터무니없는 말을 꾸며서 만들어 낸단 말인가? 또 나의 상소는 곧 징토하는 말인데, 대신이 파직으로 감죄한 뒤 의망을 막고 다시 말하지 못하게 하는 것은 또 무슨 의도인가?"

박사혁(朴士赫)이 듣고 말하기를,

"자네는 어찌 사람들과 다른 상소를 올려서 이런 의심과 비방을 받는가? 스스로 취한 것일 뿐 다른 사람과 무슨 관계가 있겠는가?"라고 하고, 또 말하기를,

"이사심(李士深, 이홍재[291])이 요즘 김정부(金定夫, 김종수)와 매우 친밀한데, 말이 자네에게 미치면 매번 애석하게 여기는 뜻이 있었다. 뒤에 마땅히 자네를 한번 방문하여 말을 나누고자 한다."라고 하였다.

하루는 이사심이 방문하여 문안인사를 마치고 나에게 말하기를,

"최근에 비방하는 말이 어째서 그토록 심한가?"라고 하여, 내가 말하기를,

"이것은 8, 9년 동안 내가 억눌려 하지 못한 말이다. 내가 처음 송환억을 논핵했을 때는 송환억의 죄를 알지 못하는 사람이 있어서 내가 갑자기 선정의 후손을 배척한 것은 잘못이라고 하였으니, '한쪽 편에 영합하기를 바란다'는 말은 오히려 그럴듯하였다. 그렇지만 올봄에 올린 징토하는 상소는 10여 년간의 상소와 『명의록』에 실린 의금부 옥안에 모두 들어있는 말이다. 그런데 이것을 가지고 '(한쪽 편에) 영합하기를 바란다'라고 한다면 나를 '영합하기를 바란다'고 배척한 자는 역(逆)이 아닌 것을 역으로 만들자는 것인가?"라고 하자, 사심이 말하기를,

"자네 말이 그럴듯하다. 그렇지만 어째서 비방을 그치게 하지 않는가? 비방을 그치게 하는 방도는 변론하지 않는 데 있을 뿐이다."라고 하여, 내가 말하기를,

"비록 변론하려 해도, 나는 직명이 없으니 스스로 변론할 수 없다."라고 하였다.

---

291. 이홍재(李洪載, 1729~1794): 본관 한산(韓山). 자 사심(士深), 호 일선(一蟬). 1755년(영조 31) 증광 문과에 을과로 급제하였다. 대사헌, 대사간으로 적극적인 언론정치를 실행하였다.

내가 또 말하기를,

"노형과 김정부는 서로 친밀하다는데, 내가 전에는 듣지 못하다가 최근에야 꽤 친밀하다는 말을 들었다. 이것은 뒤늦게 맺어진 것인 듯싶다."라고 하니, 사심이 말하기를,

"젊어서 가까이 살아 서로 친했지만 중간에는 상종하지 않았는데, 근래 과연 친밀해졌다."라고 하였다.

사심이 말하고 싶은 것이 있는 것 같았지만 말하지 않다가 작별인사를 하면서 말하기를,

"가까운 시일에 사혁의 집에서 한번 모여 이야기를 나누면 좋겠다."라고 하여, 나도 그러자고 하였다. 그런데 나는 사심이 이미 김종수 아래에 있는 사람임을 알면서도 서로 만나 말을 주고받다가 간혹 잘못 알고 가볍게라도 범하는 말이 나올까 두려웠다. 또한 그 말이 마치 회유하고 위협하려는 의도가 있는 것처럼 들려서 서로 말하고 싶지 않았다. 뒤에 사람을 보내 모이자고 약속하였지만 나는 병을 핑계대고 가지 않았다.

갑진년 겨울에 이홍재와 이노춘이 결탁했다는 말을 내가 애초에 믿지 않은 것은 이홍재가 처음부터 남당에 들어가지 않은 것을 알았기 때문이었다. 그때 인척인 서형이 (이홍재에 대해) 물은 일이 있었는데, 나는 그가 그렇지 않다고 보장하였었다. (그런데) 뒤에 듣자니 이홍재 또한 그때부터 이미 김종수에게 깊이 빠져들었다고 한다. 이노춘과 유악주가 상소한 일에도 간여하지 않은 것이 없고, 이규남이 왕래하며 종용한 것도 모두 주장했다고 한다. 그 종숙 이상지(李像之)는 일찍이 아이들에게 말하기를,

"이사심과 같은 자는 참으로 세 성씨의 가노(家奴)라고 하더라도 책망하기에 부족하다."라고 했다고 한다. 내가 사람을 믿었다가 속임을 당하고 돌아와 스스로 웃었다.

42. 이규위가 심낙수 달래기에 나선 사정

이규위가 북쪽에서 돌아와 나를 방문하여 조용히 말하기를,

"자네는 어째서 다시 상소하여 사람들이 의심하고 성나게 만드는가?"라고 하여, 내가 말하기를,

"내 상소는 다만 수십 년의 여러 역적을 징토한 것일 뿐이다. 역적을 위해서 나를 의심하고 성내는 자들이 누구인가?"라고 하니, 이규위가 말하기를,

"상소 앞머리에 김상로의 일을 언급하였으니, 영의정과 정부(定夫, 김종수)가 어찌 성나지 않겠는가?"라고 하여, 내가 말하기를,

"영의정과 정부가 비록 김상로와 가깝다고 하지만 대의(大義)를 위해서는 친속도 멸할

수 있다고 하였다.[292] 하물며 김상로를 징토한 사람에게 성을 내서야 되겠는가?"라고 하니, 이규위가 말하기를,

"김상로가 비록 역적이지만 자네의 외가 쪽 친척이네. 자네는 어째서 꼭 그렇게 말하는가?"라고 하여, 내가 웃으며 말하기를,

"김상로는 나에게는 외가 쪽 칠촌이 되는 친척이지만 또한 바로 대역(大逆)으로 판결받은 사람이다. 자네가 오히려 징토할 수 없다고 한다면 세상에서 혹 그 어머니의 종제라고 하여 역적으로 판결하지 못하는 것은 역적이라고 성토한 사람이 있었는데, 이것은 과연 어떠한가?"라고 하니, 이규위 또한 웃었다.

이규위가 말하기를,

"자네는 하필 정부와 척을 졌는가? 정부는 입에 담지 못할 만큼 늘 자네를 칭찬하였다."라고 하여, 내가 말하기를,

"내게 칭찬할 게 무엇이 있다고 정부가 칭찬하였겠는가?"라고 하니, 이규위가 말하기를,

"정부가 말하기를, '아무개의 문학은 우선 접어두더라도, 관직에 있으면서 정사(政事)를 베푸는 것이 다른 사람보다 월등한 일이 많았다. 그리고 작년 연행(燕行)에서 돌아왔을 때 전대[橐]에 비단 한 터럭도 없었다는 말을 들었는데, 이것은 이른바 참으로 월탁(越橐)[293]에 돈이 없다는 것이다. 논의가 어그러지고 격렬한 것만 제외하면 그 사람은 진실로 얻기 어렵다고 할 만하다.'라고 하였다."라고 하여, 내가 말하기를,

"이른바 정사에서 내가 베푼 것은 없고, 연행 운운하는 것도 작년의 연행은 다만 황급하게 왕래하느라고, 처음부터 재물이 없었다. 내가 비록 욕심을 부리고 싶어도 그럴 수가 없었다. 이는 모두 실상이 없는 말이다. 자네는 정부에게, 반드시 실상이 없는 말로써 칭찬하지 말고, 또한 반드시 실상이 없는 말로써 헐뜯지도 말라고 하라. 정부가 (나와의 관계를) 얼음과 숯, 연나라와 월나라라고 하였으니 나는 일찍이 꼭 들어맞는 말이라고 생각했다. 내가 전후에 한 논의가 정부의 그것과 함께 얼음과 숯, 연나라와 월나라 사이 같았다는 것을 자네 또한 어찌 모른다고 하겠는가?"라고 하니, 이규위가 말하기를,

---

292. 대의를 …… 하였다: 대의(大義)를 위해서는 부모 형제를 돌아보지 않는다는 의미다. 춘추 시대 위(衛)나라 대부(大夫) 석후(石厚)가 공자(公子) 주우(州吁)와 함께 환공(桓公)을 죽이니, 그의 아버지 석작(石碏)이 그 아들을 죽였는데, 군자가 "석작은 순실한 신하이다. 주우를 미워하는데 석후가 거기에 참여하였으니, '대의를 위해 친속을 멸한다'는 말은 이를 두고 한 말이다."라고 평하였다. 『춘추좌씨전(春秋左氏傳)』 은공(隱公) 4년조 참조.

293. 월탁(越橐): 월나라의 전대로서 사신에게 주는 선물을 말한다. 한나라 육가(陸賈)가 남월(南越)에 사신으로 갔을 때, 월나라 왕 위타(尉他)가 그를 좋아하여 몇 달 동안 어울리며 즐거워하다가, 돌아갈 무렵 그의 행장에 보물을 싸서 선물했다는 고사가 전한다(『사기』 권97, 육가열전).

"그대는 하는 말마다 변통이 없으니 더 할 말이 없다. 그대가 지금 외직에 임명되면 좋을 듯한데, 자네 뜻은 어떤가?"라고 하여, 내가 말하기를,

"정승 유언호가 경연에서 아뢴 뒤에 전조(銓曹)에서 나의 의망을 막았다. 이제 만일 나의 징토하는 상소가 죄가 되어 외방에 보임되어 나간다면 혹은 통청(通淸)하지 못한 사람을 같이 의망한 것이든, 혹은 나 한 사람만 추천[單付]된 것이든 내가 어찌 즐거이 나아가지 않겠는가?"라고 하니, 이규위가 말하기를,

"자네의 말이 늘 이같이 격렬해서 자네를 걱정하는 것이다."라고 하였다.

또 말하기를,

"의리와 시비는 본래 한 번에 정할 수 있는 것이 아니다. 자네가 지난날의 역사를 보면, 지금 옳다고 한 것이 반드시 오래도록 옳은 것이 되지 못하고 뒷날 틀린 것이 될 수 있다. 오늘 틀린 것도 반드시 오래도록 틀린 것이 아니고 뒷날 옳은 것이 될 수 있다. 자네는 어찌 이런 것을 생각지 못하는가?"라고 하여, 내가 말하기를,

"그대 말이 과연 맞다. 하지만 오늘날 성명(聖明)이 위에 계셔서 시비가 정해지고 충역을 판단하는 것이 분명하여 손바닥을 가리키는 것과 같으니, 백세 뒤라고 해서 어찌 변할 이치가 있겠는가? 자네의 이 말을 만약 심각하게 논의하는 사람이 있다면 아마도 흉역을 비호하는 데로 돌아가는 것을 면치 못할 것이다."라고 하니, 이규위가 입을 다물고 돌아갔다.

대개 이때 김종수가 '한쪽 편에 영합하기를 바란다'는 말로 나를 곤경에 빠뜨렸지만 점차 실상이 없는 데로 돌아갔다. 그래서 또 나를 칭찬한다는 말을 하여 이규위를 통해서 내가 그 말을 듣도록 하여 유인하는 계책을 삼고자 하였다. 또 내가 끼니를 잇기 어려울 정도로 가난하다는 것을 알고 외방에 임명하겠다는 말로 유혹하여, 정승 유언호에게 대항하여 변론하지 못하게 하려고 우선 외방으로 나가게 하려 한 것이다.

의리와 시비의 설은 김종수가 자기들끼리 있을 때 유혹하고 배격하는 말 가운데 늘상 하던 말임이 틀림없는데, 이규위는 본래 생각이 없어서 그것이 무슨 말인지도 모르고 습관적으로 들었기 때문에 말머리에 저절로 나온 것이었다. 그런데 내 말이 심각하고 절실하자 또한 답하지 못하고 갔던 것이다.

43. 노론 남당이 심낙수를 소론으로 모는 방법

박사혁의 딸은 나의 외손주 며느리이다. 청풍(淸風)의 시댁으로 가려 하기에 내가 송별하려고 박사혁의 집으로 갔다. 박사혁은 이홍재를 만나 함께 이야기하고 싶어했지만 나는 바

쁘다는 핑계를 대고 그만두게 했다. 박사혁이 나를 억지로 머물러 있게 하고는 사람을 보내어 불러오게 한 뒤에 나에게 말하기를,

"사심은 자네에게 감정이 있다. 듣건대 김정부(金定夫, 김종수)가 말하기를, '갑진년(1784, 정조 8) 겨울의 일은 스스로 잘못임을 알고 있다. 금년 봄 상소에서 심 아무개(심낙수)가 잘못을 덮어 두었다면 서로 화합할 수 있었을 것이다.'라고 하던데 그대는 어찌 그리 야멸찬가?"라고 하여 내가 말하기를,

"내가 김종수를 깊이 의심하고 있으니, 정부가 얼음과 숯, 연나라와 월나라 사이라고 말했다고 해서 내가 어찌 성내겠는가? 그러나 그해 겨울 광남군과 완녕군이라고 자처한 뒤부터 이듬해 봄 과연 이율의 변고가 있었다. 정부는 반드시 먼저 안 것이 있었을 텐데 어째서 곧바로 고변하지 않았는가? 최근 조시위의 일은 사람들이 모두 정부가 수립했다고 하지만, 나는 이 일에도 또한 의심스러운 점이 있다.

조시위의 흉악한 말은 참으로 홍국영과 송덕상보다 백 배 더하다. 정부는 이 말을 듣고도 어찌 차마 5년이 지나도록 새어 나갈까 두려워 말하지 않았단 말인가? 공적인 자리에서 참여하여 들었으니, 반드시 그 사람이 있었을 것이다. 또 그 흉악한 말은 곧 정부의 상소에서 나온 것이니, 정부는 어째서 힘껏 끝까지 조사하지 않고 다만 빈말로써 사람들이 들은 것을 미혹시키기만 하는 것인가? 의심스러운 것이 이 두 가지에 그치지 않지만, 이것들은 더욱 알 수가 없다.

하물며 내가 봄에 올린 상소에서 즉시 근본을 파헤치고 근원을 거슬러 올라가야 한다거나 경계해야 한다거나 분통스럽다고 말하였다. (반정) 두 글자의 흉악한 계획은 반드시 구선복 · 구명겸 · 김상철 · 김우진에 그치지 않았는데도 마침내 끝까지 조사하지 않았다고 한 것이 과연 정부에게 무슨 해가 되는가?

정부가 주워 모은 말을 가지고 반드시 내가 틀렸다고 한 것은 또한 무슨 뜻인가? 정부가 만일 내가 의심하는 두 가지를 상세히 말하여 내 의혹을 풀어 주고, 또한 내가 봄에 올린 상소가 잘못이라고 하지 않는다면 나 또한 서로 화합할 수 있을 것이다."라고 하였다.

나는 박사혁이 이홍재와는 조금 다르다는 것을 알고 있었으므로, 대략 말할 수밖에 없었는데, 그 의도는 박사혁이 그들의 꾐에 빠지지 않게 하려는 것에 있었다.

잠시 뒤 이홍재가 왔다. 이홍재 또한 나를 비방하는 말을 가지고 묻기를,

"최근 정승 이철보(李喆輔)[294] 댁 치제(致祭)에 자네 또한 가서 참석했다는 말이 자자하

294. 이철보(李喆輔, 1691~1775): 본관 연안(延安), 자 보숙(保叔), 호 지암(止庵). 이조 참판 등을 역임. 1754년 나주괘서사건 당시 주모자 윤지(尹志)와 그 추종자들의 공사(供辭)에 자주 이름이 오르내리자, 토역소(討逆

던데, 나는 절대로 그럴 리가 없다고 믿는다."라고 하였다. 이때 마침 고(故) 판서 이철보를 치제하라는 명이 있었다. 내가 가서 참여했다고 말한 것은 이철보가 곧 한쪽 편이기에 이 또한 나를 욕보이려는 말이었다. 내가 말하기를,

"이 같은 말은 삼척동자도 반드시 믿지 못할 것인데 나와 무슨 상관이 있는가?"라고 하니, 이홍재가 말하기를,

"이것은 과연 그렇지만 그 비방하는 말이 나온 것은 어찌 이유가 없겠는가?"라고 하여, 내가 말하기를,

"세상에서 말하는 노론(老論)과 소론(少論)에는 서로 다른 주장이 있었다. 유림 사이에 회니시비(懷尼是非)[295]가 있었고, 조정에는 신임(辛壬)의 사안[296]이 있었다. 우옹(尤翁, 송시열)이 옳다 하며 이윤(尼尹, 윤증)을 배척하는 것은 노론이다. 윤증이 옳다 하며 송시열을 배척하는 것은 소론이다. (노론) 4대신(四大臣)[297]을 충신이라 하고 조태구와 유봉휘를 역적이라고 하는 것은 노론이다. 그때 흉론을 도리어 옳다고 하는 것은 소론이다. 내가 이 둘 가운데 어찌 털끝만큼이라도 소론과 가까운 것이 있겠는가? 그런데 나를 소론이라고 하는 것은 어째서인가?"라고 하니, 이홍재가 말하기를,

"이것을 말하는 것이 아니고 지금의 의론을 말하는 것이다."라고 하여, 내가 말하기를,

"지금 노소론은 각기 고집하는 견해가 없다. 징토의 의리는 온 세상이 공유하는 것이니 어찌 노소의 구분이 있겠는가?"라고 하니, 이홍재가 말하기를,

"이는 쉽게 알 수 있는 것이다. 지금 정민시의 상소[鄭疏]를 자네는 어떻게 생각하는가?"라고 하였다. 이보다 앞서 정민시(鄭民始)[298] 대감이 함경도 관찰사[北伯]에서 교체되어 돌아와 상소하여 말하기를,

"김하재와 구명겸 두 역적이 나왔지만 마침내 끝까지 조사하지 못하니, 윤리기강이 무너지고 의리가 어두워졌습니다."[299]라 하고 마침내 임금이 욕을 당할 때 신하가 죽음으로써

疏)를 올려 자기와는 관계가 없음을 밝히고 죄인의 엄중처단을 강조하였다.

295. 회니시비(懷尼是非): 회덕(懷德)의 송시열과 이성(尼城)의 윤증 사이에 벌어졌던 사상적·정치적 대립을 가리킨다. 서인이 노론과 소론으로 분열되는 계기가 되었다.

296. 신임(辛壬)의 사안: 1721년(경종 1)부터 1722년에 걸쳐 일어난 사건을 말한다. 경종(景宗)이 병이 잦고 세자가 없자 노론 4대신의 주장으로 원년 8월에 왕제(王弟) 영조(英祖)를 세제(世弟)로 책봉한 뒤, 대리청정까지 시도하자 소론이 반대하여 노론 4대신 등을 역모로 몰아서 사사(賜死)하고, 100여 명을 처벌한 사건을 가리킨다.

297. 4대신(四大臣): 신임옥사 당시 세제의 책봉을 주장한 노론의 네 대신. 김창집(金昌集)·이이명(李頤命)·이건명(李健命)·조태채(趙泰采)를 가리킨다.

298. 정민시(鄭民始, 1745~1800): 본관 온양(溫陽), 자 회숙(會叔). 병조 판서·돈녕부 판사 등 역임. 정조의 동궁 시절 궁료로서 홍국영과 함께 혁혁한 활약을 하였기 때문에 정조의 총애를 받았다.

299. 1787년(정조 11) 9월 16일(경진) 실록기사 참조.

충성을 다할 의리를 내세워 (조정에) 나오지 않았다. 이홍재가 말한 정민시의 상소는 이것을 가리킨다. 내가 말하기를,

"정민시의 상소가 노소(老少)와 무슨 관계가 있는가?"라고 하니, 이홍재가 말하기를,

"자네가 정민시의 상소를 재앙을 부르려는 마음이라고 하면 노론이고, 재앙을 부르려는 마음이 아니라고 생각하면 소론이다."라고 하여, 내가 말하기를,

"김하재와 구명겸의 옥사에 대해 만일 그 근본을 끝까지 조사하였는데도 정민시가 오히려 끝까지 조사하지 못했다고 여기면서 반드시 한쪽 편 사람들을 모두 김하재와 구명겸에게 얽어 넣으려 하였다면, 그것은 참으로 재앙을 불러일으키려는 마음이다. 지금 김하재와 구명겸의 옥사는 하나도 끝까지 조사하지 못하였으니, 정민시뿐만 아니라 사람이라면 누구나 분통스러운 마음이 없겠는가? 지금 노형이 정민시의 상소가 재앙을 불러일으키려는 마음이라고 말하는 것을 노론이라고 말한다면 나는 비록 소론이 된다고 하여도 결코 정민시의 상소가 재앙을 불러일으키는 마음이 아니라고 할 것이다."라고 하니, 이홍재가 말하기를,

"'세상에 어찌 두 명의 김하재가 있겠는가?'라는 주상의 하교가 있었는데, 자네는 어찌 듣지 못하였단 말인가?"라고 하여, 내가 말하기를,

"이것은 주상이 진정시켜 안정하려는 지극한 뜻이다. 역적 이율이 나오고 다시 또 김하재가 나왔다. 역적 김하재의 옥사를 처음부터 끝까지 조사하지 않아서 이율의 옥사가 일어났는데도 끝까지 조사하지 않은 것이 이와 같은데 도리어 정민시의 상소가 재앙을 불러일으키려는 마음이라고 한다면 이른바 '노론'은 역적 김하재와 똑같아질 것이다. 자네는 어째서 이 역적을 끝까지 조사하지 않은 것을 분통스럽다고 하지 않고 철저히 조사하지 않은 것을 논의하는 것을 재앙을 일으키는 마음이라고 하는가? 이와 같은 것이 노론이라면 나는 하지 않겠다. 정민시의 상소에서 '제방(堤防)'에 대해 말한 것을 가지고 그 의도가 근일의 소통에 있으니 반드시 편당(偏黨)의 마음이 아니라고 할 수 없다고 한다면 오히려 괜찮다고 할 수 있지만, 그 상소에서 견지하려는 의리에 어찌 노소의 구분이 있겠는가?"라고 하였다.

자수(子壽) 신대년(申大年)[300]이 마침 참석하여 이홍재를 편드는 말을 하였다. 자수는 이

---

300. 신대년(申大年, 1731~?): 본관 평산, 자 자수(子壽). 완(晥)의 증손자. 1776년(영조 52) 사헌부 헌납으로 사도세자(思悼世子)에 대해 상계(上啓)한 이경륜(李敬倫)의 유배를 청하였다. 1779년(정조 3) 노론 벽파로 정조의 즉위를 반대한 홍인한(洪麟漢)과는 인척이고, 정조의 대리청정을 반대한 윤양후(尹養厚)와는 절친한 친구라는 이유로 김문순(金文淳)의 탄핵을 받았다.

른바 북당[北人]으로 의망이 막힌 자였는데, 성품이 질박하고 검소해서 내가 애석하게 생각했었다. 품계가 오른 지 이미 오래되었는데 실직을 거치지 못하고, 항상 사직(司直)이라고 불렀는데, 근래 그가 김종수의 당여에 붙어서 출몰한다는 말을 들었다. 그런데 또 그가 이홍재를 돕는 말을 하는 것을 듣자 나도 모르게 분기(奮氣)가 치밀어 마침내 자수에게 말하기를,

"내가 자네의 문아(文雅)함을 아꼈는데, 근래 듣자니 세상의 부침에 능란한데도, 오히려 사직이라는 호칭을 면했다는 말을 듣지 못했다. 자네의 선대[先世]도 또한 소론이었으니 자네는 소론을 배척하지 말게."라고 하였다. 정승 신완(申琓)[301]이 자수의 증조부였는데, 한태동[韓][302] · 조지겸[趙][303]과 같은 소론이었기 때문에 내가 그를 희롱하여 말한 것이다. 이때 내 기분이 성이 나서 껄끄러운 것을 크게 건드리는 말이 나올 염려가 있어서 바로 일어났다.

이때 김종수가 비방하는 말로 선동하여 내가 한쪽 편에 영합하기를 바란다고 하며 인심을 현혹시켰으나 또한 모두 실상이 없었다. 전조(銓曹)를 사주하여 의망을 저지했는데 죄명도 없이 막는 것은 오래갈 계책이 아니었기 때문에 이홍재로 하여금 나의 곤궁한 형세를 이용하여 꾀어낼 계책으로 삼고자 했다. 이홍재가 정민시의 상소를 가지고 말한 것은 정민시의 상소를 김종수가 매우 꺼렸기 때문에 이것으로 나에게 물어서, 내가 한쪽 편에 영합하기를 바란다는 말로 나를 동요시키려 한 것이었다. 만약 내가 정민시의 상소가 잘못이라고 하면 이것으로 서로 합세하는 실마리로 삼고자 한 것이다. 그러나 정민시의 상소를 가지고 물었던 것은 이홍재의 사리에 어긋난 계책이었지 김종수가 시킨 것은 아니었다.

이홍재가 오기 전에 내가 박사혁과 주고받은 말을 유생 하나가 몰래 건물 뒤에서 듣고 부근에 전파하였는데, 이것을 김종수가 듣고 더욱 놀라고 의심하게 되었다. 또 이홍재가 정민시의 상소로 물었다는 말을 듣고 크게 실언한 것이라고 책망했다고 한다.

이홍재는 내가 자수와 주고받은 말이 한태동과 조지겸의 설에 미치자 선정(先正, 송시열)을 침범했다고 말하여 비방하는 말을 보탰다. 그러다가 갑자기 또 사람들에게 분석하

---

301. 신완(申琓, 1646~1707): 본관 평산(平山), 자 공헌(公獻), 호 경암(絅菴). 영의정 경진(景禛)의 증손. 박세채(朴世采)의 문인. 우의정·영의정 등을 역임하였다.

302. 한태동(韓泰東, 1646~1687): 본관 청주(淸州), 자 노첨(魯瞻), 호 시와(是窩). 부수찬·헌납·부교리 등을 역임. 숙종대 조지겸(趙持謙) 등 소장파와 함께 김익훈(金益勳) 등을 옹호하는 노장파 중심의 노론과 대립하며 소론으로 분기하였다.

303. 조지겸(趙持謙, 1639~1685): 본관 풍양(豊壤), 자 광보(光甫), 호 우재(迂齋). 좌의정 익(翼)의 손자, 이조판서 복양(復陽)의 아들. 민정중(閔鼎重)·김석주(金錫冑) 등과 대립하면서 소론에 참여하여 한태동(韓泰東)·유득일(兪得一)·박태유(朴泰維) 등과 활동하였다.

여 말하기를,

"심 아무개가 선정을 침범했다고 말하는데 반드시 이럴 리가 없다."라고 하였다. 스스로 말을 꺼내고 답하여 더욱 현혹되게 만들려 했던 것이다.

뒤에 듣자니 정승 이철보의 치제에 내가 가서 참여했다는 설도 또한 이홍재에게서 나왔다고 한다. 심지어 이홍재는 말하기를,

"내가 이 정승의 집 대문으로 나올 때 마주쳐서 그것을 보았다."라고까지 하였다가, 또 사람들에게 해명하여 말하기를,

"이는 그럴 리가 없다."라고 하였다. 그 말이 따르는 사람마다 다르기가 이와 같았다. 사람이 본성을 잃은 것이 이런 지경에까지 이르렀으니, 그 또한 슬픈 일이다.

44. 김종수가 서유린에게 심낙수를 설득해 달라고 부탁하다

인척인 서 형(徐兄, 서유린)이 나와 함께 박사혁 집에 모여서 이야기하자고 요청하여, 내가 봄에 상소한 뒤 서로 보지 못했기에 마침내 가서 모였다. 서 형이 말하기를,

"자네는 직명을 기다리지 않고 상소하여 정승 유언호의 주장에 대해 변론하고 정부를 논척하려 한다던데, 자네가 과연 이런 뜻이 있는가 없는가?"라고 하여, 내가 말하기를,

"내가 일찍이 송덕상에 대해 상소할 때도 또한 5, 6개월이 지나서 직명을 기다렸다가 비로소 그렇게 하였다. 이 상소는 무엇이 급해서 이전 직함[前啣]을 가지고 하겠는가?"라고 하니, 서 형이 말하기를,

"자네를 비방하는 말이 날이 갈수록 심한데, 이는 참으로 소론 가운데 자네를 칭찬하는 자가 많은 데서 연유한 것이고, 자네와 정부가 대립했기 때문이다. 정부가 우리 무리의 오래된 친구들과 함께 모두 화합하려 했고, (그래서) 정부가 말하기를, '갑진년 상소에서 얼음과 숯, 연나라와 월나라라고 한 말은 스스로 잘못임을 안다. 심 아무개(심낙수)가 금년 봄 상소에 대해서 또한 그 잘못을 안다면 마땅히 그와 서로 화합하겠다.'라고 하였는데, 자네 생각은 어떤가?"라고 하여, 내가 말하기를,

"소론이 나를 칭찬했다는 것이나, 정부가 나를 배척했다는 말은 모두 나와 관계가 없다. 그 얼음과 숯, 연나라와 월나라의 말들은 또한 사실 그대로이다. 나와 정부의 언의가 서로 맞지 않는 것이 과연 얼음과 숯, 연나라 · 월나라 사이와 같은데 내가 어찌 성내겠는가? 다만 내가 정부에 대해서 깊이 의심하게 된 것은 그가 광남군과 완녕군이라고 자처하면서도 이율의 변고를 바로 고하지 않았고, 먼저 흉악한 말을 듣고도 조시위를 바로 징토하지 않

았기 때문이다. 내가 한쪽 편과 서로 내통한다고 하였는데, 정부야말로 참으로 한쪽 편과 서로 통하였다. 김우진과 빈틈없이 얽혀 있는 자는 누구란 말인가? 내가 이런 의심을 갖고 있는데 어찌 서로 화합할 수 있겠는가?"라고 하니, 서 형이 웃으며 말하기를,

"스스로 광남군과 완녕군으로 자처하며, 과연 이율의 역모를 고변하였으니 그것이 빨랐는지 늦었는지를 가지고 반드시 의심할 필요는 없다. 조시위의 흉악한 말이 드러난 것은 정부가 이뤄낸 것이라고 말해도 좋으니 또한 반드시 의심할 필요는 없다. 김우진의 경우 속임을 당한 것이 틀림없으니, 어째서 꼭 이러한 몇 가지를 가지고 의심하는가?"라고 하였다. 내가 말하기를,

"내가 봄에 올린 상소를 형은 어떻게 생각하는가? 정부가 홀로 헐뜯고 배척당했다고 생각하는 것이 어찌 괴이하지 않은가? 며칠 전에 이사심이 와서 함께 모여 이야기를 나누었는데, 또 정민시의 상소가 재앙을 일으키려는 마음에서 나왔다는 말로 나에게 이러이러하다고 물었고, 내가 이러이러하다고 대답하였다. 형의 생각은 또 어떠한가?"라고 하니, 서 형이 말하기를,

"그대 상소에 대해 나는 잘못이라고 생각하지 않지만 그 형(홍봉한)과 다르다고 운운한 것은 긴요하지 않은 듯하니 표현이 잘못되었다고 하면 될 것이다. 이 이외에는 어찌 이 상소가 틀렸다고 할 수 있겠는가? 정민시의 상소는 재앙을 불러일으키려는 마음에서 나왔다고 할 수 없다는 것은 내 생각도 그렇다. 회숙(會叔, 정민시)이 아직 상소를 올리지 않았을 때 마침 내가 가서 방문하고 그 상소 원본을 보았다. 올리기 전이라 자네는 전혀 볼 수 없었을 것이다. 그런데 내가 그 상소에 관여하였다고 말하지 않고, 자네가 그 상소에 관여했다는 말이 근래에 또 매우 자자하다."라고 하였다.

서 형이 이어서 탄식하며 말하기를,

"갑진년(1784, 정조 8) 겨울에 우리가 잘못 생각하여 중우(仲羽)【이형육(李亨逵)의 자이다.】의 상소가 있었고, 얼음과 숯, 연나라와 월나라라고 하는 상소가 이르게 되었다. 당시 그 당의 유사(儒士) 가운데 시배(時輩)를 공척한 자들이 영칙(迎勅)[304]할 때 길가에서 구경하면서 나를 가리켜 공격하고 욕하는 소리가 내 귀에까지 들릴 지경이었다. 하지만 내가 싫어하고 성내지 않았으니, 자네 또한 마음을 푸는 것이 어찌 어렵겠는가? 갑진년 겨울에 한층 더 격렬하게 바뀐 것은 모두 자네의 마음에서 비롯된 것이다."라고 하여, 내가 말하기를,

"이 또한 내가 매우 의심스러워하는 것이다. 사람들의 말이 역적 김하재에게 미치기만

---

304. 영칙(迎勅): 황제의 칙서(勅書)를 조선 국왕이 받는 예(禮)이다.

하면 정부는 어째서 그렇게 벌떡 일어나 화를 내는가? 형도 생각해 보라. 내가 마음에 의심이 있어도 말하지 못했는데 지금은 말할 수 있다.

나는 역적 김하재의 흉악한 말과 김구주의 임진년(1772, 영조 48) 상소가 서로 표리가 된다고 생각한다. 한후익의 상소[305]에서 기사(機事) · 기심(機心)이라고 한 말을 역적 김하재가 나온 뒤 생각해 보니 더욱 흉악하고 참혹스럽다. 내 마음속에 늘 이런 의심이 있었다. 정부가 역적 김하재에 대해 늘 시속을 뛰어넘는다고 칭찬하였는데, 이른바 '시(時)' 자를 공척하는 것 또한 역적 김하재와 똑같았다. 이것이 내가 깊이 의심해 왔지만 또한 감히 가볍게 말하지 못한 것이다."라고 하니, 서 형이 말하기를,

"소론은 늘 역적 김하재를 거론하며 한쪽 편을 의심하는 말을 하는데, 이것이 어찌 자네 말이 마음속에 들어가고 뼛속에 스며들어서 그런 것이겠는가? 자네가 비록 이러한 의심이 있어도, 역적 김하재는 천만고에 없는 흉악한 역적인데 어찌 꼭 가슴속에 이 같은 의심을 품고 있어서야 되겠는가?"라고 하여, 내가 말하기를,

"그가 천만고에 없을 흉악한 역적이기 때문에 분통스러운 마음으로 그 연원을 끝까지 거슬러 오르지 않을 수 없어서 이같이 의심할 뿐이다."라고 하니, 서 형이 말하기를,

"정부는 나더러 자네의 마음을 풀어 달라고 했는데, 내가 어떻게 말하면 되겠는가?"라고 하여, 내가 말하기를,

"많은 말이 필요 없다. 다만 말하기를 '정승 유언호의 말에 대해 변명하는 상소는 직명이 없이 하고 싶지 않다. 서로 화합하자는 말에는 결코 그렇게 할 수 없다.'라고 운운하는 것이 좋겠다."라고 하니, 서 형이 말하기를,

"내 뜻도 그렇다."라고 하여, 내가 말하기를,

"그는 반드시 말하기를, '원덕(元德, 서유린)에게 심 아무개의 마음을 풀어 주라고 했더니 아무개도 기꺼이 승낙했다.'라고 운운하면서 과장하는 계책으로 삼을 것이다. 그가 만일 이런 말을 하면 그 책임은 형에게 있다."라고 하니, 서 형이 웃으며 말하기를,

"과연 이런 염려가 없지 않겠으나 내가 어찌 잘 말하지 않겠는가?"라고 하면서 서로 웃고 헤어졌다.

---

305. 한후익의 상소: 1776년(정조 즉위년) 11월 21일(기축) 실록기사에서 정언 한후익이 다음의 상소를 올렸다. "기사(機事)는 이미 지나갔으나 기심(機心)은 아직도 남아 있습니다." 기사는 대체로 대리청정, 『명의록』 등의 편찬을 통해 반대파 제거를 의도한 일을 가리키며, 기심은 반대파를 제거하려는 마음을 뜻하는 듯하다. 한후익은 홍인한의 배후인 홍봉한을 토죄하지 않았다는 이유로 『명의록』에 기심이 깔려 있다고 비판하였다. 한후익은 홍양해(洪量海) 등과 『명의록』·『속명의록』을 모두 부정했으며, 대리청정 또한 반대파 제거를 위한 함정이라 여겨 세손을 제거한 후에 김구주와 함께 은전군(恩全君) 찬(禶)을 추대하려 모의하였다.

45. 김종수가 김우진의 환심을 사려고 목비를 세우다

박사혁의 집에서 서 형(徐兄)과 만나 이야기할 때, 서로가 말을 다 끝마치지 못해서 다시 만나기로 약속했다. 내가 서 형을 찾아가 만나서 말하기를,

"그가 비록 형더러 나의 의심을 풀어 주기를 요구했더라도 형은 어째서 반드시 풀어 주지는 못한다고 말하지 않고 그 청을 허락하고 쓸데없는 말을 더해서 나를 더욱 곤란하게 만드는가?"라고 하니, 서 형이 말하기를,

"처음에는 나 또한 '경문(景文, 심낙수)이 고집이 있어서 반드시 되돌릴 수 없을 것이니, 말해봐야 이득이 없을 것이다.'라고 답했으나, 그가 나를 보고 갑자기 말하기를, '지금 보합(保合)하려면 반드시 심 아무개를 먼저 (끌어들인) 뒤에야 가능하다.'라고 하면서 만나자마자 열심히 부탁하기에 내가 장황하게 답하고 말았다.

최근 그대가 박사혁의 집에서 사심과 말을 주고받은 뒤에 (김종수가) 한층 더 애써 간절하게 여러 번 진심을 다해 부탁하고, 또 사상(士祥)【심풍지(沈豊之)의 자이다.】을 통해 나에게 간청해 보라고 말하였기에 나 또한 부득이하게 그대에게 박사혁 집에서 (만나자고) 요청한 것이다.

그에게는 내가 자네에게 한마디 말한 것으로 알게 할 뿐이다. 내가 어찌 그대 뜻을 끝내 풀 수 없다는 것을 모르겠는가? 그날 주고받은 말은 이미 그에게 들어간 것 같다. 그래서 나는 (그의 부탁을 들어주었다고) 내세우는 것을 꺼려서 그에게 언급하지 않았다."라고 하였다. 내가 말하기를,

"형은 어째서 꼭 힘들게 그에게 이리저리 꾸며대는 것인가? 그를 의심한 지 이미 오래되어 갑진년(1784, 정조 8)·을사년(1785) 이후로는 더욱 말할 것도 없어서 비록 겉으로라도 이 어찌 구차하게 합하여 용납할 수 있겠는가?"라고 하니, 서 형이 말하기를,

"그 형세가 두려울 만하고, 또 그 이른바 보합의 설[306]이라는 것이 나쁜 말이 아닌데 어찌 대놓고 배척하는 말을 하겠는가? 내가 자네와는 마음으로 합하지만, 그와는 의로 합하니, 자네 또한 너무 과격하게 하지 마라."라고 하여, 내가 웃으며 말하기를,

---

306. 보합의 설: 서유린은 정조의 진정시켜 안정하려는[鎭安] 의지를 받들어야 한다면서 심낙수와 김종수의 보합을 설득했으며, 김종수 역시 이에 응하고자 했다. 김종수는 서명선·조시위 등 소론 주도 세력의 퇴조를 계기로, 소론이 다시 부상하기 전에 노론이 통합해야 하며, 이를 위해 노론에서 가장 대립적인 심낙수와 화해해야 한다고 판단했던 것이다. 그러나 이 제안은 심낙수가 김종수의 행적에 강한 의문을 제기하며 거부함으로써 실패로 귀결되었다. 심낙수는 토역론의 입장에서 정조의 진안책에 부응하는 서유린의 나약함을 질책하며, 김하재와 이율 옥사의 배후로서 김치인·김종수에 대한 성토를 강화해야 한다고 주장했다.

“의는 의 바깥의 의인가? 나는 과격하지 않기 때문에 이 지경에 이른 것이다. 과격했다면 결판이 난 지 오래되었을 것이다.”라고 하니, 서 형이 말하기를,

“근래 듣자니 그가 승정원에서 이조 판서【이갑(李𡊠)이다.】를 보고 세 사람을 의망(擬望)하라고 권했는데, 자네와 윤재순(尹在醇), 김우국(金遇國)이었다. 이 또한 자네를 욕보이려는 뜻이었는데, 이조에서 먼저 김우국을 의망하자 김우국이 윤 대감【윤시동(尹蓍東)[307]이다.】을 탄핵하여 일을 냈다.

자네도 직명이 있었다면 비록 상소의 말이 무엇인지 알지 못해도 반드시 대응하여 변론하였을 것이고, 또 반드시 싸움의 단서가 생길 것이니, 이조에서는 또 감히 의망을 거론할 수 없었다고 한다. 조만간 직명이 있게 되면 대응하는 상소로 통렬하게 논변하지 않을 수 없을 것이다.”라고 하여, 내가 말하기를,

“앞으로 상소하는 일은 긴요한지 느긋한지를 논할 것도 없다. 내가 봄에 상소를 올린 뒤로 다만 그가 의심하고 성낸다고 들었는데 그가 어떻게 말했는지는 듣지 못하였다. 형이 들어서 아는 것이 있으면 듣고 싶다.”라고 하니, 서 형이 말하였다.

“자네가 상소한 뒤에 영의정이 나에게 묻기를, ‘아무개의 상소를 보았는가? 아무개와 나는 비록 서로 만난 적은 없으나 가까운 친척이다. 그 상소의 뜻을 보니 오로지 나를 핍박하는 것이니 어찌 괴이하지 않겠는가?’라고 하였다. 내가 말하기를, ‘정부가 전에 심 아무개에게 얼음과 숯, 연나라와 월나라라고 논척한 일이 있었으니 심낙수가 정부에게 좋지 않은 뜻이 있을 수도 있지만 대감에 대해서 어찌 서로 핍박하겠습니까? 또 그 상소에는 하교하신 것과 같은 말은 없는 듯합니다.’라고 하니, 영의정이 말하기를, ‘상소 가운데 앞부분에 논한 말이 어찌 나를 핍박하려는 뜻이 아니겠는가?’라고 하여, 내가 말하기를, ‘이는 크게 보면 이미 오래된 논의와 같으니, 아마도 꼭 그렇지는 않을 것입니다.’라고 하였다.

그 뒤 정승 이재협(李在協)이 고 정승 이종성(李宗城)의 일로 경연에서 아뢸 때 김상로에 대해 언급하는 거조(擧條)가 나온 뒤에 영의정이 나에게 말하기를, ‘지난날 말이 심낙수의 상소에 미쳤을 때 공은 그 상소의 앞부분에서 논한 뜻이 반드시 나를 핍박하는 것은 아니라고 하였으나 좌의정이 경연에서 아뢴 것으로 볼 때 심낙수의 뜻이 어찌 나를 핍박하는 것이 아니겠는가?’라고 하였다.

대개 자네가 한쪽 편과 서로 통했기 때문에 정승 이재협이 경연에서 아뢴 것이 자네가

---

307. 윤시동(尹蓍東, 1729~1797): 본관 해평(海平), 자 백상(伯常), 호 방한(方閑). 이조 판서 · 우의정 등을 역임. 정조대 시파와 함께 김종수(金鍾秀) · 심환지(沈煥之) 등 벽파 공격에 앞장섰고, 김한구(金漢耉) · 홍인한(洪麟漢) 등 척신의 축재를 규탄하였다.

상소를 올린 뒤에 이어서 나온 것이라고 생각하고 있다."

내가 말하기를,

"내가 정승 이재협의 거조를 본 뒤에 또한 그 무리들이 반드시 이런 말을 할 줄 알았다. 그러나 김상로를 징토하는 것이 어찌 다만 나와 정승 이재협뿐이겠는가?

또 내 상소는 수십 년간의 여러 역적을 징토하자는 것으로서, 김상로부터 시작하여 최근의 김하재, 이율, 구선복·구명겸의 옥사에 이르기까지 전부 끝까지 조사하지 못했다고 한 것이다. (이것이) 매우 긴요한 관건인데, 영의정은 어째서 내 상소에서 최근의 일을 가지고 핍박하였다고 하지 않고, 반드시 조보[朝紙]에서 날마다 베껴 올린 김상로의 일을 끌어다가 핍박한다고 말하는 것인가?"라고 하니, 서 형도 웃었다.

내가 말하기를,

"내가 참으로 분한 것은 저들이 나에게 한쪽 편과 서로 통한다고 말하는 것이다. (오히려) 그들이 어찌 참으로 한쪽 편과 서로 통하는 것이 아니겠는가? 김종수가 김상철을 '낙산(駱山)의 대로(大老)'라고 부르고, 김우진은 김종수를 '사림의 영수'라고 불렀다고 한다.

내가 듣건대 김우진이 광주 부윤을 지낼 때, 왕래하던 길에 몽촌(夢村)을 지나는데, 김종수가 목비(木碑)를 만들어 김우진을 칭송하였다고 하는데, 문밖 길가에 목비를 세워 김우진의 환심을 얻으려고 한 것이다. 그리하여 마침내 김우진으로 하여금 왕래하며 반드시 들어오게 해서 종용하고 유인하여, 서로 얽혀서 일을 꾸몄을 것이다. 신개(申愷)가 김상철과 영의정의 집에 왕래한 것을 어느 누가 모르겠는가? 이러고도 나처럼 한쪽 편 사람들의 면목도 모르는 사람을 서로 통한다고 말하니, 나는 이것 때문에 속이 썩을 지경이다.

정회숙(會叔, 정민시)과 나는 근 십 년 안면이 있었으나 한 번도 상종한 적이 없었다. 그러다가 관서(關西)의 영읍(營邑)을 서로 지나게 된 뒤 내가 먼저 돌아오고, 그가 뒤에 돌아왔는데, 그때 내가 한번 방문하였다. 형 또한 그것을 알고 있다. 이 외에는 내가 어찌 한쪽 편과 서로 아는 것이 있겠는가? 최근에 정 대감이 북쪽에서 돌아온 뒤에는 내가 가서 볼 뜻은 있었으나 또한 아직 만나지 못했다."라고 하니, 서 형이 말하기를,

"뜬소문과 비방을 또한 어찌 따르겠는가? 근래 듣자니, 평서(平瑞, 이규위)가 자네를 외방에 임명해야 된다고 했다는데, 이는 반드시 그들 가운데에서 나온 논의일 것이다. 자네 생각은 어떠한가?"라고 하여, 내가 말하기를,

"한 번 상소하여 변론하지도 못했는데 비록 굶어 죽는다 해도 외방에 임명되는 것을 어찌 논하겠는가?"라고 하였다.

이어서 이규위가 의리에 대해 시비를 논하는 것이 이후로 달라질 것이라는 말이 있다고

말하자, 서 형도 크게 탄식하였다. 뒤에 듣자니 김종수가 서 형을 만나서 말하기를,

"지난번 일은 심력(心力)을 잘못 썼다고 할 만하다."라고 말하자, 서 형이 '그렇다'고 하니, 김종수가 말하기를,

"내가 이미 얼음과 숯, 연나라와 월나라라고 하는 실언을 했으니 사람들이 의심을 풀지 못하는 것도 괴이할 것이 없다."라고 하였다고 한다.

46. 심낙수와 정민시는 의리로 통했다

이때 나는 정민시 대감을 한번 보고 싶었으나, 뜬소문과 비방을 꺼려서 못하였다. 그러나 다시 생각해 보니, 정 대감이 최근 상소로 현재의 대의를 말하였고, 또 벼슬을 내놓고 나오지 않고 있어서, 물러난 한 사람에 불과하므로, 한번 만나보는 것도 진실로 불가할 것이 없었다. 더구나 나는 이홍재의 말에 자극을 받았고, 또한 정 대감이 북쪽에서 돌아온 뒤에 김종수와 함께 경연에 들어가서 들은 것이 많다는 말을 들었다. 이에 또한 그것을 듣지 못한 것이 답답하여 마침내 가서 만나 보았다.

정 대감은 이미 이홍재와 내가 주고받은 말을 듣고 (또한) 나에게 물었는데, 그 말이 피차를 물론하고 이미 전파되었기 때문이었다. 나는 그때 주고받은 말로 답하였다.

정 대감이 웃으며 말하기를,

"내가 상소에서 제방(隄防) 운운한 것이 또한 어찌 치우친 마음에서 나온 것이겠는가? 근일에 이른바 '소통시킨 사람'이란 경자년(1780, 정조 4) 사이에 그들이 벼슬길을 막았던 자들이다. 벼슬길이 막힌 것은 반드시 죄에 연루되었기 때문인데, 그 뒤에 다시 죄를 씻을 단서가 없는데도 문득 또 벼슬길에 소통한다고 말한다면 이것이 어찌 널리 펴서 쓴다는 뜻이【곧 그 상소의 말이다.】 아니겠는가?"라고 하여, 내가 말하기를,

"이는 모름지기 말해서는 안 됩니다. 공이 견지한 의리는 김하재와 구명겸을 끝까지 조사하지 않았던 것을 통탄하는 것이니, 여기에 어찌 털끝만큼이라도 재앙을 불러일으키려는 마음이 있겠습니까? 저들이 재앙을 불러일으키려는 마음이라 한 것은 곧 김하재와 구명겸의 일을 끝까지 조사하고 싶지 않다는 뜻이니 다른 것이야 무슨 말을 더 하겠습니까?

나는 공이 조정에 돌아와 부절을 반납한 날, 김종수와 함께 경연에 들어가 자못 들은 것이 있다고 들었는데 (그것을) 듣고 싶습니다."라고 하니, 정 대감이 말하였다.

"내가 입시한 날에 그도 또한 함께 들어왔다. 내가 주상 앞에서 '김하재와 구명겸의 옥사에 대해 여전히 끝까지 조사하지 않은 것이 신하로서 통탄스럽습니다.'라고 아뢰고, 스스

로 물러나려는 의리를 대략 진술하였다. 주상이 의심을 풀어주고 위로해 주며, 그와 함께 일하라는 명을 내렸다.

이에 나는 '저 중신(重臣, 김종수)의 일은 신이 참으로 알지 못하겠습니다. 저 중신이 일찍부터 의리로써 자처해 왔고, 오늘날에는 세도를 담당하고 있으니, 반드시 그 의리를 붙들어 밝히는 큰일을 알고 있을 것인데, 일체 조용해서 들을 수가 없으니 신은 일찍부터 괴이하다고 생각해 왔습니다. 신이 벼슬살이를 할지 말지는 참으로 저 중신과 관계가 있습니다. 저 중신이 만약 의리를 다시 밝힌다면 신은 그와 함께 일할 수 있습니다.'라고 하였다.

그가 말하기를, '의리가 밝지 않은 것은 참으로 저 중신(정민시)의 말과 같습니다. 이덕사와 조재한의 옥사 이후 의리는 오히려 천명되지 못한 것이 많습니다.'라고 하였다. 내가 답하기를, '이는 그렇지 않습니다. 이덕사와 조재한의 옥사 뒤에 지금까지 다시 흉악한 논의를 답습하는 자가 없었습니다. 그런데 김하재와 구명겸은 오히려 그 근본을 끝까지 조사하지 않으니, 저 중신의 말이 맞는지 신은 알지 못하겠습니다.'라고 하였다. 주상이 양쪽을 화해시키며 힘써 풀어주었다. 얼마 뒤 물러나왔다.

그가 문득 나에게 미처 다하지 못한 말이 있는지 묻기에 내가 대답하기를, '공이 노부모를 봉양하러 서울에 들어왔는데, 과연 의리를 붙잡아 밝히기 위해 무슨 사업을 한 것이 있는가? 나는 이 때문에 공을 괴이하게 생각한다. 운운.' 하고 헤어졌다.

대개 기해(1779, 정조 3), 경자(1780) 연간에 나는 그의 일을 많이 알고 있어서 마음속에 참으로 의심이 없을 수 없었으나 다만 우선 겉으로 친분을 잃지 않았을 뿐이었다. 갑진년(1784, 정조 8), 을사년(1785) 이후 나의 의심은 갈수록 깊어졌는데 작년 겨울 흉변 이후에는 더욱 할 말이 없었다. 이것이 내가 오늘 물러나는 까닭이다."

내가 말하기를,

"공이 관서에 있을 때 나와 얘기하면서 말이 김종수에 미치니 공은 백수(伯修) 심염조(沈念祖)[308]의 계사(啓辭)에서 (심염조가 김종수를) 역(逆)으로 감죄한 것은 지나치다고 했습니다. 이에 저는 다만 그 사람이 좋지 않다는 것만 알고 있었지만 역이라고 감죄한 것이 지나친 것인지는 모르겠다고 말하였습니다. 공이 그때 이런 말로 나에게 물었으나 내가 그를 배척하는 말을 다 할 수 없었던 것 또한 인정일 뿐이었습니다.

---

308. 심염조(沈念祖, 1734~1783): 본관 청송(青松), 자 백수(伯修), 호 함재(涵齋). 봉휘(鳳輝)의 증손. 황해도 관찰사 등을 역임하였다. 1782년(정조 6) 7월 25일자 실록기사에 의하면 이유백 옥사를 계기로 김종수를 탄핵하는 양사 합계에 심염조가 대사간으로 참여하였다.

갑진년, 을사년부터 작년 겨울까지 의심이 깊어졌던 것은 확실히 저의 뜻과 같습니다. 이는 참으로 이른바 영서(靈犀)[309]와 같이 서로 마음이 하나로 통한 것입니다."라고 하였다.

정 대감이 말하기를,

"조시위의 일은 또한 어찌 괴이하지 않겠는가? 조시위의 흉악한 말이 이미 공적인 자리에서 나왔으니, 단지 돌아다니는 말[行言]과 여론[國言]을 말한 것이라고 하지만 귀가 있는 사람은 모두 들었는데도 오히려 끝까지 조사하지 않는단 말인가?"라고 하여, 내가 말하기를,

"저는 생각하기를, 조시위의 흉악한 말을 그가 먼저 이미 들었고, 그 말의 흉악함이 홍국영과 송덕상보다 열 배는 더 허황된데도 곧바로 성토하지 않고, 5년이 지나서야 비로소 말하여, 지금 흉적을 조사할 방도가 없게 만들었습니다. 그래서 아직도 바닷가 섬에서 목숨을 부지하게 하여 죽여서 저자에 버리는 법을 시행하지 못하게 하고, 다만 조시위, 조시위라고 운운하기만 하니 이는 곧 그가 바로 하나의 조시위인 것입니다.

내가 이홍재와 말을 나눌 때 또한 이 말이 있었습니다. 그 뒤 들으니 그들은 내가 조시위를 비호하였다고 운운하였다는데 이것이 과연 말이 됩니까? 조시위가 흉악한 말을 한 죄를 끝까지 조사하자고 주장하는 사람을 도리어 조시위를 비호한다고 말하니 이 또한 그 의도를 알지 못하겠습니다.

이제 공이 이미 벼슬에서 물러났으니 서로 만나는 것이 불가할 것이 없습니다. 공에게 말하니, 내 마음속에 근심스럽고 답답한 기운이 조금 풀리는 듯합니다. 꺼리고 비방하는 말이 저는 이제 두렵지 않으니, 공을 만나 때때로 소회를 풀고 싶습니다. 저의 전후 상소가 애초에 어찌 털끝만큼이라도 공과 관계가 있다고, 공이 함께 참여하여 알았다고 한단 말입니까?

공이 북쪽으로부터 돌아온 뒤 저는 한번 오고 싶었으나 그러지 못하였습니다. 오늘에야 비로소 대면하여 공의 상소를 저에게 말해 주어 함께 알게 되었습니다. 의로써 서로 합하는 것은 도모하지 않아도 같아지는 것입니다. 근거도 없는 비방에 대해서 무슨 변명하는 말을 길게 늘어놓을 필요가 있겠습니까?"라고 하니, 정 대감이 말하기를,

"참으로 좋은 말이다."라고 하였다. 시간을 보내며 말을 주고받다가 헤어졌다.

---

309. 영서(靈犀): 신령스러운 물소. 그 뿔은 가운데에 구멍이 나 있어서 양쪽이 통하게 되어 있다. 따라서 두 사람의 의사가 모르는 사이에 소통하여 투합(投合)한다는 비유로 쓰인다.

47. 노론에서 시파가 나온 이유 — 이노술의 경우

내 벗 백선(伯善) 이노술(李魯述)[310]은 어릴 적부터 사귄 사이였지만 오래도록 벼슬에 나가지 못하고 시골에 살아서 서로 만나지 못한 적이 많았다. 때때로 서울에 올라와도 조용히 담론하지 못했다.

을사년(1785, 정조 9) 여름에 백선이 마침 서울에 도착하여 내가 그 머무는 곳을 방문하여 조용하게 말을 나눌 수 있었다. 백선이 병신년(1776, 정조 즉위년) 가을에 상소를 올려 김구주의 죄를 논하였는데,[311] 그 상소에서 말하기를,

"임진년(1772, 영조 48)의 한 상소에는 현저하게 세손[貳極]을 위협하고 동요시키려는 계략이 있었습니다."라고 하였다. 이 한 구절이 남당에게는 뼛속에 사무치는 원한이 되었다. 백선 또한 홍국영이 반드시 패퇴할 것을 알았기에 자못 홍국영에게 배척을 당해서 소외되었다. 얼마 뒤 심환지가 서명선을 공격할 계책으로 백선 부친[大人]의 일[312]을 끌어다가 언급하였다. 그 뜻이 비록 서명선을 공격하는 데서 나왔지만 또한 이로 인해 백선에게 묵은 감정을 풀고자 했다. 그의 부친이 북쪽에 몇 년간 유배되었고, 이 때문에 백선 또한 벼슬길이 막혔다. 나는 그 일을 대략만 알고 그 상세한 것은 듣지 못했다. 내가 백선에게 말하기를,

"자네는 홍국영의 시대에 어째서 겉으로라도 서로 보존하지 못하였는가?"라고 하니, 백선이 말하기를,

"나 또한 서로 보존하고 싶지 않은 것은 아니었지만 그가 반드시 흉악하고 해로운 일을 저지를 것을 분명히 알았기 때문에 오직 서로 가까이하지 않아 화를 면하면 다행이라고 생각했으므로, 영우(榮祐)의 득실은 오히려 두 번째 일에 속했다.

심환지가 나의 병신년 상소를 유감스럽게 여기고부터 반드시 함정에 빠뜨리려 하다가 서명선을 공격하는 기회에 마침내 찔러 넣을 계책을 만들었는데, 내가 못나서 화가 부친에게 끼쳤으니 무슨 말을 하겠는가?

내가 자네와 친한 것이 이미 수십 년이 지났지만 그 사이 서로 만나지 못하고, 다만 자

---

310. 이노술(李魯述, 1741~?): 본관 덕수(德水), 자 백선(伯善), 이성모(李聖模)의 아들. 홍문관 부교리로 있을 때, 상소를 올려 김구주와 그의 숙부 김한기의 처벌을 청하였다. 후일의 평을 보면 심환지는 김구주나 김한기와 친밀한 관계였던 것으로 보인다.

311. 1776년(정조 즉위년) 9월 18일(병술) 실록기사 참조.

312. 백선 부친[大人]의 일: 1794년(정조 18) 5월 12일(무술) 실록기사에 따르면 이노술의 아버지가 1767(영조 43)에 서명응의 정사(政事)로 성천 부사(成川府使)로 나갔다가, 그 뒤 심환지(沈煥之)의 탄핵을 받고 갑산(甲山)으로 유배된 일이 있었다.

네가 심환지의 무리와 상종한 것만 알고 있었으므로 나 또한 자네를 의심하여 남당 사람으로 여겼다. 그런데 경자년(1780, 정조 4) 이후부터 자네가 여러 차례 올린 상소를 보고 비로소 자네의 본심을 알았다. 자네의 전후 상소에서 남당을 언급한 것에는 자못 그 골수를 파고드는 말이 있었는데, 자네는 어떻게 실상이 이와 같음을 알았는가?"라고 하여, 내가 말하기를,

"나는 어릴 때부터 저 무리들의 일을 반드시 깊이 탐구하고자 하여 세밀하게 관찰하다가 평생의 큰 병통이 되었는데, 이것이 그 근원을 대략이나마 알게 된 까닭이다. 자네의 병신년 상소 또한 그 두뇌가 되는 곳에 침을 꽂았다고 할 만하다."라고 하였다.

나는 이어서 저들의 실상을 보고 들어 마음속에 기억한 것을 대략 말하였다. 백선 또한 의심을 풀고 서로 화합하게 되었다.

백선은 또 난역의 근원이 김상로와 홍계희로부터 시작되어 남당과 북당이 나누어지고 합해졌다고 말하였는데, 또한 간혹 내가 미처 듣거나 알지 못한 것이 있었으므로, 저절로 기이함을 이기지 못하여, 수십 년간 오랜 친구로 지낸 것을 기뻐하면서 또한 평생의 지기(知己)가 되었다.

나와 백선이 편하게 말을 나눈 뒤 얻은 것에 대해서는 잊은 적이 없었다. 그렇지만 백선은 지금까지도 두려워하고 위축되어 어쩌다가 서울에 올라와도 사람을 만나지 않았다. 혹시 나와 함께 상종하다가 또 사설(辭說)이 더해질까 두려워했기 때문이다. 그래서 서울에 올라오기로 약속하면 틈을 내어 서로 만날 때 다른 사람이 알지 못하게 하였으니, 이 또한 세상이 변한 한 모습이었다. 백선은 내가 저들에게 미움 받는 것을 걱정하며 말하기를,

"그대가 공공연히 손오공(孫烏公)[313]과 적대한다면 어떻게 견딜 수 있겠는가. 올봄의 상소로 더욱 저들의 원한이 사무치게 되었으니 아마도 암암리에 화를 당할 수도 있을 것이다."라고 하고, 곧 웃으며 말하기를,

"예로부터 천리(天理)는 반드시 대대(對待)가 있다고 하였다. 조조(曹操)를 낳으면 반드시 제갈량(諸葛亮)을 낳고, 이임보(李林甫)[314]를 낳으면 반드시 장구령(張九齡)[315]을 낳았다. 자네는 한 명의 깨끗한 선비[措大]인데 하늘이 이미 저들을 낳았으니 자네도 또한 반드시

313. 손오공(孫烏公): 오손(烏孫)과 오만(烏蠻)을 가리키는 듯하다. 이들은 한(漢)나라 때 천산 북로의 주변에 살던 유목민족이었다. 여기서는 김종수와 심환지를 위시한 남당을 가리킨다.

314. 이임보(李林甫, ?~752): 당나라 현종(玄宗) 때 재상. 갖은 음모와 중상모략을 일삼아 '구밀복검(口蜜腹劍)'이라 불렸다.

315. 장구령(張九齡, 678~740): 당나라 현종 때 재상. 현상(賢相)이라는 평을 들었다. 이임보(李林甫)의 모함을 받아 재상직에서 물러나고, 외직으로 나가 형주장사(荊州長史)가 되었다. 안녹산(安祿山)이 위험인물임을 간파했다는 일화가 전해진다.

하늘이 낳은 사람일 것이다."라고 하여, 서로 마주 보고 크게 웃었다.

백선의 부친은 일찍이 홍계능(洪啓能)과 서로 알고 있었지만 친밀하게 지낸 적은 없었다. 이른바 '이름난 읍에 제수되려고 도모했다'는 말은, 당시에 과연 홍계능이 전관(銓官)에게 부탁한 일이 있었는지는 알 수 없지만, 참으로 이런 일이 있었다면 이것이 얼마나 큰 죄인가? 그런데 (홍계능은 탄핵하지 않았다는) 책망을 감수하면서 백선의 부친만을 탄핵한 것은 역적을 징토한 아들의 상소가 그들이 가장 꺼리는 악한 곳을 깊이 건드렸기 때문이었다. 백선과 같이 공정하고 순수한 자가 아무런 이유 없이 성인의 세상에 버려진 물건이 되었으니 생각하면 더욱 분통스러운 일이다.

48. 정민시는 노론 시파의 활약을 기대하다

무신년(1788, 정조 12) 정월 보름날 밤, 나는 달 밝은 거리를 산보하다가 종이 친 뒤 돌아가려는데, 갑자기 정민시 대감을 보고 담화를 나누고 싶어졌다. 그래서 방문하여 불을 밝히고 이야기를 나누었다. 내가 말하기를,

"지금 저들이 터무니없는 거짓을 꾸며 속이고 미혹시키는 것이 날이 갈수록 심해져서 국가가 무엇에 의지해야 할지 알지 못할 지경입니다. 서울과 지방을 물론하고 그 당에서 서로 유인하는 것이 점점 종이가 물드는 것과 같습니다. 인심이 이와 같으니 하루 아침 저녁 사이에 말하기 어려운 화가 일어나지 않을지 어찌 알겠습니까? 공이 친신(親臣)임을 자처하니 마땅히 다른 사람과는 다른 점이 있을 것입니다. 어찌 몸을 잊고 의리에 따라 죽겠다는 마음으로 그 기세를 조금이라도 줄여서 주상의 은혜에 조금이라도 보답하려고 하지 않습니까?"라고 하니, 정 대감이 말하기를,

"내가 비록 형편없는 사람이지만 어찌 생각이 없겠는가? 그렇지만 세상에서 말하는 당목(黨目)이 이미 고질[膏盲]이 되어서, 우리 가운데 만일 저들을 언급하는 자가 있으면, 저들은 곧 당심(黨心)으로써 모함에 빠뜨린다고 몰아간다. 주상 또한 위로하고 진정시키는 하교[316]를 내리면 저들의 기세는 반드시 배가 된다. 이는 무익할 뿐만 아니라 도리어 해가 된다. 노론 가운데 공정한 마음에서 나온 훌륭한 견해가 있을지라도 또한 반드시 몰아서 소론과 영합하기를 바란다는 명목으로 돌아가게 만든다. 하물며 이른바 소론은 더욱 어찌 말로 다할 수 있겠는가?"라고 하여, 내가 말하기를,

---

316. 주상 …… 하교: 정조는 누차 발생하는 반역사건에 대해 『명의록』 의리에 입각해 간범자(干犯者)를 위주로 징토하되, 진안(鎭安)·조정책(調停策)은 일관되게 견지하였다.

"그렇다면 앉아서 망하기만 기다리고 아무런 대책도 없단 말입니까?"라고 하니, 정 대감이 말하기를,

"지금의 형세로는 만약 이른바 시배(時輩) 노론[317]이 저들과 맞설 수 있다면 다행인데, 원덕(元德) 서유린 형제는 어째서 이 계책을 실천하지 않는가? 내가 원덕을 보고 이와 같은 뜻으로 책망할 때면 매번 스스로 저들과 다르다고 하는데 오히려 저들과 다른 행적을 볼 수 없으니 내가 그 의도를 모르겠다."라고 하여, 내가 말하기를,

"저 또한 서 형의 마음을 압니다. 그가 이른바 '저들과 다르다'는 것은 과연 진정입니다만, 어긋나기를 두려워하여 기치를 세워 대적하지 못하는 것이 틀림없습니다."라고 하였다. 정 대감이 말하기를,

"한쪽 편이 반드시 (다른) 한쪽 편을 다 죽이고자 한다는 것은 저들이 일부러 뜬소문을 지어내어 당심(黨心)을 굳게 하려는 의도이다. 노론 가운데 저 무리의 사람이 아닌데도 또한 그 말을 믿는 자가 있으니 이것이 어찌 말이 되겠는가?

비록 이전의 일로 보더라도 신축·임인년의 엄청난 재앙[318]으로 서로를 살육하여 바야흐로 그때 거의 다 죽은 것 같았지만 여전히 남은 자가 있으니 지금 노론과 소론이라고 부르는 것이 바로 그 나머지이다. 세상에 어찌 한쪽 편을 다 죽이는 이치가 있겠는가? 다만 저들이 상하를 두렵게 하여 동요시키려는 계책일 뿐이다.

토역(討逆)의 의리를 다하는 것은, 이른바 소론은 어찌할 수가 없고, 오직 원덕의 무리를 믿을 뿐인데, 또한 이와 같으니 지금 노론과 소론을 물론하고 모두 함께 망하는 것 외에 다른 도리가 없다. 나라가 망한 뒤에 이른바 노론과 소론 또한 어찌 홀로 그 한쪽 편 사람만 보존할 수 있겠는가?"라고 하였다. 그 말이 격렬하고 절실하여 사람의 감동을 불러일으켰다.

말이 내가 이후 대응하는 상소를 올릴 일에 미치자, 정 대감이 말하기를,

"그대는 홀로 고심하여 다시 상소할 필요가 없다. 비록 다 말하여 밝힐지라도 저들은 또 한쪽 편에 영합한다고 말할 것이고, 주상 또한 진정시키고 안심시키는 뜻으로 견책(譴責)할 것이니, 어찌 매우 무익한 일이 아니겠는가?"라고 하여, 이에 서로 마주 대하고 한숨짓다가 헤어졌다.[319]

---

317. 시배(時輩) 노론: 소론계 서명선·정민시에게 협력하는 노론, 즉 노론 시파를 가리킨다.

318. 신축·임인년의 엄청난 재앙: 신축년(1721, 경종 1) 환국과 임인년(1722, 경종 2) 옥사를 가리킨다. 당시 경종의 병세를 이유로 노론(老論)이 연잉군(延礽君, 영조)을 세제(世弟)로 세우고 대리청정을 건의하였으나 소론(少論)이 집권하여 노론을 역모로 몰아 처벌한 사건이다.

319. 심낙수는 구선복 옥사의 배후 구명이 받아들여지지 않자 물러나 자정(自靖)하고 있던 소론의 의리주인 정민시와 함께하는 것이, 영조대 후반 유척기와 이종성이 노소론을 뛰어넘어 의기투합했던 노선을 계승하는 것으로 생각하였다.

이조[政曹]에서 갑자기 나를 흥양 현감(興陽縣監)에 임명하였다. 이른바 외방에 임명한다는 말을 비록 이미 들은 적이 있었지만 단지 시험 삼아 탐색하는 뜻일 뿐이라고 여겼지 정말 외방에 임명할 줄은 전혀 생각지 못했다.

이를 통해서 김종수의 의도를 알 수 있었으니, 처음에는 당파에 영합한다는 설로 핍박하고, 또 화합한다는 계책으로 유혹하다가 모든 계책이 먹혀들지 않자 또한 거짓 핑계를 대어 멀리 떠나보내서 할 말을 못하게 하려는 것이었다. 또 내가 매우 가난하여 수령 자리를 얻으면 반드시 버리지 않을 것으로 생각했던 것이다. 인심이 교활하고 잔혹함이 이 지경에까지 이르렀다.

나는 단지 모두 삼사(三司)에만 의망되었었는데, 1년이 지나도록 이유 없이 의망을 막아 나로 하여금 대응하여 논변할 수 없게 하다가 끝내 삼사에 의망된 자를 외직에 임명하였으니, 그것이 할 말을 못하게 하려는 것이라는 것을 누가 모르겠는가? 어찌 이와 같은 인사가 있을 수 있는가?

이조 판서 오재순(吳載純)[320]이 내가 유배 간 뒤에 나의 족숙 심지영(沈至永)에게 말하기를,

"가난이 심하다고 들어서 현감에 임명하였는데, 마침내 부임하지 않고 유배되기에 이르렀으니 참으로 겸연쩍다."라고 했다고 한다. 족숙은 오재순의 생질로 나이가 아주 어렸고, 오재순은 늙고 나이가 많았는데, 어린 사람에게 이런 말을 했다니 가소로운 말이 진실로 부끄러워 얼굴이 붉어질 지경이어서, 또한 세상의 변고를 볼 수 있다.

49. 심낙수가 유배되기에 이른 사정

나는 나를 외방에 임명한 일이 다만 김종수가 주장했을 뿐만 아니라 서 형 또한 간섭하지 않음이 없을 것으로 의심하였다. 서 형이 즉시 편지를 보내 거취를 물으면서 또한 어떻게 할 것이냐고 했었다. 내가 대답하기를,

"이 일이 반드시 저들이 했을 뿐만 아니라 형 또한 어찌 몰랐겠는가? 그런데 도리어 나에게 묻는가?"라고 하였다. 서 형은 곧 또 편지를 보내 말하기를,

---

320. 오재순(吳載純, 1727~1792): 본관 해주(海州), 자 문경(文卿), 호 순암(醇庵)·우불급재(愚不及齋). 공조 판서 두인(斗寅)의 증손. 음보로 관직에 나아갔다가 1772년 정시문과에 병과로 급제하였다. 1790년에는 이조판서에 올랐다. 정조의 총애를 받으면서 오랫동안 문형(文衡, 대제학)과 전조(銓曹, 이조·병조의 통칭)를 맡았고, 왕은 그의 겸손하고 과묵함을 가상히 여겨 '우불급재'라는 호를 내리기도 하였다. 저서로는『주역회지(周易會旨)』·『순암집(醇庵集)』 등이 있다.

"나는 과연 알지 못했는데, 그대는 내가 알고 있었다고 의심하니 (그대는) 나를 모르는 사람이라고 할 수 있다."라고 하였다.

(정조 11년 4월) 16일 주상이 하교하여 조정에서 사은숙배할 것을 재촉하였으나 마침내 병으로 출사하지 못한다고 아뢰었다. 이조[該曹]에 연달아 재촉하는 하교가 있었고, 이조에서 초기(草記)[321]를 올려 죄를 청하였다.

17일 아침에 주상으로부터 외직에 보임된 것을 받아들이고 조정에 사은숙배하라는 하교가 있었다. 황송하여 궐에 나아가니 승정원에 재촉하는 하교를 내리고 이조의 이속을 불러다가 재촉하였다. 주상이 하교하여 일개 현감 하나를 조정에 나와 사은숙배하게 만들지 못한다고 승정원을 책망하였다. 나는 생각하기를, '비록 외직에 보임하라는 하교가 있었지만 이조에서 차출할 때는 모두 삼사(三司)에 의망하였으니, 이는 외직에 보임한 것이 아니다.' 라고 여겨서 결코 감히 명을 받들 수 없다는 뜻을 승정원에 말하였다.

주상 또한 (내가 외직에 보임하는 것을) 정배(定配)로 인식했다고 여겨 즉시 조정에 나와 사은숙배하라고 하교하였다. 나는 또한 생각하기를,

'이미 정배하라는 하교가 있었기에 더욱이 감히 왕명에 숙배할 수 없다.'라고 여겨 단지 엄한 질책을 기다린다는 뜻을 승정원에 말하고 물러나 돌아왔다. 어떤 사람이 말하기를,

"마땅히 궐 아래 있으면서 처분을 기다려야지 외관이 궐 밖에서 명을 기다리는 것은 다만 전례가 없을 뿐 아니라 더욱 분수에 지나친 것이다."라고 하였다. 이에 곧 귀가하였다.

이튿날 아침 이조의 아전이 또 주상의 하교를 전하러 왔다. 외직 보임이든 정배든 물론하고 지금 삼사로 대우하지 않으니, 곧 조정에 사은하라는 하교였다. 이에 더욱 황송하였으나 또한 감히 명에 응할 수 없었다. 마침내 정배하라는 하교가 있었다. 하교에서 대략 말하기를,

"심낙수의 일은 또한 하나의 변괴이다. 당초 숙배하지 않은 것도 이미 이해할 수가 없었다. 외직에 보임한 것이든, 정배한 것이든, 하교가 이미 이르렀는데 하룻밤이 지나도록 편안히 집에서 쉬고, 심지어 독촉하니 이조 아전을 머리채를 잡아끌기까지 하였다.

이 사람은 내가 본래부터 좋아하지 않았는데, 지금 거조가 심히 무엄하고 지극히 방자하다. 어려운 일을 했다는 지목을 받으려다가 도리어 분수에 넘치는 짓을 저지르고 말았다. 나라에는 법과 기강이 있는데, 어찌 중죄를 면할 수 있겠는가? 심낙수는 원래 임명하기로 했던 지방으로 연한을 정하지 말고 정배하고, 의금부를 엄하게 신칙하여 신속하게 압송하

---

321. 초기(草記): 중앙 각 관아(官衙)에서 어떤 사실의 내용을 간단히 요약하여 임금에게 상주하는 문서이다.

라.”라고 하였다.

【이날 정배하라는 전교가 내려오기 전에 김종수를 형조 판서에 특별히 제수하였다. 김종수가 전에 부모 봉양을 구하며[乞養] 매번 분주한 사무를 사양하다가 이에 이르러 또 명패(命牌)를 내어 부르는 명령을 어기고 오지 않자 주상이 연달아 하교하여 신칙하였다.

김종수가 대궐 밖에 와서 들어오지 않자 또 신칙하는 하교를 내려 ‘심낙수의 무엄한 습속을 징계한 것같이 하겠으니, 속히 들어와 숙배하라고 엄하게 신칙하라’고 하였다가, ‘징계하는 것같이[若懲]’ 이하 9자는 곧 다시 거둬들여 지워버리고 곧 홍양에 정배하라고 전교하였다. 또 사알(司謁)[322]을 시켜 구두로 하교하여 말하기를,

“형조 판서가 만일 들어오지 않으면 심낙수와 똑같이 처분하라.”고 하니, 김종수가 사은숙배하였다.】

이때 날이 이미 저물었으나 또 하교하여 의금부로 하여금 그날로 강을 건너게 하였다. 그날 밤 승방점(僧房店)에 묵었는데 이튿날 새벽에 두 아들이 쫓아왔다. 내가 아이들에게 말하기를,

“나를 소인이라고 한 저들의 말이 8, 9년 동안이나 귀에 익숙하게 들렸기에 내가 일찍이 스스로 내 일이 혹은 잘못 소인이 되는 것을 면하지 못하는 것은 아닌지 의심하였었다. 그런데 갑진년, 을사년 이후에서야 비로소 나를 믿게 되었는데, 지금은 더욱 소인이 됨을 면할 수 있게 되었다. 천하에 반드시 다른 사람으로 하여금 할 말을 못하게 하는 사류는 없을 것이다. 또한 반드시 장차 말하려 하기 때문에 쫓겨나는 소인도 없을 것이다.”라고 하고, 부자가 서로 웃었다. 정 대감과 서 형이 편지로 안부를 묻고 길 떠나는 나에게 노자를 주었다.

23일 전주에 도착했다. 감사 심양오(沈養吾, 심이지)가 숙소로 보러 와서 전후의 일을 대략 주고받았다. 심양오 또한 우려하고 탄식했다. 내가 정 대감이 길 떠날 때 노자를 주었다고 하면서

“수어청의 뇌물을 받았다는 말은 과연 8, 9년 뒤에 들어맞았다.”라고 하자, 심양오 또한 크게 웃었다. 뒤에 듣자니 김종수가 서 형을 보고 말하기를,

“아무개가 외방에 임명되었다는데 과연 어떻게 되었습니까?”라고 하자 서 형이 말하기를,

“대감은 모르십니까? 나도 모릅니다.”라고 했다. 이규위가 서 형에게 편지를 써서 말하기를,

“경문(景文, 심낙수)의 일은, 여러 사람들의 호의를 그가 도리어 재앙의 빌미로 만들었으니 처신하는 의리를 크게 잃는 데 이른 것이 아닌가?”라고 하였다. 서 형이 답하기를,

---

322. 사알(司謁): 조선 시대에, 액정서에 속하여 임금의 명령을 전달하는 일을 맡아보던 정6품 잡직이다.

"논의를 꺼낸 자는 지금의 무리[今輩][323]이고, 주장한 자도 지금의 무리인데, 아우는 그것을 어찌 아는가?"라고 했다 한다.

그 뒤에 또 듣건대 저들이 아무개(심낙수)가 외방에 임명된 것은 주상의 뜻에서 나왔다고 떠들어대서 보고 들은 자들을 미혹되게 하였다. 지금까지 저들이 한 일을 반드시 주상의 뜻이라고 말하는 자들이 손가락으로 이루 다 헤아릴 수 없었다. 징토하려다가 탄핵당한 사람이 대응하여 변론할 수 없게 하고는 이 또한 주상의 뜻이라고 말하니, 그 마음 씀씀이와 말을 지어내는 것이 아! 또한 참혹하도다.

50. 심낙수가 유배지에서 서유린과 주고받은 편지

내가 처음에 서 형이 (나를) 외방에 임명하는 일에 간여했다고 의심한 것은 서 형이 그를 위해 내가 품은 의혹을 풀어주는 말을 했기 때문이었는데,[324] 끝내 의혹이 없을 수 없었으나 또한 그의 마음속에 견지하고 있는 것이 조금도 흔들리지 않았다는 것을 알았다. 그렇지만 또 내가 멀리 유배 간 뒤에 저 무리들이 그 마음을 멋대로 부려 인심을 꾀고 위협하는 해악이 갈수록 더 심해지니, 분명히 마음속으로 믿을 사람은 오직 서 형 한 사람뿐이었다. 그래서 마침내 서 형에게 대략 다음과 같은 내용의 편지를 썼다.

"지난겨울 서로 만났을 때, 형이 말하기를, 나와는 마음이 맞았으며 그 자와는 의리로 합한다고 하였습니다. 나는 진실로 그 이른바 의라는 것이 참된 의가 아니라, 의 바깥에서 의를 취한 것이라는 것을 압니다. 이것은 제가 마음으로 합할 수 없는 것이니, 그는 사류가 아닐 뿐만이 아닙니다. 그런데 또한 어째서 반드시 의리를 가탁하여 겉을 꾸며서 온 세상이 그 갈 곳을 잃게 하는 것입니까?

궁벽한 곳에 버림을 받아서 원래부터 믿음을 얻지 못한 사람에게 비방이 쌓여 없는 것을 가리켜 있다고 하니, (비방을 받는 것이) 이미 익숙해지고 편안해졌습니다. 이조 아전의 머리채를 부여잡았다는 데에 이르러서는 애초부터 단서도 없었는데, 주상[天聰]에게까지 알려지기에 이르렀으니, 【이조 아전의 머리채를 부여잡았다는 말은 처음부터 근거가 없는 것이었다. 주상이 하교하실 때에는 그 연유를 알지 못하였는데, 뒤에 들으니 승지 가운데 한 사람이 저들과 서로 연결된 자가 있어서, 이런 말이 나와 주상의 귀에까지 들어갔다고 한다.】 다른 것은 미루어 추측할 수 있습니다. 이러

---

323. 지금의 무리[今輩]: 당시 조정에서 권력을 잡고 있던 김종수의 무리를 가리킨다.
324. 그를 …… 때문이었는데: 여기서 '그'는 김종수를 가리킨다. 이에 관한 서유린과 심낙수의 대화는 앞의 44·45번 기사에 보인다.

한 일들을 모두 조목조목 변론할 수 없기에 이제부터는 곧 죽은 사람일 뿐입니다. 사람들 또한 그런 말이 나올까 우려하여 그 길을 끊어버렸으니 애타는 마음으로 오직 형님[兄主]만 믿습니다. 일시적으로 미봉하려 들지 말고 인심이 점점 악한 곳으로 빠져들지 않게 해 주십시오. 화복은 하늘에 달렸으니, 오직 마음을 다하여 힘써 주시기 바랍니다." 서 형이 답장하여 말하기를,

"참된 사류와 가짜 소인을 물론하고 나는 다만 침상에 누워 놀이 구경이나 할 뿐이다." 라고 하였다.

나는 서 형이 겁이 많고 나약하며 자기 주관이 없다는 것을 알고 있었는데[325] 나라의 위기를 보고도 침상에 누워 놀이 구경이나 한다고 말한 것은 참으로 놀리는 말이었지만, 또한 탄식이 절로 나왔다.

소화(昭和) 4년(1929) 1월

심종순(沈鍾舜)[326]이 소장한 책을 등사하였다.

---

325. 나는 …… 있었는데: 심낙수는 서유린에 대해 '어려서부터 친했으나, 성품이 나약하고 계려(計慮)가 짧아서, 을사년 이율 옥사를 처리하는 과정에서 임금의 전활(全活)의지에 부응하여 임금에게 집난(執難)하지 않았다'고 평했다. 『은파산고(恩波散稿)』「심낙수행장」 참조.

326. 심종순(沈鍾舜): 심낙수의 손자 심원열(沈遠悅, 1792~1866)의 아들. 심원열은 심노암(沈魯巖)의 아들이다. 20세에 부친상을 당한 뒤 백부인 심노숭을 부친처럼 의지하였다. 심원열은 주로 시파계열의 인물들과 교유하였는데, 김준(金鐫)·권상신(權常愼)·김조순(金祖淳)·서준보(徐俊輔)·김노응(金魯應)·김준연(金駿淵)·이근조(李根祖)·이조영(李祖永)·이경회(李景會)·신석우(申錫愚)·강시영(姜時永) 등이었다. 슬하에 심종순과 심종우(沈鍾禹) 두 아들이 있었다. 심종순은 1891년(고종 28) 신묘증광사마시(辛卯增廣司馬試)에 진사 2등으로 합격하였다.

원문

『정변록』 서(序)[1]

定百年之是非, 辨一世之忠逆, 此定辨錄之所以作也. 黨習之痼人心術久矣. 是非易定, 而偏心忸於護私. 忠逆可辨, 而俗情易於被誘, 漸至於彜倫斁絶, 亂逆踵生. 蓋未有窮本溯源之論, 劈破其頭腦窩窟也.

余自弱冠, 粗知看目於是非忠逆之判, 閱歷三十年, 而世變無窮. 自余立朝, 始不量力, 前後屢上章, 意在拯救. 比如防水, 隨塞隨決. 初謂一撮必土, 可以少塞, 稍殺其勢, 欲返平穩之流, 而竟莫回其激湍奔波之亂潰橫嚙. 丁未一疏, 蓋亦創艾於滔天之禍. 略溯亂源, 深冀其更無潰嚙, 而稊米眇然之身, 復爲驚濤之所盪擊, 力盡身疲, 今不可復言矣.

余嘗記數十年耳聞目見, 有關於世變者, 聊寓定是非辨忠逆之義, 而編未成. 及余南遷僦屋窮寂, 更加鉛槧爲上下二編. 上編, 用史例簡嚴. 下編, 凡余自少聞見, 諧嘲笑戲之事, 一皆書之, 有可以參見互考. 欲使人窮溯而反覆之, 或可免其墊溺. 而懷襄之勢, 漸至潰決, 誠莫測其涯岸, 亦恐此錄之爲空言, 可悲也已.

或謂此錄嫌於私史. 昔在宣廟時, 李文成公爲經筵日記. 是時黨目始分, 言議橫激, 公欲至誠調劑, 而賢邪可否之辨, 俱在記中, 不以私史爲嫌. 當時若有大義之關係忠逆, 亦豈不極言辨之哉.

仲尼作春秋, 亂臣賊子懼. 而子曰, 知我罪我. 此不敢妄引, 而余嘗以館職忝帶春秋記注爲錄, 亦不太僭. 要備史家採摭, 以俟百世公見. 若余之欲消黨禍, 反被希合黨人之謗, 後又有辨之者. 戊申陽復日, 一丸退士書于瀛州海上之謫廬.

1. 『恩波散稿』 권4, 「定辨錄序」. 서울대학교 규장각한국학연구원 소장본(奎15680)을 대본으로 하고, 국립중앙도서관 소장본 『定辨錄幷續』(한古朝31－45)과 비교하여 교감하였다.

『정변록』 상(上)[1]

1. 英宗大王二十五年, 己巳, 王世子代理.

遵國朝故事, 稱大小朝. 諸臣章疏, 皆入東宮, 次對就決庶務. 令聞日彰, 人心有係. 而日城尉鄭致達新尙主, 有寵於上. 羽良【致達之父】翬良連用事, 得罪春宮. 常懷不安, 謀所以間兩宮.

賊臣啓禧, 嘗自以文學, 意望在文衡, 密通曲逕於鄭家. 鄭家方宣言春宮過失, 而賊禧外爲憂國之言, 以動人心, 實欲附合於翬也.

辛未壬申之間, 賊【1나】禧凶論, 至以社稷爲重君爲輕之說. 亂言淩犯, 假作一種義理, 煽動人心. 翬結連宮禁, 禧亦矯飾, 有虛名, 其言易惑. 而登筵齊僚侍講宮官目見睿姿天成, 講學日就.

或有斥翬禧邪論者, 則凶黨以爲不可, 以臨朝儼然, 謂漢成. 聖明又以爲睿意嘗多, 反忽於辛壬大義, 欲爲誣逼之計. 而乙亥逆獄親鞫時, 世子常侍坐, 凡於懲討追律之論, 睿敎至嚴正, 群臣亦皆目覩. 於是人多知翬禧凶邪, 朝論始分, 遂有南黨東黨中黨之目.【2가】

【謹按】

逆禧所欲, 始不過啚占文衡, 而乃無難於動搖國本, 禍心轉急. 畢竟連結於諸賊, 至以千萬不近之引喩, 倡爲君爲輕之說. 急於眩惑誣逼之計, 遂爲諸逆之本. 聖人所謂, 患得失, 無所不爲者. 燭得萬古凶逆之心腸, 而亦未有如此賊之至凶憯者也.

禧嘗師事故判書陶庵李公縡. 李公嘗言禧回邪多, 移書責之. 禧逆論, 始自李公沒後, 人服其先見云.

---

1. 『恩波散稿』 권10, 「定辨錄上」. 서울대학교 규장각한국학연구원 소장본(奎15680, 이하 '규장각본'으로 줄인다)을 대본으로 하고, 국립중앙도서관 소장본 『定辨錄并續』(한古朝31－45, 이하 '중도본'으로 줄인다)과 비교하여 교감하였다. 이하 쪽수는 판심쪽수이고, 판심 오른쪽은 '가', 왼쪽은 '나'로 표기하였다.

2. 丁丑 冬, 賊臣尙魯入侍恭默閤, 有凶言之奏.

尙魯卽逆禧妻叔, 年齒相比, 自少親密. 禧方密通【2나】曲徑, 倡起凶論. 而尙魯秉勻軸, 與之綢繆, 是時至有入侍附耳之奏. 又與後宮私親, 妖賊聖國, 內外締結, 譸張凶言, 於是, 一世鼎沸. 而故相兪拓基李天輔, 與尙禧角立. 故相李宗城與兪合, 故相趙載浩在外, 而斥絶賊輩. 故尙禧諸賊, 不敢恣意肆凶.

【謹按】

英廟日月之明, 燭其凶而浸疎之. 至庚辰秋, 尙魯免相, 自是諸賊謀益急. 都尉申光綏, 亦得罪春宮, 而其父晩爲首相, 與尙禧輩, 聲勢相連, 爲謀日急一日. 至辛巳翌年, 有景彦凶書之變. 景彦, 卽賊禧舊傔之爲掖隸者, 而竟未窮覈.【3가】

3. 是年, 復設春坊.

春坊未復設, 十餘日之間, 又有凶論肆行, 人心如沸. 此皆諸賊所譸張. 闕庭稠衆之中, 或有聞其凶言倡說者, 閭巷之間, 亦皆藉藉.

啓禧族姪量海, 居在湖西, 稱爲理學者, 托以義理, 而肆然倡爲不忍言不忍聞之凶論. 量海切友金漢祿, 爲量海所慫恿. 漢祿卽龜柱從叔也. 轉通脈絡, 遠近交締, 打成一團, 肆爲危逼之謀. 先大王英謨大略貽裕, 億萬鬼蜮之謀, 不敢復售. 而一種諸賊之爲後日憂者, 千百爲計, 必欲謀危儲位而後已.【3나】

4. 癸未, 上招廷林下諸儒. 贊善宋明欽, 膺命至京, 尋罷歸.

初明欽至京, 逆晩尙禧之類, 百計誘說, 量海漢祿之輩, 一例助激, 而明欽終不撓. 登筵奏語, 有感上心, 而歸時一疏, 反激宸衷. 是時晩爲首相, 洪鳳漢爲左相, 上方倚任, 而明欽疏有三百赤芾之語. 上怒之至於譴罷, 而明欽此行, 重於鼎呂, 凶謀邪說稍息云.

5. 甲申, 拜洪鳳漢領相.

是時, 上委任鳳漢, 蓋以東宮外戚, 異於他人【4가】也. 凶黨之謀危東宮者, 先以攻洪爲名, 陽托於攻斥權臣, 陰售於危逼貳極, 其意至凶憯也. 譸張浮言, 煽惑人心, 流播春宮過失. 外若爲憂國之言,

而必先歸罪外戚, 有如榮順不道不忍聞之凶言. 【榮順凶言, 在名義錄】

於是諸賊, 推龜柱爲窩主, 賊禧子述海, 賊尙子致讓, 皆有脉絡潛通之路. 述海內從, 卽金鍾健, 鍾健外從, 卽沈綏之. 綏之, 交密於龜柱, 綏之妻兄申光儀, 卽逆晩族姪, 而亦事龜柱.

賊琛之兄璨, 卽申晦之壻. 而琛與沈綏之申光儀, 俱爲龜柱客, 各於其親戚朋儕之中, 或激以憂國之語, 【4나】或誘以作黨之利. 龜柱又散財結歡, 人無不靡然歸之. 稍有知識者, 亦多浮動於其黨之擊誘.

戊子己丑之間, 至有八學士, 會遊豆江舟中痛哭之說. 所謂八學士, 初未必盡有逆心 , 而只是凶黨假託憂國之說, 易惑易信故也. 凶黨聲勢漸長, 而是時鄭致達養子厚謙, 有寵於上. 其母長在禁中, 凶黨求得紹介而連結之, 遂有三伯黨之稱. 厚謙, 字伯益, 具庠, 字伯殷, 金尙默, 字伯愚. 蓋金尙默與具庠親, 具庠與厚謙親, 而金尙默之連衡於龜柱者, 有沈煥之宋煥億鄭履煥, 又俗所謂三煥者也.

【5가】一世遂有南北之名, 蓋謂龜柱居南, 洪鳳漢居北. 而南則勢張, 北則至親切姻, 亦皆顧瞻畏㤼. 此時人心莫知復有何事, 麟[2]漢以其親弟, 欲爲觀望, 自貳之計. 至引故相李公頤命事, 以爲他日自解之計, 其言傳播於世.

蓋李公卽完寧君李師命之弟. 完寧罪死, 而李公從仕. 故麟[3]漢之言引此, 欲爲後計. 而公言不諱, 傷倫悖義, 固無可言, 而所謂南黨之中, 亦有許其言, 而欲爲觀望之計者. 南勢漸熾, 北則只有名目而實無人矣.

金鍾厚鍾秀兄弟, 卽洪鳳漢從娣之子也. 鍾厚爲理學, 鍾秀亦少有文【5나】名. 洪嘗愛之, 鍾厚兄弟亦嘗歡好. 鍾厚從叔金致仁, 爲時相, 亦以先誼與洪交密無間. 世皆知之, 而鍾厚兄弟忽爲殺洪之論, 人多怪之. 蓋鍾厚名以山林, 而族弟鍾健及禧子念海之爲鍾健內從者, 亦皆稱以理學聲氣相接. 致讓述海, 亦與鍾秀親密, 故始爲其黨所激誘也. 於是, 致仁爲其侄所誘, 亦主殺洪之論.

所謂殺洪之論, 山林則量海金漢祿鍾厚主之. 朝廷則致仁爲領袖, 而鄭履煥諸人金鍾秀主之. 儒士則沈申及賊琛輩主之. 其爲計只欲掩覆尙禧諸賊之罪, 而專以其時事托爲【6가】洪罪.

又於春坊復設之後, 做出許多無根危動之浮言, 亦皆指爲洪罪. 一世波盪棼棼泯泯, 而有識者, 皆深憂. 山林中渼湖金祭酒元行, 黃江權諮議震應, 驪江金執義亮行, 皆爲兩斥之論. 蓋知凶黨攻洪, 專由於播撼儲位之計故也.

渼湖金公嘗言, 彼卽東宮外戚, 且無斷案, 豈宜遽加以逆字. 況斥彼者, 未必由公心云云. 以此大爲南黨一派所詆毁. 適因華陽院碑事, 至有以長書侵斥者,【洪相龜, 後改名洪桂翼】而湖儒輩, 亦多作梗, 此非一時碑文事. 蓋以其言議之公, 見嫉故也.

---

2. 원문의 '獜'은 실록의 '麟'으로 바로잡는다. 폄훼할 의도에서 일부러 '犬'가 들어간 獜으로 썼다고 볼 수 있다.
3. 원문의 '獜'은 실록의 '麟'으로 바로잡는다.

德相, 沒省覺以其侄煥【6나】億之故, 專主攻洪. 啓能, 以量海念海之至親, 獨爲攻金之論, 人頗怪之. 而蓋其凶謡之腹肚, 已自賊禧一串, 畢竟與範吉, 同爲大逆也.

6. 庚寅春, 鄕儒韓鍮,[4]上疏論洪鳳漢. 上親鞫鍮[5]竄配. 命洪鳳漢致仕.

初南勢漸熾, 所謂攻北, 若可以拉朽. 而唯以上意委任首相, 以其爲東宮外戚之故, 人不欲遽先着手, 要得儒疏而嘗試之. 蓋欲言出布衣, 自上易於驚動也. 沈綏之有族弟儀之, 輕跳自許以士論者, 亦嘗攘臂於殺洪之論. 而猶以京華士族【7가】恐致上疑, 欲求鄕儒之敢勇者, 而於是乎韓鍮[6]出矣.

金鍾健因其淸州族黨, 而購得鍮[7]爲獨疏, 持斧伏闕. 而政院以獨疏不捧. 遽大書疏槩於紙, 請斬洪鳳漢以安社稷云云. 以紙揭竿而揮之, 人無不見. 遂徹大內而登聞. 其疏極言其姦凶反復, 又至亡國而遣辭亦多微逼處.

上命親鞫, 鍮[8]被逮對供不服. 至有涅臂以以死報國四字, 以示其忠憤激發, 無人嗾囑之意. 遂命編配, 鍮[9]赴謫甚有自得之色. 致讓以湖南伯, 饋以數百包, 鍮[10]卽鄕曲乞人, 積米頗誇耀. 嘗言當今兩金有大勢【7나】力. 吾皆深結, 何事不可做云.

7. 十一月, 鄭履煥上凶疏. 命焚之, 削履煥職.

初崔益南上疏, 言世孫尙闕展拜於世子廟宮, 情禮俱缺. 又論金致仁貪權樹黨之罪. 益南素輕薄無行, 而先是以疏論致仁. 仍見枳又欲修隙更論. 而原疏語, 取一時輿言, 以爲服人心之計也.

疏入, 致仁黨, 宣言益南疏爲後日地. 上慰釋致仁, 命入侍. 致仁自謂, 大義所在, 不顧小嫌, 卽出膺命. 上親鞫益南, 問指嗾, 益南, 不服杖斃.

辭連賤孼李鳳煥. 鳳煥能文, 卽洪鳳漢狎客. 於是, 致仁【8가】黨雀躍, 以爲此必鳳漢, 嘗試之計. 致仁以委官, 必欲鳳煥以鳳漢旨意取服, 而鳳煥亦不服杖斃. 履煥上疏討益男, 以爲世孫, 不宜展拜於廟宮, 辭旨凶僭. 上命焚之, 削其職.

---

4. 원문의 '鍒'는 실록의 '鍮'로 바로잡는다.
5. 원문의 '鍒'는 실록의 '鍮'로 바로잡는다.
6. 원문의 '鍒'는 실록의 '鍮'로 바로잡는다.
7. 원문의 '鍒'는 실록의 '鍮'로 바로잡는다.
8. 원문의 '鍒'는 실록의 '鍮'로 바로잡는다.
9. 원문의 '鍒'는 실록의 '鍮'로 바로잡는다.
10. 원문의 '鍒'는 실록의 '鍮'로 바로잡는다.

8. 辛卯春, 金漢耈【龜柱之叔】上變王孫裀禛. 以合啓竄鳳漢, 免爲庶人.

此時南黨攻洪之計, 專在危逼儲位. 洪雖斥, 遂爲謀益急. 甲申定宗統之前, 賊黨凶謀, 無所不至, 至有量海凶論. 而甲申後, 已知上意莫撓, 又出凶計. 蓋以東宮英明, 必知渠輩罪逆, 他日不【8나】免誅殛也.

東宮庶弟三人, 有裀禛禶. 賊黨潛連逆禶, 而一邊流播春宮過失, 一邊宣揚逆禶聲譽, 一世喧傳. 上幸彰義宮, 東宮適未隨駕. 金漢耈密告, 洪鳳漢擁兩王孫, 將有推戴之擧. 夜半行宮, 吹角扈衛, 經日閉城門. 裀禛竄耽羅, 洪鳳漢淸州中途付處.[11]

金時默, 以曾爲御將, 爲裀禛禶, 造給軺軒聲罪, 亦爲竄配. 時默卽世孫殯私親也. 人心驚駭, 一世鼎沸, 皆以爲將有不測之變. 蓋洪鳳漢以東宮外戚, 天理人情, 必無推戴裀禛之理, 而其意凶不可測, 憯不忍言. 亦欲先去裀【9가】禛, 獨逆禶無故也.

倉卒上變之擧, 出於意外, 上心頗警, 遂有韓鍮[12]先見之教, 特放韓鍮[13], 鍮[14]復上疏, 提引不忍聞之說. 上命親鞫, 辭連竝逮儀之. 儀之卽誅, 鍮[15]以鄕儒, 特命下送本道梟示. 押鍮[16]刑隷, 欺以不死, 鍮[17]歌呼自若. 及其臨刑, 出所賚人蔘, 傳寄家屬曰, 爲人所誘, 竟至於此, 雖恨何益云云. 鍮[18]儀之獄後, 上心亦悟, 命放裀禛, 而裀已死. 洪鳳漢亦叙.[19]

先時[20]南黨連結鄭厚謙, 蓋以鄭妻之長在禁中, 欲爲助援. 而鄭妻之外連南黨, 亦爲其陰售. 賊彙自來凶謀也, 中外交煽, 百計嘗【9나】試. 而韓鍮[21]疏, 及金漢耈告變之後, 揣知上意莫撓, 反懷畏㥘却顧之意. 而洪家方窮蹙勢孤, 欲奪南黨之厚謙. 遂以乞憐和好之計, 洪龍漢【麟[22]漢之弟】與厚謙約婚. 厚謙母子, 方有顧瞻之憂也, 忽得洪家乞憐, 樂與之合. 養厚一隊, 曾爲攻北殺洪之論者, 于于而來, 北勢稍振. 獨金鍾厚兄弟及三煥一隊, 不歸北而金致仁以首相, 方爲對峙之勢始也.

南黨之連結厚謙, 實由金鍾秀及養述諸賊之指畫設計, 而忽見厚謙養厚之叛去, 忿怒殆甚. 其黨之

---

11. 본문의 '淸州中途付處'가 중도본에는 '減死免爲庶人'으로 되어 있다.
12. 원문의 '鍒'는 실록의 '鍮'로 바로잡는다.
13. 원문의 '鍒'는 실록의 '鍮'로 바로잡는다.
14. 원문의 '鍒'는 실록의 '鍮'로 바로잡는다.
15. 원문의 '鍒'는 실록의 '鍮'로 바로잡는다.
16. 원문의 '鍒'는 실록의 '鍮'로 바로잡는다.
17. 원문의 '鍒'는 실록의 '鍮'로 바로잡는다.
18. 원문의 '鍒'는 실록의 '鍮'로 바로잡는다.
19. 중도본에는 '鍮儀之獄後, 上心亦悟, 命放裀禛, 而裀已死. 洪鳳漢, 亦叙'가 없고, 대신 '先是禛死海島, 特命放裀, 鳳漢亦宥. 至是鳳漢, 又特命免爲庶人, 尋卽叙付奉朝賀'로 되어 있다.
20. 규장각본의 '先是'가 중도본에는 '自初'로 되어 있다.
21. 원문의 '鍒'는 실록의 '鍮'로 바로잡는다.
22. 원문의 '獜'은 실록의 '麟'로 바로잡는다.

隨養厚, 新歸於北者, 斥之甚力, 自以爲持淸議攻濁【10가】流. 而厚謙輩, 亦習知南黨之事, 則金鍾秀推戴之說, 又出而播一世矣.

9. 壬辰夏, 金致仁, 竄南海荐棘. 金鍾秀, 亦島配.

此時洪家之乞憐厚謙和好交締者, 實由於窮迫不得已, 萬一圖生之計, 而尤資攻擊之一端. 南黨先結厚謙, 而反以洪家之締結匪類爲一聲罪之目, 安然自居以淸流之名, 而攻之尤力. 致仁以首揆秉軸, 專以收拾人心爲計, 聚會黨類, 蓋欲固根盤締, 徐爲後圖. 而人皆惑於淸議之目, 相率投入.

先是, 上已致疑於金漢耉告變之事, 及鑰[23]儀之【10나】之獄, 亦疑首相樹黨. 適因國子長通擬金鍾秀, 而下嚴敎譴罷首相. 又有鍾秀能猾之敎, 專以假托名論, 偏護私黨爲罪. 首相以合啓竄南海, 金鍾秀亦島配.

蓋此處分, 雖以三通偏用【大司成, 新通三望, 金鍾秀趙㝡徐命天也】爲敎, 而上意實出深慮, 聚會群僚, 詢問以致仁事, 至有永垂錄刊布. 此非一時激惱, 有可以仰認聖意. 而南黨以爲厚謙纔歸於北, 而自上有此處分, 必是厚謙用事云. 而凶言悖說, 至謂東宮待厚謙頗優於前, 怨懟誹訕之言, 危怖疑忌之說, 尤無所不至矣.【11가】

10. 七月, 金龜柱, 上凶疏.

初龜柱爲南黨窩窟, 依恃首相, 專以金鍾秀爲命脈. 忽地見敗, 他與收拾之類, 勢將落落星散, 計無所出. 首相竄逐, 在於壬辰三月, 而七月龜柱, 遂自爲上疏, 使其從弟觀柱先之. 觀柱卽漢祿子也. 觀柱呈疏, 龜柱繼之, 其疏論斷洪鳳漢凶逆之罪, 而遣辭用意, 專在於搖逼儲位.

蓋丙戌春, 上候違預, 累月沈篤之時, 連用人蔘, 而羅蔘不足. 洪鳳漢因候班入藥院, 以爲羅蔘難繼, 則忝用江蔘似好. 今若純用羅蔘, 而羅蔘告乏, 則勢將純用江蔘,【11나】今不如早先忝用之爲愈. 國舅聞之, 以爲羅蔘雖不足, 亦當繼次徵用, 豈可參用劣品云.

藥院提擧, 卽金致仁, 而參聞其言也. 龜疏以爲君父有疾爲臣子者, 當竭一國之力, 繼用羅蔘, 而參用之說, 已極回測. 患候沈篤之時, 少無憂慮之意, 顯有自得之色云云. 且言洪鳳漢私覿東宮之時, 有以他日義理, 贇勸儲君, 以爲不如是, 則戊申之徒, 必如是如是云云. 所謂如是者, 卽推戴禑禎也. 觀柱疏, 又謂殿下一榻之外, 無非賊邊云云. 上震怒嚴敎, 以兩戚里相爭, 觀柱竄北. 龜柱【12가】召入闕

---

23. 원문의 '鑅'는 실록의 '鑰'로 바로잡는다.

廷, 嚴敎詰責. 龜柱以黨心自服, 遂譴削.

【謹按】

龜柱之疏, 名以討洪, 而危逼儲位之意, 昭不可掩. 洪鳳漢以東宮外戚, 方爲首相, 而上候沈重之時, 顯有自得之色云者, 此果何意. 至於如是如是之說, 卽東宮私覿時, 鳳漢之語, 及他日者, 則乃敢筆之章疏, 歸言根於儲君, 欲爲之證者, 亦果何意.

其餘所謂視世孫如渠家以下二字, 及沖質引用之語, 觀柱疏所謂無非賊變之說, 見之無不髮竦体栗. 而三煥一隊, 以爲大義理, 而稱道之, 人心陷溺, 乃至【12나】於此. 況其疏, 自以爲大義, 關係何如. 而含默七年, 始乃汲汲於金致仁鍾秀斥逐之後, 而疏中有伸救語, 其心所在, 路人亦可知矣.

11. 甲午冬, 麟漢拜相

自壬辰後, 南黨勢焰稍息, 厚謙旣反去, 麟[24]漢養厚趾述諸賊, 皆從厚謙. 麟[25]漢, 卽洪鳳漢之弟, 通謂之北, 而厚謙養述, 皆是自來凶論, 連綿南黨者也.

厚謙揣得上心莫撓, 顧忌他日. 其意以爲與洪家合, 必得東宮寵歡. 而旣合之後, 慣見東宮無少假借於外戚, 則只與南黨結怨, 又無歸北之利.【13가】且恐睿鑑已燭其心跡, 以其顧忌之心, 益懷怨懟之意.

厚謙爲之主, 而遂成一黨, 推麟[26]漢爲相. 又謀趾海枚卜, 外爲攻南之論, 自以保護爲名, 而內實主自來凶論. 蓋欲廣引黨類, 盤據固結, 徐待事機之會. 其勢漸熾, 無論彼此, 爭先投入, 冀占其利, 亦多有不知凶謀, 只見其外面形勢而陷溺者. 於是乎南北之名, 雖異而實則同.

兩金三煥一隊, 自以爲淸流, 而泝源論之, 實主尙禧之凶謀. 厚麟養述諸賊, 自以爲保護, 而反究其本, 亦主尙禧之凶謀. 或聚或散或分或合, 始如膠柒, 終如仇讐者. 皆【13나】以勢利, 逐逐隨變, 而若其梟心獍腸, 自是一串而已. 甲午乙未年間, 諸賊之綢繆伺候, 危逼恐動之狀, 具載名義錄.

12. 乙未冬, 王世孫聽政代理.

是時上倦勤, 依國朝故事有命. 麟[27]謙諸賊, 遂肆沮戱之計. 【具載名義錄】 諸賊譸張之時, 國榮以宮

24. 원문의 '獜'은 실록의 '麟'으로 바로잡는다.
25. 원문의 '獜'은 실록의 '麟'으로 바로잡는다.
26. 원문의 '獜'은 실록의 '麟'으로 바로잡는다.
27. 원문의 '獜'은 실록의 '麟'으로 바로잡는다.

僚, 有翊護之勞, 今上卽位, 寵擢而委任之. 南黨一隊, 鄭履煥金鍾秀, 亦皆擢用. 蓋爲其不入於麟[28]謙濁亂之時, 而自初情犯, 旣不顯發, 亦欲掩覆之, 甚盛德也.

國榮自儒生時悖妄, 不容於其門, 而【14가】最與金勉柱相親. 勉柱卽漢祿之侄, 而勉柱之母, 卽國榮之從大姑也. 國榮聲氣, 最習於南黨, 南黨於是而得意.

鄭履煥, 以藝文應敎, 直擢爲副學, 其黨雀躍生氣. 而恩寵雖隆, 猶以前後情犯, 自懷疑懼, 欲示其前後攻洪, 非有他意, 而專出公議. 大喪公除前, 鄭履煥疏論洪鳳漢之罪, 一如龜柱疏, 卽出一板. 上優批開釋, 而人蔘事命拿問首醫. 金致仁以其時藥院提擧, 上疏待罪, 諉以年久未詳, 語涉糢糊, 槪以純用首實, 而討洪之論, 紛然朋興. 履煥煥億迭上疏爭之.【14나】

13. 丙申春, 三司合啓, 逆賊尙魯追律.

尙魯子致顯, 亦上討洪之疏, 上敎以渠以大逆之子, 肆呈誣人之疏. 仍下傳敎, 明討尙魯凶逆之罪. 又命考恭默閤入侍日記. 其時都承旨蔡濟恭, 亦命入侍, 敷陳其時事. 尙魯追施逆律, 事出不意, 如迅雷奮擊, 群凶破膽. 或有見小報氣絶仆地者云.

14. 四月, 鞫德師載翰相老翰申正法, 竄宦官金壽賢.

上在春宮時, 一邊陰邪之類, 欲以尙禧輩晩景彦諸逆懲討之事, 私作一邊義理, 以爲日後計. 締【15가】結妖宦金壽賢, 深試睿意, 上嚴斥之.

及上卽位, 德師輩上疏, 襲壽賢語. 上親鞫, 逮干連載翰相老. 相老至有不忍聞之凶言, 竝正法, 壽賢杖竄. 先是前參議李秉鼎, 自以一邊人, 諂事國榮, 宣言一邊欲主他日義理, 以爲推戴逆禶之計. 及有德師疏, 謂其言可信, 亦謂龜柱疏所謂如是如是之說, 於是有中國榮. 金鍾秀力主窮覈, 而竟未得推戴之實.

【謹按】

尙禧輩晩景彦, 窮天地凶逆之罪, 凡有血氣, 夫孰不討. 而竟未得聲討於先朝之時者, 【15나】卽當日群臣之罪也. 師翰之欲爲私作義理, 至有交結於宦侍, 探試睿意, 以爲日後計者, 極凶邪. 又有相老之凶言, 此所以爲大逆也. 金鍾秀輩, 欲以師翰爲口實, 必欲掩覆尙禧以下諸逆之罪. 又以推戴逆禶之謀, 欲爲移禍, 此謂如見肺肝. 後世必有尙論.

---

28. 원문의 '獜'은 실록의 '麟'으로 바로잡는다.

15. 九月, 賊瑮疏論洪鳳漢.

凶黨以爲尙魯事出之後, 不敢復言討洪, 則事若示㥘, 尤當抵死力爭, 遂有儒疏. 賊瑮以太學掌議主論, 金鍾秀製疏. 上批頗示不槪, 則至有聚諸【16가】生會哭洪家之議, 一以欲示一國共公之議, 一以欲掩自來凶逆之罪, 一以欲爲脅迫君父之計. 先是麟[29]謙恒簡等諸賊伏誅, 以討逆稱慶. 鄭履煥藝文提學製進頒敎文, 有王鳳王音之比, 蓋指洪鳳漢. 疏請頒布洪鳳漢罪名, 而以其言之不行, 陳疏歸鄕.

16. 九月, 龜柱島配.

傳敎有三大罪案, 蓋辛卯壬辰事也. 龜柱處分, 亦出不意. 鄭履煥, 亦以龜柱笆籬邊物爲敎, 仍命削奪. 南黨喪氣, 而金鍾秀疏救履煥. 上批【16나】以履煥豈如爾不與戚里相通者爲敎. 其黨亦有爲鍾秀代羞者. 而所謂南黨擧皆惧, 外以懲討麟[30]謙爲其命脈, 而內懷怨懟不滿之心.

後翼在湖西以正言縣道封章極言救. 龜柱比之靑陽驪陽, 履煥比之松江丈岩. 蓋靑陽沈義謙, 驪陽閔維重, 俱以戚里持淸議. 松丈二公, 卽履煥之先, 而松江之於靑陽, 丈巖之於驪陽, 皆交密故也. 其疏蓋以此等人見斥初政爲言, 而至以爲殿下機事已過機心尙存, 不可以馬上治天下等語, 極口犯上. 上以其疏言事優批, 人之見其疏者, 心警【17가】骨寒. 所謂機事機心云者, 有浮於商輅機關之凶言.

先是商輅抵書趾海, 【商輅事, 在名義錄】以代理聽政爲機關. 代理聽政, 卽先王耄年倦勤, 國朝應行之事. 商輅謂之機關, 此其所以爲凶逆, 而後翼所謂機事機心, 比之商輅加倍. 商輅卽號爲北黨, 後翼又所謂攻北者. 其言似異而如出一口. 先此若淵以伸救麟漢杖斃. 【若淵事, 在名義錄】以量海許其忠而悲其死, 此皆可見, 其外若殊塗, 內實同貫也.

掌令尹在醇發啓, 論後翼凶言請拿鞫, 上不允. 金鍾秀族人淸州文官致九爲臺官停啓. 鍾秀嘗【17나】稱後翼疏, 謂嗣服後, 第一名疏. 時館錄未及都堂會圈, 而嘗言後翼宜選云.

17. 今上元年, 丁酉秋, 賊人宮中逆賊相範相吉述海趾海纘海, 皆伏誅. 啓能杖斃, 逆禶賜死.

初尙魯追律, 而賊禶家自危益深. 述海適以贓律杖配, 相簡亦杖斃於若淵獄. 怨懟疑惧, 遂有宮墻

---

29. 원문의 '獜'은 실록의 '麟'으로 바로잡는다.
30. 원문의 '獜'은 실록의 '麟'으로 바로잡는다.

挾匕之謀.【獄案, 俱在名義錄】至有掖屬宮女之結連, 所謂秀愛, 卽龜柱家所交締者也.

啓能推戴逆禶之謀, 發於相吉招, 啓能逮鞫經斃. 上特賜龜柱死, 旋命逮鞫而仍寢. 蓋禶卽龜柱之所擁戴, 而畢【18가】竟又有啓能事. 上意欲泝源窮治, 而以恩掩義, 竟卽旋寢. 百官軍民, 請禶斷案治法, 上不允. 大臣請對, 以一國群情, 促注書, 書榻敎奉出, 遂賜死. 澤遂弘變干連啓能謀. 澤遂誅, 弘變追奪. 能範事出, 而龜柱罪益著, 其黨之內懷疑怨, 日益深焉.

18. 戊戌秋, 湖西逆賊量海後翼, 有稱兵之謀, 事發竝逮鞫.

量海與啓能趾述, 自前綢繆之情, 顯發於書札. 後翼錟與若淵諸族通謀. 錟卽儀之叔, 後翼, 姊夫也.【18나】

量翼招屢出金漢祿, 而不逮. 諸招以爲亦有內應, 而竟不問. 鄭履煥削黜在鄕, 使家童呈疏自服, 以與龜柱交取友不端. 蓋量翼獄後, 惶恸欲自明也. 疏入踏啓字下, 或有以多恸譏之. 其黨雖喪氣沮縮於尙龜量翼之後, 而國榮方貪寵用事, 勢焰掀天, 金鍾秀密附深托, 事事媚悅.

丁酉討逆科, 鍾秀主試, 而國榮塾師朴漢圭爲魁. 其冬柑製國榮叔樂彬爲魁. 人皆唾鄙, 傳說喧藉. 金鍾厚外飾惜名, 面責鍾秀曰, 主試行私, 謗言藉藉, 君何以自解. 鍾秀對其兄, 托以偶然, 指天爲誓. 聞之者, 皆謂金【19가】鍾秀之天, 人孰信之. 鍾秀自前, 凡有疑謗, 輒皆持天故也.

鍾秀方深結國榮, 竝勢固位, 而不能援救其黨, 居常悒悒. 金鍾健嘗謂鍾秀曰, 人之所貴乎榮貴者, 以其蔭庇族黨, 共享其利祿也. 今公一家至親, 羈囚海島, 切友親朋, 或誅或廢, 公之功名, 亦堪可笑云云.

其所謂至親之羈囚海島者, 鍾健諸父, 皆以尙魯應坐島配. 其所謂親朋切友之或誅或廢者, 指量翼鄭履煥也. 鍾秀聞其言, 嘘欷發歎曰, 天道循環, 人生會有得意時. 君可少俟矣.

19. 十一月, 德相膺召命至京.

【19나】先是, 王大妣殿下諺敎, 選擇後宮. 蓋以螽斯之慶尙遲故也. 國榮妹洪氏膺選封元[31]嬪. 而儀節如嬪宮, 朝廷問安, 國朝創禮也.

國榮以宿衛在闕中, 權寵已傾一國. 又托肺腑, 勢焰隆赫, 一世趍附, 無敢忤其旨者. 而自元嬪被選, 國榮猶疑人心不服, 欲藉儒林倚重. 是時上方招延林下諸儒, 而先正後孫德相, 亦在旋招之列. 其侄煥

31. 원문의 '完'은 실록의 '元'으로 바로잡는다.

億, 亦因金鍾秀新附國榮, 國榮因煥億誘說德相膺命.

德相, 素蔑知覺, 聞國榮權勢方隆, 且爲其侄所誘, 遂赴召入京. 搢紳章甫, 皆往謁, 爲其先正之孫, 【20가】而德相自負其德望可服一世. 且見上禮遇殊異, 益自尊大, 自謂一國之事, 皆可擔當.

有柳赣者, 愚妄鄙悖, 初入南黨. 又與國榮叔樂純最密, 方在要路. 而自德相在鄕時, 嘗往來親厚. 及德相入京, 自處以主人, 如先正時, 完南【李公厚源】滄洲【金公益熙】諸公也. 德相入京買宅, 捲歸家屬, 日日車馬, 塡咽門庭如市. 每入經筵退出, 歷見國榮, 大醉扶其侄而出. 見者駭笑, 有識之士, 深憂切嘆, 必至早晩顚沛貽羞吾黨云.

20. 己亥夏, 德相上凶疏.

【20나】元嬪喪, 該曹[32]無例, 莫知擧行. 德相以儒臣, 與國榮參定儀節. 守墓官以禰子湛差出, 爵號完豊. 宗室爵號例, 用其外鄕籍貫郡名, 而豊是洪貫, 人莫不驚疑. 旣而德相上疏以爲國勢孤危, 至於某樣道理, 不敢指陳云云. 上優批. 見其疏者, 皆知其語意有屬, 而揀擇不可復爲之說, 又出於國榮, 一世喧傳, 以爲將有建儲之擧, 街談港議, 無不藉藉.

其黨輒謂, 宋仁宗年未三十, 而宋英已爲宗正. 自古豫建, 皆爲國家大事, 遂以此爲義理. 有識者, 以爲仁宗時, 范鎭諸人所請, 初無指的. 假使其時陰有【21가】所屬意, 又欲屬之賈妃而子之, 則范鎭逆耳, 天下後世, 誰謂范鎭賢哉. 況昨年揀擇, 卽時宗國大計, 昨年已行之事, 今忽以元嬪喪 不可復爲云者, 亦何意也. 其黨語塞, 以爲上意如此. 今若違逆, 便是耆輝云云.

是時國榮所爲, 每事皆托謂上意. 國榮嘗以爲遜我者忠, 拂我者逆, 積威熾焰, 人皆惴惴, 至於揀擇二字, 便爲忌諱. 其黨皆是南黨餘流, 猶恐公議之不泯, 宣言以爲上意方欲委用南黨. 煥億與沈煥之李奎緯共謀聚黨. 國榮又以爲, 南黨中儒士尙氣敢言者, 亦必多聚, 然後可【21나】以抵敵異論云云.

柳赣又倡言, 一邊人將爲辛壬飜案之計. 辛壬之案, 今爲百年大定之國是. 雖彼之痼於黨心者, 亦豈有萬一近似於此說者. 爲此說者, 其意至凶, 隱然以榮德凶謀謂之義理, 欲迫脅一世, 使不敢言也. 所謂一邊人, 亦或有爲其所脅而畏㥘者.

李奎緯素愚妄. 嘗與李參判在協相遇於政院爲言, 方今上意, 欲用南黨. 知申之意, 亦如此, 公輩中有同志之人, 則亦宜團聚, 公宜知之云. 李聞而怪之, 語頗傳泄. 所謂知申, 卽國榮也. 國榮亦以奎緯多言爲慮, 外除谷山. 奎緯嘗出入【22가】渼湖金公之門, 而以其本與沈煥之相親之故, 爲其所誘, 投入南黨. 嫁女爲金漢祿子婦.

---

32. 원문의 '曺'는 '曹'로 바로잡는다.

奎緯卽具善慶之女婿, 而善慶妻卽樂純之姑母, 故國榮自幼少時, 與奎緯相親. 奎緯性浮虛喜誇張, 氣勢自謂擔當國事. 故遂有勸一邊團聚之酬酢. 及奎緯外除, 國榮以煥之機密, 使之在京主事, 金勉相居間往復. 奎緯赴邑謂煥之曰, 吾雖出外, 托君世道. 君與吾何間. 吾言知申可單付典翰極選, 有以聳動人心云.

【謹按】

宋仁宗年未三十, 宋英已爲宗正之說, 要【22나】以假托義理, 誑惑人心. 於是乎藉重德相山林之名, 而始倡凶疏, 欲以驅脅一世. 又以揀擇不可復爲之說, 謂之上意, 違逆則便爲耉輝云者, 尤使人不敢容言, 其爲計至凶憯矣.

從古亂逆, 必有口實居攝之, 動引元聖廢立之必稱伊霍. 此所以眩惑疑亂, 而亂逆之以儲嗣爲言者, 亦未有也. 龜能纔有擁禶之凶謀, 榮德繼又視湛以奇貨. 脉絡之相貫, 謀計之迭出, 可以易知. 而揀擇不可復爲之說, 卽千古所未有之大逆也.

國榮輕佻, 德相癡騃, 而其爲計脅持上下, 至【23가】憯且密. 亦有從中而主張者, 丁酉禶變後, 一種議論, 以爲上無儲嗣, 朝廷道理, 定宜差出王曾孫, 教傅以爲教養之方云. 其言外若爲深遠之慮, 而榮德逆謀, 蓋始於此.

21. 是年秋, 國榮致仕

國榮忽於榻前, 納符告退, 上疏出城外, 上許之. 其疏乖常悖理. 以爲渠以揀擇屢請 而上拘於渠之顔面, 不爲之云云. 人之見其疏者, 無不駭惑. 其黨徒而爲之說曰, 此是知申發明自解之計. 而上意果如此, 今其致仕, 欲觀人心向背之如【23나】何, 行且復入云云.

國榮威勢之慴人已四五年. 其黨之說又如此, 人頗信之, 致仕下批時, 政官亦逡巡不入. 國榮退出之日, 咆哮朝廷之無勉留者. 德相以吏判, 國榮致仕之前, 先已歸鄕. 至是疏劾三司無一言勉留. 至有一邊人, 陰幸其去之語. 李奎緯在外邑, 上章盛言國榮功德, 又言宿衛不可罷. 上皆優批. 旣而卜相樂純爲左相. 人皆以國榮行且復入之說爲信.

時是金鍾秀自西藩歸. 鍾秀始與樂純, 不甚歡洽, 而至是相合. 樂純往見鍾秀語人曰, 人謂定夫英傑, 今果然矣. 於是, 樂純鍾秀【24가】兩勢合, 而謀所以聚會黨類, 斥去異己, 以爲立威之計. 於是樂純鍾秀脚下之人, 忽然團聚. 其餘有識者, 亦皆畏怯, 不敢斥言, 而一邊之人, 亦皆依違觀望而已.

國榮告退日, 筵臣皆請挽留, 而左相徐命善承旨鄭民始, 竝無一言. 國榮自以翊護, 與二人嘗稱一身, 故怨怒尤深. 國榮致仕, 蓋欲要君固勢, 文衡圈點, 意望甚切, 而徐命膺主圈不薦, 故遂有攻斥徐家之論. 徐命膺嘗與啓能相親, 人以是疵累, 而累年之間, 朝廷無一言論及者, 爲其弟有樹立爲國親臣也.

沈煥之忽論蔭官李聖模, 因【24나】啓能圖得名邑, 而語及其時銓官, 其時銓官卽徐命膺也. 事近十年, 今忽爲言, 蓋不欲遽斥徐命膺, 微發言端, 以爲嘗試之計. 而有李普行李義弼之疏啓, 而其餘隨論者, 皆不知其裏面, 只論徐命膺親附啓能之罪.

國榮與徐相相逢, 直說以爲沈煥之吾使李義翊爲之, 李普行, 吾叔使爲之, 李義弼, 吾又使爲之, 其餘不知云云. 李義翊, 卽金相致仁甥侄, 與鍾秀親密. 共附國榮, 方在當路者也.

22. 庚子正月朝參, 上特教以樂純弄權之罪削黜. 三司又合啓請竄. 金鍾秀上箚, 論國榮之罪,【25가】上命國榮歸還田里.

是時國榮, 方在東郊, 其黨猶日日聚會. 煥億方爲南城尹, 金鍾秀以守禦使, 巡審南城, 歷見國榮, 復命. 翌日上箚, 論國榮. 蓋見其大勢已去, 欲反斥之, 以掩其同黨共謀之跡. 國榮方待罪金吾, 使人傳言鍾秀曰, 昨日炊飯共喫, 酌酒同飮, 所言如何, 而今忽如此云. 聞者齒冷.

三司又箚啓論國榮, 而金鍾秀箚批命國榮歸還田里. 其黨或以遽論國榮爲鍾秀咎之者. 鍾秀以爲吾豈樂爲. 蓋有不已者. 其語意有若以上意爲之也. 李義翊, 以【25나】黨國榮見劾, 亦咎鍾秀曰, 吾之與國榮親, 初因定夫氏也. 今若以不得已之事, 上箚何不與我聯名, 獨使我狼狽云. 人皆笑義翊癡騃.

於是, 金鍾秀以樹立爲大提學, 國榮罪廢. 其黨憂懼不知爲計. 鍾秀以爲唯吾在, 且儒賢疏語, 旣不顯發, 自上必以先正之孫, 禮遇不衰, 大年方且見用. 今宜收拾團聚, 庶不至全敗. 大年卽煥億字也. 其黨以爲然, 反復生氣. 以爲國榮雖敗, 吾輩義理, 自有定夫與儒賢, 終當可伸.

沈煥之以爲豫建國之大事, 國榮之夤緣欲爲渠輩之私計者, 雖爲其罪, 義理自義【26가】理. 不可以國榮之見廢自沮云. 一種凶論, 又以爲揀擇不可復爲之說, 初是上意, 間因一邊人議說而中變云云.

尹得孚上疏, 論國榮擅斷之罪. 以爲使國榮至此, 蓋因寵私之過隆. 世所謂一身三人, 今宜稍加裁抑, 無如前轍云云. 蓋以徐鄭謂讒間用事也. 於是, 黨人凡於朝廷事爲, 必以徐鄭爲目, 而攻斥之.

是時, 王大妃下諺教命揀擇. 其黨頗沮縮, 煥億以德相疏語, 終必發露爲憂. 金鍾秀以爲所謂某樣道理四字, 無處不當, 謂之揀擇亦可, 謂之坤宮醫藥亦可. 吾輩中必無敢言及, 而【26나】一邊如或有言之者, 當以抉摘文字, 嫁禍山林爲言, 則亦無如之何, 此則不足憂. 但當收拾團聚, 可以待時云云. 鍾秀又嗾臺臣洪柱翼, 論列一邊中故事, 以爲脅制之計. 柱翼以陰護逆逑, 事發島置.【李義翊見樂純屛黜, 國榮勢去, 欲爲疏論, 與鍾秀議, 鍾秀大以爲不可而力挽之. 未幾鍾秀上箚, 義翊尤以是怨鍾秀云.】

23. 辛丑四月, 領相徐命善請德相安置. 上只命削黜.

命善筵奏, 以爲德相疏, 某樣道理四字, 卽國榮沮遏大計之張本. 乃以國家萬年之洪基, 欲爲渠輩別般之凶圖, 其所謂至於某樣道理云云. 至於【27가】二字, 語意明有所屬, 請爲先島置. 上不從,[33] 只命削黜. 是時, 榮德凶謀, 已綻露難掩, 人無不知, 而特以形言其罪, 則朝廷自當有處置. 蓋無以仰體聖上不忍之至矣, 姑且含默.

凶黨亦知其事勢, 陽若其事之不知, 陰圖凶計之必逞. 朝廷欲明言聲討, 則有所不忍於提及, 欲姑爲掩覆, 則亦慮潛滋其謀計. 徐相筵奏, 欲破凶徒滋蔓之謀, 庶絶人心之詿惑, 而亦不忍於形言也.

上敎以德相疏, 初非自辨, 其情或可原恕, 遂從末勘. 於是, 其黨爲德相伸救之論, 金鍾秀所謂某樣道理四字, 無處【27나】不當之說. 煥億主之, 遂以爲士林之禍, 倡起湖西儒士, 至有通文疏卞之說. 鄕曲愚昧之類, 不知本事, 特聞其儒林被罪, 而太半饗應於風聲. 遂命按覈,【按覈使李秉模】略施刑配.

海西尤貿貿, 無士族名以儒士. 或有稱弟子, 寄托於德相, 在鄕之時, 要免軍保者, 多倡起, 欲爲伸理. 至有歲丁辛壬運値陽九之語, 亦命刑配. 德相, 以合啓竄北.

【謹按】

此時聖意, 必欲鎭定德相之只從末勘. 蓋出於全保之至意. 而奈其黨必欲譸張倡爲伸救之論, 一轉而爲湖海之獄, 再轉而爲澤白. 【28가】三轉而爲仁邦, 四轉五轉而爲夏琛復謙. 孰主張是. 吁, 亦痛矣.

24. 壬寅夏, 鞫澤徵有白伏誅. 兩司合啓,【大司諫沈念祖, 掌令權瓛, 持平李羽晉等】請金鍾[34]秀鞫問. 上不允.

初因久旱, 澤徵上疏言, 筵中大臣, 不爲坤殿問候, 藥院亦無問安, 無人臣禮. 且言世家臣族艾刈, 至謂之湖海儒獄. 上以應旨優批, 而其疏所謂問候云云之說, 筵中以考見日記爲敎. 金鍾秀筵奏以爲澤徵疏, 人皆謂名疏云云.

繼而有白凶疏, 全襲徵語, 而慘誣三殿, 至有【28나】不忍言之說. 二品以上三司請設鞫, 卽允, 竝逮澤徵. 辭連李最中義翊竝逮, 最中卽義翊叔. 其兄明中, 卽金致仁弟婦. 最中自少與金親好, 及最中致仕, 日與相從. 鍾秀兄弟, 居廣州宮村. 所謂宮村, 卽李村, 金李便如一家. 人皆謂李事, 金無不知.

---

33. '從不'를 중도본에 따라 '不從'으로 바로잡는다.
34. 원문의 '銹'는 실록의 '鍾'으로 바로잡는다.

初設推鞫, 以最中見逮, 命親鞫. 鍾秀初以判堂參鞫, 而親鞫命下, 以最中有戚誼, 不欲參鞫, 出往郊居. 上親鞫最中, 不問同謀, 參酌島配. 兩司合啓, 鍾秀始謂澤徵名疏, 親鞫有命, 敢托戚屬私義而徑歸, 其罪宜拿鞫. 上命竄言官, 慰釋鍾秀,【297가】卽停啓. 蓋澤白凶疏, 出於爲德相伸理之計. 此鍾秀所謂四字無處不當, 謂之坤宮醫藥亦可云者, 而欲以此爲脅制君父之計.

澤徵卽賊禧門客.【澤徵被逮, 所搜文書中, 有所謂立朝錄. 其中凶言專襲尙禧. 親鞫納供時, 不稱臣. 結案未及誅. 獄中亂言, 至有不忍言之說.】有白卽義翊遠族. 最中之與澤徵, 執手相許, 義翊之與有白, 同宿爲謀, 必有慫慂之故. 最中素孱弱, 不喜言論, 義翊素愚騃, 不自主張, 究其本則鍾秀之言也.【鍾秀發啓之時, 大司憲金履素等入侍發啓, 論奉朝賀金致仁, 以最中黨. 陳啓未畢, 上嚴教, 命罷履素職.】

25. 九月, 世子誕生. 後宮成氏, 封爲昭容.

【29나】先是, 庚子揀擇, 尹氏應選, 封和嬪. 僉正昌胤女也. 辛丑二月設廳, 中外顒祝. 至是成昭容誕育, 護産廳尙不罷. 人皆以爲今此大慶, 實出中外企望之餘. 昭容和嬪, 俱是後宮, 雖明日又有螽斯之慶, 今日之慶, 宜先定名. 此是擧國公論, 而上以惜福謙遜之意, 姑無下敎. 朝廷亦未敢言. 過三朔, 因大臣筵請. 定元子號.

初金鍾秀郊居, 聞世子誕降, 卽詣闕上疏, 其槪曰, 伏聞王子降生之慶, 忭躍之極, 直趍闕外. 粗效舞蹈, 而承候路阻, 終夜流涕云云. 蓋臺啓後, 不入候班也. 擧國【30가】同慶, 毋論在朝在野, 孰不歡欣. 而其疏必曰, 直趍忭躍云者, 語非常情. 人臣之遇慶, 或有因事上疏, 陳情於頭辭, 而未有專爲稱慶上疏者. 人皆笑之, 如見其肺肝. 政院以不緊疏章, 只出大槪於小報而還給. 上聞鍾秀入京陳疏命入侍, 鍾秀已怏怏而去.

26. 十一月, 鞫仁邦京來天湜, 並伏誅. 逮德相煥億, 設鞫. 德相拿囚, 病未鞫, 徑斃. 煥億平問, 仍島配.

蓋自德相被譴之後, 湖海之間, 所謂儒士, 皆稱伸理抵罪, 而人心猶未定. 京來居關東, 仁邦居海西,【30나】天湜居關西, 互相綢繆, 而鄕曲愚蠢之類, 皆被其轉轉誘脅, 連結於三南關北, 皆以爲推尊德相爲大先生.

京來卽澤徵妻族, 定爲都元帥, 謀擧兵刦州郡, 奪原州監營, 直擣京師, 爲同謀者, 所發告. 京邦卽出入德相家, 自稱弟子者. 而煥億及德相之孫美奎主其謀. 諸賊招以爲朝廷亦有內應, 而不窮問. 只京邦湜, 三賊孥戮, 餘皆酌處.

上下綸音, 頒示中外, 昭布德相之罪. 蓋其凶疏草本, 初不但四字而已. 元嬪喪時, 國榮倡叵測凶言, 德相方爲戶參, 至有爲造, 白帽捉留匠手之擧, 筵奏至以【31가】爲殿下家事云云. 其時事, 詳在所下綸音, 鍾秀所謂某樣道理四字, 屬之醫藥與揀擇, 皆可云者, 更無可以爲辭矣.

27. 癸卯春, 申應顯上疏, 請差備醫官勘罪.

疏言昨秋大慶後, 大臣不卽爲定號之請. 又言護産廳, 過期之後, 藥院因循以過, 請差備議官勘罪. 藥院提擧諸大臣, 皆上疏以爲, 臣等只切顒祝之心而已. 未知應顯獨能預料於當時, 爲說於今日乎. 醫官請勘, 卽臣之罪云云. 上教以今日臣子, 只宜有欣慶之心, 定號早晩, 今何敢言. 强覓忮刻【31나】之論, 簸弄在抱之元子, 此是柳緯漢影子, 欲俟其眞面綻露而嚴處, 應顯姑先削職.

是時金鍾秀一隊, 初欲掩覆德相之罪, 四字凶言, 欲諉之揀擇醫藥, 而綸音一下, 其計破綻. 元子誕生後, 八方歡忭, 而凶孼餘黨, 猶懷怨毒之心, 常以護産廳過期, 肆爲亂言. 大慶後, 定號不過數月間, 而故以不卽定號, 托爲言端. 皆其凶謀憯計, 上已覷破也.

應顯卽申冕後孫, 冕卽得罪先正背義賣國者. 世所謂一邊人, 而乙亥後, 變其趍向, 遂入南黨, 冒占瀛選. 而乙未冬疏討麟[35]賊, 頗得顯用, 而人不欲與【32가】之婚媾.

有任焴者, 卽金鍾厚弟子, 而性本悖妄. 丙申賊㻩疏時, 焴多主張, 請鍾厚草疏, 而紹介者也. 嫁女爲應顯子婦. 鍾秀在銓, 焴筮仕, 焴事鍾秀如父. 世言焴以鍾秀意, 慫恿應顯疏, 激以名論, 應顯遂應募許之. 應顯疏後, 鍾秀嘗謂其黨曰, 此一疏, 今世所無之言云.

28. 十一月, 參判尹塾上疏, 討彙晩之罪. 三司合啓, 請彙晩追奪. 因上教卽停.

塾疏略曰, 彙晩二賊, 至憯之說, 極逆之狀, 或有臣目見而耳聞者, 或有傳播而入耳者. 然而爲今日【32나】難言者, 兩賊售凶之時也, 有筆難陳者, 兩賊威逼之說也. 其後晦及龜禧, 連夜追逐, 潛議者何說, 所營者何事. 此事出於爲窮寇謀生之計, 危動我聖上, 幾不安於貳極之位, 云云. 三司發啓, 上命三司入侍, 有不忍聞之教, 卽日停啓.

【謹按】

彙晩諸賊之罪, 其時人不敢言, 而亦無不知. 及聖上臨御, 上意於此等事, 不欲發露, 常加掩覆, 廷臣亦不敢言及. 塾疏出後, 宜有廷籲請討之擧, 而仍復伈伈, 並與合辭, 而旋發卽停, 章疏皆以爲諸賊

35. 원문의 '獜'은 실록의 '麟'으로 바로잡는다.

之罪, 今始知之, 云云. 謀危【33가】君父, 是何等劇逆, 言者若誣人, 則當反坐. 不然而其言明白, 則名以凶逆, 而仍止致討之請, 並無日例之合啓, 有國之所未有也. 世道尙何言哉.

29. 甲辰七月, 鞫逆賊夏材, 正法孥戮.

是時將行世子冊封之禮, 告廟隔日, 夏材以獻官將受香, 入闕坐香室. 以袖中凶書傳示於傳香承旨【李在學】, 而旋欲奪之. 承旨持其紙急走, 至政院上達, 遂命親鞫. 供以甲辰回甲欲爲一鏡之事. 且言有同情徒黨, 而不問卽誅, 所搜文書, 亦【33나】命火之.

蓋其凶書, 丙申以下一句語, 全襲一鏡天海致雲之凶言. 而窮天地極古今所未有之劇逆大變也. 上以鎭定之意, 下敎以天下豈有二夏材. 三司請夏材父陽澤追奪官爵, 亦不允.

先是夏材以吏參, 因事上疏, 【以尹得孚事上疏】 倡出時字之說. 蓋以近來懲討之論謂之時議, 金鍾秀, 嘗言奬詡. 於是, 凶黨不逞無賴之類, 皆以爲當今宰相, 唯金鍾秀夏材二人, 獨能超拔, 時俗可以倚仗. 至謂之兩金而稱道之.

是年春間鍾秀, 欲爲自裁之說, 或多傳說. 鍾秀以爲當今時事, 吾不忍見無寧【34가】自裁, 欲爲縊頸之狀, 爲其門徒所慰釋而止之. 此言人皆怪之. 又於春夏間, 嶺湖兩南有騷屑. 皆謂將有兵亂, 擔負入山, 要爲避亂者頗多. 中外人心驚疑危懼, 而忽有夏賊之變, 識者皆憂之.

【謹按】

逆賊之以亂言矯誣者, 從古何限, 而未有如夏賊. 窮天地極古今之凶變也. 甲辰天海之變, 始莫測其端, 至戊申始知維賢之爲本. 至乙亥致雲出, 益知其脈絡之相貫. 而至於夏賊則不待翌年, 賊瑮結案之招, 而可知其萌孼於龜柱壬辰之疏, 後翼丙申之疏, 而竟未得窮覈. 及【34나】夫賊瑮出, 便又出一夏材, 而亦未窮覈. 天經地義已掃地蔑蔑, 而今日人臣之北面者, 亦何所藉手哉. 夏賊凶言, 姑無論, 其所倡出時字之說, 蓋以懲討爲時論而讐斥之. 卽此可知其心, 而亦有甘與之同歸者, 其亦凶矣.

30. 九月, 因慶, 赦龜柱, 特命出陸. 金鍾秀, 復拜吏判, 宋載經, 擢拜吏參.

載經亦所謂南黨, 而鍾秀所嘗親切者也. 載經行政, 南黨廢枳者, 一皆注擬, 其黨頗增氣. 無論朝士儒生餘鍾秀相連者, 及累年廢枳之類, 蜂起蝟集, 【35가】皆爲攻斥時輩之論. 所謂時輩之目, 別無他人, 卽是自己亥庚子討榮德之罪, 不入於鍾秀黨者也.

先是蔡濟恭以附合國榮凶論, 有流行之言, 累被參劾. 李命植劾趙瑗, 以附合濟恭. 尹得孚陳所懷, 以爲濟恭黨逆與否, 臣不敢知, 而命植與瑗情若兄弟, 忽爲論劾, 近於賣友云云. 物議以得孚攻斥懲討

之論, 銓曹枳得孚, 而夏材以吏參, 欲注擬得孚爲郎官所沮. 夏材始上時字之疏, 上特除得孚爲正言. 得孚上疏發明, 以前日所懷, 出於敦風規警之意. 尾論徐命善專擅之罪, 而疏中亦有時【35나】字之說.

李魯春疏, 請得孚拿鞫, 至是魯春復以自明之意上疏, 以爲渠之初疏爲時議所浮動, 非渠本心, 盛言時輩噂沓[36]背憎, 一言逆順之間, 人鬼立判云云. 無非爲近年凶逆伸理之意, 而全襲夏賊時字之說. 上教以初疏旣非本心, 今疏果出本心乎爲教. 蓋魯春素與湖中儒生李奎南相親. 奎南卽金鍾厚門徒, 往來親熟於鍾秀者也. 奎南以鍾秀意誘脅魯春上疏, 以爲翻身之計. 鍾秀之意, 欲以夏賊時字之說, 爲一世公論, 嗾魯春翻身上疏, 以爲恐動上心, 脅持上下之計.

時鍾秀以【36나】吏判, 自言擔當世道, 而誘脅魯春, 以爲上意方欲屛逐時輩, 不爲此疏, 必以時黨得罪也. 奎南之居間往來, 人皆傳說奎南住李洪載家. 魯春亦時時往來, 人多見之. 魯春將呈疏謂人曰, 吾亦知反覆爲不可, 而吾雖見棄, 猶有勝於以時黨得罪云云.

魯春卽名家後裔, 少讀書深峽, 素無黨比之目, 而忽爲凶黨所誘, 自陷大戾. 時鍾秀疏, 亦有背悖之語. 魯春特教具格拿囚. 鍾秀臺啓請竄, 蒙允尋命勿施, 只削黜. 魯春不問仍島配.【鍾秀魯春事, 詳在下編】

31. 【36나】十一月, 鞫揆明杖斃.

揆明坡州鄕人也. 鄭妻方安置坡州, 而外人有連通之迹, 事發逮鞫. 干連諸囚亦多, 囚供中忽有以史略第二卷漢紀中一句語攙說, 而語意至凶慘. 辭連者多可疑,【宋鼎休子姪, 及羅列, 而鼎休卽申應顯切姻云.】而不逮問. 及揆明杖斃, 並不窮覈, 仍撤鞫.

【謹按】

申應顯疏後, 凶黨之亂言益肆, 如伏火潛熾. 意外囚供, 無端拈出一句語, 其旨意有非一鄕人譸張, 而竟未窮覈. 凶招句語, 卽不忍形言之言. 於是乎凶黨以爲揆明之言, 果是何言, 而【37가】窮覈者何事. 佯若不知, 殆同玩弄, 吁, 亦痛矣.

32. 乙巳春, 金鍾秀上變, 逮鞫斗恭瑮, 並正法孥戮.

斗恭夏賊侄也. 前冬, 李魯春疏後, 金鍾秀亦以其所上疏語悖義, 有嚴批. 鍾秀入侍, 上有責教. 鍾秀惶㤼, 忽以爲臣欲爲光完之事云云. 所謂光完, 卽光南完寧,【光南君, 金益勳, 完寧君, 李師命.】鉤探賊情,

---

36. 원문의 '嚕'은 실록의 '沓'으로 바로잡는다.

告變於庚申獄者也. 上教有慨然, 自許以光完之教, 謄播朝紙, 見者皆駭惑, 莫知其意. 鍾秀削黜郊居.

二月晦, 密書於善復, 要送其子以謙, 遂言以斗恭事, 使善復告變. 蓋云鍾秀族弟鍾健奔其父致恭【37나】之喪於巨濟.【致恭以尙魯侄, 坐謫】鍾健因巨濟人河光溶, 聞斗恭凶言云云. 善復以其意上達, 特命敍鍾秀, 入侍. 鍾秀方赴召在途, 金履容以賊瑮事, 要鍾秀路中, 請告變. 鍾秀入侍, 並告恭瑮事, 拜鍾秀判義禁, 遂命設鞫.

履容卽所謂一邊人, 而素與瑮相親, 爲酒博之徒. 夏賊變後, 履容見瑮, 形色頗異. 又聞瑮言及夏材, 至謂逆賊亦有公私之別. 又有危言危行等說, 履容驚駭. 陽爲失志怨國之狀, 鉤探敵情. 瑮始不信, 不肯吐言, 履容遂引刀, 欲刺臂爲誓, 瑮始信之, 略言其情.

蓋與樂純子福榮連通, 輸【38가】錢貨, 河東深谷中, 結妖賊, 洋海募兵圖事. 履容遂得瑮書, 馳往河東, 鉤探賊情. 又瑮謂履容曰, 三道擧兵, 外亂將作. 君之見失義興, 反謂有福. 朝廷中金宋兩人, 吾輩素所倚仗, 事成, 君當有義興十倍之利云云. 所謂金宋, 卽鍾秀載經. 蓋履容纔以義興縣監汰去故也. 履容得其情欲上變, 嘗慣聞賊瑮倚仗鍾秀之說, 且以鍾秀纔有光完自許之奏意, 其必有所鉤探賊情, 欲使鍾秀發告, 往鍾秀家, 路逢鍾秀赴召之行. 以賊瑮事言之, 鍾秀初聞履容言惶惻, 不知所答. 履容遂言大監如不欲【38나】告, 吾亦有可言之事. 鍾秀氣奪戰慄曰, 吾當告之云.

上親鞫, 瑮供以爲夏賊變後, 危言危行等說, 及三道締結, 期日稱兵, 至以爲體天行道. 其下又有四字不忍言之凶言. 大逆承服, 正法. 同情徒黨, 或出鞫招, 及見捉於文書者, 如明謙沈炯之, 並不逮. 福榮以癡蠢無知, 只誅其身. 妖賊結連者, 並正法有差. 鞫斗恭, 斗恭誦夏賊凶言如記. 又供朝廷亦多同情者, 而上教以嫁禍搢紳, 並不問. 結案以大逆, 承服正法. 議鍾秀履容善復錄勳. 判府事金熤, 以爲履容以仕宦之人, 聞凶言, 不卽發告, 功【39가】罪相當, 不宜錄勳. 以衆議不一, 只命鍾秀善復賜臧獲土田, 履容加資.

蓋甲辰春騷屑, 始知賊瑮河東排布之事. 其冬鍾秀自許光完於筵中, 亦必有豫知賊謀, 自發於不知不覺惶惻之中, 而及其主獄全事彌縫. 賞功辭疏, 以偶然邂逅履容爲辭. 斗恭事所告, 尤無着落. 只使斗恭, 更誦夏賊之凶言, 而更無窮覈之實.

且其告變, 旣異於兵事. 伊時時相,【左議政洪樂性】卽鍾秀內從, 不議於時相, 而必招以謙密議, 要善復告之者, 亦非常情. 是時善復方以訓將, 爲國元戎人, 不知其爲凶. 而以鍾秀不議【39나】於至親時相, 必議於善復, 人皆怪之.

鞫獄旣撤, 鍾秀曰, 吾見獄事, 首尾諸囚, 皆是妖誕無實. 瑮則麤鄙, 生慾於福榮貨財, 使人紹介而已. 瑮之文書, 無非干囑通賂, 不過唾鄙之事. 而履容之鉤探發告, 卽移禍士林之計, 其計出於青橋趙家. 趙家如不夷滅吾輩, 無以雪恨云云.

所謂趙家, 卽趙時俊時偉諸人. 而時偉卽尹昌胤妹婿, 和嬪姑母夫也. 時偉素無識, 庚子後, 公然自

居以戚里, 亦多賣勢招權之事, 人皆鄙之. 履容適居近趙家, 鍾秀遂倡言, 履容爲趙家所使. 且以時偉自居戚里賣勢招權,【40가】仍爲藉公論, 攻斥之計, 隱然以瑮獄歸之虛妄, 嫁禍士林. 且曰履容自告亦可, 必使我告之者, 亦欲使言出士林, 其計巧矣云云.

人有問以前冬光完之語, 則鍾秀哂之曰, 吾則果無此言, 而上敎如此. 吾亦不知云云. 渠之所不言, 上豈有下敎之理. 而敢爲誣語, 其計陰譎巧憯, 有不忍言. 愚迷之類, 亦有見惑於其言, 而鍾秀遂以一邊欲爲盡殺一邊之說, 傾動人心. 瑮獄之稱兵圖亂, 情節狼藉, 連綿夏賊脈絡昭著, 而猶有以瑮獄爲虛妄者, 皆因鍾秀而詿惑也.

瑮獄後, 金漢耆稱以死罪臣上【40나】疏, 遣辭設言, 無非凶憯回測. 引光佐議藥廳諱疾之事, 至請昭布國中. 蓋賊瑮公私之說, 明有夏賊相連之情跡, 而瑮是渠黨, 要爲發明之計, 不自覺其語意之凶, 與夏賊同歸. 疏本卽命火之. 大臣三司請, 漢耆拿鞫, 不允. 漢耆素愚騃無知覺, 謀計蓋出於其黨之相議云.【光佐事, 載闡義昭鑑】

【謹按】

先瑮賊而諸賊之陰謀, 後瑮賊而諸賊之凶圖, 一皆湊合於瑮獄, 瑮獄卽數十年來凶逆脈絡肯綮之聚會處. 況見賊夏凶言, 貫通於瑮, 而竟未得窮覈. 至有獄事虛罔, 貽禍士林之說,【41가】尙何言哉. 金履容之罪, 有不容誅. 大臣所謂不卽發告, 功罪相當云者, 履容發明, 以爲若非往探書札, 則無以得實云. 而大臣所謂履容亦以仕宦之人, 聞[37]凶言而不卽發告云者, 可見其微意專在於履容之不自告也. 大臣之言, 可謂俟百世不惑之公言也.

33. 丙午五月, 文孝世子薨逝.

初以輪行班疹, 藥院直宿, 旋卽平復, 頒慶. 隔日而以積聚上衝之症, 初十日, 更爲直宿, 十一日遭變. 庶民士女, 無不奔走號痛. 先是外間, 只聞睿質【41나】夙成, 漸就岐嶷. 而及至變後追聞, 積聚之症, 久已經年, 差備醫李廷楫, 自春, 請停乳道. 初十日, 更直宿之後, 又用蔘附熱劑, 遂至遭變.

廷楫自初, 閭巷亦未聞以良醫稱者. 其餘數人, 自直宿時待令者, 亦廷楫姻親. 廷楫之所引進, 蓋爲希賞之計, 皆是無名庸醫也. 藥院直宿舊例, 差備醫官診候退, 與兩廳諸醫商確, 三提調始以某藥進用之意啓達. 法意至嚴且重, 而初十更設直宿之後, 藥院初無一字啓辭. 兩廳諸醫及三提調, 皆不聞所用之爲何藥, 而自內只廷楫數三醫人, 進用蔘附之【42가】劑, 蔘附卽班疹熱症所大忌者也.

人心悲憤, 三司請廷楫等拿鞫, 提調削黜, 上不允. 都提調徐相命善也. 魚錫齡以前掌令上疏, 以爲

37. 聞: 저본은 '問'이나 문맥으로 보아 '聞'으로 수정하였다.

不嘗藥, 猶謂之弑君. 況進毒藥乎. 人皆欲食肉寢皮云云. 儒疏繼上如錫齡言. 上教以自內用藥, 提調皆不與聞爲教, 提調削黜事停啓.

基地議定於栗阡及泰陵局內. 而都監諸臣, 皆奉審. 趙時俊進去, 看審回奏, 以爲栗阡岡兆遠望處, 或謂不吉云云. 蓋栗阡卽武人李文德世傳之地也. 金鍾秀奏達, 以爲時俊沮戱墓地, 自定號時已知有不滿【42나】之心. 臣嘗痛之云云.

時俊上疏槪言, 初以墓地可否之意, 適因所聞而奏達, 人言危怕云云. 鍾秀對疏, 以爲臣不到底說及, 而人心自初寃憤云云. 時俊對疏, 以爲夏賊之變, 出於冊封隔日, 人心之自初寃憤, 果如其言云云. 鍾秀又疏, 以爲臣之所奏, 有初中終段落之別, 而時俊佯若不知, 諱其初而不言云云. 鍾秀所謂初中終, 卽謂定號時, 時俊兄弟, 有不滿之心, 此謂其初也. 夏賊之變, 謂其中也, 時俊沮戱墓地之事, 謂其終也.

鍾秀筵奏, 只有自初定號時, 不滿云云之說, 而初無一言, 及【43가】於夏賊. 及時俊疏, 以夏賊之變屬之於鍾秀所謂自初寃憤而爲說, 則鍾秀始以初中終爲言. 蓋當初所奏, 只言初與終, 而元無其所爲中者矣. 上命此後兩疏勿捧.【後臺啓覈李文德. 自以世傳基址, 囑時俊沮戱墓地, 文德拿問, 爰辭發明, 蒙放.】

34. 九月, 宜嬪成氏卒逝.

宜嬪有娠, 五月變後, 人心猶有係望顒祝之地. 又至此境, 中外失望驚歎, 而凶黨伺釁, 人皆有疑懼之心.

35. 十月, 兩司啓請, 宇鎭拿鞫. 三司啓請, 領府事尙【43나】喆削黜.

尙喆, 宇鎭父也. 初尙喆以翬良姪壻, 致達妹夫, 爲翬良所吹噓, 及至拜相. 以厚謙姑夫, 亦多依藉. 丙申大喪, 尙喆行院相事, 上委任優禮. 其子宇鎭十九登第, 常居近密, 榮寵溢世. 己亥秋, 國榮筵中告退時, 尙喆獨力言勉留, 出又箚陳. 而及榮純屛黜, 凡於懲討之論, 尙喆每有顧藉, 大爲鍾秀一隊所稱譽, 至許以老成之論.

尙喆素與金致仁相好, 門下幕屬, 亦多互相往來者. 宇鎭爲廣尹, 嘗往來過鍾秀所居夢村, 鍾秀盛稱其父子. 鍾秀嘗【44가】稱尙喆爲駱山大老, 宇鎭嘗稱鍾秀爲士林領袖. 宇鎭言論多濡渠, 宇鎭嘗以丙申春獄處分, 爲上尊號之議, 至有啓草之搆出. 蓋丙申春獄, 卽諒闇中, 不得已處分, 人臣所不忍復言之事, 而宇鎭之忽以此至欲請尊號者, 決非宇鎭父子之意. 鍾秀嘗於師翰事, 自謂主張嚴討. 其意欲以一邊盡歸之師翰而斷之, 亦欲掩尙禧翬晩景彦自來窮天之罪, 以師翰爲口實, 宇鎭亦襲其意, 而爲

此論也. 自上聞之, 嚴敎詰責於宇鎭入侍之時. 宇鎭出外自掩, 世多有不知者.

是時, 時偉【44나】在當路. 宇鎭又爲時偉擬帥之議, 欲爲媚悅之計. 癸卯, 申應顯上疏時, 宇鎭以承旨在院, 以爲應顯若被罪, 當覆逆云云. 蓋申疏後, 亦有宇鎭與知之說, 故宇鎭故爲覆逆之論, 以掩其相通之跡. 前後行事, 無非反復回邪千億變幻. 至是, 宇鎭在銓曹, 以行政事, 上敎截嚴, 啓草事. 及擬帥事, 覆逆事, 始皆發露, 命削板. 臺啓請拿鞫, 三司合啓請, 尙喆削黜, 幷不允.

蓋尙喆與善復爲切姻, 尙喆庶子寧鎭, 卽善復庶女婿. 尙喆庶女婿, 卽申愷, 故府使景祖之庶子承嫡者也. 禵子湛爲愷嫡【45가】族之婿. 愷主其婚, 實金家所勸. 愷父景祖, 卽金致仁自少如兄弟親友. 愷於金有通家之好, 時相往來云.

36. 十一月, 湛死.

該曹以卒逝停朝市啓達. 上命吊賻禮葬. 十月, 大妃下諺書于賓廳略曰, 國榮德相, 自初凶謀已露於湛綽號完豊之時, 而主上每以鎭安爲意, 掩覆至此, 凶黨謀計轉急, 宗國之危凜如一髮, 夏秋喪變症情, 自初怪底. 今則湛之自斃, 未知有何知覺, 而虞危之端, 不以湛死少緩, 日急一【45나】日. 領相以先朝老臣, 起廢拜相,【十月, 金致仁, 重卜, 拜領相】亦無一言. 予用慨然, 却膳已屢日. 主上至誠勸進, 而目見宗國之危, 決不進御爲敎.

大臣二品以上, 賓廳聯啓, 仍率百官庭請, 湛追奪, 其父禵處斷. 上連下敎, 啓辭火之, 大妃又下諺書曰, 凶逆尙未斯得, 已死之湛, 豈欲藉卿等之口爲敎. 朝廷遑遑, 莫知所爲. 此時宋樂休告變. 樂休卽禵之妻父, 湛之外祖也. 樂休以喪人詣闕下, 自言告變, 爲兵校所捉. 兵判金履素, 與大臣三司請對, 請設鞫. 樂休供嘗見以謙, 以平安兵使, 厚饋於【46가】湛, 書稱小人, 湛年幼, 甚喜之. 尙喆宇鎭發啓後, 渠往見之, 則湛以爲金家生則渠生, 金家死則渠死. 數日之間, 忽聞其自斃云云.

鞫以謙辭連善復明謙並逮鞫. 大妃又下諺敎曰, 罪人斯得云, 反正觀相等事, 可以窮覈. 鞫善復不服, 善復門客張彦會逮問, 與善復面質. 彦會備言, 善服與其婿寧鎭, 密密相議之語. 善復語屈, 供以出入宿衛所之時, 見湛察其貴氣, 有無敎, 其子以謙饋遺. 而見國勢孤危, 遂生凶謀, 稱以反正. 外而兵閫, 內而校卒, 亦皆締結排布, 將欲擧事. 昨年賊瑮稱兵時, 其姪【46나】明謙爲賊, 內應大將云云. 而國將亡, 生亦何爲等說, 亦襲夏材凶言. 大逆承服正法.

先是瑮獄, 洋海招明謙爲內應大將. 賊瑮書送明謙生年月日問其吉凶云云. 以亂招勿問. 且命宣傳官詣獄中, 飭洋海, 更無敢復言明謙. 事後明謙以承旨入侍, 上敎慰釋明謙. 明謙全無感惶之意, 敢以笑語慢對之. 至是以事關兵事, 特命梟示. 鞫宇鎭, 供以果有願湛他日之意云云. 問他日何日, 則供以群不逞得志之時. 其後更不問, 特命酌處島置. 以謙, 亦正法, 仍命撤鞫.

昨年春, 善復因金鍾【47가】秀告變, 而仍與共治其獄, 其時人皆知賊㻂之爲鍾秀黨. 甲辰冬, 往來賊㻂者, 亦皆鍾秀門生. 鍾秀所謂光完之說, 亦極怪疑, 故皆疑鍾秀之與㻂相通. 而至於善復, 全然不知其爲賊㻂內應. 及明謙事出, 而始知其凶謀, 自初一貫. 鍾秀告變之必與善復相議. 其時人已怪之, 而至是鍾秀之跡, 尤難掩矣.

善復獄, 金致仁爲委官, 鍾秀又以判義禁主獄. 善復以一國元戎, 稱以反正圖事, 而初不窮覈其同情. 善復結案後, 仰視曰, 判堂亦豈不知吾事. 顧爲伸理云云. 府隷皆聞之. 宇鎭鞫問, 最關獄情【47나】而漫辭酬酌, 有如戱弄. 至有問卽之面斥委官. 宇鎭所謂群不逞之徒, 旣發其口, 而仍不問之. 申愷主婚之說, 寧鎭密語之事, 並不究覈. 諺敎中, 夏秋喪變症情疑怪之敎, 人皆痛骨驚心, 必有端緖之可尋, 而全無擧論. 逆湛服毒自斃之根因, 最是關係之甚緊, 而亦不盤詰, 托以上敎, 忙忙撤鞫. 以裀事, 大臣又率百官庭請, 上閉閤却膳. 朝廷奉承上意, 裀全家, 安置江華.

【謹按】

從古亂逆, 必有源委. 雖以國朝近事言之, 戊申之徵晟麟[38]亮, 乙亥之徵志雲鏵. 皆是祖述【48가】於耉輝, 傳法於鏡夢, 人皆易知. 而若其源遠流長, 愈出愈奇, 眩於尋素者, 近來諸逆也.

蓋自尙禧翬晩一, 再傳而爲麟[39]謙龜能, 三四傳而爲榮德澤白. 遂及於夏㻂, 而脈絡可見, 竟至於復謙, 而情節畢露. 此非尙禧敎誘榮德, 倡起復謙, 而此果孰主張. 是善復累世勳戚之家, 宇鎭奕世上相之子, 梟心獍腸. 雖是別種, 若非慫慂以易惑之說, 誘脅以漸染之術, 鼓發其凶竇奸竅, 則豈有凶變之至此哉.

近宗只有三人, 而禛死海島, 禶爲龜柱所擁戴, 竟至伏法. 裀子湛, 又爲榮【48나】德奇貨, 上意之必欲全保, 群下之不忍提說, 已七八年, 而凶逆之黨, 必欲逞志, 抵死不捨. 陰蓄凶圖, 潛排禍祟, 至於自斃. 而復謙之二字, 凶謀出矣, 明謙梟示. 傳敎凶徒之以近宗爲奇貨者, 非但宗社之罪人, 卽予不反兵之私讐爲敎. 讀此敎者, 孰不洒涕. 而使明謙萌心作賊者, 可以當此敎也.

37. 十二月, 臺諫啓請, 趙時俊拿鞫.

先是, 甲辰冊封時, 廚院提調多窠差出, 時俊以吏判擬湛提調. 至是參政, 亞堂沈豊之上疏自明, 【49가】因劾時俊專主擬望. 時俊對疏自劾. 上批以出於對揚. 人孰不知爲敎, 臺啓以何心腸擬湛提調請拿鞫. 上不允. 臺諫又發啓請趙奎鎭拿鞫.

先時湛服毒, 根因辭連湛妻家婢連伊. 奎鎭以捕將究覈施刑 而連伊徑斃. 臺啓以爲奎鎭故殺連伊,

---

38. 원문의 '獜'은 실록의 '麟'으로 바로잡는다.
39. 원문의 '獜'은 실록의 '麟'으로 바로잡는다.

以絶其盤詰之路云云. 上以其時獄囚老病卽㢡爲教. 奎鎭卽時俊族也.

38. 丁未正月, 兩司啓請, 時偉拿鞫. 上不允, 只命島配.

臺啓以爲時偉爲宇鎭所擬帥. 壬寅秋大慶, 重【49나】臣上疏【卽金鍾秀, 未撤之疏】稱慶, 而時偉肆發不滿之說於喉院公坐之中, 其[40]心所在, 有不可測, 請拿鞫. 正言李洪載疏以爲一鞫此賊, 五九月之變, 次第可覈云云. 上問臺臣, 以公坐傳說, 誰果聞之. 臺臣對以有口皆傳, 有耳皆聞, 而無指的仰對.

二十日常參, 上問首相以臺啓時偉事. 首相奏對, 以爲此事自產室廳, 拖至三十朔之時, 閭巷之言, 已多訝惑, 人皆致疑一處. 而壬秋大慶, 時偉敢發不道之說. 邦慶日, 諸宰之顚倒入闕也, 時偉以爲一王子之生, 胡大事, 而何如是擾亂云云. 及至【50가】夏秋, 喪變之後, 人皆有泝源致疑之論. 今臺啓已發時偉公坐之言, 今若次次緘問, 則必有其證, 雖不如此, 一鞫時偉, 則可以知之矣.

上曰, 考見日記, 伊日渠非承旨, 又非入直騎堂, 今雖鞫問, 渠必極口發明. 今聞大臣所奏, 益聞其所不聞. 臺臣猶不可緘問, 況大臣乎. 一向靳持, 亦不可. 時偉特命島配. 仍下教略曰, 時偉以擬帥發啓則尙云晩矣. 渠若早自引絶風馬牛不相及之際, 豈至名登誅討. 宇鎭之疏啓, 一言而蔽之曰, 何以得此. 時偉爲先島配, 使出入近密者, 知有所戒.

【50나】蓋時偉素與宇鎭相友, 而不能斷絶, 致有擬帥, 求媚之計. 上教風馬牛不相及之際者, 蓋謂此也. 鍾秀亦上疏, 以爲邦慶後, 人心怫鬱, 五年如一日, 今又內外作賊云云.

【謹按】

致仁所謂致疑一處者, 其言隱謎, 未知一處, 果指何處. 其言不但謂夏秋喪變後致疑而已, 先自護產廳過期之時, 已有致疑一處之言云爾, 則未知其時致疑者何事. 今爲言至謂泝源致疑者, 何意也. 時偉之自處戚里, 賣勢招權, 宮禁肅嚴, 緣渠貽累, 此固死有餘罪. 而況公【51가】坐凶言, 旣發渠口, 則此其罪有浮於榮德十倍, 而人臣之聞此言者, 何忍一日按住, 不卽明討, 而過五年始言, 使凶賊無可窮覈之路. 此則鍾秀也.

鍾秀以爲其時時偉勢盛, 人不敢言云. 而鍾秀之寵過, 恩渥逈出群僚, 聞其言, 而卽地打破, 時偉何以自解. 況時偉凶言, 因鍾秀賀章而發, 則其爲言尤易, 而含默累年, 今始發言. 時偉罪固萬戮, 未知天下後世, 又以鍾秀謂何如也.

---

40. 其: 원문은 '甚'이나 중도본을 따라서 수정하였다.

39. 判義禁金鍾正, 告匡運凶疏事, 逮鞫. 匡運正法.

匡運龍仁鄕人, 與鍾正爲遠戚. 一日見鍾正, 示以【51나】疏草, 其疏凶憯. 鍾正未及告, 匡運已去. 鍾正上變, 遂逮捕匡運庭鞫. 光運供以渠疏所言, 自上云云, 異於善復, 自下凶計. 疏中凶言, 至有入承大統四字, 疏草參見人韓宷爲名者, 亦被逮. 宷供以爲見其疏焚草, 而四字中入字書以立字云.

匡運卽鄕曲無知之類. 纔經大獄, 欲爲凶疏, 果未知何計. 而若其平日被誘見惑濡染於凶黨所謂義理者, 斷可見矣. 匡運不告指嗾, 卽以大逆正法. 宷酌配.

40. 九月, 行司直鄭民始上疏, 乞退.

民始自北藩歸上疏言, 一自夏明兩賊之出, 倫綱【52가】斁矣, 義理塞矣. 爲今日臣子者, 苟不能碎首沫血, 窮覈嚴討, 則亦當毁冠裂冕, 秉義退死云云. 又曰, 臣自西藩歸, 深痛治逆之不嚴, 思欲屛伏而自靖. 北關膺命, 亦由零賊之行査, 到今私義與前無異云云.

【謹按】

夏明出而竟未窮覈, 今之世固無倫義之可言. 數年以來, 日例連啓之外, 章疏之間, 寂無懲討夏明之論. 民始一疏, 足以警群蒙, 而牖群迷, 使環東血氣之倫, 亦知有討夏明之義理, 其亦偉矣. 而一種之論, 或有斥民始, 以禍心者,【52나】亦何哉.

41. 戊申三月, 金致仁筵奏請, 李魯春放釋. 上命考其時日記示之. 致仁上疏, 待罪. 玉堂陳箚, 論致仁黨逆之罪. 上下嚴敎, 竄六儒臣于關北.

致仁筵奏, 以爲殿下欲爲建極之治, 當先服人心. 頃年李魯春事, 言議反覆, 固可駭而別無得罪於國家者. 今右相旣已登庸,【二月, 蔡濟恭特拜右議政】尹得孚, 亦不宜永棄. 況李魯春乎. 請疏釋【兪岳柱, 並請疏釋事, 在下編】以光聖德云云.

上詢問備堂, 以其時事, 多對以不記. 閔鍾顯以其時發啓憲長, 亦無所奏.【53가】上命考日記示致仁. 致仁上疏承批仍出城. 上命罷鍾顯職. 有在其時何心請設鞫. 在今日何無一言之敎. 玉堂箚論致仁罪, 以爲五年之後, 始得夏賊窩窟云云. 上命陳箚儒臣入侍, 有責敎焚其箚, 仍命竄北.

蓋魯春先斥得孚疏時字之說及夫夏賊出, 而旋又上疏反其論, 前後語全以時字反復,至於濟恭事, 猶屬第二件也. 事俱在其時日記, 諸臣疏啓, 及批答傳敎. 其後濟恭事, 上敎以流行之言脫空, 特命拜相. 致仁所謂右相登庸云云. 越過重疊之事端, 只以濟【53나】恭事, 伊後昭晰之敎, 藉重枚卜. 而欲救

魯春之罪. 若不知魯春之罪, 專以時字反復爲人所嗾, 同歸於夏賊一套也. 致仁疏, 以爲其時事全然不記, 及所見下日記, 而始覺妄率之罪云云. 上屢下敦諭, 仍入城.

【謹按】

魯春島配後, 臺啓尙存, 塗人耳目, 而致仁請放. 蓋因其侄所誘, 而其計未售, 則乃反托以老耄不記. 蓋鍾秀始誤魯春, 又誤其叔, 必欲爲角立, 嘗試之計也. 忽陳疏請將母歸鄕, 上敎以有甚難, 冒難住之事, 扶起安頓. 百歲老人,【54가】欲爲寸寸前進之計, 其所謂便養, 可謂太未便爲敎. 蓋鍾秀丁未夏, 自郊居, 將母上京供職, 而今忽請還故也.

42. 五月, 刑曹覈朴璃[41]金鍾健草記. 命鍾健放釋.

初北營都監軍, 昏後見一人徊徨於曜金門, 宮墻外捕, 納于大將. 大將徐有大査問. 卽鏡城人朴璃[42], 囊中有上疏草, 欲爲其兄[43]鳴寃者. 其兄琮卽干連述海, 竄配嶺南者也. 又有鍾健抵琮書, 語意陰憯, 遂移送刑曹, 刑曹逮鍾健, 按覈鍾健書, 有滄桑華表妄想圖讖等說, 而至以爲道體若何云云.

蓋【54나】琮卽念海弟子也. 鍾健供圖讖之說, 卽移居東峽之事云云, 而語不成說. 璃[44]供以爲欲訪泮村玄杞【述海門客, 鏡城文官】所住處, 而日暮失路, 誤到墻外云云. 上敎以乙巳事, 已知其心, 不可以地處逼仄, 攙引成案, 鍾健特命放送. 璃待用刑, 仍囚杞, 放逐本鄕. 刑曹以鍾健事覆逆, 上命罷堂上職.

---

41. 원문의 '鐲'는 실록의 '璃'로 바로잡는다.
42. 원문의 '鐲'는 실록의 '璃'로 바로잡는다.
43. 원문의 '兄'은 실록에 '弟'로 되어 있다.
44. 원문의 '鐲'는 실록의 '璃'로 바로잡는다.

『정변록』 하(下), 일(一)[1]

1. 1756~57년, 남 · 북당 분열 조짐

【1가】丙子丁丑年間, 人心洶洶時, 尙魯秉軸. 世言兪相拓基李相天輔與尙魯不合, 兪相與李相宗城相好. 余亦聞之, 而不知其爲何事. 一日李奎緯來訪. 奎緯卽余妻兄也.

語及時事, 奎緯盛言, 宗城逆也. 兪以老成人, 與彼相好, 豈非可怪.

余曰, 吾聞兪有雅量, 與李相好, 必有所以. 李無斷案, 不可以黨目, 輕加人逆字.

奎緯盛氣大言曰, 渠以光佐爲師, 昨年始上疏發明, 豈非逆乎. 君年未二十, 言議如此, 世道可知.

余曰, 兪李【1나】年位俱高, 其所相好, 必非勢利.

奎緯曰, 聞兪與領相不合, 與宗城合, 其不異哉.

余問, 所謂合與不合者, 何事.

奎緯曰, 聞是國家大事, 人不輕言.

余曰, 無論某事, 觀人可知. 兪則淸白有文識, 領相麤鄙貪婪, 卽其人可知. 其言議所主之如何.

奎緯曰, 領相卽君外氏至親. 君以少年, 言鋒不宜如此.

余曰, 彼雖外黨, 吾言適及於評品, 此豈害義.

奎緯性愚闇無識慮, 無論某事是非, 當路有勢者皆右之. 此時奎緯亦可[2]知兪相與尙魯不合之爲何事, 而其言如此. 後己卯奎緯赴別試, 對策有妄發語. 上欲鞫問, 尙魯解釋以奏, 上【2가】命充軍, 尙

---

1. 『恩波散稿』 권11, 「定辨錄下一」. 서울대학교 규장각한국학연구원 소장본(奎15680, 이하 '규장각본'으로 줄인다)을 대본으로 하고, 국립중앙도서관 소장본 『定辨錄幷續』(한古朝31-45, 이하 '중도본'으로 줄인다)과 비교하여 교감하였다. 이하 쪽수는 판심쪽수이고, 판심 오른쪽은 '가', 왼쪽은 '나'로 표기하였다.
2. 원문의 '可'는 중도본에 '不'로 되어 있다.

魯又奏, 旋寢.

奎緯感之, 嘗往來干謁. 奎緯亦嘗執贄, 從學於渼陰金祭酒門下. 余嘗戲之曰, 君從長者遊, 所學者卽干謁權相耶. 奎緯不悅.

後聞余內從金致信見致讓, 致讓問, 沈某何如人. 其妻甥李奎緯佳士, 而沈則崖異云, 其人必怪妄云云. 余聞而笑之, 而蓋知奎緯之浸與致讓親, 至有言及於余矣.

辛巳春, 將行王世孫入學之禮. 一日李奎緯來訪曰, 入學時, 四學齋任當入殿內, 可以觀光. 君爲掌議, 如何.

余曰, 學宮有先訓, 不欲投跡, 而今當盛禮, 觀光爲華, 如爲掌議, 則好矣.

奎緯曰, 吾當宣力, 使君【2나】爲之. 君爲掌議, 當薦同任. 君每主已見, 不與世推移, 大是欠處. 今則一從吾言而爲之.

余曰, 誰可爲者.

奎緯曰, 沈煥之.

余曰, 此是同宗而未相面. 吾旣爲掌議, 則當以吾親友擬之.

奎緯曰, 此事, 吾之親舊皆相議爲之, 雖非君, 豈無可爲掌議者. 而吾必欲使君爲之者, 亦欲君之與吾輩團聚也. 君若如此, 君不可爲掌議矣.

余意切於觀光, 遂諾曰, 當如君言.

數日余果爲南學掌議入齋, 差同任以閔百準金履運金相正擬望, 閔卽余童稚友, 欲與之觀光也. 時大司成趙明鼎見望記, 以爲首望卽吾甥侄, 當避親嫌, 故書爲字於【3가】副望云云.

齋薦不拘親嫌, 而舊例亦無副望爲字, 大司成不知舊例而致此. 金履運以副擬爲字無例, 呈遞, 余亦引義自削. 奎緯大怒, 責余以敗事. 是時已有南北之目.

奎緯謂余曰, 君欲爲北人耶.

余曰, 吾則不知南北之爲何方. 而但閔是吾童稚友. 吾旣爲掌議, 豈不欲與之觀光耶?

其時爭詰, 卽是年少可笑之事, 而兆朕始於此矣.

2. 심낙수가 이규위와 사이가 나빠진 사연

癸未, 人心猶未定, 自昨年量海金漢祿之凶論, 仍不止息. 逆晩方當國, 龜柱新登第, 始有引朋聚黨之漸. 是時奎緯亦登第, 奎緯卽故副學權忭外曾孫, 而權【3나】之婿元景淳則龜柱內舅, 素有聲息, 奎緯遂與龜柱結交.

甲申, 奎緯以翰林下番, 適當正宗統下敎之時, 故相趙公𡐔以翰林上番, 求見筵說. 奎緯秘不示之,而謄送於元景淳, 轉及龜柱, 又謄送於具善行. 善行卽奎緯妻叔也. 趙公聞之, 至於相絶. 趙亦奎緯布衣交也.

奎緯登第後, 余不與之往來, 一日奎緯爲問余妻病而來. 余謂奎緯曰, 君以故家衰門, 幸登科第, 只宜守約保拙. 至於前程, 自有定數, 須勿與世人逐逐. 聞君近與戚畹相親, 此豈儒素本色. 趙景瑞【趙相字也】謹飭士, 君何見絶.

奎緯咈然曰, 吾事吾自爲之, 豈【4가】待君言. 仍拂衣而去, 其後余不復言.

丙戌, 奎緯移居, 扁其軒愛吾, 有人記之題壁. 余嘗爲聘翁入京時拜候, 適往見之. 奎緯未嘗請余文, 而余遂作記遺之, 蓋以捨性命殉名利爲戒.

奎緯謂余曰, 文則好矣.

余曰, 文何足言? 其意果好, 君須常目. 奎緯不悅.

丁亥, 奎緯以正言, 言事島竄. 先是上以黨習爲憂, 至以山林之害, 甚於洪水猛獸爲敎. 金尙喆嘗言如有上敎, 則雖孔子亦無奈何云, 蓋妄發也. 奎緯以是語劾尙喆, 上迫問其言根, 奎緯對以李瀰. 瀰卽奎緯近戚, 而尙喆卽瀰同臭者, 故奎緯欲援引實其言, 瀰則【4나】無是言也.

上命拿問瀰, 瀰對供卽放. 余追聞其疏亦出自當路. 余遂貽書島中, 責以沽直干名, 空言實禍. 語多譏砭, 奎緯不答. 其後奎緯與金漢祿結姻, 心知其已無可言. 自此日征月邁, 殆至於不保外面, 而奎緯忽以余閨門微瑣事, 指斥余以薄行, 宣言知舊間. 余遂有長書質問, 奎緯兄弟不以余爲非, 知奎緯惡余做出也. 此在己丑庚寅年間, 而壬辰余移舍終南, 與奎緯對門, 而余跡不到其家, 奎緯亦或過入內舍, 而不入余外堂.

3. 심낙수와 심환지의 차이점

余於丙戌庭試時做科工. 沈繼之德承適居近, 來會【5가】於余從叔家同做, 仍與之相親. 余知煥之與李奎緯相親, 素稱南黨, 故嘗與德承, 語及其從兄. 德承性踈宕, 嘗言吾從氏之與金龜柱相親, 吾亦非之. 士夫之持淸議者. 與戚里相通, 終是可愧, 從氏以吾言爲過矣.

余聞其言甚奇之, 遂與德承相好. 旣而余適移居, 又與德承家稍近, 德承時時來往. 其時煥之亦同居德承家, 因德承或訪余, 煥之弟煒之烱之, 亦因德承來訪. 煒之或與德承同來做工, 烱之自稱理學, 不爲科工, 而亦或來見. 余以煥之標榜爲疑, 嘗問德承曰, 世言三煥, 君之從氏, 其一也. 三伯連結, 非但金龜柱【5나】而已, 吾嘗以是爲疑.

德承曰, 吾從氏嘗攻洪, 金龜柱以言議相合, 渠自來見, 仍與相親. 此外三煥三伯之說, 及攻洪者, 不利東宮之說, 此北人之言, 有不足信. 吾從氏與金相親, 固欠事, 而此外斷無他矣.

余亦見煥之有文識, 度以常情, 其言似然. 有時逢場或酬唱詩律杯酒相會, 而煥之登第後 亦時時來訪. 壬辰冬, 煥之自西邑還時, 余與德承同會做工, 煥之頻過, 語及時事. 余譏其染跡戚里, 則煥之笑曰, 君言亦可. 但君未見彼耳. 彼之文章言議, 可比古人. 古亦有青陽驪陽矣.

余笑曰, 青陽卽君之先祖, 君何誣先. 青陽【6가】公豈如金龜柱耶. 卽其疏渠家以下二字及沖質引用, 此豈臣子所可道. 且其疏何不以草土臣卽爲, 而過幾年, 始爲之耶. 決知其非公憤, 而君則比之於青驪耶.

煥之曰, 吾亦不以爲全美, 而大體則秉執大義. 吾因德承聞君言, 君亦不以攻洪爲非, 則攻之深淺, 不必苟同. 但君則攻金, 金是攻洪者, 則攻金便是扶洪, 天下無如此是非.

余曰, 吾以儒士, 豈有言議. 只於大是非處, 自主所見而已. 君所謂不必苟同者, 誠然. 君則攻洪扶金, 吾則攻洪亦攻金, 此不必苟同. 有時詩酒相會, 好矣.

煥之曰, 兩斥之論, 近日金祭酒主之,【6나】如君輩未免濡染, 如彼學者, 誠爲世道害也.

余笑曰, 君之切友李平瑞【李奎緯字也】以金公門人, 最先爲金龜柱之黨. 如吾不知金公之面者, 乃獨濡染耶. 吾則自主吾見而已. 聞金公所見公正, 實欲一造門, 而羞與李奎緯稱同門, 果不往矣.

煥之曰, 君與平瑞相失, 吾嘗非之. 平瑞固有失, 而君亦過矣.

4. 심낙수가 목격한 남당의 회합 장면

癸巳夏, 余在家做科工, 德承又來做. 其從兄煒之隨德承同會. 余所居之堂, 壓臨一洞, 一日見一名官入李奎緯門. 煒之顧德承曰, 彼金文淳, 何爲而訪平瑞. 煒之未卒篇輟稿曰, 今日欲早歸, 遂往奎緯家, 仍歸.

【7가】余問德承曰, 叔章【煒之字也】因何事早去. 又何事見平瑞.

德承曰, 近間有傳說, 平瑞欲使任焴疏論洪鳳漢, 吾從氏在謫主張云, 其言危怕. 金文淳卽洪人, 而俄入平瑞家, 必有所以, 故叔章似欲聞其言而訪平瑞矣.

時煥之因事謫北. 余聞之驚駭謂德承曰, 吾之與平瑞踈絶, 君所知也, 而君之從氏亦豈非可憂者耶. 此等言何爲而出.

德承曰, 誠如君言, 從兄之積困, 人言亦自取矣.

居數日黃昏時, 忽見數三人或騎或步入奎緯門, 余心怪之. 時長兒年十二頗慧, 余教長兒使之往其舅家, 若與兒輩遊, 探問來會者誰某, 勿使其【7나】舅知之.

兒卽往而回曰, 問之則金勉柱華柱及洪九瑞, 而金龜柱夜深亦來云矣. 余知其必有事.

翌日招奎緯子定載語曰, 吾之前後忠告於尊府者, 反爲踈絶, 今不可復言, 而近聞尊府有主張儒疏之事, 傳說藉藉云, 此果何事. 洪如可討, 自有公議, 嗾囑儒疏, 此豈士夫事. 前日韓鑰[3]謂以渠所自爲, 而以今觀之, 亦可知其嗾出. 君家必不免禍. 吾之邀君, 此語實出肝膈, 君意如何.

定載輒改容曰, 果有此言之傳播, 而實無其事. 今此所教, 實知其出於誠愛矣.

余曰, 無論言之虛實, 所以致此者, 豈無其由. 昨見數三人入君家, 【87가】使兒探問, 知其爲某某, 此亦豈無所以而來耶. 爲今之計, 莫如息影下鄕.

定載似若心契曰, 果如所教矣.

余曰, 與君言, 勝如尊府言. 吾亦有悃愊之言, 爲君一言. 君之師門事, 亦可疑. 【定載卽金鍾厚門人】洪是金之從舅, 金主殺論, 豈是人情.

定載曰, 嘗以此質疑於師門, 則以爲討逆爲重, 不顧私義云.

余曰, 以洪爲逆, 卽金龜柱之論. 洪豈無可斥者, 而必謂之逆者, 何意. 洪是春宮外戚, 今無作逆斷案, 而必謂之逆者, 豈非可怪. 君尊府之師門, 異於此論矣.

定載曰, 渼湖果稍異矣.

余笑曰, 君之父子師門言議稍異, 而尊府則與君之師【8나】門, 言議相合, 君則與尊府師門, 言議相合耶. 父子換師, 則好矣.

定載知余素好詼諧, 心知其父之與余踈絶, 非余之過, 且余與其諸叔相好, 故不以余言爲嫌也. 旣而奎緯賣舍歸鄕, 余以詩送之曰,

小少追遊二十年
中間一失膈天淵
平生傲骨忘榮辱
只是枘方不入圓
相對東西一巷乎
卜隣佳計偶然成
對門不見如相見
倘識無情却有情
湖山歸計晩忽忽
尙憶貽書送海中
便欲題詩詩語苦
滿庭秋葉獨吟風

---

3. 원문의 '鍒'는 실록에 의거 '鑰'로 바로잡는다.

蓋余猶冀其悔悟. 至於中間造言指斥之事, 亦不足怒, 而尙亦眷眷贈詩也. 去時忽來見曰, 君詩好矣. 所謂【9가】無情却有情者, 果實語耶.

余曰, 君思之吾之前後事, 豈非有情於君耶.

奎緯强笑而去.

5. 김원행 문인 홍낙안이 남당을 비판하다

余友洪幼仁樂顔, 渼湖門人也. 嘗言金公以世無可意人爲歎, 幼仁言及余, 有所稱道, 金公欲見之云.

余曰, 吾亦欲一見金公, 而如平瑞者, 皆稱弟子, 其門下可知. 且世之托名師門者, 皆非誠心求道, 余甚恥之.

金公因幼仁聞余言, 微笑曰, 某也以平瑞爲何如云耶. 幼仁曰, 每言平瑞愚闇浮虛矣. 金公笑曰, 其人論人, 何太迫切耶. 蓋金公知余狷偏, 而不深非也. 旣而金公卒, 余以賞心之義, 一哭公靈几.

幼仁性介潔剛【9나】正. 嘗與余論及時事, 幼仁輒勃勃言, 南黨某某, 後必爲逆, 時未有顯迹也

余笑曰, 君以洪氏爲此論, 豈不嫌私?

幼仁曰, 吾與彼爲近族, 而吾足未嘗一及其門, 吾豈有私. 但細究其攻斥之意, 則明是逆心矣

其言明快, 猶以余依違不明言爲非. 後幼仁以奇疾早歿. 余見世道轉轉至此, 幼仁言無不中. 每恨九原難作, 今世何處更見如幼仁者. 悲夫!

6. 심낙수 사돈 권진응이 남당을 비판하다

甲午春, 余爲見女兒, 往黃江留十餘日, 與主人丈權公同宿山水軒. 一日夜深, 公語及時事, 公曰, 聞君於金洪, 主兩斥之論, 君有所見.

余曰, 非謂洪之無罪. 洪【10가】是春宮外戚, 則金之必欲加以逆字, 其意罔測. 知舊中多有金邊人, 而嘗以是爭之, 所以有兩斥之說也.

權公曰, 君見如此, 吾可以盡言矣. 攻洪雖若公憤, 而其意有不測, 壬辰疏後, 情迹已綻露矣. 仍字號量海曰, 此是余同門友, 而今已爲金龜柱之人. 金漢祿亦南塘門人, 而自癸未年間, 聞其言議, 非但攻洪, 至有不忍聞之凶言, 而謂之義理, 如吾老不死, 忍聞此等言入耳. 近日又聞流言, 多以東宮過失傳播, 此是亡國之本.

余曰, 凶黨做出之說, 何至於亡國乎?

權公嘆曰, 做出凶言, 未知畢竟如何, 國豈不亡乎.

因嗚【10나】咽掩涕曰, 吾家世受國恩, 如吾雖屛伏窮峽, 如可保國, 不辭肝腦塗地, 而言議力量無以拒塞詖淫, 只自腐心痛骨, 惟願遄死, 不見國亡矣.

余前聞量海漢祿之有凶論, 而惟以傳說, 不知其信然矣. 及聞權公言, 心膽如墜, 遂問公曰, 所謂湖中議論, 公聞之於何處.

公曰, 年前量海書有引古設問於余者, 可知其意. 余答以義理無窮, 如或誤引錯看, 則毫釐千里, 如仁弘爾瞻引胡氏說, 竟爲萬古凶逆, 隨事制宜, 不失經常, 是爲義理. 遠引旁證, 每多舛錯云云. 彼知余意, 書尺往復, 亦絶矣. 昨年余自海島歸,【辛亥春, 公以諸議上疏, 陳卞斯文是【11가】非, 尤遂兩先生事. 上以黨習激惱, 命荐棘大靜.】金漢祿貽書, 以爲暮年光華幸爲甲謫之父泥峴之叔, 盛言其子姪之疏扶明大義. 蓋觀柱謫甲山, 龜柱在泥峴, 故云. 余答以是非自有公議, 可待百年. 吾輩屛伏窮山者, 何敢容議於時事. 彼見答更無書矣.

余問, 當世山林, 誰可恃者.

公曰, 櫟泉渼湖已作泉下人, 子靜【金公亮行字也】剛正公明而少氣力, 只可以保身. 叔涵【德相字也】元無知覺, 而其子姪輩全無識, 此甚可慮. 伯高【金鍾厚字也】足謂篤學, 而狹隘無智慮, 專事外飭, 且其喜事爲病, 聞爲金邊人, 而余猶不信. 昨年吾謫行時, 金相致仁因伯高, 致意齎送【11나】人蔘, 余雖不識金相, 金相伯高之叔, 旣以其叔之意替送, 固無不可受之義, 此則受之. 金龜柱又因伯高送人蔘, 吾與龜柱不相識, 且伯高非龜柱親屬, 則因人送遺, 甚不可, 故此則不受, 而可知伯高之已與龜柱相通矣.

所謂莘村, 吾不知之, 而吾被謫後, 仲兒以鎭安倅方辭遞, 所謂莘村盛言, 某在謫其子在官, 然後可以供養, 不宜許遞云. 此言一播監司, 不欲啓遞云. 故余貽書京中知舊, 以爲其父在謫其子在官, 決非道理, 聞讀書者, 亦有此論, 世道可知. 彼聞之不悅云矣. 年前洪念海專程來見, 而余果疎待, 爲致莘【12가】村之意, 而余亦漫答之. 余知年前櫟翁敗歸時, 其疏所謂線線若地底之殘陽等語, 皆譏貶之語, 蓋以櫟翁不從渠輩之言議故也. 所謂莘村, 吾不知其末終如何.

因噓唏掩涕曰, 我朝尊尙儒術, 至今倫常賴以不墜, 而世運方陂, 假儒名而害世道, 托義理而亂人心者, 亦出於吾黨之中. 見其爻象, 從必至於潰裂, 此是亡國之本, 爲之何哉.

余曰, 此輩用計至凶. 外托名義, 內蓄凶謀, 激之以義, 誘之以利, 無主見者, 鮮有不入於其套, 不自覺其爲凶邪之黨. 雖或有攄見其情狀者, 而以其假托名義之故, 亦不得顯言斥之. 從古【12나】凶邪之亂入國家者何限, 而未有如此類之凶毒, 此豈非大可憂者乎.

因語及李奎緯前後相失之事曰, 此是故舊, 深知其稟性愚妄, 初謂被誘而已, 漸見其作事用心之端, 轉有深疑, 今則相疎如絶, 長者之意, 以爲如何.

公曰, 子野【故府使李思質字也】卽吾親友, 忠厚謹約, 有子何乃如此. 吾嘗一再見之, 而不知其然矣. 今

聞君言, 甚可驚惜, 而言議之間, 雖不相合, 切姻之義, 亦可保存. 彼雖深入於其黨, 姑未見其形跡之可執, 則決不可顯言相絶. 雖非切姻, 大凡親知之誤入者, 只宜保其外面, 不宜顯言絶斥, 如吾之於量海漢祿【13가】明知其心術之罔測, 而未能顯絶者 姑且無言可執, 而不得明白說道故也. 君則但可杜門絶交遊, 以爲自靖之道, 徐觀世變 待其形迹之盡露, 而絶之斥之, 未爲晩也. 君性疎通中, 亦有固滯之病, 吾嘗以是恐其見害, 君須思之. 余深服其言.

後數年乙未, 余以對策直赴. 公時病甚, 貽書於余曰, 喜少憂多, 戒以難進易退曰, 進非但進取而已, 不量進言, 亦是可戒之一端云, 蓋慮余之妄於敢言也.

未幾公歿, 余操文哭公曰, 世之自名以學者, 或自許以論議, 或外飭其言貌, 而公則不然云者, 亦寓深意也. 公歿十餘年, 世變無【13나】窮, 而公言鮮有不中. 每思之, 九原難作, 悲夫.

7. 홍인한은 원래 남당 사람

乙未余釋褐, 李奎緯來見曰, 自前君與我不能相合, 皆是言議過激之致. 吾亦閱歷世事, 稜角已摧, 君今出身立朝, 亦甚孤單. 少時事今都棄置, 須與相依毋相違失.

余曰, 君我非但切姻, 卽髫齔時舊交. 我若無情, 前日豈有相勉之言. 士夫之染跡戚里, 誠爲可愧. 吾見如此, 君心莫悟, 日征月邁, 自至相疎. 今君旣與彼交, 雖不得遽絶, 若能自疎不與其所謂言議, 則吾亦知君回悟舊情, 自可如初矣. 如吾無論出身與未出身, 自主吾見而已. 我固孤單, 而孤單亦何妨. 不【14가】欲引朋作黨, 出沒如世人耳.

奎緯曰, 君之固執, 吾豈不知, 而出世則亦難一向如此矣.

是時獜謙勢盛, 南黨頗窘. 奎緯頗有不自固之意, 亦不盛言扶斥而去. 是年冬, 獜漢以沮戲聽政之罪, 大論方張. 奎緯一日來見曰, 君嘗以南黨之攻洪爲非, 而大逆出於洪家. 君猶以南黨爲非耶.

余笑曰, 南黨攻洪, 若先知獜漢今日之事, 則果有先見矣. 但獜漢嘗引踈齋事爲言, 君亦聞之. 獜漢雖云其兄之弟, 自初便是南黨之人, 吾意則所謂南黨今不可以獜漢之故, 敢爲大言也.

奎緯咈然曰, 君之怪論去益愈甚, 豈可以風傳之【14나】言, 必保其兄弟有異耶. 大逆已出, 而君猶依違, 君可謂怪人也. 獜漢已出之後, 而君猶以攻洪爲非, 則君不可以容世. 與吾言何妨, 而勿向他人如此言也.

余笑曰, 君旣發言, 吾且有答, 吾何必向人人言, 而吾非以獜漢爲非逆, 有何不容世者耶. 奎緯不豫而去, 未幾奎緯以瑞山守赴任, 余始往別.

8. 심낙수가 심환지의 중매를 거부하다

是時沈煥之在近洞, 方居憂. 一日書以邀余, 余往見之. 煥之話間問余曰, 君之長子, 未定婚耶.

余曰, 然矣.

煥之曰, 有一婚處, 凡百皆好.

問誰也, 煥之曰, 韓正言【後翼也】有女, 而閨秀超凡. 韓亦佳士, 君意如何.

余曰, 【15가】吾家雖衰微, 彼則結城, 一鄕人婚媾, 非可論.

煥之曰, 彼雖不可謂故家, 而亦是儒門, 卽南塘之姪子. 士大夫皆連婚. 君之女旣適遂翁家, 君之子又聘南塘門, 豈不好乎.

余曰, 彼雖謂儒門, 本非盛族, 則南塘之姪與子差殊. 且況韓也, 旣謂儒家人, 甘爲戚里私客, 亦何足謂佳士.

煥之不悅曰, 君不許婚則已, 何必詆人. 結城人自與瑞山人相親, 此豈戚聯後干交者耶?

煥之仍語及獜漢事, 余又答之, 如與李奎緯酬酢之時. 煥之更作欣笑曰, 君與君之族人翔雲輩相親, 有此濡染之論.

余曰, 翔[4]雲之弟翼雲, 余固以文字相好, 翔【15나】雲浮薄, 余未嘗好之. 此則吾宗之所皆知也.

煥之又笑曰, 吾且戲耳. 君如靜思改見, 則好矣.

【後聞煥之伎倆, 以媒人婚媾爲聚黨之計. 凡人之不入渠黨, 而有子女者, 必於渠黨中紹介連婚. 蓋以姻親結好, 易至於漸染流入也. 瑮賊之子, 卽煥之從兄之女壻, 此亦煥之爲媒. 初其從兄以瑮素稱悖戾, 不欲許婚, 煥之勸誘甚力, 竟成其婚. 瑮變後, 其家以嫁女之初, 非本意, 尤爲痛恨云.】

9. 1776년(정조 즉위년) 홍봉한 처벌을 둘러싼 논쟁

丙申大喪公除前, 鄭履換上疏論洪鳳漢之罪, 一如龜柱壬辰疏. 上優批開釋. 此時南黨雀躍生氣, 討洪之論, 日日紛起, 而及有尙魯處分, 其黨頗喪氣, 而其論愈起. 一日余往見沈煥之, 開戶便見一儒生在坐, 而中置一文草, 煥之見余, 卷之.

余笑曰, 其文【16가】何文.

煥之初欲掩遮, 旋卽出示曰, 此是賢關通文草, 卽討逆疏發論者也.

余曰, 士論自士論, 朝紳不必與. 況君着孝巾, 主張賢關事耶.

---

4. 규장각본은 '朔'이나 국립중앙도서관본의 '翔'을 따른다.

煥之色變曰, 適見過去之草. 一儒生亦卽起去, 問之則金勉柱也.

煥之謂余曰, 君勿爲戱言. 今此討逆之論, 一國所共. 君意以爲如何.

余曰, 討逆自有公論, 至於儒疏, 尤何等公議, 而每聞有主張者, 此不可謂公論也.

煥之曰, 儒疏自古搢紳主之. 又曰, 獜漢出後, 君猶以討洪爲非, 而身之【履煥字也】疏, 君亦見其批答. 上意亦不以爲不可, 君則何爲而所見如此.

余曰, 獜漢之前, 吾亦不以洪爲【16나】無罪. 只以東宮外戚, 且無作逆斷案, 而遽討以逆, 則爲不可也. 今則北面而臣事吾君者, 上奉慈宮. 洪是慈宮私親, 豈可以獜漢之故, 勒斷其兄之必爲逆, 而直請誅殛乎.

煥之曰, 雖如麗朝李資謙之凶, 亦以君上之外戚, 不之討乎.

余曰, 彼姑無逆節之昭著如資謙者. 今若以私覿時妄發, 三司發啓論勘以削竄, 則可也, 論以大逆誅殛, 則不可.

煥之曰, 自上以私恩減死, 無如之何. 自下之論, 不討則已, 旣討則豈下於一律乎. 君言可怪矣. 仍又笑曰, 君亦豈無憤痛之心. 但固執如走阪之步耳.

余曰, 吾無長處, 【17가】但無知其誤而必欲遂非之心, 吾意終始如此而已.

煥之欣然笑曰, 怪人怪人.

10. 남당의 심낙수 포섭 공작

是年春, 鄭履煥以藝文應教直擢副學, 聲光隆赫, 其黨言必稱身之誇其得時. 一日沈煥之從弟綏之來見, 綏之亦因德承前已相親, 而余知其最緊於南黨, 未嘗相從者也. 綏之盛言鄭履煥光寵, 又曰, 當今第一寵臣卽洪國榮, 而汝範【龜柱之字】與之親好, 身之又是名流. 君已出身已列侍從, 而此等人無一相面, 此豈成說.

余曰, 性拙不交遊,宜乎其不知面.

綏之曰, 君尙有措大, 拙心如此, 何以行世. 仍言, 汝範因吾輩熟聞【17나】君文學, 欲與之交, 身之亦欲一見. 君嘗以汝範戚里之故, 至謂吾輩相交之不可, 而今則彼雖戚里, 亦異於先朝時, 不必拘此. 況身之自是名家人, 相從豈不好乎. 君有宜意, 一會於吾從氏家, 好矣.

余曰, 身之未曾相見, 今吾以新進, 豈爲干交而約會乎. 彼欲相見, 從後朝班, 亦豈無相面之時. 至於君所謂汝範, 吾嘗譏君輩相親, 而反與之交, 豈不愧見君輩乎.

綏之曰, 人見自有初晩之異, 何必拘此.

余曰, 余於其人終不能無疑, 不願見也.

綏之曰, 君素無與北人親者, 而言議與吾輩稍異, 故身之輩亦疑之. 君如不釋疑, 前【18가】頭館錄, 恐亦未諧矣.

余曰, 吾見本自如此, 不能與人苟同, 卽從氏所知也. 余以故家之裔, 亦不至於不卞魚魯. 所謂館錄, 亦豈攀援求得乎. 君勿爲可笑之說.

綏之曰, 吾輩情深於君, 或恐無故疑阻於知舊間耳. 又曰, 君已通臺, 亦疑君生踈有妄言矣.

余笑曰, 吾本無言議, 而如有目下可言而在職, 則亦豈不言. 但以此疑之, 則過矣.

綏之笑曰, 少改固執, 於君不害云云而去. 蓋煥之稍黠, 不欲自言而使綏之游辭誇張其時勢, 欲觀余俯仰而誘之也. 未幾余以忠淸都事方主試, 下去.

煥之曰, 湖中望士韓後定, 卽南塘子. 金恕【18나】行亦望士, 君可物色取之.

余曰, 彼雖望士, 科場何以物色. 吾無藻鑑, 而只考其文之優劣而已. 世或有字標相應而物色者, 吾意以爲如此, 而雖得梅聖兪, 便非道理.

煥之知余意, 不復强之, 話間問余曰, 君嘗於增廣好爲引表而不利. 吾則素無四六工夫, 引表果勝於凡表乎.

余曰, 引表文理, 若能淋漓, 體格亦得典雅, 則豈與凡表比乎.

煥之曰, 君今初主試, 早晩奚取.

余曰, 無論早晩, 所取在文, 而吾嘗以鈍作晩呈, 每不利. 如有合作, 雖晩欲取.

余以偶然酬酢, 知之. 及考中場, 幾之末軸有引表, 詞理俱長, 遂置一等坼名卽韓【19가】後定. 乃知煥之有意設問於余, 以其酬酢通于韓也, 合衆力製出晩呈者也. 余知煥之用心太巧. 後定卽後翼四寸. 余甚恨之, 而無如之何. 煥之誘人之術, 此可見其一端也. 後以後定事問詰, 則煥之曰, 擧子之知主試所尙, 而製文呈券, 卽是美事, 君何慊恨之有. 其時吾果言之云.

11. 심환지의 당심을 비판하는 심낙수

是年秋, 龜柱以不參惠慶宮問安, 特命處分島配. 仍以三大罪傳敎, 兩司卽發啓. 鄭履煥亦以龜柱私人, 特命削黜.

余見煥之問曰, 君之靑陽驪陽, 今何爲逆.

煥之頗憮然曰, 吾果不知其罪, 所下【19나】傳敎, 亦以從當昭布爲敎, 而實未知何事. 至於三罪案, 則未必如聖敎矣. 洪是外戚, 其勢終不可敵. 至於身之, 上旣知以戚里私人, 則初何擢用, 而今乃如是, 辭敎之太迫切, 誠不可知也. 顯有忿懟之色.

余曰, 龜柱疏所謂視若渠家以下云云, 及又其所引沖質等語, 吾嘗以爲非臣子所可言. 而至於私覿時云云, 今見傳教, 況然益覺其用意之罔測, 而君以爲未必如聖教者, 果何意也.

煥之曰, 旣聞凶言, 豈以言出銅闈, 而不之聞乎.

余曰, 君可謂痼於黨心. 初雖誤入, 飜然覺悟, 不害爲完人. 君宜開心盪【20가】胸. 煥之頗有慊然色.

先是賊璪以太學掌議, 疏論洪鳳漢. 常奮臂衆[5]中曰, 吾不殺洪, 誓不共生, 形貌危怕, 人皆指目. 璪卽煥之切友, 泮中通文, 出於煥之, 疏草出於金鍾厚, 而及龜柱竄, 璪亦氣挫, 人皆笑之. 余友李義術聖任 適以太學掌議, 落璪齋薦. 煥之謂余知之, 大加疑怒. 聖任卽余長子之妻父也. 後數月遇煥之, 余笑曰, 璪之落薦, 君疑我知之. 吾與聖任姻親未久, 未嘗親密. 況蹶出儒疏館通, 吾嘗以爲非士夫事, 吾何干此等事耶. 但其落薦則可, 落薦之後, 吾見聖任, 果許其得當, 而一笑矣.

煥之曰, 吾亦知君之初不【20나】與事, 而士論之人, 雖不扶奬, 何乃攻斥. 此君之大病痛也.

余笑曰, 君輩所謂士論, 士論者, 吾不知之. 璪卽俗所謂香徒軍, 香徒軍爲士論, 吾未聞矣. 煥之色沮而罷.

12. 홍국영의 심낙수 비판

余於丙申春, 始通臺望【吏判徐命善】, 例卽除拜, 而更不擬望. 其夏以副擬除忠淸都事掌試, 歸後又不檢擬. 至臘月以嶺東凶歉, 特命蔚珍擇差, 余以首擬除拜, 當日辭朝. 是時國榮長留闕中, 而不在政院, 在藥房. 凡諸守令無論文蔭武, 知與不知, 皆面辭而去. 余以國榮未曾相識, 歷辭承旨, 且無舊例, 故不見而【21가】出, 人皆以余爲非. 後聞國榮向人言曰, 此人曾聞其怪僻, 眞所謂半上落下之人云云. 余赴任未滿月, 因事棄歸, 監司論啓以投印, 奪告身.

13. 1777년 은전군(恩全君) 이찬(李禶) 추대 사건에 대한 논란

丁酉冬, 余爲弔外舅喪, 往公州. 是時纔經大獄, 李奎緯盛言, 啓能凶圖, 皆出北黨, 龜柱賜死之教, 雖卽還寢, 趙峸軍官之說, 考之兵曹給馬謄錄, 亦無之云. 推戴果何等事, 而無執贓, 勒爲案乎.

余曰, 自上寢命, 實出寬仁, 龜柱之罪, 何論執贓. 其黨自前, 每言世孫過失, 如夜巡嚴禁等事, 皆以爲上意, 出於爲東宮之事. 輒謂洪鳳漢承順長過, 必復有某【21나】年之事, 又稱譽禶, 不容口. 此非諱言, 則其時尋常之語, 人孰不聞之. 到今豈可發明而專委啓能耶.

---

5. 규장각본은 '象'이나 국립중앙도서관본의 '衆'을 따른다.

奎緯曰, 雖有此等說, 此則其時所聞如此, 皆是爲國憂嘆之語, 豈可以此爲證.

余曰, 君輩雖與龜柱親, 被欺而已, 何乃爲龜柱發明.

奎緯曰, 適言所見如此, 此是荒野私室. 君之言議, 雖多過激, 而亦少時舊誼, 吾見何可不言. 禶事無論, 誰某推戴. 渠則幼冲, 豈有躬犯賜死, 有欠聖德, 而如金執義亮行疏, 以爲仁之至義之盡, 如此山林, 不如無矣.

余曰, 君言似若古人之言, 而大不然. 聞禶極了了, 而遭變初不涕泣, 陽若不知【22가】而問推戴爲何事, 故爲索衣食, 曚無知覺之狀. 或冀其免, 此眞逆也. 上不忍置法, 幾日却膳垂涕, 而竟以朝廷執法之論, 書榻敎賜死, 金丈所謂仁之至義之盡者, 此也.

奎緯曰, 今日宗英幾盡, 上無儲嗣, 爲今日第一憂悶之事. 稍待五六年, 朝廷道理宜先差出王曾孫敎傅以爲敎養之方矣.

余曰, 王孫敎傅固有之, 豈有王曾孫敎傅耶.

奎緯曰, 此何論前例耶.

余曰, 此是君意耶. 誰復有此論耶.

奎緯曰, 聞伯高言亦如此云矣.

余曰, 螽斯尙遲 擧國憂悶之事, 而此言誠是萬萬意外. 此等言出, 而必不保餘存之【22나】宗英. 如此言, 吾不欲聞之云云而罷.

14. 심낙수가 도당록(都堂錄)에 오른 사연

戊戌至月, 始拜持平. 蓋自通淸後, 三十三朔, 始拜臺職. 此是樂純爲吏判, 語人曰, 某也以新通, 無端枳望過三年, 此是前所未有之事. 或謂南黨, 或謂北黨, 其人怪僻, 或慮其有妄言, 而旣無可執之跡, 不可一向枳塞, 吾果檢擬. 而見其懲討之疏, 論斷龜柱, 頗深切, 前或謂南黨者, 必虛語也云云.

蓋南黨素知余言議, 如沈綏之所謂, 君已通臺, 亦疑君生疎有妄言者, 卽其自中之論, 至以怪僻爲目, 且以余與李奎緯爲切姻之故, 反目以爲南黨者也. 及余除職辭疏, 有以龜【23가】柱爲諸逆窩窟, 而亦有醜類淫朋之語, 樂純之言, 蓋指此也.

己亥春, 有館錄之命. 此時館錄, 專以國榮指揮爲主. 應敎李度默卽余故舊, 當主圈. 一日往宿衛所, 語及館錄, 國榮取官案, 歷數某某, 而不及於余, 度默欲觀其氣色, 指余名, 問曰, 此人亦當入, 國榮曰, 後可爲之, 今則數滿云云. 度默知其意, 不得力言云.

過館錄數五日堂圈, 余忽參錄, 莫知其故. 追聞尙喆以領相主圈, 國榮謂尙喆曰, 館錄未參中, 當加數取之, 而雖未盡取, 只取一人, 沈某不可拔云云. 初枳館錄, 而數日之間, 復勸堂圈, 誠莫知其意.

此時李奎緯【23나】新免喪, 自鄕入京, 見余曰, 君尙無一面於知申, 而知申力主錄圈, 君自今可改怪僻之性.

余笑曰, 吾何嘗怪僻, 而知申何爲而力主錄圈耶.

奎緯曰, 前日之歷辭不見, 豈非怪僻. 堂圈事, 君宜知其向意於君也.

余曰, 知申國之藎臣, 而吾未嘗一面, 知申何以知我, 而向意於我. 固知君爲我言之, 而吾性之不能隨人俯仰, 君所知也. 後勿復以我爲言. 吾知君素與知申親熟, 知申雖是國之藎臣, 今爲戚里肺腑. 儒素本色, 不宜太昵, 君亦不必無常往來也.

奎緯盛氣曰, 君今以知申爲戚里, 又如向日金龜柱耶.

余驚怖改容曰, 君【24가】何言之妄耶. 龜柱以爲亂逆, 知申義理主人, 而爲國柱石, 此豈比方爲言處乎. 吾言但謂儒素之人, 不宜太昵而已.

奎緯色定, 復言曰, 向來疏語中, 醜類淫朋云云, 亦豈不可怪. 士類之或與龜柱相親者, 皆見欺也, 此豈可謂之醜類淫朋耶. 初見其疏, 吾亦不勝驚怪, 而本知君口氣之如此, 故猶爲恕量. 如大年【煥億之字】輝遠輩, 大以爲怪云矣.

余曰, 昨冬儒賢上京後, 吾以世誼往拜, 忽問向疏所謂廣布財賄, 多結死士, 及醜類淫朋等語, 何所指而云耶. 余答曰, 如量翼之輩, 豈非醜類淫朋, 而亦難保, 其又無餘醜, 此果疏意, 以此【24나】答之矣. 今聞君言, 大年輩似皆深看矣.

奎緯曰, 此後章疏, 必與吾輩相議爲之.

余曰, 吾無言議, 此後不必有疏, 雖或有不得已之事, 吾之本意, 吾自主之, 文字商確, 亦何妨耶. 君雖吾之切姻親友, 至於疏章, 吾之所不欲爲者, 君雖勸我, 此則決不可爲矣. 余意臺望之久枳, 錄圈之纔拔旋入, 皆是誘脅之意. 不無先事之預慮, 故爲此言而塞之.

奎緯曰, 今則吾輩, 但當一心團聚. 或慮君又生圭角, 何必疏章云乎哉. 只宜務從寬平.

余曰, 寬平固好, 吾意亦然. 君亦去進取躁競之心, 則斯過半矣.

奎緯曰, 君則言言譏我, 而我則實【25가】心向君. 君亦豈無感動之心云.

15. 심낙수가 홍국영을 처음 만나는 장면

己亥五月, 元嬪喪. 該曺參定儀節, 仍差出守墓官, 封湛爵完豊君. 人莫不瞠然駭惑. 一日李奎緯謂余曰, 一邊人自師翰時, 覬覦已久, 頗有玩弄近宗之意. 今番封爵, 蓋欲先奪一邊之凶計, 以爲鎭定之道. 此是知申籌策, 君意如何.

余聞之, 心驚, 不敢爲深語, 而答曰, 如此之言, 吾不欲聞之.

奎緯曰, 君可謂無狀之人, 國事視若楚越耶.

余曰, 無知識力量, 而妄論國事, 非但無益於國, 因此亦或至於凶害, 而不自知者, 自古皆然. 君如欲干與此等議論, 吾不欲見君也.

奎緯見【25나】余色動語切, 亦頗自沮曰, 謹愼之道, 君言亦或一道云云.

而未幾奎緯以掌令, 特擢爲承旨, 六月余拜館職入直. 奎緯在政院, 勸余往見國榮. 余以爲未曾相見, 今難往見, 此後自當相逢爲言, 而仍出直. 奎緯責余怪僻, 至有恐動之說.

其後入直適往政院, 國榮適到院, 向余言曰, 尙未一面, 今始逢矣. 余答曰, 然矣. 國榮曰, 出直前, 可枉訪否. 余唯諾. 翌日往見其所居宿衛所, 諸人環坐, 笑語雜沓. 余入坐寒暄罷. 國榮顧見沈伯修念祖曰, 下番相兒, 恰似故南奉朝賀, 君見亦然否. 伯修曰, 然矣. 余初見喧閙, 比如處女之新入娼【26가】肆, 心甚不安, 卽辭歸.

16. 이규위가 남당의 정치공작에 앞장서다

洪景會秉聖與余同閈頗熟, 一日訪余問曰, 洞中李參判汝皐,【李相在協之字】要我有問於君者, 而君或不肯盡言, 則不如不言矣.

余曰, 在洞中雖云知面, 而未嘗相親, 有何問我之事. 余亦豈有不肯言之事乎.

景會曰, 日前李台入政院, 李令平瑞携汝皐, 上六仙樓, 從容言曰, 知申方欲收聚南黨而用之, 上意亦如此. 一邊不可無同志相應之人, 台亦留意, 收合爲好云云. 而李台與李令久對酬酢, 則人或見怪, 故未能盡言而罷. 李台以爲君與李令爲切姻, 必有深知之事, 以【26나】我親熟於君, 要我問君矣.

余聞之, 心驚而答曰, 所謂李令, 卽吾妻兄, 三十年舊交. 吾且熟知其爲人, 其人中無所主, 浮虛誕妄. 嘗與龜柱相親, 自以爲南黨者也. 今知申亦其自前親熟者, 而其所謂南黨收用之說, 必無是理, 此必非知申之言. 上意云云, 尤是妄言, 上意豈有偏用一黨之理哉. 此必是李令浮誇之說, 一邊收聚同志之說, 尤極怪駭. 所謂同志云者, 果爲何事. 此則決知其妄. 須以我意傳于李台. 後逢李令, 須勿復言, 切勿信其言爲可.

景會頗疑余有所深知, 而故爲外待之言, 而謂余曰, 君與我雖云俗所【27가】謂異色, 親知幾年, 終不以悃愊相待耶. 李令亦豈爲妄語者哉.

余笑曰, 君雖云與我相親, 不知我之素與李令不相合, 此是異色故也. 君則新入洞中, 而李令曾與我對門而居, 不相往來, 洞人亦皆知之. 吾與李令, 自少言議不合. 李令之與李台言者, 吾果不聞, 今始因君而聞之, 而大槪其言非但浮妄, 吾意則畢竟必有禍患. 吾固無孚信於君, 而亦欲使李台知之. 吾則但以誠意盡言於君耳.

景會聞余言甚切, 頗以爲然, 而半信半疑而去. 余聞景會言, 不勝驚怪, 往見奎緯, 正色責之曰, 君所謂南黨有何可爲之事, 而收聚【27나】耶. 一邊人同志, 亦爲收合云者, 亦何事耶.

奎緯色動曰, 君何以聞此言.

余曰, 君雖不言於我, 我則聞之於李台矣.

奎緯知余未嘗與李台相從, 問余曰, 李台與君不相親, 君果聞之於何處.

余備陳景會問余之言, 奎緯曰, 果有此言. 君則每與吾言不合, 故未及言耳.

余曰, 知申國之蓋臣, 寧有偏向南黨之意. 上意云云, 尤爲無理. 聖明在上, 寧有偏用南黨之理. 君是自前所謂南黨, 必爲黨類, 藉重知申, 君何爲如此可驚之事.

奎緯曰, 知申果有倚仗南黨之意, 上意亦果如此. 蓋其爲國事, 可用之人, 多在南黨故也. 南黨【28가】中知舊某某, 可用之人, 吾已列書姓名示知申. 鄭日煥蔭官儒士, 而知申日前送伻候問. 余以大夫有問士, 必往謝之禮, 勸鄭見知申而見之矣. 君何不信耶. 知申之意, 亦由於上意. 吾以君怪僻之故, 果未及言, 君旣知之, 須勿疑之也.

余曰, 若以爲可用之人, 多在南黨, 知申之意如此, 則君卽所謂南黨, 自可見用, 何必自爲募人之主. 且列書姓名, 卽俗所謂群都目, 此是綠林徒黨之事也.

奎緯强笑曰, 君之自前言議, 雖異吾輩, 知申則知君以吾輩中人. 聞君往見宿衛所, 則知申必索冠起迎. 此是宰相之所未得, 以君爲【28나】讀書之士而敬待也. 君之口氣, 乃有此群都目綠林等語, 知申若知如此, 君必見棄矣. 君則無多言, 只恃吾輩, 勿復爲怪語也.

余知奎緯, 則已無可言, 深言亦恐徑觸生梗. 遂見沈煥之而問曰, 君知近日平瑞事乎. 煥之曰, 有何事. 余備言洪景會問答及平瑞問答語.

煥之曰, 吾則始聞之.

余曰, 平瑞素無知覺. 君試思之. 此豈非可驚可憂之事乎. 吾則素不合於平瑞, 言亦難入. 君言似或回聽, 君須驚動而禁止之.

煥之曰, 君言不入, 吾言亦何重耶.

余曰, 非但平瑞, 君之所謂大年尤極可憂. 儒賢入京之後, 事事皆爲一世所笑. 【29가】此皆君之大年無識所致, 此豈非吾黨之羞恥乎.

煥之曰, 儒賢似有鄕闇, 而大年則遂無文識, 亦多可取.

煥之對余語, 皆以漫辭答之, 亦無怫色. 余以煥之始聞奎緯事爲信矣, 後聞煥之專主其事. 以奎緯最熟國榮之故, 使之居間紹介, 對余以佯若不知者也.

17. 이규위에 대한 엇갈리는 평가

是時德相上疏, 有某樣道理, 在下不敢指陳之語. 見者皆驚惑, 自上下憂批獎諭. 而前旣有爵號之事, 人皆知其必有事, 語及其疏, 皆瞠視不言. 余見其疏, 尤覺李奎緯所謂南黨專用之說, 一邊亦聚同志之說, 必有所以. 心懷隱憂, 有如鈇釘着胸, 而亦無奈何.

【29나】一日入直, 歷過沈養吾頤之直中打話, 話間語及奎緯. 余以其爲人浮虛全無料量, 而方與知申親熟, 必有深憂爲言. 蓋奎緯亦與養吾相知也.

養吾笑曰, 果如君言. 平瑞比如大牛欲入鼠穴, 此誠可悶, 而吾從氏頗勝於平瑞, 似或不至深慮矣. 所謂從氏, 卽指煥之也.

余曰, 吾意則所謂從氏亦極可憂, 勝平瑞幾何耶. 養吾笑而然之.

余又過政院, 徐元禮有防吳克卿載紹以承旨在院. 適有李奎緯特除大諫之教. 元禮克卿盛言, 奎緯有氣力, 後必大顯.

余曰, 君知平瑞, 猶不如我. 其人浮誇無實, 而除擢之命屢下, 愚氣【30가】必加倍. 吾則有深憂, 實不知誤了何事, 陷於何處. 君輩有相愛之心, 則摧折勉戒, 可也. 切勿奬許以增其浮氣也.

元禮克卿笑曰, 君言雖如此, 君則決不及平瑞矣. 徐台元德亦在座, 俛而聽之, 笑曰, 景文言頗有理, 平瑞果不無可慮矣.

18. 세상물정 모르는 송덕상 발언의 파장

六月【似是二十日而未詳】次對兼行書講. 余以下番進, 德相亦以經筵官入侍, 講罷余以將參合啓未退, 忽聞德相仰奏曰, 臣日前所達, 非有深意, 而大臣以臣所達不安, 欲爲自引云. 此非臣本意, 而大臣至於以此事自引, 則臣亦當引退矣.

上曰, 此是反案云【30나】云之語乎.

國榮替對曰, 儒賢旣以語意之不如此, 解釋而奏. 至以爲因此引退云, 則大臣亦似不過引矣.

上曰, 其時必有記注而聞之者, 似或聽瑩未諦意矣.

余服坐次, 聞上下酬酌, 莫知爲何事, 而反案二字, 不覺驚心. 數日後, 僚官吳大益以繼講冊問議事, 往見德相而來謂余曰, 今日吾見迫隘之事. 往見儒賢, 則以爲吾於筵中有南少, 皆是逆賊之奏, 而吾意則大凡言之而已, 非謂目今見用之人, 而大臣聞此言, 欲自引云, 吾心不安矣. 尊意如何. 吾無可答之言, 只曰不知而來矣.

余笑曰, 君是南人, 聞南少皆【31가】是逆賊之言, 今何偃然在直乎. 速爲徑出, 可也.

吳揮手曰, 愼勿言, 愼勿言. 恐生鬧端.

蓋德相不知吳之爲異色, 而其言如此, 誠可笑也. 後聞反案之說, 卽柳𧺝所做出, 而以爲一邊少論將有辛壬反案之計云云. 此時大臣卽尙喆徐命善, 所謂一邊人也. 柳𧺝之意, 專出於威脅一邊, 而德相之有筵奏, 旣而又有自明解釋之奏者, 必是國榮所敎也. 其時柳𧺝因事有削職之敎.

19. 홍국영이 남당을 끌어들인 이유

余於此時, 不欲與李奎緯相對, 或慮其不欲聞之說入耳也. 且念旣無以回悟其心, 則不如稍稍疎外之【31나】爲愈, 故余久不往. 奎緯亦以余相逢, 則必有苦言, 亦不來. 一日奎緯長子定載來見, 而余適在內. 頗從容定載曰, 公聞近日宿衛所言議乎.

余曰, 未聞而有何別般言議.

定載曰, 元嬪喪後, 不可更爲揀擇云矣.

余心中有疑, 而聞此語, 尤覺驚心, 謂定載曰, 昨年以宗國大計, 有揀擇之擧, 昨年旣行之事, 今年不可復爲云者, 其果成說乎.

定載曰, 外面言之, 則誠如所敎, 而宿衛所主此論, 蓋上意亦如此云.

余曰, 上意豈有如此之理.

定載曰, 上意亦豈無深量而如此乎.

余不覺變色而曰, 無論宿衛所言議之如此如彼, 【32가】非此人臣發口容言之事. 君亦儒士, 朝廷事不宜言. 況此何等說耶. 吾不欲聞之矣. 此是尊府聞之於宿衛所者乎.

定載曰, 然矣.

余曰, 南黨收聚之說, 吾嘗聞之, 有所驚咳於尊府. 此亦其干與容言之事乎.

定載曰, 此亦果宿衛所之意. 聞其言以爲雖儒士, 亦有敢於言議持三條, 弊扇拍地高論者, 皆可引接聚會, 當有用處云矣.

余聞之, 毛髮竦然, 而和顔語之曰, 君試思之. 尊府與我親爲切姻, 義爲朋友, 俱以故家衰門, 倖第立朝, 其所以相依相愛者, 果何如也. 自前言議之不合, 已屬前歷, 今則吾以至誠爲尊府相勉, 必欲【32나】其謹守拙規, 絶勿妄與言議者. 蓋爲世事多端, 不如是, 必有患害也. 尊府本性, 不能安靜, 反余所勉, 近日事尤可悶也. 君則自前知我, 亦有勝於尊府. 今君所聞尊府, 則不言於我, 而君對我言之者, 亦欲聞我言矣. 我聞君言, 心膽驚墜, 不欲更挂口端. 君亦須從傍善告於尊府, 勿復以此等說挂口也.

定載曰, 所敎專出於謹愼, 而今則其言人無不知, 亦皆知上意之如此, 此非可諱之事. 而但一邊人頗有不諧之論, 故宿衛所之欲爲引用南黨, 蓋爲抵敵之計也.

余曰, 此豈特一邊人而已. 更不揀擇之說, 問之愚夫愚婦, 必【33가】皆瞠然. 君之姑母, 以婦人有何見識, 而今聞君言, 色動有驚駭之意, 直此而人心可知也. 俄已言之, 無論如此如彼, 皆非干與而容言之事. 君聽我切至之言, 亦豈不有感於心乎. 善告尊府, 幸勿復干與也. 定載唯唯而去.

20. 남당이 사람을 끌어모으는 방법

李奎緯外除谷山, 余甚喜之, 而莫知其外除之故. 奎緯辭朝日, 余適出直, 相遇於待漏廳. 奎緯曰, 吾之外除, 君意何如.

余曰, 便養, 於君萬幸, 君則以爲不足耶.

奎緯曰, 吾去, 君與輝遠, 無或生圭角.

余曰, 戒我以無或與輝遠圭角云者, 有何事耶.

奎緯曰, 今之擔當【33나】國事者, 非吾輩爲誰.

余不覺大笑曰, 朝鮮雖小, 李奎緯沈煥之外, 更無一人耶.

奎緯曰, 如君顧瞻回互者, 世上如今半是君. 又曰, 君亦欲外除, 則吾當言於宿衛所. 君意如何.

余曰, 吾則無論內外. 吾身吾自持之, 不必煩君. 無或以我爲言也.

徐戚兄元德適在傍聞之, 微哂而去. 蓋奎緯或慮余異議生梗, 勸之外也. 追聞國榮以奎緯多言不密, 姑爲外除, 而奎緯薦煥之主募人之事. 仍勸國榮, 單付煥之典翰, 以爲聳動人心之計云云. 又聞煥之嘗謂奎緯曰, 景文雖有固執, 必不敢顯言斥. 吾輩羈縻牽連, 自當同歸云. 此是浸【34가】染之術, 自來渠之誘人聚黨之技倆也.

『정변록』 하(下), 이(二)[1]

1. 심낙수와 송덕상의 첫 만남

【35가】德相屢因進講, 見余於閤外, 輒言, 何不更來見之. 而又聞煥億, 以爲某與吾屢逢, 方欲接語, 輒先起去, 吾嘗怪之. 而昨冬一拜於丈席, 其後更不來, 亦可怪矣.

余聞其言, 甚苦之. 館中舊例, 講罷館吏例送自止小報於未參經筵官, 而一日召對, 館吏不送小報於德相. 時余入直, 德相大怒, 招館吏分付, 以爲非但下吏之罪. 入直必不申飭, 視我如無故也云. 故余除汰該吏, 以解其怒. 該吏往乞德相, 旋又傳喝, 請仍余【35나】一欲見之, 亦不欲往. 德相適入闕, 方坐尙瑞院, 時余在直, 遂往見爲謝館吏失錯之事.

德相曰, 無怪其妄却. 何必除汰.

見德相, 鬢腮有小癤, 貼靑葉. 手指其處曰, 有此癤腫, 實難赴召, 而召命鄭重, 不得已入來. 以此貌様入侍, 甚惶悚. 尊意何如.

余曰, 長子雖不以賓師自處, 禮遇優異齊僚. 旣有召命, 則不必此爲拘矣.

德相曰, 然矣.

余卽辭歸, 尙瑞院官員趙弘鎭在廳軒隔壁房中, 余嘗識面, 過窓寒喧而去, 弘鎭必聞其酬酌而笑之. 後見弘鎭, 余亦思其時事, 自笑於心中矣.

---

1. 『恩波散稿』 권11, 「定辨錄下二」. 서울대학교 규장각한국학연구원 소장본(奎15680, 이하 '규장각본'으로 줄인다)을 대본으로 하고, 국립중앙도서관 소장본 『定辨錄弁續』(한古朝31－45, 이하 '중도본'으로 줄인다)과 비교하여 교감하였다. 이하 쪽수는 판심쪽수이고, 판심 오른쪽은 '가', 왼쪽은 '나'로 표기하였다.

2. 김양행과 송덕상의 차이점

【36가】八月, 上幸寧陵, 余以館職陪從, 至驪州. 參議金公亮行居在邑內, 公卽黃江權丈妹壻, 嘗又僦居黃江. 余前已屢拜親熟, 故遂往拜, 坐未定德相來, 金公延坐.

寒暄畢, 金公謂德相曰, 公今已有宰相貌樣矣. 德相以陪從服色着戎服戴朱笠, 頗鮮明, 故公言戲之也. 德相手拂戎服袂袖而答曰, 此皆借着. 金公笑曰, 借着何妨. 古有所謂貧宰相矣. 德相以盛言, 恩寵非常, 無以報答. 又曰, 公亦屢蒙招延, 義不可終孤聖意. 望須幡然共濟國事.

金公辭巽曰, 如我者, 雖出膺召命, 決知無益. 公亦膺命幾一年, 有何報效【36나】之事. 吾意則不如早歸之爲愈.

德相頗不豫曰, 雖欲報效, 每多掣肘. 爲今世道計, 無如稍稍去一邊人.

金公曰, 爲今計, 只宜牽補架漏. 聖明在上, 規模已定, 至於一邊人亦在聖化陶甄中, 今何必以此爲憂. 除非一邊, 則公有何別般大事業可做者耶. 吾輩在先朝, 未能膺命. 今聖上恩禮隆摯, 一出以效叩謝則可, 而亦不可仍因在京矣.

德相但唯唯曰, 吾亦欲去, 而以聖恩未忍便訣矣.

余在座聽其言, 知金公之意. 金公謂余曰, 吾所謂牽補架漏, 如君少年或譏如老孱矣.

余曰, 比如治病, 別無危症, 只宜安靜,【37가】自可裨益. 聞公言, 深有所感矣.

德相仍起去. 余欲留坐, 而恐德相疑余有後言, 余亦辭出.

大駕還宮後, 金恐膺命至京, 以病久未登對. 余適以京試官將往湖西, 往拜公於壯洞旅邸. 公病不見客, 而聞余至接見. 余曰, 上眷隆重, 公未可遽歸矣.

公曰, 一登臺便欲歸, 而病如此可悶. 君當勸余歸, 而亦以外面人事勸留乎. 君看宋兄貌樣, 此是何狀人. 余爲之悶然矣.

余曰, 誠如公言. 實不知更有何事.

公曰, 余欲勸歸, 而言人去就亦難, 今姑泯默矣.

余曰, 公登臺, 有何可奏之語.

公曰, 吾豈有別般奏達之事. 吾觀近日爻象,【37나】吾有三不欲. 蓋不欲言不欲聞不欲見也. 向聞君治病之喩, 安靜可以裨益云者, 甚合余意. 君亦學三不欲, 則好矣.

余知公意, 而試行歸後, 聞公與德相同爲登對, 言議講討之際, 多與德相不合, 因卽留疏而歸, 德相大不悅云. 未幾公卒. 蓋聞公去之後, 德相一隊邪議亦沮縮, 公於相對酬酌之時, 先有色辭之不可犯, 不敢爲深言云.

3. 홍국영의 방자한 행태에 대한 소심한 반발

余以菊製對讀官, 科次入侍, 國榮以弘文提學考券, 咫尺天威, 小無謹畏之色. 奮腕縱筆, 雜以諧笑, 而考評可否之際, 輒問余曰, 沈校理所見, 何如. 余對以【38가】不知. 國榮曰, 對讀雖云不與於考校, 而文篇優劣, 何必不言其所見耶. 余又對以不知, 如是者凡三四.

藝文提學黃景源亦參考, 而昏耄多錯. 國榮考一券未了, 黃忽徑書外等而黜之. 國榮咄嗟曰, 其文頗好, 何爲黜之. 黃嘿不能答. 國榮又問余曰, 沈校理所見, 何如. 余旣三四對以不知, 亦難一辭不答, 遂曰, 無論好否, 篇中無墨抹, 可謂白文外矣.

國榮考畢, 以爲無一可取, 言于入侍承旨, 落軸中索來其所謂白文外者. 白文外之說, 卽余偶言, 而竟置高等. 將坼名, 余恐其或是指目中人, 心悚不安. 旣坼, 乃嚴思允, 心稍定, 只【38나】命直赴會試.

余目見國榮前席放恣無嚴之狀, 心懷駭憤. 國榮之問余文篇優劣, 不曰對讀官, 而輒呼沈校理, 有如私室酬酌者, 尤極駭然, 而未敢一言而退. 雖因凶焰襲人, 慚憤之心, 終身不可忘也.

其翌日晝講, 余以講官入侍, 德相亦同入. 聞其奏語, 以八道還穀過多, 宜換錢, 及凡人繼後之法, 與受中, 一邊若無父母, 不宜許繼後云云者, 無非漫辭胡說. 忽又以爲近日三司無一言, 誠慨然云云. 臺臣李正薰入侍, 與余比肩而伏, 欲爲避嫌而微問余, 余答以出去臺廳爲之似好. 蓋臺諫玉堂雖異, 而臺臣卽席避【39가】嫌, 則余亦難處, 故勸其出去避嫌也.

其翌日余發試行, 往辭國榮, 國榮曰, 昨筵勸臺臣出去避嫌, 何也. 吾始以沈校理爲質直, 而乃有謀如是耶.

余曰, 此非有謀. 如我者, 忝在三司, 以不言見斥, 宜矣. 未敢自引, 而同席臺臣若避嫌, 則亦難獨默, 故果勸其出去避嫌矣.

國榮曰, 此或無怪, 而儒賢以三司不言爲奏者, 眞是好箇語, 其不欲自引, 則將有以副其責耶.

余曰, 性拙, 不知言議爲何事. 如我三司, 便以祿仕自處而已.

國榮曰, 此固過謙, 而不成說矣. 仍問余曰, 宋大年以爲屢遭, 而未接語, 輒先起去, 頗以爲怪. 此果何也.

【39나】余曰, 一逢於李士愼家, 又見於平瑞席上, 而適因悤忙, 未語先起. 亦由拙性, 不能向人先致語耳.

國榮曰, 大年與他人異, 何可如此. 儒賢亦何不往拜耶.

余曰, 前冬一拜, 果未更進. 而進講時, 屢候於閤外矣.

國榮曰, 吾輩於儒賢, 豈或歇後.

余曰, 唯唯. 聞此言, 余恐其或因沈煥之酬酌之語. 煥之有所言及於煥億, 轉轉見疑於國榮, 一倍恐懼. 而以京試官出外, 雖一月之間, 頗以爲幸, 計欲於還歸後引疾不出.

4. 홍국영의 치사와 그 이후 행태

湖西試畢歸路, 至果川, 路逢京人, 聞國榮致仕之報. 馬上思念, 必知其有事. 入京, 見其所謂上疏, 則其言【40가】萬不成說. 其所謂渠則苦口力爭, 而自上拘於顔面, 不爲揀擇云者, 事理之所必無, 尺童之不可欺者也.

心知其逆節昭著, 而聞一世皆言致仕, 非眞退也. 欲觀人心向背, 故爲退去之擧, 上意, 亦將復用云云.

余入闕復命, 入政院, 沈伯修在院, 慰余遠役.

余曰, 其間朝廷有大事. 自外來者, 茫不知其何故矣.

伯修曰, 別無事故, 一朝退去, 吾輩亦不知矣. 仍謂余曰, 君於試所尙嚴, 而得罪南黨, 則深矣.

余曰, 何謂也.

伯修曰, 鄭日煥之兄, 枷囚之說, 籍籍矣.

余曰, 此固不得已之事. 豈以南黨而屈法乎. 蓋堤川監試場中, 有【40나】一無賴作亂者, 自試所枷囚, 則一儒生立階前, 救解, 自言渠之隨從而曰, 士大夫隨從, 豈可如是云云. 故余問, 汝未知爲誰, 而使隨從作亂, 已是可駭. 又欲屈法救解, 汝亦豈免枷囚乎. 儒生大笑曰, 吾乃鄭世煥也. 試官亦可枷囚乎. 余素聞湖西豪右擅場之弊, 必欲懲礪, 使知有國法. 且惡其自言其名, 負恃誇大之狀, 笑曰, 汝雖鄭世煥, 而亦不可不枷囚. 使世家子弟之不謹愼不知國法者, 少知懲戢也. 遂令枷囚.

余歷言其事狀, 伯修亦笑之.

余問伯修以聞[2]之何處, 伯修笑, 不答.

余仍以館職入直, 見德相疏, 從縣道來者, 盛【41가】言國榮不可許退, 又斥三司之無一言, 仍言朝廷之中, 亦必有陰幸其去者云云. 余上疏自引徑出, 上批以勿辭, 再牌, 不得已更爲入直.

此時, 國榮雖退, 而每朝詣闕, 入侍半日而出去, 日以爲常, 人懷疑懼. 國榮又大言曰, 吾退, 豈借人挽留之口. 而朝廷之越視默默, 此豈道理.

又自以爲杜門謝客, 而不往見者, 亦皆嫌怒, 人皆惴惴. 余復命已久, 而不得一見, 人多爲余悶之. 聞國榮出入, 每過兵曹門路, 人或要路見之云. 故一日余往兵曹, 入直騎堂, 卽李亨元也. 余言其邀見之意, 使人候其出來. 余出立, 國榮望見, 【41나】余致語曰, 遠役何以往返. 吾事何如.

2. 규장각 본은 '問'으로 되어 있으나 중도본에 의거하여 '聞'으로 교감한다.

余曰, 人皆以令公勇退爲奇, 而吾則以爲不然. 一朝無故而退, 吾不知矣.

國榮曰, 未暇長語. 而試所雖云尙嚴, 何其大失士望. 吾固知其守法, 而亦豈無濶狹乎.

余思伯修之言, 有所聞也. 解釋笑答曰, 但知有法而已, 旋亦悔其太過矣.

余仍言, 令公已謝客不見, 無由進敍. 今聞令公過此, 而爲要一見. 不知何日更相見矣.

國榮曰, 自今爲閑遊之人, 北岳南山, 任意去來. 當於南麓看花之時, 持壺酒, 一訪云云而去.

余幸其一見, 或免其嫌怒, 可知此時人情之至於如此也.

5. 홍국영 퇴거 이후 심낙수의 출처

【42가】是時樂純拜相, 人皆信國榮復入之說, 願留國榮之疏, 日積公車. 又以德相疏所謂陰幸其去者, 指爲一邊人, 至有徐鄭之目. 蓋徐相命善鄭參判民始, 皆不挽留國榮, 爲國榮所最嫉也.

余適以館職, 啓復日入侍, 移拜持平. 默觀爻象, 不知事變之出於何處, 方呈病引入. 而一種之類, 以余初無願留之疏, 德相縣道疏後以不言, 自引上疏, 而遣辭沒實, 此時爲臺官又欲引入, 其意可知云云, 頗有恐喝之語. 余亦不能不動心, 或勸爲德相召還之疏, 而此則決不欲爲之.

先是金參判亮行纔至旋歸, 金種厚自鍾秀西營任【42나】所, 歸過京城, 上疏願留國榮. 上敦召, 不膺命而去. 余辭疏引疾, 尾言儒賢纔至旋歸, 一儒臣之過路敦召, 亦欠誠意云云. 蓋欲解一種疑惑之說也. 承批屢違, 未蒙勘.

適雷異求言, 三司皆應旨, 多以國榮退去爲召災之應. 余呈病不出, 而職猶未解, 不得不應旨. 適僚臺尹得孚以事被嚴敎, 避嫌退待, 而以余不出, 未及處置.

余上疏以爲應旨進言, 臣所不敢, 而雖以尹得孚事論之, 摧折臺諫有欠容受之量云云, 此眞所謂塞責, 而上優批, 至命尹得孚事所下傳敎中句語抹改.

連下召牌, 在【43가】職三十餘日, 凡違十七牌. 以朝講不參, 左相樂純筵奏勘罷. 蓋此時國榮復入之說, 決知其無理, 而故爲退去, 欲知人心向背之說, 已極可畏. 及樂純拜相, 行言有中, 南黨所謂上意如此之說, 轉益籍籍, 而國榮辭退之疏, 明知其逆節.

余思此時爻象, 比如一條路左右, 皆千層坑坎, 一有誤着, 人鬼在卽. 若從一種人言議, 則無論禍福, 必爲千古名義之罪人. 輕犯凶焰, 先受其疑, 則又不知有何樣危禍, 故余意決不欲容言着手. 於此時, 徐觀其變, 而又不能不見疑, 則臺職辭疏, 略及於金鍾厚徵招之事, 要解一種【43나】之疑. 後聞, 鍾厚兄弟見余疏, 頗喜云.

士夫立朝, 只宜信心而已. 計較揣量, 此已可愧, 況告君之辭, 言異於心, 尤失忠字中心之義. 伊時事固出於萬不得已之計, 而實爲終身之慚悔, 書此爲後人戒.

6. 홍국영 치사 만류 상소 소동

李像之奎象卽奎緯兄也. 謹愼恬約, 好詩文, 廢科居鄕, 一切於世間言議. 自謂聾瞽, 而亦有涇渭, 嘗與余深好. 每以其弟之冥行爲憂, 對余發嘆. 是時像之爲覲往谷山歸鄕, 歷京城訪余曰, 仲弟爲國榮挽留, 欲上疏, 老親力止之. 監司監司金相熤也亦還送其疏而挽之, 今則幸無復爲之慮矣.

余笑曰, 老兄五十年兄弟之【44가】間, 何乃不知其人如此. 其疏不久, 必上來矣. 像之曰, 豈有此理. 仍相笑 而別. 纔過五六日, 聞其疏到院, 以違格還下送, 十餘日後, 又爲上來, 呈徹承批. 見其疏, 歷言國榮二十八擊日之功, 三十二勇退之事, 頌德贊功, 令人不覺發笑, 而因以宿衛不可罷之意, 縷縷力陳者也.

貽書於余曰, 兄則必以我爲不緊, 而實出爲國之誠. 雖鐵輪轉頂, 亦不可止云云.

余答書不敢非斥, 而但曰古人云, 諂疏不如直疏, 直疏不如無疏, 外官言事, 果不緊云云.

其疏見者, 人莫不掩鼻, 國榮見其疏, 以奎緯謂元祐完人云. 翌年春, 像之又上【44나】京時, 國榮已屛黜. 像之謂余曰, 吾始見其疏, 心驚不能眠食者, 累日. 只望祖先厚蔭, 或不至顚覆門戶也. 語切含涕而歸.

後聞金鍾厚貽書於李定載, 以其父疏爲大不可, 責定載不得挽止云. 而未幾鍾厚自上疏勉留國榮, 此非鍾厚本意, 爲鍾秀所誘也. 奎緯, 則其兄挽之而不得, 鍾秀, 則非其兄本意而誘之. 兩人弟兄之事, 當有卞其優劣者, 亦堪一笑.

7. 남당이 소론 탕평파를 공격하는 방법

余在臺職見小報, 有沈煥之筵奏李聖模竄配事, 蒙允. 蓋李於十餘年前得除成川, 煥之以爲李與啓能親. 啓能言于其時銓官, 圖占名邑云云. 此是微瑣【45가】之事, 又在屢年之前. 李丈之子魯述, 卽煥之再從妹夫. 揆以常情, 必無無端論啓之理, 事甚可疑. 余儱侗, 不覺其意專在於其時銓官也.

遂書問煥之, 以年久事微, 語不明白, 未知何意云爾, 則煥之答, 以此卽素欲一言者, 何嘗不明白云云.

旣而李普行李義弼相繼以徐命膺事疏啓, 韓晩裕尹弼秉之疏亦響應而出, 皆以徐命膺附麗啓能爲辭發啓, 批以予亦不知何以爲答. 於是 徐相出城, 徐浩修以北伯不待交龜馳還. 余始知煥之之初發意, 專在於旣時銓官, 而嘗試之也.

未幾一世傳言, 國榮言于徐相曰, 沈【45나】煥之, 吾使李義翊勸爲之, 李普行, 吾叔使爲之, 此外, 吾不知云云. 此言一播, 人皆傳笑.

余遇煥之問曰, 君之初論李聖模也, 吾甚疑之, 而書問於君, 君答以素欲言者. 今聞一世之言, 皆謂君爲李義翊所嗾而爲之. 君嘗言某之論某, 蓋有所受, 甚以爲恥. 君何爲此.

煥之曰, 君弼果以奉朝賀言勸之, 亦知其爲上意, 故爲之. 君觀其後事, 吾豈不善爲之耶. 但奉朝賀之言於徐相, 有此傳播, 實是意外. 奉朝賀可謂不可與同事之人也.

余笑曰, 奉朝賀則不回曲, 亦男兒習氣也. 但諸人之直論徐命膺, 猶之可也, 君之拖引李丈, 【46가】豈不回互乎. 況徐命膺事, 今已幾年, 而不先不後, 今何始論.

煥之曰, 以其弟之故, 人不敢言. 今其弟尙可斥, 況其兄乎.

余恐其語深, 而不復詰.

8. 심환지가 심낙수를 끌어들이려는 이유

余以騎郎入直, 一日沈煥之來訪外司直廬. 余疑其必有事, 而爲謝辛勤來尋之意, 則煥之曰, 吾有所欲言者. 直中必從容, 故來耳.

余曰, 何事. 煥之曰, 日前吾見左相, 左相以爲目今朝廷形勢 吾輩甚孤單, 而一邊頗盛, 不可不團聚知舊中倚仗之人, 而年少敢言者, 亦云鮮少云云. 左相意在於士愼與君, 問我以何如, 故吾答以士愼甚無能, 君則稍勝, 而亦未知其意【46나】爲答矣. 君不知卽今局勢. 金定夫與左相, 初非相好之間, 而定夫自西藩歸, 左相往見, 一言相合. 左相以爲人謂定夫英傑, 今與之言, 名不虛得云. 今則沕然相合, 此時大臣之意傾嚮於君, 君不可終始落落.

余聞煥之言, 可知其意. 答曰, 定夫吾不知面, 左相則始見於史局, 仕進時輒致款洽, 大拜後, 余以人事一往見而已. 君所謂傾嚮者, 不知何意, 而如求敢言者, 則我非其人. 我之柔懦無能, 甚於士愼. 君所謂稍勝云者, 可謂失對. 我本不以言議自處者, 君豈不知乎.

煥之曰, 今則吾輩勢已張, 所可憂者, 一邊也. 徐則今便【47가】爲已冷之屍, 鄭不可不斥. 君在三司, 未嘗有一言, 向日力遞臺職, 物論皆以避事疑之. 今爲此言則好矣.

余曰, 無論某事, 吾則以不言爲定, 不必論其是非. 而所謂一邊, 別無形顯可斥之事, 今謂必斥者, 何事. 徐事年久猝發, 亦甚可怪. 鄭尤無罪, 何乃必斥.

煥之曰, 君不知時勢, 何其畓畓. 不斥此流, 彼必逞禍於吾輩. 鄭不可直斥, 則先劾鄭光漢, 亦可以稍殺其勢矣.

余曰, 彼雖欲逞禍於吾輩, 吾輩無可執之罪, 彼亦何爲. 況聖明在上, 豈有此理. 今以未然之事疑人, 而紛紛彈劾無故之人, 吾未知可也. 況此雖十分可爲之【47나】事, 吾則決不欲言事. 君須善言于左相, 使左相知吾本不欲言事. 而俄言只是酬酢間漫及之語, 不必聞左相矣.

煥之曰, 君可謂固執之人, 須更思之云云而去.

9. 홍낙순의 심낙수 포섭 시도

庚子正月初三日, 上臨春塘臺, 犒饋入直軍兵. 余以禁喧在靑陽門內, 結束吏進告以爲大臣坐在門外, 邀余來見云. 余往見之, 則樂純方坐門外小廳. 余進拜問候, 樂純曰, 適坐此, 問禁喧爲誰, 知君之來, 暫邀相敍矣. 仍曰, 吾見輝遠有所言, 其間輝遠見君, 君意亦好云. 吾聞之, 甚喜矣.

余思沈煥之若以吾所言【48가】者傳之, 則彼言必不如此, 今不明白答之, 必有後悔. 遂答曰 輝遠果有所傳, 而小人本不欲干與言議之事, 亦有與輝遠不合, 故已言於輝遠矣. 樂純曰, 不合者何事, 而君以輝遠筵奏爲何如.

余曰, 小人嘗以書責其非矣. 樂純瞠然曰, 何謂非乎. 余曰, 年久之事, 今始言之, 人多爲怪, 且直論徐命膺, 猶可也, 拖引李聖模, 亦甚回互云矣.

樂純曰, 君言, 言則是, 而此則引而不發, 以待臺閣, 何謂非乎. 目今吾輩知舊, 必須聚精會神, 可以有爲, 而年少中, 如君與李士愼, 吾嘗嚮往, 欲與之聲氣相通, 有所言於輝遠矣.

余曰, 小人平生【48나】踈拙, 素無交遊. 如輝遠雖甚親切, 至於言議, 迂曲之見, 從前每多牴牾. 自知孤畸寡合, 凡於言議, 決不相干. 大監不知小人, 有此敎, 而今陳實情, 勿以言議間事, 相責則幸矣. 前於史局, 或有文字問對, 過蒙奬許, 小人亦豈無嚮感之意. 而踈拙之性, 不能踵門數拜, 亦望容恕焉.

樂純曰, 輝遠言君意亦與之合, 今君言有異, 何也.

余曰, 輝遠必以大監盛意如此, 故方便爲對矣.

樂純頗憮然曰, 君言雖如此, 君意亦豈有異. 須與輝遠輩團聚, 好矣.

余曰, 別無團聚之事, 而小人則眞是無用之物矣. 余恐轉轉言深, 以禁喧處所之久【49가】空爲托, 而辭出.

10. 홍낙순 · 홍국영 · 김구주와 남당의 관계

余聞樂純言, 欲問于沈煥之, 而連以公故, 未暇往見, 亦恐相對酬酢, 或有不欲聞之說也. 每逢知舊中可與言者, 輒說樂純靑陽門外邀見問答之語, 使人皆知余意也.

初九日朝參, 自上有樂純處分, 而三司仍發合啓. 余適以監軍夜巡, 歷過三淸洞煥之家 煥之頗驚疑曰, 夜深, 有何事來訪. 余答, 以夜巡歷過. 煥之又遽曰, 近日處分, 君以爲何如. 余笑曰, 我欲問君而來, 君何先問於我.

煥之曰, 吾果誤料. 近聞洪相與其侄相違, 各立門戶, 此所以有近日處分也. 其叔【49나】雖被遣, 其侄, 則上意將復用之, 知申致仕, 亦出於其叔之將處分云矣.

余曰, 此則萬不成說. 叔侄雖或有異, 豈有其叔則聲罪以奸凶, 而其侄自如之理乎.

煥之曰, 君不見平端疏批乎. 批答之不得已私事爲教者, 蓋以此也. 平瑞疏批, 亦豈非優異乎.

余曰, 所謂平瑞之上疏, 吾則知其萬萬不當. 雖是可言之事, 外官亦豈非不緊乎. 且果如君言, 則洪相所謂團聚云云, 亦有異於其侄耶.

煥之曰, 此則洪相知其侄之意, 近日則更合, 而有此言也.

余曰, 彼之叔侄同異, 姑無論. 向日酬酢後, 余於青陽門見洪相, 則其【50가】言以爲君言我意亦合云. 我言不如此, 而君何言之誤耶.

煥之曰, 彼旣以好意爲言, 故吾意亦出於爲君難拂其意, 姑且善言耳.

余遂歷言其問答, 煥之憮然曰, 豈有他意, 但欲善言之耳.

余曰, 夏間吾以平瑞事爲言於君, 而其時君以爲不知矣. 今洪相所謂團聚云云, 卽平瑞所謂南黨聚會之事, 其意一般, 此果何事. 吾聞李定載之言如此如此, 此豈非可驚可愕之事乎. 完豊爵號出後, 人皆疑怪, 繼有儒臣之疏, 而益滋疑惑, 揀擇不可復爲之說出, 而其意尤可知矣. 君試思之, 此果爲義理乎. 范鎭若有指的之處, 而又欲【50나】屬之賈妃而子之, 則此是逆耳. 後世孰爲賢哉.

煥之沈吟曰, 私意參錯, 果如君言, 而預建之義, 不可謂不可. 至於揀擇不可復爲之說, 此是上意.

余曰, 上意必無如此之理. 非上意, 而謂之上意, 至謂揀擇之不可復爲, 則此豈非逆乎. 上意云云之說, 吾聞於李定載, 而此非人臣發口容言之事, 中心只懷隱憂. 知申之無故退去, 有可知者, 而故爲致仕, 欲觀人心之向背, 行且復入云者, 籍籍一世. 具允鈺素稱自中之黠者, 而其言亦然云, 余亦不能無疑矣. 及有近日處分, 益知其必非上意. 問諸三尺之童, 猶可【51가】認知, 而君又爲叔侄各異之說, 君可謂惑也.

煥之曰, 非余之惑, 君何過疑. 奉朝賀卽與國同休戚之人, 若非上意, 豈有此論. 君知近日院議啓辭之撤止乎. 以其啓辭有金龜柱故耳. 知申退去時. 已請金龜柱放釋, 今將有處分. 汝重【金勉柱字】幾年內翰, 無事不知, 吾聞於汝重矣.

余曰, 奉朝賀何爲而請放龜柱. 煥之曰, 金龜柱有功於聽政代理之時矣. 余聞此言, 不覺聲氣奮厲曰, 此何言也. 聽政代理, 卽先王倦勤後, 遵國朝故事之明命, 而亦有聖母慈覆陰贊之德. 龜柱何人, 敢謂有功於其間耶.

煥之曰, 吾【51나】欲釋君之疑, 不覺妄發, 語自到此. 此非言說之事, 須勿煩傳. 但見前頭事, 可知矣. 頗悔輕發, 申囑勿泄. 又曰, 奉朝賀退出之初, 吾見其頗有焦愁之色, 月前往見於北營遊宴之時, 神氣舒泰, 言鋒豪快, 可知其措置大事, 已無憂矣.

余曰, 君言但觀前頭, 而吾亦云. 然吾意終異於君, 後日君勿謂吾不言也.

11. 심낙수가 홍국영 처벌 상소에 참여하다

余移館職, 二月十九日晝講進, 閤外金鍾秀以知經筵亦進. 鍾秀向余敍戚, 頗傾倒. 入侍進講論語宰予短喪章.

余陳文義曰, 先儒以宰予無隱, 爲聖人至誠敎人之功化. 人君敎化, 若能出於至誠, 則群【52가】下亦必無匿情. 此等處深加留意爲奏.

上曰, 非但聖人功化, 宰予賢, 故能無隱.

鍾秀曰, 下番所陳文義, 切實甚好云云. 退出閤外, 鍾秀顧余曰, 俄所陳文義, 誠好. 屢入經筵, 未聞此等文義矣. 余曰, 膚淺之言, 何足云云.

余出直, 二十六日朝, 館吏持簡通來, 卽入直. 李穉可【李時秀字】發通, 將箚論國榮事也. 余卽入去, 諸僚皆會, 夏材以副學亦來. 余問徐君集【徐有成字】李穉可曰, 人心之憤鬱, 已久, 而今日之卽有箚擧, 亦出意外, 誰能發論.

答曰, 金鍾秀朝上手箚, 批答姑未下. 而堂箚不可少緩, 故發簡矣.

諸僚請長官搆箚, 夏材不【52나】出草, 諸僚亦無擔當搆箚者. 日將暮, 李穉可奮然謂夏材曰, 今日箚擧, 誠非得已, 而日暮尙未呈, 此將罷會耶.

夏材以爲稍待吏判批下, 而爲之未晩. 穉可曰, 批不下, 而門限將迫, 亦將散去耶. 俄而批下, 夏材始於袖中出一箚本, 而句節多冗漫不緊. 諸僚相議刪潤, 張燭忙寫以呈. 而箚語無足觀, 人定後承批, 退出.

翌日余入直, 上命召對進講. 陳文義訖, 與上番李穉可進前奏所懷國榮事, 請從合啓. 臣進奏以爲一世之鉗口, 不敢言已久, 此其罪尤合萬戮. 今不可容貸, 亟從羣請, 以慰人心焉.

上敎, 玉【53가】音低微, 有若引咎之敎. 惶恐, 不敢力陳而退.

12. 홍국영 축출 이후 남당의 생존 전략

四五年間, 國榮勢成威立, 凡人私室雖至親, 語到國榮, 惴惴如鬼物潛聽, 不敢斥言. 樂純處分之後, 亦未有一言, 金鍾秀上箚後, 其黨猶有以國榮屛逐爲惜, 人心梏喪, 乃至於此.

譯院任官一人有親熟於國榮, 國榮退後, 使之日日在左右執役者. 因故曠數日, 國榮大怒, 囑提調汰去. 其人喜曰, 今而後, 吾可以不見妖賊. 任官除汰, 雖飢死, 亦幸云. 此可見其眞情, 而士夫有不如一象胥也.

余聞其黨有以鍾秀之忽然箚斥, 非之, 鍾秀以爲吾豈樂爲, 有不得已. 其所謂不得【53나】已者, 謂上意也. 煥億以德相疏凶言之繼, 此發露爲憂. 鍾秀以爲吾輩必無論斥儒賢者. 一邊中若有以此爲言者, 當以抉摘嫁禍斥之. 上亦無如之何. 吾輩但可聚會精神, 而待之云.

此時, 聖意專以鎭安爲主. 德相金鍾厚上疏自引以勉留國榮之罪, 皆以爲初不知其罪云云. 上皆優批, 有往宜然今宜然, 此是時措之敎. 而鍾厚疏批, 有爾弟一箚, 於爾光鮮之敎. 一世之譏嘲笑侮, 吾黨之羞恥, 憤痛已無可言. 余念上意旣在於鎭安, 凶黨若果悔禍, 則固幸矣, 而究其情狀, 必至凶害而後已.

國榮之罪,【54가】卽德相凶疏之爲證. 而鍾秀箚論, 不少槪見. 鍾秀又從以爲不得已上箚之說, 且德相疏, 謂之無處不當之說, 傳播一世, 大義之疑晦, 人心之詿惑, 反有甚於國榮, 未黜之前. 國榮雖有凶謀, 若無德相之疏, 則世道潰裂, 不至於此.

而使德相蹩躠而來, 紹介兩間, 袖傳章疏, 貽吾黨千古之羞者, 皆由煥億, 余不勝憤痛. 余於此時欲言, 則恐傷鎭安之聖意, 不言, 則漸有詿惑之深憂. 自念余新進, 未有孚信, 言之, 亦恐無益. 或望吾黨中, 有極言打破, 以絶禍萌者, 而過數月, 亦無.[3]

13. 심낙수가 훈련도감을 안핵할 당시의 정세

【54나】三月初八日, 余入直, 夜有命入侍. 是時, 司諫李命勳疏劾善復, 以都監公貨萬兩, 歲輸國榮, 一營校卒, 皆以國榮私人差出. 上命臣按覈, 有御史差下之敎.

入侍時, 適以沈煥之削職事下敎. 承旨書傳敎讀之, 聞有虱附蠅營, 甘爲倀鬼之敎. 蓋前冬所懷, 爲國榮所嗾, 上已照燭也. 承旨讀訖, 上敎曰, 西南合勢, 作黨之事, 予非不知. 流放竄殛, 無所不可, 而爲世臣全保而止, 此承旨諸臣, 亦宜知之爲敎.

余奉按覈傳敎而退出. 承旨卽徐元禮也. 時夜深, 余亦隨至承旨直所, 相對言俄者聖敎之惶悚.

【55가】余曰, 下敎中西南, 西是樂純, 南是金鍾秀. 樂純固無論, 金鍾秀本是不好之人. 沈煥之諸人, 何莫非金爲主張. 上意雖欲鎭安, 此後必有可憂之事. 元禮曰, 今旣有樹立, 豈有他慮. 余曰, 必不悔悟, 君試觀他日也, 相笑而罷.

翌日, 余馳往新營, 按簿詳覈, 別無可執. 而國榮遊宴時帖給者, 數不過數百, 校卒, 則以軍伍待年陞差, 而無別人.

---

3. 중도본에는 '無'자 다음에 '聞'자가 덧붙여져 있다.

以此書啓, 翌日次對. 承命入侍. 上曰, 御史亦三司, 所見參, 以臺言詳陳. 臣對曰, 書啓外, 別無他事之可達. 而帖給之物, 臺臣風聞, 無怪其百兩之爲千兩, 千兩之爲萬兩. 臺言不【55나】可謂誣也. 退出, 鍾秀顧余曰, 所陳善爲之矣. 余曰, 從實而已, 何善之有.

14. 심낙수의 홍국영 탄핵 상소가 나온 이유

此時, 余或謂黨人悔禍, 往見沈煥之曰, 君之被削傳敎, 亟附蠅營, 甘爲倀鬼之敎, 君所自取, 而處分亦有異於李普行, 君當感恩.

煥之憮然曰, 然矣. 但吾輩見欺而已. 余曰, 君嘗以爲更觀前頭, 而今亦謂上意耶. 煥之怫然曰, 當初上意, 安知其不然. 而必有一邊讒間, 而至此矣. 余曰, 凡事必先觀邪正之後, 所謂讒間二字, 始可容言. 國榮事, 雖質之鬼神, 必知其爲千古凶逆, 若以今日處分, 謂有讒間, 謂國榮非【56가】逆耶.

煥之語頗屈曰, 國榮雖凶, 吾輩因此禍色, 將不知至於何境. 一邊之人, 豈無讒間乎.

余曰, 所謂吾輩事, 若能明白無罪, 彼雖有禍心, 亦如之何. 況聖明在上, 近日處分, 無非鎭安, 必無延及之理. 君輩見理不明, 雖未免見欺, 此豈爲深罪. 但儒臣疏, 卽國榮斷案之明證, 終不可掩覆, 而吏判箚亦不槩, 及一邊人譏嘲. 便以凶論爲吾黨大同之論, 不知其中亦有正論, 此豈非吾黨之大羞恥乎. 昨夏, 余以平瑞事, 爲君言及之時, 亦言宋煥億可憂. 非余獨見有過於人, 其時識慮深長者, 雖不得顯斥, 隱憂竊嘆. 驪上金丈之【56나】言, 余嘗聞之, 如養吾輩與余言, 亦以爲深憂矣. 儒臣若果如君見欺, 則何不首實陳章, 使一世皆知凶謨之專出國榮, 而不以儒臣更籍口耶.

煥之曰, 君言頗似有理, 而今旣爲一邊所驅逼儒臣. 若首實, 則亦必一倍驅逼, 不如姑爲泯伏.

余曰, 君何每言一邊. 非一邊, 則以國榮非逆耶. 忠逆之下, 何論色目. 此有一言可決者. 儒臣果見欺於國榮, 而今乃悔悟, 則不待終日, 可以汲汲上章, 首實服罪也. 終若以國榮凶謀, 作爲義理, 不以其疏爲非, 則便與國榮同是逆耳, 此何關於一邊耶.

煥之曰, 其疏無顯露之語, 亦可屬之【57가】他事. 且自首, 則其言將及於何地, 彼稺孩之近宗亦不保, 此豈輕發之言乎.

余曰, 此疏之爲國榮所嗾, 一世之所共知. 指意有屬, 尺童亦不可欺, 此豈可諉之他事. 至於近宗事, 余則以爲儒臣自首而後, 始乃可保. 不然, 則國榮雖去, 而失志不逞之徒, 籍儒臣之疏, 陰懷凶圖者, 必至凶害而後已. 至此, 必不可保儒臣. 今若首實, 則人心可定, 大義可明, 籍口之類, 更不敢生心. 此余所謂始乃可保者也.

煥之曰, 儒臣若首實, 則前有爵號之事, 此便是指的矣. 他日, 國家若無螽斯之慶, 將如之何.

余曰, 此所謂將心, 君何爲此言, 揀【57나】擇不可復爲之說, 國榮謂之上意, 而君輩以爲見欺, 則今

又他日云云者, 安在其爲悔悟, 而此豈非將心乎. 吾聞, 此論出於金定夫, 而以吾觀之, 其所謂全保者, 終必至不保而後已矣.

煥之曰, 一邊人駈逼之說, 以儒臣爲逆, 而至有侵及於辛壬定策諸臣之論云. 此豈不萬萬駭痛乎.

余曰, 辛壬事已爲千古定案, 彼若有以此爲言者, 此眞逆耳. 此必是彼中無知沒覺舊黨餘泒之亂言. 而使此輩至有此等言者, 果誰之. 故此余所謂貽羞吾黨者也. 吾以新進, 雖無孚信, 吾寧爲一疏, 以解世人之惑, 以洗吾輩之羞矣.

煥之【58가】瞠然曰, 然則君欲論斥儒臣耶.

余曰, 儒臣姑難輕論, 亦甚可憐. 而亦豈無可言者耶.

煥之苦問余所欲言者, 余曰, 君與我, 言議從前不合, 而我猶眷眷於君, 君則昨年夏冬事, 何嘗一言半辭之問我耶. 我或有問, 而君輒諱之. 今吾所欲言者, 何必苦問.

煥之怫然曰, 然則君欲疎絶我耶.

余曰, 以言議不合而絶之, 則絶已久矣. 君如眞心悔悟, 自知見欺, 則亦何疏絶之有.

余不以論斥煥億之意, 直言於煥之, 而亦欲使槩知余意.

15. 심낙수 상소의 논지와 파장

余念, 國榮之藉德相, 而逞凶謀者, 煥億爲機括. 國榮【58나】旣退之後, 樂純金鍾秀爲之後殿, 而煥億左右之. 國榮樂純屛黜之後, 鍾秀外有樹立之名, 而內主掩遮之計, 遂使煥億托言, 以爲德相凶疏語屬他事. 由前由後, 亂世道惑人心之罪, 卽鍾秀煥億.

而鍾秀纔有手箚, 上下許以樹立, 姑未可斥, 如煥億形跡之已綻者, 亦不論斥, 任其跳踉, 則義理漸晦, 詿惑轉甚, 將不知更有何變. 且其藉賣父兄, 招誘朋類, 貽吾黨千古之羞, 思之憤痛.

雖欲疏論, 以其爲先正之孫, 亦有所不忍. 抑念, 此輩旣無悔悟之意, 益肆誑惑之說, 與其後日禍大而莫遏, 不如此時事少而先折, 不害爲【59가】保全先正之家. 千思萬量, 不可不言, 而猶復咨.

且適移諫職, 遂上疏論煥億欺父兄賣士友之罪. 疏中有頂門一針消丹返元之喩, 蓋余意欲其先罪, 煥億有以警悟, 亦欲明德相之見欺, 而疏末又言, 國榮時刑賞不中, 而亦及金勉柱密附驟用.

上批有責敎, 適値次對入侍. 將避嫌, 上敎以予欲鎭安, 屢費辭敎, 彼臺臣, 亦知其爲簡靜, 而乃反所料, 忽爲此擧, 誠極慨然爲敎. 縷縷之敎, 皆在其時筵話日記.

臣進前避嫌, 槪以爲儒臣上京後, 煥億之藉賣其叔, 無所不至, 一世人心, 莫不憤痛, 不得不言之意.

上命【59나】退待, 處置出仕, 而違牌勘罷. 初意疏後, 上以鎭安之意, 必有責敎, 而吾輩中, 亦必有以余爲是, 其黨之復爲譸張者, 亦或因此, 有警動歛戢之效矣.

承批避嫌後, 數日, 余進史局, 金鍾秀怫然曰, 子之怪疏, 人謂我與知. 相坐須勿近我.

余笑曰, 公果與知, 公乃可爲士流矣.

鍾秀曰, 向筵以御史陳奏, 其言甚好. 而今何忽爲此怪疏.

余曰, 何謂怪疏.

鍾秀曰, 吾輩論先正後孫, 豈非怪乎.

余曰, 吾意, 則論斥煥億, 乃所以尊先正也.

鍾秀曰, 一邊人以我爲與知, 其亦苦矣.

余曰, 此是公疏之未及言者, 無怪乎. 人以公與知也, 吾【60가】亦謂此疏, 公必不以爲非, 而今乃非之, 果異初料矣.

鍾秀不答. 於是, 沈煥之一隊大加詆斥, 衮貞之比, 始自煥之.

煥之切友申光儀, 路逢余友李聖賓義胤曰, 君友出沈貞.

聖賓曰, 果有沈貞, 則今誰爲靜菴. 此言從何而出.

光儀曰, 輝遠亦沈姓, 而其言如此.

知舊中, 雖非此輩, 亦皆非余曰, 煥億固無狀, 而何不念愛屋烏之意, 遽爲此慘刻之論云云. 余謂其言則無怪.

煥之遂倡言, 以爲余與一邊相通. 一人唱之, 百人和之. 余之平生知舊之本非其類者, 亦皆爲風聲所動, 疑訝而疏斥之. 獨李士仰泰永以爲無論是非, 景文必【60나】主已見決, 不爲他人所誘. 況一邊之說, 尤非所可言云.

16. 심낙수 상소에 대한 이규위의 반응

余於史局, 與金參判履素, 同事周旋, 語及余疏事, 備言余意. 金台曰, 言非不可, 而何不姑觀其擧措, 徑先疏論, 反致疑謗. 余知金台有定見, 略言李奎緯沈煥之前後事. 金台卽渼陰金丈姪子, 亦與奎緯相親也. 金台曰, 平瑞之無知覺, 先叔父亦嘗悶之. 吾亦豈不知昨秋揀擇不可復爲之說. 平瑞亦果爲之, 君宜深慮. 仍笑曰, 君旣不幸爲平瑞妹壻, 亦復奈何. 余於此時, 知舊皆示疎, 而獨金台開心而言, 余亦感服.

一日【61가】聞奎緯奉其母夫人到京, 余往見之. 奎緯曰, 見君如見虎. 余曰, 何謂. 奎緯曰, 君必欲殺人, 非虎而何. 余曰, 吾非欲殺人, 實欲活人, 非虎卽獜. 昨年余言果何如, 而君不聽之, 至於外官上疏, 又何以爲鐵輪轉頂, 而必爲之耶.

奎緯曰, 始吾見欺而已. 乃以憂愛之心, 只欲宿衛之不罷而上疏, 此何罪耶.

余曰, 然則昨秋君何爲揀擇不可復爲之說耶. 奎緯盛氣曰, 此何言, 吾無此言. 余曰, 金台伯安, 亦以爲聞之於君. 士夫死則死耳, 何乃以言爲不言耶. 奎緯曰, 此則伯安妄矣. 余曰, 君之胤子, 亦嘗訪余, 有如此如此之言, 此非君之【61나】所言乎. 奎緯曰, 君欲以子證父, 而必欲殺我耶.

余曰, 昨夏君主張南黨收聚之事, 至有使李台團聚一邊之說, 此果何事耶. 奎緯曰, 此何言, 此何言, 吾何嘗有此事, 君何白地造言, 必欲殺我耶. 余曰, 南黨團聚之說, 其時吾始聞, 對君切責, 君豈忘之耶. 定載在傍默然.

余曰, 無論如此如彼, 此皆君見欺之事, 吾欲君之覺悟, 而君以言爲不言, 至欲掩匿, 則吾言不得不如是, 君何過疑. 今君見我, 宜有懺悔之語, 而乃反視我如虎, 此豈常情. 吾之論斥宋煥億, 亦非得已. 國榮屛黜之後, 猶有藉儒臣譸張之論. 吾意政欲早遏, 而先【62가】折斥之, 乃所以保之. 君何不諒, 以我爲非.

奎緯曰, 不意君乃爲一邊. 余曰, 君則欲與李台相連, 有所云云, 而吾何干於一邊耶. 吾之至誠爲君之心, 猶自眷眷, 君何不知我意. 君須以見欺之事, 首實服罪, 更爲上疏, 藹然出於悔悟之眞心, 則政合道理. 如昨冬疏者, 亦以外官爲之討逆首實之疏, 今又不可爲耶. 奎緯曰, 吾本無首實之事, 亦無可服之罪, 此則非可論矣. 余知其無足言, 仍卽歸.

翌日忽有書, 以爲昨日之言, 出於酒失戱劇云云. 後進史局, 以奎緯言, 言于金台, 金台笑曰, 平瑞本性, 以言爲不言, 以不言爲言, 君豈【62나】不知耶. 相對而笑.

兒子魯崇, 往拜其外祖母老夫人. 夫人曰, 汝父親爲何疏, 而人何比之袞貞云云. 盖奎緯亦襲沈煥之之言也. 奎緯素愚闇, 前後事, 皆爲煥之及金鍾秀所濡染慫慂, 而實無堅忍鷙悍之心. 事敗, 頗悔悟恇怯, 以言爲不言, 雖極虛妄, 亦可見其悔恸之一端, 可悶也已.

17. 송환억을 다시 탄핵하여 이규위와 다투다

煥億除承旨, 對余上章, 無自明語, 直謂余言搆捏. 上優批, 又下傳敎. 略曰, 先正之家遭此事, 予用疊傷.[4] 以言者地處, 能不庇護先正之一遺孫乎. 若論不擇交[5]之失, 非但擧世皆然, 言者獨免此謗乎. 予則曰,【63가】序不居三四矣. 傳敎一下, 其黨尤譁然斥余, 至以爲余實附麗國榮, 而反劾煥億. 謗讟喧騰, 沈煥之輩尤生氣.

此時國榮復入之說, 忽又藉藉. 李奎緯謂余曰, 洪國榮今將復入云, 君何以爲之. 無寧持壺酒往迎郊外, 自伏謝罪. 余笑曰, 國榮復入, 則國必亡, 謝之何爲. 奎緯曰, 序不居三四之敎, 何以及君. 余曰,

---

4. 원문의 '予用疊傷'은 1780년(정조4) 4월 30일자 실록기사에 의하면 '予竊傷之'로 되어 있어 번역은 이를 따른다.
5. 원문의 '木'은 1780년(정조4) 4월 30일자 실록기사에 의거하여 '交'로 수정하였다.

吾與國榮知面纔數朔, 一世所知, 而國榮見我必款厚, 此不過因君輩聞我也. 無論一二三四, 君與輝遠, 可以當之.

奎緯曰, 此後君又欲爲上疏乎. 余曰, 宋煥億謂我搆揑, 我豈不卞. 奎緯曰, 君旣一劾, 又何已甚.【63나】聖教又如此, 不如自引而止矣. 余曰, 此唯在我. 但輝遠事吾不知矣. 忽以吾爲一邊相通, 至有袞貞之比, 此何言也. 奎緯曰, 此非輝遠說也. 老親嘗見己卯錄諺翻, 以君語逼儒賢, 世有謗言之故, 適有言及於甥兒輩, 君豈以此爲嫌耶. 余又以聖賚之聞於申光儀者言之. 奎緯曰, 聖賚言未可必信也. 但此後事在君, 激與不激, 必勿過激也.

余疏後, 金鍾秀以吏判, 停余擬望. 至九月鄭民始爲亞銓時, 始除館職. 上疏略言, 欺父兄賣士友之實狀, 以國榮字號. 煥億曰某也, 在吾於儒臣, 唯意所欲, 此言傳播, 一世爲證. 末又以私【64가】義自引曰, 臣本孤窮, 少絶朋交, 僥倖科第, 反累身名. 人有爲臣言於國榮者, 昨夏禁中, 果得相面. 所貴乎士, 行不愧影, 而臣則自顧, 但焉慚痛云云. 上批以省疏具悉. 於是謗言, 又加一層.

奎緯謂余曰, 君何已甚, 必欲甘心於大年儒賢. 余曰, 渠若自服其罪, 吾豈復言. 渠敢以搆揑爲言, 而人心尤惑, 吾安得不言. 奎緯曰, 所謂人有爲言者, 亦指我耶. 余曰, 吾不知國榮, 而國榮之始知我者, 豈非以君言耶. 奎緯曰, 其時吾爲君言之, 非欲害君也. 君於其時, 不以爲非, 而今乃引我於章疏耶. 余曰, 吾未嘗一言要君爲言於彼,【64나】而君自言之. 今余自引實狀, 不得不如是爲言. 且君之爲我言於國榮, 此豈爲罪. 但恐此外別有罪累耳. 吾以自引, 言及實狀, 於君何有.

奎緯曰, 此後儒賢似或有自引疏, 君又欲爲對章耶. 余曰, 儒臣今果上章, 歷言首實, 自服請罪, 則誠爲世道之幸, 我復何言. 不然而又有爲其侄分疏之說, 則吾豈默然而已乎. 奎緯曰, 彼有何罪可服, 對章不得不分疏, 而君又爲慘刻之論, 則君安得免一邊之目乎. 余曰, 吾寧得一邊之目, 誠不忍見人心之漸至註惑也.

旣而德相久不爲疏, 煥億以外補勘罷後, 復除承旨, 上疏只謂人言【65가】尤慘, 不止臣身云, 而亦無自明之語.

18. 송환억 상소에 대응하며 송덕상을 비판하다

余再疏後, 德相不敢爲自引之疏, 以其無言可明, 且恐余對章之直說到也.

此時金鍾秀以德相凶疏, 諉托他事之說, 誘惑一世. 且以余爲希旨一邊, 而咆喝曰, 沈某若復爲疏, 而語及儒賢疏事, 此眞禍心, 朝廷當嚴斥之. 今儒賢之不以一言自引者, 有失事面, 上亦怪之, 卽上疏卞明爲可云云.

於是德相果上疏, 以余言爲沒把捉無形影. 又曰, 國榮之於臣侄, 臣侄之於賊臣, 臣固老昏, 不記其

有何事. 又以爲鋒鏑叢身, 而以余疏至謂之前矛. 盖聽鍾秀之言, 而把持操【65나】切, 使不得復言也.

余初欲不待職名, 卽上疏對卞, 直以其凶言爲證, 而上方以鎭安爲主, 若果如鍾秀揣摩之意, 嗾一臺官, 以余言爲抉摘嫁禍而爲罪, 上或允施, 則非但身名僇辱, 大義亦必因此掩晦. 故姑且泯默, 而銓曹一向枳望. 適有玉署臨講之命, 而前望點下, 夜下再牌, 未及呈疏, 而卽蒙勘罷.

未幾除館職, 上疏言, 臣之始論煥億, 非以儒臣爲無罪, 而只論煥億也. 儒臣之爲國榮所誘, 不得離國榮一步, 使國榮如虎傅翼, 而禁中之扶護, 往見袖裏之章箚就質, 莫非煥億紹介云云.

只曰章箚, 而【66가】不能直論凶言, 盖慮鍾秀恐喝之語, 而亦念上意在於鎭安, 實出不忍之聖意, 則直爲說及, 亦有所不敢故也. 上例批. 於是鍾秀一隊, 以余疏章箚二字, 必欲嫁禍, 謗言尤藉藉矣.

19. 서명선이 송덕상의 처벌을 청하다

四月次對, 領相徐命善筵奏德相之罪, 備言某樣道理四字, 爲國榮沮遏大計之本, 向日儒臣疏所謂袖裏章箚之說旣發, 則今不可一向假貸, 請德相島置.

上命臣入侍, 臣時無職名, 而特教入侍, 不知爲何事. 入闕至進善門, 徐君集立路傍, 謂余曰, 俄者大臣, 以德相四字凶言奏達, 而以君疏爲引, 上命【66나】入侍矣, 余始知之. 至閤外, 次對諸臣少退待余, 余仍隨入.

上曰, 疏中袖裏章箚之下云何. 臣對曰, 就質云矣. 上曰, 非就質, 乃製給也. 仍下敎曰, 如有所欲言者, 可陳之.

臣曰, 德相之四字凶言, 其時人無不知, 而臣之晩後一疏, 亦以德相之爲煥億所欺爲憤痛, 而亦不敢明言聲罪. 盖以一番成言, 朝廷處置, 有不得已. 臣欲仰體聖上鎭安之念, 且德相之無知覺, 聖上亦必洞燭. 此皆煥億爲祟, 此臣陳疏之意也. 今不過仰陳陳疏之意, 臣何敢自處以言議, 而更有所達. 上有下敎, 俱在其時筵話日記.

徐相【67가】以余不盡言謂失三司之體, 請罷職, 遂退出. 上命德相只削黜, 而以其疏有異自辨, 特有原恕之敎, 實出鎭安全保之至意, 甚盛德也.

盖此時事勢, 欲形言德相之事, 則恐傷聖上不忍之至意, 欲掩置德相之罪, 則漸滋黨人必逞之凶圖. 余之論斥煥億, 欲其黨之警動斂戢, 而乃反益激. 及其對德相疏卞, 又引章箚二字, 欲其不敢爲自掩之計, 而使一世亦知其罪之在此也. 此亦余之怵鍾秀咆喝之說, 而徐相所奏, 不過略及凶言之旨意, 而未忍形言聲討者, 亦出於仰體聖意也.

於是其黨譁然, 以爲士禍將【67나】作. 金鍾秀以德相疏諉托他事之說, 作爲義理, 而以余及徐相之言, 遂謂意在嫁禍. 又以徐相筵奏之引余爲言, 謂余甘爲其前矛, 謗言不勝喧聒.

20. 김종후 · 김종수 형제와 이규위 · 이규경 형제의 차이

余於此時窃見黨人輩, 以德相被譴, 擧懷怫鬱. 煥億無罪名, 出沒京鄕, 金鍾秀在近郊, 專事譸張. 余知其必有無限變怪, 適以館職, 上辭疏, 略陳未暴之餘意.

其略曰, 名以儒士, 而附麗權奸, 親猶父子, 而甘售藉賣, 此非一朝一夕之故. 盖自龜柱招誘士夫, 而始假托義理, 傅會言議, 必欲傾一世而輸一局. 國榮末梢依藉生心者, 卽龜柱血黨死友, 而此輩朝東暮西, 無【68가】所不爲, 時移跡敗, 輒稱見欺. 國家所賴而維持者, 唯在士流, 而所謂士流, 終始爲凶賊之資斧, 千奇萬怪, 不忍正視, 人心詿惑, 如水浸紙. 亟從三司之請, 云云.

上批以爾惡其稱, 我惜其名.

余此疏雖未能窮泝亂源, 極探逆窟, 明言致討, 而亦欲指其派流之所從來, 或庶幾遏絶其凶逆之萌心也. 金鍾秀以爲意在於渠黨一隊, 疑謗如沸.

承批六七日後, 因本館請牌草記, 特命削版, 責教至引白馬淸流之禍爲教. 縷縷下教, 皆出鎭安之聖念也. 傳教一下, 謗言又加一層.

沈煥之自余初疏問聞如絶,【68나】忽貽書寄詩. 其書責余以禍心相加, 又曰, 盛疏殆如街巷俚辱. 其詩曰, 云云. 余答以言議之不苟同, 卽半生相對慣熟之言, 今忽以一疏謂有禍心, 不覺一笑, 云云, 而和詩答之.

詩曰, 小巷梅樽過訪時, 除非言議許相知. 如何義理縱橫說, 使我心中每有疑. 今世澆漓孰有淸, 爲慙君輩藉虛名. 試看奔汨頹波裏, 眞箇何人峙若城.

其餘不盡記. 盖煥之因聖教自居以淸流, 以余比之嫁禍小人, 至寄以詩, 乃有故人情厚故不疑之句, 其亦絶可笑也.

李奎緯又以余疏出於鄭台民始, 宣言余多得守禦營錢之賂遺, 盖鄭台時【69가】爲守禦使也. 奎緯一日見兒輩曰, 汝父親多得守禦錢, 一世皆言之. 兒曰, 所謂士流, 甘爲龜柱眷眷者, 以渠輩事, 做出無根之言, 欲加之人, 此何足道, 奎緯色變.

此輩之以余爲一邊相通者, 非不知必無此理, 而故爲抑勒之說, 誑惑一世. 余於渠輩所謂徐鄭無一相親, 卽渠輩所知. 己亥冬, 渠輩主攻斥徐鄭之論, 而余非之. 其時煥之, 亦知余言之出於公心, 而非一毫有私於彼也. 及余論煥億, 而忽以余謂一邊相通者, 其意專出於誑惑也. 譸張浮言, 煽動人心, 卽渠輩伎倆, 而斥余以一邊相通者, 究其設心用意, 尤可痛矣.【69나】

湖西儒生, 爲伸救德相之論, 至有發通之擧. 盖煥億以金鍾秀指揮, 謂德相凶疏, 屬之他事, 以攻斥德相爲嫁禍小人也. 上命按覈使往覈, 所謂儒生, 多鄕曲無知被誘之類, 而李奎緯之弟奎景, 亦入其中. 奎景素與其兄有異, 言議頗正, 性疎宕, 每斥南黨, 其兄朋輩黨類, 無一知面, 余嘗好之. 己亥冬,往谷山覲親, 還鄉過京時, 奎緯勉留國榮, 纔上疏. 奎景見余, 嘆曰, 吾將無罪不免不知古今島薪智島, 何處去矣. 余嘗對奎景, 輒以跖蹻柳下惠譏之.

辛丑夏, 適上京, 訪余留旬日. 語到德相事, 忼慨斥言. 余言及其兄之可憂,【70가】 奎景亦以余言爲是. 旣而下鄕, 旋聞以發通事見囚, 余甚怪之, 追聞儒生輩, 以煥億指嗾方爲發通, 以奎景爲奎緯弟, 必無異論. 奎景亦與金愛相親, 兩人嘗爲華陽院任, 以湖中故家子有名, 故未嘗往復相議, 而引其名也. 按覈使按問奎景, 奎景自明, 以爲與余爲切姻娚妹, 言議本與之同. 按覈使曰, 汝兄與沈某相失, 一世所知, 汝豈與汝兄異乎. 奎景無以對, 畏杖誣服, 竟配金甲島.

余謂奎緯曰, 君之盛名, 乃使無罪之弟罹罪, 此乃士類耶. 奎緯盛氣曰, 君亦嘗納拜儒賢, 晩後疏斥, 以是自大耶. 奎緯亦知其弟之素與渠【70나】異, 因渠罹罪, 而無以答余言. 故其强言, 無理如此.

金鍾厚初爲鍾秀所誘, 疏留國榮, 旣而悔悟. 鍾厚性隘, 頗畏名義, 慙憤成疾而死. 鍾秀非唯無悔, 轉轉爲譸張誘惑之計. 余謂鍾秀奎緯, 皆於其弟兄之間, 不能相保則一也, 而奎景則初與其兄異者, 亦不能免此, 又異於鍾厚也.

21. 이유백 사건 문사낭청이 되어 김종수와 갈등하다

壬寅敍拜館職, 屢除, 皆違牌勘罷, 欲以一疏, 痛陳數十年凶逆源流, 而抑念上意方在鎭安, 而纔有湖西獄, 黨人輩亦或因此斂戢, 姑且靜俟爲宜. 譴削時白馬淸流之教, 其餘縷縷下教在私義, 不【71가】可不自引. 而此是一時鎭安之教, 如欲以此自引, 亦不得不打破頭臚, 以其急於自明, 亦不可更鬧, 以失鎭靜之道, 姑爲含默, 一向逋違, 亦涉惶悚. 且念上教譴責, 不宜如人言, 後自處之道, 屢牌黽勉出膺, 適無他僚, 仍直數十日. 時適頻有講筵, 進講陳文義, 例稱惶恐敢達.

一日, 上教曰, 下番陳文義, 每云惶恐, 何也. 臣曰, 昨年臣妄陳一疏, 臣之本意, 嘗於假托義理 傳會言議之類, 深切憤痛, 每誦朱子國不亡士類先亡之語, 未嘗不痛心, 妄有所陳, 而其時責教截嚴, 此如迷子之受責於慈父, 雖不敢自引,【71나】而至今惶蹙矣. 上曰, 今始思之, 其疏不言誰某, 而只以士流爲言矣. 今何必以此爲引, 此後可爲好言也.

未幾有澤徵凶疏, 心知其必有慫慂, 而專由於金鍾秀所謂德相凶疏誘托之說也, 欲疏斥而亦恐起鬧, 趑趄未果. 而繼有有白之變, 本府設鞫, 鍾秀爲判堂, 余亦以問郎參鞫. 鍾秀始見余, 色動不肯言, 旣而忽又致款, 每書文案, 輒以句節, 問余刪正. 及辭連宬中, 鍾秀忽退坐西廳, 凝思默默, 悄然望見南山而坐. 余適坐近, 與他問郎語曰, 此獄肯綮不難知. 此以宋德相疏語誘托伸救之計也. 鍾秀聞之, 怒目視余而【72가】起, 以最中戚屬, 引義徑出郊外.

沈伯修發啓論鍾秀, 伯修被謫. 余於此獄, 以問郎目覩首尾. 最中被逮, 上親鞫, 不問其同情, 特命島置, 諸囚亦不問酌處, 人情不勝憤菀. 余欲疏論根委之專在鍾秀, 而適因事遞職, 未果.

22. 심낙수가 강동현감이 되어 백천식 옥사를 처리하다

余遇沈煥之於德承家, 辛丑疏後初見也. 余曰, 吾之昨年疏, 卽平生相對慣熟之言, 而君忽謂之有禍心, 何也. 煥之曰, 所謂士流, 君意不在於我與平瑞耶. 余曰, 此言士夫之爲龜柱招誘者, 復爲國榮所依藉而已. 吾胸中未嘗有沈煥之李奎緯, 而泛說而統言之,【72나】君何必强引, 而自當之耶. 煥之曰, 昨年君之和詩, 所謂如何義理縱橫說, 使我心中每有疑云者, 果何指耶. 余曰, 前後言議是非, 君曰是而我曰非者, 皆是可疑也. 煥之怡然笑曰, 君旣以爲疏意不在於我云爾, 則吾何必强謂君必有他意, 而不解釋耶. 從今無相疑阻, 好矣. 云云.

盖此時纔經澤白獄, 而金鍾秀新被論, 其黨頗沮縮, 故煥之之言如此. 而問余詩句之何意者, 或疑余以己亥庚子間相詰之語, 宣泄於人而問之也. 是時德承適不在座, 其兄而晦顯之, 方病臥, 笑而兩解之曰, 君輩相爭, 亦不新新. 今幸解釋, 勿復如前【73가】爭詰云. 而晦耿介拙約, 未嘗與煥之上下言議者也.

冬除江東縣監, 翌日卽命辭朝, 入侍. 上教以本縣有事, 宜卽下去詳覈, 命入侍大臣, 略喩其顚末. 盖天湜卽本縣人, 而以亂言詭跡, 被捉於鎭川山中, 已爲定配, 而又因其同類之告變, 事端又出也. 余到官, 則天湜勛支屬徒黨之見囚者甚多, 遂一一覈問, 則所謂天湜, 自稱粗解占術者, 而爲谷山居仁邦所誘, 自以爲經營大事而去. 諸囚皆云, 宋清溪以懷德名賢之孫, 道術高明, 而方謫居北道. 仁邦以爲從此人作事, 則鄕校配享不易, 而書院則優入, 功名【73나】自可顯達云. 故天湜勛皆隨去 云云. 皆是手鉏無知識之類, 不知德相之爲何人, 而輒稱宋清溪. 所謂清溪者, 本縣有清溪書院, 故稱德相爲清溪也. 亦云李進士神道多術, 則指京來也. 天湜勛皆逮鞫, 以大逆伏法. 其支屬徒黨之見囚本縣者, 查啓並分配.

鄕曲愚蠢之類有何知識, 而轉轉被其誘惑, 遂至有稱兵亂謀之擧. 苟求其由, 莫非鍾秀倡德相無罪之說, 以致誘惑, 而如湜勛之類, 不但不識德相之面, 亦不知其名. 德相在北, 未必有相應之事, 而乃有此譸張之計. 於是上雖欲全保德相, 而亦不得矣. 亂世道【74가】惑人心, 至此而極, 此非鍾秀之罪, 而果誰爲罪. 鞫獄罷後, 下綸音, 昭布德相之罪, 鍾秀所謂四字諉托之計, 更無可以爲言矣.

23. 김우진이 신응현 상소를 알고 있었다

余在西邑, 見邸報, 有申應顯之疏, 必知其有慫慂. 適見監司徐浩修, 話間語及申疏. 徐曰, 昨年大

慶後, 人心有係, 只宜有延頸願死之心而已, 何爲而有此嘗試疑亂之言. 尊輩知舊中, 誰爲此論, 而有此疏耶. 余笑曰, 申自是公輩中人, 何乃反謂吾輩. 徐亦笑曰, 此人變論已久, 何謂吾輩. 余曰, 變論之人, 從古亦多, 而果如公言, 無論彼此, 主此論者, 其心不可測也. 後【74나】果聞金鍾秀所主張, 彼輩中宇鎭亦與知, 云云.

既而監司遞, 李台性源代之. 余以査事屢往, 與之頗熟. 一日忽謂余曰, 金宇鎭卽吾女壻之兄, 又是同閈切親, 而近忽示疎, 至有加害之意, 天下事不可知矣. 答曰, 金宇鎭嘗作僚熟知, 而其人似不如此, 今聞公言, 甚可怪也, 亦不問其何故致此, 而始知宇鎭與知申疏之說, 果非虛言, 而必有故矣.

24. 윤숙 상소에 침묵하는 신료들을 비판하다

余見邸報有尹塾疏, 得見其本, 槩及翬晩龜禧之事. 此是義理關頭, 今日臣子之所宜先言致討者也. 余於壬寅蒙敍後, 欲以一統文字, 備言凶逆源委, 而未【75가】能焉. 及見尹疏, 不覺欽服. 此言不出則已, 既出之後, 朝廷豈無所以力爭致討, 而三司纔發啓, 上命三司入侍, 大加責敎, 發啓者仍卽自停.

盖此數賊之事, 其時人不敢言, 而亦無不知者. 及聖上臨御, 上意每於此等事, 不欲發露, 常加掩覆, 此實盛德, 而廷臣亦不敢言. 今既發露, 在朝廷道理, 決不可因仍如前

此時章疏, 或以爲初不知有此事, 而今始知之爲言, 此固欠誠, 而一發卽停之後, 仍復伈伈, 無一言, 世道至此, 君臣大義, 已墜地盡矣. 謀危君父, 是何等劇逆, 言者若誣人, 則當反坐, 不然而其言【75나】明白, 則名以凶逆, 而仍止致討之請者, 有國之所未有也. 此時人心未定, 亂言不息, 尹疏後若有大懲討之擧, 可以定國是消亂萌, 而仍以掩置, 反不如其言未出之時, 世道無可爲矣.

25. 심낙수와 정민시가 김종수에 대해 의견을 주고받다

鄭台民始爲監司, 余以延命相見. 鄭台笑曰, 守禦廳賂錢之說, 近則何如. 余曰, 公今按道多錢, 可以如其言多施. 鄭台曰, 邑守自有錢, 何須他賂錢. 相對而笑. 余曰, 雖未嘗過從, 亦已七八年顔面, 在京時, 聞伯氏喪, 宜一進慰, 而嫌於浮謗, 久未果矣. 鄭曰, 人心世道, 乃至於使人不得相弔慰, 此豈非變怪耶. 余曰, 謗【76가】言盖自庚子擬望之時, 自吾初疏, 枳望已至半年, 公於其時, 何爲而冒群忌必擬耶. 鄭曰, 其時吾亦豈不知此, 而但枳[6]望無名亦無義, 且吾有激於黨人耳. 又曰, 近日則尊輩知舊, 亦無忌嫉者乎. 余曰, 今則是非已定, 義理漸明, 似無向日詿惑之類矣.

---

6. 원문에 '枳'가 누락되어 중도본에 의거하여 보충하였다.

後以查事, 又進營下留數日, 語及時事. 鄭曰, 金定夫嘗與之作僚, 熟知其人, 稍欠安靜, 而向來臺啓, 論勘如逆, 令人心寒, 此事何如. 余曰, 未嘗親知, 而槩知其人之非好人, 勘逆之論, 似是輕發, 果如公言矣. 此時余疑鍾秀之事, 前後非止一二, 而亦不忍斥言於鄭台, 此則人【76나】情之所不得不然也.

26. 김종수가 자결하려 했다는 소문을 듣다

甲辰春, 余友李聖任寄書, 有別幅. 盖言沈煥之弟炯之, 自所居驪州上京, 對人多危怕語. 自言世道至此, 而驪上理學, 如閔彝顯李城輔皆拙弱, 不能擔當言議, 吾輩中忠義之士, 可以聚會. 又云龜柱無罪, 當初處分, 全不明白云. 又斥呼余, 至於去姓而罵辱之, 頭勢可怕. 又聞金鍾秀以爲吾不忍見時事之至此, 無寧自決之爲愈, 至有縊項之擧, 而爲其門徒所解而止之, 傳說藉藉. 此言極可怪, 必有何樣事變, 而不可知云.

余見其書, 不勝驚疑, 而無由詳聞, 在西邑已三【77가】年政, 欲解歸而不得, 七月以前望蒙恩除而歸. 見聖任問之, 則以爲聞之於金叔道相任, 叔道卽聖任姪壻, 而文雅士也. 嘗與余相好, 亦與沈德承相親, 故與炯之有面分. 一日路逢炯之, 炯之約會於沈允之家, 叔道與允之嘗同硏, 故如約而進.

炯之語及余, 輒去姓斥呼曰, 此是凶漢, 吾從氏爲此凶漢所誘, 與之相好, 吾家事盡言之, 吾從氏可謂孱劣. 君則嘗斥凶漢之疏, 吾嘗喜聞云. 盖其所謂從氏卽指德承, 而叔道嘗以余辛丑疏士流 云云爲不可, 故其言如此.

又曰, 世道將至必亡, 而閔李諸人無可恃, 吾輩有義氣【77나】者, 可以團聚. 知君有文識, 願與托心. 因言龜柱無罪, 語多危怕. 又曰, 君家貧何以爲生. 吾亦甚貧, 而知舊中自有稱貸, 吾當爲君周急. 叔道曰, 吾雖貧, 伯氏在, 吾不知衣食事, 不必稱貸於人.

叔道見其話頭危怕, 所謂周急之說, 亦怪其非常, 卽辭去. 炯之又請約會而仍不往. 因以其酬酢言于聖任, 而叔道驚駭, 不能自定, 深悔其往會云.

余問叔道, 叔道不肯詳言. 德承以余遠來訪余, 余以叔道事問之. 德承曰, 此是幼肅【炯之字也】無當無常之言, 何足云云. 余曰, 君莫謂無當無常, 其言誠極危怕, 去姓呼我, 我何足怒. 此事必有末【78가】終, 君勿歇看, 言于輝遠, 使之檢戢也.

德承曰, 近日時勢頗異, 龜柱將有出陸之命, 傳說甚藉. 故幼肅言似亦如此, 而果不緊矣. 近聞金鍾秀, 夏材以其異於時俗, 頗得稱譽, 而南黨諸人, 亦頗興起, 吾從氏亦擬書狀云. 余曰, 夏材初非南黨, 何爲而與金鍾秀並稱. 德承曰, 必以攻斥時輩相合矣.

德承亦苦其與余相好之謗, 不肯盡言, 余亦以言說之易及於煥之, 不得深言. 余問聖任以鍾秀自縊之說, 從何聞之, 則聖任言廣州人來言於任晦周家, 傳以爲怪事云.

27. 모든 역적의 뿌리는 김구주다

七月, 有夏材之變, 親鞫. 翌日見朝紙所出結案, 有【78나】甲辰回甲, 欲爲一鏡之招. 又聞其凶書, 窮天地極古今所未有之凶言, 心驚膽墜.

余思其凶言旨意, 雖非有人心者所忍形言, 而亦與龜柱壬辰疏, 相爲表裏. 後翼機事機心之凶言, 夏賊出後思之, 尤覺其至凶至憯. 余又纔聞金鍾秀與夏材並稱之說, 未十日而見此變, 心懷憂憤, 而亦不得言.

九月二十六日, 余以館職入直, 適有龜柱出陸之擧, 夜陳箚, 朝請對, 俱未蒙允. 適以親臨武試, 上御春塘臺, 余以叅考官入侍, 試畢前陳所懷. 以爲臣數年之間, 待罪西邑, 歸見世道人心如水益下, 至於窮天地之惡, 極古今【79가】之變, 如夏賊出, 而亦未必不由於龜柱之爲根柢, 而尙此假息故也. 殿下必以爲國是已定, 治道粗成, 今無可憂. 又當大慶, 謂無害於屈法伸恩, 而臣則知凶黨餘孽之糾結者, 亦必有爲龜柱右袒而旁伺者. 今有意外之擧, 大義之湮晦, 人心之詿惑, 有非人力所可收拾, 此豈非大可憂者乎. 伏乞亟寢成命. 屢屢力陳, 以未蒙允不敢退之意, 上不允.

盖此所懷, 適因龜柱出陸之事, 請對陳箚之餘, 適又入侍, 憂憤之心, 隨口而發, 心中嘗疑, 夏賊凶言, 祟於龜柱後翼之疏. 又聞沈炯之, 龜柱無罪之說, 心切憤痛, 常【79나】慮其黨必有譸張之事, 中心所蘊, 自然發口, 亦無指的捱逼之語. 而金鍾秀獨當, 以爲此必殺我之計, 黨人輩紛然爭起, 以爲夏賊之於龜柱有何相干, 而謂之根柢者, 何也, 云云.

所謂根柢云者, 雖因余中心有疑而發, 而凡於疏啓之論凶逆, 皆以龜柱爲根柢者, 便是例語, 獨於此分疏之不暇者, 亦未可知也. 德承見余曰, 君何爲所懷, 而又得謗耶. 根柢之說, 旣無的證, 則宜乎人之云云. 所謂糾結旁伺, 亦豈非過語乎. 余曰, 龜柱卽諸逆之根本, 諸凡疏啓, 孰無此等語, 而必以此爲謗, 何也. 至於糾結旁伺, 吾嘗疑此輩,【80가】君亦安知無此憂, 而以我爲過耶.

德承曰, 君於辛丑疏, 不知其爲過, 亦云奈何. 余曰, 吾自西邑還, 金鍾秀與夏材, 以其異於時俗, 並爲稱譽之說, 聞之於君. 此言果出何處, 而所謂異於時俗者, 亦未知所異者何事. 德承曰, 夏材嘗以尹得孚擬望, 金鍾秀亦嘗許尹得孚. 此所以有竝稱之說, 而吾亦不知出自何處. 余曰, 尹得孚事, 有何關係, 而豈以此並稱耶. 此則不成說也. 德承曰, 近有時僻之說, 金鍾秀爲僻黨, 而異於時輩, 夏材亦嘗疏斥時議, 此所以並得稱譽云.

28. 심환지가 상소하여 서명응을 공격한 것을 비판하다

此時金鍾秀爲吏判, 宋載經特除吏參. 鍾秀引入在【80나】郊, 載經行政, 名以疏通, 專爲引用其黨, 而沈煥之爲首. 煥之爲兼文學, 上疏以己亥筵奏事爲引, 而論列徐命膺之罪, 其中挿入余辛丑疏爲言. 上例批, 原疏不下. 余久而始聞之, 遂往見煥之, 適李士深洪載亦在坐.

余謂煥之曰, 君自吾疏之後, 無端如絶, 向來和詩, 可認余意. 我則猶不忘舊情, 在西邑書問, 君答以爲窮山老朽, 何關於當世馳騁者云. 我有何馳騁, 如君向來典翰, 單付擬望. 此眞馳騁, 而今之湔拂, 亦足謂馳騁耶. 君言我何足責, 而其時甚覺可笑.

煥之曰, 聞君怒我此言, 而此是偶及之語. 余曰, 聞君疏攙【81가】入吾事云, 而原疏不下, 願見之. 吾若有非, 君言亦宜. 煥之曰, 留中疏不可示人. 但如年前君疏之意, 在我而不露名, 吾亦如此爲報耳. 余曰, 吾疏統言之, 君自以爲入其中, 而吾意亦非專爲君而發, 今君以吾疏爲言, 雖不露名, 亦何異於指名耶. 吾則耳慣於君輩所謂小人之謗, 君雖百疏, 在我無損, 而君之事可謂不少矣. 且君今荷湔拂之聖恩, 在君之道, 只宜自引以實狀而已. 至於徐命膺, 人皆可斥, 而君則不可斥. 君之筵奏, 人皆知李義翊居間嗾囑, 今乃托以公論者, 此豈告君以實刻意痛悔之道乎. 煥之色變, 不【81나】能答.

士深曰, 君二人所言, 吾則皆不知爲何語, 而但今疏通之政, 在君意何如. 余曰, 疏通爲今第一急務, 而但以輝遠先則不可. 無罪枳塞者, 不知其幾何, 且以己亥冬事言之, 韓晩裕尹弼秉, 先爲疏通然後, 次及輝遠則可矣. 士深曰, 何故. 余曰, 韓尹未嘗實嗾, 又不知裏面, 只論徐命膺而已, 此何罪也. 輝遠爲李義翊所嗾, 雖使輝遠自爲之言, 亦不得謂無罪. 今若疏通, 當先韓尹, 而以輝遠爲先, 吾未知其可也. 士深曰, 君言似公, 而對輝遠, 何其迫切. 余曰, 余言嘗如此, 故輝遠所以不好我也.

士深卽李奎緯之從姪, 而自初【82가】言議, 與其叔異, 余嘗喜之, 亦與沈煥之相親, 而未嘗與之上下言議者也.

29. 유악주의 심낙수 탄핵 상소가 나온 사연

余不識兪岳柱爲何許人, 而嘗有朝行數面. 九月以龜柱事, 三司請對時, 岳柱以臺官, 同會閤外. 伊日, 余以參考官入侍, 陳所懷而退出, 過臺廳, 以余入侍於請對後, 必有所陳而問之, 余略言所奏之語. 岳柱聞之, 以爲兩司書陳所懷, 而未能如是激切, 其言果好云.

十月初, 忽來訪, 問余以沈煥之疏事, 余以與煥之酬酢之語略及之. 岳柱曰, 韓尹之不知裏面, 果是公言. 又曰, 向來所懷, 其時果知其好, 而或有以根柢【82나】云云爲非云, 果聞之否. 余曰, 此是疏啓中例語, 獨於此云云, 吾未知也. 岳柱半日談話而去.

十一月, 余以館職肅命. 伊日卽次對, 將待入侍, 少坐堂后, 院吏以岳柱疏呼望. 余與注書同坐, 見其疏, 卽劾余也. 見畢卽出來. 其疏蓋斥余辛丑年疏, 以其時嚴教爲言, 斥以小人, 至比衮貞. 又謂自在布章, 好惡乖常, 又襲夏賊時輩語, 以爲必至誤國, 云云. 上批以年久事抉摘, 予甚非之爲教.

余自岳柱疏前, 已知黨人之必有中傷, 而見其疏, 便知鍾秀煥之輩所爲. 未聞岳柱與彼輩相親, 心甚訝之. 朴佐郎命球來言, 昨【83가】見金台履素, 以爲兪疏, 南山洞 一儒生主之云. 景文如未及聞, 可以傳之云. 余始覺其所謂儒生, 卽賊瑮. 追聞瑮與岳柱相親, 而煥之使瑮嗾出, 傳說藉藉, 人無不知.

德承來見余, 余曰, 君之從氏, 嘗受嗾論人. 今又嗾人殫人手段乃如是耶. 德承曰, 以吾從氏, 謂之與知, 而不挽止, 則可也, 彼岳柱豈但以從氏之言爲之. 此是瑮以金鍾秀之意, 動得岳柱, 欲以此要功也.

余於對章, 欲歷言見忤黨人之事, 辛丑疏未盡言之意, 仍及鍾秀煥之前後詿惑之狀. 抑念彼輩, 誠有可言之罪, 而姑無斷案, 因余見劾, 噴薄說出, 甚非道理, 【83나】只就岳柱疏, 逐條對下. 上批以年前處分, 反爲抉摘之資, 實非所料爲教.

30. 유악주 상소를 사주한 심환지를 힐난하다

余見彈後, 沈煥之忽伻問, 以爲將欲來訪, 而竟不來. 將歸鄕, 余往見煥之曰, 君何太劣, 嗾人劾我, 乃反羞愧, 約以來訪, 竟不來耶. 煥之曰, 君何以知我嗾人. 余曰, 此非吾言, 卽一世之言. 煥之曰, 然則君何以不怒我來見.

余曰, 古人或情若兄弟, 亦有相失彈駁者. 若人有可劾之罪, 雖親友相對, 痛言其可斥之事而劾之, 則被劾者必曰, 我雖有罪, 何忍不念情誼, 乃爲彈劾, 此其可怒者也. 若人無罪, 爲其親友所搆陷彈劾, 【84가】則又必曰, 我固無罪, 以故舊而何忍爲此, 此又可怒者也. 今君不然, 暗地嗾人, 彈劾親友, 此其情狀, 可哀不足怒. 我若怒君, 反不如君矣. 吾於對章, 豈無可言, 而不忍爲之. 吾如可言, 亦當自言, 決不如君之嗾人也.

煥之曰, 君以我爲嗾人, 吾何發明. 余曰, 今番事, 乃吾自取. 向來季氏事, 吾始聞之甚驚, 爲言德承, 使君檢戢. 此吾忠款之意, 而反惹君疑. 月前所懷, 亦余一時由中之言, 而又觸君輩之疑怒, 此余自取, 亦如之何. 但君輩嘗以余爲希合一邊. 吾於己亥夏, 爲君言煥億之可憂. 其冬與君言, 每以攻斥徐鄭爲非矣. 其【84나】時君亦知余言之出於公心, 而非有私也. 吾之前後疏, 直不過其時對君之言, 而忽以爲希合者, 何也.

煥之曰, 吾於其時, 果以君爲奇士, 而無言不到矣. 余曰, 吾何足爲奇士. 而君旣曰奇士, 今又以何事何言之異於前, 而非奇士耶. 煥之不能答. 余曰, 吾之訪君, 欲使君知愧而起悔, 此又故人之情也.

後聞德承言, 沈綏之病中見余對章, 謂煥之曰, 景文自來如此, 丙申春, 吾嘗以龜柱欲交之意, 言于景文. 其時頗勢張, 而景文不少動, 其人固執如此. 所謂辛丑疏, 旣無指的, 則在我不必爲嫌, 但可保全交情. 向來從氏疏, 攙入【85가】景文事, 已極非矣. 兪疏從氏與知, 則極不可, 大加憂歎云. 綏之未幾歿, 將死之言, 可謂善矣. 吾欲操文讀其靈几, 而未果焉.

31. 시벽 명목의 등장과 이노춘 상소가 나온 사정

此時人心雲擾波盪, 時僻之目藉藉一世, 金鍾秀宋載經謂之金宋, 而爲僻黨之魁. 其黨之新得拂拭者, 及失志無賴之類, 無論朝士儒生, 紛起如蜂, 遂以攻斥時輩爲名. 所謂時輩至有一句語, 隣防植憙昇秉文之號傳播, 蓋謂徐有隣有防李命植金憙黃昇源李秉模金文淳也. 此七人非有別般言議, 而亦不入於鍾秀之黨, 故有此目. 其黨做出浮言, 以爲上意【85나】方嚮用金宋, 時輩皆將屛棄云云.

李魯春急於翻身之計, 不待職名, 以前啣上疏, 而全襲夏賊時議之說. 蓋魯春纔以言事竄謫, 蒙宥敍用, 而擬望斬點. 魯春嘗與湖中儒生李奎南同硏, 奎南卽李奎緯從弟金鍾厚門人, 往來親熟於鍾秀. 性憸邪趍利, 專欲獻媚於鍾秀, 嘗言斥余, 又與琛賊相親. 人謂奎南亦與知於兪疏, 奎南以鍾秀意誘脅魯春. 此時奎南方留李洪載家, 魯春頻頻來訪, 至有疏本往復之事, 人或見之, 傳言藉藉.

蓋鍾秀之意, 使魯春上疏, 恐動上意, 以一世公論之如此, 欲爲脅持之計. 而其誘脅【86가】魯春之說, 則以爲上意方欲屛逐時輩, 不爲此疏, 則必以時輩黨與得罪也. 魯春上疏前數日, 朴佐郞命球適往見, 則魯春將欲上疏曰, 吾亦知反覆之不可, 而吾雖見棄, 猶有勝於以時黨得罪而死云云, 可見其誘之深, 而激之切也.

魯春疏, 政院始不捧, 末乃措辭入啓. 上敎以初疏旣非本心, 今疏果出本心乎爲敎. 其黨猶以爲上意, 以其初疏爲非, 人心如沸, 莫可鎭定矣.

32. 시파 탕평의 허점을 지적하다

都憲李亨逵上疏, 言榮德凶謀, 始有金鍾秀討論樹立, 繼有沈某之疏, 而義理益明, 兪岳柱之忽地攻斥, 【86나】有若爲建德報仇, 請遠竄. 上批以竄配似過, 姑先削職.

余見其疏揷入金鍾秀, 必有所以, 旣而聞所謂時輩中, 商議爲之者也. 蓋岳柱魯春疏之爲鍾秀所嗾, 人無不知. 鍾秀以余筵奏後疑怒轉深, 惟恐其攻斥時輩之論, 同歸於夏賊一套. 遂爲煽動浮言, 嗾囑兩疏, 以爲防遮公論, 恐動上心之計. 時輩之意, 則都憲疏盛奬鍾秀之樹立, 佯若不知岳柱之出於鍾秀, 而以余繼疏爲言, 以明其義理一般, 欲熄其角立詿惑之說, 稍得鎭定也.

余見徐戚兄與其季公, 共話及此事. 余曰, 此事卽彌縫之計, 而吾恐其益其紛亂【87가】也. 徐兄曰, 彼於都憲疏, 心雖不悅, 而亦無可言. 余曰, 彼方以斥余一事爲其黨所戴, 都憲疏比論, 彼豈安受. 彼有料量, 則心雖不悅, 亦當默然忍受. 而彼性戾多怫怒, 見此必有怪擧, 欲所以鎭定者, 反必有鬧端. 此計非所以安之, 乃所以激之, 而觀其擧措, 亦必有可知者矣. 季公曰, 彼亦豈無所料, 未必其然. 而君嘗夜入侍, 退至政院, 對余言定夫不好底人, 後必有可憂之事, 而其時吾意, 則未必然, 到今君言中矣.

仍與語及儒士輩, 譸張可憂之事. 徐兄兄弟, 全不知其黨自來脈絡. 余備言賊瑮李奎南任熇前後之事. 徐兄【87나】自他已聞奎南與魯春相會李洪載之家, 而問余曰, 士深則何如. 余言其言議之 素異於其叔, 徐兄曰, 人言士深頗緊云可怪, 而士深長者人. 余曰, 士深之子, 則瑮子同壻, 其人頗不謹約, 似或貽累於其父, 而其父則吾知其必不然矣.

33. 드디어 김종수가 삭출되다

金鍾秀果上疏, 以都憲疏爲空中閃弄, 而至曰臣與沈某, 心術言議, 如氷炭燕越, 某之繼臣不繼 臣, 神天知之, 公眼見之, 今忽比而同之, 默受爲恥, 云云. 上批略曰, 都憲疏盛奬卿庚子春樹立, 則並與卿所秉之義理, 而恥與比同者, 看之屢回, 不覺瞠然爲教. 【88가】又命入侍, 有壞亂世道之責教, 鍾秀以爲臣將欲爲光完之事, 云云.

此時朝廷當斥李魯春之罪, 而趑趄未及發, 及鍾秀疏批下, 而議始定. 沈養吾以都憲箚斥魯春, 上教以箚辭宛轉不嚴, 不卽論斥, 而顧瞻觀望, 特命都憲遠竄, 魯春具格拿囚. 於是而大臣聯箚論斥鍾秀, 以漫漶義理之罪, 鍾秀以死罪臣上疏, 言沈某庚子疏, 臣亦服之, 而辛丑疏一世非之, 臣不能卞別年條而混言之, 臣實服罪, 云云.

上批以非予負卿, 卿實負予爲教. 憲府發啓, 請鍾秀遠竄, 依啓, 旋命只削黜. 別下傳教, 有慨【88나】然筵前自許光完一端向國之心, 猶謂乃爾草草自明之疏, 全沒倫脊爲教. 盖其疏所謂庚子辛丑年條之說, 窘遁不成說也. 諫院請兪岳柱島配, 衣啓. 兩司請李魯春嚴鞫, 不允.

余對鍾秀上疏, 略言人臣討賊之義, 雖如鍾秀所謂燕越, 亦可同情, 臣於言議之間, 與鍾秀逕庭者, 果非一二, 而共公之論, 大案已定, 而必欲岐貳, 臣未料也. 鍾秀偏黨之心, 立幟建鼓, 必欲使一世影從響應, 吁亦怕矣. 云云. 余意盖欲稍發其端, 而亦不欲直言痛斥者, 廷論方嚴, 余有乘機之嫌, 亦有不忍言者故也. 上例批.

李洪載來訪, 以【89가】爲吾家魯春往來之說, 至以我爲疑, 而從叔適來留, 魯春爲見從叔而來, 初則吾適出他未見. 其後又來, 而與從叔共話, 小舍要見主人云, 故相面而已. 所謂疏事, 吾全不聞之.

至於兪疏, 從叔亦必不知, 而人言藉甚, 吾則前後無所關係, 而騰人唇舌云.

屢屢發明, 余以酬酢於徐兄者答之. 而奎南事余答, 以此則無知少輩事, 雖如人言, 吾豈嫌怒, 云云而罷. 李奎緯在鄕, 書問余遭彈, 而以余辛丑疏, 謂之咄咄, 復咄咄. 余答以人則咄我, 我亦咄人, 兄嘗謂輝遠國士, 國士乃亦爲嗾人之事, 甚可羞也.【89나】

34. 이율 옥사와 김종수

乙巳瑮獄結案出, 而龜黨之相連於夏賊, 分明無疑. 余之昨秋筵奏, 卽其時察影偶發之語, 而其所謂糾結旁伺者, 正觸潛機, 宜乎, 其驚疑怨毒之次骨, 而必欲陷害也. 鞫獄辭連沈炯之, 賊瑮以河東去就, 相議於炯之, 炯之以爲姑勿下去, 云云. 大臣獄官請逮, 上不允.

搜捕文書中, 曆書日記, 李奎南來宿者頗頻, 又多煥之書札, 兪岳柱疏草刪潤者, 亦在文書中, 獄官諸郞皆傳說. 告者金履容以爲賊瑮言, 吾輩所恃者金宋, 雖擧兵之後, 金宋當不離銓地. 云云.【金履容金鍾秀告變之事, 詳在上篇】獄罷後, 鍾秀言此獄妖誕無實, 履容之不【90가】自告, 而使我告者, 欲籍士流之口. 云云.

余外兄金進士致和氏, 謂余曰, 吾見定夫, 以爲君之對章, 善爲之. 文甚好, 可讀云. 余笑曰, 溫公作范景仁碑, 深斥王安石, 安石見之曰, 君實之文, 西漢之文. 今定夫之言, 無異於此. 余曰, 前冬定夫所謂光完, 人皆訝惑. 今果爲光完, 而早知賊謀, 何不卽告. 金兄曰, 定夫云吾未嘗有此言, 而上敎如此, 思之又思, 終不可知云.

蓋余對章在於鍾秀窘迫之際, 鍾秀必慮其明言痛斥, 而余疏只輕輕說去, 深以爲幸, 以爲文好而譽之, 欲使我聞之也. 其後余逢德承問曰, 金鍾秀以爲前冬光【90나】完之說, 初無是奏, 而上敎如此爲言云, 無是奏而有上敎云者, 豈不可怪乎. 德承曰, 此言吾亦聞之. 金定夫之言, 果如此云矣.

35. 김한기 상소가 나온 배경

德承來見余, 余曰, 從氏所嘗許以士論之平生切友, 至爲擧兵之賊, 到今尙以余辛丑疏爲非耶. 德承曰, 瑮便是一汝立也. 從氏以爲半生見欺於凶賊, 若非聖明鎭安之盛德, 鍛鍊獄事, 必不免李潑之禍云矣.

余曰, 此言誠好. 李潑果是見欺, 洁欲告變而未及告, 事發見逮潑死, 悔不聽重峯之言. 從氏如果深悔, 當來見我. 我自瑮獄之後, 思量甚多. 吾亦不忍【91가】謂從氏與知其謀. 炯之辭連賊招而不逮, 亦感骨之聖恩也. 君須言從氏必使來見我, 我亦有所言之. 煥之仍不來.

旣而有金漢耆之疏. 漢耆素儱侗無思慮, 人皆謂必非渠所自辦, 而其黨中必有慫慂. 㻑獄結案, 人皆知其黨之相連於夏賊, 漢耆疏卽發明之計, 而不知其計欲掩而反益露也. 金致仁拜相後, 銓曹擬煥之館職.

36. 유배 간 이규위가 잘못을 후회한다고 말하다

是年秋, 余以評事入北, 過訪德源李奎緯謫所. 先是奎緯僦居楊根峽中, 臺官洪秀輔, 疏論奎緯居鄕武斷之罪, 請竄, 上命拿問奎緯. 奎緯對供發明, 而供【91나】辭支蔓盈軸, 以爲被人搆陷, 而至曰, 矣身机上肉. 又以爲深峽作舍云者, 搆陷之意, 隱然歸之於賊㻑河東之事, 云云. 語極危怖, 上敎以供辭支煩無理, 特命竄配.

余入北過訪, 余曰, 無論他事, 君供辭中机上肉三字, 此豈人臣所敢對供於君父之前者乎. 又況㻑賊云云, 人言雖眞比君於㻑, 此是不忍提及之語, 人言所無之事, 君何自引爲說. 奎緯盛氣曰, 一邊人徐命善輩, 必欲殺我. 人言語意, 明知其以我歸之於㻑賊, 吾豈默然而已乎. 聞君亦與知於洪疏, 而此則吾不信之. 昨冬兪疏, 君不無疑我之心云, 而我【92가】則不疑君, 此以我之心度人故也.

余曰, 前冬兪疏, 吾何嘗疑君. 而沈煥之卽君切友, 李奎南卽君從弟, 君豈有不知之理. 然吾嘗果以爲君則必不知者, 盖知彼數人, 以君多言, 必不言於君也. 至如洪秀輔與我, 便是風馬雨, 謂我與知之說, 今始聞之於君, 而亦嘗[7]一笑矣.

奎緯曰, 欲殺我者, 卽徐命善, 而君爲徐邊人, 此所以有與知之說也. 余曰, 吾何爲徐邊人. 君何嘗見吾與徐相從耶. 且徐以何事, 必欲殺君. 奎緯曰, 以吾士流之故, 徐欲殺之. 君亦斥士流, 故與徐合也. 余曰, 君所謂士流, 箇箇作賊. 君亦嘗許㻑以士論, 責聖任【92나】落薦, 而今爲擧兵之賊, 自今君勿以士流爲言也. 奎緯曰, 吾謫來已久, 而君何不一番書問. 余曰, 吾知君心性. 君則未必爲逆, 而君所謂士流儕輩, 皆是賊黨, 安知不君爲此輩所誘陷, 而有何事耶. 吾誠有深慮, 果絶書尺矣. 半日爭詰而罷.

翌年歸路, 又入見, 則奎緯忽謂余曰, 今則吾多懺悔之心, 君宜知之. 余曰, 然則豈不奇幸, 而所悔者, 果何事. 奎緯曰, 前後事, 無罪可悔, 今則吾頓然醒悟. 君亦不以我視如前日也. 余聞其言甚喜而歸. 徐元禮問余過訪奎緯事, 余答以其人浮氣頓除於六七朔之間, 若果眞心悔悟則幸矣, 【93가】而不然則恐將死, 而善心萌矣. 相笑而罷.

---

7. 원문의 '嘗'은 중도본에 '堪'으로 되어 있다.

37. 문효세자 홍서 직후의 갈등

丙午五月, 文孝世子薨逝. 余時以館職未肅. 盖自兪岳柱疏後, 自引不出也. 時有春坊疏兩司啓, 齊請差備醫拿鞫. 余亦上疏, 請鞫諸醫, 槩言藥院故例, 差備醫診候, 退與兩廳, 諸醫相議, 提調啓達, 以某藥進用之意, 書出朝紙. 而今則數三醫人, 自內忘授熟劑, 無一字啓辭. 蒼黃震剝之中, 雖使提調不知, 其所以不知, 乃失保護之義, 而諸醫不可不窮覈, 云云. 此其時實狀也.

余疏後三司合啓, 都提調徐命善削黜. 魚錫岭上疏, 直勘提調以弑逆, 至謂欲其【93나】食肉寢皮. 而一種之說, 以余疏提調不知云云, 曲爲提調地, 謗言又出. 余疏卽目下平說道理之如此而已. 雖使提調誠有不測之心, 此非常人之情, 卽可測度. 果如魚錫岭之言, 則所謂食肉寢皮之說, 豈但渠輩而已. 但姑無可執之證, 而直勘以弑逆, 此非常人所可得以忍[8]言者也.

未幾余以告訃奉使赴燕之後, 館學儒疏出, 而一如魚疏. 掌議金鍾和主之, 鍾和卽清州文官致九從侄, 議疏時, 將欲攙入余疏語斥之, 其說喧傳. 長兒魯崇聞之, 欲挽其疏及余之語, 聞鍾和寓居於徐友孝遠【李修】家近處, 與徐友相知. 遂往見【94가】孝遠, 要鍾和拔其語, 孝遠極言之, 鍾和不得已拔之云. 余歸後聞之, 責魯崇. 追聞金鍾秀主此疏, 鍾和以魯崇先知其事拔之云.

38. 1786년 김하재와 이율을 거론한 심낙수 상소가 나온 사정

瑮獄後, 人心又動於鍾秀所謂妖誕無實之說, 皆疑金履容之自投賊中, 鉤探發告, 皆出嫁禍之計. 於是而一邊必欲盡殺士流之說, 大加騷動.

五月喪變後, 以徐相命善提調事, 疏啓迭發. 又以趙時俊沮戱墓地事, 金鍾秀筵奏, 遂爲駈駕一邊之計. 無知覺, 只知色目之人, 皆以鍾秀爲難, 而許之曰, 吾輩之所以支保, 賴有定夫在耳. 云云.

自乙巳春後, 至丙午秋, 【94나】疏章之間, 無一言或及於夏瑮, 便爲忌諱. 間有李東馨疏, 劾李秉鼎夏黨, 而東馨遠竄, 發啓之後, 夏瑮二字, 屬之先天. 余不欲更言, 而不勝憤痛. 適因蔡濟恭外補事, 三司方爭論, 余適拜館職, 上疏以爲近來懲討不嚴, 義理湮晦, 三司齊發之啓, 或有李顯默之自停, 而更無繼論一世共憤之言, 或有李殷模之被削, 而仍無復陳, 非但近日濟恭之事而已. 賊瑮結案之招, 隱然相連於萬古所無之賊, 而竟不窮覈. 臣昨冬今夏, 猥膺遠役, 關河雪霜之夕, 遼薊風雨之夜, 孤燈耿然, 寸心如丹, 憂係宗國, 明發不寐, 不忍負【95가】心, 今又妄發. 云云. 上批以驟看朝象無怪乎爾言之云, 然爾須聞朝筵之敎於登筵諸臣也. 伊日有宇鎭削職下敎.

---

8. 원문은 '認'이나 중도본의 '忍'을 따른다.

世之見余疏者, 或不知李顯默李殷模事, 此是翬晩事, 停啓及金漢耉事. 此何等關係, 而視如弁髦, 人心之恬安如此. 余疏之語及夏瑮, 卽二年間, 章疏所無之語. 金鍾秀見之, 以爲此人終有禍心云, 而亦不得顯斥之.

39. 모든 역모의 뿌리는 김종수인데 차마 말하지 못하다

丙午十月, 奉朝賀金致仁拜首相. 十二月, 王大妃下諺教後, 宋樂休告變, 逮善復明謙宇鎭設鞫, 委官金致仁, 判義禁金鍾秀, 按獄.

余聞問郎李聖翊【95나】晉之言, 逆湛與同生死之說, 出於宋樂休, 而宇鎭最關係. 委官按問宇鎭, 無窮覈之意, 皆以漫辭酬酢, 或問其資歷出處. 宇鎭亦以渠近侍受恩之說, 汗漫納供, 而無指的語. 問郎謂委官曰, 如此不緊之說, 不必書於推案. 云云, 則委官大怒曰, 問郎只書供辭而已, 如欲摠斷獄事, 何不爲委官. 鍾秀亦以問郎抗爭委官, 大加非斥, 問郎不敢復言.

宇鎭招顧瞻他日, 群不逞得志之時云, 而亦不問群不逞之爲何人. 鞫善復, 以二字凶圖, 而不問其同情. 善復結案畢, 仰呼判堂, 以爲同心一體, 宜知我冤云, 隷卒皆聞之云. 余念此【96가】獄, 至以二字凶圖爲計, 必非復謙喆宇, 所獨譸張, 而自有煽惑註誤, 爲諸賊窩窟者. 況明謙之爲瑮內應, 明是前後一串.

諺教中夏秋喪變, 症情怪底, 此是臣民必可復之讎, 而亦未窮覈, 目見極變凶禍, 憤切痛甚. 泝念數十年來, 頭腦未破, 脈絡轉緊, 而此時懲討之論, 不過以時偉公座凶言爲口實, 一無窮泝亂源, 激切明的之論.

丁未正月, 余拜館職, 上疏略言, 復謙甘爲一腐豎賊瑮之內應, 喆宇欲爲群不逞凶徒之後計者, 是必有陰主凶謀, 潛挑禍祟, 使諸賊唱喁相率而入者, 豈無窩窟, 而忙忙撤鞫, 唯恐眞贓之【96나】或出於賊口. 闡明義理, 鎭安朝象, 卽殿下苦心, 而十年所成就, 乃使上相元戎, 挾近宗而圖亂, 馴致不忍言之極變凶禍. 仍歷言尙魯啓禧翬晩龜implicit量翼榮德澤白, 以至夏明瑮福復謙之根委情狀, 而曰, 數十年亂逆繼繼然, 如貫一繩. 又言, 時偉凶言公座, 參聽必有其人, 亟命窮覈.

又曰, 亂言之禍, 甚於稱兵. 戊申之逆, 徵晟獜亮, 未嘗不誅, 而餘禍猶烈, 至乙亥雲鋒伏誅, 耉輝追律, 而始得拔本. 今復謙雖誅, 而今之雲鋒, 尙未覈得. 尙禧以下諸賊, 皆未施極律. 此所以義理之終不得闡明, 朝象之終不得鎭安也. 云云. 【97가】上例批.

盖余此疏, 卽十餘年所欲一陳而未能者. 尙魯罪彰之後, 懲討之義宜, 卽歷泝諸逆之根柢, 以明大義. 而己亥春, 余以正言, 疏討鄭妻龜柱, 未能痛言. 庚子始論煥億之疏, 只言亂本之自鄭妻爲龜柱, 自龜柱爲今日之國榮, 只從其已露者爲言, 而又未能痛言. 辛丑疏所謂假托義理傅會言議云者, 亦不

過少砭其脈絡之暗通, 欲有以警動, 而反致疑謗. 甲辰筵奏, 比如試針於疔毒所祟, 而反中其毒. 兪金兩疏之對章, 非不欲極言, 而自以被劾對卞, 恐涉嘖薄, 而反不服人心, 只自輕說而已. 丙午十月之疏, 稍有包【97나】括, 而亦不能痛言. 及有凶變, 見其凶謀逆節之狼藉昭著者, 一皆漫漶而掩護之. 數十年人心之詿惑, 亂逆之踵生, 以至於復宇之凶圖者, 何莫非鍾秀爲祟, 而鍾秀乃敢晏然自掩, 謂一世可欺, 縱恣無忌者, 誠覺疾首而痛心. 遂爲窮泝之論, 欲明前後之凶肚逆腸, 雖若異條, 而實則共貫, 使一世曉然易知, 欲使鍾秀未死骨寒. 亦使知今世尙有不見欺於渠之奸謀者, 而猶不明言直斥. 蓋纔經大獄, 上方極意鎭定, 唯恐言不見孚, 反有害於大義也.

40. 심낙수 상소에 대한 김종수 계열의 대응

余疏後, 余意金鍾秀心骨雖寒, 而必不敢以余疏爲【98가】言矣. 鍾秀在郊, 久不入來, 首相亦稱病久不出. 鍾秀忽上疏乞養, 引載鬼豕塗等語. 盖其意在余疏, 自以攻斥趙家, 爲秉執之義理, 而隱然以余疏又歸之希合一邊也.

右相兪彦鎬, 自西藩任所, 新卜還朝. 初筵後次對入侍, 以余疏爲奏, 以爲閃忽隱暎, 疑亂聽聽, 不但一二句乖當而已. 又以余疏中漢賊莫分忠逆相混一句, 謂之混淆不明白, 至謂之有情無情, 不必苛論, 而有失言事之體, 請罷職.

上曰, 已甚則亂. 於此人旣有辛丑處分, 今又處分, 便不新新. 而其疏中漢賊莫分忠逆相混等語, 難免黜默之歸. 依爲之. 過【98나】數日, 有春坊舊僚罷削人敍用之命, 盖文禧廟小祥隔月也. 余亦蒙敍, 付軍職.

上特下傳教, 略曰, 當初疏語, 固知出於慮患假設之辭, 而若如其言, 是琛福之外, 更有琛福, 復謙之外, 更有復謙, 天下寧有是理. 右相初筵, 以此事有酬酢, 末後論勘, 亦卽從施. 告君之辭, 豈容如是隱晦. 今因該曹軍職望筒, 始覺其混入於敍用. 臨時雖或分揀, 及今混敍, 大非弦韋之政. 此望筒勿施, 使沈樂洙知悉, 俾無如前執迷. 未幾又蒙敍命.

盖兪相筵奏, 出於鍾秀及首相, 而初筵事, 余未聞之. 及見聖教, 始知其已有說話, 及【99가】其論勘, 至謂之疑亂. 其所謂有情無情, 卽自前所謂希合之說也. 自上若無措辭下教, 只以依爲之批下, 則將欲更嗾臺地以爲搆陷之計, 而擧條批答, 至引辛丑事爲教, 敍用還收. 傳教又以慮患假設之辭, 解釋之, 至有俾無執迷之教, 則不敢更爲嗾人之計.

於是乎做出疑謗, 無所不至, 相奏所謂一二句乖當云者, 卽指余疏中獜漢之凶謠, 自貳其兄一句, 而謂余爲洪鳳漢地, 又以余疏中時偉凶言, 必有參聽之人, 謂余爲時偉地. 若其所謂希合之說, 前以徐鄭相通爲言, 今又以爲趙家親切人, 尹在【99나】醇柳協基, 余皆親密, 晝夜相從云云, 奇奇怪怪之說,

一日甚一日, 其計欲使吾輩知舊, 皆惑於一邊希合之說, 使余不得見容也.

41. 주변의 반응과 심낙수의 변명

余初意金鍾秀不敢以余疏爲言者, 卽誤料也. 鍾秀方依藉鎭安之聖意, 以爲自掩之計. 又以時偉事, 作爲欛柄, 號令一世. 而忽有余窮本之論, 鍾秀若嘿如不知, 無所辨斥, 則非但示弱於朝廷, 亦恐因此有直斥之論. 故欲先斥余, 籍以希合之說, 以爲疑惑聽聞, 脅持上下之計也.

自余敍用後, 銓曹不敢擬望, 余友朴士赫天衡, 爲余憂之, 詰余以致謗之事. 余曰, 【100가】 彼以余疏中潾漢之自貳其兄一句, 爲余之罪, 而潾漢之與其兄, 各立門戶, 卽聖敎所及, 亦載於明義錄, 今以此爲余罪何也. 時偉凶言參聽之, 必[9]有其人, 卽一世共公之言, 余之請覈, 又何爲罪. 至於希合之說, 自是彼輩鉏我之言.

余在西邑, 尹在醇亦在近邑, 常以查事官周旋, 始得相親. 甲辰冬, 金鍾秀事出, 吾輩中多論斥者, 而一邊則無之, 尹忽疏斥, 余見其疏, 稍有可觀. 而疏中有好勇鬪狠, 不顧父母之句, 余謂此言儘好, 就其疏謄本, 而批圈其句節. 尹一日訪余, 余果奬許其疏, 一笑而罷.

柳協基, 余不知爲何人, 而【100나】乃謂余相從, 至謂吾有庶子與柳之庶女約婚, 云云. 吾不知柳果有庶女, 而吾之無側出, 君所知也. 此等謗言, 不知從何做出, 而亦不過與吾對敵之彼輩也. 其計雖急於誣人, 亦豈忍白地做言乎. 且吾疏卽懲討之言, 而大臣勘罷之後, 仍爲枳望, 使不得復言, 此又何意.

士赫聞之曰, 君何爲異於人之疏, 受此疑謗. 若自取耳, 何有於人. 又曰, 李士深近與金定夫甚密, 而語及君, 每有愛惜之意. 從當一訪君, 有所酬酢云矣.

一日士深來訪, 寒暄畢, 士深謂余曰, 近日謗言, 何爲而藉甚. 余曰, 此是八九年來, 鉗我之說, 而余之初【101가】論煥億也, 人或有不知煥億之罪, 而以我之遽斥先正後孫, 爲非希合之說, 猶或近似. 今春懲討之疏, 卽十餘年疏啓, 及明義錄, 金吾獄案, 所皆有之語, 而謂之希合, 則以我爲希合而斥之者, 不以逆爲逆耶. 士深曰, 君言亦然, 而何不弭謗. 弭謗之道, 在於無卞耳. 余曰, 雖欲卞之, 余無職名, 自可以無卞矣. 余又曰, 老兄與金定夫相親, 余未之前聞, 而近聞頗密云, 似是晩契矣. 士深曰, 少時嘗居近相熟, 中間未能相從, 而近亦果親熟矣.

士深若有所欲言而不言, 辭去曰, 從近一會於士赫家, 穩話則好矣. 余許之, 而余知士【101나】深已爲鍾秀脚下人, 相逢酬酢, 恐或有誤觸輕犯之語, 且聞其言若有誘脅之意, 亦不欲相語. 後卽送伻約會, 而余托病不往.

---

9. 원본은 '又'이나 국립중앙도서관본의 '必'을 따른다.

甲辰冬, 洪載與李魯春結連之說, 余初不信者, 盖知洪載之初不入南黨也. 其時徐戚兄有問, 而余保其不然. 後聞洪載亦自其時已深入於鍾秀魯春岳柱疏事, 無不干與, 李奎南之往來慫慂, 亦皆主張云. 其從叔李像之, 嘗謂兒輩曰, 如士深者, 眞所謂三姓家奴, 有不足責云. 余之信人見欺, 還自笑也.

42. 이규위가 심낙수 달래기에 나선 사정

李奎緯自北而還, 訪余從容曰, 君何復爲疏, 受人疑【102가】怒. 余曰, 吾疏只是懲討數十年諸賊而已, 孰有爲賊而疑怒我者. 奎緯曰, 疏中首及尙魯事, 領相與定夫豈不怒乎. 余曰, 領相定夫雖與尙魯爲至親, 大義尙可滅親, 況怒人之討尙魯者乎. 奎緯曰, 尙魯雖逆, 亦君之外黨, 君何必言. 余笑曰, 尙魯卽余外黨七寸親, 亦是勘案之大逆. 君謂猶不可討, 則世或有討其母之從弟未勘逆, 而謂之逆者, 此果何如. 奎緯亦笑.

奎緯曰, 君何必與定夫作隻. 定夫則每譽君不容口矣. 余曰, 吾有何可譽, 而定夫譽之耶. 奎緯曰, 定夫云某之文學姑舍是, 居官政事多過人. 聞昨年燕行歸, 橐【102나】無一絲, 此眞所謂越橐無金. 除非言議乖激, 則其人誠難得云矣. 余曰, 所謂政事, 吾無所施. 燕行云云, 昨年之行, 只着黃往來而已, 初無貨財, 吾雖欲貪, 亦不可得, 此皆無實之言. 君謂定夫不必以無實之言, 譽之, 亦不必以無實之言, 毁之. 定夫所謂氷炭燕越, 吾嘗以爲的言. 吾之前後言議, 與定夫如氷炭燕越者, 君亦豈不知乎.

奎緯曰, 君則言言無變通, 亦無可言. 君今外除則似好, 君意何如. 余曰, 兪相筵奏後銓曹枳余擬望, 今若以余懲討之疏爲罪, 而譴補外縣, 或以未通淸並擬, 或又單付, 則吾豈不樂赴耶. 奎緯曰,【103가】君言每激如此, 爲君憂悶. 又曰, 義理是非, 本非一時可定之事. 君觀前史, 今之是者, 未必長是, 而後有非之者, 今之非者, 未必長非, 而後有是之者. 君何不思. 余曰, 君言果然, 而今則聖明在上, 定是非, 判忠逆, 瞭如指掌. 雖至百世之後, 豈有變易之理. 君之此言, 如有深論者, 恐不免爲護凶逆之歸也. 奎緯嘿然而去.

盖此時鍾秀困我以希合之謗, 而漸歸無實. 又爲譽余之言, 縱奎緯使之聞之, 欲爲誘說之計. 又以余食貧, 誘以外除之說, 使不得與兪相對卞, 姑爲出外也. 義理是非之說, 必是鍾秀自中誘激之言, 茶飯說【103나】道者, 而奎緯素無料量, 或不知其爲何說, 以其慣聞之故, 自發於話頭, 而余言深切, 亦所以不能答而去也.

43. 노론 남당이 심낙수를 소론으로 모는 방법

朴士赫之女, 卽余外孫婦也. 將往其淸風舅家, 余爲送別, 往士赫家. 士赫欲邀李洪載共話, 余托以

忙急而止之, 士赫强余留坐, 送人邀之. 而謂余曰, 士深向君有情, 聞金定夫亦以爲, 甲辰冬事, 自知其非. 今春疏, 沈某若不遂非, 則可以相合云. 君何浼浼. 余曰, 吾於定夫有深疑, 定夫所謂氷炭燕越, 吾何足怒. 而其冬光完自許之後, 明春果有琛變. 定夫必有先知者,【104가】何不卽告. 近日時偉事, 人皆以定夫爲樹立, 而吾於此事, 亦有疑. 時偉凶言, 誠有百倍於榮德者, 定夫聞此言, 豈忍拖過五年伈泄不言乎. 公座參聽, 必有其人, 且其凶言卽因定夫疏而發, 則定夫何不極力窮覈, 只以空言徒惑人聽. 聞可疑不止此二者, 而此尤未可知. 況余春疏, 卽窮本泝源, 刱艾憤痛之語. 二字凶圖, 必不止於復謙喆宇, 而竟不窮覈云者, 此果何害於定夫. 而定夫之掊摭爲說, 必以余爲非者, 亦何意. 定夫若以余所疑二者, 詳言而解余之惑, 又以余春疏, 不謂之非, 則余亦可以相合矣.

余知士赫之稍【104나】異於洪載, 不能不略言余意, 使士赫不爲其所誘也. 俄而洪載來, 洪載又以余謗言爲問曰, 近日李相家致祭, 君亦往參之說藉甚, 吾則保其必無理矣. 時適有故判書李喆輔致祭之命, 而謂余往參, 李是一邊, 此亦辱我之說也.

余曰, 如此之言, 尺童之所必不信, 於我何有. 洪載曰, 此則果然, 而其所以致謗者, 亦豈無所由.余曰, 世所謂老論少論, 有可以立卞者. 儒林有懷尼之卞, 朝廷有辛壬之案. 以尤翁爲是, 而斥尼尹者, 老論也. 以尼尹爲是, 而斥尤翁者, 少論也. 以四大臣爲忠, 而以耉輝爲逆者, 老論也. 其時凶論之【105가】反是者, 少論也. 吾於此二者, 有何一毫近似於少論, 而以我爲少論, 何也. 洪載曰, 非謂此耳. 乃卽今議論也. 余曰, 今則所謂老少別無各執之見, 懲討之義, 一世所共有, 何老少之分.

洪載曰, 此有易知者. 目今鄭疏, 君以爲何如. 先是鄭台民始, 以北伯遞歸, 上疏言, 夏明兩賊出, 而竟未窮覈, 則倫彜斁, 而義理晦. 遂以主辱臣死之義, 自引不出. 洪載所謂鄭疏, 盖指此也. 余曰, 鄭疏有何關於老少. 洪載曰, 君以鄭疏謂禍心, 則老論也, 以爲非禍心, 則少論也. 余曰, 夏明之獄, 若果窮覈其根本, 而鄭猶以爲未盡窮覈, 必欲以一邊【105나】盡歸之夏明, 則彼眞禍心. 今則夏明之獄, 一未嘗窮覈, 非但鄭也, 人孰無憤痛之心. 今老兄以謂鄭疏禍心者, 始謂之老論, 則吾雖爲少論, 決不可以鄭疏謂禍心也.

洪載曰, 世豈有二夏材之聖敎, 君豈不聞乎. 余曰, 此是聖上鎭安之至意, 而賊琛出而便又出夏材, 夏賊之獄, 初不窮覈, 而及至琛獄, 又不窮覈. 如是而反以鄭疏爲禍心, 則所謂老論, 同歸於夏賊一套, 君何不憤痛於此賊之未窮覈, 而乃以未窮覈之論, 謂之禍心乎. 如此老論, 吾不爲也. 藉如鄭疏之以隄防爲言者, 以爲意在於近日疏通, 而未必非偏【106가】黨之心云爾, 則猶或可也, 若其疏秉執之義, 有何老少之分.

申子壽大年適在座, 有右李之語. 子壽卽所謂北人, 而廢枳者, 性拙約, 余嘗惜之. 時陞資已久, 而未經實職, 常以司直爲稱. 近聞其出沒依附於金黨, 且聞其右李之語, 余不覺奮氣. 遂謂子壽曰, 吾嘗愛君文雅, 近聞頗能浮沈於世, 而尙未聞其免却司直之稱. 君之先世, 亦有少論, 君勿斥少論也. 申相國琓, 卽子壽曾祖, 而嘗與韓趙同論, 余言戱之. 此時余氣忿忿, 慮有大觸忌之語, 卽起.

此時鍾秀煽起謗言, 以余爲希合一邊, 以惑人心, 而亦皆無實. 囑銓曹枳望,【106나】而無罪名枳置, 亦非久計. 遂欲使洪載, 因余積困之勢, 以爲誘設之計. 而洪載之以鄭疏爲言者, 盖以鄭疏爲鍾秀所深忌, 故以此發問於余, 欲余之動於希合之說. 余若以鄭疏爲非, 則仍欲以此爲相合之階, 而鄭疏爲問, 卽洪載齟齬之計, 非鍾秀所敎也.

洪載未來之前, 余與士赫酬酢之說, 有一儒生窃聽於軒後, 傳播其近洞, 鍾秀聞之, 益加驚疑. 又聞洪載鄭疏設問之語, 大以失言爲責云. 洪載以余與子壽酬酢語, 及韓趙之說, 謂之侵犯先正, 而以助謗言, 忽又對人分析曰, 沈某侵犯先正之說, 必無是理, 自唱自酬,【107가】以滋眩惑.

後聞李相家致祭謂余往參之說, 亦出於洪載. 洪載至以爲余自李相家大門出來之時, 逢着見之云. 而仍又對人發明曰, 此是無理之說. 其言之隨人異說如此, 人之喪性, 乃至於此, 其亦可哀也.

44. 김종수가 서유린에게 심낙수를 설득해 달라고 부탁하다

徐戚兄要余會話於朴士赫家, 盖余春疏後未與相見也. 余遂往會. 徐兄曰, 君今不待職名, 欲上疏與兪相對卞, 而論斥定夫云, 君果有此意否. 余曰, 吾嘗對德相疏, 亦過五六朔, 待職名始爲之. 此疏有何時急, 而以前啣爲之乎. 徐兄曰, 君之謗言, 日甚一日, 此實由於少論之譽君者多, 而君與定夫對立故耳. 定夫【107나】欲與吾輩知舊, 一皆和合, 而定夫以爲甲辰疏氷炭燕越之語, 自知其非, 沈某於今春疏, 亦知其過, 則當與之相合云, 君意何如.

余曰, 所謂少論之譽我, 所謂定夫之斥我, 皆不關我. 其所謂氷炭燕越之說, 亦是實狀. 吾與定夫言議之不合, 果如氷炭燕越, 吾何足怒. 但吾於定夫轉有深疑, 自許光完而不卽告瑮變, 先聞凶言而不卽討時偉, 以我爲一邊相通, 而定夫眞與一邊相通, 與宇鎭綢繆者, 又是誰耶. 余有此疑, 何以相合. 徐兄笑曰, 自許光完而果告瑮變, 不必以早晩爲疑. 時偉凶言之發露, 足謂定夫樹立, 亦不必【108가】疑. 至於宇鎭, 必是見欺, 何必以此數者爲疑耶.

余曰, 吾之春疏, 兄則以爲何如, 而定夫之獨當詆斥, 豈不可怪. 日前李士深來此會話, 又以鄭疏爲禍心之說, 問余如此如此, 余答之如此如此, 兄意又以爲何如. 徐兄曰, 君疏吾不知其非, 但其自貳其兄云云, 似爲不緊, 而謂之語病則可, 而此外, 豈可以此疏爲非. 鄭疏不可謂禍心, 吾意亦然. 會叔疏未呈, 適余往訪, 而見其疏本, 未呈之前, 君必不得見, 而不以我謂與其疏, 以君謂與其疏, 此言近又藉甚矣.

徐兄仍嘆曰, 甲辰冬, 吾輩誤料, 而有仲羽【李享逵字】疏, 致有燕越氷炭之【108나】疏. 其時厥黨儒士之攻斥時輩者, 迎勅時路傍觀光, 至有指余斥呼詈辱之聲, 至及吾耳, 而吾不以爲嫌怒. 君亦解之何

妨. 甲辰冬, 一層轉激, 皆由於君之所懷矣. 余曰, 此又余之深惑也. 凡人之語及夏賊, 定夫何其勃勃起怒. 兄亦思之, 吾於心中有疑而不言, 今可言之. 余意夏賊凶言, 與龜柱壬辰疏, 相爲表裏, 而後翼疏機事機心之語, 夏賊出後思之, 尤覺凶慘. 吾心中每以此爲疑, 而定夫之與夏賊, 齊稱謂之超脫時俗. 所謂時字攻斥, 又與夏賊爲一套. 此余所以深疑, 而亦不敢輕說者也.

徐兄曰, 少論每以夏賊爲言,【109가】以爲疑一邊之說, 而豈有如君言之入裏逼髓者乎. 君雖有此疑, 夏賊卽千萬古所無之凶逆, 何必以此疑着在胸中耶. 余曰, 以其千萬古所無凶逆之故, 憤痛之心, 不能不窮泝, 而有此疑耳.

徐兄曰, 定夫要我爲解君意, 吾何以爲言. 余曰, 不必多言. 只曰, 對兪相卞疏, 則不欲以無職名爲之. 至於相合之說, 決不可爲, 云云可矣. 徐兄曰, 吾意亦然. 余曰, 彼必以爲要元德勸解沈某, 則某亦肯諾云云, 而爲夸張之計. 彼若如是爲言此, 則責在兄耳. 徐兄笑曰, 果不無此慮, 而吾豈不善言之乎. 相笑而罷.【109나】

45. 김종수가 김우진의 환심을 사려고 목비를 세우다

士赫家與徐兄會話時, 兩相不能盡言, 更約會. 余往見徐兄曰, 彼雖要兄解我, 兄則何不曰, 必不解釋, 而許其請, 徒增辭說, 使我益困耶. 徐兄曰, 初則吾亦答以景文固執, 必不可回, 言之無益云, 而彼見我則輒曰, 見今保合, 必先沈某然後, 可爲之, 逢輒勤托, 余嘗漫辭答之. 近日君於士赫家, 與士深酬酢之後, 一倍苦懇, 累度貽書托之. 又言于士祥【沈豊之字】懇余, 余亦不得已要君於士赫家, 使彼知吾一言於君而已. 吾豈不知君意之終不可解耶. 伊日酬酢似已及於彼耳. 故吾則嫌於德色, 姑不言及於彼矣.

余曰, 兄何必苦【110가】爲彌縫於彼耶. 彼之可疑已久, 而甲乙以後, 尤無可言, 雖曰外面, 此豈可苟且合容處耶. 徐兄曰, 其勢可畏, 且其所謂保合之說也, 非惡言, 何以顯言斥之. 吾於君以心合, 於彼以義合, 君亦毋爲太激也. 余笑曰, 義是義外之義耶. 吾則不激之故, 乃至於此, 激則判斷似已久矣. 徐兄曰, 近聞彼於政院, 見吏判,【李𡊠】勸三人擬望, 卽君與尹在醇金遇國也. 此亦侵辱君之意, 而銓曹先擬遇國, 遇國彈尹台【蓍東】生事. 君有職名, 則雖未知疏語之爲如何, 而必有對卞之擧, 又必生鬧端, 銓曹姑且不敢擧擬云. 而早晩有職, 則對疏不可【110나】不痛卞. 余曰, 向後疏事, 無論緊漫, 自吾春疏之後, 但聞彼之疑怒, 而未聞其言之如何, 兄有聞知者, 願聞之.

徐兄曰, 君疏後領相問余曰, 某疏見之乎. 某與我雖未嘗相從, 亦是近戚. 見其疏意, 專在逼我, 豈不可怪. 余曰, 定夫嘗於沈某, 有氷炭燕越之斥, 沈於定夫, 則或有不好之意, 而於大監豈或相逼. 且其疏語似無如所敎矣. 領相曰, 疏中首論之語, 豈非逼我底意乎. 余曰, 此則大同已久之論, 恐不必然

矣. 其後李相在協, 仍故相李宗城事筵奏時, 語及尙魯擧條. 出後, 領相謂余曰, 向日語及沈疏時, 公則以爲首論之意,【111가】未必逼我, 而以左相筵奏觀之, 沈意豈非逼我云. 盖其意以君謂相通於一邊, 李相之奏, 繼發於君疏之後也.

余曰, 吾見李相擧條後, 亦知彼輩之必有此等言, 而討尙魯, 豈但吾與李相而已哉. 且吾疏懲討數十年諸賊, 自尙魯始, 而至於近日夏瑔復謙獄, 全不窮覈云者, 最爲緊關. 領相何不謂吾疏, 以近日事相逼云, 而必引朝紙日日謄啓之尙魯事, 而爲逼云耶. 徐兄亦笑.

余曰, 吾所切憤者, 彼輩以我謂一邊相通之說也. 渠輩豈不眞與一邊相通耶. 金鍾秀稱尙喆, 爲駱山大老, 宇鎭稱鍾秀, 爲士林領袖. 吾聞宇鎭爲【111나】廣尹時往來, 路過夢村, 鍾秀爲木碑頌宇鎭, 立碑於門外路傍, 要得宇鎭歡心. 遂使宇鎭往來必入, 而慫慂之誘說之, 相與綢繆. 而申愷之往來於尙喆家及領相家, 人孰不知. 如此而以我不知一邊人面目者, 乃謂之相通, 吾又以此腐心矣. 鄭會叔吾有近十年顔面, 而一未嘗相從. 關西營邑相過後, 吾先歸, 而彼後還, 其時吾一訪, 兄亦知之. 此外吾豈有一邊相知者乎. 近日則鄭台自北歸後, 吾果有往見之意, 而亦未及矣.

徐兄曰, 浮謗亦何足云. 近聞平瑞有君宜外除之說云, 此必是自中出外之議, 君意何如. 余曰, 一【112가】疏未下之前, 雖餓死, 外除尙何論哉.

仍言李奎緯義理是非, 今後有異之說, 徐兄亦浩歎. 後聞鍾秀遇徐兄曰, 向來事, 可謂枉費心力矣. 徐兄曰, 然矣. 鍾秀曰, 吾旣有燕越氷炭之失言, 無怪乎人之不解釋云.

46. 심낙수와 정민시는 의리로 통했다

此時余欲一見鄭台, 而嫌於浮謗未果, 更思之, 鄭台近日一疏, 便爲目下大義, 又其引義不出, 卽一退去之人, 一見固無不可. 抑余有激於李洪載之言, 且聞鄭台自北歸後, 與金鍾秀同入筵席, 多有可聞, 而亦以未聞爲鬱, 遂往見之. 鄭台已聞余與洪載酬酢之說而問余, 盖此言無論彼此, 已卽傳播故也. 余以【112나】其時酬酢答之.

鄭台笑曰, 吾疏隄防云云, 亦豈出於偏心哉. 近日所謂疏通之人, 卽庚子間渠輩之所枳塞者也. 枳塞之時, 必因罪累, 而其後更無洗滌之端, 忽又謂之疏通者, 此豈非唯意闊挾【卽其疏語】乎. 余曰, 此不須言. 公所秉之義, 以夏明之未窮覈爲痛者, 此豈或一毫有似於禍心, 而彼謂之禍心, 則此便是夏明之事, 不欲窮覈之意也, 他尙何言. 吾聞公還朝納符之日, 與金鍾秀同入筵席, 頗有可聞者, 願聞之.

鄭台曰, 吾於伊日入侍, 彼亦同入. 吾以夏明獄之尙未窮覈, 爲臣子至痛, 略陳自引退去之義於前席,【113가】自上有解釋慰勉, 與彼同事之敎. 吾曰, 彼重臣之事, 臣誠不知, 彼重臣嘗以義理自許, 今則擔當世道, 必知其有扶明義理之大事切, 而寂然無聞, 臣嘗怪之. 臣之仕與不仕, 實有係於彼重

臣, 彼重臣若使義理復明, 則臣可以與之同事矣. 彼曰, 義理不明, 誠如彼重臣之言, 師翰獄後, 義理尙多未闡矣. 吾曰, 此則不然. 師翰獄後, 至今無更襲凶論者, 至於夏明, 則尙未窮覈其根委. 彼重臣之言, 臣不知其可矣. 自上兩釋而勉解之, 仍退出.

彼忽問吾, 以俄言之未盡者. 吾答曰, 公奉老親入京, 果有何事業之扶明義理【113나】者耶. 吾以此爲公怪之云云而罷. 而大槩自己庚年間, 吾多知彼事, 心中固不無疑, 而姑且外面無失而已. 自甲辰乙巳之後, 吾疑轉深, 昨冬凶變之後, 尤無可言, 此吾今日所以屛退者也.

余曰, 公在關西時, 與我言及於金鍾秀, 而公以沈伯修啓語之勘論以逆謂過, 吾以爲但知其人之不好, 而勘逆則似過未知. 公於其時, 或以此設問於我, 而我之不能盡言斥彼者, 亦人情耳. 自甲乙至於昨冬, 轉有深疑者, 政如吾意, 此眞所謂灵犀之一點相照也.

鄭台曰, 趙時偉事, 亦豈非可怪乎. 時偉凶言旣發於公座, 則但曰, 行【114가】言國言, 有耳皆聞, 而尙不窮覈乎. 余曰, 吾則以爲時偉凶言, 彼果先已聞之, 則其言之凶有浮於榮德十倍, 不卽聲討, 而過五年始言, 使凶賊今無可覈之路, 尙使假息海島, 不卽施肆市之典, 而但曰時偉時偉云云, 則此便是一時偉也. 吾與李洪載酬酢時, 亦有此言, 而其後聞之, 則彼輩以我謂之營護時偉云云, 此果成說乎. 時偉凶言之罪, 欲爲窮覈之論者, 乃反謂之營護, 此亦未知其意也.

今公已退, 相從固無不可, 對公言, 吾胸中湮鬱之氣, 頗似少舒. 嫌謗吾今不畏, 從今欲對公時時敍懷矣. 吾之前後疏, 初何嘗一【114나】毫干涉於公, 而謂公與知. 公之自北歸後, 吾欲一來而未果, 今始相對. 而以公之疏, 乃謂我與知. 盖以義相合者, 不謀而同, 而若其浮謗, 又何足呶呶卞說哉. 鄭台曰, 誠如尊言矣. 移時酬酢而罷.

47. 노론에서 시파가 나온 이유—이노술의 경우

余友李伯善魯述, 卽少時交, 而久不仕, 居鄕間, 多相阻, 時或上京, 亦未得從容談討矣. 乙巳夏, 伯善適到京, 余訪其寓舍而穩敍.

盖伯善丙申秋上疏, 論龜柱之罪, 其疏有曰, 壬辰一疏, 顯有危動貳極之計, 此一句便爲南黨次骨之怨. 伯善且知國榮之必敗, 頗自疎外, 見斥於國榮. 旣而沈煥之, 因攻徐之計,【115가】攙及伯善大人事. 其意雖出於攻徐, 而亦因此欲逞宿憾於伯善也. 其大人竄北累年, 伯善亦枳塞. 余略知其事, 而未聞其詳.

余謂伯善曰, 君於國榮之時, 何不外面相保乎. 伯善曰, 吾亦非不欲相保, 而明知其必做凶害之事, 唯以不相近免禍爲幸, 榮祜得失, 猶屬第二事. 至如沈煥之, 專以吾丙申疏爲憾, 而必欲擠陷, 乃於攻徐之會, 遂爲攙及之計, 以吾無狀, 貽禍家親, 尙何言哉. 吾與君相親, 已過數十年, 而間或相阻. 但知

君與煥之輩相從, 吾亦疑君, 以南黨中人. 自庚子以後, 見君累疏, 始知君本心耳. 君之前後疏語, 及南【115나】黨者, 頗有砭骨入髓之語, 君何以知其情若是.

余曰, 吾自少時, 於此輩事, 必欲深究而細察, 便爲平生一大病, 此所以略知其源委, 而君之丙申疏, 亦足謂頭腦處下針矣. 余仍略言, 彼輩情狀之所聞見而心記者, 伯善亦犁然相合. 而伯善又言, 亂逆源委之自尙禧始, 南北分合之事, 間亦有余未及聞知者, 自不勝奇, 喜數十年舊交, 亦爲平生知己.

余與伯善, 穩敍之後, 如有所得, 嘗不能忘. 而伯善至今畏約, 有時上京, 不與人見, 或恐與余相從, 又添辭說, 約以上京時, 從隙兩會, 不使人知之, 此亦關世變之一端也.

伯善【116가】以余見惡於彼爲憂曰, 君公然與孫烏公爲敵, 何以堪耐. 今春疏尤爲彼所次骨, 恐有陰中之禍. 仍笑曰, 自古天理, 必有對待. 生曹操則必生諸葛亮, 生李林甫則必生張九齡. 君則一措大, 而天旣生彼, 君亦必天生之人也. 相對大笑.

伯善大人, 嘗與啓能相知, 而亦未嘗親密. 所謂名邑圖除, 未知其時果有啓能囑托銓官之事, 而誠有是事, 此何大罪, 而必欲甘心者, 以其子討賊之疏, 深觸其最所忌惡處也. 如伯善公正粹白者, 無端爲聖世棄物, 思之尤切憤痛.

48. 정민시는 노론 시파의 활약을 기대하다

戊申正月望日夜, 余步月出街上, 鐘後將歸, 意中忽【116나】欲見鄭台談話, 遂往訪, 張燭而語. 余曰, 目今彼輩之譸張註惑, 日甚一日, 未知國家, 稅駕於何地. 無論京鄕, 其黨之互相誘引, 漸如染紙, 人心如此, 則一朝一夕之間, 安知無難言之禍. 公以親臣自處, 亦當有異於人, 何不忘身殉義, 有可以少殺其勢, 以效一分之益耶.

鄭台曰, 吾雖無狀, 亦豈無意. 世所謂黨目, 已成膏盲, 吾輩中, 若有言及於彼者, 彼便以黨心傾軋爲托, 而上亦有慰安之敎, 則彼輩氣勢必增一倍, 非但無益, 乃反爲害. 老論中, 如盛見之出於公心者, 亦必欲駈, 而歸之於與少論希合之目. 況所謂少論, 【117가】尤何可容言哉.

余曰, 然則坐待危亡, 而莫爲之策耶. 鄭台曰, 卽今形勢, 惟所謂時輩老論, 若能與彼角立, 則可幸, 而徐元德兄弟, 何不爲此計耶. 吾見元德, 亦嘗責以此意, 則每自以爲與彼有異, 而尙未見其所以異之跡, 吾不知其意矣.

余曰, 吾亦知徐兄之心. 其所謂與彼異者, 果是眞情, 而畏㤼依違, 必不能立幟而對敵矣. 鄭台曰, 一邊必欲盡殺一邊云者, 雖是彼輩故爲浮言, 欲堅黨心之意, 而老論中, 雖非彼輩之人, 亦或有信其言者, 此豈成說乎. 雖以前事觀之, 辛壬滔天之禍, 彼此殺戮, 方其時殆若可盡, 而尙有餘【117나】者. 今所謂老少論, 卽其餘矣. 世豈有盡殺一邊之理, 特彼輩恐動上下之計也.

討逆之義, 所謂少論, 則無如之何, 惟恃元德輩, 而乃又如此. 今則無論老少論, 胥溺偕亡之外, 無他道. 國亡之後, 所謂老少論, 亦豈有獨保一邊者乎. 其言激切, 令人起感.

語及余日後對章事. 鄭台曰, 尊不必獨自苦心, 而更上疏矣. 雖極言明卞, 而彼又謂之與一邊合, 上又而鎭安之意, 譴責之, 則豈非無益之甚乎. 仍相對歔欷而罷.

政曹忽除余興陽縣監. 所謂外除之說, 雖已有聞, 而只謂其探試之意而已, 眞箇外除, 誠非所料也. 盖知【118가】鍾秀之意, 初以希合之說, 困逼之, 又以保合之計, 誘說之, 皆不入其計, 則又假之一麾, 使之遠去, 而不得有言. 且以余貧甚, 得縣則必不棄也, 人心之巧憯, 乃至於此.

但擬望皆以三司, 則過一年無端枳望, 使不得對卞, 而末乃以三司擬望者, 人孰不知, 其使不得言, 而豈有如此政法耶. 吏判吳載純, 余被謫後, 謂余族叔至永曰, 聞某貧甚, 故除縣矣. 竟以不赴, 至於竄配, 誠覺無聊云. 族叔卽載純甥侄, 而年甚少. 載純老大年紀, 對少輩乃爲此可笑之語, 誠爲之愧赧, 而亦可觀世變也.【118나】

49. 심낙수가 유배되기에 이른 사정

余意外除事, 非但金鍾秀主之, 或疑徐兄之亦不無干涉. 徐兄卽書問去就, 而亦曰, 何以得之云. 余答以此事必非但彼輩所爲, 兄亦豈不知之, 而乃反問我. 徐兄卽又書曰, 果不知, 而尊疑我知之, 可謂不知我者云.

十六日, 上敎催促辭朝, 而遂呈病, 該曹連有促敎, 該曹草記請罪. 十七日朝, 自上有認以補外, 卽爲辭朝之敎, 惶悚詣闕, 下政院, 仍促敎, 招吏曹吏, 催促上敎, 亦有責政院, 不能使一縣監辭朝之敎. 余以爲雖有補外之敎, 銓曹差出時擬望, 皆以三司, 此非補外, 決不敢承命之【119가】意, 送言于政院. 上又有認以定配, 卽爲辭朝之敎. 余又以爲旣有定配之敎, 則尤不敢肅命, 只俟嚴譴之意, 言于政院而退歸. 或謂宜在闕下, 以待處分, 外官之待命闕外, 非但無例, 亦甚僭越, 卽歸家.

翌日朝, 曹隷又以上敎來傳, 以爲無論補外定配, 今則不以三司待之, 卽爲辭朝之敎, 尤極惶悚, 而亦不敢膺命, 遂有定配下敎. 略曰, 沈樂洙事, 亦一變怪. 當初不肅, 已莫曉也. 認以補外, 認以定配之, 飭敎已至經宿, 而偃息渠家. 甚至有捽曳催促之曹吏, 此人予本不好之, 卽今擧措, 無嚴【119나】甚矣, 放恣極矣, 欲睹難矣之目, 反歸汰哉之科. 國有法綱, 烏得免重罪. 沈樂洙, 卽其所帶地方, 勿限年定配, 嚴飭該府, 星火押遣.【是日, 定配傳敎, 未下之前, 特除金鍾秀刑判. 鍾秀前以乞養, 每辭劇務. 至是又違牌, 自上連下飭敎. 鍾秀詣闕外, 不入, 又下飭敎, 以若懲沈樂洙無嚴之習, 斯速入來肅命事嚴飭爲敎. 而若懲以下九字, 旋又還入抹下, 仍下興陽定配傳敎, 又以司謁口傳, 下敎曰, 刑判若不入來, 則當與沈樂洙, 同爲處分. 鍾秀肅謝.】

時日已夕, 而又下敎該府, 使之卽日渡江. 是夜宿僧房店. 翌曉兩兒追到, 余謂兒輩曰, 彼輩以我爲

小人之說, 八九年慣耳. 余嘗自疑吾事, 或不免誤爲小人, 而甲乙後, 始自信. 今則尤可以免爲小人矣. 天下必無使人不得【120가】言之士流, 又必無將言見逐之小人矣. 父子相笑. 鄭台徐兄, 書問贐行.

二十三日, 到全州, 監司沈養吾, 來見店中, 略以前後事酬酢, 養吾亦發憂歎. 余語及鄭台贐行事曰, 守禦廳賂錢之說, 果中於八九年之後矣, 養吾亦大笑. 後聞鍾秀見徐兄曰, 某之外除, 果何事. 徐兄曰, 大監不知耶. 吾亦不知云. 李奎緯作書於徐兄曰, 景文事, 諸公好意, 渠反作厲堦, 而處義不至大失耶. 徐兄答曰, 發論者今輩, 主張者今輩, 弟則何以知之云. 其後又聞, 彼輩倡言, 以爲某之外除, 出於上意, 以惑聽聞. 前後渠輩所爲之事, 必以爲上【120나】意者, 指不可數, 而至於懲討被劾之人, 使不得對卞, 而亦謂之上意, 設心做言, 吁亦憯矣.

50. 심낙수가 유배지에서 서유린과 주고받은 편지

余之初疑徐兄之干涉於外除事者, 盖以徐兄爲彼解我之說, 終不能無惑, 而亦知其中心所執之未或少撓. 且念余遠役之後, 彼輩之肆意縱心, 誘脅人心之害, 愈往愈甚, 耿然之心所恃者, 唯徐兄一人.

遂貽書徐兄, 略曰, 前冬相會, 兄主以爲於弟以心合, 於彼以義合. 固知其所謂義者, 非眞義, 似取義外之義. 而此非小人可與心合, 則彼非但非士流而已. 又何必假義餙外, 使一世莫適其向耶. 窮陋見棄, 素無孚信,【121가】積謗之指無謂有, 已慣安受. 至於倅吏之初無苗脈, 而至徹天聽,【倅吏初無近似之苗脈, 及有上敎, 莫知其所由. 後聞承旨中一人, 有與彼輩相連, 故爲此言, 而上徹云.】他可類推, 並不分疏, 從今直是死人耳. 人亦宜絶其將言之慮, 而耿耿之心, 惟望兄主, 勿以姑息爲計, 毋使人心漸至陷溺. 禍福在天, 惟意是勉. 徐兄答書曰, 無論眞士流假小人, 吾則但欲倚枕看戱而已. 余知徐兄之怯弱依違, 而目見宗國之危, 乃以爲倚枕看戱, 此固戱言, 而亦覺咄歎.

昭和四年 一月 日

沈鍾舜 藏書 謄寫.

참고문헌

1. 資料

1) 年代記 · 法典 · 類書 · 地誌 · 儀軌

『景宗修正實錄』『英祖實錄』『正祖實錄』『純祖實錄』『承政院日記』『日省錄』

『大典會通』『續大典』『新補受教輯錄』『大明律』『增補文獻備考』

『宮闕志』『春官通考』『萬機要覽』『武藝圖譜通志』『顯隆園園所都監儀軌』

2) 國王文書

『御製大訓』(奎2407) 『御製大訓乙亥添刊』(奎1875)

『御製大訓己丑改刊』(古5120－58)

『御製自省編』(奎1175) 『奉教嚴辨錄』(奎1078) 『表義錄』(奎3470)

『嚴堤防裕昆錄』(奎3989) 『御製常訓』(奎2430) 『御製祖訓』(奎5703)

『羹墻錄』(奎372) 『勘亂錄』(奎1786)

『闡義昭鑑』(朝鮮黨爭關係資料集9, 여강출판사, 1985)

『明義錄』(朝鮮黨爭關係資料集12, 여강출판사, 1985)

『續明義錄』(朝鮮黨爭關係資料集12, 여강출판사, 1985)

『英祖文集補遺』(한국정신문화연구원, 2000)

『弘齋全書』(민족문화추진회 국역본)

『凌虛關漫稿』(한국문집총간 영인본)

3) 政論書

姜斅錫, 『大東奇聞』(명문당, 1989)

權正忱, 『書筵日記』(국사편찬위원회, B6B－138)

權訪, 『闡揮錄』(古朝31－266)

金澤榮, 『韓史綮』

민진원, 『丹巖漫錄』(이희환 역, 민창문화사, 1993)
朴宗謙, 『玄皐記』(朝鮮黨爭關係資料集12, 여강출판사, 1985)
朴夏源, 『待闡錄』(朝鮮黨爭關係資料集12, 여강출판사, 1985)
徐俊輔, 『時僻源委』(국사편찬위원회, B6B－157)
李鼎九, 『續朝野輯要』(韓國史書叢刊7, 여강출판사, 1990)
李建昌, 『黨議通略』(이덕일 역, 자유문고, 1998)
惠慶宮, 『한중록』(이병기 · 김동욱 교주, 1961, 민중서관)
未詳, 『公車指南』(규장각, 奎80952)
未詳, 『某年事實』(국사편찬위원회, KO전B5B－3)
未詳, 『某年雜記』(국사편찬위원회, 911.058 모214)
未詳, 『壬午日記』(장서각, M35－318)
未詳, 『紫橋小藏』(朝鮮黨爭關係資料集6, 여강출판사, 1984)

4) 개인 文集 및 기타 저술
金龜柱, 『可菴遺稿』(대동문화연구원 영인본)
金元行, 『渼湖全集』(여강출판사 영인본)
金祖淳, 『楓皐集』
金鍾秀, 『夢梧集』
金鍾厚, 『本庵集』
金漢祿, 『寒澗集』(학민문화사 영인본)
南有容, 『雷淵集』
朴胤源, 『近齋集』
徐命膺, 『保晩齋集』
徐有榘, 『楓石全集』
徐瀅修, 『明皐全集』
成海應, 『硏經齋全集』
宋明欽, 『櫟泉集』
宋煥箕, 『性潭集』
沈樂洙, 『恩波散稿』(奎15680)
吳光運, 『藥山漫稿』
吳達運, 『海錦集』(경인문화사 영인본)
兪彦鎬, 『燕石』
兪拓基, 『知守齋集』
尹光紹, 『素谷遺稿』
尹鳳九, 『屛溪集』
尹行恁, 『碩齋稿』
李建昌, 『明美堂集』

李匡德, 『冠陽集』
李晩秀, 『屐園遺稿』
李敏輔, 『豊墅集』
李福源, 『雙溪遺稿』
李時秀, 『及健齋漫錄』(延李文庫 영인본)
李宗城, 『梧川集』
李天輔, 『晉菴集』
丁範祖, 『海左集』
丁若鏞, 『與猶堂全書』
鄭元容, 『經山集』
趙翰逵, 『角亭集』(奎15609)
蔡濟恭, 『樊巖集』
洪良浩, 『耳溪集』
黃景源, 『江漢集』
黃胤錫, 『頤齋亂藁』(한국정신문화연구원 한국학자료총서3)
*이상, 별도의 표기가 없는 것은 모두 韓國文集叢刊 影印本임.

朴能緒, 『韓國系行譜』(寶庫社, 1992)
朴宗采, 『過庭錄』(김윤조 역주, 태학사, 1997)
徐俊輔 · 金履載, 『潁湖先生行狀·諡狀』(국립중앙도서관, 한古朝 57－가914)
沈魯崇, 『積善世家』(국립중앙도서관, 古2511－43－3)
柳本藝, 『漢京誌略』(권태익 역, 탐구당, 1974)
李書九, 『惕齋屛居錄』(규장각, 奎14805)
李裕元, 『林下筆記』(대동문화연구원 영인본)
李在璣, 『訥菴記略』(부산교회사연구소, 『釜山敎會史報』 38－41집 所收)
李重煥, 『擇里志』(이익성 역, 을유문고, 1971)
李羲平, 『華城日記』(신구문화사, 1974)
鄭允容, 『東萊鄭氏家錄』(성균관대학교 존경각, B09c－0926)
正祖, 『正祖御札帖』(성균관대학교출판부, 2009)
朱熹, 『朱熹集』(四川敎育出版社 刊行本, 1996)
洪樂述, 『先府君遺事』(김영진 역, 선문대학교, 2005)
洪志燮, 『臥雲翁聞見實記』(국립중앙도서관, 한古朝 93－153)
「鄭民始墓碣」(『碑文으로 본 양주의 역사』 2, 양주문화원, 1998)
『靑松沈氏 晩圃家 寄贈古文書』(경기도박물관, 2007)
『洪翼靖遺事』(규장각, 奎1511)

2. 연구 논저

1) 저서

구수석, 『正祖時代 訓練大將 具善復』, 민창사, 2007.

근대사연구회 편, 『韓國中世社會 解體期의 諸問題(上): 정치 · 사상편』, 한울, 1987.

김돈, 『朝鮮前期 君臣權力關係 硏究』, 서울대학교출판부, 1997.

김돈, 『조선중기 정치사 연구』, 국학자료원, 2009.

김문식, 『정조의 제왕학』, 태학사, 2007.

김성윤, 『朝鮮後期 蕩平政治 硏究』, 지식산업사, 1997.

김용숙, 『閑中錄硏究』, 정음사, 1987.

김용흠, 『朝鮮後期 政治史 硏究 I: 仁祖代 政治論의 分化와 變通論』, 혜안, 2006.

도현철, 『高麗末 士大夫의 政治思想 硏究』, 일조각, 1999.

문용식, 『朝鮮後期 賑政과 還穀運營』, 경인문화사, 2000.

문중양, 『조선후기 水利學과 水利담론』, 집문당, 2000.

박광용, 『영조와 정조의 나라』, 푸른역사, 1998.

박철상 외, 『정조의 비밀 어찰, 정조가 그의 시대를 말하다』, 푸른역사, 2011.

박현모, 『정치가 정조』, 푸른역사, 2001.

변원림, 『조선의 왕후』, 일지사, 2006.

徐遠和, 『程·朱 철학의 뿌리를 찾아서: 洛學源流』, 손흥철 옮김, 동과서, 2000.

守本順一郎, 『동양정치사상사 연구』, 김수길 옮김, 동녘, 1985.

유봉학, 『燕巖一派 北學思想 硏究』, 일조각, 1995.

유봉학, 『꿈의 문화유산 화성』, 신구문화사, 1996.

유봉학, 『조선후기 학계와 지식인』, 신구문화사, 1998.

유봉학, 『정조대왕의 꿈』, 신구문화사, 2001.

유봉학, 『개혁과 갈등의 시대』, 신구문화사, 2009.

이경구, 『조선후기 安東 金門 연구』, 일지사, 2007.

이근호, 『英祖代 蕩平派와 國政運營論』, 민속원, 2016.

이기명, 『조선시대 官吏任用과 相避制』, 백산출판사, 2007.

이달호, 『18세기 상품화폐경제의 발달과 화성 건설』, 혜안, 2008.

이상배, 『朝鮮後期 政治와 掛書』, 국학자료원, 1999.

이상익, 『儒家 社會哲學 硏究』, 심산, 2001.

이상익, 『朱子學의 길』, 심산, 2007.

이수건, 『嶺南學派의 形成과 展開』, 일조각, 1995.

이승환, 『유가사상의 사회철학적 재조명』, 고려대학교출판부, 1998.

이성무, 『조선시대 당쟁사』, 아름다운 날, 2007.

이성무 · 정만조 외, 『朝鮮後期 黨爭의 綜合的 檢討』, 한국정신문화연구원, 1992.

이영춘, 『朝鮮後期 王位繼承 硏究』, 집문당, 1998.

이은순, 『朝鮮後期 黨爭史 硏究』, 일조각, 1988.
이태진, 『朝鮮後期의 政治와 軍營制 변천』, 한국연구원, 1985.
이태진 편, 『朝鮮時代 政治史의 再照明』, 범조사, 1985.
이현진, 『조선후기 종묘전례 연구』, 일지사, 2008.
이희환, 『朝鮮後期 黨爭 硏究』, 국학자료원, 1995.
정옥자, 『朝鮮後期 文化運動史』, 일조각, 1988.
정옥자, 『朝鮮後期 文學思想史』, 서울대학교출판부, 1990.
정옥자, 『조선후기 조선중화사상 연구』, 일지사, 1998.
정옥자, 『정조의 수상록 일득록 연구』, 일지사, 2000.
정홍준, 『조선중기 정치권력 구조 연구』, 고대민족문화연구소, 1996.
조성산, 『조선후기 낙론계 학풍의 형성과 전개』, 지식산업사, 2007.
조지만, 『조선시대의 형사법: 대명률과 국전』, 경인문화사, 2007.
차기진, 『조선후기의 西學과 斥邪論 연구』, 한국교회사연구소, 2002.
최이돈, 『朝鮮中期 士林政治構造 硏究』, 일조각, 1994.
최홍규, 『정조의 화성경영연구』, 일지사, 2005.
한영우, 『鄭道傳 思想의 硏究』, 서울대학교출판부, 1983.
한영우, 『정조의 화성행차, 그 8일』, 효형출판, 1998.
張立文, 『朱熹思想硏究』, 中國社會科學出版社, 1981.

2) 논문

고석규, 「19세기 전반 서울의 시전상업」, 이태진 외, 『서울상업사』, 태학사, 2000.
고성훈, 「朝鮮後期 變亂硏究」, 동국대학교 박사학위논문, 1993.
권두환, 「『정조어찰첩』의 설득력과 논리」, 『정조의 비밀 어찰, 정조가 그의 시대를 말하다』, 푸른역사, 2011.
권오영, 「金漢祿의 사상과 정치적 역정」, 『朝鮮時代史學報』 33, 2005.
김명숙, 「19세기 前半期 海石 金載瓚의 정치활동과 정치론」, 『한국사상과 문화』 25, 2004.
김문식, 「18세기 후반 영남남인의 동향과 정조의 조치」, 최승희교수정년기념논문집간행위원회 편, 『朝鮮의 政治와 社會』, 집문당, 2002.
김문식, 「조선후기 京南과 嶺南의 교류 양상」, 『韓國思想과 文化』 15, 2002.
김문식, 「정조 어찰에 나타나는 당대 인물 및 정파에 대한 평가」, 『정조의 비밀 어찰, 정조가 그의 시대를 말하다』, 푸른역사, 2011.
김선경, 「조선후기 정치체제론의 전개: 봉건제·군현제론을 중심으로」, 오영교 편, 『조선후기 체제 변동과 속대전』, 혜안, 2005.
김성윤, 「英祖代 中半의 政局과 壬午禍變」, 『역사와 경계』 43, 2002.
김영민, 「壬午禍變의 발생과 正祖代의 思悼世子 재평가」, 한신대학교 석사학위논문, 2004.
김영진, 「孝田 沈魯崇 文學 硏究」, 고대대학교 석사학위논문, 1996.
김용덕, 「'朋黨政治論' 批判」, 『정신문화연구』 29, 1986.
김윤조, 「薑山 李書九의 生涯와 文學」, 성균관대학교 박사학위논문, 1991.

김이순, 「隆陵과 健陵의 석물조각」, 『미술사학보』 31, 2008.
김인걸, 「조선후기 여론과 정치」, 최승희교수정년기념논문집간행위원회 편, 『朝鮮의 政治와 社會』, 집문당, 2002.
김정신, 「朝鮮前期 勳舊·士林의 政治思想 比較」, 연세대학교 박사학위논문, 2008.
김정자, 「英祖末-正祖初의 政局과 政治勢力의 動向」, 『朝鮮時代史學報』 44, 2008.
김준석, 「18세기 蕩平論의 전개와 王權」, 조선시대사학회, 『東洋 三國의 王權과 官僚制』, 국학자료원, 1999.
김준형, 「朝鮮 正祖代 壯勇營 硏究」, 중앙대학교 박사학위논문, 2007.
김학수, 「葛庵 李玄逸 硏究」, 『朝鮮時代史學報』 4, 1998.
남지대, 「조선중기 붕당정치의 성립기반」, 최승희교수정년기념논문집간행위원회 편, 『朝鮮의 政治와 社會』, 집문당, 2002.
노영구, 「朝鮮後期 兵書와 戰法의 연구」, 서울대학교 박사학위논문, 2002.
노영구, 「군사혁명론과 17-18세기 조선의 군사적 변화」, 『서양사연구』 36, 2007.
박광용, 「英·正祖代 蕩平策의 推移와 性格」, 서울대학교 석사학위논문, 1983.
박광용, 「蕩平論의 展開와 政局의 變化」, 『朝鮮時代 政治史의 再照明』, 1985.
박광용, 「朝鮮時代 政治史 硏究의 成果와 課題」, 한국인문과학원 편집위원회 편, 『朝鮮時代 政治史』, 한국인문과학원, 1989.
박광용, 「정조년간 時僻 당쟁론에 대한 재검토」, 『韓國文化』 11, 1990.
박광용, 「朝鮮後期 蕩平 硏究」, 서울대학교 박사학위논문, 1994.
박광용, 「영조대 탕평정국과 왕정체제의 정비」, 『한국사』 32, 국사편찬위원회, 1997.
박광용, 「18~19세기 조선사회의 봉건제와 군현제 논의」, 『韓國文化』 22, 1998.
박성순, 「정조대 金夏材 사건의 전말과 성격」, 『朝鮮時代史學報』 47, 2008.
박철상, 「새로 발굴한 『정조어찰첩』의 자료적 가치」, 『정조의 비밀 어찰, 정조가 그의 시대를 말하다』, 푸른역사, 2011.
박현모, 「18세기 노론의 정치론과 정국 운영 기술」, 『정조의 비밀 어찰, 정조가 그의 시대를 말하다』, 푸른역사, 2011.
배우성, 「純祖 前半期의 政局과 軍營政策의 추이」, 『奎章閣』 14, 1991.
배우성, 「正祖의 留守府 경영과 華城 인식」, 『韓國史硏究』 127, 2004.
배우성, 「숙종대 초반 臣强說과 그 정치적 파장」, 정옥자 외, 『조선시대 문화사(상)』, 일지사, 2007.
백승호, 「새로 발굴한 『정조어찰첩』의 내용 개관」, 『정조의 비밀 어찰, 정조가 그의 시대를 말하다』, 푸른역사, 2011.
백승호, 「심환지의 생애와 문학 활동」, 『정조의 비밀 어찰, 정조가 그의 시대를 말하다』, 푸른역사, 2011.
설석규, 「奎章閣硏究(下)」, 『大邱史學』 31, 1988.
설석규, 「16-18세기의 儒疏와 公論政治」, 경북대학교 박사학위논문, 1994.
송찬섭, 「正祖代 壯勇營穀의 設置와 運營」, 『韓國文化』 24, 1998.
송찬식, 「朝鮮朝 士林政治의 權力構造」, 『經濟史學』 2, 1978.
안대회, 「어찰첩으로 본 정조의 인간적 면모」, 『정조의 비밀 어찰, 정조가 그의 시대를 말하다』,

푸른역사, 2011.
양택관, 「朝鮮前期 王室農莊의 擴大와 財政運營」, 서울대학교 석사학위논문, 2004.
염정섭, 「조선시대 農書 편찬과 농법의 발달」, 서울대학교 박사학위논문, 2000.
오수창, 「정국의 추이」, 한국역사연구회 19세기정치사연구반, 『조선정치사(상)』, 청년사, 1990.
오수창, 「주요 정책의 실상」, 한국역사연구회 19세기정치사연구반, 『조선정치사(하)』, 청년사, 1990.
오수창, 「國王과 臣僚의 역학관계」, 한국역사연구회 17세기정치사연구반, 『조선중기 정치와 정책: 인조-현종 시기』, 아카넷, 2003.
오일주, 「조선후기 재정구조의 변동과 환곡의 부세화」, 『實學思想硏究』 3, 1992.
오종록, 「중앙군영의 변동과 정치적 기능」, 한국역사연구회 19세기정치사연구반, 『조선정치사(하)』, 청년사, 1990.
우경섭, 「송시열의 世道政治思想 연구」, 서울대학교 박사학위논문, 2005.
원재린, 「영조대 후반 소론·남인계 동향과 탕평론의 추이」, 『역사와 현실』 53, 2004.
유봉학, 「정조시대 정치론의 추이」, 정옥자 외, 『정조시대의 사상과 문화』, 돌베개, 1999.
유봉학, 「조선시대 정치사 연구와 사료: '정조독살설'의 오류 비판」, 『정조의 비밀 어찰, 정조가 그의 시대를 말하다』, 푸른역사, 2011.
윤　정, 「18세기 국왕의 '文治'사상연구」, 서울대학교 박사학위논문, 2007.
이경구, 「영조~순조 연간 湖洛論爭의 전개」, 『韓國學報』 93, 1998.
이경구, 「1740년 이후 영조의 정치운영」, 『역사와 현실』 53, 2004.
이경식, 「조선전기 兩班封建論과 土地所有」, 『朝鮮前期 土地制度 연구II』, 지식산업사, 1998.
이근호, 「정조대의 정국 동향과 소론」, 『정조의 비밀 어찰, 정조가 그의 시대를 말하다』, 푸른역사, 2011.
이상식, 「朝鮮後期 肅宗의 政局運營과 王權 硏究」, 고려대학교 박사학위논문, 2005.
이성무, 「朝鮮後期 黨爭硏究의 方向」, 『朝鮮後期 黨爭의 綜合的 檢討』, 한국정신문화연구원, 1992.
이정윤, 「顯隆園 石物 造成 硏究」, 한신대학교 석사학위논문, 2009.
이종범, 「1728年 戊申亂의 性格」, 『朝鮮時代 政治史의 再照明』, 범조사, 1985.
이태진, 「朝鮮時代의 政治的 갈등과 그 해결」, 『朝鮮時代 政治史의 再照明』, 범조사, 1985.
이태진, 「朝鮮王朝의 儒敎政治와 王權」, 『韓國史論』 23, 1990.
이태진, 「정조-儒學的 啓蒙 絶對君主」, 『한국사시민강좌』 13, 1993.
이태진·홍순민, 「日省錄 刀削의 실상과 경위」, 『韓國文化』 10, 1989.
이희환, 「李光佐의 정치활동과 老·少론의 대립」, 『朝鮮時代史學報』 14, 2000.
임혜련, 「19세기 垂簾聽政 硏究」, 숙명여자대학교 박사학위논문, 2008.
장유승, 「『정조어찰첩』의 사료적 성격: 『승정원일기』와의 대조를 중심으로」, 『정조의 비밀 어찰, 정조가 그의 시대를 말하다』, 푸른역사, 2011.
장필기, 「朝鮮後期 武班家門의 閥閱化와 그 性格」, 영남대학교 박사학위논문, 1999.
전성호, 「18-19세기 조선의 기후·작황·가격의 변동에 관한 연구」, 『농촌경제』 25-2호, 2002.
전성호, 「합리주의에 기반한 경제성장 모델의 역사적 기원」, 『泰東古典硏究』 21, 2005.
정경희, 「肅宗代 蕩平論과 '蕩平'의 시도」, 『韓國史論』 30, 1993.
정경희, 「肅宗 後半期 蕩平政局의 變化」, 『韓國學報』 79, 1995.

정경희, 「정조대 思悼世子 관련 宮·園의 변천과 의의」, 서울대학교 규장각 편, 『규장각 소장 분류별 의궤 해설집』, 서울대학교 규장각, 2005.
정만조, 「英祖代 初半의 政局과 蕩平策의 推進」, 『朝鮮時代 政治史의 再照明』, 범조사, 1985.
정만조, 「英祖代 中半의 政局과 蕩平策의 再定立」, 『歷史學報』 111, 1986.
정만조, 「歸鹿 趙顯命 硏究」, 『韓國學論叢』 8, 국민대학교, 1986.
정만조, 「朝鮮 顯宗朝의 公義·私義 論爭」, 『韓國學論叢』 14, 국민대학교, 1991.
정만조, 「朝鮮時代 朋黨論의 展開와 그 性格」, 『朝鮮後期 黨爭의 綜合的 檢討』, 한국정신문화연구원, 1992.
정만조, 「朝鮮時代의 士林政治」, 이종욱 외, 『韓國史上의 政治形態』, 일조각, 1993.
정만조, 「17세기 중반 漢黨의 정치활동과 國政運營論」, 『韓國文化』 23, 1999.
정만조, 「肅宗後半~英祖初의 政局과 密菴 李栽의 政治論」, 민족문화연구소 편, 『密菴 李栽 硏究』, 영남대학교출판부, 2001.
정만조, 「朝鮮中期 政治史 연구에 대한 재검토」, 『韓國學論叢』 25, 국민대학교, 2002.
정만조, 「澹窩 洪啓禧의 정치적 生涯」, 『仁荷史學』 10, 2003.
정만조, 「영조말·정조초의 정국동향」, 강신항 외, 『이재난고로 보는 조선지식인의 생활상』, 한국학중앙연구원, 2007.
정연식, 「均役法 施行 이후의 지방재정의 변화」, 『震檀學報』 67, 1989.
정연식, 「조선후기 役總의 운영과 良役 變通」, 서울대학교 박사학위논문, 1993.
정옥자, 「17세기 思想界의 再編과 禮論」, 『韓國文化』 10, 1989.
정옥자, 「정조시대 연구총론」, 정옥자 외, 『정조시대의 사상과 문화』, 돌베개, 1999.
정해득, 「正祖時代 顯隆園 造成과 水原 移邑 硏究」, 경기대학교 박사학위논문, 2009.
정호훈, 「18세기 전반 蕩平政治의 추진과 續大典의 편찬」, 오영교 편, 『조선후기 체제변동과 속대전』, 혜안, 2005.
조준호, 「朝鮮 肅宗~英祖代 近畿地域 老論學脈 연구」, 국민대학교 박사학위논문, 2003.
주경철, 「영국의 재정혁명」, 서울대학교 역사연구소 편, 『근대국가 형성의 비교사적 연구』, 서울대학교 역사연구소, 2005.
최봉영, 「壬午禍變과 英祖末·正祖初의 政治勢力」, 『朝鮮後期 黨爭의 綜合的 檢討』, 한국정신문화연구원, 1994.
최성환, 「영조대 후반의 탕평정국과 노론 청론의 분화」, 『역사와 현실』 53, 2004.
최성환, 「영조대 탕평정치에서 辛壬義理와 國是 문제」, 정옥자 외, 『조선시대 문화사(상)』, 일지사, 2007.
최성환, 「정조대 탕평정국의 君臣義理 연구」, 서울대학교 박사학위논문, 2009.
최성환, 「정조의 의리탕평과 노론 벽파의 대응」, 『정조의 비밀 어찰, 정조가 그의 시대를 말하다』, 푸른역사, 2011.
홍순민, 「19세기 왕위의 승계과정과 정통성」, 『國史館論叢』 40, 1992.

찾아보기

Abstract

Deciding between Loyalist and Traitor

The Translation & Annotation of *Jeongbeonrok*

Translated and Annotated by Kim Yong Heum,
Won Jae Rin, Kim Jung Shin, Jeong Du Young

Jeongbeonrok(定辨錄) is the only book about party platform that represents Si faction(時派) of Noron(老論), during the period of Tangpyeong(蕩平) politics from the middle phase of King Youngjo(英祖) to the middle phase of King Jeongjo(正祖). Sim Naksu(沈樂洙), the author, expressed his publicism on pending issues personally, making the book possess certain scarcity compared to other texts about party platform that usually focus on data editing.

The author, from the Si faction of Noron, extensively interacted with members of both Si and Byuk factions(僻派). Therefore he had good knowledge of the business of both factions from the inside, and he also knew the trend of Noron in the ChungCheong province. Furthermore, he could sympathize with key figure from Soron(少論) Junron(峻論) at the period of King Jeongjo. These information from various sources make the book valuable record.

During 1749(25th year of King Youngjo)－1788(12nd year of King Jeongjo), North party(北黨) by Hong Innhan from Noron and South party(南黨) by Kim Guju united against Prince Sado and King Jeongjo. The writer considered these trend as traitorous act, and tried to distinguish between right and wrong, and between loyalty and conspiracy.

The book begins with explaining traitorous plot of slandering Prince Sado during the middle age of King Youngjo by Kim Sangro and Hong Gyehui. The book continues to examine the activities of anti－Hong Kukyoung(洪國榮) groups colluded with Kim Guju. These groups, called Gonghongpa(攻洪派) or Salhongpa(殺洪派), tried to entrap King Jeongjo when he had been the eldest grandson of the King Youngjo, interrupt his regency when King Youngjo became old, and plot a revolt when he finally became the 22nd King, Jeongjo. Then the book ends with criticism against Kim Chiin and Kim Jongsu for their conspiracy. The author tried to show that the true masterminds of treason cases during King Jeongjo were ultimately connected to Noron South party by Kim Guju, Kim Chiin and Kim Jongsu. The writer's stance was the most aggressive against these traitorous groups among the Si faction and had good common ground with Soron Junron.

Jeongbeonrok provides a lot of information on the political history of King Youngjo, Jeongjo and Sunjo, and relationships between the major figures during that period. The book also suggests clear basis on political situations and conflict composition from the view of Si faction. Contrary to many books about party platform that handles the story up to middle period of King Youngjo, *Jeongbeonrok* explains many events until the middle period of King Jeongjo, and shows innerstances of each faction that is not able to be referred in the government compliation such as the Annals of the Joseon Dynasty(朝鮮王朝實錄). The book helps us to understand the inside story of many political incidents and strifes during the King Youngjo and Jeongjo.

발간사

'한국학'은 이제 학문의 한 분야로 자리잡았다. 한국학을 전공으로 하는 학과도 생겨나고 한국학 연구자들의 국제학술대회도 자주 접할 수 있다. 한국사회가 짧은 시기에 보여준 역동적인 변화에 대한 학문적 관심이 나라 안팎으로 증대된 결과일 것이다. 한국의 역사와 문화, 사회적 경험에 점점 더 많은 연구자들이 관심을 기울이는 것은 매우 반가운 일이다.

한국학이란 고정된 분과학문 체계 내의 한 부분영역이 아니라 다양한 분과학문들이 함께 참여하는 학제적 연구의 성격을 지닌다. 한국학은 과거의 전통에 깊은 관심을 갖지만 현재의 문제들에도 주목하며 미래의 전망을 모색하는 작업도 포함한다. 인문학적 논의와 사회과학적 관심은 물론이고 자연과학적 문제의식과 예술적 시각이 함께 어우러지는 곳이다. 당연히 한국학은 국내의 연구자들이 자신의 특수성만을 부각시키는 폐쇄적인 장이 아니라 전 세계의 학자들이 자유롭게 참여하는 지적 토론의 공간이 되어야 한다. 한국을 대상으로 한 다양한 연구를 지원하며 진지한 논의와 지적 실험을 뒷받침하는 것이야말로 한국학의 가장 중요한 역할이라 할 것이다.

이런 의미에서 한국학은 한국의 문화와 역사적 경험을 전 인류의 문화유산과 역사적 경험의 한 부분으로 바라보는, 전 지구적 시각을 요구받고 있다. 한국학은 한국사회의 경험을 연구하되, 그것을 21세기 세계사적 과제들과 더불어 사고함으로써 새로운 문명적 대안을 모색하는 세계 학계의 논의에 적극적으로 동참하는 작업이 되어야 한다. 이런 종합적이고 개방적인 연구의 집적이 이루어질 때 한국의 특수성만을 절대화하는 오류에서 벗어나면서 동시에 서구의 눈으로 한국을 대상화, 타자화하는 오리엔탈리즘적 지역학의 한계도 극복할 수 있는 길이 열릴 것이다.

한국의 학문 발전에 큰 책임을 지고 있는 서울대학교 규장각한국학연구원은 한국학의 바람직한 발전을 위해 적극적인 역할을 하고자 한다. 이를 위해 별도의 연구재원을 마련하여 '21세기 신규장각 자료구축사업'을 추진하고, 이 사업의 결과물들을 모아 연구총서, 자료총서, 모노그래프를 출간하고 있다. 한국학 연구자들의 연구역량과 진지한 문제의식들이 결집됨으로써 한국학의 연구수준이 더욱 높아지고 내용이 보다 풍부해지리라 믿는다. 이 연구 사업이 해를 거듭할수록 한국사회에 대한 이해가 깊어짐은 물론이고 한국의 경험을 통해 세계 학계의 시각과 논의도 더욱 풍성해질 것을 기대해 마지않는다.

2015년 2월

서울대학교 규장각한국학연구원 한국학연구사업위원회

역주자 소개

김용흠

서울대학교 국사학과 학사. 연세대학교 사학과 석사, 박사

현재 연세대학교 국학연구원 연구교수

『朝鮮後期 政治史 硏究 I: 仁祖代 政治論의 分化와 變通論』(2006), 『목민고, 목민대방(역주)』(2012), 「조선후기 당론서의 객관적 연구는 가능한가?」(2012), 「'당론서(黨論書)'를 통해서 본 회니시비(懷尼是非): 『갑을록(甲乙錄)』과 『사백록(俟百錄)』 비교」(2012), 『사도세자의 죽음과 그 후의 기억: 『현고기』 번역과 주해』(2015, 공역)

원재린

성균관대학교 사학과 학사. 연세대학교 사학과 석사, 박사

현재 연세대학교 국학연구원 연구교수

『조선후기 星湖學派의 학풍연구』(2003), 『임관정요(역주)』(2012), 『사도세자의 죽음과 그 후의 기억: 『현고기』 번역과 주해』(2015, 공역)

김정신

덕성여자대학교 사학과 학사. 연세대학교 사학과 석사, 박사

현재 연세대학교 국학연구원 연구교수

『조선전기 훈구사림 정치사상 비교』(박사학위논문, 2008), 「癸未通信使行(1763)의 학술교류: 『南宮先生講餘獨覽』을 중심으로」(2011), 「임진왜란 조선인 포로에 대한 기억과 전승: '節義'에 대한 顯彰과 排除를 중심으로」(2012), 『사도세자의 죽음과 그 후의 기억: 『현고기』 번역과 주해』(2015, 공역)

정두영

연세대학교 사학과 학사, 석사, 박사

현재 연세대학교 국학연구원 연구교수

「17세기 서인 내부의 양명학 이해와 현실주의 정치론」(2010), 『주자봉사』(2011, 공역), 『사도세자의 죽음과 그 후의 기억: 『현고기』 번역과 주해』(2015, 공역)

서울대학교 규장각한국학연구원 한국학자료총서

1 古代國語 語彙表記 漢字의 字別 用例 研究 | 송기중

2 한국철학자료집 : 불교편1 – 삼국과 통일신라의 불교사상 | 허남진 외 편역

3 한국철학자료집 : 불교편2 – 고려시대의 불교사상 | 심재룡 외 편역

5 서울대학교 중앙도서관 고문헌자료실 소장 『경제문고』 해제집 | 권태억 외

6 한글본 이언 연구 | 민현식

7상 원문 교주 구운몽 | 원작 김만중, 교주 김병국

7하 현대역 구운몽 | 원작 김만중, 옮김 김병국

8 해방 이후 한국기업의 진화 I : 1976~2005년간의 통계의 구축과 기초분석 | 이근 외

9 해방 이후 한국기업의 진화 II : 1956~1977년간의 통계의 구축과 기초분석 | 이근 외

10 서울대학교박물관소장 식민지시기 유리건판 | 이문웅·강정원·선일 편

11 풍자 우화 그리고 계몽담론 | 권영민

12 한국근현대문학의 프랑스문학수용 | 이건우 외

13 한국 근대도면의 원점 : 서울대학교 규장각한국학연구원 소장 근대 측량도와 건축도 1861~1910 | 전봉희·이규철·서영희

14-1 유원총보역주 1 | 허성도·김창환·강성위 역주

14-2 유원총보역주 2 | 허성도·김창환·강성위 역주

14-4 유원총보역주 4 | 이영주·허성도·김창환 역주

14-5 유원총보역주 5 | 이영주·허성도·김창환 역주

15 식민권력과 근대지식 : 경성제국대학 연구 | 정근식·정진성·박명규·정준영·조정우·김미정

16-1 근대한국 국제정치관 자료집 : 제1권 개항·대한제국기 | 장인성·김현철·김종학 엮음

16-2 근대한국 국제정치관 자료집 : 제2권 제국–식민지기 | 장인성·김태진·이경미 엮음

17 1980년대 조선–청 국경회담 관련 자료 선역 | 김형종 편역

20 韓國 書誌學의 先鞭 : 마에마 교사쿠의 작업을 중심으로 | 한재영·이현희·가와사키 케이고

21 사도세자의 죽음과 그 후의 기억 : 『현고기(玄皐記)』 번역(飜譯)과 주해(註解) | 김용흠·원재린·김정신·정두영·최성환 역주

22 손와만록 : 조선후기 향리 출신 선비 김경천의 인생이야기 | 김경천 지음 이대형·이미라·박상석 역주

23 충역의 시비를 정하다 : 『정변록(定辨錄)』 역주 | 김용흠·원재린·김정신·정두영 역주

24 금오헌록(金吾憲錄) 역주 | 박명양·이의현 편, 김영석 역주

서울대학교 규장각한국학연구원 한국학모노그래프

1 예빈도에 보인 고구려 : 당 이현묘 예빈도의 조우관을 쓴 사절에 대하여 | 노태돈
2 현대 한국유교와 전통 | 금장태
3 살인의 진화심리학 : 조선 후기의 가족 살해와 배우자 살해 | 최재천·한영우·김호·황희선·홍승효·장대익
4 무협소설의 문화적 의미 | 전형준
5 정조시대의 무예 | 나영일
6 벼락도끼와 돌도끼 : 고고자료에 대한 전통적 인식 연구 | 이선복
7 한국 옛 경관 속의 생태지혜 | 이도원
8 식민권력과 통계 : 조선총독부의 통계체계와 센서스 | 박명규·서호철
9 한국의 천연염료 : 전통염료와 천연염색기술 | 김재필·이정진
10 북한의 의학교육 | 박재형·김옥주·황상익
11 국문 글쓰기의 재탄생 | 권영민
12 사할린 귀환자 | 이순형
13 조선시대 간척지 개발 : 국토 확장과정과 이용의 문제 | 박영한·오상학
14 3칸×3칸 : 한국 건축의 유형학적 접근 | 전봉희·이강민
15 위성영상을 이용한 북한지역의 해안습지연구 : 평안남도를 사례로 | 유근배
16 한국 구비문학에 수용된 재담 연구 | 서대석
17 한국 자본자유화와 금융자유화의 근년변화 : OECD 가입 및 IMF 사태 이후의 실상, 평가 및 대응 | 이천표
18 구어 한국어의 의향법 실현방법 | 권재일
19 조선시대 복식에 나타난 적색계 색명의 의미 | 남윤자·김순영·박성실
20 우리나라 인체기생충 및 의용절지동물의 동물상과 개요 | 채종일
21 경제개방이 우리나라 노동시장에 미친 효과 | 김대일
22 한국 고소설에 나타난 오이디푸스 콤플렉스 : 〈심청전〉·〈콩쥐팥쥐전〉 | 류인균
23 남북한 경제의 이질성 : 경제통합에 관한 함의 | 이지순
24 한국에서 마르크스주의 경제학의 도입과 전개과정 | 김수행
25 한국 장수인의 개체적 특성과 사회환경적 요인 : 호남지방 장수벨트를 중심으로 | 박상철·이미숙· 이정재·한경혜
26 전통마을 경관요소들의 생태적 의미 | 이도원
27 한국의 중산층 | 홍두승
28 한국 여성의 건강증진행위 | 윤순녕·김숙영·이지윤
29 心과 性 : 茶山의 『孟子』 해석 | 금장태
30 20세기 초기 국어의 문법 | 권재일
31 한국의 고령노동 : 경제활동과 고용구조의 장기적 변화 | 이철희
32 웃음으로 눈물 닦기 : 한국 언어문화의 한 특질 | 김대행
33 한국의 좌파 경제학자들 | 김수행·김공회

34 온돌과 한국인의 수면 생활 : 침상 기후를 중심으로 | 최정화·김문숙
35 한국 고대의 온돌 : 북옥저, 고구려, 발해 | 송기호
36 한국 시민단체의 내부의사결정과정에 관한 연구 | 김준기
37 한국문화를 쓴다 : 강용흘의 『초당』과 이미륵의 『압록강은 흐른다』 비교연구 | 최윤영
38 정약용 사상 속의 과학기술 : 유가 전통, 실용성, 과학기술 | 김영식
39 仁과 禮 : 다산의 『논어』 해석 | 금장태
40 서양인의 한국 종교 연구 | 김종서
41 韓國詩話에 보이는 杜詩 | 이영주
42 한국의 소득불평등과 빈곤 : 소득분배 악화와 사회보장정책의 과제 | 구인회
43 한국인 치매환자의 행동 및 심리 증상의 횡문화적 특성 | 조맹제·김진영
44 한국 사회복지 네트워크의 구성과 효과성 : 지역종합사회복지관의 네트워크 구성과 조직 효과성을 중심으로 | 김준기
45 근대한국의 국제관념에 나타난 도덕과 권력 | 장인성
46 한국의 의료체제 : 제도와 지배구조 | 송호근
47 몽골제국과 고려 : 쿠빌라이 정권의 탄생과 고려의 정치적 위상 | 김호동
48 한국무협소설의 작가와 작품 | 전형준
49 한국 근대소설에 나타난 오이디푸스 콤플렉스의 이해 : 이광수, 김동인, 염상섭, 이상을 중심으로 | 류인균
50 한국의 하구역 : 하구둑 건설 이후의 지형변화 | 유근배·김성환·신영호
51 한국의 신용평가제도 | 이인호
52 전통 마을숲의 생태계 서비스 | 이도원·고인수·박찬열
53 두 개의 예외적인 복제체제 비교 연구 : 한국 복지국가 모형의 탐색 | 김태성
54 박정희 체제의 성립과 전개 및 몰락 : 국제적·국내적 계급관계의 관점 | 김수행·박승호
55 한국 서해안의 해안사구 : 지형학적 관점을 중심으로 | 유근배·류호상
56 『기우제등록』과 기후의례 : 기우제, 기청제, 기설제 | 최종성
57 한국어 술어의 사건 구조와 논항 구조 | 남승호
58 舊韓末의 韓獨 外交文書 '德案' 硏究 | 권오현
59 현대 한국어의 공시 형태론 : 경주지역어를 실례로 | 최명옥
60 서양문화를 쓴다 : 강용흘의 〈동양 서양에 가다〉와 이미륵의 〈압록강에서 이자르강까지〉 | 최윤영
61 시장발전과 경제개발 | 이승훈
62 고려국가와 집단의식 | 노명호
63 근현대 한국미술과 '동양' 개념 | 정형민
65 현대 한국복지국가의 제도적 전환 | 안상훈
66 순응과 저항을 넘어서 : 이승만과 박정희의 대미정책 | 신욱희
67 생태서식처로서 한국 서해안 해안사구 | 유근배·신영호·김대현·김성환
69 한국 정신보건서비스의 전개 과정 : 사회서비스의 관점에서 | 강상경
70 일제의 한국 식민지화와 문명화(1904~1919) | 권태억
71 이즈미 세이이치와 군속인류학 : 뉴기니 조사를 중심으로 | 전경수

서울대학교 규장각한국학연구원 한국학연구총서

1 지방문학사 : 연구의 방향과 과제 | 조동일
2 한국 근대과학 형성과정 자료 | 문만용·김영식
3 목석의 울음 : 손창섭 문학의 정신분석 | 조두영
4 통일한국의 농업 : 통일 이후 남·북한 농산물의 통합생산 방안 | 김완배 외
5 현대 한국사회의 철학적 문제 : 사회운영원리 | 백종현
6 한국유교의 과제 | 금장태
7 韓國 古代·中世初期 土地制度史 : 古朝鮮~新羅·渤海 | 이경식
8 『무과총요』 연구 | 나영일
9 북한 주요산업지역의 토지이용 변화와 개방지역에 관한 연구 | 황만익·이기석
10 재벌체제와 다국적기업 : 경제개발의 두 가지 유형 | 이승훈
11 붉은악마와 월드컵 | 이순형
12 『조선왕조실록』 보존을 위한 기초 조사연구(1) | 송기중·신병주·박지선·이인성
13 한국 근대의 사회복지 | 안상훈·조성은·길현종
14 한국어 체언의 음변화 연구 | 이상억
15 조선 중기 무예서 연구 | 나영일·노영구·양정호·최복규
16 1950년대 사회주의 건설기의 북한 보건의료 | 황상익
17 후발 산업화와 국가의 동학 : 탈관료화와 강성국가의 공동화 | 하용출
18 조선 후기의 기술도 : 서양 과학의 도입과 미술의 변화 | 정형민·김영식
19 韓國 中世 土地制度史 : 朝鮮前期 | 이경식
20 남북 언어의 문법 표준화 | 권재일
21 50권본 『화엄경』 연구 | 이승재
22 한·중 소화의 비교 | 서대석
23 고려전기의 전시과 | 이경식
24 개항기 전후 경상도의 육상교통 | 허우긍·도도로키 히로시
25 한국어의 주제와 통사 분석 : 주제 개념의 새로운 전개 | 임홍빈
26 한국적 패션 디자인의 제다움 찾기 : 전통미와 현대적 활용을 중심으로 | 김민자
27 한국 근대문학교육사 연구 | 우한용
28 조선왕조실록의 여진족 족명과 인명 | 김주원
29 중앙아시아 고려말의 문법 | 권재일
30 삼국통일전쟁사 | 노태돈
31 한국의 사회운동과 진보정당 | 임현진
32 한국 행락문화의 변천과정 | 황기원

33 노래의 상상계 : '수사'와 존재생태 기호학 | 신범순
34 한국의 언어 민속지 : 전라남북도 편 | 왕한석
35 주시경의 언어이론과 표기법 | 송철의
36 일제강점기의 철도 수송 | 허우긍
37 인권으로 읽는 동아시아 : 한국과 일본의 인권 개선조건 | 정진성·공석기·구정우
38 정조와 정조시대 | 김인걸 외
39 문화의 정치와 지역사회의 권력구조 : 안동과 안동김씨 | 김광억
40 한국어 명사구의 의미론 : 한정성/특정성, 총칭성, 복수성 | 전영철
41 한국의 건강 불평등 | 김창엽·김명희·이태진·손정인